21世纪人力资源管理精品教材

绩效与薪酬管理

PERFORMANCE AND COMPENSATION MANAGEMENT

付维宁　编著

清华大学出版社
北京

内容简介

本书以通俗、简练的语言和丰富、翔实的内容，从战略视角系统地阐述了绩效与薪酬管理的基础理论、基本思想和基本方法。全书共十二章，其中第一章至第六章是绩效管理部分，主要内容涉及绩效管理的基础理论、绩效管理工具及其运用、绩效计划、绩效执行、绩效评价和绩效反馈等；第七章至第十二章是薪酬管理部分，内容主要涉及薪酬管理的基础理论、薪酬战略及其制定、薪酬水平及其外部竞争性、薪酬结构与设计、基本薪酬制度体系设计以及员工福利管理等。本书坚持理论和实践的紧密结合，每章均附有与内容相关的阅读案例、知识链接或案例故事等专栏，以增加可读性和实践性。

本书可作为普通高等教育相关专业本科生、工商管理硕士（MBA）教材，也可作为企事业单位领导和管理人员的培训教材，还可供对绩效与薪酬管理感兴趣的相关人员自学使用。

本书封面贴有清华大学出版社防伪标签，无标签者不得销售。
版权所有，侵权必究。举报：010-62782989，beiqinquan@tup.tsinghua.edu.cn。

图书在版编目（CIP）数据

绩效与薪酬管理/付维宁编著．—北京：清华大学出版社，2016（2024.7重印）
（21世纪人力资源管理精品教材）
ISBN 978-7-302-42511-3

Ⅰ.①绩⋯ Ⅱ.①付⋯ Ⅲ.①企业管理-人事管理-教材②企业管理-工资管理-教材 Ⅳ.①F272.92

中国版本图书馆 CIP 数据核字（2015）第 316487 号

责任编辑：左玉冰
封面设计：汉风唐韵
责任校对：王荣静
责任印制：刘 菲

出版发行：清华大学出版社
网　　址：https://www.tup.com.cn, https://www.wqxuetang.com
地　　址：北京清华大学学研大厦A座　　邮　　编：100084
社 总 机：010-83470000　　邮　　购：010-62786544
投稿与读者服务：010-62776969, c-service@tup.tsinghua.edu.cn
质量反馈：010-62772015, zhiliang@tup.tsinghua.edu.cn

印 装 者：三河市人民印务有限公司
经　　销：全国新华书店
开　　本：185mm×260mm　　印　张：27　　字　数：649千字
版　　次：2016年3月第1版　　印　次：2024年7月第11次印刷
定　　价：79.00元

产品编号：062254-04

前言

绩效与薪酬管理
Performance and Compensation Management

绩效管理与薪酬管理作为现代人力资源管理系统中的两个核心模块,在传统的人事管理中总是被作为两个相对独立的模块来进行认识和研究的,即使将两者联系起来,也只是强调"绩效与薪酬挂钩"。事实上,绩效与薪酬的关系是密不可分的。从经济学视角来看,绩效与薪酬是员工和组织之间的对等承诺关系,绩效是员工对组织的承诺,而薪酬是组织对员工所做出的承诺。一个人进入组织,必须对组织所要求的绩效做出承诺,这是进入组织的前提条件。当员工完成了他对组织承诺的时候,组织就实现其对员工的承诺。这种对等承诺关系的本质,体现了组织与员工的等价交换,人力资源管理的任务之一就是确保这种等价交换能够公平、公正、合理地进行,并能够持续下去。

在人力资源管理实践中,我们不难发现:研究"绩效"问题必然会带出"薪酬"问题,而研究"薪酬"问题也必然离不开"绩效"问题。因为绩效代表了员工为组织做出的贡献,它是组织所看重的;而薪酬则是组织作为回报给予员工的经济补偿或待遇,它是员工所看重的。组织与员工之间的这种目标和方向冲突只有通过绩效管理与薪酬管理之间的平衡和有效整合才能得到有效的解决。因此,笔者认为,把"绩效管理"与"薪酬管理"两个模块放在一起来研究和学习更有助于掌握绩效管理规律和薪酬管理规律,从而创造最佳人力资源实践。

本书以笔者在大学为本科生、研究生(MBA)等讲授"绩效与薪酬管理"的课程讲义为基础编写而成。在编写过程中,笔者尽可能把最新的绩效与薪酬管理理念和思想融入其中,以便提高教材的新颖性和创新性。同时,也参阅了大量国内外文献,并吸取了已经出版的各类绩效管理和薪酬管理教材的长处和优势,力图做到通俗易懂、深入浅出,突出基础性和系统性。考虑到管理学科的实践性特征,本书每章均附有与内容相关的阅读案例、知识链接或案例故事等专栏。

为了便于读者学习和思考,本书每章都配有学习目标、关键术语、开篇引例、课后思考题和案例分析题。本书内容分为两大部分:第一部分是绩效管理,主要包括第一章至第六章,内容涉及绩效管理的基础理论和知识、绩效管理的常用工具和方法、绩效计划、绩效执行、绩效评价和绩效反馈等;第二部分是薪酬管理,主要包括第七章至第十二章,内容涉及薪酬管理的基础理论和知识、薪酬战略及其制定、薪酬水平及其外部竞争性、薪酬结构及其设计、基本薪酬制度体系设计以及员工福利设计与管理等。本书在编写过程中始终坚持理论和实践的紧密结合，密切关注当前我国各类组织尤其是企业组织的绩效与薪酬管理实践，借鉴国内外最新的管理理念和管理实践，深入分析研究绩效与薪酬管理体系，使之更具科学性和实效性。

　　本书在编写过程中得到了兰州大学管理学院以及兄弟院校许多老师和学生的支持与帮助，在此表示衷心的感谢！特别感谢我的博士导师包国宪教授的指导和帮助！感谢王群的鼓励、支持和帮助！感谢李炘弋在我撰写后期提供的支持、帮助和鼓励！同时，非常感谢清华大学出版社出版工作人员付出的辛勤劳动！

　　需要特别说明的是，在本书写作过程中参阅了大量的国内外文献和案例资料。在此，对所有引用文献的作者和机构表示诚挚的谢意！虽然编者付出了极大的努力，但限于能力和水平，书中难免会有纰漏和不足之处，恳请各位专家、老师和广大读者批评指正，使之日臻完善。

　　(作者邮箱：fuweining@lzu.edu.cn)

付维宁
2015年12月10日
于兰州大学管理学院

目录

绩效与薪酬管理
Performance and Compensation Management

第一部分 绩效管理

第一章 绩效管理基础 ………………………………………………… 3
第一节 绩效的内涵 …………………………………………… 5
一、绩效的含义 …………………………………………… 5
二、绩效概念的沿革与发展 ……………………………… 6
三、绩效的分类及性质 …………………………………… 10
四、绩效的影响因素 ……………………………………… 12
第二节 绩效管理概述 ………………………………………… 14
一、绩效管理的含义 ……………………………………… 14
二、绩效管理的重要作用 ………………………………… 15
三、绩效管理与绩效评价的区别与联系 ………………… 16
四、绩效管理的战略定位 ………………………………… 17
第三节 绩效管理系统 ………………………………………… 22
一、绩效管理系统的含义 ………………………………… 22
二、绩效管理系统的目的 ………………………………… 24
三、绩效管理系统的作用 ………………………………… 25
四、绩效管理系统的构成 ………………………………… 26
五、绩效管理系统的特征及评价标准 …………………… 28
第四节 绩效管理的理论基础 ………………………………… 32
一、一般理论基础 ………………………………………… 32
二、绩效管理的直接理论基础 …………………………… 33

第二章 绩效管理工具 ………………………………………………… 41
第一节 目标管理 ……………………………………………… 43
一、目标管理的含义 ……………………………………… 43
二、目标管理的特征 ……………………………………… 43
三、目标管理的过程 ……………………………………… 44
四、目标管理的优势与不足 ……………………………… 46
第二节 标杆管理 ……………………………………………… 49
一、标杆管理的含义 ……………………………………… 49

二、标杆管理的作用 …………………………………………………… 49
　　三、标杆管理的分类 …………………………………………………… 50
　　四、标杆管理的实施 …………………………………………………… 53
　　五、标杆管理的缺陷 …………………………………………………… 54
　第三节　关键绩效指标 …………………………………………………… 55
　　一、关键绩效指标的含义 ……………………………………………… 55
　　二、确定关键绩效指标的原则 ………………………………………… 57
　　三、确定关键绩效指标的方法 ………………………………………… 58
　　四、KPI考核法的操作流程 …………………………………………… 62
　　五、KPI的实例分析 …………………………………………………… 62
　第四节　平衡计分卡 ……………………………………………………… 64
　　一、平衡计分卡的提出 ………………………………………………… 64
　　二、平衡计分卡的特点与功能 ………………………………………… 65
　　三、平衡计分卡系统及其战略地图 …………………………………… 67
　　四、平衡计分卡的实施流程 …………………………………………… 69
　　五、平衡计分卡在应用过程中应注意的问题 ………………………… 71

第三章　绩效计划 …………………………………………………………… 77

　第一节　绩效计划概述 …………………………………………………… 78
　　一、绩效计划的含义及特征 …………………………………………… 78
　　二、绩效计划的作用 …………………………………………………… 80
　　三、绩效计划的制订者 ………………………………………………… 80
　　四、绩效计划的内容 …………………………………………………… 81
　　五、制订绩效计划的程序 ……………………………………………… 82
　第二节　绩效目标的确定 ………………………………………………… 86
　　一、绩效目标的来源 …………………………………………………… 86
　　二、绩效目标的组成 …………………………………………………… 87
　　三、确定绩效目标的原则 ……………………………………………… 88
　　四、确定绩效目标的方法 ……………………………………………… 89
　　五、确定绩效目标应注意的问题 ……………………………………… 91
　第三节　绩效评价指标体系的设计 ……………………………………… 93
　　一、绩效评价指标体系的演变 ………………………………………… 93
　　二、绩效评价指标的构成与分类 ……………………………………… 94
　　三、绩效评价指标的选择依据和方法 ………………………………… 96
　　四、绩效评价指标权重的确定 ………………………………………… 98
　　五、绩效评价指标体系的设计原则 …………………………………… 101
　　六、绩效评价指标体系的设计步骤 …………………………………… 102
　第四节　绩效评价周期的确定 …………………………………………… 103
　　一、绩效评价周期及其类型 …………………………………………… 103

二、影响绩效评价周期的因素 ………………………………………… 103
　　三、绩效评价周期的划分依据 ………………………………………… 104
　　四、不同岗位和不同部门绩效评价周期的确定 ……………………… 105
第五节　绩效计划书的编制 ……………………………………………… 106
　　一、绩效计划书的内容 ………………………………………………… 106
　　二、绩效计划书的格式 ………………………………………………… 107
　　三、编制绩效计划书的步骤 …………………………………………… 108
　　四、绩效计划书范例 …………………………………………………… 111

第四章　绩效执行 …………………………………………………………… 116

第一节　绩效执行概述 …………………………………………………… 118
　　一、绩效执行及其责任分工 …………………………………………… 118
　　二、绩效执行的影响因素 ……………………………………………… 118
　　三、绩效执行的内容及其关键点 ……………………………………… 119
　　四、绩效执行的有效保障 ……………………………………………… 121
第二节　绩效辅导 ………………………………………………………… 122
　　一、绩效辅导及其意义 ………………………………………………… 122
　　二、绩效辅导的方式 …………………………………………………… 123
　　三、绩效辅导的内容 …………………………………………………… 124
　　四、绩效辅导的流程 …………………………………………………… 124
　　五、绩效辅导过程中应注意的问题 …………………………………… 126
第三节　绩效沟通 ………………………………………………………… 127
　　一、沟通的含义及过程 ………………………………………………… 127
　　二、绩效沟通的意义 …………………………………………………… 128
　　三、绩效沟通的原则 …………………………………………………… 129
　　四、绩效沟通的内容 …………………………………………………… 129
　　五、绩效沟通的方式 …………………………………………………… 130
　　六、绩效沟通的技巧 …………………………………………………… 133
第四节　绩效信息的收集 ………………………………………………… 135
　　一、绩效信息收集的目的与意义 ……………………………………… 135
　　二、绩效信息的来源 …………………………………………………… 136
　　三、绩效信息收集的内容 ……………………………………………… 137
　　四、绩效信息收集的流程与方法 ……………………………………… 137
　　五、绩效信息收集应注意的事项 ……………………………………… 138

第五章　绩效评价 …………………………………………………………… 141

第一节　绩效评价的流程 ………………………………………………… 143
　　一、绩效评价的目标 …………………………………………………… 143
　　二、绩效评价的原则 …………………………………………………… 143

  三、绩效评价系统的构建 …………………………………………………… 144
  四、绩效评价的过程 ………………………………………………………… 145
 第二节　绩效评价的内容 ……………………………………………………… 149
  一、工作业绩评价 …………………………………………………………… 149
  二、工作能力评价 …………………………………………………………… 150
  三、工作潜力评价 …………………………………………………………… 150
  四、工作态度评价 …………………………………………………………… 151
 第三节　绩效评价主体的选择 ………………………………………………… 151
  一、绩效评价主体的选择依据 ……………………………………………… 151
  二、不同绩效评价主体的选择与比较 ……………………………………… 152
  三、绩效评价主体的培训 …………………………………………………… 156
  四、绩效评价主体应避免的主观误区 ……………………………………… 158
 第四节　绩效评价的方法 ……………………………………………………… 159
  一、绩效评价方法的分类与选择 …………………………………………… 159
  二、比较法 …………………………………………………………………… 163
  三、量表法 …………………………………………………………………… 165
  四、描述法 …………………………………………………………………… 175

第六章　绩效反馈 …………………………………………………………… **184**

 第一节　绩效反馈概述 ………………………………………………………… 185
  一、绩效反馈及其重要性 …………………………………………………… 185
  二、绩效反馈的原则 ………………………………………………………… 186
  三、绩效反馈的内容 ………………………………………………………… 187
  四、绩效反馈的形式 ………………………………………………………… 188
 第二节　绩效反馈面谈 ………………………………………………………… 192
  一、绩效反馈面谈的目的与意义 …………………………………………… 192
  二、绩效反馈面谈的内容及策略 …………………………………………… 192
  三、绩效反馈面谈的步骤及过程 …………………………………………… 194
  四、绩效反馈面谈过程中应注意的问题 …………………………………… 197
 第三节　绩效诊断与改进 ……………………………………………………… 198
  一、绩效诊断的含义 ………………………………………………………… 198
  二、绩效诊断的方法 ………………………………………………………… 199
  三、绩效诊断的过程 ………………………………………………………… 199
  四、绩效改进 ………………………………………………………………… 204
 第四节　绩效评价结果的应用 ………………………………………………… 207
  一、绩效评价结果的应用原则 ……………………………………………… 207
  二、绩效评价结果的具体应用 ……………………………………………… 208

第二部分 薪酬管理

第七章 薪酬管理基础 ················· 215

第一节 薪酬的内涵及其功能 ················· 216
一、报酬的概念 ················· 216
二、薪酬的概念 ················· 218
三、报酬与薪酬的关系 ················· 218
四、薪酬的基本功能 ················· 220

第二节 薪酬管理概述 ················· 221
一、薪酬管理的概念及作用 ················· 221
二、薪酬管理的原则 ················· 222
三、薪酬管理的内容 ················· 224
四、薪酬管理的影响因素 ················· 226
五、薪酬管理的流程 ················· 229

第三节 薪酬理论 ················· 233
一、早期的工资理论 ················· 233
二、工资决定理论 ················· 234
三、工资分配理论 ················· 237
四、薪酬运用理论 ················· 240

第四节 职位评价 ················· 242
一、职位评价的含义 ················· 242
二、职位评价的战略意义及作用 ················· 242
三、职位评价的原则 ················· 243
四、职位评价的方法 ················· 245
五、职位评价过程中应注意的问题 ················· 252
六、职位评价的发展趋势 ················· 253

第八章 薪酬战略 ················· 258

第一节 薪酬战略概述 ················· 261
一、薪酬战略的含义 ················· 261
二、薪酬战略与企业战略的匹配 ················· 264
三、影响薪酬战略决策的因素 ················· 267
四、薪酬战略的制定 ················· 270

第二节 薪酬战略的演进与发展 ················· 272
一、传统的薪酬战略 ················· 272
二、全面薪酬战略 ················· 274
三、全面报酬战略 ················· 280

第三节 战略性薪酬管理 ················· 284

一、战略性薪酬管理概述 …………………………………………… 284
二、战略性薪酬管理与一般薪酬管理的区别 …………………… 286
三、战略性薪酬管理的原则及内容 ………………………………… 288
四、战略性薪酬管理的基本步骤 …………………………………… 290
五、战略性薪酬管理对人力资源管理职能的新要求 ………… 291

第九章　薪酬水平 298

第一节　薪酬水平及其外部竞争性 …………………………… 300
一、薪酬水平及其外部竞争性的含义 …………………………… 300
二、薪酬水平及其外部竞争性的作用 …………………………… 302
三、薪酬水平及其外部竞争性的策略选择 ……………………… 302

第二节　薪酬水平决策的影响因素 …………………………… 306
一、劳动力市场因素 ………………………………………………… 306
二、产品市场因素 …………………………………………………… 309
三、企业特征因素 …………………………………………………… 309
四、法律法规因素 …………………………………………………… 312
五、其他因素 ………………………………………………………… 313

第三节　市场薪酬调查 ……………………………………………… 315
一、薪酬调查的概念及类型 ………………………………………… 315
二、薪酬调查的目的 ………………………………………………… 317
三、薪酬调查的内容 ………………………………………………… 318
四、薪酬调查的实施过程 …………………………………………… 319
五、根据薪酬曲线确定薪酬水平 …………………………………… 325

第十章　薪酬结构 327

第一节　薪酬结构概述 ……………………………………………… 328
一、薪酬结构的概念及其构成 ……………………………………… 328
二、影响薪酬结构的因素 …………………………………………… 331
三、薪酬等级 ………………………………………………………… 332
四、薪酬结构策略 …………………………………………………… 334

第二节　薪酬结构设计 ……………………………………………… 335
一、薪酬结构设计的目标 …………………………………………… 335
二、薪酬结构设计的原则 …………………………………………… 336
三、薪酬结构设计的步骤 …………………………………………… 338

第三节　宽带薪酬 …………………………………………………… 346
一、宽带薪酬的内涵 ………………………………………………… 346
二、宽带薪酬的特点和作用 ………………………………………… 347
三、宽带薪酬的局限性及实施条件 ………………………………… 349
四、宽带薪酬结构的设计 …………………………………………… 351

第十一章　薪酬制度设计 · 355

第一节　薪酬制度设计概述 · 356
一、薪酬制度的含义及其设计目标 · 356
二、薪酬制度设计的依据 · 357
三、薪酬制度体系设计的流程 · 359

第二节　职位薪酬制度体系设计 · 361
一、职位薪酬制度体系的概念及特点 · 361
二、职位薪酬制度体系的主要类型 · 362
三、职位薪酬制度体系的实施条件 · 363

第三节　技能薪酬制度体系设计 · 364
一、技能薪酬制度体系的概念及特点 · 365
二、技能薪酬制度体系的主要类型 · 366
三、技能薪酬制度体系的设计流程 · 367
四、技能薪酬制度体系的实施条件 · 369

第四节　绩效薪酬制度体系设计 · 371
一、绩效薪酬制度体系的概念及特点 · 371
二、绩效薪酬制度体系的主要类型 · 372
三、绩效薪酬制度体系的实施条件 · 382

第十二章　员工福利管理 · 388

第一节　员工福利概述 · 391
一、员工福利的定义 · 391
二、员工福利的特点 · 391
三、员工福利的作用 · 392

第二节　员工福利的种类 · 394
一、法定福利 · 394
二、非法定福利 · 397
三、弹性福利计划 · 400

第三节　员工福利设计与管理 · 402
一、影响员工福利设计的因素 · 402
二、员工福利设计的流程 · 403
三、员工福利管理 · 408

参考文献 · 412

第一部分
绩效管理

第一章

绩效管理基础

> 一家公司的好坏取决于公司的人才,而人才能量释放多少就要取决于绩效管理了。
> ——[美]玫琳凯·艾施(Mary Kay Ash)

学习目标

- 深刻理解绩效的内涵及性质;
- 掌握影响绩效的主要因素;
- 理解绩效管理的概念;
- 阐明绩效管理与绩效评价的区别;
- 指出绩效管理与其他人力资源职能之间的联系;
- 理解绩效管理系统的内涵及其构成;
- 掌握理想的绩效管理系统应具备的特征及评价标准;
- 理解控制论、系统论和信息论的基本思想;
- 熟悉绩效管理的直接理论来源及其主要观点。

关键术语

绩效	个人绩效	群体绩效
组织绩效	任务绩效	关系/周边绩效
绩效管理	绩效评价	绩效管理系统
信度	效度	控制论
系统论	信息论	

  开篇引例

猎狗和兔子的故事

一、目标

一条猎狗将兔子赶出了窝,一直追赶它,追了很久仍没有捉到。牧羊人看到此种情景,讥笑猎狗说:"你们两个之间小的反而跑得快得多。"猎狗回答说:"你不知道我们两个的跑是完全不同的!我仅仅为了一顿饭而跑,它却是为了性命而跑呀!"

二、动力

这话被猎人听到了,猎人想:猎狗说得对啊,那我要想得到更多的猎物,得想个好法子。于是,猎人又买来几条猎狗,凡是能够在打猎中捉到兔子的,就可以得到几根骨头,捉不到的就没有饭吃。这一招果然有用,猎狗们纷纷去努力追兔子,因为谁都不愿意看着别人有骨头吃,自己没的吃。就这样过了一段时间,问题又出现了。大兔子非常难捉到,小兔子好捉,但捉到大兔子得到的奖赏和捉到小兔子得到的骨头差不多,猎狗们善于观察,发现了这个窍门,专门去捉小兔子。慢慢地,大家都发现了这个窍门。猎人对猎狗说:"最近你们捉的兔子越来越小了,为什么?"猎狗们说:"反正没有什么大的区别,为什么费那么大的劲去捉那些大的呢?"

三、长期的骨头

猎人经过思考后,决定不将分得骨头的数量与是否捉到兔子挂钩,而是采用每过一段时间,就统计一次猎狗捉到兔子的总重量。按照重量来评价猎狗,决定一段时间内的待遇。于是猎狗们捉到兔子的数量和重量都增加了,猎人很开心。

但是过了一段时间,猎人发现猎狗们捉兔子的数量又少了,而且越有经验的猎狗,捉兔子的数量下降得就越厉害。于是猎人又去问猎狗,猎狗说:"主人,我们把最好的时间都奉献给了您,但是我们随着时间的推移会老,当我们捉不到兔子的时候,您还会给我们骨头吃吗?"

四、骨头与肉兼而有之

猎人做了论功行赏的决定。他分析与汇总了所有猎狗捉到兔子的数量与重量,规定如果捉到的兔子超过了一定的数量后,即使捉不到兔子,每顿饭也可以得到一定数量的骨头。猎狗们都很高兴,大家都努力去达到猎人规定的数量。一段时间过后,终于有一些猎狗达到了猎人规定的数量。这时,其中一只猎狗说:"我们这么努力,只得到几根骨头,而我们捉的猎物远远超过了这几根骨头,我们为什么不能给自己捉兔子呢?"于是,有些猎狗离开了猎人,自己捉兔子去了。

五、只有永远的利益,没有永远的朋友

猎人意识到猎狗正在流失,并且那些流失的猎狗像野狗一般和自己的猎狗抢兔子。

情况变得越来越糟,猎人不得已引诱了一条野狗,问它到底野狗比猎狗强在哪里。野狗说:"猎狗吃的是骨头,吐出来的是肉啊!"接着又道:"也不是所有的野狗都顿顿有肉吃,大部分野狗最后骨头都没的舔!不然也不至于被你诱惑。"于是猎人进行了改革,使得每条猎狗除基本骨头外,可获得其所猎兔肉总量的 n%,而且随着服务时间加长,贡献变大,该比例还可递增,并有权分享猎人总兔肉的 m%。就这样,猎狗们与猎人一起努力,将野狗们逼得叫苦连天,纷纷强烈要求重归猎狗队伍。

日子一天一天地过去,冬天到了,兔子越来越少,猎人们的收成也一天不如一天。而那些服务时间长的老猎狗们老得不能捉到兔子,但仍然在无忧无虑地享受着那些他们自以为是应得的大份食物。终于有一天猎人再也不能忍受,把它们扫地出门,因为猎人更需要身强力壮的猎狗……

六、MicroBone 公司的诞生

被扫地出门的老猎狗们得到了一笔不菲的赔偿金,于是他们成立了 MicroBone 公司。

他们采用连锁加盟的方式招募野狗,向野狗们传授猎兔的技巧,他们从猎得的兔子中抽取一部分作为管理费。当赔偿金几乎全部用于广告后,他们终于有了足够多的野狗加盟,公司也开始盈利。一年后,他们收购了猎人的家当……

七、MicroBone 公司的发展

MicroBone 公司许诺加盟的野狗能得到公司 n% 的股份,这实在是太有诱惑力了。这些自认为怀才不遇的野狗们都以为找到了知音:终于做公司的主人了,不用再忍受猎人们呼来唤去的不快,不用再为捉到足够多的兔子而累死累活,也不用眼巴巴地乞求猎人多给两根骨头而扮得楚楚可怜。这一切对这些野狗来说,比多吃两根骨头更加受用。

于是野狗们拖家带口地加入了 MicroBone,一些在猎人门下的年轻猎狗也开始蠢蠢欲动,甚至很多自以为聪明实际愚蠢的猎人也想加入。好多同类型的公司如雨后春笋般地成立了,BoneEase、Bone.com、ChinaBone……一时间,森林里热闹起来。

八、F4 的诞生

猎人凭借出售公司的钱走上了老猎狗走过的路,最后千辛万苦要与 MicroBone 公司谈判的时候,老猎狗出人意料的顺利答应了猎人,把 MicroBone 公司卖给了猎人。老猎狗们从此不再经营公司,转而开始写自传《老猎狗的一生》,又写《如何成为出色的猎狗》《如何从一只普通猎狗成为一只管理层的猎狗》《猎狗成功秘诀》《成功猎狗 500 条》《穷猎狗,富猎狗》,并且将老猎狗的故事搬上屏幕,取名《猎狗花园》,四只老猎狗成了家喻户晓的明星 F4。它们收版权费,没有风险,利润更高……

资料来源:中国人力资源开发网(http://www.chinahrd.net)。

著名管理学大师德鲁克曾指出:"所有的组织都必须思考绩效为何物,这在以前简单明了,现在却不复如是,战略的制定越来越需要对绩效的新定义。"绩效作为组织使命、核心价值观、愿景和战略的重要表现形式,是所有组织所追求的目标。在组织管理过程中,组织的战略目标要分解为各部门和团队的业务目标,每个部门和团队的业务目标又要进一步分解为各岗位上员工的具体工作目标。只有员工实现了自己的岗位工作目标,部门和团队的业务目标才能得以实现,最终组织战略目标的实现才有了保障和基础。因此,激发团队和员工的积极性和创造性,持续地提高他们的绩效水平,就成为组织取得成功的关键。对绩效内涵的准确把握和界定是实现绩效管理目标的前提和基础,本章将从理解绩效的内涵入手,对绩效管理的含义、绩效管理系统及其构成、绩效管理的理论基础等内容展开分析和介绍。

第一节 绩效的内涵

一、绩效的含义

绩效(performance)在组织管理中是一个非常重要的概念,也是一个含义非常丰富的概念。在不同情况下,有着不同的含义。应当说,要给绩效下一个明确的定义是非常困难的。《牛津现代高级英汉词典》中对英文"Performance"的解释是"执行、履行、表现、成绩",这个界定本身就很不清晰。如果从字面上理解,绩效就是业绩与效率;业绩一般指组织的外部效率,效率则是指组织的内部运营水平。业绩与效率是互为补充的,如果缺乏内部效率,可能

导致组织丧失外部效率的竞争力,外部效率的获得往往又依赖于内部效率的高水平。但是并不是在每个时期外部效率高都代表着合适的内部效率,也不是合适的内部效率都反映出外部效率的竞争力。另外,研究的学科视角不同,人们对绩效内涵的认识也是不同的。

从管理学的角度看,绩效是组织期望的结果,是组织为实现其目标而展现在不同层面上的有效输出,它包括个人绩效和组织绩效两个方面。组织绩效是建立在个人绩效实现的基础上,但个人绩效的实现并不一定能保证组织是有绩效的。如果组织的绩效按一定的逻辑关系被层层分解到每一个工作岗位以及每一个人上,只要每一个人都达到了组织的要求,组织的绩效就实现了。但是,组织战略的失误可能会造成个人绩效目标实现而组织失败的后果。

从经济学的角度看,绩效与薪酬是员工和组织之间的对等承诺关系,绩效是员工对组织的承诺,而薪酬是组织对员工所做出的承诺。一个人进入组织,必须对组织所要求的绩效做出承诺,这是进入组织的前提条件。当员工完成了他对组织的承诺时,组织就实现其对员工的承诺。这种对等承诺关系的本质体现了等价交换的原则,而等价交换的原则是市场经济的基本运行规则。

从社会学的角度看,绩效意味着每一个社会成员按照社会分工所确定的角色承担自己的那一份职责。自己的生存权利是由其他人的绩效保证的,而自己的绩效又保障其他人的生存权利。因此,出色地完成我们自己的绩效是我们作为社会成员的义务,我们受惠于社会就必须回馈社会。

事实上,绩效本身是一种客观存在,但这种客观的绩效水平需要经过评判者的主观评价,形成绩效信息,才能对管理决策产生影响。因此,绩效应该是指组织期望的、为实现其目标而展现在不同层面上的经过评价的工作行为、方式及其结果,它反映了组织和员工在一定时间内以某种方式实现某种结果的过程。绩效不仅要关注结果,也要关注实现结果的过程。对于绩效结果,不仅要关注实际收益,还应关注预期收益;对于绩效过程,不仅要关注可以观察的外显行为,也要关注那些不易觉察的能力和态度。对员工个人而言,反映一个人工作绩效的工作能力、工作态度与工作结果的关系如图 1-1 所示。

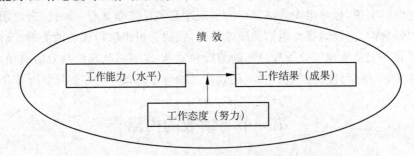

图 1-1　反映绩效的工作能力、工作态度与工作结果的关系

二、绩效概念的沿革与发展

随着管理实践和管理研究的不断深入,人们对绩效内涵的认识也在不断地发展和变化。对绩效概念的理解不同,绩效评价和绩效管理的侧重点和思路就会有所不同。因此,有必要了解绩效概念的沿革与发展。对于绩效的理解,概括起来主要有以下几种代表性观点。

(一)结果绩效观

结果绩效观认为绩效就是组织期望的结果。《卫氏辞典》(*Merriam-Webster's Dictionary*)将绩效定义为"完成某种任务或达到某个目标"。Bernardin 和 Beatty(1984)认为,绩效是在特定时间范围内,在特定工作职能或活动上生产出的结果记录。Kane(1996)则指出绩效是一个人留下的东西,这种东西与目的相对独立存在。结果绩效观认为,在绩效管理过程中,采用以结果为核心的绩效方法较为可取,因为它是从顾客的角度出发的,而且可以使个人的努力与组织的目标联系在一起。

在企业组织里,企业的最终绩效既可以表现为财务结果,也可以表现为非财务结果。比如负债率、流动比率、速动比率、每股盈余等这类财务结果,在评价员工业绩和经营部门业绩、为管理者提供决策等方面发挥着重要作用,著名的杜邦财务分析系统就是以财务结果为主要评价内容的(如图1-2所示)[①]。又如企业产量、市场占有率、银行的吸储率、学校的升学率等这类非财务结果,通常可以转化为财务结果或者与实现财务结果具有同等重要意义的数字,这些非财务结果通常都与财务结果具有直接的因果关系。

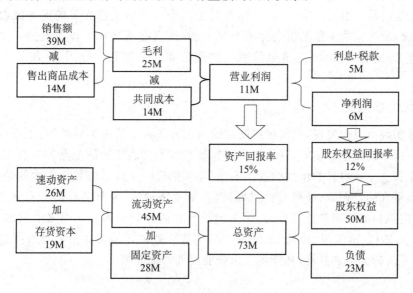

图1-2 杜邦财务分析系统模型(又名回收角锥)

财务结果通常在企业层面以及企业内部的利润中心采用,而非财务结果则在部门层面和成本、费用中心使用,比如生产部门、职能部门等。当然在企业层面也会有一些非财务的结果受到关注,非财务结果并不总是带来相应的财务结果,比如企业产量的增加、市场占有率的提高并不一定代表利润的上升。

财务结果和非财务结果又可以进一步分为长期结果(或者未来)、中期结果和短期结果。一般来说,股东对于长期结果的追求甚于对短期结果的追求,而员工对短期结果的追求要甚于对长期结果的追求。具体的情况还与组织所在行业和组织本身的特点及经营理念有关。

---

① 朴愚,顾卫俊. 绩效管理体系的设计与实施[M]. 北京:电子工业出版社,2006:6.

(二) 行为绩效观

行为绩效观认为,绩效就是那些有助于组织目标实现的行为。《牛津辞典》(*Oxford Dictionary*)将绩效解释为"执行或完成一项活动、任务或职能的行为或过程"。Murphy (1990)把绩效定义为"一套与组织或组织单位的目标相互关联的行为,而组织或组织单位则构成了个人工作的环境"。Ilgen和Schneider(1991)认为,绩效是个人或系统的所作所为。Borman和Motowidlo(1993)则提出了著名的"关系绩效—任务绩效"二维模型,其中,任务绩效是指那些所规定的行为或与特定的工作熟练有关的行为,而关系绩效则是指自发的行为或与非特定的工作熟练有关的行为。

Campbell(1993)则指出,"绩效可以被视为行为的同义词,它是人们实际采取的行动,而且这种行动可以被他人观察到。绩效应该只包括那些与组织目标有关的、并且是可以根据个人的能力进行评估的行动或行为。"Campbell的观点暗示,尽管绩效是行为,但并非所有的行为都是绩效,只有那些有助于组织目标实现的行为才能称之为绩效。Campbell认为之所以不以任务完成或目标达成等结果作为绩效,主要有三个方面的原因:首先,许多工作结果并非必然是由员工的工作带来的,可能有其他与个人所做工作无关的促进因素带来了这些结果;其次,员工完成工作的机会并不是平等的,而且并不是在工作中做的一切事情都必须与任务有关;最后,过度关注结果将使人忽视重要的过程和人际因素,使员工误解组织要求。

(三) 能力绩效观

在管理实践中人们发现,仅仅按照既定的行为方式做事情是不够的,员工还应该具备在既定程序下行事的技能和能力,这就产生了技能和能力代表绩效的观点。一般而言,能力越出众的企业和员工越容易产生高绩效。不过,如果更进一步理解绩效和能力的关系,我们就会发现员工潜在的价值观、动机、态度(如诚信、敬业精神等)等驱动着员工充分发挥他们的能力,表现出他们的知识和技能行为,员工的技能和能力只是露在水面之上的冰山一角(如图1-3所示);所以,价值观、动机、态度等才是创造绩效的源动力。只有具有了这样的源动力,再具备必需的能力和技能,才能创造出企业所期望的业绩。

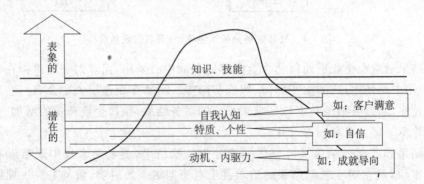

图1-3 冰山模型示意图

一般对于劳动过程可见、工作结果易于评价的员工,只要控制好员工行为就可以产生好的绩效了,但对于那些工作结果难以评价、以脑力劳动为主的知识型员工,就应当对他们的价值观、能力和技能进行管理,通过激励他们的内在主动性使其尽力工作,产生出高绩效来。

（四）产出绩效观

一些学者认为绩效是一种组织产出,是组织为实现其目标而展现在不同层面上的有效输出。组织期望得到什么,什么就是绩效。结果和行为都属于组织的产出。美国得克萨斯大学查理德·A.斯旺森教授(Richard A. Swanson,2007)认为真正的绩效即产出,产能、激励、胜任力或专业技能只是绩效变量,而非绩效。绩效可以根据本组织的使命、目标和战略来界定,但也并非全都如此。绩效就是一个系统所生产的被认为有价值的以产品和服务形式表现出来的产出。产品或服务被认为是通过绩效单位来实际完成的。衡量产品或服务的绩效单位的典型生产指标包括:数量、时间和质量。①

实际上,从广义角度理解,工作结果、工作方式、工作行为、工作态度和工作能力的提升等都可以看作是组织的广义产出,有些产出是直接的、外显的,有些产出则是间接的、隐含的。绩效管理的最终目的就是提高员工有利于组织目标实现的增值产出,这些产出既包括工作结果这样的直接产出,也应包括工作行为、工作方式这样的间接产出。如果只开花不结果,尽管员工在其工作岗位上积极努力,但由于种种原因,没有完成其岗位工作目标,就难以对组织做出应有的贡献;相反地,从绩效管理角度来看,我们不仅要看员工有没有完成工作目标,而且还要看其工作目标是如何实现的。例如,对于一个企业车间层的操作工而言,其绩效不仅要看他有没有完成劳动定额,即产品的数量和产品质量,从可持续发展的角度来讲,还要看他在生产过程中的具体表现。如果其产量是以降低设备的养护,靠拼消耗、拼设备取得的,那么他的这种绩效表现与组织的目标就是不一致的。再如,对一个企业销售人员而言,其绩效不仅要看其完成的销售额和回款率,还要看其销售额是如何实现的,如果是以误导顾客,作不实的承诺,或强势推销等手段,尽管一时的销售成绩不错,但对公司的形象与客户关系会产生极为消极的影响。因此,在对销售人员的绩效进行评价时,我们不仅要关注其销售额、回款率,还要看其客户维护、市场信息收集、客户的满意度,以及开发新客户的意识等方面的指标。

（五）综合绩效观

综合绩效观认为,绩效既可以是结果,也可以是行为。Brumbrach(1988)认为绩效指行为和结果。行为由从事工作的人表现出来,将工作任务付诸实施。行为不仅仅是结果的工具,行为本身也是结果,是为完成工作任务所付出的脑力和体力的结果,并且能和结果分开进行判断。Otley(1999)指出绩效就是工作的过程及其达到的结果。Mwita(2000)进一步指出绩效是一个综合的概念,它应该包含三个因素:行为、产出和结果。

综合绩效观不仅要关注结果,也要关注实现结果的过程。对于绩效结果不仅要关注实际收益,还应关注预期收益。对于绩效过程不仅要关注可以观察的外显行为,也要关注那些不易觉察的能力和态度。传统的绩效主要是为了追述过去、评价历史,而随着绩效边界的扩展,那些新的、基于战略的组织在绩效界定上越来越关注未来。比如那些创新型组织和知识型岗位的绩效,人们更加关注绩效的预期收益,即:绩效＝做了什么(实际结果)＋能做什么(预期结果)。

---

① [美]查理德·A.斯旺森.绩效分析与改进[M].北京:中国人民大学出版社,2010:25-26.

上述绩效观点从不同角度揭示了绩效的内涵,有助于我们更加深刻地理解绩效的本质及其内涵。事实上,在管理实践中,不同的组织由于追求的目标和任务不同,所处的行业或经营领域不同,或者组织所处的发展阶段不同,对绩效的理解和评价重心就会有所不同。因此,我们应以综合、系统的观点分层次来看待绩效。在人力资源管理实践中,绩效包含了经过评价的工作行为、方式与结果。对于不同的员工来讲,行为和结果在其总体绩效中所占比例可能是不同的,对于工作简单、结构化程度较高、工作结果量化程度较高的员工(如企业一线操作人员),工作结果在其总体绩效中所占比例较大;而对于从事较复杂、结构化程度较低、工作结果量化程度较低的员工(如企业R&D人员、营销策划人员),工作行为在其总体绩效中所占比例较大。

三、绩效的分类及性质

(一)绩效的分类

在一个组织当中,绩效是分层次的。通常从组织架构层次,我们把绩效分为组织绩效、群体绩效和个人绩效。

组织绩效,即组织的整体绩效,是指组织任务在数量、质量及效率等方面完成的情况。人们对组织绩效内涵的理解经历了一个内容不断丰富的演进过程。早期对企业组织的绩效,往往是单纯从财务角度进行界定。从20世纪80年代开始,在以财务指标为主的前提下,开始把非财务指标作为辅助性指标来对组织绩效进行衡量。1992年,美国哈佛大学教授卡普兰和复兴全球战略集团总裁诺顿在《哈佛商业评论》上发表了"综合平衡计分卡——良好的绩效测评"一文,为组织绩效的衡量提供了一个全新的框架,开始把组织绩效测评的内容拓展为财务性指标、顾客指标、内部流程指标和学习与发展指标等四个层面,这一全新框架把财务指标与非财务指标、短期指标与长期指标、滞后指标与引导性指标有机结合起来对组织绩效进行衡量,成为目前衡量组织绩效的基本框架。

群体绩效是组织中以团队或部门为单位的绩效,是群体任务在数量、质量及效率等方面完成的情况。部门或团队是组织与员工个体之间的中间层次,相对于组织而言部门或团队绩效是个体性的,相对于员工个体而言部门或团队绩效又是整体性的。部门或团队绩效既包括部门或团队完成自身任务目标的情况,同时也应该包括对其他部门或团队的服务、支持、配合、沟通等方面的行为表现。因此,对群体绩效,一方面要从部门或团队完成工作任务的数量、质量、时限和费用等方面进行衡量;另一方面也需要引入内部客户的概念,从内部客户对部门或团队所提供服务、支持、配合、沟通等方面的满意度进行衡量。

员工个人绩效是指员工在某一时期内的工作结果、工作行为和工作态度的总和,即员工个人的工作表现和成绩,如个人的生产率、生产质量、工作效率和服务质量等。员工个人绩效既包括任务绩效,即正式规定的工作职责的履行情况,也包括周边绩效,即员工在履行正式规定的工作职责的过程中所表现出的超职责行为。因此,对员工绩效不仅要衡量其任务绩效,也要对其周边绩效进行衡量。多数情况下员工个人和岗位具有对应关系,所以,在实践当中,我们一般认为员工个人绩效就是员工所在的岗位绩效。

虽然组织绩效、群体绩效和个人绩效有所差异,但三者又密切相关。组织绩效、群体绩效和个人绩效三者之间的关系如图1-4所示。员工个人绩效直接影响着组织绩效和群体绩效,员工个人绩效是基础,群体(部门或团队)绩效建立在员工个人绩效的基础之上,组织绩效则是建立在员工个人绩效及群体绩效基础之上的。组织绩效、群体绩效是通过个人绩效实现的,离开个人绩效,也就无所谓组织绩效和群体绩效了。群体绩效是员工个人绩效的整合与放大,而组织绩效是员工个人绩效及部门或团队绩效的整合与放大。

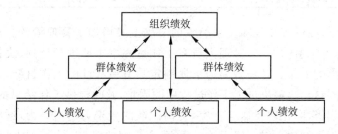

图 1-4　组织绩效、群体绩效与个人绩效的关系

从绩效评价角度看,脱离了组织绩效和群体绩效的个人绩效评价是毫无意义的,个人绩效需要通过组织绩效和群体绩效来体现,组织及其部门在其运行过程中,其系统结构以及运行机制的合理与否都会促进或阻碍员工绩效的发挥。所以,组织绩效管理的最终落脚点就是对员工个人绩效的管理,而在研究员工个人绩效问题时,又必须同时考虑组织因素。

(二) 绩效的性质

无论是个人绩效、群体绩效还是组织绩效,通常都具有以下三个性质。

1. 多因性

所谓多因性指的是绩效的优劣不是由单一因素决定的,而是由组织内外部多种因素决定的。影响绩效的因素很多,其中,外部因素包括社会环境、经济环境、国家法规政策以及同行业其他组织的发展情况等。内部因素主要包括组织战略、组织文化、组织结构、技术水平以及领导风格等。这些因素对绩效的影响作用各不相同,在分析绩效差距时,只有充分研究各种可能的影响因素,才能够抓住影响绩效的关键因素,从而对症下药,更有效地改进绩效,提升组织和员工的绩效水平。

2. 多维性

多维性指的是绩效需要从多个维度或多角度去分析和评价。学者们最初将员工绩效等同于任务绩效(视为单维度),认为绩效就是员工工作行为及其结果的效能与价值。之后,伯曼和莫特维多(Borman & Motowidlo,1993)提出了著名的"关系绩效-任务绩效"二维模型。任务绩效与被考核人员(部门)的工作目标、职责(职能)、工作结果直接相联系,主要包括工作数量、工作质量、时效和成本等方面的内容。关系绩效(contextual performance)也叫周边绩效,它与组织特征密切相关,是组织中员工自身的随机行为所产生的绩效,这些行为虽然与组织的技术核心的维护和服务没有直接的联系,但是从更广泛的组织运转环境与组织长期战略目标来看,这种行为非常重要。通常情况下,当员工主动地帮助工作中有困难的同事、努力保持与同事之间的良好工作关系或通过额外的努力准时完成某项任务时,他们的表现即为关系绩效。关系绩效主要包括工作主动性、服务意识、沟通与协调、纪律性、个人发展等内容。任务绩效与关系绩效之间的区别如表 1-1 所示。

表 1-1　任务绩效与关系绩效的主要区别

任 务 绩 效	关系绩效（周边绩效）
● 各职位间不同	● 各职位间很相似
● 很可能是角色事先规定的	● 不大可能是角色事先规定的
● 达成的前提：能力和技能	● 达成的前提：个性

对于管理岗位，在任务绩效和关系绩效的基础上又增加了管理绩效。从行为科学角度看，管理是通过他人把事情办好，管理人员在工作过程中主要进行计划、决策、指挥与控制、授权与协调等方面的工作。管理者要为下属制定具有挑战性的工作目标，工作过程中要及时跟踪检查、监督与指导，解决员工工作过程中的困难，及时提供工作结果的反馈信息，充分发挥下属的工作积极性，化解矛盾与冲突，提高团队的凝聚力与向心力，这些方面的表现构成了管理人员的管理绩效。对于组织绩效而言，布雷德拉普（Bredrup）则认为组织绩效应当包括效果、效率和变革性三个方面。效果主要指达成预期目的的程度，效率主要指组织使用资源的投入产出状况，而变革性则指组织应付将来变革的准备程度。这三个方面相互结合，最终决定一个组织的竞争力。

[知识链接 1-1]　　　　　　　何为绩效？

过去，大多数组织仅仅评估员工多么好地完成工作说明书上列出的任务，而当今层级更少、更加以服务为导向的组织对其员工有更多的要求。研究者现在确定了三种主要的行为类型，这三种行为类型构成了工作绩效。

1. 任务绩效（task performance）：是指履行有助于生产某种产品或服务，或者有助于管理活动的任务和职责。包括传统的工作说明书中的大部分工作任务。

2. 公民行为（citizenship）：指有益于组织心理氛围的行为，例如自愿帮助他人、支持组织目标、尊重同事、提出建设性的意见以及宣扬工作场所中的积极事物。

3. 反生产力行为（counter productivity）：指有害于组织的行为。这些行为包括偷窃、损坏公司财产、挑衅同事以及无故缺勤。

资料来源：[美]斯蒂芬·P. 罗宾斯，蒂莫西·A. 贾奇. 组织行为学[M]. 14版. 孙建敏，李原，黄小勇，译. 北京：中国人民大学出版社，2012：482.

3. 动态性

动态性是指员工的绩效会随着时间的推移而发生变化，不能用一成不变的思维来看待绩效问题。由于影响员工绩效的因素是多方面的，而每一个因素又处在不断变化之中，所以员工的绩效也会随着时间的推移而发生动态变化。原来绩效较差的，可能由于能力的提高、工作条件的改善或积极性的发挥而变好，而原来绩效较好的由于种种原因也可能变差。因此，在进行绩效评价时，应该根据员工在本考评周期内的实际工作结果和工作表现进行客观的评价，而不能受其先前绩效的影响。此外，在不同的环境下，组织对绩效不同内容的关注程度也是不同的，有时侧重于效率，有时侧重于效果，有时则统筹兼顾多个方面。无论是组织还是个人，都必须以系统和发展的眼光来认识和理解绩效。

四、绩效的影响因素

现代科学技术与心理学的研究表明，员工绩效的影响因素主要包括四个方面：技能

(skill)、激励(motivation)、环境(environment)和机会(opportunity)。绩效的影响因素可以用以下的公式来表示：

$$P = f(S, M, E, O)$$

这个公式表明绩效是技能、激励、环境、机会这四个变量的函数(如图1-5所示)。

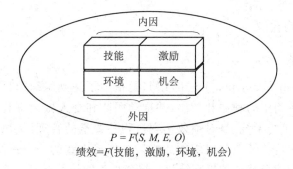

$P = F(S, M, E, O)$
绩效=F(技能，激励，环境，机会)

图1-5 绩效的影响因素模型

1. 技能

技能是指员工的工作技巧与能力水平，它取决于个人天赋、智力、经历、教育与培训等个人特点。员工的技能并不是一成不变的，组织可以通过各种方式来提高员工的整体技能水平：既可以通过招聘录用阶段的科学甄选提高组织中员工的整体技能水平，也可以通过组织学习和员工培训来提高其技能水平。

2. 激励

激励作为影响绩效的因素，是通过提高员工的工作积极性来发挥作用的。为了使激励手段能够真正发挥作用，组织应根据员工个人的需要结构、个性、感知、学习过程与价值观等因素，选择适当的激励手段和方式。

3. 环境

影响工作绩效的环境因素主要包括组织内部的环境因素和组织外部的环境因素两类。组织内部的客观环境因素一般包括：工作场所的布局与物理条件(如室温、通风、噪声、照明等)、任务的性质、工作设计的质量、设备与原料的供应、上级的领导作风与监控方式、组织结构与规章政策、工资福利、组织文化等。组织外部的客观环境因素包括社会政治经济状况、市场竞争强度等。组织的内外环境都会通过影响员工的工作行为和态度来影响员工的工作绩效。

4. 机会

机会也就是"运气"，它是一种偶然性因素，能够促进组织的创新和变革，给予员工学习、成长和发展的有利环境。在特定的情况下，员工如果能够得到机会去完成特定的工作任务，可能会使其达到在原有职位上无法实现的工作绩效。在机会的促使下，组织可以拓展新的发展领域，加速组织绩效的提升。对员工来讲，机会是偶然性的，是不可控的因素。不过，机会的偶然性也是相对的，一个好的管理者应该善于为员工创造机会。

在影响员工绩效的四个变量(技能、激励、环境、机会)中，技能和激励属于影响绩效的内因，环境和机会属于影响绩效的外因。在内因中，技能(能力)属于比较稳定的，而激励(努力水平)则属于不稳定的；在外因中，环境属于相对比较稳定的，而机会(运气)则属于不稳定的。

第二节 绩效管理概述

一、绩效管理的含义

（一）绩效管理的概念

绩效管理（performance management，PM）是指为了达到组织的目标，通过持续开放的沟通过程，形成组织所期望的利益和产出，并推动团队和个人做出有利于目标达成的行为。绩效管理作为一个完整的系统，是对绩效实现过程各要素的管理，是识别、衡量以及开发个人和团队绩效，并且使这些绩效与组织的战略目标保持一致的一个持续过程。在这个过程中，管理者和员工一道获得绩效和提高绩效。提高员工的绩效是管理者的责任，获得绩效是员工和管理者共同的任务。需要指出的是，绩效管理不是简单的任务管理。任务管理的目的只是围绕着实现当期的某个任务目标；而绩效管理则是根据整个组织的战略目标，为了实现一系列中长期的组织目标而对员工的绩效进行的管理，它对于组织的成长与发展具有重要的战略意义。

（二）绩效管理的特点

绩效管理具有以下特点：

（1）绩效管理以组织战略为导向，是综合管理组织、团队和员工绩效的过程。绩效管理是通过在员工和管理者之间达成关于目标、标准和所需能力的协议，在双方相互理解的基础上使组织、团队和个人共同取得好的工作结果的一种管理过程。在这一过程中，绩效管理始终与组织战略目标保持一致，并使组织目标分解为各部门或团队的目标，部门或团队目标再进一步落实为各岗位目标，确保员工的工作活动和产出与团队及组织的目标保持一致，并借此帮助组织赢得竞争优势。因此，绩效管理在员工的绩效和组织目标之间建立起了一个直接的联系，从而使员工对组织做出的贡献变得清楚。

（2）绩效管理是提高工作绩效的有力工具。绩效管理包括绩效计划、绩效执行、绩效评价和绩效反馈四个环节，这四个环节都是围绕着提高组织工作绩效这个目的服务的。绩效管理的目的并不是要把员工的绩效分出上下高低，或仅仅为奖惩措施寻找依据，而是针对员工绩效实施过程中存在的问题，采取恰当的措施，提高员工的绩效，从而保证组织目标的实现。

（3）绩效管理是促进员工能力开发的重要手段。绩效管理是人力资源开发与管理体系的核心。通过完善的绩效管理促进人力资源开发职能的实现，已成为人力资源开发与管理的核心任务之一。绩效管理通过强调绩效沟通与辅导的过程以实现它的开发目的，它不是迫使员工工作的棍棒，不是权力的炫耀。实际上，各种方式的沟通辅导贯穿于整个绩效管理系统之中。通过绩效沟通与绩效评价，不仅可以发现员工工作过程中存在的问题，如知识、能力方面的不足之处，进而通过有针对性的培训措施及时加以弥补；更为重要的是，通过绩效管理还可以了解员工的潜力，从而为人事调整及员工的职业发展提供依据，以达到把最合适的人放到最合适的岗位上的目的。

（4）绩效管理是一个持续性过程，是一个包括若干个环节的完整系统。绩效管理是持续性的，它包括从设定目标和任务、观察绩效，再到提供、接受指导和反馈这样一个永不停止的过程。绩效管理也是一个包括若干个环节的系统，通过这个系统在一定绩效周期中的运行实现绩效管理系统的各个目的。绩效管理不仅强调绩效的结果，而且注重达到绩效目标的过程。绩效管理不是一年一次的填表工作，也不仅仅是最后的绩效评价，而是强调通过控制整个绩效周期中员工的绩效情况来达到绩效管理的目的。

二、绩效管理的重要作用

（一）绩效管理对组织的贡献

对一个组织而言，推行绩效管理对于提高组织效率、实现组织目标具有重要的作用和意义。具体而言，绩效管理对于组织具有以下作用。

（1）强化完成工作的动力，提高员工胜任能力。绩效管理强调对员工的绩效反馈和帮助员工进行绩效改进。如果员工知道自己过去做得怎么样，同时他在过去取得的绩效能够得到认可和重视，就会增强员工的自尊心，更清楚地看到自己的特定优势和不足，从而帮助其更好地制订自己的开发计划，设计未来的职业发展路径，使员工有更大的动力去实现未来的绩效。

（2）增加管理者对下属的深入了解，使管理活动更加公平和适宜。员工的直接上级和负责对员工的绩效进行评价的其他管理人员，能够通过绩效管理过程对被评价者产生更新和更深入的了解，并能了解每一位员工对组织做出的贡献。同时，绩效管理系统提供的关于绩效的有效信息可以作为绩效加薪、晋升、转岗、解雇等管理活动的依据。建立在一套良好的绩效管理系统基础之上的各种管理决策，反过来又会促进组织内部人际关系的改善，并且增进上下级之间的相互信任。

（3）使组织目标更加清楚，工作内容及其需要达到的标准更加易于界定。绩效管理是基于组织战略和组织目标的，组织目标又会进一步分解为具有可操作性的部门和岗位目标。有效的绩效管理系统能够使一个组织以及组织中的某个单位的目标、被评价者的工作内容和需要达到的标准变得更加清晰、更易界定，从而使员工能够更好地理解他们的工作活动与组织的成功之间具有怎样的联系，把上级对员工绩效的看法更清楚地传递给员工。

（4）便于及时区分绩效优良与绩效不佳的员工。绩效管理体系能够帮助一个组织有效地区分绩效优秀和绩效差的员工，同时，它还迫使管理者及时面对和处理各种绩效问题。

（5）使组织变革更加容易推动。绩效管理可以成为推动组织变革的一个有效工具。比如一个组织决定要改变其企业文化，从而将产品质量和客户服务放到最重要的位置。一旦这种新的组织导向确定下来，就可以运用绩效管理使组织文化与组织目标联系在一起，从而使组织变革成为可能。事实上，文化变革是由绩效的改变推动的。

（二）糟糕的绩效管理对组织带来的危害

当一个组织的绩效管理体系并没有像预想的那样有效运转时，就会给组织带来不利后果和危害，这些不利后果和危害主要有：

（1）削弱完成工作任务的动力。糟糕的绩效管理体系往往使那些优秀的绩效没有转化为有意义的有形报酬（如加薪）或无形报酬（如对个人工作的认可），这无疑将使员工的工作动力受到削弱。

（2）使用错误的或者带有误导性的信息。如果一个组织没有实施标准的绩效管理体系，就会有多种可能导致最终得出的员工绩效信息是不真实的。

（3）损伤员工的自尊心，损害人际关系。如果不能以一种恰当而准确的方式向员工提供绩效反馈，员工的自尊心就有可能会受到损伤，也会导致涉及的各方之间的关系受到损害。

（4）浪费时间和金钱，增加遭遇诉讼的风险。实施绩效管理体系需要花费大量的金钱和时间，当绩效管理体系设计不佳、实施不良时，这些资源就被浪费掉了。同时，当员工感受到了不公平的绩效评价时，组织就有可能遭遇代价昂贵的诉讼。

（5）员工产生工作倦怠感，工作满意度下降，流动率上升。当员工认为绩效评价根据并不有效，绩效管理体系也不公平时，他们的工作倦怠感和对工作的不满程度就会增加。在这种情况下，员工会变得越来越容易被激怒。这些缺陷也会使他们感到不安，甚至离开组织。他们可能选择身体上的离开（如辞职），也可能选择心理上的离开（如努力程度降至最低）。

（6）绩效标准和评价结果不稳定、不公平，绩效评价等级体系不清楚。在糟糕的绩效管理体系中，不同部门之间以及各部门内部，绩效评价的标准以及对员工个人的绩效评价结果都是不同的，同时也是不公平的。此外，由于缺乏有效的沟通，员工可能并不知道他们的绩效评价结果是如何产生的，也不清楚他们的绩效评价结果将会怎样转化为相应的报酬。

三、绩效管理与绩效评价的区别与联系

很多组织或企业没有分清楚绩效管理和绩效评价的差异，认为做了绩效评价，量化了考核评价指标，年终实施了评价，就是实行了绩效管理，其实不然。绩效管理是一个完整的系统，它侧重于信息沟通和绩效提高，强调实现沟通与承诺，伴随着管理活动的全过程；而绩效评价只是绩效管理的一个环节，侧重于判断和评估，强调事后评价，绩效评价只是对绩效管理的阶段性的总结和评判，并非绩效管理的全部。不过，绩效管理是在绩效评价的基础上产生的，是绩效评价的拓展，两者之间既有紧密的联系又有明显的区别（如表1-2所示）。

表1-2 绩效评价与绩效管理的比较

比较项目	绩效评价	绩效管理
关注时间	过去	过去、现在、将来
特性	滞后性	战略性和前瞻性
参与主体	主管主导，员工被动反应	双向沟通、帮助员工开发
实施方式	判断式	计划式
关注点	结果	过程（行为）与结果
结果的利用	奖惩	能力开发和提高
管理者的角色	裁判员	教练、分析师
管理方式	强调服从，具有威胁性	主张自主承诺，具有推动性
控制系统	强调外部控制	主张自我控制
问题解决	事后解决	事中解决
追求的结果	得-失（win-lose）	双赢（win-win）

绩效评价与绩效管理之间的主要区别可归纳如下：

(1) 绩效管理是由绩效计划、绩效执行、绩效评价和绩效反馈所构成的一个动态循环系统,绩效评价只是绩效管理系统的一个子系统或构成要素,是绩效管理系统的一个局部。从系统论的观点来看,绩效管理与绩效评价是系统与要素、整体与局部的关系。

(2) 绩效管理是一个完整的管理过程,包括绩效计划、绩效执行、绩效评价、绩效反馈等一系列密切联系的管理环节;而绩效评价只是整个绩效管理过程中的一个环节,绩效评价是从属于绩效管理过程的。

(3) 绩效管理从绩效计划开始,能够前瞻性地分析员工及组织绩效中所存在的问题并规划未来的发展;而绩效评价主要是回顾过去,对未来的考虑比较少。

(4) 绩效管理过程中要借助计划、引导、监管和改善等一系列管理手段;而绩效评价则主要是对绩效所进行的监督。

(5) 绩效管理过程中,管理者更主要的是扮演指导者或教练的角色,与被管理者之间是一种绩效合作伙伴关系;而在绩效评价中,管理者通常扮演的是评判者的角色,经常会与被评价者对立起来。

(6) 绩效管理不仅注重所取得的结果,同时也注重整个管理过程;而绩效评价则主要关注结果。

(7) 绩效管理所关注的不仅是当前的绩效,更重要的是未来绩效的提高;而绩效评价则主要是对过去所取得的绩效的总结。

(8) 绩效管理侧重于通过评价信息的获取更好地提高、改进员工和组织的绩效,以实现组织与员工的"双赢";而绩效评价则侧重于评价信息的获取,通过这些评价信息为相关决策提供依据,更多关注的是评价结果的"得"与"失"。

以上对绩效管理和绩效评价的分析,使我们明确了绩效管理与绩效评价的差别。明确这种差别的意义在于,在进行绩效评价的过程中,能够明确绩效评价本身的局限性,设法弥补绩效评价的不足,并恰当地运用绩效评价的结果;而在实施绩效管理的过程中,在内容和形式上都要实行真正的绩效管理,不能使绩效管理成为单纯的绩效评价。

四、绩效管理的战略地位

(一) 绩效管理与组织战略的关系

绩效管理是一个组织获取竞争优势、实现组织目标的有力工具。任何一个组织的战略都是要借助于人力资源管理中的各个环节来具体实施的,在这些环节当中,绩效管理承担着具体的实践重任,绩效管理是战略落地的载体。反过来,从绩效管理的定义出发,组织战略又是绩效管理的基础,没有战略就谈不上绩效管理。因此,绩效管理与组织战略之间有着紧密的联系。

战略实际上是组织对未来结果的一种期望,这种期望要依靠组织的所有成员,按一定的职责和绩效要求、通过持续努力和发挥创造性来实现。通过绩效管理过程将组织的战略目标分解到各个业务单位,并根据每个岗位的基本职责进一步分解到各个岗位,形成每个岗位的绩效目标。这样就可以把每个岗位员工的工作目标加以有效的整合,形成合力,有效地促进组织目标的实现。绩效管理与组织战略之间的相互作用关系可用图1-6表示。

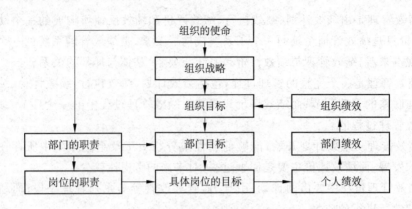

图 1-6 绩效管理与组织战略的关系

（二）绩效管理与其他人力资源管理模块的关系

绩效管理在组织的人力资源管理系统中占据着核心地位，是人力资源管理的中枢和关键，它影响着人力资源管理其他模块的设置原则和发展空间，在人力资源管理系统中起着承上启下的作用，绩效管理在人力资源管理系统中的地位如图 1-7 所示。①

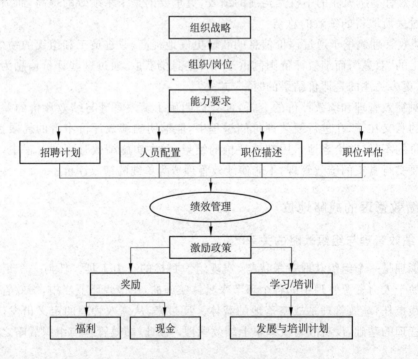

图 1-7 绩效管理在人力资源管理系统中的地位

1. 绩效管理与工作设计及工作分析的关系

工作设计（job design）是指为了有效地达到组织目标与满足个人需要而进行的工作内容、工作职能和工作关系的设计。而工作分析（job analysis）则是通过系统全面的情报收集

---

① 徐斌．绩效管理[M]．北京：中国人民大学出版社，2007：7．

手段,提供相关工作的全面信息,以便组织改善管理效率,是确定完成各项工作所需技能、责任和知识的系统过程。绩效管理与工作设计及工作分析的关系主要表现在工作设计、工作分析的结果会影响绩效管理系统的设计方式,是绩效管理系统设计的重要依据,同时,绩效管理的结果反过来又会对工作设计和工作分析产生影响。

工作设计确立了为达到特定的组织目标所要进行的具体工作活动,而工作分析则明确了工作的具体任务和职责,这些都成为构建绩效管理系统的重要基础。在构建绩效管理系统时,无论是绩效目标的确定还是考核指标的设计,都要依据工作设计与工作分析所确定的工作活动和具体的任务与职责,使绩效目标与组织的战略目标相一致,考评指标与具体的工作任务及职责相对应。

绩效管理系统对工作设计与工作分析也具有影响,这种影响主要表现在:绩效管理系统实施过程中可以显现工作设计与工作分析中所存在的问题,从而可以考虑重新进行工作设计与工作分析。如果在绩效评价中员工的绩效存在较大的问题,而通过原因分析并不在员工自身,这很可能就是工作设计与工作分析出了问题,就需要重新设计工作活动和界定具体的工作任务与职责。因此,绩效管理的结果成为验证工作设计与工作分析是否合理的一种手段,影响企业是否需要重新进行工作设计与工作分析。

2. 绩效管理与招募、甄选的关系

招募(recruitment)是指组织吸引和寻找能从中挑选出胜任空缺职位的合格候选人的过程。而甄选(selection)是组织通过运用一定的工具和手段对已经招募到的求职者进行鉴别和考察,区分他们的人格特点与知识技能水平,预测他们未来的工作绩效,从而最终挑选出组织所需要的、恰当的职位空缺填补者的过程。人员招募与甄选在很大程度上决定了组织中人员的素质,相应地也会间接影响绩效管理的结果。人员招募与甄选进行得有效,人员素质胜任工作岗位的要求,就能有效地完成绩效目标,取得良好的绩效结果;反之,就难于实现绩效目标,不能取得良好的绩效结果。

绩效管理对人员招募与甄选的影响,首先表现在绩效管理的结果可能会促进组织的人员招募与甄选活动。在绩效管理过程中,对于员工绩效评价结果中所存在的问题,如果发现原因是组织的人力资源数量无法满足工作任务的需要,或者是现有员工在能力和态度上有差距但又不能通过培训来解决时,都需要组织进行人员招募与甄选活动。绩效管理系统对人员招募与甄选的影响还表现在,通过绩效评价结果可以对人员招募甄选的有效性和可靠性进行验证。人员招募与甄选过程中要采用一系列的方法与技术,这些方法与技术的有效性和可靠性决定了所选择的人员是否恰当,是否能在日后的工作中取得优良的工作绩效。通过对所选择人员的工作绩效进行评价,把评价结果与招募甄选过程中的测验结果进行比较,就可以验证人员招募与甄选方法及技术的有效性和可靠性。因此,通过绩效管理,管理者能够加深对组织内各个岗位的合格、特别是优秀人员所应具备的品质与绩效特征之间关系的理解,从而对人员招募与甄选提供有益的参考。

3. 绩效管理与培训开发的关系

从传统意义上来说,培训(training)的主要目的是使员工获得目前工作所需的知识和能力,帮助员工完成好当前的工作;而开发(development)的主要目的是使员工获得未来工作所需的知识和能力,帮助员工胜任组织中其他职位的工作需要或未来岗位和工作的需要。

培训与开发对绩效管理的影响主要表现在:通过培训与开发,员工的技能水平得到充分的提高,绩效管理中的绩效目标和评价指标及其权重就要进行相应的调整。

绩效管理对培训与开发的影响是多方面的。绩效管理的目的是改进和提高绩效,本身就包含对员工进行开发的内容。在绩效管理过程中,通过绩效考评结果能够了解到员工的优势与劣势、在知识和技能上所存在的缺陷,以及在工作中的一些薄弱环节,从而发现员工在培训与开发方面的相应需要,使培训与开发更具有针对性和目的性。而培训与开发的目的就是提高员工的工作技能,进而提高他们的工作绩效,因此对培训与开发效果的评估尽管要从多个层面来进行,但最高层次的评估还是要从培训与开发后工作绩效的变化情况来进行。事实上,绩效管理与培训开发是整个人力资源系统中两个重要的行为引导机制,只有向员工发出相同的"信号",才能真正有效地强化行为引导的结果。

4. 绩效管理与薪酬管理的关系

薪酬(compensation)是员工因雇佣关系的存在,而从雇主那里获得的所有各种形式的经济收入、有形服务以及福利。薪酬管理(compensation management)是指组织在综合考虑各种内外部因素的情况下,根据组织的战略和发展规划,结合员工提供的服务来确定他们应得的薪酬总额、薪酬结构以及薪酬形式的过程。在人力资源管理活动中,绩效管理与薪酬管理相互联系、相互作用、相辅相成。绩效管理与薪酬管理都是调动员工工作积极性的重要因素。

薪酬管理对绩效管理的影响表现在,薪酬福利结构如果与绩效相联系,会对员工努力取得优异绩效具有强大的激励作用。在薪酬福利结构设计中,如果相应的项目是直接或间接与绩效相联系的,就会对员工具有诱导作用,激励员工努力地完成绩效目标,取得更好的工作绩效。在绩效管理过程中需要对员工进行激励,可采取的激励措施很多,但薪酬激励是基本的激励手段。绩效管理对薪酬管理具有直接的影响,这种影响表现在,薪酬福利结构中的相应部分是由员工绩效结果决定的。在总体薪酬结构中,基本工资虽然要根据职位的相对价值来确定,但通常所确定出的是工资范围,在这个工资范围内具体落在哪个点或哪个等级上一般是由员工的工作绩效决定的。而奖励工资部分则更为直接地与绩效相联系,是根据员工个人的绩效以及组织的整体经营状况,来制订个人或集体奖励计划。尽管绩效管理中的绩效评价结果对薪酬福利方案的实施具有直接的影响,但同时也要重视绩效管理的开发目的,使两方面保持平衡。

5. 绩效管理与员工流动管理的关系

员工流动(employee turnover)通常是指人员的流出、流入和组织内所发生的人员变动。它影响着一个组织人力资源的有效配置。在组织中,人员流动主要表现为晋升、解雇、退休等。合理的员工流动可以不断改善员工的素质和结构,帮助组织长期保持活力与增强竞争优势,但是,不合理的人员流动则会导致核心员工的流失,造成人力资源浪费,进而对组织的发展产生诸多不利影响。因此,有必要对员工流动进行管理。所谓员工流动管理(employee turnover management),是指对组织员工的流入、内部流动和流出进行计划、组织、协调和控制的过程,从而确保组织员工的可获取性,满足组织现在和未来的人力资源需要和员工职业生涯发展的需要。

员工流动管理是强化绩效管理的一种有效形式。通过晋升、解雇等员工流动管理的方法可以激励员工不断地提高工作绩效,努力达成绩效考核目标,促进绩效管理工作的顺利进行。同时,绩效管理的结果也会影响员工流动管理的相关决策。当绩效管理中的评价结果反映相应员工的工作绩效中存在较大问题,表明其无法胜任现有工作时,就可能需要进行降职、调动甚至解雇处理。在职位调整过程中,做出降职、调动特别是解雇的处理必须有明确的理由,对理由的解释必须令人信服,而公平合理的绩效评价结果则是最有力的、最可信的理由。当绩效管理中的评价结果反映相关员工取得了优异的绩效,这种优异的绩效在一定程度上表明员工能胜任更重要或更高层次的工作时,就成为进行工作轮换或晋升的重要依据。

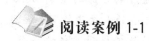
阅读案例 1-1

微软公司的绩效管理

研发人员是微软公司的主体员工,而且研发人员的绩效管理确实具有自己的一些独特性,但是对于微软来讲,并没有把研发人员和其他人员分别对待,微软在全球推行一致的绩效管理体系。微软的绩效管理理念就是要把个人绩效、团队绩效、业务单元绩效跟公司的全球战略目标连在一起,从而使每个微软人明白组织存在的价值和意义,以及个人在整个组织中的作用和价值。

以微软研究院为例,首先要弄清楚微软研究院是做什么的。微软研究院做的是基础研究,外人听起来会感觉比较抽象,但是微软自己很清楚,它的研究是为微软未来5~10年的技术和产品奠定基础,指导方向。微软在全球有七大业务部门,每个业务部门都有自己核心的产品和主营技术的领域。比如微软亚洲研究院会根据中国人才市场的匹配情况分析自己的优势所在,并确定自己的主要研究方向,最后再衡量完成情况。

微软对各个业务部门的绩效主要是从两个方面进行衡量的。首先是对外的影响,比如,看是不是在世界知名的学术协会上发表了论文,是否参与或引导了学术上重要标准的制定。这些外部的成绩是衡量研究水平高低的一个很客观的评估标准。其次,研究成果是否对微软未来的产品有影响力,是否可以使研究成果转化为生产力,是否最终有助于微软整体的成长和领先,这些都是评估的重要指标。

一、兼顾公司业绩与个人发展

微软的绩效管理分为两部分,第一部分和业绩有关,第二部分和员工发展有关。之所以关注员工发展,是因为微软是一个知识型的企业,如果员工个人能力提高了,那么对整个公司的业绩肯定会有正面的促进。另外,微软强调绩效管理是一个循环的过程,是一个长期的活动,不仅仅是年初或年底做一两次评估就可以完成的。

在微软,和公司业绩有关的考核一定是从上到下的,而不是员工自己想做什么就做什么。在很多公司把绩效的设定叫作"目标",在微软叫"承诺",是组织与员工、员工与组织之间的承诺。"目标"强调大家做一件事、两件事……;而"承诺"不是简单的交代工作,而是发自内心地认为自己应该去做,要负全责,要发挥价值的使命,这两个用词的侧重点是不一样的。关于"承诺"微软是这样做的:首先微软希望员工站在更高的角度去审视他的工作,总结其职位在未来的一到两年或者更长时间所应发挥价值的地方,这叫承诺。然后,希望员工再为这些承诺设定行动计划,并在每个行动计划后设定清晰的衡量指标。这个流程保证了员工的参与感,知道该做什么,如何做,以及是否在朝着既定的方向前进,进展如何等。

企业里的每一个员工都是有个性的,对目标的理解可能也会不一致。为了协调组织绩效目标和个人目标之间的矛盾和冲突,微软在坚持以公司战略和公司业绩为导向的前提下,鼓励员工参与管理。员工可以就其承诺和经理进行开诚布公的讨论,以确定方向,但以公司战略为导向的出发点是不能偏离的。在员工职业发展方面,微软完全让员工做主,员工自己根据需求设计个人的职业发展规划。公司的角色是提供资源,提供建议,以及创造多样化的发展机会。微软每年会有三个月的时间用来关注员工的发展,公司正视员工职业选择的多样性,并积极为他们提供各种方向。公司每年都为员工提供有关职业规划方面的培训,比如有一个职业选择叫重新定位:其定义是讲,如果有一天员工想改变自己的人生追求,做一些更能平衡个人兴趣、家庭和生活的工作,在微软也是允许的,并会帮助员工找到这样的机会。另外,如果个人目标和想法在微软内部都不能实现的话,公司甚至也会真诚地建议员工离开微软以寻求更大的发展。

二、相信正态分布曲线

微软跟许多其他公司相比,在员工淘汰方面要温和很多。微软没有末位淘汰制度,但是公司相信正态分布曲线。如果人足够多,哪怕他们都是最聪明的人,在一起工作还是会出现正态分布曲线的,还是会有处在末位的人。但对于末位者,微软不会立即解雇,而是先帮助其提高业绩,如果实在不行,才会将其淘汰。

三、绩效考核与员工待遇及发展挂钩

在微软公司,基本工资、奖金、股票都和员工的绩效评分有着直接的联系。当然,员工也不会只看短期的收益,更多地还要关注未来的职业发展。微软有好几层的接班人计划,有初级员工的,有中级员工的,还有更高一层的。员工的业绩好坏都会直接影响到他是不是能被选出来,能不能被送到发展计划里去。即便进入了发展计划也不代表员工就一定能晋升,他还要不断地展现自己现有的能力、未来的潜力,这样员工才能保证有更好的将来,同时现金上的收益也会相应增加。

资料来源:赵晓兵. 用制度管人 按制度办事[M]. 北京:经济科学出版社,2009.

第三节 绩效管理系统

一、绩效管理系统的含义

系统(system)是指为了实现一个共同的目标而存在的、由若干要素组成的相互联系而又相互制约的有机整体。绩效管理是由若干相互联系、相互作用的要素所构成的具有特定功能的有机整体,它构成了一个完整的系统,拥有系统的性质。绩效管理作为一个系统,除了具有整体性、有序性和相关性等系统的一般特征外,还具有作为人造的社会系统所具有的目标一致性和环境适应性。绩效管理系统具有明确的特定目标,而且这一特定目标始终都与组织战略目标保持一致,构建和实施绩效管理系统就是为了实现其特定的目标,进而支撑并帮助实现组织战略目标。绩效管理系统存在于特定的组织环境中,作为一个与环境之间存在着物质、能量和信息交换的系统,它必然要受到环境的影响。

自20世纪80年代以后,社会经济发生了一系列的变化,导致企业市场需求具有不确定性,企业的外部环境呈现出动态的(dynamic)、多样的(diverse)、困难的(difficult)、危险的(dangerous)特征。企业外部环境的这种"4D"变化已经威胁到企业的生存与发展,促使人们逐渐认识到企业是一个开放性系统,而不是封闭性的。企业不仅高度依赖于其环境,而且必须适应环境的不断变化,才能在充满危机和动荡的环境中保持竞争优势,最终获得成功。因此,要使一个企业组织有效地满足环境变化的需要,就应使其各个子系统要素的设计与环境的变化需要保持连续的一致性。作为企业组织管理的重要组成部分,绩效管理系统及其绩效评价指标体系的建立都应以环境的不确定性和复杂性作为研究的基本假设与逻辑起点,从而使绩效管理系统的建立更为科学、合理。[1]

将绩效管理作为系统工具,目前具有代表性的观点主要有以下三类:

观点一:绩效管理是管理组织绩效的系统;

观点二:绩效管理是管理员工绩效的系统;

观点三:绩效管理是综合管理组织和员工绩效的系统。

观点一将绩效理解为组织绩效,强调通过对组织结构、生产工艺、业务流程等方面的调整以实现组织的战略目标。观点二将绩效理解为单纯的员工绩效,强调以员工为核心的绩效管理理念。观点三把绩效理解为包括组织绩效和员工个人绩效的综合绩效,组织绩效和员工个人绩效作为绩效管理系统中不同层面的绩效,彼此之间相互影响、相互依赖,有着密切的联系。事实上,绩效管理的中心目标就是挖掘员工的潜力,提高他们的绩效,并通过将员工个人目标与组织战略结合在一起来提高组织的绩效。因此,从系统论的角度出发,绩效管理应该是一种把对组织绩效的管理和对员工绩效的管理结合在一起的综合管理系统。

绩效管理系统本质上是一种动态的管理控制系统。管理控制系统本身是个封闭循环系统,就一般的控制系统而言,主要有三个基本思想:①控制或限制;②指导或命令;③校对或检验。这三个基本思想由以下四类逻辑相关的环节构成:

(1) 预先(前馈)控制——预测、可行性分析、目标、预算、程序、规则、制度等;

(2) 指导(过程)控制——同步控制,及时纠正偏差;

(3) 是否控制——对关键点的控制,决定是否继续运行;

(4) 事后(反馈)控制——通过对结果的分析与评估,改进系统运行的可靠性和有效性。

如果把管理控制系统和绩效管理系统进行比较,不难看出两者的一致性,绩效管理系统中的目标和期望的建立属于前馈控制,绩效执行和督导属于过程控制,而绩效的评估与改进则属于反馈控制。管理控制系统和绩效管理系统的循环比较如图1-8所示。只有当绩效管理系统是一个封闭的循环系统时,它才是可控的和可靠的,同时也是不断提升和改善的保证。因为只有连续不断的控制才会有连续不断的反馈,进而才能保证连续不断的提升。[2]

---

[1] 马璐. 企业战略性绩效评价系统研究[M]. 北京:经济管理出版社,2004:63-65.
[2] 付亚和,许玉林. 绩效管理[M]. 上海:复旦大学出版社,2008:25-27.

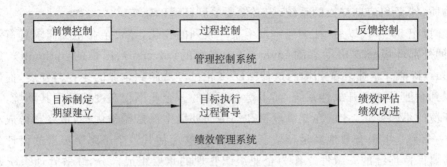

图 1-8　管理控制系统和绩效管理系统的循环比较

二、绩效管理系统的目的

绩效管理系统对于组织而言有多方面的目的。主要包括战略目的、管理目的、开发目的、信息传递目的、组织维持目的以及档案记录目的[①]。

（1）战略目的。绩效管理系统的首要目的在于帮助高层管理者实现组织战略目标。绩效管理系统通过把组织战略目标与部门目标、员工个人目标相联系，从而强化了实现组织战略目标的行为。在运用绩效管理系统实现组织战略时，通过战略目标的承接和分解，将组织的战略目标逐层落实到部门和员工个人，并在此基础上制定相应的绩效评价指标体系，设计相应的绩效评价和反馈系统，使员工的努力与组织战略保持高度一致，促使组织战略目标的顺利实现。

（2）管理目的。组织在多项管理决策中都要使用绩效管理信息。绩效管理系统的管理目的在于对员工的绩效表现给予评价，并给予相应的奖惩以激励员工。绩效管理中绩效评价的结果是组织进行薪酬管理决策、晋升决策、保留/解雇决策等人力资源管理决策时的重要依据。

（3）开发目的。绩效管理系统的开发目的主要是指管理者通过绩效管理过程来发现员工存在的不足，以便对其进行有针对性的培训，从而使员工能够更加有效地完成工作。当员工的工作完成情况没有达到预期的水平时，绩效管理系统就应该试图改善他的工作绩效。通过绩效反馈环节让员工找到绩效差距和绩效不佳的原因，继而针对问题采取措施，制订相应的绩效改进计划。另外，通过绩效管理系统，员工获得关于自己的绩效信息，也有助于帮助员工自己去设计或改进个人的职业发展路径。

（4）信息传递目的。绩效管理系统是一种重要的沟通手段。通过它可以让员工知道自己的表现如何，同时，绩效管理系统也为员工提供了哪些领域需要改进的信息。另外，绩效管理系统向员工提供的信息可以使他们明白组织以及自己的上级对他们的期望是什么，哪方面工作是最重要的。

（5）组织维持目的。绩效管理系统的组织维持目的主要表现在为人力资源规划和配置提供信息。制定人力资源规划的一项重要内容就是对组织内部的人力资源状况进行盘点，比如现有员工的技能、能力、晋升潜力、过去所从事的工作等。绩效管理系统是进行精确的现有人才盘点的主要手段。另外，绩效管理系统的组织维持目的还表现在评价未来的培训需求，评价整个组织的绩效达成度以及人力资源干预活动所产生的效果。

---

① Cleveland J N, Murphy R E. Multiple uses of performance appraisal: Prevalence and correlates[J]. Journal of Applied Psychology, 1989, 74: 130-135.

(6)档案记录目的。绩效管理系统的档案记录目的,主要是指绩效管理系统可以帮助组织收集并保留许多用于各种目的的有用信息,如甄选测试工具开发、管理决策等。这些绩效数据可以成为验证甄选测试工具有效性、管理决策合法性的有利证据和档案记录。

尽管通过绩效管理系统实现多重目的是可能的,但是,在实践中绩效管理系统最常见的也是最重要的目的是战略目的、管理目的和开发目的,这三个目的也构成了战略性绩效管理系统的核心目的。

三、绩效管理系统的作用

绩效管理系统在组织系统中扮演着非常重要的角色,它就如同为组织的各种管理系统搭建了一个管理平台,是各种管理系统的纽带,通过它来验证各个管理系统的运作效果。绩效管理系统在组织中的重要作用主要表现在以下几个方面。

(1)绩效管理系统是组织价值分配与人力资源管理决策的基础。

绩效管理系统不仅决定了组织创造什么样的价值,也决定了组织价值如何分配。通过绩效管理,对员工的产出实施考评,可以为员工的管理决策如职位升降、辞退、转岗、薪酬等提供必要的依据,同时也解决了员工的培训与开发、职业生涯规划等问题,有助于员工个人的职业生涯发展,更好地促进组织和部门的人力资源开发,这也是绩效管理成为人力资源管理各个环节中最核心环节的原因。

(2)绩效管理系统可以促进全面质量管理。

Kathleen Guin(1992)指出,"实际上,绩效管理过程可以加强全面质量管理(TQM)。因为,绩效管理可以给管理者提供 TQM 的技能和工具,使管理者能够将 TQM 看作组织文化的一个重要组成部分。"事实上,设计一个科学有效的绩效管理系统的过程本身就是一个追求"质量"的过程,一个只重视数量而忽视质量的绩效管理系统是很难有效地实现组织战略目标的。

(3)绩效管理系统有助于适应组织结构调整和变化,有效推进战略实施和组织变革。

多数组织的结构调整都是对组织环境变化的一种反映,其表现形式各种各样,比如减少管理层次、减小规模、适应性、团队工作、高绩效工作系统、战略性业务组织、授权等。组织结构调整后,管理思想和风格也要相应地改变,例如给员工更多的自主权,以便更快、更好地满足客户的需求;给员工更多的参与管理的机会,促进他们对工作的投入、提高他们的工作满意度;给员工更多的支持和指导,不断提高他们的胜任特征,等等。而所有这一切都必须通过建立绩效管理系统才能得以实现。绩效管理也是推进组织实现战略目标重要而有效的工具,绩效目标是最好的指挥棒,设定什么样的目标就会把组织引导到相应的方向。因此,组织在变革的过程中特别要善用绩效管理的导向作用。

(4)绩效管理系统能够促进有效的沟通、辅导和授权,避免组织冲突。

绩效管理系统在某种意义上就是一个绩效信息沟通系统,其沟通方式改变了以往自上而下发布命令和检查成果的做法,它要求管理者与被管理者双方定期就其工作行为与结果进行沟通,被管理者主动报告自己的工作,管理者对被管理者工作进行评价、反馈、辅导,管理者要对被管理者实现目标的能力进行培训开发,对其职业发展进行辅导与激励。这客观上为管理者与被管理者之间提供了一个十分实用的、规范而简捷的沟通平台。这种沟通使监督和授权得以平衡,使授权成为可能。绩效管理不是讨论绩效高下的问题,而是讨论员工的工作成就、成功和进步,这是员工和管理层的共同愿望。当员工认识到绩效管理系统是一种帮助员工改进绩效而不是考核惩罚员工的系统时,员工之间就会更加积极合作和坦诚相处。如果管理者把绩效管理看成是与员工的一种合作过程,将会减少冲突,增强合作。员工将会因为对工作及工作职责有更好的理解而受益。

(5) 绩效管理系统是一个很好的预警系统。

绩效管理通过自下而上、周期性地提交绩效报告,通过各级管理者的定期评价,清楚地反映了整个组织重要的经营管理活动,实现组织对绩效目标的监控实施。一旦发现问题就可以及时发出信号,避免问题严重化。管理者可以更好地控制预期发展,因为他们提前获得了重要的信息。所以说绩效管理系统也是一个很好的预警系统。

(6) 绩效管理系统有助于塑造契约化管理的高绩效企业文化。

绩效管理是一种契约管理,绩效计划的制订过程就是管理层与员工围绕工作任务、工作目标和工作标准协商签订有关契约的过程。通过制定公开的绩效评价制度,明确由谁、通过什么标准、按照什么样的目标顺序、采取什么样的评价方式来对工作进行评价,这使员工可以明晰组织的游戏规则。通过明确的绩效标准对员工的业绩进行对照考评,可以形成公正评价的组织氛围,通过建立在业绩基础上的分配机制促进分配的公平性;这些都构成组织透明的文化氛围,帮助组织形成公开、公正、公平的价值观。这种价值观不仅有助于绩效契约的执行和落实,而且有助于组织建立起心理契约,形成真正的契约化管理氛围。

在设定绩效目标过程中,由于员工参与设定自己的业绩目标,客观上起到了自我激励、自我约束、提高自我实现感的作用。而绩效管理系统在提倡结果导向的情况下,也同样关注绩效结果形成的过程。这包括在达成目标的过程中要遵循组织规定的行为方式,对员工价值观和行为表现方面提出的要求等,所有这些都有助于形成组织自己的文化特征和追求高绩效的文化氛围。

四、绩效管理系统的构成

不同的组织由于所面临的外部环境、内部组织结构、管理方式和组织文化等方面的不同,所要构建的绩效管理系统会具有差别,但绩效管理系统的基本构成却是大致一致的。一个完整、科学、有效的绩效管理系统应该包括三个目的、四个环节和五项关键决策。三个目的是指战略目的、管理目的和开发目的;四个环节是指绩效计划、绩效执行、绩效评价和绩效反馈;五项关键决策则是指评价内容、评价主体、评价周期、评价方法和评价结果的应用。绩效管理系统基本构成要素之间的关系如图 1-9 所示。

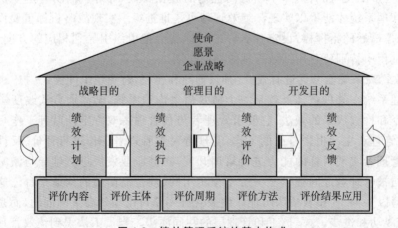

图 1-9　绩效管理系统的基本构成

(一) 三个目的

组织管理系统作为人造的社会系统是一个目的系统,具有明确的目的。绩效管理系统是整个组织管理系统中的一个子系统,它要与其他子系统协同工作,去完成整个组织管理系统的既定目的,同时本身也具有特定的目的,而绩效管理系统的构建与实施就是为了实现自身的目的。因此,在构建绩效管理系统的过程中,首先要对绩效管理系统的目的做出选择。绩效管理的目的主要由战略目的、管理目的、开发目的、信息传递目的、组织维持目的和档案记录目的构成,其中最重要的也是最核心的目的即为战略目的、管理目的和开发目的。战略目的体现了绩效管理系统对组织战略目标的支撑;管理目的体现了绩效管理系统对组织管理决策的支撑作用;而开发目的则体现了绩效管理系统以人为本、促进员工成长和发展的根本追求。绩效管理的目的在整个绩效管理系统中处于中心位置,组织内的一切绩效管理活动都是围绕这些目的展开的,偏离了这些目的,绩效管理就会失去存在的价值和意义。关于绩效管理系统的三个目的之间的差异比较如表1-3所示。

表1-3 绩效管理系统三个核心目的之间的比较

比较项目	管理目的	开发目的	战略目的
关注点	人	人	组织
用途	薪酬、晋升	绩效改进	战略沟通
沟通程度	少	多	多
需要者	人力资源经理	业务经理	组织高层领导
对组织的影响	中	高	极高

(二) 四个环节

绩效管理系统的四个基本环节主要包括绩效计划、绩效执行、绩效评价和绩效反馈,这四个环节构成了一个循环往复的闭循环,是绩效管理系统的核心构件。绩效计划是绩效管理的第一个环节,这一环节的主要任务是设定统一的阶段性目标和一致的绩效标准,并通过协议或契约的形式确定下来;绩效执行环节主要是对绩效合同的贯彻和实施,及时发现绩效计划实施过程中出现的问题,并帮助员工实现绩效目标;绩效评价环节主要是对绩效计划的执行情况及其结果进行判断和衡量,以此掌握绩效合同的完成情况和组织绩效状况;绩效反馈则是通过对绩效评价结果所做的回顾与讨论,找出员工的绩效差距,提出绩效改进计划,最终促进组织绩效的改善和提高。

绩效管理系统所包含四个环节紧密联系、环环相扣,任何一环的脱节都将导致绩效管理的失败。所以在绩效管理过程中应重视每个环节的工作,并将各个环节有效地整合在一起,使绩效管理过程成为一个完整的、封闭的控制环。在这个封闭的控制环中,绩效计划属于前馈控制,绩效执行和持续的绩效沟通属于过程控制,而绩效评价、绩效面谈与绩效改进则属于反馈控制。其中,制订绩效改进计划是前馈与反馈的联结点。事实上,也只有当这个环是封闭的,绩效管理才是可靠的和可控的,因为连续不断的控制才会有连续不断的反馈,连续不断的反馈才能保证连续不断的提升。

(三) 五项关键决策

绩效管理系统的五项关键决策主要包括评价内容、评价主体、评价周期、评价方法和评价结果的应用。这五项关键决策始终贯穿于上述四个环节之中,对绩效管理的实施效果起着决定性的作用。评价内容即"评价什么",着重确定绩效评价所需的指标、指标的权重及其目标值。评价主体即"谁来评价",包括组织内部的评价者和组织外部的评价者,内部评价者包括上级、同级、下级;外部评价者包括客户、供应商、分销商等利益相关者。评价周期就是"多长时间评价一次",在实践当中,评价周期与评价指标、组织特征、职位等级等诸多因素有关,应综合考虑,合理选择。评价方法主要是要解决"如何评价"的问题,绩效评价方法既有相对方法与绝对方法之分,也有特征导向的方法、行为导向的方法与结果导向的方法之分,每种方法都有各自的特点,并无绝对优劣之分,组织应根据具体情况加以选择。评价结果的应用是绩效管理的归宿,绩效评价结果的应用广度和深度集中体现了绩效管理系统的价值所在。在管理实践中,绩效评价结果主要用于两个方面:一是通过分析绩效评价结果,诊断员工存在的绩效问题,找出产生绩效问题的原因,制订绩效改进计划,以提高员工的工作绩效;二是将绩效评价结果作为其他人力资源管理决策的依据,如招聘、晋升、培训与开发、薪酬福利、职业生涯规划等。

五、绩效管理系统的特征及评价标准

(一)理想的绩效管理系统应具备的特征

前面我们分析了良好的绩效管理系统对于组织的发展具有非常重要的作用,会给组织带来许多好处。那么,理想的绩效管理系统应该具备哪些特征呢?美国科罗拉多大学教授赫尔曼·阿吉斯(Herman Aguinis)通过研究总结出了理想的绩效管理系统应该具备以下14个特征:[①]

(1)战略一致性。绩效管理系统应该与组织和部门的战略保持一致,个人目标必须与部门目标和组织目标紧密结合在一起。

(2)完整性。绩效管理系统应该包括完整的四个维度:①所有的员工(包括管理人员)都应当接受评价;②所有的主要工作职责(包括行为和结果)都应当被评价;③应当对整个绩效周期内的绩效进行全面评价,而不是只对正式绩效评价前几周或几个月内的绩效进行评价;④对员工的绩效反馈不仅要提供积极的绩效信息,同时也要提供负面的绩效信息。

(3)实用性。好的绩效管理系统应该是易于理解和使用的,不会耗费高昂的代价和时间成本,这样才能被管理者用来进行决策。另外,使用绩效管理系统所产生的收益(比如提高绩效和员工工作满意度)应当超出它所耗费的成本。

(4)有意义性。绩效管理系统的有意义性主要表现在以下几个方面:①针对每一项工作职责制定的绩效标准以及评价内容必须被认为是重要且相关的;②绩效评价应该仅仅强调员工可控的那些职能,比如,如果供应商没有将货物准时提供给员工,那么单方面要求员工加快服务速度就没有任何意义;③绩效评价必须在恰当的时间进行,而且时间间隔应该有规律;④绩效管理系统应该为评价者提供持续不断的技能开发机会;⑤绩效评价结果应该成为重要管理决策的依据,否则,员工就不会重视那样的绩效管理系统。

(5)明确具体性。好的绩效管理系统应该是明确具体的,它能给员工提供详尽而具体的指导,让员工明确组织和上级对他们的期望以及如何才能达到这种期望。

---

① 赫尔曼·阿吉斯.绩效管理[M].刘昕,等译.北京:中国人民大学出版社,2008:18-21.

(6) 绩效辨别性。绩效管理系统应当能够提供帮助组织识别有效绩效和无效绩效的信息，从而对表现出各种不同绩效有效性的员工进行识别，为绩效改进和员工管理提供决策依据。

(7) 可靠性。绩效管理系统的可靠性是指绩效衡量指标应当是稳定一致并且没有偏差的，它反映了不同的评价者对同一被评价对象绩效评价结果的一致性程度。

(8) 有效性。绩效管理系统的有效性是指在绩效衡量指标中包含了与绩效相关的所有各方面内容，而不包含与绩效无关的其他方面的内容，即绩效衡量指标应当是相关的。

(9) 可接受性和公平性。好的绩效管理系统应该是可以被所有的参与者接受的，而且被他们认为是公平的。绩效管理系统的参与者对系统的接受程度，在很大程度上决定了该系统是否有效。公平是一个主观感受，员工感受中的组织公平性主要包括结果公平、程序公平和交往公平。

(10) 参与性。一套好的绩效管理系统应当能够持续利用来自多种不同渠道的信息，这就要求员工必须参与创建绩效管理系统的过程，在应当对哪些行为和结果进行评价以及如何评价等方面提出自己的意见。所以说，绩效管理也是一个全员参与的过程。

(11) 开放性。好的绩效管理系统是没有秘密的。首先，绩效评价是经常性的，并且员工总是能够持续不断地得到有关自己绩效质量方面的绩效反馈信息。其次，绩效评价本身也是一个双向沟通过程，评价者和被评价者在这一过程中进行信息的互换。再次，绩效标准应当是清晰的，上级应当就这些标准持续不断地与员工进行沟通。另外，进行沟通不仅要以事实为依据，而且应该是开放的和坦诚的。

(12) 可纠正性。好的绩效管理系统，应当建立一种申诉程序，使员工能够借助这一程序对可能是不公平的决策提出自己的质疑。现实当中，要建立一套完全客观的绩效管理系统实际上是不可能的，因为在绩效评价过程中总是需要人做出一些主观的判断，因此，当员工感觉到上级对自己的绩效评价出现了偏差时，应当能够建立一种机制纠正这种偏差，尽量把人为的主观因素影响减少到最低。

(13) 标准化。好的绩效管理系统应当是标准化的，即在不同的时间以及对不同的人进行绩效评价时，应当保持一致性。为了实现绩效管理系统的标准化，就必须对负责绩效评价的人（尤其是管理者）进行持续不断的培训。

(14) 伦理性。良好的绩效管理系统应当是符合伦理道德标准的，这就要求管理者在进行绩效评价时，必须对自己的个人兴趣、偏好成见加以控制，确保只去评价那些自己能够掌握充分信息的绩效维度，同时还要尊重员工的个人隐私。

[知识链接 1-2]　　奠定好"绩效管理系统"大厦的地基

在组织中，构建绩效管理系统像建设大楼，没有坚实可信的地基，绩效管理这座大厦是无法正常使用和发挥作用的。建设"绩效管理"大厦，必须奠定好以下四个环环相扣的地基：

第一层地基：完整的战略设想和明确的组织目标

第二层地基：符合目标的组织结构

第三层地基：清晰的业务流程

第四层地基：清晰的岗位职责

资料来源：根据博思智联管理顾问公司资料整理。

第四层地基：岗位职责
第三层地基：业务流程
第二层地基：组织结构
第一层地基：组织战略

（二）绩效管理系统的评价标准

每个组织都可以构建出适合自己的绩效管理系统，但是由于组织环境的差异，并非所有组织的绩效管理系统都能发挥应有的作用，因此，必须对组织所构建的绩效管理系统的科学性和有效性进行判断。通常情况下，组织可通过以下 5 个方面的评价标准来判断绩效管理系统是否科学、有效。

1. 战略一致性

战略一致性是指绩效管理系统与组织发展战略的一致性程度，绩效管理系统随组织战略的变化而变化。任何绩效管理系统都要以组织战略为基本前提，通过把战略目标层层分解为具体的绩效目标，从而实现组织战略目标。因此，有效的绩效管理系统无论在评价内容还是在评价标准上都应与组织的发展战略目标和组织文化相一致。比如一家强调顾客导向的软件开发企业，就应把员工为顾客服务的质量、所开发软件是否符合顾客偏好、能否与顾客建立长期合作关系等作为绩效管理的重要内容，而不是仅仅考核员工的销售额或生产量，这样的绩效管理系统才能促进软件企业的持续成长和发展。

2. 明确性

明确性是指绩效管理系统能够在多大程度上为员工提供一种明确的指导，清晰地告诉员工组织对他们的期望是什么，并使他们充分了解如何才能实现这些期望和要求。虽然绩效评价是衡量员工绩效、培养和激励员工的有力工具，但如果绩效评价中的不确定性和模糊性得不到澄清，员工得不到明确的指导和帮助，也可能使管理者和员工产生严重的焦虑与挫折感，无法通过正确的工作行为帮助组织实现战略目标。因此，要通过在绩效管理系统设计和运行过程中向员工提供明确的信息，让员工领会组织对他们的期望以及如何实现这些期望，从而提高绩效评价的客观性和公正性。比如设置"接到顾客投诉后应在 24 小时内处理完毕"这样的评价标准要比"尽快处理顾客投诉"的标准更明确具体，评价也更客观、公正。

3. 信度

信度（reliability）是指绩效管理系统的可靠性或可信赖的程度，即通过绩效管理系统所得结果的前后一致性程度。一般可从两方面考察绩效管理系统的信度：①评价者内部信度，即不同的绩效评价主体运用同一评价方法对相同评价对象得出的评价结果的一致性程度。如果两个或两个以上的评价主体对同一评价对象的工作绩效所作的评价相同或非常接近，那么这种绩效评价系统具有较高的评价者内部信度。②再测信度（test-retest reliability），也叫重测信度，是指在不同时期对评价对象的绩效进行重复测试的一致性程度。如果在不同时间采用同一绩效评价系统对同一评价对象进行评价的绩效结果一致或相似，则说明这种绩效评价系统具有较高的再测信度。再测信度实际上检验的是两次评价所得结果的稳定程度，所以又称为稳定性系数。在实践当中，绩效指标和标准不明确、评价者的主观评价、评价者缺乏必要的绩效评价培训、评价指标不全面等原因都会降低绩效管理系统的信度。

4. 效度

效度（validity）是指绩效管理系统准确评价员工绩效的程度，主要指绩效评价手段能否很好地体现员工的实际工作情况，是否对与绩效有关的所有方面都进行了评价。一个有效的绩效管理系统能够恰如其分地将评价对象工作绩效的各个方面纳入绩效评价指标体系，排除与绩效无关的内容。

造成绩效管理系统效度低的原因主要有两种情况：一种是绩效管理系统有缺失，不能衡量工作绩效的所有方面；另一种是绩效管理系统被"污染"，评价了不该评价的内容。如果绩效评价系统无法全面反映实际工作绩效，那么这个系统就有欠缺（如图 1-10 所示）。比如，只用售票金额来衡量售票员的绩效，而忽略了服务态度等因素，就会因评价指标缺失而造成效度很低。如果绩效评价系统存在与实际工作绩效无关的评价内容或评价对象无法控制的因素，则该系统就是受到污染的系统。那些与实际工作绩效无关的评价指标不仅会降低绩效管理系统的效度，还会误导员工的行为。

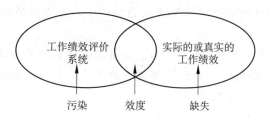

图 1-10　绩效评价系统的效度

弗兰仕（J. W. French）和米歇尔（B. Michel）把效度分为内容效度、校标效度和构念效度。内容效度（content validity）是指绩效评价对要评价的绩效内容的反映程度，即绩效评价系统在多大程度上测到了其真正想要测量的东西。校标效度（criterion validity）是通过预测因子与效标的相关程度来证明测试的有效性，是一个心理测量学的术语。而构念效度（construct validity）则是指某个测验在多大程度上正确验证了编制测验的理论构想，可以被理解为理论建构的有效性。

5. 公平与可接受性

评价主体和评价对象对绩效管理系统的接受程度，在很大程度上决定了该系统是否有效。影响绩效管理系统可接受性的原因是多方面的，包括系统的设计和运作成本、评价技术的可操作性以及绩效管理的公平性等。大多数情况下，人们不接受一种绩效管理系统的原因，往往是他们认为该系统不能公平地对待每一位员工。能够被员工感知到的公平有以下三种类型：①结果公平，即员工对绩效评价结果以及评估结果运用情况的公平感受；②程序公平，即员工对绩效管理系统的开发和实施过程是否公平的感知；③交往公平，即员工对管理者在使用绩效评价系统过程中是否公平地对待每一名员工的感知。

为了提高绩效管理系统的公平性和可接受性，组织应给予管理者和员工参与绩效管理系统设计过程的机会；对评价者进行培训，尽可能地减少评价者的误差和偏见，对所有评价对象应做到一视同仁；设置申诉机制和再评价机制，允许员工对绩效评价结果提出质疑，由更高一级管理者审核评价者作出的评估结果；要求管理人员在尊重和友好的氛围中，及时全面地向员工提供反馈。

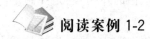

阅读案例 1-2

让员工都得"A"

著名管理学家肯·布兰查德（Ken Blanchard）在谈到绩效管理的时候举了一个他教学

的事例。他说,我在大学教学的十年里,有时会与其他的老师出现分歧,因为我总是在上课的第一天就把期末考试的题目告诉给我的学生。当同事问我为什么这么做时,我回答道:"我计划用一个学期的时间去教授他们问题的答案,这样,当期末到来时,每个人都将会得到A的成绩。"

我的教学事例类似于一个有效评估系统的三个组成部分:

(1) 制订目标后,进行作业计划;

(2) 在不断反馈的基础上完成每天的训练;

(3) 当所有的作业完成后,进行业绩评估。

布兰查德教授用他生动的教学案例为我们描述了一个有效的绩效管理系统,以及管理者在这个系统所扮演的角色。

在他看来,所有的绩效管理工作都是为了让员工获得最好的成绩,即为了得"A"。领导或主管所扮演的角色不仅仅是个管理者,而更多的是绩效合作伙伴和员工的辅导员,是员工绩效能力提高和业绩提升的帮助者。

资料来源:聚杰网,http://www.itjj.net/.

第四节 绩效管理的理论基础

绩效管理理论体系的形成除了自身发展所具备的客观要求外,还有比较完善的学科理论作为其理论基础。绩效管理的一般理论基础包括控制论、系统论和信息论,绩效管理的直接理论基础则包括了目标设置理论、激励理论、成本收益理论、目标一致性理论、组织公平感理论、权变管理理论、利益相关者理论等诸多理论。绩效管理理论是上述各种管理思想和理论在绩效管理实践领域整合、应用的结果。

一、一般理论基础

(一) 控制论

控制一词来自古希腊语,原意为掌舵术,包含了调节、操纵、管理、指挥、监督等多层含义。控制论是研究各类系统的调节和控制规律的科学,美国数学家、控制论的创始人诺伯特·维纳(N. Wiener)把控制论定义为:"设有两个状态变量,其中一个是能由我们进行调节的,而另一个则不能控制。这时我们面临的问题是如何根据那个不可控制变量从过去到现在的信息来适当地确定可以调节的变量的最优值,以实现对于我们最为合适、最有利的状态。"控制论的研究表明,无论自动机器,还是神经系统、生命系统,以至经济系统、社会系统,都可以看作是一个自动控制系统。整个控制过程就是一个信息流通的过程,通过信息的传输、变换、加工、处理来实现控制。反馈对系统的控制和稳定起着决定性的作用,它是控制论的核心问题。

管理系统是一种典型的控制系统,管理系统中的控制过程在本质上与工程的、生物的系统是一样的,都是通过信息反馈来揭示成效与标准之间的差,并采取纠正措施,使系统稳定在预定的目标状态上。从控制论的角度分析,绩效管理也是一个控制系统,这一控制系统首先表现为员工、部门、组织绩效因果链中前一环节对后一环节的控制,绩效计划的制定属于前馈控制,绩效执行属于过程控制,而绩效评价与绩效改进则属于反馈控制。

(二) 系统论

系统是指为实现共同目标而存在的,由若干要素以一定结构形式联结构成的相互联系又相互制约的有机整体。系统论的核心思想是系统的整体观念,认为世界万物都是大小各异的系统,大系统都是由许多小系统构成,而每个小系统则由更小的子系统构成,这些众多的子系统构成一个具有特定功能的整体或组织。

系统论的基本思想方法,就是把研究和处理的对象当作一个系统,分析系统的结构和功能,研究系统、要素、环境三者的相互关系和变动的规律性。系统论为绩效管理系统的建立提供了一种理念上的指导,使人们从系统和全面的角度去分析和研究绩效管理及其相关问题,帮助人们在研究绩效管理各个具体问题时注重研究它们之间的关系及其相互的影响。绩效管理涉及组织的各个层面、部门和领域,其绩效既相对独立,又相互联系。显然,绩效管理系统作为组织管理系统的子系统,必然与其他子系统及母系统之间存在着互动与适配关系。

(三) 信息论

世界上各种事物都是充满矛盾不断发展的,物质的运动主要是靠内部矛盾运动所产生的能量,事物之间的普遍联系则靠的是信息。信息是关于事物的运动状态和规律,而信息论的产生与发展过程,就是立足于这个基本性质。信息论是一门用数理统计方法来研究信息的度量、传递和变换规律的科学,它主要是研究通信和控制系统中普遍存在着信息传递的共同规律,以及研究最佳解决信息的获取、度量、变换、储存和传递等问题的基础理论。信息论的核心问题是信息传输的有效性和可靠性以及两者间的关系。

随着信息科学的研究和发展,信息观念被引入组织管理系统,逐渐形成管理信息系统的基本观念。绩效管理实质上就是对绩效信息的管理,信息论的原理对绩效管理系统的形成、绩效评价指标的确定与获取、绩效管理系统的有效运行等方面都具有重要的指导作用,而且信息论思想的引入还有助于在绩效管理过程中形成一种信息优势,从而更好地实现绩效管理的目的。

二、绩效管理的直接理论基础

(一) 目标设置理论

目标设置理论(goal setting theory)由美国管理学家查尔斯·L.休斯和心理学家洛克(E. A. Locke)最早提出。目标设置理论认为,目标是人们行为的最终目的,是人们预先规定的、合乎自己需要的"诱因",是激励人们的有形的、可以测量的成功标准。达到目标是一种强有力的激励,是完成工作的最直接动机,也是提高激励水平的重要过程。成长、成就和责任感的需要都要通过目标的达成来满足。重视目标和争取达到目标是激发动机的重要过程。

洛克认为,目标的难度与个人对目标获得的忠诚度这两个方面决定个体的努力程度;具有明确目标的人们,其绩效高于那些没有目标的或者具有空泛的"尽力做好"要求的人们;接受困难目标的人们,其绩效高于那些接受容易目标的人们;具有工作反馈的人们,其绩效高于那些无反馈的人们。根据目标设置理论,要使目标能够影响成员的行为,目标设置必须具体明确、难度适中且能被下属认同和接受。

(二)激励理论

激励理论是行为科学中用于处理需要、动机、目标和行为之间相互关系的核心理论,是对如何满足人的各种需要、调动人的积极性的原则和方法的概括总结。激励的目的在于激发人的正确行为动机,调动人的工作积极性和创造性。激励的过程是从个人的需要出发的,当需要没有得到满足时,个人将寻求和选择满足这些需要的方法和途径。个人一般通过目标行为或工作来满足需要,个人实现目标方面的绩效成就,要由个人或别人(组织)来进行绩效评价,根据评价结果给予相应的奖励或惩罚。最后,由个人来评价绩效与报酬在多大程度上满足了最初的需要,如果这个激励过程满足了需要,个人就会产生平衡感和满足感;反之,激励过程就要重复,可能会选择一个不同的行为。激励过程的一般模式如图1-11所示。

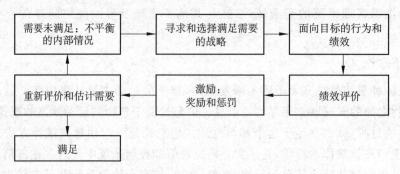

图1-11 激励过程的一般模式

激励理论是绩效评价理论的重要依据。它说明了为什么绩效评价能够促进组织绩效的提高,以及什么样的绩效评价机制才能够促进绩效的提高。激励理论根据研究的侧重点不同可分为内容型激励理论、过程型激励理论和强化型激励理论。内容型激励理论从激励的内容即需要出发,重点研究激发动机的诱因;主要包括马斯洛的需要层次论、赫茨伯格的双因素论和麦克利兰的成就需要激励理论。过程型激励理论重点研究从动机的产生到采取行动的心理过程,主要包括弗鲁姆的期望理论、海德的归因理论和亚当斯的公平理论等。强化型激励理论重点研究激励的目的(即改造、修正行为),主要包括挫折理论和斯金纳的强化理论等。

激励理论的丰富和发展使得人们产生了综合、简化这些理论的倾向,试图找到一个能体现各个理论有效性和互补性的综合模型。较早做这种尝试的是波特和劳勒,他们提出的基于努力、绩效、奖酬、满足等变量的整合模型为人们普遍接受,随后又有包括聚合模型、混合模型、整合模型等的出现。这些综合激励模式成为分析解决组织当中的激励问题的重要理论工具。

(三)成本收益理论

成本收益分析是指以货币单位为基础对投入与产出进行估算和衡量的方法。它是预先做出一种计划方案。在市场经济条件下,任何一个组织在进行经济活动时,都要考虑具体经济行为在经济价值上的得失，以便对投入与产出关系有一个尽可能科学的估计。成本收益分析是一种量入为出的经济理念，它要求对未来行动有预期目标，并对预期目标的概率有所把握。

经济学通常采用成本收益分析方法来研究各种条件下的行为与效果的关系，探究如何以最小的成本取得最大的收益，其他社会科学也可运用这一方法来分析人的行为。事实上，人类的一切行为都蕴含着效用最大化的经济动机，都可以运用经济学的成本收益理论进行研究和说明。当代行为科学已用大量事实证明，决定人的道德行为选择的最根本的动因是人们对其行为结果的预期，这种预期是建立在人们对行为结果的代价分析的基础之上的。而且，在这种行为结果的预期中，经济利益上的考虑通常起着最重要的作用。

自利性、经济性、计算性是成本收益分析的基本特征。成本收益分析对效益的追求带有强烈的自利性，成本收益分析的出发点和目的是追求行为者自身的利益。成本收益分析追求的效用是行为者自己的效用，而不是他人的效用，行为者这种自利的动机，总是试图在经济活动中以最少的投入获得最大的收益，使经济活动经济、高效。行为者由于自利动机及其对效益的追求，必然要对自己的投入与产出进行计算。因此，成本收益分析蕴含着一种量入为出的计算理性，没有这种精打细算的计算，经济活动要想获得好的效果是不大可能的。由此可见，成本收益的计算特性是达到经济性的必要手段，也是保证行为者行为自利目的的基本工具。

（四）目标一致性理论

目标一致性理论运用于绩效评价活动中时的具体含义，是指评价对象的系统运行目标、绩效评价的目的与绩效评价指标体系三者之间的目标一致性，这三者之间的关系如图1-12所示。

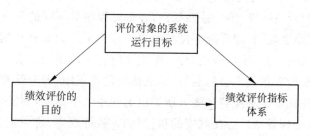

图1-12 目标一致性理论

目标一致性理论的内容主要体现了三个方面的"一致性"：

（1）绩效评价指标体系与评价对象的系统运行目标的一致性。绩效评价的目的，是帮助评价对象实现系统运行的最终目标，因此，绩效评价指标体系应与评价对象的系统运行目标保持一致。这种一致性具体又反映在两个方面：一是绩效评价指标体系的内容与系统运行目标的内容是否一致。绩效评价指标体系的内容应反映评价对象的系统运行目标。绩效评价指标体系的内容能够引导评价对象产生符合系统运行目标的输出，促进评价对象实现其系统运行目标。二是绩效评价指标体系的内容是否完整地反映了评价对象的系统运行目标。系统运行的综合评价要求绩效评价指标不应是单一的，而是根据系统运行的总目标进行科学分析，建立一套能够反映系统运行总目标和整体效率的全面的、多层次的、有机联系的绩效评价指标体系。

（2）绩效评价指标体系与绩效评价目的的一致性。绩效评价指标体系是一组既独立又相关，并能较为完整地反映评价对象系统运行目标的评价因素，而绩效评价的目的实际上就是为了促进评价对象系统运行目的的实现。因此，绩效评价目的同样也会影响绩效评价指标的选择，评价指标应充分体现评价目的对评价指标的要求。

（3）绩效评价目的与评价对象的系统运行目标的一致性。绩效评价指标既要与评价对象的系统运行目标相一致，又要与绩效评价的目的相一致。这就对绩效评价的目的与评价对象的系统运行目标的一致性提出要求。否则，设计绩效评价指标体系过程中就会因难以与两者同时保持一致而陷入困境，导致绩效评价工作的失败。另外，系统运行目标决定了一切活动，绩效评价工作必须服务于系统目标。绩效评价只是一种手段，而不是目的，为评价而评价的活动是毫无价值的。因此，评价目的必然要服从评价对象的系统运行目标。

（五）组织公平感理论

组织公平感(perceived organizational justice)是一种心理建构，是员工在组织内所体会到的主观公正感受。对公平的探讨，始于亚当斯对分配公平问题的开创性研究。亚当斯运用社会交换理论的模型来评估公平，提出公平感主要是研究报酬分配的合理性。亚当斯认为，人们将自己的结果或收益与自己的投入或贡献(如学历、智慧和经验)的比率与选作参照对象的这一比率进行比较，若两个比率相等则产生公平感；反之，则会产生不公平感。由于亚当斯的研究偏重于分配的结果，后来被称为分配公平(distributive justice)。

美国学者梯巴特和沃克(Thibant & Walker,1975)在亚当斯之后又提出了"程序公平"(procedural justice)的概念，他们认为程序公平主要体现在两项指标上：其一是过程控制，其二是决策控制；即个体在对分配程序获得控制权之后，不论结果如何也能引发公平感。1980年，莱文赛尔(Leventhal)等人把程序公平的观点应用到组织情境中，为了保证结果公平，他们提出了程序公平的六条标准：①一致性规则，即分配程序对不同的人员或在不同的时间应保持一致性；②避免偏见规则，即在分配过程中应该摒弃个人的私利和偏见；③准确性规则，即决策应该依据正确的信息；④可修正规则，即决策应有可修正的机会；⑤代表性规则，即分配程序能代表和反映所有相关人员的利益；⑥道德与伦理规则，即分配程序必须符合一般能够接受的道德与伦理标准。莱文赛尔等人所提出的程序公平标准，涉及分配制度的制定(如代表性规则、道德与伦理规则)、分配制度的执行(如一致性规则、避免偏见规则、准确性规则等)和分配制度的完善(如可修正性规则)，是对程序公平的比较系统和全面的评价。

毕斯和牟格(Bies & Moag,1986)则关注分配结果反馈执行时的人际互动方式对公平感的影响，他们将其称为互动公平(interactional justice)。所谓互动公平就是指个人所感受到的人与人之间交往的质量，不论分配结果是否公平，员工最早获得了这些信息，而且还会对这些信息产生反应，信息提供者需要对员工的反应做出回应。格林伯格(Greenberg)进一步把互动公平分为人际公平(interpersonal justice)和信息公平(informational justice)两种，人际公平主要指在执行程序或决定结果时，权威或上级对待下属是否有礼貌、是否考虑到对方的尊严、是否尊重对方等；信息公平则主要指是否给当事人传达了应有的信息，即要给当事人提供一些解释，比如为什么要用某种形式的程序或为什么要用特定的方式分配结果等。

在组织的绩效管理过程中，是否允许员工参与、评价指标是否客观、奖酬分配是否体现业绩导向以及上下级之间的沟通是否顺畅，都会从不同层面影响到员工的组织公平感。因此,应以组织公平感理论为指导,建立客观公正的绩效评价系统和绩效导向的奖酬分配制度,加强绩效管理过程中的双向沟通,重视员工的参与,完善员工申诉机制和有效监督机制,最大限度地提高员工的组织公平感。

(六)权变管理理论

权变管理理论(contingency management theory)是20世纪60年代末70年代初在经验主义学派的基础上进一步发展起来的管理理论,其主要来源于两大领域,一是组织结构研究领域;二是领导方式研究领域。管理学者们通过对这两大领域的大量案例和实证研究,形成了具有科学依据的一系列管理的权变观点。美国管理学家弗雷德·卢散斯在20世纪70年代发表的文章"权变管理理论:走出丛林的道路"(1973)和著作《管理导论:一种权变学说》(1976中),对当时广泛出现的各种权变理论研究进行了整合,提出了一个具有较强解释力的理论框架,为权变管理理论的规范化和体系化做出了关键性的贡献,从而标志着权变管理理论的正式形成。卢散斯对当时的主要管理学说进行了概述、分析和评价,指出权变学说作为管理理论的最新发展,将最有希望融合其他主要学说,从而使管理理论研究走出孔茨提出的"管理理论的丛林",走向融合。卢散斯认为,所谓权变管理理论就是通过具体地研究和建立环境变量与管理变量之间的权变关系,从而使管理活动能够更有效地实现组织目标的一系列管理思想和方法的理论体系。

权变管理理论首先以系统观为基础,将组织视为一个与其环境不断相互作用而获得发展的开放系统,组织的管理活动所构成的管理系统必须放在整个开放系统中来认识,系统观是权变理论的出发点。其次,由于现代组织所处环境超系统及组织系统自身的复杂性和动态特征,从而不可能存在某种适用于一切情况和一切组织的普遍管理原则和方法,只能依据各种具体条件选择适宜的管理方式,做到随机应变,这是权变方法的基本原则。另外,权变管理理论虽然是对"存在着普遍管理原则"观点的否定,但它通过研究并提出环境因素与管理方式之间的具体权变关系,实际上表达了在"一定的环境条件"这一根本前提下,存在着最适于实现组织目标的管理方式这一核心观点。

(七)利益相关者理论

利益相关者(stakeholder)这一概念最早由伊戈尔·安索夫在其《公司战略》一书中首次提出。20世纪80年代以来,随着人们对企业的性质和使命有了新的认识,企业的社会责任进一步扩展为满足所有利益相关者的需求,其影响开始扩大,并促进了企业管理理念和管理方式的转变。利益相关者指与一个组织相关联的个人或群体,狭义的利益相关者主要包括员工、股东、顾客、债权人、供应商等,广义的利益相关者则包括联盟伙伴、竞争者、政府部门、地方社区、政治集团、行业协会等。

利益相关者理论认为,企业是其与各种利益相关者结成的一系列契约,是各种利益相关者协商、交易的结果,承载着利益相关者的期望和要求。无论是投资者、管理人员、员工、顾客、供应商,还是政府部门、社区等,他们都对企业进行了专用性投资,并承担由此所带来的风险。因此,为了保证企业的持续发展,除了股东以外,企业也应当向其他利益相关者负责。在企业治理过程中要兼顾内部和外部有关权益主体的利益,应该将剩余索取权和剩余控制权在主要利益相关者之中进行分配,不同的分配方式将会产生不同的绩效水平。

企业本质上是一种合作系统(Freeman R E,1994)[①],企业的生存和发展取决于它能否有效地处理与各种利益相关者的关系。因此,利益相关者理论突破了企业的责任仅仅在于为股东提供财务回报这一狭隘的认识,其实质就是承认各要素所有者都是创造企业价值的源泉,因而都具有评价企业绩效的要求。从20世纪80年代末至今,美国已有29个州修改了《公司法》。新的《公司法》要求公司经理为公司的"利益相关者"服务,而不仅仅是为股东服务。我国证监会及相关政府部门针对利益相关者和企业的社会责任问题,也都做出了许多相关规定。

现代企业越来越需要承担比以前更广泛的社会责任,企业的发展前景有赖于对公众不断增长的期望的满足程度。企业必须在利益相关者和企业行为的社会与道德方面采取适当的立场,以一种使利益相关者感到满意的方式来运作,获得利益相关者(而不仅仅是投资者)的认可和支持。这对于企业的可持续成长及长期的投资价值具有决定性的影响,已成为企业核心竞争力的重要组成部分。美国哈佛大学教授John P. Kotter和James L. Heskett (1992)在《公司文化与绩效》一书中指出,最好的财务绩效是由具有独特文化的企业实现的,其前提是除股东的价值外,企业还必须充分考虑顾客和员工的价值;注重利益相关者价值的企业业绩远远优于只重视传统的股东价值的企业——在过去11年的时间里,在被研究的公司中,注重利益相关者价值的企业业绩平均增长了682%,而只重视股东价值的企业只增长了166%。

企业行为与利益相关者之间以及利益相关者之间相互影响、相互作用,并随时间的推移而不断变化和发展(Dorg Grisaffe,2000)[②],反映利益相关者结构及相互关系的模型如图1-13所示,这一模型给出了从公司价值链和最终财务绩效角度分析各利益相关者群体的初始框架。

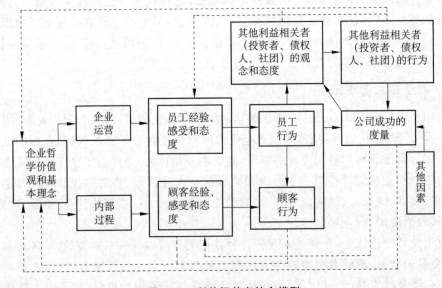

图1-13 利益相关者综合模型

---

① Freeman R E. Ethical theory and business [M]. New Jersey:Prentice-Hall,1994.
② Grisaffe D. Understanding and managing Linkages of Information Within Your Organization[M] Indianapolis,:Walker Informational Global Network Member Training Indianapolis. Inc. ,2000.

在企业组织绩效管理过程中,诸如谁来评价、评价什么、采用何种方法评价、评价结果如何应用等问题,实际上都是利益相关者理论的主要内容。目前,源于对企业绩效内涵的不同界定,利益相关者理论主要衍生出以下三种企业绩效评价的方法①:第一种方法根据利益相关者理论的规范性基础,认为企业绩效指的就是企业社会绩效(corporate social performance,CSP),着重从企业处理社会问题和承担社会责任两方面来评价其绩效的优劣。其中,美国学者索尼菲尔德提出的外部利益相关者评价模式和加拿大学者克拉克森提出的 RDAP 模式产生了广泛的影响(陈维政,2002)。第二种方法认为,企业绩效不仅包括企业的财务绩效,还包括许多非财务绩效,对企业绩效的评价必须将财务绩效和非财务绩效结合起来考虑。这种将利益相关者理论和企业战略性竞争优势结合在一起进行分析的方法,集中体现在罗伯特·S. 卡普兰(Robert S. Kaplan)和戴维·P. 诺顿(David P. Norton)提出的"平衡计分卡"中。该体系综合考虑了影响企业的内外因素及重要的利益相关者,把投资者、顾客、员工三方的利益有机地结合起来,同时把企业短期目标和长期目标、动因与成果指标有机地结合了起来,通过满足相关利益实现企业价值最大化。第三种方法的基本思路是将企业绩效分解为企业的任务绩效和周边绩效两个组成部分,认为它们分别都受到企业各种利益相关者的利益要求及其实现方式的影响,只有将任务绩效和周边绩效结合起来才能真正有效地评价企业绩效。

 思考题

1. 结合实践谈谈你是如何理解绩效内涵的,它有哪些性质?
2. 简述绩效的性质及其影响因素。
3. 什么是个体绩效、群体绩效和组织绩效?它们之间有什么关系?
4. 什么是绩效管理?它对组织、管理者和员工各有什么作用?
5. 绩效管理与绩效评价之间有何联系和区别?
6. 怎样理解绩效管理系统?它有哪些目的?
7. 绩效管理系统有哪些基本构成?这些构成之间有怎样的关系?
8. 简述控制论、系统论和信息论的主要思想。
9. 请对本章提到绩效管理的直接理论观点进行梳理,并比较之。

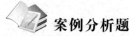 **案例分析题**

荣耀有限公司的绩效管理体系为何走样?②

荣耀有限公司是一家国有商贸企业,主要包括营销、仓储、人事、财会等部门,有 400 多名员工。为了提高人力资源管理水平、向管理要效益,2001 年 10 月,公司聘请慧倾人力资源咨询公司设计绩效管理体系。在慧倾咨询公司和该公司人事部的共同努力下,当年 12 月上旬设计和引进了一个较科学规范的绩效管理系统。该系统包括职务说明书、绩效目标管理

---

① 贾生华,等. 基于利益相关者共同参与的战略性环境管理[J]. 科学研究,2002(2):14-18.
② 资料来源:顾琴轩. 绩效管理[M]. 上海:上海交通大学出版社,2006:156-157.

卡、绩效评估流程、绩效评估结果应用和员工发展4部分。然而该系统在实施过程中却遇到了不少问题，与公司所预计的目标有距离。

一些管理者反映，虽然绩效管理系统设计得科学和规范，但不知道如何对员工进行迅速而有效的绩效管理，尤其反映在对员工绩效考核部分。例如，营销部的郝经理有一件麻烦事，就是对员工肖雷的考核。郝经理明明知道他很好地完成了一年的指标，超过了其他许多人，心里很想给他高分，但是他又不敢这样做。因为肖雷这个人喜欢我行我素，人际关系很不和谐，部门内外的许多人都说他不行。如果给他高分，郝经理担心自己在别人眼里成为另类。他想来想去，还是将肖雷的分给拉下来了。没想到肖雷知道了自己的考核结果后，向公司人事部投诉郝经理，说他绩效考核不公平、不公正。

另有一些管理者则认为考核过程烦琐，耽误很多工作时间。绩效考核指标包括结果指标和过程指标两类，结果指标主要是可量化评价的指标，相对容易操作，过程指标中包含员工不可量化的工作过程指标（履职情况）以及工作态度和能力。在实际考核运行中，那些不可量化的指标，如态度和能力，尽管评分等级的标准已相对较为明晰，但是管理者的实际打分结果却差别不大——绝大多数员工得分均为中间分——3分，只有那些有明显工作失误或人际关系不好的个别员工得1分或2分，得5分的员工也很少。这样的考核结果产生了消极影响。首先，员工认为绩效考核不过是个形式，个人绩效高低与实得奖金关系不大，打击了高绩效员工的积极性，也助长了低绩效员工不求进步的惰性；其次，绝大多数得3分，意味着绝大多数人工作绩效相同，而实际上员工的工作绩效水平并不一样，部分员工离管理者的期望和行业的标杆还有不小的差距。这种随大流的做法混淆了员工自我评价的标准，失去了绩效提升和改进的目标和动力。打分结果失去了绩效考核的真实性、有效性。

绩效考评刚完成，一些被考核者以结果不公平为由直接向人事部申诉，要求公平和公正，这使得人事部经理疲于应付而影响了其他工作。有些员工对绩效考核提出质疑：绩效考核是不是就是烦琐的填表和交表？是不是就是为找不会搞人际关系或不受领导欢迎的员工的不足与缺陷？

管理者对考核结果的描述和应用的方法简单，与员工缺少必要的沟通。员工觉得，请来了有水平的咨询公司设计了绩效管理系统，但在实际应用过程中，除了一些考核程序、标准、方法等变得复杂外，许多管理者的具体做法和态度并没有什么实质性变化。员工认为公司的员工绩效管理其实是一种"换汤不换药"的做法。

讨论问题：

1. 荣耀公司花了钱，请了著名的咨询公司设计了适合公司的绩效管理系统，但为什么没有达到预期效果呢？
2. 你认为如何才能解决荣耀公司绩效管理中存在的问题？
3. 此案例对你有何启示和借鉴？

第二章

绩效管理工具

> 世界上最实际的东西,莫过于一个好的理论。
> ——社会心理学家库尔特·勒温(Kurt Lewin)

学习目标

- 深刻理解目标管理的内涵及其过程;
- 理解标杆管理的含义及特点;
- 学会选择并实施不同类型的标杆管理;
- 深刻理解关键绩效指标(KPI)的含义及特点;
- 熟练掌握确定关键绩效指标的途径和方法;
- 熟悉关键绩效指标法的操作流程;
- 理解平衡计分卡(BCS)的内涵及其功能定位;
- 掌握平衡计分卡四个层面的内容及其相关关系;
- 理解战略地图在管理实践中的价值;
- 熟悉平衡计分卡的实施过程及步骤。

关键术语

目标管理	标杆管理	关键绩效指标
头脑风暴法	鱼骨图	关键成功因素法
平衡计分卡	战略地图	

开篇引例

如何找出杰弗逊纪念大厦表面受腐蚀的关键绩效指标?

美国首都华盛顿广场的杰弗逊纪念大厦历时已久,建筑物表面出现斑驳,后来竟然发展成裂纹,虽采取了若干措施、耗费巨大仍无法遏止。政府非常担忧,派专家们调查原因,研究结果表明:原因是冲洗墙壁所含的清洁剂对建筑物有酸蚀作用,而该大厦的墙壁每日被冲

洗,受酸蚀损害严重。但是:
——为什么要每天冲洗呢?因为大厦每天被大量鸟粪弄脏。
——为什么这栋大楼有那么多鸟粪?因为大厦周围聚集了特别多的燕子。
——为什么燕子专喜欢聚在这里呢?因为建筑物上有燕子最喜欢吃的蜘蛛。
——为什么这里的蜘蛛多?因为墙上有蜘蛛最喜欢的飞虫。
——为什么这里飞虫多?因为飞虫在这里繁殖的特别快。
——为什么?因为这里的尘埃最适宜飞虫繁殖。
——为什么?尘埃本无特别,只是配合了从窗户照射进来的充足阳光,形成了特别刺激飞虫兴旺的繁殖温床。
结论及其对策是:拉上窗帘!
上面的故事告诉我们,如果只是就事论事,抓不住问题的症结所在,就会天天重复冲洗墙面,直到大厦斑驳、剥落、出现裂纹,甚至坍塌。在选择和确定评价组织绩效的指标时,应在"系统思考"中探问:哪些才是"拉上窗帘,一了百了"的关键绩效及杠杆呢?

资料来源:摘编自吴士宏.逆风飞扬——微软、IBM 和我[M].北京:光明日报出版社,1999.

绩效管理工具作为绩效管理实践与绩效管理理论之间的桥梁与纽带,直接来源于绩效管理的实践,同时又服务和应用于绩效管理实践。绩效管理工具的革命性创新始于 20 世纪 50 年代至 70 年代。在 20 世纪 50 年代之前,不论是绩效管理的理论还是工具都非常单调,主要是表现性评价。50 年代以后的几十年中,绩效管理逐渐发展成为人力资源管理理论研究的重点。研究者们先后提出目标管理、标杆管理、关键绩效指标、平衡计分卡等绩效管理的理论、方法与技术。综观绩效管理工具的演变历程,在横向上不断拓展评价范围,从单纯的财务指标扩展到全面地考察组织方方面面;在纵向上不断提升关注经营的功能,从单纯的绩效管理工具上升到承接组织战略的战略性绩效管理工具[①](如图 2-1 所示)。本章将沿着绩效管理工具的演化历程,对组织管理实践中广泛采纳的几种绩效管理工具进行系统的介绍。

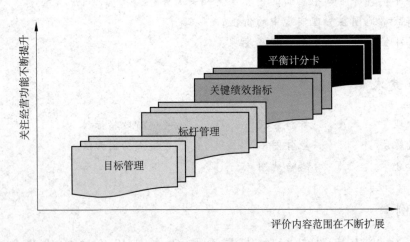

图 2-1 绩效管理工具的演变

---

① 方振邦,罗海元.战略性绩效管理[M].北京:中国人民大学出版社,2010:38-39.

第一节 目标管理

目标管理的出现源于著名管理学家彼得·德鲁克先生幼年的学习经历。彼得·德鲁克1909年出生在维也纳,幼年时辗转到修道院读书。修道院的修女在每学期开始时确定本学期的学习目标,在日常学习中强调对他们学习的动态指导与反馈,并在每个学期末对学期的学习成绩进行测试、评价,最后还将回报激励与学期的成绩挂钩。德鲁克在这段学习经历中因为这种学习的方式而受益,当他步入管理的殿堂后,成功地将这种做法运用到企业管理之中,提出目标管理的方法论。

一、目标管理的含义

管理学大师彼得·德鲁克在1954年出版的《管理实践》(*The Practice of Management*)一书中,这样阐述目标管理(management by objectives,MBO):"只有这样的目标考核,才会激发起管理人员的积极性:不是因为有人叫他做某些事,或是说服他做某些事,而是因为他的任务的目标需要做某些事(岗位职责);他付诸行动,不是因为有人要他这样做,而是因为他自己决定他必须这样做——他像一个自由人那样行事。"德鲁克认为,古典管理学偏重于以工作为中心,忽视人性的一面;行为科学又偏重于以人为中心,忽视与工作相结合。而目标管理则综合了对工作的兴趣和人的价值,从工作中满足其社会需求,企业的目标也同时实现,这样就可以把工作和人的需要两者统一起来。目标管理正是一种以"员工"为中心、以"人性"为本位的管理方法,其本质就是以"民主"代替"集权",以"沟通"代替"命令",使组织成员充分而切实地参与决策,并采用自我控制、自我指导的方式,从而把个人目标与组织目标结合起来。

德鲁克认为,企业的目的和任务都必须转化为目标,而企业目标只有通过分解成每个更小的目标后才能够实现。德鲁克的学生乔治·欧迪伦(George Odiorne)对目标管理理论做出了重大贡献,他在《目标管理》一书中给目标管理下了这样一个定义:"目标管理可以描述为如下一个过程:一个组织中的上级和下级一起制定共同的目标;同每一个人的应有成果相联系,规定他的主要职责范围;并用这些措施作为经营一个单位和评价其每一个成员的贡献的指导。"由此可见,所谓目标管理是指一种程序或过程,它使组织中的上下级一起协商,根据组织的使命确定一定时期内组织的总目标,由此决定上下级的责任和分目标,并把这些目标作为组织经营、评估和奖励的标准。

> "请你告诉我,我该走哪条路?"爱丽丝说。
> "那要看你想去哪里。"猫说。
> "去哪儿无所谓。"爱丽丝说。
> "那么走哪条路也就无所谓了。"猫说。
> ——摘自 Lewis Carroll 的《爱丽丝漫游奇境记》

二、目标管理的特征

目标管理作为实现组织目标的有效措施,与其他传统管理方法相比具有许多鲜明的特征,概括起来主要有以下几点。

(1) 强调目标及目标体系。目标管理重视"目标"在管理中的作用,整个管理过程中的所有活动都是围绕"目标"展开的。同时,重视目标体系的构建。目标管理将组织的整体目标逐级分解,转化为各个部门、每个员工的分目标。这些分目标方向一致,环环相扣,相互配合,形成协调统一的目标体系。这样,每个人尽自己所能完成自己的分目标,组织的总目标也就得以实现。

(2) 强调权、责、利的明确。目标管理通过对总目标的逐级分解,将总目标分解转换至部门和员工,与此同时对目标责任人赋予相应的权限、责任,并对其工作成果制定有针对性的奖惩办法,使权、责、利比以往更加明确,避免了企业传统组织结构带来的信息传递的漏洞,有助于在保持有效控制的前提下,使组织内部更加具有活力。

(3) 重视工作成果。目标管理所奉行的是以成果导向为基础的管理思想,它对于人们工作提出的要求不在于工作本身,而在于工作成果。目标管理以制定目标为起点,以目标完成情况的考核为终结。工作成果是评定目标完成程度的标准,也是人事考核和奖评的依据,成为评价管理工作绩效的唯一标志。至于完成目标的具体过程、途径和方法,上级并不过多干预。所以,在目标管理制度下,监督的成分很少,而控制目标实现的能力却很强。

(4) 强调"自我控制"。目标管理不是用目标来控制,而是用它们来激励下级,德鲁克认为,员工是愿意负责的,是愿意在工作中发挥自己的聪明才智和创造性的[①]。目标管理作为一种强调民主的管理方法,它把个人的需求和组织目标结合起来,强调自我控制,用自我控制管理代替压制性的管理。

(5) 强调参与管理。参与管理意味着目标的实现者同时也是目标的制定者,即由上级和下级一起共同确定目标。首先确定总目标,然后对目标进行分解和逐级展开,通过上下协商,制定出各部门直至每个员工的目标。这种做法打破了传统的金字塔式的组织结构和部门壁垒,使员工感到上级对自己的信任和重视,从而体验出自己的利益与组织发展密切相关而产生强烈的责任感和成就感。

三、目标管理的过程

从程序上看,目标管理的过程一般可分为三个阶段:第一阶段为目标设置;第二阶段为目标执行;第三阶段为目标评价与奖惩。

(一) 目标设置阶段

目标设置阶段是制定组织总目标、分解总目标以及协调目标体系和组织体系的过程。制定组织总目标是推行目标管理的出发点,只有总目标确定了,组织才能对其进行层层分解并予以实施。对目标的协商与分解就是管理者和目标执行者在共同参与和平等协商的基础上,将组织总体目标层层分解,形成每个部门、每个小组以及每个员工工作目标的过程,其结果是组织的总体目标被分解成一个方向一致的目标体系。在此过程中,不管是采取自上而下还是自下而上的分解方法,目标执行者的参与和平等协商都是必须坚持的原则。在目标分解之后,目标设置阶段的任务并未完成,管理者还需要对目标体系和组织体系进行诊断。

---

① Boston D U. Human Resource Champions:The Next Agenda for Adding Value and Delivering Results[J]. Academy of Management,1998(1):178-180.

一方面确保组织目标被完整分解,且无过多重叠;另一方面检验组织现行的结构、运行体制以及岗位职责设置等是否能保障目标体系的顺畅执行。在完成对目标体系和组织体系的调整之后,上级和下级需要就资源分配、权力授予以及目标实现后的评价奖惩等事宜达成一致,并签订目标协议。

(二)目标执行阶段

目标执行阶段是目标执行者凭借自我控制,独立自主地执行目标计划,完成工作目标的过程。在这个过程中,管理者需要适当授权,除了必要的绩效汇报、绩效辅导之外,员工主要靠自我管理和自我创造来开展自己的工作。当然,这并不意味着管理者不再需要过问员工的目标执行情况;相反地,管理者需要与员工保持不断的绩效沟通,随时了解目标的执行情况,为员工提供必要的支持和帮助,并在条件发生变化时与员工共同对目标进行修正。在整个目标执行过程中,由于员工的个人目标和各级管理人员的策略目标都是以组织战略目标为依据的,当员工的个人目标和各级管理人员的策略目标实现时,组织目标就能得以实现。

(三)目标评价与奖惩阶段

目标评价与奖惩阶段是在目标实施过程结束后,评价主体将目标执行者所取得的工作成就与原先确定的标准进行比较,确定目标执行者的绩效水平,并以此为依据对组织成员进行适当的奖励和惩罚的过程。在这个阶段需要完成目标结果评价、反馈总结和奖惩三项任务。目标结果的评价通常首先由目标执行者进行自我评价,然后提交直接主管评价,而对执行者和直接主管无法达成一致的内容则需要由评价仲裁人员来协助完成。在这个过程中,以目标执行者的自评为主,直接主管的评价次之,仲裁人员考评为辅,这突出反映了目标管理自我管理、自我激励的理念。反馈总结是指管理者和员工双方分别对自己在目标管理过程中的经验和教训进行总结和反思,制订下一步的改进计划,并在平等的基础上进行沟通、交换意见,然后就下一个目标管理循环中的授权、协作、指导和协调等事宜达成一致。这样做一方面可以帮助员工了解自己的优点和不足,为下一步的改进提高奠定基础;另一方面可以帮助管理者改善目标管理技能,提高管理水平。奖惩主要是根据绩效评价结果来进行,包括对员工薪酬、职务等进行调整,满足员工对物质、职业发展等方面的需求。表 2-1 是一张基于目标管理的员工岗位绩效考核样表[①]。

表 2-1 基于目标管理的员工岗位绩效考核样表

考核期限		姓名		职位		员工签字	
实施时间		部门		负责人		主管签字	
1. 上期实绩自我评价(目标执行人记录后交直属主管评价)						2. 直属主管评价	
相对于目标的实际完成程度				自我评分	主管评分	(1)目标实际达成结果	
主要工作任务一完成情况							
主要工作任务二完成情况							
主要工作任务三完成情况							
主要工作任务四完成情况							

---

① 孙宗虎. 最有效的 280 张量化考核图表[M]. 北京:人民邮电出版社,2014:12.

续表

3. 下期目标设定（与直属主管讨论后计入）					（2）与目标职位要求相比，能力素质差异
	项目	计划目标	完成时间	权重	
工作目标					⇦ ②
					（3）能力素质提升计划
个人发展目标					

四、目标管理的优势与不足

目标管理作为一种系统性的管理方法，已经在营利性和非营利性组织中被大量采用，并且确实产生了积极的结果。正如德鲁克所言，目标管理既是对目标进行管理，也是依据目标进行管理。因此，进行目标管理不仅可以保障目标的实现和绩效的提升，还可以带来员工能力提升、促使员工态度转变、增强组织沟通以及提高士气等。但是，目标管理方法也并非完美无瑕，在具体实施中也有一些缺陷。因此，必须客观地分析目标管理的优势和不足，扬长避短，才能收到实效。

（一）目标管理的优势

目标管理具有以下优势：

（1）明确了各自的工作目标和任务。目标管理使组织各级主管及成员都明确了组织的总目标、组织的结构体系、组织的分工与合作以及各自的工作目标和任务，同时又赋予他们相应的权限、责任。有了明确的目标和清晰的权、责、利关系，部门和员工就有了一致的努力方向。为了实现这些目标和任务，大家必然会努力工作，想方设法地促成目标和任务的完成，一改以往按领导安排开展工作的被动局面，因此工作效率会有很大提高，员工也受到很大的激励。

（2）促进组织沟通，改善组织内部的人际关系。通过实施目标管理可以增强员工之间、组织领导之间以及领导与员工之间的相互沟通，培育组织的团队意识，减少相互猜疑和相互间的不信任，大大改善组织内部的人际关系，为组织目标的实现和任务的完成创造良好的组织人际氛围。

（3）激发员工的潜能，提高员工士气。目标一般具有前瞻性，能否实现目标本身也是对员工工作能力的一种考验。如果激励措施得力，完成目标对员工同时也具有诱惑力，可以将员工的潜力调动起来，鼓舞员工的士气。因为当目标成为组织的每个层次、每个部门和每个成员自己未来一定时期内想达成的结果，且实现的可能性相当大时，目标就成为组织成员的内在激励，尤其当这种结果实现时组织还有相应的报酬，目标的激励效用就更大。

（4）消除部门的本位主义，扫除集权控制。目标管理的实施，要求组织内各部门必须紧密围绕组织目标的实现来开展工作，而不是各自为政、追求部门利益的最大化。当部门目标与组织目标发生冲突时，部门必须无条件地服从组织目标的要求，有时甚至要牺牲部门的利益，因此目标管理加强了部门之间的合作，对本位主义是一种冲击。

(5)使绩效评价具体可行。传统的管理方式对于部门及人员的评价主要采用主观的评价方法,多是按照员工的个性或其工作习惯来评价员工。在这种评价方式下,员工的个人努力程度很难表现出来,也容易造成员工的不满。而目标管理方法允许员工参与目标的制定和成果的鉴定,因此,可以通过目标的实际完成情况与目标计划之间的比较来鉴定员工的绩效,从而保障绩效评价的客观性。

(二)目标管理的不足

目标管理在实施过程中也存在以下不足:

(1)目标管理的哲学假设不一定普遍存在。目标管理理论是建立在"Y理论"的人性假设基础上的,而"Y理论"对于人类的动机作了过分乐观的假设,实际上人是有"机会主义本性"的,尤其在监督不力的情况下。在多数情况下,目标管理所要求的承诺、自觉、自治气氛难以形成。因此,目标管理对组织内员工的素质、知识和能力提出了更高的要求。

(2)目标难以确定。目标管理的目标必须是可分解、可考核的。但是由于组织面临的内外环境随时都有可能发生变化,这就使得真正用来考核的目标很难确定,尤其是一些具有"弹性"的目标,如果目标设定过高,势必打击员工的工作积极性,目标设定过低又失去了目标管理的本意。现代组织实际上是一个产出联合体,它的产出是一个联合的不易分解出谁的贡献大小的产出,在这种合作体中,许多部门或团队工作在技术上不可分解,目标的可度量性本身就较小,所以有时候组织的目标只能是定性的表述,而无法量化。另外,即使目标可以量化,也由于目标商定过程中上下级沟通、统一思想是很费时间的;每个单位、每个个人都关注自身目标的完成,很可能忽略了相互协作和组织目标的实现,滋长本位主义、短期取向和急功近利倾向,可能会造成管理成本的大幅上升。

(3)重结果,轻过程。目标管理是以结果为导向的,缺少对执行过程的监督管理,这就使得很多员工在工作过程中为追求结果而采取不正当途径达到目标的现象出现。尽管目标管理使员工的注意力集中在目标上,但它没有具体指出达到目标所要求的行为,造成对员工缺乏必要的"行为指导",这对一些员工,尤其是那些需要更多指导的新员工来说,是一个比较严重的问题。

(4)强调短期效应。目标管理方法的时效性很强,所设定的目标时限一般都很短,目标管理中的大多数目标都是一些短期目标,比如以季度和月度目标为主,很少有超过一年的目标,这就导致了一些短期效应的出现,不利于组织长期目标的达成。事实上,短期目标比较具体、易于分解,而长期目标比较抽象、难以分解,另一方面短期目标易迅速见效,长期目标则不然。这使得组织似乎常常强调短期目标的实现而对长期目标关心不够。这种只重视短期效应的做法如果深入组织的各个方面和成员的脑海,将对组织的未来发展带来严重的负面影响。

(5)无法权变。在目标管理过程中,所形成的目标体系内部之间往往具有很强的关联性,环环相扣,难以局部修正。比如组织总目标分解成一系列目标,落实到每个层次、每个部门和每个成员,如果在目标执行中进行改变,会导致整个组织混乱,这使得目标管理在实践中无法根据环境的变化灵活做出及时调整。

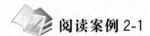

阅读案例2-1

德鲁克绩效管理实践的败笔之作

20世纪80年代,德鲁克曾为通用电气(GE)公司开发了一套全新的激励体系。当时,在激励机制方面,德鲁克刚为西尔斯(Sears)公司做过咨询项目,积累了丰富的经历。在西尔斯的薪酬方案设计中,他将每位商店经理的薪酬与年销售收入挂钩。在通用电气项目中,他将每位业务单元负责人的薪酬与投资报酬率[投资报酬率=(收入-成本)/占用资本×100%]挂钩。当时,通用电气之所以改革激励机制,是因为通用正在重组,公司期望通过重组实现各个业务单位的创新。但德鲁克的这套激励方案却犯下了致命的错误,以下为德鲁克自己的回忆:

"显而易见,事与愿违,我们犯下了一个绝对的错误。创新需要今天的投入,但在长时间内你将无法获得任何回报。在新的激励机制中,每位总经理花费在创新上的每一分钱意味着什么?不只是薪酬的减少,还意味着民心的丧失。所以在长达10年的时间里,通用电气公司没有取得任何创新,新激励方案的出台为创新设置了巨大的障碍。"

作为目标管理的开山鼻祖,德鲁克非常清楚企业应该设定绩效和成果目标的领域共有8个:市场地位、创新、生产力、实物和财力资源、获利能力、管理者绩效和培养管理者、员工绩效和工作态度、社会责任。但是在这些目标领域如何设定目标并且确定目标是否完成的衡量标准,却是一件非常具有挑战性的工作。很明显,德鲁克在获利能力领域的目标衡量标准的设定上翻了船:对于一个有任期限制的管理者来说,要想薪酬高,就必须投资报酬率高,所以他们会尽可能减少那些当前投入未来才有产出的成本,这种成本最典型的代表就是研发费用、培训费用,所以创新就此止步。

1982年,斯图尔特提出了经济增加值的概念,解决全面反映企业业绩这一问题。EVA=净利润-资本成本率×占用资本(如图2-2所示),很明显,企业净利润大于零,投资报酬率为正时,并不能表明管理者为股东创造了价值。通用电气激励机制的失败也使德鲁克意识到:一定要赚到超过资本成本的钱才算有利润。并且 EVA 可以把研发费用当作资本化来处理,在以后的受益期摊销,管理者当期利润不会大幅下降,所以能够鼓励管理者从长远考虑创新的重要性。

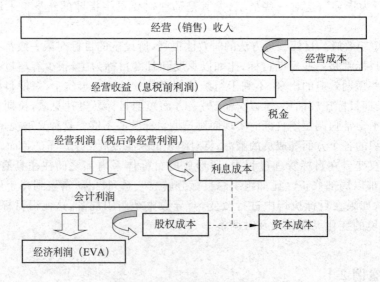

图2-2 经济增加值的测算示意图

资料来源:付维宁. 绩效管理[M]. 北京:中国发展出版社,2012:12,292.

第二节 标杆管理

一、标杆管理的含义

标杆管理(benchmarking),又叫基准管理,起源于20世纪70年代末80年代初。首先开辟标杆管理先河的是施乐(Xerox)公司,后经美国生产力与质量中心系统化和规范化。1976年以后,一直保持着世界复印机市场实际垄断地位的施乐公司遇到了来自国内外,特别是日本竞争者的全方位挑战:佳能、NEC等公司以施乐的成本价出售产品且能够获利,并且产品开发周期比施乐短50%,一时间施乐公司的市场份额从82%下降至35%。施乐公司面对竞争者的威胁,开始向日本企业学习,开展了广泛而深入的标杆管理。施乐公司通过对比分析、寻找差距、调整战略、改变策略、重组流程,取得了非常好的成效,把失去的市场份额重新夺了回来。成功之后,施乐公司开始大规模地推广标杆管理,并选择了14个经营同类产品的公司逐一考察,找出了问题的症结并采取措施。随后,摩托罗拉、IBM、杜邦、通用等公司纷纷效仿,实施标杆管理,在全球范围内寻找业内经营实践最好的公司进行标杆比较和超越,成功地获取了竞争优势。

施乐公司曾把标杆管理定义为一个将产品、服务与实践与最强大的竞争对手或者行业领导者相比较的持续流程。而美国生产力与质量中心则把标杆管理定义为一个系统的、持续性的评估过程,通过不断地将企业流程与世界上居领先地位的企业相比较,获得帮助企业改善经营绩效的信息。事实上,标杆管理不仅是一个获取信息和评估的过程,而且涉及规划和组织实施过程。综合上述观点,我们可以将标杆管理概括为不断寻找和研究同行一流公司的最佳实践,并以此为基准与本企业进行比较、分析、判断,从而使自己企业得到不断改进,进入或赶超一流公司,创造优秀业绩的良性循环过程。

标杆管理实际上是一个模仿创新的过程,其核心是向业内或业外最优秀的企业学习。古人云:以铜为镜,可正衣冠;以史为镜,可知兴替;以人为镜,可明得失。对于一个组织而言,以同行业的领先组织为"镜",则可以发现自己的不足,找到改进的方向和明确的追赶目标,进而改善自己的实践。

二、标杆管理的作用

标杆管理方法体现了现代知识管理中追求竞争优势的本质特性,对于组织认清自我、找出差距,提升组织竞争优势,促进组织持续成长与发展具有重要的作用,具体表现在以下几个方面。

(1) 标杆管理使组织认清自我,找到差距,从而改进和提高了组织绩效。标杆管理不是简单地抄袭其他组织的做法,而是一个甄选最佳实践,对其进行调整并实行,以提高组织整体绩效的过程。标杆管理更能从系统的角度出发,对组织整体绩效的改进加以评判,避免出现片面的增长影响整体绩效的情况。通过实施标杆管理,一方面可以使一个组织能够对自身的发展状况有个清醒的认识,知道自身的发展程度、优势与劣势以及在同行业中的位置,从而更好地制定出正确的短期乃至长期的发展规划,避免在发展的道路上走错方向。另一方面,可以帮助组织辨识行业内外最佳组织的绩效及其实践途径,找到自身与最佳实践之间存在的差距大小和造成差距的原因,并据此引进最佳实践,设定可得目标,制定相应的绩效评价标准,并对其绩效进行评价,以此改进和提高组织绩效,缩小与最佳实践者之间的差距。

(2) 标杆管理能够采纳各种已被实践证实的正确做法和措施,从而有效地节约了资源。当今社会,每个组织本身或多或少都会存在一些问题,而这些问题又不乏共性。当我们需要解决此类共同问题时,可以通过引进其他组织所采用的且已经被实践所证明的正确的方法和措施,迅速高效地解决问题。而如果闭门造车,对外部形势知之甚少,即使最终取得创新成果,也有可能是在同类优秀组织中早已存在或出现过的成果,既浪费了人力物力,又未能产生预期的效益。由此可见,通过向标杆组织学习,采用他们已经被实践所证明的正确的最佳做法和措施,不仅提高了实现组织目标和完成组织任务的工作进度,又节约了大量组织资源。

(3) 标杆管理有助于组织建立学习型组织。标杆管理是一种辨识最佳组织实践并进行学习的过程。在当今知识经济时代,组织的学习能力对于组织的成长与发展至关重要,如何把自己转变为学习型组织是每一个现代组织必须面对的挑战和任务。学习型组织是一个能熟练地创造、获取和传递知识的组织,同时也要善于修正自身的行为,以适应新的知识和见解。学习型组织强调要跳出组织内部的狭隘圈子,到外界学习新事物,并且将新观念带进组织内来促进组织的变革。这与标杆管理的观念不谋而合,所以标杆管理对推动组织向学习型组织转变发挥着重要作用。同时,标杆管理所提倡的持续不断的改善的观点,可以促使组织不断地学习外界先进的管理方法和理念,更进一步促进组织的蜕变。

(4) 标杆管理有助于组织战略定位,塑造组织核心竞争力,促进组织长远发展。组织的战略定位需要根据充分的信息资讯做好竞争分析,弄清竞争情势,而标杆管理本身即是一种收集资料的过程,不论是世界巨头的还是竞争者的资料都是标杆管理数据库的重要组成部分。透过标杆管理,组织可以更明了自己在市场竞争中所处的地位,明确自己的战略定位。标杆管理还有助于组织核心竞争力的塑造,通过标杆管理,组织不仅可以知道优秀的组织为顾客创造怎样的卓越价值,而且可以明确这些价值是如何被提供的。优秀组织将这些最佳实践经过消化、吸收,成功地应用到自己的组织内,就可开发出一套卓越的做法与技术,从而使自己的核心竞争力得以提升,促进组织的长远发展。

三、标杆管理的分类

标杆管理从适用组织类型的范围和内在的结构方式上可以划分为内部标杆管理、竞争标杆管理、职能标杆管理、操作性标杆管理、战略性标杆管理等几大类[①]。每个组织应该根据自身的特点和组织类型,选择适合自己发展需要的标杆对象和标杆目标。

1. 内部标杆管理

内部标杆管理是以组织内部操作为基准的标杆管理,是最为简单易行的标杆管理方式之一。内部标杆管理通过辨识内部绩效标杆的标准,确立内部标杆管理的主要目标,一方面,可以做到组织内信息共享;另一方面,可以辨识组织内部最佳职能或流程及其实践,然后推广到组织的其他部门。不过,单独执行内部标杆管理的组织往往持有内向视野、容易产生

---

① 冯嫯. 标杆管理[M]. 北京:中国纺织出版社,2004:32-36.

封闭思维。因此,在实践中内部标杆管理应该与外部标杆管理结合起来使用。

2. 竞争标杆管理

竞争标杆管理是以竞争对象为基准的标杆管理。竞争标杆管理的目标是与有着相向市场的组织在产品、服务和工作流程等方面的绩效与实践进行比较,直接面对竞争者。这类标杆管理实施起来比较困难,原因在于除了公共领域的信息容易获得外,有关竞争企业的信息,特别是一些内部信息是不易获得的。竞争性标杆管理在实践中又可以分为行业内部的竞争性标杆管理和行业外部的竞争性标杆管理。

3. 职能标杆管理

职能标杆管理是以行业领先者或某些组织的优秀职能操作为基准进行的标杆管理。这类标杆管理的合作者常常能相互分享一些技术与市场信息,标杆的基准是外部企业(但非竞争者)及其职能或业务实践。由于没有直接的竞争者,因此合作者往往比较愿意提供和分享技术与市场信息。不足之处是交易成本费用高,具体操作也有一定的难度。

4. 操作性标杆管理

操作性标杆管理,是一种注重组织整体或某个环节的具体运作,找出达到同行最好的运作方法。从内容上可分为流程标杆管理和业务标杆管理。其中,流程标杆管理是从具有类似流程的组织中发掘出最有效的操作程序,使组织通过改进核心过程提高业绩。流程标杆管理可以适用于不同类型组织,在通常情况下是被认为有效的,但有时在实施过程中也会遇到困难和问题,因此它要求组织对整个工作流程和操作有非常详细的了解。业务标杆管理是通过比较产品和服务来评估自身的竞争地位,通过对相关市场的标杆定位,熟悉市场路径,抓住业务的各要素组成部分,从而形成业务标杆管理的目标。由于市场信息的不确定性特征所致,实施业务标杆管理应该善于因时而变,因地制宜。业务标杆管理,必须以提升市场占有份额为宗旨,在全面考察市场的基础上,针对竞争对手的市场策略和市场定位,采取有重点的业务标杆管理目标和方法。

5. 战略性标杆管理

战略性标杆管理是在与同行业最好的组织进行比较的基础上,从总体上关注组织如何竞争发展,明确和改进组织战略,提高组织战略运作水平。战略性标杆管理是跨越行业界限寻求绩优组织成功的战略和优胜竞争模式。战略性标杆分析需要收集各个竞争者的财务、市场状况并进行相关分析,提出自己的最佳战略。许多组织通过标杆管理成功地实现了战略转变。战略性标杆管理主要是依据组织的产品和服务市场来进行战略定位的,因此,战略性标杆管理对组织的要求(包括对组织产品和服务的技术、人力储备和市场的可扩展性的要求)较高,需要组织对自身和未来的定位有很清晰的认识,因为一个不具备可成长空间产品的组织是不具备未来发展空间的。战略性标杆管理依据其要素特征可以分为产品战略性标杆、技术战略性标杆和市场结构战略性标杆管理。

表2-2列出了不同类型的标杆管理方法之间的对比差异。由于组织所采用的标杆管理的方法不同,导致标杆瞄准伙伴的合作程度、收集的数据的适用性以及组织可能实现的绩效改进(或突破)的程度也不同。任何一种类型的标杆管理都不是尽善尽美的,不同类型的标杆管理方法都各有利弊。因此,组织在实际选择运用时,应对每一种方法加以综合权衡。

表 2-2　不同类型的标杆管理方法之间的对比[①]

标杆管理的类型	合作程度	信息的相关性	绩效改进程度
内部	高	高	低
外部竞争对手	低	高	中
外部（行业内）	中	中	高
外部（一般性）	中	低	高
内外部综合	中	中	非常高

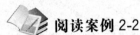阅读案例 2-2

施乐公司的标杆管理

施乐公司一直把标杆管理作为产品改进、企业发展、赢得竞争对手、保持竞争优势的重要工具。公司的最高层领导把标杆管理看成公司的一项经常性活动，并指导其所属所有机构和成本中心具体实施标杆管理。而施乐公司本身也在长期的标杆管理实践中探索出了很多经验，它的"5 阶段、10 步骤"标杆管理方法被其他公司认可和使用。施乐公司的经验可以借复印机的标杆管理为例，用图 2-3 来简单描述。

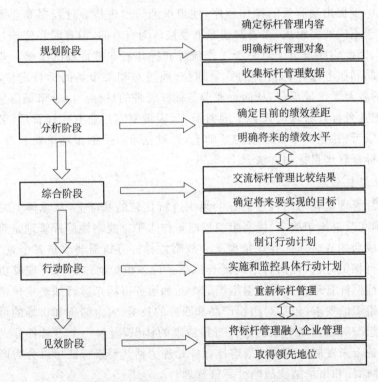

图 2-3　施乐公司标杆管理流程示意图

1. 规划阶段

（1）确定标杆管理的内容。这是标杆管理的第一步，施乐公司实施的第一个标杆管理

---

① [美]詹姆斯·哈里顿. 标杆管理：瞄准并超越一流企业[M]. 欧阳袖, 张海蓉, 译. 北京：中信出版社, 2003：38.

的内容是关于复印机制造的。施乐震惊地发现其日本的竞争对手竟然以其成本的价格出售高质量的复印机,因此,针对这个问题开展了标杆管理研究,并取得了很好的成果。

(2) 确定标杆管理的对象。施乐首先研究它的一个日本子公司——富士施乐,然后是佳能等公司,以确定它的日本对手的有关成本是否和他们的价格一样低。

(3) 收集标杆管理的数据。研究证实,美国公司的同类产品价格确实比日本公司的要高。日本的成本成了施乐的目标。来自公司主要领域的管理人员纷纷前往施乐的日本子公司,考察他们的活动。然后,施乐开始收集各种信息。

2. 分析阶段

(1) 确定目前的绩效差距。之所以日本对手的复印机能够以施乐公司的成本价销售,它们之间在执行上必然存在着差距,将收集到的信息用于发现差距。

(2) 确定将来的绩效水平。根据差距分析,计划未来的执行水平,并确定这些目标应该如何获得及保持。

3. 综合阶段

(1) 交流标杆管理的成果。所有的施乐员工都在质量培训中至少获得过 28 小时的培训,而且有很多员工则进行了高级质量技术的培训。一旦一个新的标杆管理项目确定了,它都将被公司的员工进行讨论,这样使得其他人可以在其日常操作中使用。

(2) 确立要实现的目标。施乐公司发现,购得的原料占其制造成本的 70%,细微的下降都可以带来大量的利益。公司将其供应商基数从 20 世纪 80 年代初的 5000 多个削减到目前的 420 个。不合格零件的比率从 1980 年的 10‰下降到目前的 0.225‰,6/7 的质量检查人员重新安排了工作,95%的供应零件根本不需要检查,购买零件的成本下降了 45%。这些目标并不是必须同时确立,但是随着标杆管理过程的进行,它们都顺利实现了。

4. 行动阶段

(1) 形成行动计划。必须制订具体的行动计划。施乐公司制订了一系列的计划,使复印机的质量提高了。

(2) 实施和监控行动计划。标杆管理必须是一个调整的过程,必须制订特定的行动计划以及进行结果监控以保证达到预定绩效目标。

(3) 重新进行标杆管理。如果标杆管理没有取得理想的效果,就应该重新检查以上步骤,找出具体的原因,并重新进行标杆管理工作。

5. 见效阶段

在对日本行业进行了标杆管理之后,施乐并没有停滞不前。它开始了对其他竞争对手、一流企业的标杆管理。1996 年,施乐公司成为世界上唯一获得所有的三个重要奖励的公司:日本 Deming 奖、美国 Malcolm Baldrige 国家质量奖以及欧洲质量奖。显然,采用了标杆管理使施乐公司受益匪浅。

资料来源:付亚和,许玉林. 绩效管理[M]. 上海:复旦大学出版社,2008:250-252.

四、标杆管理的实施

标杆管理的规划实施有一套逻辑严密的实施步骤,通常可按照如下步骤进行:

(1) 确定标杆管理的主题。标杆管理的主题可以是组织、行业甚至国家层次最为关心的问题或最关键的竞争力决定因素,如组织成本、组织供应链体系、组织人力资源管理模式等。主题一般是在对自己状况进行比较深入细致研究的基础上确定的。对于所选择的标杆管理主题要能够带动或促进组织竞争力或工作效率的提高。

(2) 确定标杆管理的对象和内容。标杆管理对象应当是在同部门、同组织或同行业中业绩最佳、效率最高的少数有代表性的对象。标杆管理的内容应当是决定标杆管理对象主要表现业绩的作业流程、管理实践或关键要素。

(3) 组成工作小组,确定工作计划。组建的工作小组要担当发起和管理整个标杆管理流程的责任,其组成人员通常由相关领域的专业人士组成。在许多大型组织中,该小组通常扩建为一个独立的部门,从而能够更有效地为所有的标杆瞄准活动提供平台支持。标杆管理的工作计划主要包括:明确标杆管理的目标;通过对组织的衡量评估确定标杆项目;选择标杆伙伴;制订数据收集计划,如设置调查问卷,安排参观访问,充分了解标杆伙伴并及时沟通;开发测评方案,为标杆管理项目赋值以便于衡量比较等。

(4) 资料收集和调查。首先收集与相关主题、相关调查对象和调查内容有关的已有的研究报告、调查报告或相关信息,在研究这些已有资料的基础上,拟定实地调查提纲和调查问卷。在实地调查之前,要对调查问卷和实地调查方法事先在内部进行检验,确定调查问卷和方法的有效性。在实地调查过程中,需要重点关注标杆对象形成差异的环节和方面。

(5) 分析比较,找出差距,确定最佳做法。在对调查所取得的资料进行分类、整理分析的基础上,对组织和标杆对象进行比较研究,确定出各个调查对象所存在的差异,明确差距形成的原因和过程,并确定出最佳做法。

(6) 明确改进方向,制定实施方案。在明确最佳做法的基础上,找出弥补自己和最佳实践之间差距的具体途径或改进机会,设计具体的实施方案,并进行实施方案的经济效益分析。实施方案要明确实施重点和难点,预测可能出现的困难和偏差,确定对实施情况的检查和考核标准。

(7) 沟通与完善方案。利用各种途径,将拟定的方案、所要达到的目标前景同全体成员进行反复交流与沟通,征询意见,争取全体成员的理解和支持,并根据成员建议修正和完善方案,以统一成员思想,使全体成员在方案实施过程中目标和行动一致。

(8) 实施与监督。将方案付诸实施,并将实施情况不断和最佳做法进行比较,监督偏差的出现并采取有效的校正措施,以努力达到最佳实践水平,努力超过标杆对象。

(9) 总结经验。在完成了首次标杆管理活动之后,必须对实施效果进行合理的评判,并及时总结经验,对新的情况、新的发现进行进一步的分析。

(10) 再标杆。针对环境的新变化或新的管理需求,持续进行标杆管理活动,确保对"最佳实践"的"跟踪"。

五、标杆管理的缺陷

如果我们仅仅指出实施标杆管理活动可以为组织带来多少好处,而不会出现任何问题,这显然是自欺欺人。事实上,任何组织在推行标杆管理活动时都应清醒地知道,在实际实施过程中可能存在许多"陷阱",这些"陷阱"导致我们推行的标杆管理"形似神不似"。这些陷阱主要有以下五类:

(1) 标杆主体选择缺陷。作为标杆的组织应在某一方面做得尤为出色,并因此形成竞争优势且实现持续增长。许多组织最初都会在本产业内寻找比较目标,这一做法在某些情况下非常有效,但在多数情况下,理想的比较目标应是完全不同产业的组织,因为同一产业的组织除了信息难以获取外,也倾向于以同样的方式来做同样的工作,这样,产业内容容易出现"近亲繁殖"问题。因此,应当寻找产业外的组织作为比较对象,通常可以得到更新、更实用的信息。

(2) 标杆瞄准的缺陷。标杆瞄准是指系统地界定优秀的经营机制和制度、优秀的运作流程与程序以及卓越的经营管理实践的活动。在锁定标杆时,一个不可忽视的问题是,最佳实践往往隐藏在员工头脑、组织制度、组织机构甚至组织文化中,组织应重视这些因素的作用和影响,采取相应的措施挖掘隐性知识,并与自身的实际相结合。只有这样,实施标杆管理才可能取得成功。

(3) 标杆瞄准执行成员选择的缺陷。参与标杆管理的团队成员应包括实际操作的人员,即业务流程的最直接参与者,因为他们最清楚组织的业务流程自始至终是怎样运作的,最清楚业务流程需要改进的地方。没有这些人的参与,以改进流程为目的的任何措施都不会成功。

(4) 过程调整的缺陷。对最佳实践的学习是一个渐进的过程,并不是一蹴而就的,需要谋求从高层领导到基层员工的各种支持,要向员工说明"怎样"和"为什么这样"工作,而且需要花费几个月的时间制定一整套关于招聘、培训和衡量客户反馈的合理的方法。

(5) 忽视创新性的缺陷。许多组织将标杆管理视为获取竞争优势的关键性工具,因为当前组织竞争的主题是创新速度,是如何确保自身的创新速度超过竞争对手,而标杆管理恰恰围绕这个主题。在我国,有些组织在学习、运用标杆管理过程中往往忽视这一点。一些组织不顾实际,盲目攀高,只求形式,不求本质,把标杆管理简单地当成一种时髦的组织运动。有的组织甚至把摆脱经营困境寄托于某种成功模式,忽视情境对最佳实践的影响。

标杆管理是真正意义上的"拿来主义",组织实施标杆管理,必须抓住学习创新的关键环节,以适应组织自身特点并促进组织战略目标实现为原则,既有组织,又有创新,才能真正发挥标杆管理的价值。那些曲解标杆管理思想实质,只模仿不创新的错误做法,不仅与标杆管理的初衷背道而驰,而且不能从根本上提升组织的核心竞争力,只会使组织不可避免地陷入经营战略日益趋同的误区。

第三节 关键绩效指标

一、关键绩效指标的含义

关键绩效指标(key performance indicators,KPI)是对组织及其运作过程中关键成功要素的提炼和归纳,是衡量组织战略实施效果的关键指标,它是组织战略目标经过层层分解产生的可操作性的指标体系,是组织绩效管理的基础。关键绩效指标的目的是建立一种机制,将组织战略转化为内部过程和活动,不断增强组织的核心竞争力,使组织能够得到持续的发展。其内涵包括:①KPI是衡量组织战略实施效果的关键指标。KPI一方面是战略导向的,另一方面又强调关键性,即对组织成功具有重要影响的方面。②KPI体现的是对组织战略目标有增值作用的绩效指标。KPI是连接个人绩效和组织战略目标的一个桥梁,因此基于KPI的绩效管理,就可以保证员工努力方向与组织战略目标方向的一致性,使真正对组织有贡献的行为受到鼓励(如图 2-4 所示)①。③KPI 反映的是最能有效影响组织价值创造的关键驱动因素。KPI 制定的主要目的是明确引导管理者把精力集中在能对绩效产生最大驱动力的经营行为上,及时了解、判断组织运营过程中产生的问题,采取提高绩效水平的改进措施。④KPI 是用于评价和管理员工绩效的可量化的或可行为化的标准体系。KPI 是一个标准体系,它必须是定量化的,如果难以定量化,那么也必须是可行为化的,如果定量化和可行为化这两个特征都无法满足,那么就不是符合要求的关键绩效指标。

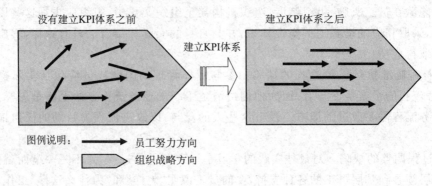

图 2-4 个人目标与组织战略目标的一致性

关键绩效指标的特点如下:

(1) KPI 是对组织战略目标的分解。组织战略目标的实现,需要制定出组织的业务重点,即组织未来成功的关键领域。而要使这些关键业务领域取得成功,就需要相应的 KPI 的支持,这就初步形成了组织级的 KPI,再将这些指标分解落实,就形成了部门的 KPI 和岗位的 KPI。由此可见,KPI 所体现的衡量内容最终取决于组织的战略目标,KPI 是对组织战略目标的分解。

(2) KPI 是对绩效构成中可控部分的衡量。组织经营活动的效果是内因、外因综合作用的结果,这其中内因是各岗位员工可控的部分,也是 KPI 所衡量的部分。KPI 应尽量反映员工工作的直接可控效果,剔除他人或环境造成的其他方面的影响。例如,企业中的销售量与市场份额都是衡量销售部门市场开发能力的指标,而销售量是市场总规模与市场份额相乘的结果,其中市场总规模则是不可控变量。在这种情况下,两者相比,市场份额更能体现岗位绩效的核心内容,更适于作为 KPI。

(3) KPI 是对重点经营活动的衡量。组织中的每个岗位的工作内容都涉及不同的方面,高层管理人员的工作任务更复杂,但 KPI 只对其中对组织整体战略目标影响较大、对战略目标实现起到不可或缺作用的工作进行衡量,而不是对所有操作过程的衡量。

(4) KPI 是组织上下级共同参与完成的指标体系。KPI 不是由上级强行确定的,也不是由本职岗位自行制定的,而是由上级与员工共同参与完成的,是双方所达成的一致意见。KPI 不是以上压下的工具,而是组织中相关人员对岗位工作绩效要求的共同认识。通过在 KPI 上达成的承诺,上级和员工之间就可以进行工作期望、工作表现和未来发展等方面的沟通。由此可见,KPI 是进行绩效沟通的基石,是组织关于绩效沟通的共同辞典。有了这样一本辞典,上下级在沟通时就可以找到共同语言。

---

① 林泽炎,王维. 执行绩效管理[M]. 北京:中国发展出版社,2008:67.

二、确定关键绩效指标的原则

确定关键绩效指标应坚持以下原则。

1. 目标导向原则

所谓目标导向性是指根据组织的总体目标来设定部门目标以及个人目标,将组织的总体战略目标逐层分解,并从中提炼归纳出可操作的各种量化指标。KPI 是对组织及其运作过程中实现战略的关键成功要素的提炼和归纳,是基于战略与流程制定的、对组织长远发展具有战略意义的指标体系,因此,设置 KPI 应该将组织远景和战略与部门、个人运作相连接,与内外客户的价值相连接,以体现 KPI 对组织战略目标的支撑作用。

2. 二八原则

所谓二八原则(即 20/80 原则),是指一个组织在价值创造过程中,每个部门和每一个员工的 80% 的工作任务是由 20% 的关键行为完成的,抓住 20% 的关键,就抓住了主体。绩效评价指标并不是越多越好,因为绩效管理是有成本的,指标越多,组织投入绩效管理的成本相应也越高。因此 KPI 必须要有数量限制,一般最多不要超过 10 个。二八原则这种集中测量"少而精"的关键行为的方法精简了不必要的绩效管理机构和管理流程,缓解了绩效管理的复杂性与绩效管理资源的稀缺性之间的矛盾,以有限的管理资源实现了最大化的绩效管理效益。

3. SMART 原则

SMART 原则是指确定 KPI 应符合明确具体的(specific)、可衡量的(measurable)、可达到的(attainable)、现实的(realistic)、有时限的(time-bound)五项标准。所谓"具体的",是指 KPI 要切中特定的工作目标,不是模糊笼统的,而是应该适度细化,并且随情境变化而发生变化。每项关键绩效指标的内涵和外延都应界定清楚,避免产生歧义;所谓"可衡量的",就是指绩效指标或者是数量化的,或者是行为化的,验证这些绩效指标的数据或信息是可以获得的;所谓"可达到的",是指绩效指标在付出努力的情况下可以实现,避免设立过高或过低的目标;所谓"现实的",指的是绩效指标是实实在在的,可以证明和观察得到的,而并非假设的;所谓"有时限的",是指在绩效指标中要使用一定的时间单位,即设定完成这些绩效指标的期限,这也是对效率的表现。

4. 执行原则

再好的战略都需要强有力的执行来支撑,同样地,再完善的 KPI 指标体系,都需要各级领导及员工认真地贯彻执行,KPI 评价能否成功关键在于执行。组织应该形成强有力的执行文化,不断消除在实施 KPI 评价过程中的各种困难和障碍,使 KPI 真正成为推动组织管理创新和提升组织整体绩效水平的有效手段。

5. 客户导向原则

客户导向是指组织的各项工作都是以客户为中心,把满足客户需求作为一切工作展开的目标和方向。客户利益至上是市场经济条件下组织赖以生存的基础,"如何为客户创造价值"是组织的首要任务。坚持客户导向是组织对外界变化的一种反应,组织应把这种反应和客户目标转化为关键绩效指标,以体现组织的市场标准和最终成果责任。

三、确定关键绩效指标的方法

（一）选择关键绩效指标的途径与标准

1. 关键绩效指标的选择途径

提取 KPI 的途径，可以从以下三个方面获取：

（1）组织的战略目标。首先根据组织的总体战略目标制定出部门的工作目标，再将部门的工作目标分解到每个岗位，与之相对应的 KPI 也是由组织层面的 KPI 分解为各部门级的 KPI，部门级的 KPI 进一步分解为各个岗位的 KPI。

（2）工作说明书。根据工作说明书可以比较容易找到各个岗位的关键绩效指标。工作说明书中的岗位职责、工作内容、绩效标准等可为提取 KPI 提供依据。

（3）平衡计分卡。平衡计分卡作为一种战略性绩效管理工具，主要以四个维度来提取"KPI"指标，这四个维度分别是财务类指标、客户类指标、内部运营类指标和学习发展类指标。关于平衡计分卡下文将会作详细介绍。

2. 关键绩效指标的选择标准

关键绩效指标的选择总体上应体现"少而精"，在选择过程中要尽可能量化、过程化、细化所选择的指标。能够量化的指标首先应该尽可能量化；不能量化的指标，应将其工作内容过程化，并对工作过程进行控制考核；不能量化、也不能过程化的指标，应对其进行细化，直到不能再细化为止。

在实践中，对于选择关键绩效指标的标准，可以通过对以下问题的回答作出一个衡量，如果回答的是"否"，那么就不应该将其列为 KPI 指标。这些问题如下：

- 选取的指标是否可以理解？
- 选取的指标是否会被误解？
- 选取的指标是否可以控制？
- 选取的指标是否可实施？
- 员工是否明白采取何种措施和行动才能达到所选指标的标准？
- 选取的指标是否可信？
- 选取的指标是否有稳定的数据来源且真实，数据是否可以被操纵？
- 选取的指标是否可量化？
- 选取的指标有无可信的衡量标准？
- 选取的指标是否与组织战略和部门目标相一致？
- 选取的指标是否与整体绩效指标相一致？
- 选取的指标是否与上、下层的指标相联系？

（二）确定关键绩效指标的方法

1. 头脑风暴法

头脑风暴法（brain-storming）是由美国创造学家奥斯本 1939 年首次提出的一种激发性思维方法。采用头脑风暴法组织群体决策时，要集中有关专家召开专题会议，主持者以明确的方式向所有参与者阐明问题，说明会议的规则，尽力创造融洽轻松的会议气氛。主持者一般不发表意见,以免影响会议的自由气氛。参与"会议"的有关专家完全放开思维,集思广益,随心所欲地发表自己的看法,在这一过程中,鼓励一切思维,包括看起来不可能的想法,而且暂时不允许对任何想法做出评论和批评。头脑风暴法一般遵守庭外判决、自由鸣放、追求数量和取长补短原则。

采用头脑风暴法确定 KPI 能反映来自多方面的想法和意见,适合针对某些具体问题提出具有针对性的关键指标。但该方法实施的成本(时间、费用等)很高,且对参与者的素质要求也比较高。

2. 鱼骨图分析法

鱼骨图(cause & effect/fishbone diagram),也叫石川图,最早是日本人石川馨发明的一种解决质量问题的方法。鱼骨图分析法是一种透过现象看本质的分析方法。这种方法是用鱼刺图形的形式分析特定问题或状况,以及它产生的可能性原因,并把它们按照一定的逻辑层次表示出来。

鱼骨图分析法的步骤如下:

(1) 确定一个讨论主题(结果)。

(2) 用头脑风暴法讨论造成问题原因的主要种类。

(3) 在挂纸或白板的正中写下问题,在问题周围画框,然后画一个水平的箭头指向它。在主箭头的旁边画上分支表示原因的分类。

(4) 用头脑风暴法找出所有可能的原因。问:"为什么会这样?"有了答案后就在对应的原因分支上记下来。如果有多重关系,子原因可以写在几个地方。

(5) 再对子原因问:"为什么会这样?"再在子原因的分支下记下它的子原因。继续问"为什么"以找出更深层次的原因。分支的层次表示原因的关系。

(6) 当找出了所有原因后,集中讨论原因较少的部分。

鱼骨图的精髓在于利用头脑风暴法充分发挥集体的智慧,通过逻辑性很强的"剥洋葱"式的方法逐步找出支撑分析主题的关键因素,是一种找出问题"根本原因"的方法。

比如某企业的战略目标是"在同行业处于领先地位",如果用鱼骨图的形式表示如图 2-5 所示。

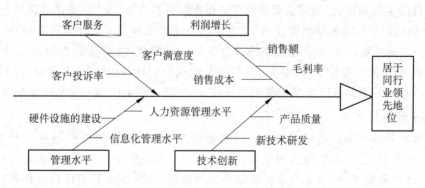

图 2-5 战略目标及 KPI 鱼骨图

3. 关键成功因素法

关键成功因素法(critical success factors,CSF)是由哈佛大学教授威廉·泽尼(William

Zani)在1970年提出的以关键因素为依据来确定系统信息需求的一种信息系统总体规划的方法。所谓关键成功因素,就是对组织成功起关键作用的因素。这种方法认为,在现行的信息系统中,总存在着多个变量影响信息系统目标的实现,其中总有若干个因素是关键的和主要的(即成功变量)。通过对关键成功因素的识别,找出实现目标所需的关键信息集合,围绕这些因素来确定系统信息需求,就能确定系统开发的优先次序和实现系统总体规划。

运用关键成功因素法建立KPI,其基本思路是首先分析组织获得成功或取得市场领先的关键成功领域(key result areas,KRA),再把这些关键成功领域层层分解为关键绩效要素(key performance factors,KPF)。为了便于对这些关键绩效要素进行量化考核和分析,再将要素细分为各项关键绩效指标(如图2-6所示)。

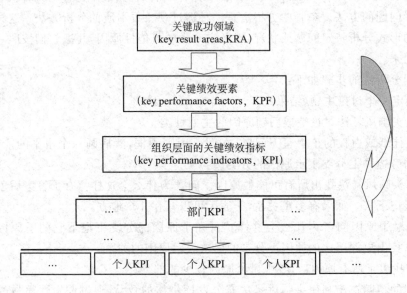

图2-6 关键成功因素法确定KPI的流程

确定关键成功领域,需要明确诸如"企业成功靠的是什么"、"过去的哪些成功因素能使企业未来持续获得成功"、"未来成功的关键因素是什么"等问题;关键绩效要素是对关键成功领域进行的解析和细化,确定关键绩效要素则需要回答诸如"每个关键成功领域包含的内容是什么"、"如何保证在该领域获得成功"、"成功的关键措施和手段是什么"、"成功的标准是什么"等问题;关键绩效指标又是对关键绩效要素进一步细化,关键绩效指标包括组织层面的KPI、部门级KPI和个人KPI,组织层面的KPI分配或分解到相应的部门,形成部门级KPI;个人KPI是在组织层面的KPI和部门级KPI确定后,对部门级KPI进行分解或承接形成的。

4. KPI价值树模型

关键绩效指标的确定过程非常强调因果逻辑关系。KPI价值树模型是一个强调"因果逻辑关系"的分析工具,KPI价值树模型详尽地反映了价值创造的过程,它从以前的单一"财务价值树"逐步发展成为"财务与非财务结合的价值树"。比如由美国杜邦公司首创,利用几种主要的财务比率之间的关系来综合地分析企业的财务状况的杜邦分析法,就是强调因果逻辑关系的财务价值树。KPI价值树模型如图2-7所示[①]。

---

① 秦杨勇.战略绩效管理[M].北京:中国经济出版社,2009:15.

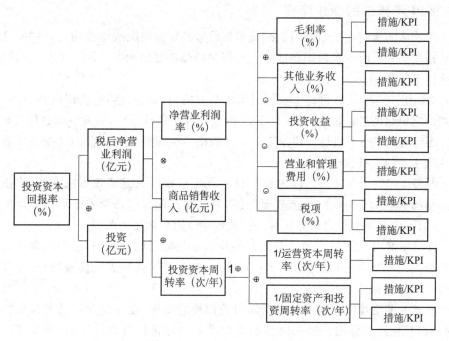

图 2-7 KPI 价值树模型——因果逻辑关系

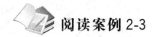

阅读案例 2-3

索尼公司基于 KPI 的绩效评价体系

索尼公司的绩效评价以业绩为中心,采用的是基于关键绩效指标(KPI)的绩效评价模型。公司运用"5P"的绩效评价体系全面评估员工的业绩,其中"5P"指的是个人(person)、岗位(position)、过去(past)、现在(present)、潜力(potential)五个因素。一个人在一个岗位上,首先要符合这个位置的要求。员工是否得到提升,公司要考察其业绩,业绩本身由三部分构成,即过去的业绩、现在的业绩、将来的业绩。将来的业绩看不到,但是可以预测他的潜力。

索尼公司绩效评估也是一种周期性的制度,实行年度绩效评估制。年终的绩效考核首先是员工的自我评估,到年末每个员工需根据年初制订的绩效计划,对照公司发布的绩效评估的标准,进行工作业绩完成情况的自我评估。然后员工的直接上级对员工进行评估,直接上级会与该员工进行谈话,针对员工的工作内容进行综合分析,并对员工的工作方式、工作态度、团队合作精神等内容进行评估。在评估的过程中,就会发现员工的优秀与不足之处,第二年的目标也会在这个过程中确定下来。其次是对团队绩效进行评估。要求各分公司的总经理要陈述对下级的评估,说明评估的结果和原因。作为管理者要帮助下属完成任务,帮助下属提高技能。如果管理者的技能需要提高,在陈述的过程中也要提出目标。通过对各部门进行评估可以掌握各个分公司、各个部门之间的平衡。

资料来源:赵晓霞,黄晓东,唐辉. 人力资源管理与开发[M]. 北京:清华大学出版社,2012.

四、KPI考核法的操作流程

KPI考核法的精髓在于强调组织绩效指标设置必须与组织战略挂钩,其中"关键"(key)的含义是指在某一阶段一个组织在战略上要解决的最主要的问题。KPI考核法的操作流程主要包括以下环节[①]:

(1) 明确组织总体战略目标。根据组织战略方向,从财务、客户、内部流程、员工发展等角度分别确定组织的战略重点,并运用KPI的设计方法进行分析,明确组织总体战略目标。

(2) 确定组织战略子目标。将组织的总体战略目标按照组织内部的某些主要业务流程分解为几项主要的支持性子目标。

(3) 内部流程整合与分析。以内部流程整合为基础的关键绩效指标设计,将使员工明确自己的指标和职责是为哪一个流程服务的,以及对其他部门乃至整个运作会产生什么样的影响。因此,内部流程整合与分析是进行关键绩效指标细化的前提。

(4) 部门级KPI的提取。通过对组织架构和部门职能的分析,对组织战略子目标进行分解。在分解的同时要注意根据各个部门的职能对分解的指标进行修整补充,并兼顾其与部门分管上级的指标关联度。

(5) 形成关键绩效指标体系。根据部门关键绩效指标、业务流程以及各岗位的工作说明书,对部门目标进行分解。根据岗位职责对个人关键指标进行修正、补充。建立组织目标、流程、职能与职位相统一的关键指标体系。

KPI考核法的操作流程如图2-8所示。

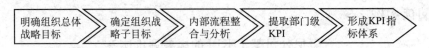

图2-8 KPI考核法的操作流程

五、KPI的实例分析

某公司在过去几年的经营过程中,效益呈不断上升趋势,可近来却发展缓慢,于是公司召开会议共同探讨如何有效地解决这一问题。

会议认为,解决这一问题的关键是要找出导致发展缓慢的原因和主要影响因素,并将这些因素转化为可操作的衡量指标,即关键绩效指标。下面是该公司解决这一问题的操作过程。

第一步:运用头脑风暴法收集相关信息,信息收集的结果汇总如表2-3所示。

表2-3 运用头脑风暴法的信息收集结果汇总表

人员	影响企业效益的因素
A	产品质量下降
B	生产技术与同行业领先水平相比,有较大差距
C	售后服务质量差
D	人才资源管理存在诸多问题

---

① 孙宗虎,李艳. 岗位绩效目标与考核实务手册[M]. 北京:人民邮电出版社,2009:29-30.

第二步：运用鱼骨图分析法寻找主要影响因素。将上述收集到的信息归纳为四个方面的因素，其中每一个因素又包含诸多子因素（如表 2-4 所示）。并将这些因素（含子因素）用鱼骨图的形式表达出来，以便制订相应的行动计划（如图 2-9 所示）。

表 2-4　四因素分解表一览表

目标	主要影响因素	各子因素
企业取得良好效益	产品质量	次品率偏高
	生产技术水平	设备更新不及时 先进生产技术引进的力度较小
	售后服务	服务态度较差 部分人员工作技能尚需提高
	人力资源管理	关键人才培养不及时 各部门培训计划工作没有认真落实 绩效考核工作走形式

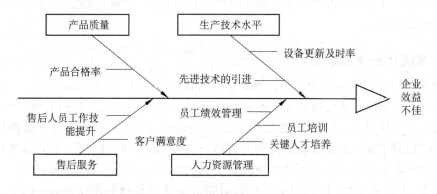

图 2-9　相关因素的鱼骨分析图

第三步：根据主要影响因素找出可衡量的关键绩效指标，并制订具体的行动计划，也可将这些达到目标所要采取的相关行动列在具体行动计划的鱼骨分析图中（如图 2-10 所示）。

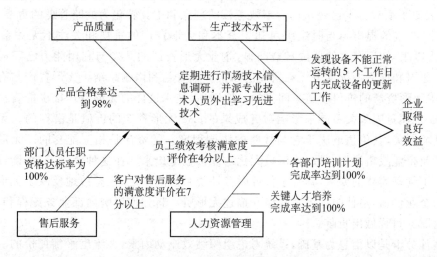

图 2-10　具体行动计划的鱼骨分析图

第四节　平衡计分卡

在 20 世纪平衡计分卡理论提出之前,欧美国家的大部分企业都在沿袭传统的单一财务指标对组织绩效进行评价。然而随着企业全球化竞争步伐加快,越来越多的企业高层管理者认识到,即使最好的财务体系也无法涵盖绩效的全部动态特点。人们开始对只依靠财务指标对绩效进行评价的合理性提出质疑,也开始意识到传统的财务性评价存在缺陷。直到 20 世纪 90 年代全新的绩效评价体系——平衡计分卡(balanced score card,BSC)的提出,才从根本上扭转了传统的组织绩效评价体系缺乏全面性、多态性的不足,形成了组织战略目标与组织绩效驱动因素、财务指标与非财务指标相结合的系统的绩效评价体系。目前,平衡计分卡已在全球的管理实践中得到了广泛的应用,据称全球 500 强企业中,已经有 90% 以上的企业因为使用平衡计分卡而获得企业"突破式的变革收益",同时一些非营利性的组织也声称使用了平衡计分卡而获得收益。平衡计分卡因此也被《哈佛商业评论》评价为 20 世纪最杰出的管理工具之一。

一、平衡计分卡的提出

20 世纪 90 年代初,哈佛大学会计学教授罗伯特·S. 卡普兰(Robert S. Kaplan)和复兴全球战略集团的创始人兼总裁戴维·P. 诺顿(David P. Norton)两人共同主持一项对 12 家公司进行的研究计划,以寻求新的绩效评价方法,这项研究的起因是人们越来越相信绩效评价的财务指标对于现代企业组织而言是无效的。经过多次研究和讨论,并在总结了苹果电脑、杜邦等 12 家大型企业经销管理系统成功经验的基础上,卡普兰和诺顿于 1992 年在《哈佛商业评论》上发表了"平衡计分卡——驱动绩效的衡量体系"(The Balanced Scorecard: Measures that Drived Performance)一文,提出了一套综合平衡企业财务指标和非财务指标的评价体系——平衡计分卡,第一次把平衡计分卡引入了绩效评价领域,并于 1996 年又出版了专著《平衡计分卡——化战略为行动》(The Balanced Scorecard: Strategy into Action),代表着平衡计分卡已经从作为绩效考核的理念和工具转化为战略管理的重要工具。

平衡计分卡的提出与当时组织对知识资本和无形资产的重视和关注不无关系。20 世纪 90 年代以来,知识资本的地位日益凸显,企业无形资产的开发与利用能力已经成为企业塑造核心能力和创造持续竞争优势的决定因素。卡普兰和诺顿总结了无形资产与有形资产的区别:①无形资产的价值创造是间接的。像知识、技术这样的无形资产很少能直接影响财务结果,而是通过因果关系链来影响财务成果。②无形资产的价值是潜在的。无形资产与战略环境有关,其价值取决于它与战略的协调程度。③资产是相互配套的。无形资产与有形资产及企业战略协调一致,价值最大化才能被创造出来。在这种背景下,平衡计分卡的出现适应了管理实践的要求,弥补了传统财务评价系统的不足,它有效地反映了无形资产如何转化为企业价值,迫使组织思考战略并描述无形资产将如何影响内部业务流程和客户,从而最终为财务目标做出贡献。

平衡计分卡是以信息为基础,系统考虑组织绩效驱动因素,多维度平衡评价的一种新型的组织绩效评价系统,平衡计分卡同时也是一种将组织战略目标与组织绩效驱动因素相结合,动态实施组织战略的战略管理系统。平衡计分卡的基本原理是根据组织战略从财务、客户、内部流程、学习与成长四个角度定义组织绩效目标,每个角度包括战略目标、绩效指标、测量指标以及实现目标所需的行动方案,从而大大改进了以往绩效管理中由于只关注财务指标造成的局限性。平衡计分卡的四个评价维度(财务、客户、内部流程、学习与成长)如图 2-11 所示。

平衡计分卡作为突破财务指标评价局限性的绩效评价工具被提出后,受到了企业界的广泛关注。早期的平衡计分卡被视为一个高效、清晰、全面的绩效管理工具,但后来人们发现它可以作为新的战略管理体系的基石[1]。平衡计分卡也因此在随后的实践中逐步演化为涉及战略制定、描述、协同、评价、管理以及与运营相连接等诸多环节的战略工具。

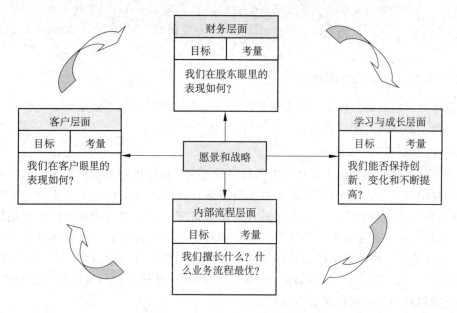

图 2-11　平衡计分卡的四个维度

二、平衡计分卡的特点与功能

(一)平衡计分卡的特点

平衡计分卡的主要特点可以概括为三点:始终以战略为核心、重视协调一致以及强调有效平衡[2]。

(1) 始终以战略为核心。平衡计分卡以组织战略为基础,将组织远景、组织使命和组织发展战略与组织的绩效评价系统联系起来,并把组织使命和战略转变为具体的目标和评价指标,以实现战略和绩效的有机结合。同时,平衡计分卡以提升战略执行力为出发点,结合时代背景和环境特征先后探讨了如何对战略进行管理、描述、协同以及如何实现战略管理与运营管理的有效结合。

(2) 重视协调一致。为了实现把战略转化为具体行动,平衡计分卡非常重视协调一致。

---

[1] Kaplan R S, Norton D P. Using the Balanced Scorecard As a Strategic Management System[J]. Harvard Business Review,1996(January):75,(February):86.

[2] 方振邦,罗海元. 战略性绩效管理[M]. 北京:中国人民大学出版社,2010:59-61.

协同不仅是创造企业衍生价值的根本途径,也是实现客户价值主张的必要保障。因此,必须从逻辑上明晰协同思路,从体系上整合协同主体,从机制上保障协同效果。

(3) 强调有效平衡。平衡计分卡非常强调平衡的重要性,但这种平衡不是平均主义,不是为了平衡而平衡,而是一种有效的平衡。在这里,"有效平衡"是指在战略的指导下,通过平衡计分卡各层面内部以及各层面之间的目标组合和目标因果关系链,合理设计和组合财务与非财务、长期与短期、内部群体与外部群体、客观与主观判断、前置与滞后等不同类型的目标和指标,实现组织内外部各方力量和利益的有效平衡。

> 平衡计分卡(BSC)就像飞机座舱中的标度盘:它使管理者一眼就能发现复杂的信息。
> ——罗伯特·S. 卡普兰(Robert S. Kaplan)

(二) 平衡计分卡的功能定位

平衡计分卡的功能总体上会随着平衡计分卡理论体系本身的不断发展和完善而发生变化。就目前平衡计分卡的应用而言,主要有以下几种功能定位。

1. 绩效管理工具

卡普兰和诺顿最早提出平衡计分卡的初衷就是为了克服以财务指标为主体的传统绩效评价体的缺陷和不足。当时,人们越来越相信绩效评价的财务指标对于现代企业组织而言是无效的,企业界迫切需要寻求新的绩效评价方法以突破传统财务指标评价的局限性。由此可见,平衡计分卡首先是作为绩效管理工具而存在的。平衡计分卡作为一种新的绩效管理工具,不仅克服了传统财务绩效衡量模式的片面性和滞后性,而且相对于目标管理、关键绩效指标等绩效管理工具在目标制定、行为引导、绩效提升等方面具有明显的管理优势,能够为组织绩效目标的达成提供有力的保证。

2. 战略管理工具

平衡计分卡自提出和发展以来,对战略管理至少有三个方面的突破性贡献:一是开发出了战略地图这一管理工具,从而实现了对战略的可视化描述。战略地图是对组织战略要素之间因果关系的可视化表示方法,是一个用以描述和沟通战略的管理工具。二是通过战略地图和平衡计分卡建立了战略协同的机制。协同效应是战略构成要素之一,但是以往的管理工具未能很好地满足组织追求协同效应的需求。平衡计分卡将协同视为经济价值的来源,构建了一个逻辑严密、体系完整和机制健全的协调机制。可以说,以战略为中心实现密切合作和协同作战,填补了传统战略管理过程中战略规划和战略实施之间的模糊地带。三是尝试通过战略地图、平衡计分卡以及仪表盘等工具将战略和运营进行连接,这是平衡计分卡的最新理论成果,尽管还有待完善,但实现战略与运营无缝连接的取向是将战略转化为员工的日常行为的必然选择。从上述贡献可见,平衡计分卡是一种真正意义上的战略管理工具。

3. 管理沟通工具

传统的评价系统强调控制,而平衡计分卡则被视为一个用于传播、宣讲和学习的系统,从而使管理者和员工真正了解组织战略和愿景。平衡计分卡为管理者和员工更好地制定、描述、协同、评价、管理战略提供了一个有效的管理沟通平台。战略地图的提出实现了我们对战略的可视化描述,战略协同机制的建立则使我们澄清了传统的战略规划和战略实施之间的模糊地带,将战略和运营进行无缝连接则为我们把战略转化为员工的日常行为提供了可能,所有这些任务和目标都是通过用平衡计分卡所搭建的沟通平台才能完成和实现的,由此可见,平衡计分卡也是一个非常有效的管理沟通工具。

三、平衡计分卡系统及其战略地图

(一)平衡计分卡系统的内容

平衡计分卡系统主要由财务层面、客户层面、内部业务流程层面、学习和成长层面四个相互联系、相互影响的子系统构成,而这四个子系统又都受制于组织愿景和战略。

1. 财务层面

对于企业而言,平衡计分卡财务层面(financial perspective)的最终目标是实现股东价值的持续提升。对不同的企业,财务指标因其所处的生命周期、市场环境的不同而不同。企业的财务业绩通过两种基本方式来得到改善:收入增长和生产率改进。收入增长即"开源",可通过两种途径实现,一是增加收入机会,二是提高客户价值;生产率改进即"节流",主要通过改善成本结构和提高资产利用率两个途径来实现。

2. 客户层面

客户财务指标的实现,必须建立在客户满意的基础上,并以此赢得客户、留住客户,最终提高获利能力,取得市场份额。客户层面(customer perspective)一方面包括衡量客户成功的滞后指标,如客户满意度、客户保持率、客户增长率等,另一方面还涉及目标客户的价值主张。卡普兰和诺顿总结了四种通用的客户价值主张(即竞争战略):①总成本最低战略。主要为客户提供高竞争性价格与稳定的质量、快速购买和良好的产品选择。②产品领先战略。着重强调产品创新和产品领先,提供客户看重并愿意支付更高价格的特征和功能。③全面客户解决方案。强调建立与客户的长期关系,为客户提供最好的全面解决方案,提供满足客户需要的产品和服务。④系统锁定战略。主要为客户创造了较高的转换成本,使竞争者无法模仿核心产品,从而产生了长期的可持续性价值。

3. 内部业务流程层面

流程是指一系列活动的组合,这一组合接受各种投入要素,包括信息、资金、人员、技术等,最后产生客户所期望的结果,包括产品、服务或某种决策结果。实现企业财务方面的目标,必须让客户满意,而要让客户满意,则必须要有关键的产品和服务流程,这样才能为客户提供优质产品与服务。内部业务流程层面(internal process perspective)阐述了创造价值的少数关键业务流程,这些流程驱动着组织的两个关键的战略要素,即向客户生产和传递价值主张,降低并改善成本以实现生产率改进。根据创造价值的时间长短,内部业务流程可以分为运营管理流程、客户管理流程、创新流程以及法规与社会流程。运营管理流程是指生产和交付产品/服务的流程;客户管理流程是指建立并利用客户关系以提高客户价值的流程,它反映了组织选择、获得、保留和培育目标客户的能力;创新流程是指开发新产品、新服务、新关系的流程,也包括流程本身的优化创新过程;法规与社会流程主要是指改善社区和环境的流程,如环境业绩、安全和健康业绩、员工雇佣、社区投资等。

4. 学习与成长层面

前三个层面的目标实现都离不开员工的成长与能力提升,员工的学习与发展能力是前面三个方面取得出色成果的基础。学习与成长层面(learning and growth perspective)主要描述了组织的无形资产及其在战略中的作用,其目标确定了需要利用哪些资源(人力资本)、哪些系统(信息资本)和哪种氛围(组织资本)来支持创造价值的内部流程。卡普兰和诺顿把无形资产分为三种类型,即人力资本、信息资本和组织资本。人力资本(human capital)执行战略所需的知识、技能和才干;信息资本(information capital)支持战略所需的信息系统、数据库、网络和技术基础设施;组织资本(organization capital)则执行战略所需的动员和维持变革流程的组织能力,组织资本有文化、领导力、协调一致和团队工作四个组织部分。

(二) 平衡计分卡系统的因果关系

平衡计分卡的主体思想是在财务、客户、内部业务流程、学习和成长四个层面取得平衡,但实际上这四个层面的目标不是孤立存在的,而是相互联系和相互影响的,彼此之间有着明确的因果逻辑关系。

平衡计分卡系统中的各个层面的内在联系表现为:组织长期盈利水平的提高、良好的财务效益以及股东价值的增长更多地来源于客户的满意程度,而组织只有提高和改善其内部运作的效率,以更快更好的速度满足顾客的需求,使得顾客的满意度上升,才能为客户提供更大的价值,而组织内部运作效率的提升则要以学习与成长为基础(如图2-12所示)。因此,平衡计分卡系统中各个层面的衡量指标不是孤立的存在,而是组织战略因果关系链中的一部分,并最终以某种直接或间接的形式与财务结果相关联。平衡计分卡系统的核心思想是通过财务、客户、内部业务流程、学习与成长四类指标之间的相互驱动的因果关系来展现组织的战略轨迹。

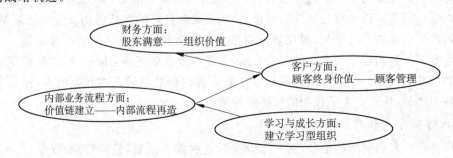

图2-12 平衡计分卡的因果关系图

(三) 战略地图

战略地图(strategy maps)是对组织战略要素之间因果关系的可视化表示方法,它是以平衡计分卡的财务、客户、内部业务流程、学习与成长四个层面的目标为核心,通过分析这四个层面目标的相互关系而绘制的组织战略因果关系图。战略地图是平衡计分卡的发展和升华,是一种用以描述和沟通战略的有效管理工具。

战略地图的核心内容包括:组织通过运用人力资本、信息资本和组织资本等无形资产(学习与成长层面),才能创新和建立战略优势和效率(内部业务流程层面),进而使组织把特定价值带给市场(客户层面),从而实现股东价值(财务层面)。平衡计分卡四个层面之间的目标关系,再加上每个层面内部的因果关系,就构成了战略地图的基本框架。如果把战略地图比作一座四层楼房,则房顶部分由使命、核心价值观、愿景和战略构成,房子的主体部分从最高层到最低层依次是：财务层面、客户层面、内部业务流程层面、学习与成长层面。其中财务层面包括收入增长战略和生产率提升战略；客户层面包括总成本最低战略、产品领先战略、全面客户解决方案和系统锁定战略；内部业务流程层面包括运营管理流程、客户管理流程、创新流程以及法规与社会流程；学习与成长层面包括三种无形资产，即人力资本、信息资本和组织资本。

把使命、核心价值观、愿景、战略四个层面及其构成要素通过逻辑关系整合起来所形成的框架，就是卡普兰和诺顿提出的战略地图的通用模板（如图 2-13 所示）①，它主要适合以营利为目的的企业组织，对于政府、事业单位、军事机构等各公共组织的战略地图则需要根据组织属性及其相应的运营实际进行必要的调整。

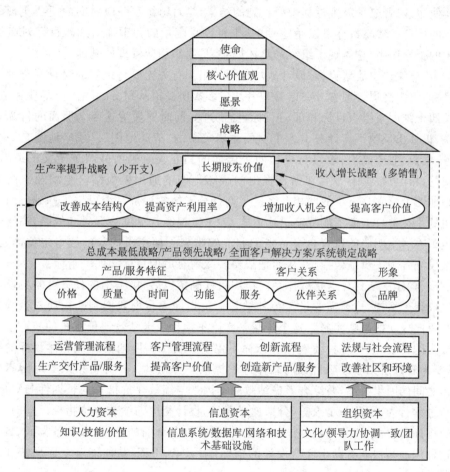

图 2-13　战略地图的简要框架

四、平衡计分卡的实施流程

平衡计分卡的实施是一个系统的过程，需要组织综合考虑所处的行业环境、自身的优势

---

① 改编自：[美]罗伯特·卡普兰，戴维·诺顿. 战略地图——化无形资产为有形成果[M]. 刘俊勇，译. 广州：广东经济出版社，2005：9.

与劣势以及所处的发展阶段、自身的规模与实力等。总结成功实施平衡计分卡的企业经验，平衡计分卡实施的一般步骤可概括如下：

第一步：明确组织的战略重点和战略目标。首先要明确组织的使命、价值观和愿景。平衡计分卡不是一个战略制定系统，而是一个战略管理系统，即负责将已经形成的战略进行贯彻、实施、反馈和修正的一个系统。因此，明确企业的使命、价值观和愿景是推行平衡计分卡的前提。其次要明确战略重点。在明确了企业的使命、价值观和愿景后，需要找到现实目标和理想目标之间的桥梁，而战略重点正是这个桥梁。所谓战略重点，是指能体现组织战略成功的主要方面，是连接使命、愿景与实际行动的纽带。每个战略重点都对应着一个或更多个战略目标。最后需要明确战略目标。战略目标是组织战略构成的基本内容，表明的是组织在履行其使命，向着愿景迈进过程中要达到的结果，是对组织在一段时间内所要实现的各项活动进行的评价。战略目标可以是定性的，也可以是定量的。正确的战略目标对组织行为具有重大的指导作用，它体现了组织的具体期望，是组织绩效管理的基础。

第二步：分解组织战略目标，设计战略地图。组织首先需要将组织战略目标分解为各个部门的目标，组织高层管理者及中层管理者通过多次协商再从财务、顾客、内部业务流程、学习与成长四个维度对组织目标和部门目标进行分解，同时要理清这四个层面的目标之间的相互关系，设计出反映平衡计分卡各个层面逻辑关系的"战略地图"。战略地图是一个通过说明财务、客户、业务流程、学习与成长四个层面的相互关系来给战略下定义的逻辑结构。战略地图的设计可根据卡普兰和诺顿提出的战略地图的通用模板结合组织及部门特点进行。战略地图为建立与组织战略相联系的平衡计分卡绩效评价系统提供了基础。由于战略地图采用的是一种自上而下的战略描述方式，为了实现经营单位的远景和战略，高级管理层必须对组织有一个明确的符合自身特点的并能够带来长期竞争优势的战略定位，并根据这种定位来设立各项关键绩效指标，从而把战略转变为有形的目标和评价指标。

第三步：构建平衡计分卡指标体系。组织目标确定以后，接下来的任务就是判断这些目标究竟完成得怎么样，这就需要设定各种绩效评价指标来帮助我们判断行动是否满足目标的要求并迈向成功的战略实施。这个步骤是实施平衡计分卡绩效评价系统的核心。作为一种期望行为的驱动工具，各种绩效评价指标不仅要为员工指明通向组织总体目标的行动方向，而且要为管理层判断战略目标的总体进展提供一种工具。要分析绩效驱动因素与绩效评价指标之间的因果关系，并综合考虑绩效驱动因素与绩效评价指标的长期性与短期性、过程结果与过程行为、团队与个人等，分层递进分解，设计相应的绩效评价指标。同时，还要对所设计的指标自上而下、从内到外进行交流沟通，征询各方面的意见，吸收各方面、各层次的建议。这种沟通与协调有助于使所设计的指标体系达到平衡，从而能够全面反映和代表组织的战略目标。

第四步：评价与反馈。完成平衡计分卡的指标体系构建之后，经组织批准，各个部门即可按照相应的评价周期对组织和部门（分公司）绩效进行评价了。首先进行月度绩效评价，通过各级管理人员对数据的观察、记录以及管理信息系统的监控，收集他们的绩效执行情况，汇集成以数据为主的绩效管理报告递交组织总部。开展季度考察，依据起初设定的具体目标考察战略目标的执行情况。部门绩效与个人绩效考核程序与此一样，每一级报告都应交由上级主管部门分析。通过现实绩效与平衡计分卡目标的比较，组织、部门及个人一起从四个维度分析、讨论成功（或失职）的真实原因，查找达不到预期绩效目标的因素。

企业组织始终处于变化多端的环境中,因此,每隔一段时间就应向高层主管人员汇报和分析绩效评价成果,并根据这个结果来调整战略。采用平衡计分卡框架测量组织绩效,不仅可以得到绩效结果,还可以得到产生这些绩效的原因;可以发现行动或者结果是否与指标相符,是战略有缺陷,还是组织的执行效果达不到要求,从而做出及时的调整,确保把正确的事情做正确,而且做的有效率,进而达到战略目标,实现愿景,完成使命。

五、平衡计分卡在应用过程中应注意的问题

平衡计分卡是20世纪90年代以来企业管理理论发展历程中重要的里程碑之一。既可以作为衡量组织绩效的工具,又可以作为战略管理工具,使得平衡计分卡对各类组织无疑具有很强的吸引力。因此,很多国内外企业近年来都在管理中引入了平衡计分卡,但在应用过程中,由于对平衡计分卡的真正内涵和使用条件理解不深,在执行过程中出现偏差,严重影响了平衡计分卡的实施效果,甚至适得其反,对企业的正常运转产生消极影响。

面对企业界的质疑,平衡计分卡的创始人卡普兰教授于2003年对平衡计分卡的得失做了诠释。他指出,没有一种工具是完美的,平衡计分卡也不例外,这正是许多企业在使用平衡计分卡后对这个工具产生的质疑。问题并非出在工具上,而是出在实施和执行方面,导致平衡计分卡应用失败或者没有达到应有效果的主要原因往往是由于企业内部流程的不科学造成的,而并不是平衡计分卡本身的设计不科学。卡普兰教授总结了企业运用平衡计分卡不够成功的主要因素有六大类型:①高层管理人员对平衡计分卡作为一种战略管理工具缺乏认可;②在平衡计分卡的实施过程中,组织成员的参与度不够高;③平衡计分卡只在高层推行;④流程开发耗费时间太长,将平衡计分卡视为一次性测评项目;⑤将平衡计分卡视为一个系统工具而不是管理工具;⑥对平衡计分卡的诠释仅仅限于补偿作用。

基于在应用过程中存在的上述问题和误区,我们在组织管理中应用平衡计分卡应注意把握好以下几个方面:

(1)树立管理工具随环境变化而变化的观点。现代企业和组织处在一个多变、动态、复杂的外部环境中,当组织内外环境发生变化时,一些管理工具的应用基础就会发生改变。作为管理者应当适时地调整和完善由于环境变化给管理工具带来的影响,平衡计分卡也不例外。因此,当环境发生变化时,就需要对运用平衡计分卡建立起来的绩效评价体系加以重新审视,检查它是否依然符合客观环境、符合我们提高组织管理的要求。

(2)平衡计分卡的运用必须获得高层管理者的支持。平衡计分卡是一套战略管理工具,它的构建是自上而下的。所以,要想成功实施平衡计分卡,必须得到高层主管们的重视和全力支持,高层管理者的支持是成功实施平衡计分卡的必要条件。另外,通过面对面的沟通,高层的决心可以大大提高企业全体员工的积极性,使他们在面对实施的困难时勇于迎难而上,以坚定的决心来推动平衡计分卡的实施。

(3)平衡计分卡的实施结果要与企业激励制度相结合。平衡计分卡会使分工不同的每个人都清楚企业的战略方向,帮助大家群策群力,也可以使每个人的工作更具方向性,从而增强每个人的工作能力和效率。为使平衡计分卡达到完满的效果,将其实施结果与激励制度挂钩是必需的,这样可以促使组织成员将全部精力和注意力放在平衡计分卡的目标实现上,同时强化企业战略的协调一致以及员工的责任归属感。另外,要注意对员工的短期激励,不要只注重企业的长期利益。

(4)要加强组织内部的交流与沟通。平衡计分卡的设计与实施需要全体员工的参与和支持,必须始终不断地与员工交流和沟通,让每个员工都了解自己的工作内容和中心。一个不能让指标承担者理解的平衡计分卡,无论多么科学合理也没有任何实用价值。企业可以通过诸如谈话、宣传材料、会议、培训等形式加强交流,让企业内部有充分的交流与沟通,以此促进平衡计分卡的实施。

(5)提高对企业管理信息质量的要求。绩效信息反馈是绩效管理能否取得成效的关键一步,但恰恰这一步是不少企业最薄弱的环节。绩效信息的反馈不仅局限于信息的传递,更重要的是企业的绩效管理可以为员工进一步改善和维持组织所期望的行为提供有益的指导和支持。信息的精细度与质量的要求度不够,会严重影响企业实施平衡计分卡的效果,如导致所设计与推行的评价指标过于粗糙,或不真实准确,无法有效衡量组织绩效。此外,由于无法正常发挥平衡计分卡应有的作用,还可能会挫伤企业对其应用的积极性。

总之,平衡计分卡是对传统业绩评价体系的改进与发展,是以战略为目标、因果链为工具、价值链为主线的一种综合业绩评价体系,也是一种充满活力的、有效的战略管理体系。它反映的是一种由传统的利润最大化导向向塑造企业核心竞争力转变的管理思想。正确理解平衡计分卡的基本理念是正确使用它的前提。只有澄清使用中的误区,才能正确识别平衡计分卡设计上的缺陷,探索适合自身发展的绩效评价系统和战略管理系统,更好地实现企业的战略目标。

思考题

1. 简述目标管理的内涵及其特征。
2. 结合你身边的例子说明怎样才能有效地实施目标管理。
3. 标杆管理与目标管理有何不同?标杆管理对管理实践的贡献是什么?
4. 什么是关键绩效指标(KPI)?它有哪些特点?
5. 提取关键绩效指标的途径和方法有哪些?并比较之。
6. 平衡计分卡(BSC)是在什么背景下提出的?如何理解平衡计分卡的价值和意义?
7. 什么是战略地图?它对组织管理实践的价值和意义何在?
8. 在企业管理中如何推行平衡计分卡?推行过程中有哪些值得注意的问题?

绩效主义毁了 SONY 吗?[①]

2006年SONY公司迎来了创业60年。过去它像钻石一样晶莹璀璨,而今却变得满身污垢、暗淡无光。因笔记本计算机锂电池着火事故,世界上使用SONY产锂电池的约960万台笔记本计算机被召回,估计更换电池的费用将达510亿日元。

PS3游戏机曾被视为SONY的"救星",在上市当天就销售一空。但因为关键部件批量

---

① 资料来源:改编自SONY常务董事天外伺郎的文章"绩效主义毁了SONY"及《商业价值》杂志文章"绩效主义陷阱"及相关网络报道。

生产的速度跟不上，SONY被迫控制整机的生产数量。PS3是尖端产品，生产成本也很高，据说卖一台SONY就亏3.5万日元。SONY的销售部门预计，2007年3月进行年度结算时，游戏机部门的经营亏损将达2000亿日元。

多数人觉察到SONY不正常恐怕是在2003年春天。当时据SONY公布，一个季度就出现约1000亿日元的亏损。市场上甚至出现了"SONY冲击"，SONY公司股票连续两天跌停。但回过头来仔细想想，从发生"SONY冲击"的两年前开始，公司内的气氛就已经不正常了。持续两天跌停，坦率地说，作为SONY的旧员工，对此我当时也感到震惊。身心疲惫的职工急剧增加。回想起来，SONY是长期内不知不觉慢慢退化的。

"激情集团"消失了

我是1964年以设计人员的身份进入SONY的。因晶体收音机和录音机的普及，SONY那时实现了奇迹般的发展。当时企业的规模还不是很大，但是"SONY神话"受到了社会的普遍关注。从进入公司到2006年离开公司，我在SONY愉快地送走了40年的岁月。

我46岁就当上了SONY公司的董事，后来成为常务董事。因此，对SONY近年来发生的事情，我感到自己也有很大责任。伟大的创业者井深大的影响为什么如今在SONY荡然无存了呢？SONY的辉煌时代与今天有什么区别呢？

首先，"激情集团"不存在了。所谓"激情集团"，是指我参与开发CD技术时期，公司那些不知疲倦、全身心投入开发的集体。在创业初期，这样的"激情集团"接连开发出了具有独创性的产品。SONY当初之所以能做到这一点，是因为有井深大的领导。

井深大最让人佩服的一点是，他能点燃技术开发人员心中之火，让他们变成为技术献身的"狂人"。在刚刚进入公司时，我曾和井深大进行激烈争论。井深大对新人并不是采取高压态度，他尊重我的意见。

为了不辜负他对我的信任，我当年也同样潜心于研发工作。比我进公司更早，也受到井深大影响的那些人，在井深大退出一线后的很长一段时间，仍以井深大的作风影响着全公司。当这些人不在了，SONY也就开始逐渐衰败。

从事技术开发的团队进入开发的忘我状态时，就成了"激情集团"。要进入这种状态，其中最重要的条件就是"基于自发的动机"的行动。比如"想通过自己的努力开发机器人"，就是一种发自自身的冲动。

与此相反就是"外部的动机"，比如想赚钱、升职或出名，即想得到来自外部回报的心理状态。如果没有发自内心的热情，而是出于"想赚钱或升职"的世俗动机，那是无法成为"开发狂人"的。

"挑战精神"消失了

今天的SONY职工好像没有了自发的动机。为什么呢？我认为是因为实行了绩效主义。绩效主义就是："业务成果和金钱报酬直接挂钩，职工是为了拿到更多报酬而努力工作。"如果外在的动机增强，那么自发的动机就会受到抑制。

如果总是说"你努力干我就给你加工资"，那么以工作为乐趣这种内在的意识就会受到抑制。从1995年左右开始，SONY公司逐渐实行绩效主义，成立了专门机构，制定非常详细的评价标准，并根据对每个人的评价确定报酬。

但是井深大的想法与绩效主义恰恰相反,他有一句口头禅:"工作的报酬是工作。"如果你干了件受到好评的工作,下次你还可以再干更好的工作。在井深大的时代,许多人为追求工作的乐趣而埋头苦干。

但是,因实行绩效主义,职工逐渐失去工作热情。在这种情况下是无法产生"激情集团"的。为衡量业绩,首先必须把各种工作要素量化。但是工作是无法简单量化的。公司为统计业绩,花费了大量的精力和时间,而在真正的工作上却敷衍了事,出现了本末倒置的倾向。

因为要考核业绩,几乎所有人都提出容易实现的低目标,可以说SONY精神的核心即"挑战精神"消失了。因实行绩效主义,SONY公司内追求眼前利益的风气蔓延。这样一来,短期内难见效益的工作,比如产品质量检验以及"老化处理"工序都受到轻视。

"老化处理"是保证电池质量的工序之一。电池制造出来之后不能立刻出厂,需要放置一段时间,再透过检查剔出不合格产品,这就是"老化处理"。至于"老化处理"程序上的问题是否是上面提到的锂电池着火事故的直接原因,现下尚无法下结论。但我想指出的是,不管是什么样的企业,只要实行绩效主义,一些扎实细致的工作就容易被忽视。

SONY公司不仅对每个人进行考核,还对每个业务部门进行经济考核,由此决定整个业务部门的报酬。最后导致的结果是:业务部门相互折台,都想方设法从公司的整体利益中为本部门多捞取好处。

团队精神消失了

2004年2月底,我在美国见到了"涌流理论"的代表人物米哈里-契克森米哈(Mihaly Csikszentimihalyi)教授,并聆听了他的演讲。演讲一开始,大屏幕上放映的一段话是我自进入SONY公司以来多次读过的,只不过被译成了英文。

"建立公司的目的:建设理想的工厂,在这个工厂里,应该有自由、豁达、愉快的气氛,让每个认真工作的技术人员最大限度地发挥技能。"这正是SONY公司的创立宗旨。SONY公司失去活力,就是因为实行了绩效主义。

没有想到,我是在绩效主义的发源地美国,聆听用SONY的创建宗旨来否定绩效主义的"涌流理论"。这使我深受触动。绩效主义企图把人的能力量化,以此做出客观、公正的评价。但我认为事实上做不到。它的最大弊端是搞坏了公司内的气氛。上司不把部下当有感情的人看待,而是一切都看指标,用"评价的目光"审视部下。

不久前我在整理藏书时翻出一封信。那是我为开发天线到东北大学进修时给上司写信打的草稿。有一次我逃学跑去滑雪,刚好赶上SONY公司的部长来学校视察。我写那封信是为了向部长道歉。

实际上,在我身上不止一次发生过那类事情,但我从来没有受到上司的斥责。上司相信,虽然我贪玩,但对研究工作非常认真。当时我的上司不是用"评价的眼光"看我,而是把我当成自己的孩子。对企业员工来说,需要的就是这种温情和信任。

过去在一些日本企业,即便部下做得有点出格,上司也不那么苛求,工作失败了也敢于为部下承担责任。另一方面,尽管部下在喝酒的时候说上司的坏话,但在实际工作中仍非常支持上司。后来强化了管理,实行了看上去很合理的评价制度。于是大家都极力逃避责任,这样一来就不可能有团队精神。

创新先锋沦为落伍者

不单SONY,现下许多公司都花费大量人力物力引进评价体制。但这些企业的业绩似乎都在下滑。

SONY公司是最早引进美国式合理主义经营理论的企业之一。而公司创始人井深大的经营理念谈不上所谓"合理"。1968年10月上市的单枪三束彩色显像管电视机的开发,就是最有代表性的例子。

当时SONY在电视机的市场竞争中处于劣势,几乎到了破产的边缘。即便如此,井深大仍坚持独自开发单枪三束彩色显像管电视机。这种彩色电视机画质好,一上市就大受好评。其后30年,这种电视机的销售一直是SONY公司的主要收入来源。

但是,"干别人不干的事情"这种追求独自开发的精神,恐怕不符合今天只看收益的企业管理理论。SONY当时如果采用和其他公司一样的技术,立刻就可以在市场上销售自己的产品,当初也许就不会有破产的担心了。

投入巨额费用和很多时间进行的技术开发取得成功后,为了制造产品,还需要有更大规模的设备投资,亦需要招募新员工。但是,从长期角度看,SONY公司累积了技术,培养了技术人员。此外,人们都认为"SONY是追求独特技术的公司",大大提升了SONY的品牌形象。

更重要的是,这种独自开发能给SONY员工带来荣誉感,他们都为自己是"最尖端企业的一员"而感到骄傲。单枪三束彩色显像管电视机之所以能长期成为SONY公司的收入来源,是因为技术开发人员怀着荣誉感和极大热情,不断对技术进行改良。

具有讽刺意味的是,因单枪三束彩色显像管电视机获得成功而沾沾自喜的SONY,却在液晶和等离子薄型电视机的开发方面落后了。实际上,井深大曾说过:"我们必须自己开发出让单枪三束彩色显像管成为落伍产品的新技术。"然而,包括我自己在内的SONY公司高管并没有铭记井深大的话。

如今,SONY采取了极为"合理的"经营方针。不是自己开发新技术,而是同三星公司合作,建立了液晶显示屏制造公司。由这家合资公司提供零部件生产的液晶电视机"BRAVIA"非常畅销,从而使SONY公司暂时摆脱了困境。但对于我这个熟悉SONY成长史的人来说,总不免有一种怀旧感,因为SONY现下在基础开发能力方面与井深大时代相比存在很大差距。今天的SONY为避免危机采取了临时抱佛脚的做法。

高层主管是关键

今天的SONY与井深大时代的最大区别是什么呢?那就是在"自豪感"方面的差别。当年创始人井深大和公司员工都有一种自信心:努力争先,创造历史。

当时SONY并不在意其他公司在开发什么产品。某大家电公司的产品曾被嘲讽为"照猫画虎",今天SONY也开始照猫画虎了。一味地左顾右盼,无法走在时代的前头。

在我开发"爱宝"机器狗的时候,SONY的实力已经开始衰落了,公司不得不采取冒险一搏的做法,但是出现亏损后,又遭到公司内部的批评,结果不得不后退。

今天的SONY已经没有了向新目标挑战的"体力",同时也失去了把新技术拿出来让社会检验的胆识。在导致SONY受挫的几个因素中,公司最高领导人的态度是最根本的原因。

在SONY充满活力、蓬勃发展的时期，公司内流行这样的说法："如果你真的有了新点子，来。"也就是说那就背着上司把它搞出来，与其口头上说说，不如拿出真东西来更直接。但是如果上司总是以冷漠的、"评价的眼光"来看自己，恐怕没有人愿意背着上司干事情，那是自找麻烦。如果人们自己没有受到信任，也就不会向新的更高的目标发起挑战了。过去，有些SONY员工根本不畏惧上司的权威，上司也欣赏和信任这样的部下。

所以，能否让职工热情焕发，关键要看最高领导人的姿态。SONY当年之所以取得被视为"神话"的业绩，也正是因为有井深大。但是，井深大的经营理念没有系统化，也没有被继承下来。也许是因为井深大当时并没有意识到自己经营理念的重要性。

我尝试着把井深大等前辈的经营理念系统化、文字化，出版了《经营革命》一书。在这本书中，我把井深大等人的经营称为"长老型经营"。所谓"长老"是指德高望重的人。德高望重者担任公司的最高领导人，整个集团会拧成一股绳，充满斗志地向目标迈进。

在今天的日本企业中，患抑郁症等疾病的人越来越多。这是因为公司内有不称职的上司，推行的是不负责任的合理主义经营模式，给职工带来了苦恼。

不论在什么时代，也不论在哪个国家，企业都应该注重员工的主观能动性。这也正是SONY在创立公司的宗旨中强调的"自由，豁达，愉快"。

过去人们都把SONY称为"21世纪型企业"。具有讽刺意味的是，进入21世纪后，SONY反而退化成了"20世纪型企业"。我殷切希望SONY能重现往日辉煌。

事实上，质疑绩效管理的不止天外伺郎一个人，迪莫·谢尔哈特曾在《华尔街日报》上发表报告指出，九成以上企业的绩效考核制度并不成功。美国管理大师彼得·斯科尔特斯怀疑实际情况可能比这更糟。虽然很多人质疑天外伺郎把SONY的挫败归罪于绩效有些片面，但是他的确提出了几点非常有意义的思考。实际上，如今绩效主义正在逐渐成为中国企业界主流的价值体系，因为越来越多的企业经历了创业期，正在进入发展期，他们需要通过建立新的管理体系来符合更大规模的运营和更扎实的成长。

只不过中国许多公司在花费大量人力物力引进绩效评价体系后，却往往发现自己的业绩不是在上升而是在下滑；公司原有的氛围和文化也不再鲜明，而变得毫无个性。

讨论问题：
1. 你认为是绩效主义毁了SONY吗？
2. 为什么很多企业会出现这种绩效管理的"过敏症状"？
3. 结合案例谈谈你是如何理解绩效管理的，企业怎样才能有效地使用绩效管理工具？

第三章 绩效计划

> 做正确的事比把事情做正确更重要。
>
> ——彼得·德鲁克(Peter F. Drucker)

学习目标

- 深刻理解绩效计划的含义、特征及其作用；
- 熟练掌握绩效计划的制订程序；
- 熟悉绩效目标的来源及组成；
- 掌握确定绩效目标的原则和方法；
- 掌握绩效评价指标的选择依据和方法；
- 掌握绩效评价指标权重的确定方法；
- 理解并掌握绩效评价指标的设计原则及步骤；
- 熟悉绩效评价周期的影响因素及划分依据；
- 能够为不同岗位、不同部门确定合理的绩效评价周期；
- 熟悉绩效计划书的内容及格式，并能够编写绩效计划书。

关键术语

绩效计划	绩效目标	绩效标准
绩效评价指标	指标权重	绩效评价周期
绩效计划书		

小张的困惑

销售部的小张今年干得不错，他按照去年的考核办法，对照"销售业绩量化考核表"自己计算了一下，估计应当是全销售部得分最高的。他想到今年的奖金兑现和一系列的奖励措施，心里美滋滋的。因为自己今年的"销售收入"指标完成量非常大，超过标准很多，"销售回款"指标完成得也相当不错。

但是,当小张拿到今年的"销售业绩量化考核表"时,脸色"唰"地变了。原来表中的"销售收入"权重变了,降得很低,使小张今年的销售业绩在总分中所占的比重很低,即使他完成得很好,对总分的影响也并不大。

考核表中又增加了一项"老客户保持率",这项对小张极为不利,他今年的大订单都是新客户,此项失分不少。考核表中还新增了一项"产品订货项数",对小张也极不利,他的订单很大,主要集中在几个产品上,如果按项数计分,小张又失分很多。

看着今年的考核标准,小张感到很失落。自己辛苦了一年,按照去年年底的考核标准,本以为能评"优",不仅收入增加,而且个人价值也可得到体现。现在倒好,评上"良"都很危险。

小张很气愤。为什么去年的标准说改就改了呢?而且还是在年底考核的时候才改?想一想也有道理,企业抓品种订单也是对的,不然大家都争着订产值高的产品订单,对企业发展有影响。老客户是企业持续发展的保证,对客户的服务意识应加强,也没错。小张想来想去:"难道是自己错了?可是自己今年这么努力也没错呀!'良'都评不上,岂不太冤!"

"为什么年初不订标准,而到年底了又改变标准?"小张终于想通了,不是自己的错!于是他和销售部经理吵了起来。

企业改变量化考核标准,有其道理,是为了企业良性发展,小张按照去年的标准努力也是对的,问题出在了绩效管理的第一个环节:绩效计划。企业在年初没有绩效计划,到年底想修改就修改,让员工无所适从,挫伤了员工的积极性。

资料来源:林筠. 绩效管理[M].2版. 西安:西安交通大学出版社,2013:27-28.

在绩效管理过程中,人们往往容易将注意力集中在绩效评价上,想方设法地找出最佳评价方式和理想的考评流程。但是,绩效评价只不过是绩效管理系统中的一个环节,绩效执行、绩效评价和绩效反馈状况如何,很大程度上取决于绩效计划的制订状况。绩效管理系统由绩效计划、绩效执行、绩效评价和绩效反馈四个环节构成,在这四个环节中,绩效计划是绩效管理的起点和基础,是绩效管理的第一个关键环节。只有通过制订绩效计划,各级管理者和员工才能明确在绩效周期内该做什么、为什么做、做到什么程度、什么时候做完等问题,绩效管理的其他环节才有了方向和依据。

第一节 绩效计划概述

一、绩效计划的含义及特征

(一)绩效计划的含义

绩效计划是指在进行绩效管理的组织中,管理者和被管理者在既有组织战略和目标的指导下,设定统一的阶段性目标和一致的绩效标准,并据此建立包含承诺的计划或契约的过程。在这一过程中,管理者和被管理者根据组织目标和本工作单元的业务重点与工作职责共同讨论,以确定被管理者在考核期内应该完成什么工作和达到什么样的绩效目标。制订绩效计划的主要依据是组织目标以及工作单元的职责,最关键的是管理者与被管理者在对被管理者的绩效期望问题上达成共识,并在共识的基础上使被管理者对自己的工作目标做出承诺,最后就被管理者的工作目标和标准形成契约。

作为绩效管理的起点,绩效计划阶段是绩效管理循环中最为重要的环节。在这一过程中,管理者与被管理者之间的双向沟通、共同投入和参与是进行绩效管理的基础。对企业而言,这一阶段的主要任务就是根据企业战略及年度经营计划和管理目标,围绕部门的业务重点、策略目标和 KPI 制订部门的工作目标计划,然后再将部门目标层层分解到具体员工,以形成员工的绩效目标和标准。

(二)绩效计划的特征

(1)绩效计划是关于工作目标和标准的契约。制订绩效计划的过程就是管理者与员工就员工的工作目标和标准形成契约的过程。绩效契约常以目标任务计划沟通书的形式出现,并作为员工开展工作以及绩效周期结束时对其绩效完成情况进行评价的依据。契约主要包括员工要达到的工作目标和效果、各阶段的目标、结果的衡量和判断标准、员工拥有的权利和决策权限、各项工作目标的权重、为完成工作目标而必须具备的技能等内容。

(2)绩效计划的主体是管理者和员工。绩效计划是由部门管理者和员工双方共同制定的,管理者和员工是绩效计划的主体,组织人事部门只是外在的组织者、辅导者和监督者,不能对绩效计划包办代替。绩效计划要想发挥应有的作用,首先必须符合组织的目标,其次还必须为员工所认可,具有心理挑战性,这样才能激发员工的工作积极性,保证组织目标的实现。

通常绩效管理由一个组织的人力资源部门主抓或统筹,也有组织专门组建相关的团队(比如由高层领导、组织部门、人力资源部门等参加的专设委员会等)进行统筹安排。有人就据此认为绩效管理是主管组织人事或人力资源的领导的事,作为业务部门的领导,整天忙于业务工作任务,无暇顾及绩效管理。事实上,绩效管理对业务部门目标的实现是一种非常有效的手段,而不是部门的负担。绩效管理应该是业务部门管理者的日常工作内容,绩效计划应该由所在部门的管理者与被管理者(员工)共同设立。在这一过程中,人力资源部门的角色是组织者、辅导者和监督者,业务部门的管理者则是绩效计划的具体制定者和实施者。

(3)绩效计划是一个双向沟通的过程。所谓双向沟通意味着在绩效计划制订过程中,管理者与员工双方都有责任,建立绩效契约不仅仅是上级管理者单方面地提出工作要求,下级必须被动地去执行,也不仅仅是被管理者自发地设定工作目标,而是双方共同讨论,就被管理者的工作目标、时限、标准及所需资源取得一致意见的过程,离开了双方积极主动的心理参与,这一过程难以实现。

(4)绩效计划是全员参与的过程。绩效计划的制订是一个自下而上的目标确定过程,通过这一过程会将个人目标、部门或团队目标与组织目标结合起来。因此,绩效计划的制订也应该是一个员工全面参与管理、明确自己的职责和任务的过程,是绩效管理一个至关重要的环节。这是因为,只有员工知道了组织或部门对自己的期望,他们才有可能通过自己的努力达到期望的目标。

(5)绩效计划特别重视员工的参与和承诺。社会心理学关于态度改变的研究表明,当人们参与了某项决策的制定过程时,与没有参与这一过程相比较,他们会倾向于更加坚持这一决策,面临不同的立场挑战时也不会轻易放弃原来的立场,参与程度越大,态度改变的可能性越小。因此在制订绩效计划时,让员工参与计划的制订,通过管理者与被管理者间的充分沟通达成一致并签订正式的绩效契约,相当于员工对绩效计划中的内容做出了很强的公开承诺,这样在绩效实施阶段,员工就会倾向于坚持自己的承诺,即使遇到困难也会履行绩效计划。

二、绩效计划的作用

(1) 绩效计划是绩效管理系统最为重要的环节。绩效计划作为绩效管理流程的第一个环节,是绩效管理实施的关键和基础所在。绩效计划制订得科学与否,直接影响着绩效管理整体的实施效果。绩效计划的内容是建立在管理者和员工共同接受的基础上的,绩效计划使员工的工作有了明确的目标,使管理者有了检查和监督员工工作的依据。因此,绩效计划是整个绩效管理工作的基础与前提,是绩效管理系统最为重要的环节。

(2) 绩效计划是一种重要的前馈控制手段。绩效管理系统本质上是一种动态的管理控制系统,如果把管理控制系统和绩效管理系统进行比较,不难看出两者的一致性,绩效管理系统中的绩效计划环节对应于管理控制系统中的前馈控制环节。绩效计划把组织目标层层分解,落实到每一个岗位,这样整个绩效管理过程就有了明确的目标。通过绩效计划,可以事先预测绩效实施过程中可能存在的问题和遇到的困难,并提前做出相应的对策。由此可见,绩效计划是一种强有力的前馈控制手段。

(3) 绩效计划是一种重要的员工激励手段。根据弗隆姆的期望理论,组织中激励作用的发挥取决于三个关系:①努力与绩效的关系(成功的可能性);②绩效与奖励的关系(获奖的可能性);③奖励与目标满足关系(奖励的吸引力)。员工首先判断,在当前情况下努力工作能够获得理想的绩效结果的可能性有多大,因为绩效具有多因性,员工的工作绩效不仅取决于其工作积极性,还受其能力水平、工作条件等因素的影响。在现有的条件下,员工经过努力能够实现的目标是最具激励性的目标,过高或过低的目标都不利于员工积极性的发挥。而绩效计划中的绩效目标,是通过上下级的充分沟通,根据员工的能力水平制定的、具有一定心理挑战性的工作目标,因此,这是一种重要的员工激励的手段。

(4) 绩效计划能够促进员工的个人职业生涯发展。职业生涯是一个人在其工作生活中经历的一系列职位、工作或职业以及与之相关的价值观、工作态度、工作动机变化过程的总称。绩效计划有助于员工个人的职业生涯发展。制定绩效计划首先要对组织内的工作岗位进行工作分析,从而才能更好地设置职务和职位,但这并不是一成不变的。针对不同能力和潜力的员工,在组织战略目标的框架下,可以提出不同的目标要求和绩效标准,使之对员工具有激励性,给员工一个适合自己的发展空间。员工在绩效计划的指引和激励下就会不断取得进步,达到物尽其用、人尽其才,获得个人职业生涯的成功与发展。管理者要善于将绩效计划与员工的个人职业生涯规划结合起来,对没有职业生涯规划的员工,管理者要以绩效计划为契机,帮助他们制定生涯规划;对已有打算的员工,管理者则要善于将其规划与组织计划目标结合起来,对员工的职业生涯规划和组织绩效计划进行完善和修订。

三、绩效计划的制订者

绩效计划是一个员工全面参与管理、明确自己的职责和任务的过程。在制订绩效计划过程中,不仅管理者要参与组织绩效计划的制订,而且组织当中的每一位员工都应参与其中,绩效计划是由管理者和员工双方共同制定的。

在绩效计划的制订过程中,人力资源部门的角色是组织者、辅导者和监督者,人力资源管理专业人员主要负责制订绩效计划的框架,并提供必要的指导和帮助;部门主管或员工的直接上级由于掌握职位信息,则是绩效计划的具体制订者和实施者,是绩效计划的最终责任人;员工作为推动绩效计划实施的核心主体,主要扮演参与者和实施者的角色。

作为绩效计划主体的管理者和被管理者(员工),在绩效计划制订过程中所承担的责任是不同的,管理者的主要职责是要明确以下内容:
- 组织整体的目标是什么?
- 为完成整体目标,所在的部门的目标又是什么?
- 为了达到部门的目标,对员工的期望是什么?
- 针对员工的工作应该制定什么样的标准?
- 完成工作的期限应该如何制定?
- 员工在开展工作过程中应有何权限与资源?

而被管理者(员工)的主要职责包括:
- 自己对工作目标和如何完成工作的认识;
- 工作中可能会遇到的困难和问题;
- 需要组织给予的支持和帮助。

四、绩效计划的内容

绩效计划是在新的绩效周期开始时,管理人员和员工经过讨论,就员工在新的绩效周期内要做什么、为什么做这些、需要做到什么程度、应何时做完、员工的决策权限等问题进行识别、理解并达成绩效目标协议的过程。具体而言,在员工的绩效计划中至少应该包括以下内容:
- 本次绩效周期内所要达到的工作目标和任务;
- 本岗位在本次绩效周期内的工作要项;
- 衡量工作要项的关键绩效指标;
- 关键绩效指标的权重;
- 工作结果的预期目标;
- 工作结果的测量方法;
- 关键绩效指标的计算公式;
- 关键绩效指标的计分方法;
- 关键绩效指标统计的信息来源;
- 关键绩效指标的考评周期;
- 在达成目标的过程中可能遇到的困难和障碍;
- 各岗位在完成工作时拥有的权力和可调配的资源;
- 组织能够为员工提供的支持和帮助以及沟通方式;
- 其他需要说明的事项和要求。

列入绩效计划的内容,一般都是本岗位职责范围内的重点工作。根据工作属性、职责范围和工作特点,纳入绩效计划的重点工作可分为两类:常设性重点工作和阶段性重点工作。常设性重点工作一般指一年中的每个月度或大多数月度都要开展和实施的重点工作。阶段性重点工作一般指在时间上具有较为明显的阶段性或时段性特点的重点工作。

五、制订绩效计划的程序

绩效计划的制订过程是管理者经营业绩目标层层分解的过程,也是管理者与被管理者之间就关键绩效指标、权重和目标值等进行沟通并达成一致的过程。

制订绩效计划,需要管理者和员工之间进行充分沟通,明确关键绩效指标、工作目标及相应的权重,参照过去的绩效表现及组织当年的业务目标,设定每个关键绩效指标的目标指标及挑战指标,并以此作为决定被评价者浮动薪酬、奖惩、升迁的基础。同时,绩效计划还帮助员工设定一定的能力发展计划,以保证员工绩效目标的实现。在制订绩效计划过程中主要涉及以下组成要素:

(1) 被评价者信息。通过填写职位、工号及级别,可将绩效计划及评价表格与薪酬职级直接挂钩,便于了解被评价者在组织中的相对职级及对应的薪酬结构,有利于建立一体化的人力资源管理体系。

(2) 评价者信息。由此便于了解被评价者的直接负责人和管理部门。通常,评价者是按业务管理权限来确定的,常常为上一级正职或正职授权的副职。

(3) 关键职责。它是设定绩效计划及评价内容的基本依据,提供查阅、调整绩效计划及评价内容的基本参照信息。

(4) 绩效计划及评价内容。包括关键绩效指标与工作目标完成效果评价两大部分,它用于全面衡量被评价者的重要工作成果,是绩效计划及评价表格的主体。

(5) 权重。列出按照绩效计划及评价内容划分的大类权重,以体现工作的可衡量性及对组织整体绩效的影响程度,并便于查看不同职位类型在大类权重设置上的规律及一致性。

(6) 指标值的设定。对关键绩效指标设定目标值和挑战值两类,以界定指标实际完成情况与指标所得绩效分值的对应关系。对工作目标设定的完成效果评价,则主要按照工作目标设定中设置的评价标准及时间进行判定。

(7) 绩效评价周期。绩效计划及评价表格原则上以年度为周期。针对某些特定职位,如销售人员、市场人员等,根据其职务和应完成的工作目标等具体工作特点,也可以月度或季度为评价周期,设定相应指标。

(8) 能力发展计划。制订能力发展计划,是以具体技能知识的方式,将组织对个人能力的要求落实到人,让员工明确了解为实现其绩效指标需要发展什么样的能力,怎样发展,以实现组织和员工的持续成长与发展。

制订有效的绩效计划,应该遵守一定的程序和步骤。与一般计划的制定一样,绩效计划的制订也分别经历准备阶段、沟通阶段和制定阶段。总结企业制定绩效计划的经验,把绩效计划的制订全过程具体化,可分为以下十大步骤。

第一步,全员绩效管理理念培训。绩效管理要想真正走向成功,真正为组织战略的实现提供保障,必须让每个员工都理解并接受绩效管理。绩效管理的目的是为了改善提升员工的绩效,帮助员工更好地发展自我,更好地胜任工作。因此,在制订绩效计划初期,必须首先通过全员绩效管理理念的培训，让员工真正理解和掌握绩效管理的基本理念和目标追求，让每个员工认识到，参与绩效管理既是每个员工的权利，也是每个员工的基本义务。只有这样，才有可能真正做到全员参与、主动参与，为绩效计划的有效制订奠定坚实的基础。

第二步，诠释组织的发展目标。绩效管理是为组织战略服务的，绩效计划是建立在组织战略发展目标基础上的，绩效计划在某种意义上就是对组织发展目标的层层分解。各级管理者和员工都应该了解组织的战略，了解组织发展的具体目标。组织领导诠释组织的发展目标，可以增强员工的主人翁意识和主动精神。员工对组织发展目标了解越多，那么就越容易认同组织的发展目标，通过层层分解，最终形成各个岗位的绩效计划与目标。

第三步，将组织发展目标分解为各个部门的特定目标。部门目标来自于组织战略目标的分解。组织的发展目标不仅可以分解到生产、销售等业务性部门，而且对于财务、人力资源等业务辅助性部门，其工作目标也与整个组织发展目标紧密相连。管理者要善于根据组织的发展目标分解出本部门的目标。有了部门目标，才能够进一步分解制定每个员工的岗位目标。

第四步，员工为自己制订绩效计划草案。在明确了各个部门的目标之后，员工应该对自己岗位的工作描述进行回顾，重新思考职位存在的目的和主要工作职责，部门负责人可以根据岗位的实际变化调整工作职责。在清楚了解自己岗位的主要工作职责之后，员工要根据部门的目标，结合自身实际，草拟自己的绩效计划与目标。绩效计划的主要内容不仅包括工作任务目标，还包括要达到的绩效具体标准、主要评价指标、工作目标的权重、工作结果的测量方法等。这一环节对于制订绩效计划非常重要，一方面可以培养员工的绩效计划意识，另一方面也可以了解员工对自己、对岗位、对绩效计划的认知和定位。

第五步，部门管理者审核员工制订的绩效计划。部门管理者要详细审核员工的绩效计划。员工制定的绩效计划往往存在不切合实际、有的偏高、有的偏低，或者不够具体等情况。部门管理者要善于发现绩效计划的问题所在，分析员工把绩效目标定得过高或过低的原因，利用SMART原则分析员工制订计划和目标的有效性。部门管理者经过审核应提出初步修改意见。

第六步，管理者与员工就绩效计划进行沟通。部门管理者和员工都应该高度重视绩效计划的沟通，双方应该确定一个专门的时间用于绩效计划的沟通。沟通应在一种平等、宽松的气氛下进行，应该把沟通的焦点集中在解决绩效计划制订中存在的突出问题和达成共识上。绩效计划的沟通，可先由员工阐述自己绩效计划制订的出发点和关注点，再由管理者提出组织和部门的目标要求以及绩效计划中存在的问题，双方不断地进行友好性协商，以便就关键问题和指标达成共识。

第七步，管理者与员工就绩效计划达成共识。绩效计划的制订过程结束时，管理人员和员工应该能以同样的答案回答关于绩效指标、绩效标准等重要问题，以确认双方是否对绩效计划达成了共识。管理者与员工要对绩效计划达成共识的内容主要有：

- 员工在本绩效管理周期内的工作任务职责有哪些？
- 员工的具体工作任务目标有哪些？
- 员工的这些工作任务目标是否满足SMART原则？
- 员工的工作任务目标重要性如何，权重如何？
- 哪项目标是最重要的、次重要的，哪些是次要的？

- 对员工的评价,主要指标有哪些?
- 员工在行动过程中可能会出现哪些主要障碍?
- 管理者会对员工提供哪些帮助?
- 员工在绩效计划实施过程中,遇到困难如何解决?

就以上问题,管理者和员工如果能够达成共识,那么绩效计划的制订就完成了绝大部分。

第八步,明确界定评价指标以及具体评价标准。让每个员工都非常清晰地了解自己岗位的具体评价指标,了解关于这些指标的数据来源、计算方式、计分方法、要达到的具体量化标准等。很多企业的员工由于自己岗位的评价指标及标准等不清楚、不熟悉,从而导致整个绩效管理工作流于形式,达不到目的。事实上,员工对本岗位的绩效评价指标、评价标准、评价方式等越了解,那么他就越清楚工作的重点和工作的具体目标,这样完成绩效计划的可能性才会更大。

第九步,管理者协助员工制订具体行动计划。如果说绩效计划说明的是我们想要做的事情,那么行动计划则说明我们应怎样去实现绩效计划。每个绩效计划都要有一个具体的行动计划作支撑,管理者要善于协助员工就绩效计划制定详细周密的行动计划。同时,在绩效计划的执行过程中,管理者还应该及时监控员工行动计划的实施情况,并给员工提供必要的绩效辅导和帮助,以保证绩效计划目标的实现。

第十步,最终形成绩效协议书,双方签字认可。绩效计划制订的最后一步,就是形成一个经过双方协商讨论达成共识的绩效协议书(也叫绩效计划书)。绩效协议书中应该包括员工的工作目标、主要工作结果、衡量工作结果的指标和标准、各项工作所占的权重、每项工作目标的主要行动计划等内容。绩效协议书主要在于明确当事人的绩效责任,并且部门负责人和员工双方都要在该协议书上签字认可。关于绩效协议书(绩效计划书)的编写及格式,本章第五节将会进一步详细介绍。

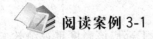 阅读案例 3-1

安利(中国):让员工做主的绩效考核

据了解,安利(中国)员工队伍的和谐稳定以及保持活力是很多企业少有的,近年来员工的流动率只有10%左右。而在"最佳雇主"评选的几项主要调查指标中,员工对工作环境的满意度,了解组织及组织的期望,公司的使命感及方向感、自豪感等考量指标都达到国内公司的最高水平。特别是对于工作氛围和内部沟通的满意度,公司领导层自评的结果和对员工们调查得出的结果更是一致。

值得关注的是,安利先进的绩效考评制度及由此产生的人才忠诚度,才使得安利全球化市场战略的宏伟目标得以实现,成为财富500强排行榜里最长盛不衰的公司之一。的确,安利是一家人力资源管理很成熟的企业,人力资源的各个方面都有其完整的系统。安利(中国)人力资源总监饶俊认为,如果企业文化和组织动力是一个企业前进中最重要因素的话,完善的绩效考评就是杠杆。

考察安利的绩效考评制度,也许可以透出这家著名国际企业的 HR 特色。饶俊介绍说:"安利在绩效考评方面没有什么秘密,让员工充分参与、广泛做主就是了。"

安利的绩效考评机制是建立在突出员工伙伴关系的企业文化和明晰的才能要素上的。

安利文化的独特之处在于强调诚信、个人价值、成就和个人责任的同时，突出员工间的合作伙伴关系。真诚的伙伴关系是安利公司最重要的企业文化。在安利，创始人家族与员工之间、企业管理层与员工之间、公司与营业代表之间无一不体现着这种伙伴关系。这种伙伴关系又因中国传统的诚信待人、和谐共鸣而在安利（中国）发扬光大。

正是基于企业文化这样的要求，饶俊介绍，安利员工除了要有适应其岗位工作的知识技能外，人力资源部门提出了员工还需要具备和企业文化相匹配的7项才能要素，即负责的行动、创新的精神、坦诚的沟通、周详的决策、团队精神、持续学习的态度和有效的程序管理。这是安利公司对全球员工的总体要求，但在不同地区又根据当地文化对这些才能要素进行了具体定义。

安利的绩效考评就是围绕"创新精神"、"程序管理"等7项能力和行为要求进行考核评分。当然，这7项才能要素对不同职位、不同级别的员工又有不同的具体衡量标准，如"坦诚的沟通"，对普通员工只要求"做一个好听众，敞开心扉，提供反馈意见时要客观"就可以了；对主任级员工的要求是"主动征求他人意见和评价，并能积极倾听"、"能用积极态度解决工作上的冲突"等7点；对经理级员工的要求则更高、更具体，分成"鼓励开放的沟通"、"影响他人"等三大方面八个项目。越是高层，要求越高。

公司把这7项要求做成标准化的明晰表格，考量每一项能力的时候还设定了细致的问题，每一个问题又分5个等级进行评估。在经理级员工的绩效考评表里，共设计了16大类48个问题。饶俊说，这样细致的目的是让内在素质最吻合安利公司企业文化的人才脱颖而出，得到最好的激励。

绩效评估表特别强调突出考核"团队精神"和"持续学习的态度"的重要性。在经理级员工的绩效考评表里，这两类问题共有五大方面16个问题。饶俊说，安利的绩效考评不会鼓励"个人英雄"，因为即使其能力强、效率高，但如果他不善于与人合作，在公司里令周围10个人甚至更多的人效率下降了，那他对公司的价值也就是有限的。而员工学习的能力就更重要了，如果员工的适应能力不强，不追求个人进步，又不能帮助他人发展，公司又谈何发展呢？

更为独特的是，绩效考核表的第三部分要求，所有主任级以上的员工在上一年度都要对下一年度工作订立3～5个目标，对一年中达成目标的项目进行考核评分。这将决定其加薪幅度、升职机会、浮动花红（奖金）的多少等，所有这些评估都客观、公平、公开，从而有效达到用奖励去推动业绩的目标。

安利依靠这一套客观标准对每个员工进行考核，在内部保持较公平的机制，让同等学历、经验、职位和贡献的员工能够收入水平相当。业内人士分析，安利的薪酬在行业内并不是最高的，大约在中等略偏上的水平，但该公司这一有效的机制保证了薪酬水平对外的竞争性及对内的公平性。饶俊表示，安利公司的待遇不一定是市场上最好的，但安利优秀的企业文化、良好的工作氛围以及公平、合理的绩效考评制度才是安利能够吸引并留住人才的秘诀。

安利的绩效考评制度是对优秀员工激励制度的完美诠释。有研究销售人员绩效考评制度的专家认为，安利针对销售人员设计的绩效考评制度可以帮助销售人员相信自我、挑战自我和成就自我，进而获得安利顾客的满意度和忠诚度。所以，安利公司针对销售人员设计的绩效考评制度曾被美国著名的哈佛商学院收入教材。

饶俊介绍,绩效考评结果还是公司安排员工培训的最好依据。在考评表里,任何一级员工的强项和弱项会一清二楚。饶俊说,依据上年的考评情况,新年中每月份的培训就全部制订安排妥当,以公司所要求的7项才能要素为核心,针对不同级别员工的弱项来安排相关培训课程。培训内容包括管理技巧、团队建设、业务技巧、服务技巧等。培训范围覆盖到每一位员工,而越高级别的员工,公司对他们投入的培训时间及资源就愈多。

安利(中国)曾委托市场监测机构对安利营销人员进行了一次全国范围的抽样调查。其结果显示,在加入安利公司前,有35%的人对生活缺乏信心、被别人瞧不起或自尊心受到伤害;从事安利事业后有26%的人增强了对生活的信心,改变了生活态度,有33%的人认为丰富了自己的知识,提高了个人能力和自身素质,而这一切归功于安利完善的绩效考评系统和培训体系。从结果来看,安利的绩效考评无疑是成功的,但争议不是没有。有专家提出,每个人对绩效的理解不一样,安利的绩效考评没有统一的标准,而且问题分散,容易造成偏差。对此饶俊表示,任何事情都不可能做到十全十美。安利(中国)也已经认识到这些,因此他们采取了一些补充措施:首先是针对不同的业务部门有不同的侧重,如对财务部门注重了分析能力的考评;对业务部门的营销人员,则注重对他们团队合作和人际沟通能力的考评。其次是人力资源部门对各个部门给出了考评指引,要求每个部门能把握有60%的员工在3分,20%~30%的员工在4到5分,10%~20%的员工在1到2分,从而对评分有效地进行了平衡。最后,对于最终结果依然失衡的部门,人力资源部会进行内部平衡和部门再沟通。

资料来源:中国人力资源开发网,http://www.chinahrd.net.

第二节 绩效目标的确定

确定绩效目标是绩效管理的起点,同时也是制订绩效计划的首要任务。绩效目标(performance objective/performance goal)是组织目标与绩效管理实践相联结的纽带,在具体的绩效管理实践中得以贯彻和体现。绩效目标在绩效管理中也称为目的或责任,它为绩效评价提供基本的评价标准和评价依据。制定明确的绩效目标不仅有助于员工理解自己工作的角色、价值和贡献,同时也能增强员工自我管理、自我发展的能力和意识。

一、绩效目标的来源

绩效目标主要来源于组织的战略目标、经营理念,同时还要受到部门与岗位职责、工作流程及外部市场状况的影响。在设定绩效目标时,管理者一般应该根据组织总体目标或上级部门的目标,围绕本部门业务重点或职责,制订本部门的工作目标计划,保证部门工作目标与组织的总体目标相一致。然后,在部门内部,管理者根据各个职位应负的责任,将部门目标层层分解到具体的责任人,形成每个岗位的绩效目标。具体而言,绩效目标有以下三种主要来源:

(1) 源于组织战略目标或部门目标。部门的绩效目标主要来源于部门所承担的组织目标,员工的绩效目标大多数来源于部门和主管的绩效目标。只有这样,才能保证每个员工都按照组织要求的方向去努力,组织的战略目标才能真正得到落实。这一来源渠道体现了各个岗位的绩效目标对组织和部门目标的支撑作用。

（2）源于部门及岗位职责。部门与岗位职责具体描述了一个部门或岗位在组织中所发挥的作用或扮演的角色，即这一部门或岗位对组织的贡献或产出是什么。在很多情况下，对部门或岗位绩效目标的设定，都是通过归纳总结所在部门及岗位的职责提出的。一般的做法是首先对部门和岗位职责进行梳理和归纳总结，得出该部门或岗位的工作要项，再把工作要项具体化、明确化，最好能量化，即可形成具有可操作性的部门或岗位的绩效目标。

（3）源于客户的需要。客户是组织赖以生存的基础，组织视客户为上帝，一切为了客户，对于企业而言，尤其强调对客户利益和需要的关注。因此，在设定部门或岗位绩效目标时不应忽视客户的需要。只有满足了客户利益，企业的利益才能最终得到满足。当然，在现代组织中，客户不仅仅指组织外部的客户，也包括组织内部的客户。组织是由若干部门和岗位组成的，这些部门或岗位通过分工与协作，共同完成组织的目标。根据组织内的业务流程关系，如果一个部门或岗位为另一个部门或岗位提供产品或服务，则后一个部门或岗位就是前一个部门或岗位的客户。比如在企业组织中，许多职能部门如人力资源部门、财务部门等都是为生产、销售等业务部门提供服务和支持的，因此，这些职能部门在制定部门和岗位绩效目标时就不得不考虑其服务对象的需要和期望。

二、绩效目标的组成

绩效目标作为绩效管理的基础，主要由绩效内容和绩效标准组成。

1. 绩效内容

绩效内容界定了员工的工作任务，即员工在绩效评价期间应当做什么样的事情，它包括绩效项目和绩效指标两个部分。绩效项目是指绩效的纬度，即要从哪些方面来对员工的绩效进行评价。一般情况下，组织绩效评价项目包括工作业绩、工作能力和工作态度等。绩效指标则是指绩效项目的具体内容，是对绩效项目的分解和细化，比如某一岗位员工的工作能力可以细化为分析判断能力、沟通协调能力、组织指挥能力、开拓创新能力、公共关系能力以及决策行动能力等六项具体的指标。通常对于工作业绩设定指标时，可从数量、质量、成本和时间4个方面考虑；对于工作能力和工作态度，则因部门或/和岗位的差异而有所不同。绩效项目分解、细化为绩效指标，有助于保证绩效评价的客观性。

2. 绩效标准

绩效标准是指与其相对应的每项目标任务应达到的基本绩效要求。绩效标准明确了员工的工作要求，即对于绩效内容所界定的项目和指标，员工应当怎样来做或者做到什么样的程度。绩效标准的确定，有助于保证绩效评价的公正性。

目标是针对个人或团队设定的，而标准则是针对工作和岗位制定的，绩效标准反映了职务本身对员工的要求。绩效标准主要受制于职务标准与职能标准。职务标准与职能标准共同规定了该职务的工作内容、任职者素质等方面的要求。其中，职务标准对应的是在工作中表现出来的工作绩效，这种绩效可能直接反映在工作业绩上，也可能间接反映在工作能力和工作态度上；职能标准实际上是一种任职资格，因此，职能标准往往用于对员工工作能力和工作潜力的评价，多用于对部门及部门负责人的评价上。

绩效目标与绩效内容和绩效标准的关系如图 3-1 所示。

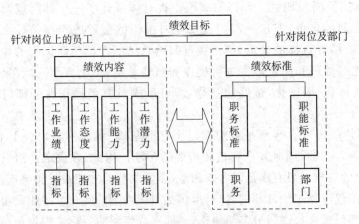

图 3-1　绩效目标与绩效内容和绩效标准的关系

[知识链接 3-1]　　　　　　手 表 定 理

　　手表定理(watch law)是指一个人有一只表时,可以知道当时的时间,但当他同时拥有两只表时,却无法确定。两只手表并不能告诉一个人更准确的时间,反而会让看表的人失去对准确时间的信心。手表定理在企业经营管理方面,给我们一种非常直观的启发,就是对同一个人或同一个组织的管理,不能同时采用两种不同的方法,不能同时设置两个不同的目标,甚至每一个人不能由两个人同时指挥,否则将使这个企业或这个人无所适从。因此,企业制订出的目标一定要具体明确。绩效考核时一定要按照既定的绩效目标来进行,千万不能临时随意变更;否则,很容易让员工对企业的大政方针产生疑惑,进而对企业失去信心。

　　手表定理所指的另一层含义在于,每个人都不能同时选择两种不同的价值观,否则,他的行为将陷于混乱。在这方面,美国在线与时代华纳的合并就是一个典型的失败案例。美国在线是一个年轻的互联网公司,企业文化强调操作灵活、决策迅速,要求一切为快速抢占市场的目标服务。而时代华纳在长期的发展过程中,建立起强调诚信之道和创新精神的企业文化。两家企业合并后,企业高级管理层并没有很好地解决两种价值标准的冲突,导致员工完全搞不清企业未来的发展方向。最终,时代华纳与美国在线的"世纪联姻"以失败告终。

资料来源:中国人力资源开发网,www.chinahrd.net.

三、确定绩效目标的原则

1. SMART 原则

　　SMART 原则主要包括:①明确的(specific),即绩效目标的描述要具体明确,切忌笼统含混;②可衡量的(measurable),即设定的绩效目标应该是可以衡量和评估的,评价的数据或者信息是可以获得的;③可实现的(attainable),即所制定的绩效目标在付出适当的努力后是可以实现的,而不是遥不可及的;④相关的(relative),即绩效目标必须是与具体工作密切相关的;⑤限时的(time-bound),即绩效目标应当有明确的时间限制。

2. FEW 原则

绩效目标的制定除了满足 SMART 原则要求以外,还必须遵守 FEW 原则[①]。F 代表的是 Focus on Main Area,是指员工的目标应该集中在主要方面,而不必面面俱到,尤其是例行工作应该排除在目标之外。一般来讲,员工的绩效目标不应超过 6 条。E 代表的是 Employee Join in,是指在制定目标时,必须有员工的参与,这样的目标才有实现的可能。W 代表的是 Weight Grade,是指在员工不同的目标之间应该有不同的权重,应该突出重点目标。

3. 责权一致原则

设置的绩效目标应当是在本人职责范围内可以控制的事项,如果不是本人职责范围内可以控制的事项,则要征得主管的同意和支持,否则会导致绩效目标无法完成和实现。比如,许多组织成本中心的成本控制往往都是由预算严格控制的,不在员工本人控制的范围,因此,成本控制就不宜作为这类员工的绩效目标。又比如有些企业的定价权由市场部门统一控制,销售人员只能对销售量负责,销售收入就不能作为销售人员的绩效目标。

4. 客户导向原则

客户导向是指组织的各项工作都是以客户为中心,把满足客户需求作为一切工作展开的目标和方向。客户利益至上是市场经济条件下组织赖以生存的基础,如何为客户创造价值是组织的首要任务。如果设定的绩效目标不是直接或者间接地为客户提供更多有价值的产出,就是没有意义的工作产出。

[案例故事 3-1]　　　　　将军是如何挑选聪明士兵的?

在古代有一位骁勇善战的将军,为了保卫国家,他要挑选 50 个勇敢和聪明的士兵去抗击入侵的敌人。如何才能挑到好的士兵呢?将军犯愁了。最后将军想到了一个两全其美的办法来挑选士兵。他给了每个士兵一捆 10 支捆在一起的羽箭。将军对士兵们说:"把你们手中的羽箭折断,谁能折断我就送谁上前线去。"

士兵们拿着羽箭,跃跃欲试。他们用力地折,除了一个超级大力士能把一捆羽箭折断之外,其他的人谁也不能一次把手中的羽箭折断。

后来陆陆续续有一些聪明的士兵走到将军面前,对将军说:"将军,你带我去前线抗敌吧,我把所有的羽箭都折断了。"

将军问:"你是如何把这些羽箭折断的?"士兵回答说:"把这捆羽箭打开,一支一支很轻松就把它折断了。"

将军挑选到了最勇敢和最聪明的士兵,带着他们去抗击敌人,取得了巨大的胜利。这个故事告诉我们,一定要将整体目标分解为一个个小的目标,只有每个具体的目标都实现了,整体目标才能实现。

资料来源:冉斌. 三个和尚有水喝:高绩效管理五步法[M]. 北京:中国经济出版社,2004:55-56.

四、确定绩效目标的方法

在确定绩效目标时,通常会遇到以下两种情况:

[①] 王志宇. 绩效魔方:绩效管理操作手册[M]. 北京:中国社会科学出版社,2003:49.

一种情况是组织的战略目标、部门目标可能不是很明确、具体和可实行。这种情况下，在建立绩效目标时，需要以组织各部门职责和职能战略为重点，以岗位职责为基础，从上往下在工作业绩、工作态度、工作行为、个人素质、工作量等方面来设计绩效指标体系。但指标体系设计必须从整体上满足组织管理和发展需要，要做到上下一贯性。就是说指标和目标值的设定仍然需要以组织发展需要为基础进行，而不能出现个人业绩完成得很好而部门或组织业绩很差的现象。

另一种情况是组织的战略目标、部门目标明确、具体、可实行。这种情况比较容易建立相关绩效目标及指标体系。但需要注意目标设置和指标提炼的全面性和可操作性，也就是在设计绩效管理体系时，要注意将组织的战略目标全面、合理分解到部门、个人，使战略目标得以顺利落地。这种情况下比较常用的工具方法就是平衡计分卡。

选择什么样的方法和思路来确定绩效目标，一方面与组织的战略目标、部门目标是否明确、具体、可行有关，另一方面还与这种方法是否能抓住绩效目标制定过程中的关键点有关。在确定绩效目标过程中，应抓住的关键点主要有以下几点：

（1）不同层级人员绩效目标制定的原则不同。对高层人员可类似于组织战略指标的制定，使用平衡计分卡从四个维度进行个人绩效目标的制定。而对于一般的基层人员，更多地从具体的岗位职能职责进行指标的提炼。

（2）绩效目标不同于工作计划，需要严格遵循SMART原则。不论是组织、部门还是个人的绩效目标，目标的个数在5~8项最为适宜，太多就会成为具体的工作计划，也会冲淡绩效目标的导向作用。

（3）绩效目标背后的支撑是组织的相关制度、规范，是制度规范的综合体现。许多管理者在制定绩效目标时试图把所有的工作要求、规范都逐项体现在绩效目标中，这是一种认识上的误区。应当记住：绩效管理不是唯一的，不是万能的，不能代替一切，必须与制度管理、团队管理、计划管理等结合起来。

（4）绩效目标的建立是一个"先建立后完善"的过程。组织在建立各级部门及个人绩效目标时，应先要求各级主管人员熟悉或掌握组织、部门及其岗位的工作流程、工作技巧，然后以此为基础逐步优化绩效目标，尽量做到简洁、有效，但不一定要非常完美。

（5）绩效目标一定是管理者与员工双方沟通后确认的指标。在分解与建立绩效目标过程中，上级主管一定要与下属进行充分的沟通，使下属认同个人绩效目标，这一点最为重要。如果缺少双方沟通交流以确认绩效目标的环节，就无法确认双方是否达成一致意见，那么绩效管理也就失去了最初推行的意义。对于业绩类指标有一定特殊性，指标下达时也需要双方相互沟通，但是沟通的内容不应当再是指标值的大小，而是达成指标的方式方法。比如企业中的多数销售类指标都是硬性下达的指标，这种情况下，双方的沟通重点是如何完成和实现这些指标。

总之，在绩效管理的过程中，要注意绩效目标是否按照规定流程进行制定，方式选择是否合理，是否能够将组织的战略指标顺利落地到部门、个人，还要注意在绩效目标设置过程中是否注意到了一些关键控制点。通过这种方式建立起来的绩效目标和评价指标体系，才能真正使绩效管理具有导向性和可操作性，才能保证最终绩效评价结果的有效性。

五、确定绩效目标应注意的问题

绩效指标是用来评价和衡量员工绩效的标准或期望值。在确定绩效目标时,应同时确定评价绩效的指标和标准。各级主管必须清晰地认识到这一点,只要确定一个目标,就必须有衡量目标的指标和标准,否则就无法对目标进行控制。除此之外,在确定部门的绩效目标时,还应该注意以下几个方面:

(1) 重结果还是重过程。

部门负责人除了带领部门员工圆满实现部门目标之外,绩效评价的过程也应该合乎规范。比如美国安然公司曾经是世界 500 强企业,后来倒闭了。安然公司倒闭的原因众说纷纭,但其有一个原因就是公司推行的以业绩论英雄、从成败论英雄的文化,这种文化在绩效管理方面的表现就是过分看重各类报表结果的好坏,而忽略对过程的监控,使得公司经营管理者和员工行为短期化,最终导致公司的破产。从绩效管理来讲,只看结果有时候是很危险的,要注意整个过程是否符合组织的利益或道德规范,部门管理者在进行绩效评价时也要注意过程中的正当性,而不能只注重结果。

(2) 重员工认同还是重管理者认同。

要让员工对他的绩效目标有很强烈的认同感,要让员工深深地认识到绩效的设定是他可以达成的,这是部门管理者要做的激励工作。员工要达到目标,可能会有些障碍,可能会有一些困难,必须由部门管理者适当地给予协助。在很多企业,员工会把目标达到与加薪联系起来,即绩效完成之后是否有其他的奖励措施。加薪、奖励措施等方面非人力资源部门的管理者可能知道的并不多,可能人力资源部门才清楚。但非人力资源部门的管理者可以提出意见,而不要直接向员工承诺,这一点要特别注意,因为整个评价结果受到什么样的奖励、奖励程度如何等是组织要通盘考虑的,不能为了某一部门却不顾整体。

(3) 重团队精神还是重个人表现。

部门绩效的评价是希望部门整体有一个良好的表现,所以注重团队精神的培养,不一定需要超级明星,而是希望有超级团队。在做绩效规划的时候,部门管理者不能只培养一个或少数几个非常优秀的明星,反而致使部门没有达到组织规定的目标,这样的结果是没有意义的。所以对于部门负责人而言,绩效评价的重心就应该放在部门绩效上,而不是培养明星员工。毕竟只有各部门的绩效综合起来才会有组织的整体绩效,组织发展了,然后才会有调薪升迁的人事决策,组织的发展与员工个人的发展是相辅相成的,彼此是相互离不开的。

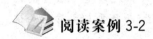

阅读案例 3-2

朗讯公司的矩阵式绩效评估

朗讯是一家以制造通信设备而闻名于世的通信企业。朗讯的营业额增长速度从刚脱离 AT&T 的每年 7% 增长到了现在的每年 20%,朗讯人认为"这跟企业文化非常相关"。朗讯公司采用了矩阵式的组织结构,而朗讯最有特色的一项制度,则是它对员工的绩效评估矩阵,这是个由 GROWS 行为(朗讯的文化行为模式)和工作业绩构成的矩阵。每个员工一年来的业绩都要放到矩阵里衡量,如同经过一片风暴矩阵。朗讯公司按业绩提供报酬,全公司每年都要进行非常周密的业绩评估。朗讯通过一个 3×3 的矩阵给员工打分,告诉每位员工他自己的业绩情况。每个人的报酬增长情况最终的决定权在业务部门,业务部门要真正知道谁是他们的业务骨干。其具体评估过程包括以下几个环节。

一、目标的制定

每年年初,员工都要和经理一起制定这一年的目标,经理和更高层经理制定自己的目标。这个目标包括员工的业务目标(business objective)、GROWS 行为目标和发展目标(development objective)。在业务目标里,一个员工要描述未来一年里的职责是什么,具体要干些什么;如果该员工是主管职位的(supervisor),还要制定对下属的指导(coaching)目标。在发展目标里,则可以明确提出自己在哪些方面需要培训。当然并不是自己想学什么就能得到什么培训,这个要求需要得到主管的同意。下属的每一个目标的制定,都是在主管的参与下进行的。主管会根据下属的业绩目标、GROWS 行为方面的差距、自己能力不足三个方面提出最切实的发展参考意见,因为主管在工作中与下属有最亲密的联系。

1. 业务目标制定。员工在制定自己的业务目标时,他必须知道谁是自己企业内部和企业外部的客户,客户对自己的期望是什么。如果是主管,还应知道下属对自己的期望是什么。员工可以通过客户、团队成员和主管的意见,来让自己的业务目标尽可能和朗讯的战略目标紧密结合。员工要在目标中明确定义自己的关键目标。一个主管还要制订指导员工和发展员工的计划,建立和强化团队的责任感。

2. GROWS 目标制定。每个员工通过制定 GROWS 行为目标,来强化对朗讯文化的把握和具体执行。

3. 发展目标制定。从员工的职责描述、员工的业务目标和主管那里来定义员工必须拥有的技能和知识,评估员工当前具备的技能和知识。参考以前的业绩评估结果,通过多种途径的反馈和主管对员工的参考意见,能够帮助员工全面正确地评估自己的能力现状,这个评估结果对员工自身的发展非常重要。

二、目标的执行

在制定了目标后的一年里,每个员工在执行目标时会有来自三个方面的互动影响,一种是反馈(feedback),一种是指导(coaching),另一种是认可(recognition)。反馈通常是在员工与员工、员工与主管、主管与员工之间常用的一种沟通方式,朗讯的每位员工在工作中都有可能充当教师的角色。指导主要指主管对员工的激励和指导的反馈。认可是一种特别的反馈,用来表示对员工工作成绩的认可。这三种方式是员工和主管沟通常见的方式,每位员工都有义务通过这三种方式履行自己职责与目标。朗讯将员工的评估通过这些方式细化到每天的工作中。每个员工都非常重视这些互动反馈的信息,因为业绩评估反馈是一项重要的依据。每位员工要收集好别人给自己的反馈,记录下一些重要的反馈,而且要与主管讨论这些反馈。

三、矩阵式绩效评估

朗讯的绩效评估主要围绕三个方面进行:一是当前的业务结果,这是针对当初的业务目标进行的,通过比较每位员工自己设定的目标和完成的目标,以决定他这一项的效果如何;二是评估 GROWS,即朗讯的文化行为模式;三是员工在发展自己的知识和技能方面做得如何。每位员工一年中有两次评估,一次是年中评估,在半年末执行,主要看目标的执行情况;另一次是年末评估,在年末执行,主要看是否达到了目标。

评估过程一般分为准备、写评估和执行评估三个阶段。在准备评估阶段,员工和主管会坐在一起讨论员工所做的一些成绩和收到的一些反馈,双方都来确认在履约的一年里所获得的评估材料。在写评估阶段,主管至少在小组评估会议的前一天将写完的评估结果给每位员工一份,并主持小组进行业绩讨论。评估结果不是评估的唯一目的,在评估过程中会反映员工在工作中的不足。一次评估能够充分交流这一年员工的得失,所以评估一定是交互的。员工和主管对评估的每一步骤必须达到一致,如果不一致,可以沟通,直到双方认可为止。评估的环境非常重要,大家最好离开日常工作的办公室,到一个开放的环境,使气氛轻松起来,同时要消除外界的干扰,如将电话设置为转接等。当然,评估结果并不完全会让该员工满意,无论评估好坏,员工必须在评估结果上签字。员工签字表明自己已阅读评估并与主管讨论过,并不一定代表完全同意主管的意见。主管也要在评估表上签名,表示已给员工上一级的主管评价并签名。在执行评估阶段,则要根据最后的评估结果执行奖惩、晋升降级以及解雇等人事决策。

资料来源:杜勇,杜军. 人力资源管理 理论、方法与案例[M]. 重庆:西南师范大学出版社,2011:154-155.

第三节 绩效评价指标体系的设计

一、绩效评价指标体系的演变

现代企业的绩效评价起源于美国。主要有两个源头:一个是19世纪末期美国铁路的财务报表分析;另一个是20世纪初期美国银行的企业信用分析。财务报表分析是早期企业内部评价运用最广泛的模式,实际上就是传统的以财务报表为蓝本、以简单的财务结果为测评指标的绩效测评的雏形。而银行信用分析则是银行从企业外部视角对贷款企业的信用和偿债能力的分析,通常除了考虑企业的财务报表外,还在一定程度上勘察企业的生产经营能力和发展前景。

在美国,随着股市的发展,外部的企业测评逐渐由银行的信用分析发展到投资评价。其中最著名的是亚历山大·华尔于1928年提出的综合比率分析体系。他选择了七个财务比率指标:流动比率、资产/固定资产比率、净资产/负债率、应收账款周转率、存贷周转率、固定资产周转率、自有资本周转率等。每个指标分别占总评价的一定比重,并确定了标准比率。依此给企业打分,按权重相加得出总评分。这是一套衡量企业财务稳健性和综合支付能力的测评模式。

后来,随着公司的发展成熟,企业的经理为了得到银行、投资者及公众对本企业的青睐和支持,开始把原来流行于企业外部的评价方式引入公司内部,和原有的财务报表分析结合,成为企业整体绩效测评的流行模式。其中,最著名的是杜邦公司创造的杜邦财务分析体系。

杜邦财务分析体系和华尔的综合评价法是20世纪前半时期企业自身绩效测评的核心体系。它们仍然都是以财务报表为依据,重点在于企业的盈利能力和偿债能力。20世纪中期,著名管理学家彼得·德鲁克提出了目标管理的方法,建议企业把组织的整体绩效目标转换为部门和员工个体的绩效目标。这使得企业的绩效评价开始向下分解到内部各成员的绩效评价。不过,绩效评价指标仍然以财务成果指标为核心。

随着企业的发展和经济的繁荣,传统绩效评价体系的不足逐渐暴露出来。由于没有关注到企业的内部流程,传统绩效评价体系不能发现企业工作流程中的管理问题,同时也不能保证企业朝着自己的战略目标健康发展。于是,企业界在绩效评价指标上加入了动态性的成长能力指标,包括销售增长率、净利润增长率和人均净利润增长率,它们各占一定的比重。这类成长能力指标与传统的盈利能力、偿债能力指标约按 2∶5∶3 的比重分配权重。

由于看到用财务指标评价公司与员工绩效的作用有限,甚至还有很多缺陷,于是 1951 年 GE 公司开始开发新的绩效评价指标。除了盈利性指标外,还挑选了市场份额、生产效率、员工积极性、公众反应、短期和长期经营指标等作为关键绩效指标。不过 GE 公司的这次变革遇到很大的阻力,收效甚微。

直到 20 世纪 90 年代,美国一些具有远见的学者和企业咨询专家开始把绩效评价引入内部流程和战略管理领域,力图更大限度地发挥绩效评价的作用。其中罗伯特·G. 英格尔斯(Robert G. Eccles,1991)提出建立企业的客户满意度指标;普华会计事务所的约瑟夫·A. 内斯和托马斯·G. 库克扎(Joseph A. Ness & Tomas G. CucHzzla,1995)开发出基于活动的成本核算法(ABC),从会计体系方面为企业绩效测评提供了新的基础,并在企业得到应用。克利斯托弗·梅尔(Christopher Meyer,1994)提出了把程序测评指标纳入企业绩效测评体系,使绩效评价可以发现企业内部流程中的管理问题。

在此基础上,哈佛大学商学院罗伯特·S. 卡普兰(Robert S. Kaplan)教授和复兴全球战略集团的创始人兼总裁戴维·P. 诺顿(David P. Norton)通过研究,于 1992 年提出了平衡计分卡的思想,并对绩效评价如何支持组织战略提出了创造性的观点。迄今为止,平衡计分卡的理念在世界范围得到了广泛的传播和应用,并成为绩效管理和绩效评价指标体系设计的主流思想。[①]

二、绩效评价指标的构成与分类

(一)绩效评价指标的概念与构成

所谓评价指标,就是评价因子或评价项目,它是绩效评价内容的载体和外在表现。只有通过评价指标,评价工作才具有可操作性。绩效评价指标在绩效管理过程中扮演着双重角色,既是对部门和员工具体绩效状况的客观反映,又是组织和部门意志与要求的体现,即既是"晴雨表",又是"指挥棒"。

绩效评价指标一般包括四个构成要素。
- 指标名称:对评价指标的内容做出的总体概括(如销售收入、利润、合格品率等)。
- 指标定义:指标内容的操作性定义,用于揭示评价指标的关键可变特征(如销售收入是指到账资金)。
- 标志:用于区分各个级别的特征规定(如优秀、良好等)。
- 标度:用于对标志所规定的各个级别包含的范围做出规定,即用于揭示各个级别之间差异的规定(如 95 分以上为优秀)。

绩效评价指标的标志和标度往往是一一对应的,就像一把尺子上的刻度和规定刻度的

[①] 付亚和,许玉林. 绩效管理[M]. 2 版. 上海:复旦大学出版社,2008:46-48.

标准一样。因此,我们通常把两者统称为评价尺度("尺"即标志,"度"即标度)。评价指标举例如表3-1所示。

表3-1 评价指标举例

指标名称	协作性				
指标定义	在与同事一起工作时表现出来的合作态度				
标　志	S	A	B	C	D
标　度	合作愉快	肯合作	尚能合作	偶尔合作	我行我素

评价尺度的类型一般可分为四种:

(1) 量词式的评价尺度:采用带有程度差异的形容词、副词、名词等词组表示不同的等级水平,如"较好、好、一般、差、较差"。

(2) 等级式的评价尺度:使用一些能够体现等级顺序的字词、字母或数字表示不同的评价等级,如"甲、乙、丙、丁"、"1、2、3、4"等。

(3) 数量式的评价尺度:用具有量的意义的数字表示不同的等级水平。数量式的评价尺度包括离散型(使用规定的整数)和连续型(可以在规定的区间内使用小数)两种(如表3-2、表3-3所示)。

(4) 定义式的评价尺度:用描述性语言文字内容作为标度,即用文字表述各个标度的具体差别。

表3-2 离散型指标举例

评价指标	指标定义	标度(尺度)				
计划能力	能够有计划、有步骤地完成领导交给的工作,使本业务领域的工作与整个部门的工作目标相匹配	0分	3分	6分	9分	12分

表3-3 连续型指标举例

评价指标＼标志(尺度)	5~4.5分	4.4~4分	3.9~3.5分	3.4~3分	3分以下
协作性	很好	尚可	一般	较差	很差

(二) 绩效评价指标的分类

绩效评价指标体系按照不同的标准可以进行不同的分类,常见的有根据绩效评价的内容进行分类,根据能否量化进行分类,以及以"特质、行为和结果"进行分类等。

1. 根据绩效评价的内容分类

绩效评价的内容主要包括工作业绩、工作态度、工作能力、工作潜力四类,而工作潜力往往是通过工作能力评价进行推断的,这样根据绩效评价内容可以把绩效指标分为以下三类。

(1) 工作业绩评价指标。工作业绩就是工作行为所产生的结果,表现为完成工作的质量指标、数量指标、工作效率指标、成本费用指标等。

(2) 工作态度评价指标。工作态度在一定程度上决定了一个员工的实际工作业绩,为了对员工行为进行引导以达到绩效管理的目的,在绩效评价中引入对工作态度进行评价的指标。一般来说,不同的工作态度会产生不同的工作绩效。

(3) 工作能力评价指标。不同的职务对人的工作能力要求是不同的,需要在绩效评价时设计相应的能力指标,并通过能力指标引导、鼓励员工提高与工作相关的能力。

2. 根据评价依据的主观性和客观性分类

根据是否能够量化可把绩效评价指标分为硬指标和软指标。

硬指标指的是那些以统计数据为基础,把统计数据作为主要评价信息,建立评价数学模型,以数学手段求得评价结果,并以数量表示评价结果的评价指标。使用硬指标可以免除个人经验和主观意识的影响,具有相当的客观性和可靠性。借助于电子信息技术,可以有效地提高评价的可行性和效率。不过,当评价所依据的数据不够可靠,或者评价的指标难以量化时,硬指标的评价结果就难以保证客观和准确了。在实践中硬指标往往表现为缺乏灵活性。

软指标主要是指通过人的主观评价才能得出评价结果的评价指标。实践中,人们用专家评价来指代这种主观评价的过程。所谓专家评价就是由评价者对系统的输出做出主观的分析,直接给评价对象进行打分或者做出模糊判断(如很好、好、一般、不太好、不好等)。这种评价指标完全依赖于评价者的知识和经验,容易受主观因素的影响。所以,软指标的评价通常由多个评价主体共同进行,以尽量减少主观因素的影响。随着信息技术的发展和模糊数学的应用,软指标评价技术获得了迅猛的发展。

在实践中,通常会把软指标评价与硬指标评价结合使用,以提高绩效评价结果的科学性和实用性。一般在数据比较充足的情况下,以硬指标为主,辅以软指标进行评价;在数据比较缺乏的情况下则以软指标为主,辅以硬指标进行评价。值得注意的是,软指标与非量化指标并非一个概念,软指标和硬指标的区分强调的是评价方式上的差异,而量化指标和非量化指标则强调评价结论的表现方式上的差异。

3. 根据"特质、行为、结果"分类

在很多理论和实证研究中,采用"特质、行为、结果"这三类指标进行绩效评价体系的设计,是一种比较常见的方式。

(1) 特质。适用于对未来的工作潜力做出预测。但特质指标将注意力集中在短期难以改变的人的特质上,不利于绩效改进。因为没有考虑情境因素,预测效度较低,不能有效区分实际工作绩效,员工易产生不公平感。

(2) 行为。适用于评价可以通过单一方法或程序化的方式实现绩效标准或绩效目标的岗位。这类指标需要对那些同样能够达到目标的不同行为方式进行区分,以选择真正适合组织需要的方式,这一点是十分困难的。

(3) 结果。适合于评价那些可以通过多种方法达到绩效标准或绩效目标的岗位。但结果有时不完全受评价对象的控制,因此容易诱使被评价者为了达到一定的结果而不择手段,使组织在获得短期效益的同时丧失长期利益。

三、绩效评价指标的选择依据和方法

(一) 绩效评价指标的选择依据

1. 绩效评价的目的

绩效评价的目的是选择绩效评价指标的一个非常重要的原则。能够用于评价某一个职

位的绩效评价指标往往是很多的,但选择不可能面面俱到,否则就失去了操作性,丧失了评价意义。评价是为目的服务的,不同的目的评价的侧重点是不同的,比如绩效评价的目的是为职位晋升提供依据,那么评价指标应注重对员工能力和潜力指标的选择;如果评价的目的是为了分配奖金和调整薪酬,那么应注重对工作业绩指标的选择。

2. 工作内容和绩效标准

每个评价对象的工作内容和绩效标准,都是通过将组织的总目标分解成分目标落实到各个部门,再进行进一步的分工而确定的。绩效评价指标应该体现这些工作内容和绩效标准,从数量、质量、时间、成本上赋予评价指标一定的内涵,使绩效评价的名称和定义与工作内容相符,指标的标度与绩效标准相符。这样的绩效评价指标方能准确地引导员工的行为,使员工的行为与组织的目标一致。

3. 取得评价信息的便利程度

为了使绩效评价工作顺利进行,我们应能够方便地获取与评价指标相关的统计资料或其他信息。因此,所需信息的来源必须稳定可靠,获取的信息方式应简单可行。只有这样,绩效评价指标体系才是切实可行的。由此可见,选择绩效评价指标不得不考虑取得评价所需信息的便利程度。

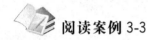

阅读案例 3-3

某公司档案室的 KPI 设置与绩效提升

某大型企业的档案室管理存在一些问题:档案不齐,往往借不到有关档案(问题出在不能及时归档);提档困难,经常需要等待很长时间才能取出档案;服务质量差、态度差,由于档案室比较偏僻,几个管理人员比较悠闲。工作人员有一定背景,在没出什么大问题的情况下,公司出于各方面考虑,一方面不便于做得太绝;另一方面档案室毕竟是个次要的地方,领导们也没有精力过问它的管理情况。现在,上级进行档案管理升级,公司面临两种选择:一是加强内部管理和进行少量的必要投入;二是按照国家标准进行大的改造,配备专业人员。公司最终通过绩效管理体系设立一项持续系统提升的 KPI 指标,以及办公软件系统的个别模块调整,在几乎没有额外投入的情况下,出乎意料的达到了目的。

这条 KPI 指标非常简单:"平均提档时间",公司在绩效管理项目组的协助下,首先测定目前档案室的平均提档时间是 37 分钟,给档案室设定这项 KPI(六个月内只有这一项)每个月的目标是降低 4 分钟。为了便于数据统计和考核中的"放水",对原来可以自由选择使用的办公自动化中的"网络申请提档模块",规定为必须使用,并且进行了优化:提交申请的同时,系统自动计时,交接档案签字时自动结束计时。这条 KPI 生效后,档案室的管理迅速发生了质的变化。在指标的牵引下,管理人员自发地加强了几个方面的工作:强化了档案催交制度的执行,分部门落实催交责任制,对到期档案主动实施催交;加强档案室的内部 5S 管理,清理档案柜、档案袋,清扫卫生,完善标签,优化查找和行走路线,完善标志和检索系统等。在半年时间里,通过有限的投入(3 个人的绩效奖),圆满完成了档案管理达标升级的任务。并且大家公认这个效果是稳定的、可持续的,是以往的靠投入和运动式的达标升级所不能比拟的。

资料来源:摘自吴向京. 定义 KPI——卓越绩效的基石(二)[J]. 中国电力企业管理,2010(1):77.

(二)选择绩效评价指标的方法

1. 工作分析法

科学的管理必须建立在详尽分析的基础之上。工作分析是人力资源管理的基础职能,是对工作本身最基本的分析过程。工作分析是确定完成各项工作所需履行的责任和具备的知识及技能的系统工程。工作分析的主要内容包括职位说明和对人员的要求。在制定绩效评价指标的过程中进行工作分析,最重要的是分析从事某一职位工作的员工需要具备哪些能力和条件,完成工作任务应以什么指标来评价,这些能力和条件及指标中哪些比较重要,哪些不太重要,并对不同的指标完成情况进行定义,这种定义事实上构成了绩效评价指标的评价尺度。

2. 个案研究法

个案研究法是指对某一个体、群体或某一组织在较长时间里连续进行调查研究,并从典型个案中推导出普遍规律的研究方法。常见的个案研究有典型人物(事件)研究和资料研究两种。典型人物(事件)研究是以典型人物的工作情境、行为表现、工作绩效为直接对象,通过对他们的系统观察、分析研究来归纳总结出他们所代表群体的评价要素。资料研究是以表现典型人物或事物的文字材料为研究对象,通过对这些资料的对比分析和总结,归纳出评价要素。

3. 问卷调查法

问卷调查法是由设计者根据需要,把要调查的内容设计在一张调查表上,写好填表说明和要求,分发给有关人员填写,收集和征求不同人员意见的一种方法。问卷调查法按答案的形式可以分为开放式问卷和封闭式问卷两大类。开放式问卷没有标准化答案,被调查者可以根据自己的意愿自由回答。封闭式问卷一般则分为是非法(要求被调查者做出"是"与"否"的回答)、选择法(从并列的两种假设提问中选择一项)、排列法(对多种可供选择的方案按其重要程度排出名次)、计分法(列出几个等级分数,要求被调查者进行判断选择)。

4. 专题访谈法

专题访谈法是指研究者通过面对面的谈话,用口头沟通的方式直接获取有关信息的研究方法。专题访谈的内容应主要围绕以下三个问题展开:

- 你认为担任该职位的员工最基本的要求是什么?
- 该职位的工作特点是什么?
- 检验该职位的工作成效的主要指标是什么?

研究者通过分析汇总访谈资料,可以获取许多极其宝贵的材料。

5. 经验总结法

经验总结法是通过众多专家的经验总结,提炼出规律性的研究方法。一般又可分为个人总结法和集体总结法,个人总结法是根据绩效指标体系制定者的个人经验,选择绩效评价指标的方法;而集体总结法则是由绩效管理工作小组或团队根据多人经验和沟通情况,选择绩效评价指标的方法。

四、绩效评价指标权重的确定

绩效评价指标权重的确定过程,就是对拟评价指标进行排序的过程。对于既定的绩效评价指标体系,当权重体系不同时其评价的结果也往往不同。对决策者来说,权重反映了决策者的偏好、组织的要求及环境的影响。绩效评价指标权重确定的准确与否,直接决定了评价结果的信度和效度。

权重确定方法有很多种类,各自适用不同的基本原理。在绩效评价指标体系的权重确定中,考虑到指标的数量、处理的便利和确定方法的实用性,我们主要使用主观判断和定量处理相结合的方法,即首先由专家根据自己的知识、经验、智慧、信息和价值观对指标重要性作主观判断,然后通过各种方法对判断结果进行定量处理,将重要性量化为具体的权重值,使之能直接应用于指标值的计算。由此可见,主观判断法只是获取指标相对重要性的初步信息的方式,最终的指标权重还需要通过定量处理方法才能便于使用。

(一)主观判断方法

1. 专家个人意见法

专家个人意见法是最简单的主观判断方法,它是熟悉绩效评价的专家决策者个人根据自己的经验和对各项评价指标重要程度的认识,从权重设定的引导意图出发,对各项评价指标的重要性进行主观判断。这种方法基本上是个人经验决策。

2. 专家会议法

专家会议法是通过组成评价专家组来判断,避免由于个人意见带来的弊端。专家组成员包括人力资源管理部门的人员、绩效评估专家以及相关的其他人员。根据不同的评价对象和目的,为保证权重的科学性,专家构成可以不同。专家会议法可靠性较高,集中众人的意见能弥补个人知识、经验、信息的不足,也可减少专家个人价值观的影响;但存在耗费时间和精力,容易产生从众心理、盲从权威等弊端。另外,这种方法对会议主持人的业务素质、语言引导技能和控制局面的能力要求较高。

3. 德尔菲法

德尔菲法(Delphi method)是以书面形式背对背地分轮征求和汇总专家意见的一种主观预测方法。首先成立专家小组,向所有专家提出所要征询的问题,要求专家们采用匿名书面的方式进行答复。然后通过中间人或协调员,把第一轮预测过程中专家们各自提出的意见集中起来,加以归纳后反馈给他们。这一过程重复进行三四轮,直到每一个专家不再改变自己的意见为止,这时专家的意见也趋向于一致,决策过程结束。德尔菲法与专家会议法不同,德尔菲法既能发挥专家会议法的优点,充分发挥各位专家的作用,集思广益,准确性高,又能把各位专家之间的意见和分歧点表达出来,取各家之长,避各家之短。

4. 名义小组法

所谓名义小组法,就是请相关考绩专家或有经验的现场管理人员构成一个小组,小组成员互不通气,也不一起讨论、协商,小组只是名义上的。管理者首先把要解决的问题的关键内容告诉小组成员,并请他们独立思考,要求每个人尽可能地把自己的想法和意见写下来,然后依次陈述自己的观点和意见。在此基础上,由小组成员对提出的全部备选意见进行投票,根据投票结果,赞成人数最多的备选方案即为所要的结果。

(二) 定量处理方法

1. 交互式分析法

交互式分析法,也叫权值因子法,是运用权值因子判断表对设计的各个指标进行两两比较,并评估分值来确定权重的方法(如表 3-4 所示)。交互式分析法的实施方法如下[①]:

(1) 将行因子与列因子进行比较,如果采用三分值时,重要的指标为 3,同样重要的指标为 2,不太重要的为 1。

(2) 统计结果折算为权重。

表 3-4 采用交互式分析法设定指标权重

指标	指标一	指标二	指标三	指标四	指标五	指标六	指标七	指标八	指标九	指标十	合计(D)	权重=D/P
指标一	—	1	1	2	1	1	1	2	2	3	14	7.78%
指标二	3	—	2	1	1	1	1	2	2	2	15	8.33%
指标三	3	2	—	2	1	1	1	2	3	3	18	10.00%
指标四	2	3	2	—	1	1	1	2	3	3	18	10.00%
指标五	3	3	3	3	—	1	2	3	3	3	24	13.33%
指标六	3	3	3	3	3	—	2	3	3	3	26	14.44%
指标七	3	3	3	3	2	2	—	3	3	3	25	13.89%
指标八	2	2	2	2	1	1	1	—	3	3	17	9.44%
指标九	2	2	1	1	1	1	1	1	—	3	13	7.22%
指标十	1	2	1	1	1	1	1	1	1	—	10	5.56%
合计(P)											180	100%

无论采取何种方法确定指标的权重,必须符合下列原则:

(1) 所有指标权重之和为 100%;

(2) 单个指标或目标的权重不小于 5%;

(3) 各指标或目标权重比例应该呈现明显差异,避免出现平均分配权重比例的状况,一般而言:

① 对组织战略重要性高的指标或目标权重高;

② 对被评价者影响直接且影响显著的指标或目标权重高;

③ 权重分配在同级别、同类型岗位之间应具有一致性,并兼顾各个岗位的独特性。

2. 层次分析法

层次分析法(analytic hierarchy process, AHP),是美国匹兹堡大学运筹学家沙蒂(T. L. Saaty)教授于 20 世纪 70 年代提出的一种多目标决策分析方法。这一方法的基本原理是将决策者的经验判断给予量化,从而为决策者提供定量形式的决策依据,在被评价系统结构复杂且缺乏必要数据的情况下更为实用,是一种定量与定性相结合的分析方法。

应用 AHP 方法计算指标权重系数,实际上是在按照评价指标体系内在的逻辑关系,以评价指标(因素)为代表构成一个有序的层次结构,然后针对每一层的指标(或某一指标域),运用专家的知识、经验、信息和价值观,对同一层或同一域的指标进行两两比较对比,确定层

---

① 秦杨勇. 战略绩效管理[M]. 北京:中国经济出版社,2009:150-151.

次中诸因素的相对重要性,并按规定的标度值构造比较判断矩阵。再由组织者计算比较判断矩阵的最大特征根,解特征方程,从而确定决策方案相对重要性的总排序。

3. 三维确定法

三维确定法认为决定一个指标权重的主要因素有三个:在现有资源配置和条件下该指标的可实现程度、该指标的重要程度、该指标的紧急程度。[①] 只有将三者综合考虑才能得出合理的权重系数,其操作步骤如下:

(1) 指标采用"五点打分法",从三个维度打分;
(2) 指标在三个维度上的得分相乘,得出该指标的综合分数;
(3) 指标的综合相加,再计算每个指标综合分数在总综合分数中所占的比例;
(4) 最终得到每个指标的权重。

三维确定法的示例如表 3-5 所示。

表 3-5 三维确定法示例

序号	指 标 名 称	重要程度	紧急程度	可实现性	综合得分	权重
1	培训规划总经理批准时间	3	4	5	60	0.26
2	核心员工平均培训时间	3	3	5	45	0.20
3	普通员工平均培训时间	2	3	3	18	0.08
4	培训计划达成率	3	3	3	27	0.12
5	培训费用控制率	5	2	4	40	0.17
6	培训考试合格率	3	3	2	18	0.08
7	合格内部讲师数量	2	3	2	12	0.05
8	内部计量费用	1	1	3	3	0.01
9	宣传费用控制率	2	2	2	8	0.03
合计					231	1

五、绩效评价指标体系的设计原则

1. 科学性原则

科学性原则主要体现在理论和实践相结合以及所采用的科学方法等方面。绩效评价指标体系是理论与实际相结合的产物,在理论上要站得住脚,同时又能反映评价对象的客观实际情况。设计评价指标体系时,首先要有科学的理论作指导,使评价指标体系能够在基本概念和逻辑结构上严谨、合理,抓住评价对象的实质,并具有针对性。无论采用何种定性或定量方法,建立何种系统模型,都必须是客观的抽象描述,要抓住最重要的、最本质的和最有代表性的东西。实际上,对客观实际抽象描述得越清楚、越简练、越符合实际,其科学性就越强。

2. 系统优化原则

绩效评价指标之间往往是互相联系和互相制约的。有的指标之间有横向联系,反映不同侧面的相互制约关系;有的指标之间有纵向关系,反映不同层次之间的包含关系,体现出很强的系统性。绩效评价指标体系的设计应采用系统的方法,统筹兼顾各方面的关系,确定

---

① 马作宽. 组织绩效管理[M]. 北京:中国经济出版社,2009:80.

合理的数量关系,达到绩效评价指标体系的整体功能最优。

3. 通用可比原则

通用可比原则是指对不同时期以及不同对象之间的比较,既包括纵向比较,也包括横向比较。纵向比较是指同一对象的不同时期的比较,横向比较则是指不同对象之间的比较。如果评价指标体系不具有通用可比性,那么绩效评价结果将无法区别不同岗位、不同部门之间的绩效差异,这将直接导致绩效反馈及绩效改进难以做到和实现,也使绩效评价失去意义,因此,在绩效评价指标设计过程中一定要体现通用可比原则。要做到评价指标的通用可比,一般要使各项评价指标、各种参数的内涵和外延保持稳定,用以计算各项指标相对值的各个参照值(标准值)也应保持不变。

4. 实用性原则

实用性原则指设计的绩效评价指标应具有实用性、可行性和可操作性。要做到实用性原则,首先设计的评价指标要"少而精",指标要简化,计算方法要简便。尽量减少或去掉一些对评价结果影响甚微的指标。其次,数据要易于获取。评价指标所需的数据易于采集,无论是定性评价指标还是定量评价指标,其信息来源渠道必须可靠,并且容易取得。最后,整体操作要规范。各项绩效评价指标及其计算方法,各项数据都要标准化和规范化。另外,还要严格控制绩效数据的信度和效度。

5. 目标导向原则

绩效评价的目的不是单纯为了评出名次或优劣程度,更重要的是为了引导和鼓励被评价对象向着组织所期望的方向和目标发展,使员工的行为和表现与组织战略所期望的相一致。因此,绩效评价指标的设计要以组织目标和部门目标为导向,通过设计合理的绩效评价指标体系,并使指标的实现和完成与其薪酬、晋升、发展等挂钩,从而起到引导、控制被评价对象行为的目的,保障组织战略和目标的顺利实现。

六、绩效评价指标体系的设计步骤

设计并建立组织绩效评价指标体系需要遵循以下基本步骤:

(1) 通过工作分析和业务流程分析确定绩效评价指标。组织首先要根据组织规模、行业特点和绩效评价目的等,适当地提取各个层面的评价指标,建立初步的绩效评价指标库。进行工作分析和业务流程分析,是建立健全的绩效评价指标体系的有效方法,但这种方法并不适用于所有的组织。工作分析和业务流程分析需要以健全的组织机构和较高的管理水平为基础展开。同时,因需要较多的资料,对操作者的专业素质要求较高,执行成本比较高,一般适合于规模较大、发展趋于稳定又亟待建立系统绩效指标体系的组织。对于一些组织机构不很健全、规模不大、发展不太稳定的组织或企业,我们可以参考确定通用指标,再加上对组织的整体把握建立初步的绩效指标库。

(2) 初步划分绩效评价指标的权重。结合组织的战略目标和各个层次的绩效目标,按照对绩效目标的影响程度对绩效指标进行分档。比如可按照"非评价不可、非常需要评价、需要评价、需要评价程度低、几乎不需要评价"等进行分档,对初步的评价指标库进行筛选。

(3) 通过各个阶层的管理者与员工之间的沟通,确定绩效评价指标体系。在确定了绩效指标权重,并对绩效指标库进行初步筛选之后,需要让绩效评价的利益相关者参与确定最终的绩效评价指标体系。职位层面的绩效指标需要基层员工与其上级讨论确定,部门的绩效指标需要部门管理者与高层管理者讨论决定。让利益相关者参与绩效评价指标体系的设计和建立,可以增强评价主体和评价对象对绩效指标的认可度,有利于绩效管理工作的展开。

(4) 进一步修订和完善绩效评价指标体系。为了使确定好的绩效评价指标更趋合理,还应对其进一步修订和完善。修订和完善可分为两种情况,一种是评价前的修订,通过专家调查法,将所确定的评价指标提交给领导、专家及咨询顾问,征求他们的意见,修改和补充指标体系;另一种是评价结束后修订和完善,根据绩效评价及其结果的应用等情况进行修订,使评价指标体系更加理性和完善。

第四节 绩效评价周期的确定

一、绩效评价周期及其类型

绩效评价周期(performance appraisal cycle),也叫作绩效评价期限,就是指多长时间进行一次绩效评价。绩效评价是对员工在绩效周期内工作表现进行的评价,由于是周期性开展的工作,因此包含如何合理设定评价周期的问题。很多时候,评价周期是一个比较容易忽视的问题,很多人想当然地认为评价周期就应当是一个会计结算周期。虽然这样做的确存在一定的合理性,但并不是所有人员都适合这一做法,绩效评价周期的确定与评价指标本身、组织特征、职位类型等都有关系,是在综合考虑组织内外诸多影响因素的基础上确定的。

关于绩效评价的周期,理论上能够实时评价是最理想的,但在实践中实时评价是很难做到的。绩效评价工作是一个涉及众多岗位、众多部门的复杂而又耗时耗力的工作,无论从成本来说,还是从可操作性而言,目前的大多数组织的绩效评价周期都不是很频繁。不过,绩效评价的周期越来越短是一个趋势,随着绩效评价理论的成熟、信息技术的发展以及财务统计方法和途径的进步,绩效评价的周期会逐渐变得越来越短。

绩效评价通常分为定期评价(如每周、旬、月度、季度、半年、年度等)和不定期评价两种,在实践中较为理想的评价周期为月度评价和季度评价。半年度和年度评价主要是针对一些特定职位或部门(如部门经理、公司副总经理、研发部门等),而如果对一般的岗位或部门采用半年度或年度评价,就会造成评价节点工作量巨大,因时间跨度太长而导致近因效应进一步放大,失去部分激励效果等弊端。

二、影响绩效评价周期的因素

绩效评价周期的确定,要考虑到以下几个方面的影响因素:

1. 组织的业务特点

组织的性质和所从事的业务特点是确定组织绩效评价周期首先应考虑的因素。对企业而言,业务特点在很大程度上取决于企业所处的行业,不同的行业生产周期不同,这种生产周期会导致企业和员工的绩效随之呈现周期性变化。因此,在确定组织绩效评价周期时,应结合组织行业特征和业务特点。比如,生产和销售日常消费品的企业业务周期一般较短,可以将评价周期确定为一个月;对一些业务周期更短的企业(如计件生产企业),甚至要每天对绩效进行检查评价。在一些生产大型设备的企业或提供项目服务的企业,绩效改进很难在短期内见成效,因此,绩效评价周期应当长一些,一般可以半年或一年作为评价周期,特殊情况下评价周期也可适当延长。

2. 职位类型

不同的职位,由于工作内容是不同的,绩效评价周期也应当有所不同。一般来说,职位的工作绩效比较容易评价时,绩效评价周期相对可以短一些,比如生产岗位的绩效评价周期相对于管理岗位的绩效周期就要短一些。当职位的工作绩效对组织的整体绩效影响比较大时,其绩效评价周期往往要短一些,这样有助于及时发现问题并进行改进,以免给组织造成严重后果。比如销售岗位的绩效评价周期相对就应当比后勤岗位的周期要短一些。

3. 评价指标本身的性质

不同的绩效评价指标其性质是不同的,评价的周期也应当不同。一般来说,性质稳定的绩效评价指标,评价周期相对要长一些;反之,评价周期相对就要短一些。比如员工的工作能力比工作态度相对要稳定一些,因此能力指标的评价周期相对于态度指标就要长一些。

4. 评价标准

在确定评价周期时,还应当考虑到绩效标准及其性质,也就是说,评价周期内的时间应当能够保证员工经过努力有可能达到这些标准。一般情况下,绩效评价标准定得比较高或比较苛刻,评价周期就应适当放宽,以便员工有足够的时间来达到标准,完成任务,实现目标。比如"销售额为50万元"这一标准,按照经验需要2周左右的时间才能完成,而组织把评价周期定为1周,员工根本就无法完成;如果定为4周,又非常容易实现。在这两种评价周期下,对员工的绩效进行评价事实上是没有意义的。

5. 绩效管理实施的时间

绩效管理的实施需要一个过程,要经历由初始期的摸索期到后来的成熟期几个阶段。绩效管理系统的完善不能一蹴而就,需要经过几个绩效周期的经验积累,不断从以前绩效周期的管理中吸取教训并总结经验。刚开始实施绩效管理时,评价周期不能过长。随着绩效管理实施时间的推进,评价周期应该越短越好,但绩效周期短又意味着绩效管理成本高,这种情况下,考虑到成本问题,在绩效管理系统成熟后可以逐渐延长绩效评价周期。

三、绩效评价周期的划分依据

对于绩效评价周期的划分有多种依据,常用的划分依据主要有以下几种:

(1) 按照评价对象的层级来确定。评价对象职位层次高,工作复杂程度高,对能力、智力和素质的要求也高,其相应的绩效反映周期就越长;反之,职务层次低,工作要求相对简单,其绩效反映周期就短。因此,高层领导的绩效评价往往以半年或1年为周期,中层管理人员的绩效评价周期为半年或季度,专业人员的绩效评价周期为季度或月度,操作类人员的一般为月度评价。

这种按照评价对象的层次确定评价周期的办法,其优点在于层次分明,针对性强。局限性在于未能顾及组织情境和管理方式,划分太细,不利于评价的统一组织。同时,由于上下级采用不同评价周期,如果操作不当,很可能导致绩效目标难以落实。

(2) 按照绩效评价目的和用途确定。绩效管理的核心目的主要出于战略、管理和开发目的,其用途一是考核评价,即通过评价,客观反映组织、部门和员工的真实绩效状况;二是检查反馈,即通过检查和反馈挖掘组织和员工的潜力,解决绩效管理过程中出现的问题。评价强调的是准确,往往要求对员工在评价期间的表现进行分析,且对照事先确定的标准或要求进行比较,这种评价结果往往是为了薪酬分配的需要。因此,评价周期可能会相对较长一些。而检查则从挖掘员工的潜力入手,着眼在过程管理和问题解决。因此,评价周期相对较短,甚至可能放在每天。一般情况下,高层领导的评价周期一年一次,半年进行回顾;中层、基层员工的评价周期按季度或月度进行检查,年终进行总评。而操作类员工则每月评价一次,年底综合评价。除了绩效管理的周期外,很多组织还有单独的任职能力评价、潜力评价等,这些评价也需要根据不同的评价目的确定不同的评价周期。

(3) 按照业绩反映期的长短划分。根据组织的实际情况,也可以设定以业绩评价为主的评价周期。比如,在实行目标管理的组织中,以实现组织阶段性目标的周期作为评价周期,根据实际情况,可以是一年或更长,也可以是半年或者每季、每月进行评价;对于实行合同制管理的组织,可以整个合同期作为评价的周期,也可将合同期划分为若干阶段作为评价区间;对于实行承包制或项目制的组织,则可以将整个承包期或项目周期作为评价的周期,也可将承包期或项目期划分为若干阶段作为评价区间。另外,在设定评价周期时,还需要考虑到组织自身一直沿用的评价周期,如果组织过去一直沿用的是某一种评价周期,而且大家也都非常赞同现有的运作方式,并且评价的信度和效度都不错,那就不一定非要进行改变与调整,这也是考虑到实际操作和成本问题。

四、不同岗位和不同部门绩效评价周期的确定

通常情况下,岗位和部门不同,绩效评价周期也是不一样的。下面针对组织尤其是企业中不同岗位和不同部门的几类人员的绩效评价周期进行讨论,以便为组织和企业确定这些人员的评价周期提供参考。

(1) 中高层管理人员。对中高层管理人员的绩效评价周期实际上就是对整个组织或部门的经营与管理状况进行全面评价的过程,这种战略实施和改进计划的效果都不大可能短期就取得成果,因此,对中高层管理者的绩效评价周期应适当放长一些,一般为半年或一年,并且随着管理人员层级的提高,绩效评价周期也应逐渐延长。另外,对于大型企业的中高层管理人员来说,绩效评价周期一般又要比小型企业的中高层管理人员的评价周期长,因为大型企业的高层管理者无论是制定战略还是实施战略,都会由于组织的复杂性而需要更长的时间。

(2) 营销或业务人员。对于营销人员的评价,往往是组织中最易量化的环节,因为其评价指标通常为销售额、回款率、市场占有率、客户满意度等所谓的"硬指标",这些指标都是经营运作所关注的重要指标,作为组织管理层,需要及时获取这些重要的信息并做出调整或决策。因此,对营销人员的绩效评价周期根据实际情况应该尽可能缩短,一般为月度或季度评价,或者先进行月度再进行季度评价。

(3) 生产系统的员工。对于生产系统的员工,出于对质量和交货期的强调,多重视短期激励。因此,采用的绩效评价周期一般都较短。当然,对于生产周期比较长的生产制造系统员工,如大型设备制造等,由于市场周期普遍较长,因此,考虑到评价周期与指标周期的匹配性问题,可以适当延长评价周期,按照生产批次周期来进行评价,年底时再以年为

单位进行评价,即每个批次开始的时候制定目标,批次或阶段结束的时候进行评价,年底算总账。

(4) 售后服务人员或技术服务人员。售后服务人员的绩效与销售业绩有着密切的关系,因此,服务人员的评价周期应与业务人员一样,尽可能缩短。同样地,车间技术服务人员的评价周期也要与生产系统人员的评价周期挂钩。

(5) 研发人员。组织的研发部门普遍存在评价周期与指标周期不匹配的现象,而对研发人员的评价指标一般为任务完成率和项目效果评估,因此一般采用绩效评价周期迁就研发指标周期的做法,即以研发的各个关键节点(如概念阶段、立项阶段、开发设计阶段、小批试生产阶段、定型生产阶段等)作为绩效评价的周期,年底再根据各个关键节点和项目完成情况进行综合评价。另外,研发工作不能急功近利,组织应当给研发人员尽量创造宽松、稳定的研发环境,而不应增加太多的管制,如果采用常规的绩效评价周期进行考核,有可能造成研发人员的逆反心理,这样不但分散了研发人员的精力,影响研发进度,还有可能使研发人员疲于应付考核,使得考核效果适得其反。因此,以研发工作的各个关键节点作为评价周期对研发人员进行评价,既有利于让研发人员集中精力于研发工作中,又能公平地评价研发人员的工作成果。

(6) 行政与职能人员。通常情况下,行政与职能人员的评价指标和评价标准不像业务人员那样容易量化,因此,行政与职能人员是绩效评价工作的难点。针对行政人员工作的特点,重点应该评价工作的过程而非工作的结果,因此评价周期应该适当缩短,并采用随时监控的方式,记录业绩状况,在实践中,组织对该类人员的绩效评价周期都是以月度评价为主。

第五节　绩效计划书的编制

一、绩效计划书的内容

绩效计划书,是绩效计划的文本形式,是围绕绩效目标和绩效标准而设计的绩效计划的合同文本,也叫绩效合约或绩效合同。绩效计划书类似于个人(部门)的年度工作计划,工作计划的一般构成可以用"5W2H"来表示:

- What(要做什么)——绩效目标是什么?
- Why(为什么要做)——绩效目标是否支撑部门和组织目标?
- When(何时去做、何时结束)——绩效目标的时限。
- Where(在何地做)——在哪里完成?
- Who(由谁来做)——绩效目标的责任人是谁,涉及哪些相关人员?
- How(如何完成)——绩效目标执行的手段或关键措施是什么?
- How much(做到什么程度、需要多大代价)——目标做到什么程度,需要什么资源支持,会有什么障碍或风险?

而作为绩效计划书则至少应该回答以下四个问题:

- 该完成什么工作?
- 按照什么样的程序完成工作?

- 何时完成工作？
- 花费多少？使用哪些资源？

事实上，绩效计划书的内容就是把绩效计划的内容以协议或契约的方式展现出来，因此，绩效计划书所要回答的上述四个问题如果具体化，就和绩效计划的内容要求是基本一致的，主要包括：本岗位在绩效周期内的工作要项、衡量工作要项的关键业绩指标、关键业绩指标的权重、工作结果的预期目标、工作结果的测量方法、关键业绩指标的计算公式、关键业绩指标的计分方法、关键业绩指标统计的计分来源、关键业绩指标的评价周期、在达成目标的过程中可能遇到的困难和障碍、拥有的权力和可调配的资源、为员工提供的支持和帮助等。

二、绩效计划书的格式

绩效计划书的格式多种多样，这里列举几个代表性的绩效计划书的表头（见表3-6～表3-10）。无论绩效计划书采用哪种格式，绩效计划的一些基本内容和项目应反映在其中，比如工作要项、绩效目标、权重、完成期限或行动计划等。

表 3-6　绩效计划书表头示例一

对应的工作要项	绩效目标	目标的难度等级	潜在的障碍及可能的解决方案	行动计划	实施情况

表 3-7　绩效计划书表头示例二

时间	分阶段目标	行动计划	实施情况	阶段性评语

表 3-8　绩效计划书表头示例三

工作要项	目的	重要性	权重	潜在障碍	绩效目标	可能的业绩评价指标	行动计划

表 3-9　绩效计划书表头示例四

评价项目	项目界定	计算公式	评价指标	配分	数据来源	评价周期

表 3-10　绩效计划书表头示例五

工作要项	主要产出	完成期限	绩效目标	评价来源	所占权重

以表3-10的格式为例，一份完整的绩效计划书格式如表3-11所示。

表 3-11 绩效计划书格式示例

职位编号			职位名称	
所属部门			员工姓名	
评价期限	年 月 日至		年 月 日	
协议内容				

层面	工作要项	主要产出	绩效目标(值)	权重	行动方案（完成期限）	评估来源
财务						
客户						
内部业务流程						
学习与成长						
其他						
备注						
本部门确认,已理解上述协议内容,并承诺按质量完成绩效任务,以及对自身的工作行为和绩效结果承担相应责任。						

本人签字		直接上级签字	
人力资源部盖章		签字日期	

三、编制绩效计划书的步骤

绩效计划书的格式不同,编制绩效计划书的步骤和环节可能会有所差异,但一些基本的步骤是一致的,这里以表 3-10 的格式为例来说明编制绩效计划书的基本步骤。编制绩效计划书的基本步骤可按照图 3-2 所示的流程进行。

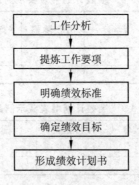

图 3-2 编制绩效计划书的基本流程

（1）通过工作分析明确工作说明书。工作说明书和工作规范是编制绩效计划书的基础,在确定绩效计划书其他内容之前,必须首先梳理和完善已有的工作说明书,尤其是工作内容和工作职责。如果已有的工作说明书不能客观地反映当前的工作实际和组织及部门目标的需要,就必须重新进行工作分析,以保证绩效计划书所依据的工作说明书是真实可靠的。

（2）根据工作说明书确定岗位的工作要项。在工作说明书中,岗位工作中所包含的重要工作职责被逐条陈述,这种陈述被称为工作要项。工作说明书中的工作内容和职责是制定工作要项的基础,明确工作要项是为下一步确定工作(岗位)标准做准备的。表 3-12、表 3-13 是两个提取工作要项的实例。

表 3-12　工作要项提取实例一

职位名称:法律事务管理
工作说明书中列出的工作职责: 1. 负责处理公司内外各项法律事务,处理公司内外法人授权事宜; 2. 审查公司对外各种合同、协议,提出修改意见; 3. 参与重大经济合同的谈判与签约工作; 4. 负责公司法人授权委托书,公司合同印章和用印管理; 5. 建立合同统计台账,负责合同文本管理和归档,监督、检查、指导基层单位合同管理; 6. 办理公司及其下属单位的工商营业执照、企业代码证的注册登记、年检及相应的法律文书等事宜; 7. 指导公司各单位的普法工作,建立并健全法律事务档案。
工作要项: 　1. 处理法律事务　2. 审查管理合同　3. 参与谈判　4. 办理营业执照　5. 普法

表 3-13　工作要项提取实例二

职位名称:秘书
工作说明书中列出的工作职责: 1. 速记口述文件; 2. 撰写日常信件; 3. 拆封并整理来信; 4. 打电话及接电话; 5. 安排会务; 6. 安排出差; 7. 整理各类公文档案; 8. 打印; 9. 约会提醒; 10. 接待来访客人。
工作要项: 1. 笔录　2. 打字　3. 电话　4. 信件　5. 接待访客　6. 档案

（3）把工作要项转化为绩效标准。绩效标准是在管理者和员工双方沟通协调取得认同的基础上制定出来的。让员工参与制定他们的绩效标准不仅有利于避免双方在评价中产生分歧,而且可以通过员工参与来激励他们达到甚至超过标准。表 3-14 就是一个把工作要项转化为绩效标准的实例。

表 3-14　秘书岗位的绩效标准的实例

工作要项	绩 效 标 准
打字	1. 依据听写或手稿打字 2. 打印的文件不得看出涂擦痕迹 3. 无错别字或文法错误 4. 工作能够按时完成

续表

工作要项	绩效标准
信件、报告	1. 黄色副本一份交撰稿人,绿色副本归档 2. 如他人索取,可打印并向该人提供白色副本
复印资料	1. 复印前由上级主管先校读 2. 打印资料索阅表格
表格,分发资料,请购单	1. 依指示打开此等文件 2. 请购单需亲自送交采购部门,将需用时间交待清楚,并掌握回复的时间

绩效标准的确定是编制绩效计划书的关键,也是编制的难点。为了更好地制定绩效评价的标准,我们还需要对绩效评价指标与绩效标准的关系有准确的把握。一般来说,绩效评价指标强调的是从哪些方面对工作产出进行评价,而评价标准注重的是在各项指标上分别应该达到什么样的水平。指标解决的是评估什么的问题,而标准解决的是要求被评估者做到什么水平、完成多少以及达到什么程度的问题。表 3-15 所示的是绩效评价指标与绩效标准的举例。

表 3-15 绩效评价指标与绩效标准举例

工作产出	类型	具体指标	绩效标准
销售利润	数量	● 年销售额 ● 税前利润百分比	● 年销售额在 20 万～25 万元 ● 税前利润率 18%～22%
新产品设计	质量	上级考核: ● 创新性 ● 体现公司形象 客户的考核: ● 性价比 ● 相对竞争对手产品的偏好程度 ● 独特性 ● 耐用性 ● 提出的新观点的数量	上级考核: ● 至少有三种产品与竞争对手不同 ● 使用高质量的材料、恰当的颜色和样式代表和提升公司的形象 客户的考核: ● 产品的价值超过了它的价格 ● 在不告知品牌的情况下对顾客进行测试,发现选择本公司产品比选择竞争对手产品的概率要高 ● 客户反映与他们见到过的同类产品不同 ● 产品使用的时间足够长 ● 提出 30～40 个新的观点

从表 3-15 可知,绩效评价标准是对绩效评价指标的进一步明确。绩效评价标准根据程度要求的不同,又可分为基本标准与卓越标准。所谓基本标准,就是合格标准,是对评价对象的基本期望,是通过努力能够达到的水平。每个工作岗位的基本标准,都可以描述为达到某种限度。设置基本标准的目的是判断员工的工作是否能够满足基本要求。是否能够达到基本标准方面的绩效信息,主要用于非激励性的报酬决策,比如基本的绩效工资等。

卓越标准是指对评价对象没有做强制要求,但是通过努力,一小部分人能够达到的绩效水平。卓越标准的描述没有限度,是没有"天花板"的,达到卓越标准需要超越常人的能力或者努力,或者两者的结合。所以,卓越标准不是人人可以达到的。设置卓越标准的主要目的是识别角色榜样,提供努力的方向。也许随着技术和管理的进步,今天的卓越标准会成为明天的基本标准。是否达到卓越标准的绩效信息,主要用来决定激励性的待遇,比如额外的奖金、分红、职位晋升等。

表 3-16 是关于基本标准和卓越标准的举例。通过设置卓越标准,可以让员工树立更高

目标,工作更加努力,并通过提高工作能力获得更好的绩效。

表3-16 基本标准和卓越标准举例

举例职位	基 本 标 准	卓 越 标 准
销售代表	● 正确介绍产品或服务 ● 达成承诺的销售目标 ● 回款及时 ● 不收取礼品或礼金	● 对每位客户的偏好和个性等做详细记录和分析 ● 为市场部门提供有效的客户需求信息 ● 维持长期稳定的客户群
打字员	● 速度不低于100字/分钟 ● 版式、字体等符合要求 ● 无文字及标点符号的错误	● 提供美观、节省纸张的版面设置 ● 主动纠正原文中的错别字
司机	● 按时、准确、安全地将乘客载至目的地 ● 遵守交通规则 ● 随时保持车辆良好的性能与卫生状况 ● 不搭载与目的地无关的乘客或货物	● 在几种可选择的行车路线中选择最有效率的路线 ● 在紧急情况下能采取有效措施 ● 在旅途中播放乘客喜欢的音乐或在车内放置乘客喜欢的报刊以消除旅途的寂寞 ● 高乘客选择率

(4) 把绩效标准转化为绩效目标。绩效标准是针对工作制定的,是要求员工在工作中应该达到的各种基本要求。而绩效目标则针对个人设定,是在绩效标准的基础上,考虑员工现有的绩效水平,是体现管理者对员工的具体要求。绩效标准反映了职务本身对员工的要求,而绩效目标反映了组织、部门和管理者对员工的要求,往往与组织当前的实际情况紧密联系。

(5) 形成绩效计划书。通过上述各环节,绩效计划书的主要构件工作要项、绩效标准、绩效目标等都已确定,再加上工作要项的主要产出、权重及完成期限,就可以最终编制完成绩效计划书。

四、绩效计划书范例

这里以某企业市场部的大客户部经理岗位为例,给出较为详细的绩效计划书范例。该企业市场部大客户部经理岗位的主要工作职责及其工作要项如表3-17所示。

表3-17 某企业大客户部经理岗位的工作职责及其工作要项

职位名称:大客户部经理
直接主管:市场部总经理
绩效期间:2015年8月1日至2016年1月31日

工作职责:	工作要项:
1. 部门员工的人事安排 2. 员工的奖金核发 3. 发展客户,提高销售额 4. 做好产品和销售情况的反馈 5. 建立和健全本部门管理制度 6. 控制成本 7. 提高对客户的服务技术 8. 做好与其他相关部门的协调工作 9. 培训员工,提高业务能力	1. 人员的安排 2. 发展客户,提高销售额 3. 提高对客户的服务技术 4. 完善管理制度

该企业大客户经理岗位的绩效标准如表 3-18 所示。

表 3-18　某企业大客户部经理岗位的绩效标准

工 作 要 项	绩 效 标 准
人员的安排	1. 调整部门内的组织结构,形成新的团队组织结构 2. 充分发挥组织成员的优势
发展客户,提高销售额	1. 完成对大客户的销售目标,销售额达到 2.5 亿元 2. 发展大客户,数量远超 13 个 3. 实现较高客户的保持率
提高对客户的服务技术	1. 建立大客户数据库 2. 做好该数据库与整个公司信息系统的接口工作 3. 保证数据安全
完善管理制度	1. 修订《大客户管理规范》 2. 形成清晰的大客户管理流程

该企业大客户经理岗位的绩效计划书如表 3-19 所示。

表 3-19　某企业大客户部经理岗位的绩效计划书

职位编号	SXB-006	职位名称		大客户部经理
所属部门	市场部	员工姓名		王峻
评价期限	2015 年 8 月 1 日至 2016 年 1 月 31 日			
协议内容				

工作要项	主要产出	完成期限	绩效目标	评估来源	所占权重
完善管理制度	修订后的《大客户管理规范》	2015 年 8 月底	● 大客户管理的责任明确 ● 大客户管理的流程清晰 ● 大客户的需要在管理规范中得到体现	主管评估	20%
人员的安排	新的团队组织结构	2015 年 9 月 15 日	● 能够以小组的形式面对大客户 ● 团队成员的优势能够进行互补和发挥	主管评估 下属评估	10%
发展客户,提高销售额	大客户的数量;销售额;客户保持率	2016 年 1 月底	● 大客户数量达到 30 个 ● 销售额过 2.5 亿元 ● 客户保持率不低于 80%	销售记录	50%
提高对客服务技术	大客户数据库	2015 年 12 月底	● 大客户信息能够全面、准确、及时地反映在数据库中 ● 该数据库具有与整个公司管理系统的接口 ● 保证数据安全 ● 使用便捷 ● 具有深入的统计分析功能模块	主管评估	20%
备注	本部门确认,已理解上述协议内容,并承诺按质量完成绩效任务,以及对自身的工作行为和绩效结果承担相应责任。				
本人签字			直接上级签字		
人力资源部盖章			签字日期		

思考题

1. 怎样制订绩效计划？结合实例说明制订绩效计划的关键点有哪些。
2. 简述绩效目标的制定原则。
3. 什么是绩效评价指标，它由哪些要素构成？
4. 绩效评价指标的选择方法有哪些？试比较之。
5. 怎样确定绩效评价指标的权重？
6. 结合实例谈谈如何才能设计出科学、有效的绩效评价指标体系。
7. 影响绩效评价周期的因素有哪些？
8. 请结合自己熟悉的岗位编制一份绩效计划书。

 案例分析题

A 公司老板关于绩效考核的困惑①

一、公司背景

A 公司是一家地处我国东部省份的民营企业，成立于 1993 年，凭借创始人的能力及创业者们的共同努力，公司从最初的调度通信企业发展成为专注研发、市场和服务，在多个领域齐头并进的股份制高新技术企业。多年来，随着行业的高速发展，公司也获得了迅速的成长。

A 公司人文关怀气息浓厚，办公环境优雅，设有休闲娱乐场所和咖啡吧。老板平易近人，善于听取各种意见，热爱学习，能够积极吸纳各种新观点和新观念。但随着行业竞争的日益加剧和企业规模的不断扩大，企业的市场拓展、业务运营等无法适应企业内外部的变化。高层认识到管理必须跟上企业的高速发展，于是建立了一整套较为完备的管理体系，绩效考核作为人力资源管理中最重要的内容之一也受到了高度重视。

二、公司的经营理念和管理思想

作为一家专注于研发、市场和服务的高新技术企业，面对广阔的市场前景，A 公司按照产品线和行业特点划分了事业部并采取了总公司控股的子公司制，实行独立核算，发挥各自优势，通过全面提升产品质量和服务，持续降低成本，快速、高效、灵活地应对和满足市场需要。

A 公司高度重视研发投入以及产品和技术创新，并适时地将新产品和新技术投入市场，以期获得高市场回报率。

三、公司现行的绩效考核体系

A 公司建立了针对管理者和普通员工的两套考核体系。事业部负责人以上的管理者实行半年考核和年度综合考核：半年考核的主要内容为所属部门或分管部门的 KPI（关键绩效指标）的完成情况；年度综合考核除了 KPI 考核以外，还包括述职考核和素质能力考核。普通员工的考核分为季度考核和年度考核：季度考核指标根据员工职能不同有所差异；年度综合考核则根据年内四个季度考核得分的平均值以及素质能力考核。

---

① [美]加里·德斯勒，曾湘泉. 人力资源管理[M]. 10 版·中国版. 北京：中国人民大学出版社，2007：319-321.

实施考核前,考核者与被考核者就考核指标及目标值等进行双向沟通,获得被考评者的确认和承诺。

(一)中高层管理者的考核

1. KPI 的完成情况

2. 述职考核:先由本人进行工作总结并对 KPI 之外的工作进行自评,再由绩效考核委员会听取被考核者述职报告后进行集体评分。

3. 素质能力考核:先由本人自评,再由考核者对其进行考核。

(二)普通员工的考核

1. KPI 考核

(1)技术研发人员

作为一家高新技术企业,A 公司倡导技术领先的思想,特别关注对技术人员即知识型员工的管理。对技术人员的考核表如表 3-20 所示。

表 3-20　A 公司技术研发人员绩效考核表

考核内容	具体指标	考核标准	参考得分	自评得分	考核得分	考核者
工作业绩	研发工作量	● 研发工作常处于饱和或超饱和状态,所完成的工作量比一般人员都要大(____分) ● 所分配工作量是项目内人员的平均水平(____分) ● 工作量不太多(____分)				项目主管
	研发质量	● 按研发项目流程规定进行研发,有规范的文档,研发成果质量高,无须修改(____分) ● 基本能按研发项目流程规定进行研发,基本有研发文档,但偶尔不齐全,研发成果质量尚可,稍加修改完善就能运用(____分) ● 较少按照研发流程规定进行研发,相关文档不齐,研发成果经常需要大幅度修改才能运用(____分) ● 基本能在规定项目计划时间内或提前完成,不至于影响其他岗位人员开发(____分)				
工作态度	责任心	工作认真,责任心强,对未完成的事加班加点也要完成,对存在的问题追根究底,不解决不罢休(____分)				项目主管
		工作还算认真,责任心一般,对未完成的事有时也会加班加点完成,但不是一直如此(____分)				
		责任心差,对工作好坏无所谓(____分)				
		有时需要他人监督,主动性一般(____分)				
		经常需要他人监督,主动性差(____分)				
专业知识和技能	专业知识和技能	精通本岗位专业知识,可以培训或辅导他人。或通过相关知识考试,成绩优良(____分)				项目主管
		掌握本岗位专业知识,但不足以培训或辅导他人。或通过相关知识考试,成绩尚可(____分)				
		专业知识欠缺,需要大量补充。或经常通不过相关知识考试(____分)				
合计			100			

注:本表在原有指标上有所删减。

（2）市场销售人员

研发的产品能否获得利润，关键在市场。A公司对销售人员的考核采取目标值考核法。选取基准值作为考核的目标值，将员工的实际值与目标值比较，得到相应的考核分数。

销售人员的绩效考核框架与研发人员大体一致，只是指标内容与权重有所不同。

（3）其他人员

在A公司中，技术人员和市场销售人员以外的其他人员的考核体系采取等级制员工的考核方式，此处不予赘述。

2. 素质能力考核

首先进行自评，结果作为考核参考。自评后，由主管对其进行考核。

（三）考核结果应用

考核结束后，根据员工得分确定考核等级，分为优秀级（90～100分），良好级（80～89分），合格级（70～79分），不合格级（70分以下）。将考核情况和改进建议反馈给被考核者。根据绩效考核等级确定员工绩效考核系数，作为季度奖金分配的依据。

四、实施情况

这个看似完备的绩效考核制度在实施过程中遇到了种种问题。员工觉得管理者打分凭个人印象，评判不公平，公司衡量员工贡献和工作绩效的标准和方法不明确；管理者认为员工对待绩效考核只是敷衍了事，考核结果与奖金没有真正实现挂钩；很多员工认为大多数考核指标并不在其控制范围之内，却要自己承担后果……于是考核转而变为例行公事。老板始终困惑不解：公司的薪酬水平在当地同行业中属中上等水平，考核体系也完备，为什么员工还不满意？为什么这套体系不能发挥其应有的作用？

讨论问题：

1. A公司老板的困惑是什么？

2. 这样一个看似完备的绩效考核制度为什么在实行过程中却出现种种问题？A公司的绩效考核体系究竟存在哪些问题？

3. 结合A公司的经营理念和绩效考核现状分析A公司的绩效考核定位是否明确。

4. 面对A公司的快速发展，如何通过绩效考核体系支撑企业战略的有效实施？如何实现员工的有效激励？

5. 综合以上问题，试提出你对A公司绩效考核的设计方案。

第四章
绩效执行

> 一位经理的工作就是将系统里各成员的努力加以整合,以达成组织原先设定的目标。
> ——戴明(W. Edwards Deming)

 学习目标

- 理解绩效执行的含义及其影响因素;
- 掌握绩效执行的内容及其关键点;
- 理解绩效辅导的内涵及意义;
- 掌握绩效辅导的方式方法;
- 深刻理解绩效沟通的重要意义;
- 掌握绩效沟通的原则及方法;
- 理解绩效信息收集的目的及意义;
- 熟悉绩效信息的来源渠道及其内容;
- 掌握绩效信息收集的流程与方法。

关键术语

绩效执行	绩效辅导	绩效沟通
正式沟通	非正式沟通	绩效信息

开篇引例

M公司企业绩效管理为何总是流于形式?

2010年,在M公司总经理的大力支持下,人力资源部门主持设计了该公司2011年绩效管理体系建设方案。从2010年9月6日制订方案实施计划,到2010年12月7日最新绩效管理办法正式被批准实施,总共用了三个月的时间。

在这三个月中,绩效制定者与管理层做了不下10次的正式沟通(非正式的沟通则更多),对中高层管理人员进行了两次集中培训,整理了3万字的绩效管理辅导手册,并组织编写了最新的员工职位说明书。

应该说,这样的准备工作已经算是比较充分的了。而且在这个过程中,总经理也表现出了与以往不同的高度的支持态度,多次在经理会议上强调了绩效管理的重要性,并表现出了极大的决心。而且,很多中层经理也在会议上表态,认为最新的绩效管理办法比较好,值得推行。

但他们会上和会下的表现几乎是两个样子。

表现1:"你告诉我怎么做!"

最新绩效管理办法实施后不久,某部门的经理王星打电话给绩效执行者:"你好!有空吗?有空的话到我这儿来一趟吧,我想和你聊聊绩效管理的事,请你帮忙啊。"实话说,一开始接到这样的电话,绩效制定者是比较高兴的,因为直线经理主动交流绩效管理的工作,这说明这项工作已经引起了经理们的重视,好事啊!王经理直接把"部门绩效管理办法"和"员工绩效管理办法"摊到执行者的面前说:"你弄的这一套东西,我看得头都大了,你直接告诉我吧,我该做什么?怎么做?你说我记!"实际上,在将这两个管理办法发给经理的同时,公司专门组织了一期培训,并且在经理会上对管理办法的设计思想、应该注意的细节、所使用的工具都作了比较详细的讲解。而且那两个管理办法除了工具表格之外,加在一起不到7页纸,由于两个管理办法的设计思想一样,除去雷同部分,恐怕连4页纸的篇幅都不到,已经是比较简单清晰了。王经理这种表现为:你人力资源部要我做什么我就做什么,做完交给你,我就算完成任务了,我就是做了绩效管理了!

表现2:"我真的很忙。"

在绩效管理办法中,采用的是PDCA(P——plan,计划;D——do,实施;C——check,检查;A——action,行动)循环设计,即按照"绩效计划,设定绩效目标——绩效沟通与辅导,建立员工业绩档案——绩效考核与反馈——绩效诊断与提高"这样的流程进行部门及员工的绩效管理。在这个大流程中,第一步是进行绩效计划,设定绩效目标。由于采用一个季度为一个绩效周期,规定1月的上旬制定完成部门及员工的季度关键绩效指标管理卡。可是,直到1月末2月初,仍有一些部门以工作忙、没有时间为借口,迟迟没有开始制定。表面看来,他们的确是忙,甚至可以用"焦头烂额"来形容,可是,自己为什么这样忙?忙的意义何在?能不能从繁忙的工作中抽身出来?该怎么做?对于这些问题,他们却很少考虑,只顾一门心思地盯着领导的脸色,盯着眼前的工作任务,纠缠于琐碎的事务性工作中,这就是"我真的很忙"的表现。这种表现为:我工作这么忙,哪有时间管你人力资源部的事,可我得先把我的工作任务忙完,至于"你们的绩效管理",我有空再说吧!

表现3:"我终于完成了。"

很多部门赶在规定的截止时间之前完成了绩效工作,但有的部门所制定的关键绩效指标的质量实在不能令人恭维!例如,在部门绩效管理办法中规定,由分管副总和部门经理通过沟通来制定部门季度关键绩效指标。但实际操作多是由部门经理填写,分管副总直接签字,甚至有的副总没看一眼就签上了字;有的是由部门经理填完,派员工找副总签字,签完字之后直接就送到了人力资源部,自己连底稿都不留。在制定员工关键绩效指标的时候,有的部门经理写完之后直接找员工签字,员工连申辩的机会都没有,很多人是"被迫"签字的,甚至有很多关键绩效指标管理卡上没有员工的签字。他们只顾把那些他们认为是"任务"的表格扔给人力资源部就完事大吉!这样的操作方法,简直可以用"野蛮"来形容,根本就不存在绩效沟通,这样的文件也根本不会起到什么作用!这就是"我终于完成了"的表现。这种表现为：我终于完成人力资源部的任务了，你不是要文件吗？好，我就给你文件，你管我是怎么做的，完成"你的任务"就行了！

资料来源：张舰. 人力资源管理[M]. 北京：国防工业出版社，2013：200-201.

绩效计划、绩效目标只有付诸行动，通过有效地贯彻、落实和执行才能最终实现。绩效执行是绩效管理的第二个环节，也是绩效管理四个环节中耗时最长的一个环节。绩效执行的过程就是组织的管理者对绩效计划进行持续跟踪、信息记录、数据收集和分析，并且不断进行沟通的过程。要做到有效实施绩效计划，就必须对绩效实施过程进行监控。因此，这一环节有时也称为绩效监控。

第一节 绩效执行概述

一、绩效执行及其责任分工

绩效执行是指在绩效周期内对绩效目标和绩效计划内容的贯彻、执行过程。绩效执行作为绩效计划和绩效评价的中间环节，对于绩效计划的实施和绩效的公正评价有着极其重要的作用。绩效执行过程不仅要求管理者与员工进行持续不断的绩效沟通，同时这一环节也是管理者记录员工关键事件的主要时刻。绩效执行旨在通过提高个体绩效水平来改进部门和组织的绩效。一个优秀的管理者必须善于通过绩效执行，采取恰当的领导风格，进行持续有效的沟通，指导下属的工作，提高其绩效水平。

在绩效执行阶段，管理者主要承担两项任务：一是通过持续不断的沟通对员工的工作给予支持和帮助，并及时修正工作任务实际完成情况与目标之间的偏差；二是记录员工工作过程中的关键事件或绩效数据，并监督核实相关绩效信息，从而为绩效评价提供真实可靠的信息。在绩效执行过程中，员工则必须承诺达成已经确定的目标，主动与自己的上级和管理者进行坦率的、经常性的沟通，向上级及时汇报关于绩效目标实现程度的最新进展情况。在绩效执行中员工需要得到持续不断的绩效反馈和指导，在向其上级和管理者寻求绩效反馈和指导时，员工应当扮演一种积极的角色，而不应该一直等到绩效周期结束时才准备接受绩效反馈，也不能等到已经出现严重问题时才寻求上级的指导。绩效执行阶段员工和管理者各自需要承担的主要责任如表 4-1 所示。

表 4-1 绩效执行阶段员工和管理者各自需要承担的主要责任

员　　工	管理者（上级）
对达成目标的承诺	观察并记录绩效信息
主动、持续地寻求绩效反馈和指导	更新目标、标准、关键职能和胜任能力
和上级之间的主动沟通和交流收集和分享绩效信息	提供必要的绩效反馈和指导提供完成工作的各种支持性资源
通过自我评价为绩效反馈做好准备	激励和强化员工有效行为和取得的进步

二、绩效执行的影响因素

要有效执行绩效计划的内容，实现绩效计划的目标，首先应明确影响绩效执行的因素。

对绩效执行的影响因素主要可概括为技术因素、组织因素、人的因素和环境因素。

(1) 技术因素。绩效目标体系的建立、绩效管理程序与方法的选择、绩效评价体系的设计与完善等都是技术性较强的工作，需要懂这方面知识和技术的专业人员介入，或者需要对绩效执行人员进行相关知识和技能的培训，以保证绩效执行过程的有效性。

(2) 组织因素。绩效执行需要成立专门的绩效管理机构来推进，并要配备相应的精兵强将来组织绩效执行过程，协调绩效执行中出现的各种问题。

(3) 人的因素。人的因素主要包括高层领导的充分重视与支持，其他各级管理者对于绩效管理理念与方法的掌握和大力推动，不同层级和不同岗位的管理者对自身角色的认识，以及组织所有员工对于绩效管理的正确认识。其中，组织高层领导的高度重视和支持是绩效执行的首要条件。要通过各种途径让组织上下级都知道组织高层对绩效管理工作的态度，了解组织高层管理者对做好这一工作的决心。再者就是各级管理者和员工的积极参与，他们的参与度对于成功实施员工绩效管理工作具有关键意义。

(4) 环境因素。组织实施绩效管理，推行绩效计划，除了克服技术、组织和人的因素之外，还应创造实施绩效管理的良好环境，如组织文化、组织氛围是否有利于制度的实施和绩效管理的落实，员工的评价结果是否能够落到实处等。要让员工感受到绩效管理给组织和员工带来的利益，一方面使员工感受到绩效管理对自己的工作有帮助，切实提升了工作能力，从而让员工从内心深处认可它；另一方面在组织人事政策上要有效运用绩效评价结果，在员工发展、任命、升迁及薪酬等方面与绩效评价结果挂钩，让绩效评价结果与员工切身利益联系起来。这样，绩效管理工作才有长久的生命力，才能得到员工的广泛支持，不至于走过场和流于形式。

三、绩效执行的内容及其关键点

绩效执行是以绩效计划为依据，通过提高个体绩效水平来改进部门和组织的绩效。绩效执行的内容和绩效目标是高度一致的，主要包括在确定的绩效周期内员工对绩效计划的实施和完成情况，以及这一过程中的态度和行为。对于不同性质的组织、不同类型的部门、不同特点的职位、不同层级的管理者而言，绩效执行的内容并不是固定统一的，而是要根据实际工作情况的差异具体确定。

绩效执行是否有效主要取决于绩效辅导水平、绩效沟通的有效性和绩效评价信息的收集及其有效性这三个关键点。

所谓绩效辅导是指在绩效执行过程中，管理者根据绩效计划，采取恰当的领导风格，对下属进行持续的指导，确保员工工作不偏离组织战略目标，并提高其绩效周期内的绩效水平以及长期胜任素质的过程。通过绩效辅导不仅能够前瞻性地发现问题并在问题出现之前予以解决，而且还有利于在管理者与员工之间建立良好的工作关系。绩效辅导把管理者与员工紧密联系在一起，使管理者与员工经常就存在和可能存在的问题进行讨论，共同解决问题，排除障碍，从而达到共同进步和共同提高，实现高绩效的目的。

绩效沟通是指管理者与员工在共同工作的过程中分享各类与绩效有关的信息的过程。绩效沟通是绩效管理的核心，它在整个人力资源管理中占据着非常重要的地位。可以说缺乏了有效的绩效沟通，组织的绩效管理就不能称得上真正意义上的绩效管理，至少在某种程度上是不完整的绩效管理。通过持续有效的绩效沟通不仅有助于及时了解组织绩效管理上存在的问题,并及时采取应对之策,防患于未然,降低组织的管理风险,同时也有助于帮助员工优化后一阶段的工作绩效,提高工作满意度,从中推动组织整体战略目标的达成。

收集绩效评价信息并确保绩效评价信息的有效性也是绩效执行过程中的一项关键任务。绩效执行过程是整个绩效管理周期中耗时最长的,在这一过程中持续、客观、真实地收集、积累工作绩效信息,对于评估绩效计划的实施情况,客观、公正地评价员工工作,实现绩效管理的战略目的、管理目的和开发目的具有非常重要的意义。如果绩效执行过程不能确保绩效评价信息的有效收集以及所收集信息的有效性,那么绩效评价将无法真正客观地反映组织和员工的实际绩效,绩效反馈的结果也将失去意义,整个绩效管理和评价系统的失败也就不可避免。关于绩效辅导、绩效沟通和绩效评价信息的收集本章后面将会详细展开介绍。

[知识链接 4-1]　　　　　　　　经销商的绩效监控

监控经销商的绩效有三种方法、监控销售业绩、监控销售活动和监控计划变更的执行情况。这三种方法中的每一种都各具优劣,只有综合了三种方法的某些典型组合才能取得最佳效果。

监控销售业绩

通过监控销售业绩来监控经销商绩效是常用而且准确的方法,销售业绩常常表现为采购量和直运订单数。用销售业绩监控经销商业绩存在着时间差问题。销售业绩要在销售之后一段时间才会呈现出来,结果往往是进行分析时为时已晚,以致无法做出及时的调整措施。制造商通过监控比较经销商的渗透指数,与其他经销商和渠道成员的销售业绩进行对比。

制造商也监控其他可以量化的经销商绩效指标,如存货水平、询价单数、每日客户服务电话呼叫数、保修登记量、经销商赞助的培训课程数、合作广告费用以及业务拜访量等。这些业绩数据可以按周测量,也可以按月、按季度进行。这些通常都是比较良好的从总体衡量经销商销售活动水平的一般性指标。

监控销售活动

监控经销商的第二种途径是让区域销售经理负责监控市场上经销活动的质量和数量。活动、行动或事件的主观性远远大于销售业绩,常常很难定量化。监控活动的最大优点在于及时和可调整。可以被监控的一些潜在活动包括加强产品拥护者的素质、业务拜访的质量、技术支持人员的素质、对区域销售经理的求助次数、经销商回复电话的速度、经销商安排培训课程的难易程度、培训课程的频率以及参加人数。区域销售经理也会跟合作促销项目有直接关系,并能更有效地判断经销商运用合作经费的重点和效果。

区域销售经理可对展示制造商产品的业务拜访质量和数量进行观察,并做出判断。这些监控可以通过与经销商的销售人员之间的销售电话进行,注意电话的类型、被电话访问的客户类型、客户联系人的级别和职位、与顾客的关系以及被接纳的情况以及销售电话的效果。或许最有意义的监控事件是跟踪经销商的销售冠军的业务拜访。这些业务拜访的质量是制造商目标实现的关键变量。区域销售经理还可与柜员、客服、在站或出站的电话营销人员进行交谈,判断他们推荐制造商产品时的自主性。

经销商喜欢销售那些让他们感觉最舒心的产品,在推荐的时候也更有信心。经销中的监控活动为将来可能发生的情况提供了一种感性认识。通过针对经销商对产品线是否充满热情,是积极进取、维持现状还是消极懈怠等方面的判断,区域销售经理可扮演早期预警系统的角色。

监控计划变更

第三种也是最后一种监控经销商的途径,是判断其是否进行了商业计划中所要求的改变。改变的项目可能是某些事件,诸如增加一位销售人员或客服人员,增加新的地理区域市场,参加培训课程,增加某条特殊产品线的存货,引入新的促销项目比如现场或代销存货。经销商的计划中所要求的运营改变需要专人负责,并有规定的完成时限。对区域销售经理而言,监控那些日期和执行的质量是非常容易的事情。

区域销售经理在监控活动及改变中必须掌握熟练的技巧和判断力。这些事项中,每一件单独看都不重大,但综合起来看的话,就能描绘出一幅有关经销商的意图、动机和对制造商产品线贡献的合理而清晰的图景。基于这些可用的指标形成的印象,一位富有经验的优秀区域销售经理能准确地预测出销售业绩。

资料来源:[美]琳达·哥乔斯,爱德华·马里恩,查克·韦斯特.渠道管理的第一本书[M].徐礼德,侯金刚,译.北京:机械工业出版社,2013:182-184.

四、绩效执行的有效保障

任何计划的有效执行都离不开必要的保障条件和措施,绩效执行也不例外。绩效执行的有效保障主要包括组织和领导保障、绩效管理培训保障、激励措施保障以及投入保障。

1. 组织和领导保障

有效的绩效执行离不开强有力的执行机构和领导参与。组织应有专门的机构负责对绩效计划的贯彻、落实和执行,同时,组织的高层领导者也要参与其中,以身作则,体现对绩效管理工作的重视。组织要明确绩效管理系统中的关键参与者,以及他们在其中所扮演的角色和承担的职责。在绩效管理系统中,关键参与者主要涉及组织中的高层领导者、直线管理者、人力资源管理人员和员工,他们在绩效管理系统实施过程中发挥着各自不同的作用。高层领导者是绩效管理系统实施的领导者,他们的支持和参与,能为绩效管理系统的实施提供动力。如果得不到高层领导者的认可与支持,绩效执行就有可能遇到各种各样的障碍,这也是目前绩效管理实践中所存在的主要问题之一。直线管理者和员工是绩效执行的主体,他们是绩效管理系统的直接使用者或具体执行者。直线管理者和员工扮演好自己的角色,正确地履行自己的职责,是有效执行绩效计划的根本源泉。

2. 绩效管理培训保障

为了有效实施绩效管理,绩效执行的主要参与者特别是直线管理者和员工,必须能够理解和接受绩效计划的目标和内容,熟悉绩效管理过程,具有实现绩效管理目的的责任感,掌握进行绩效管理的方法和技巧。而直线管理者和员工并不是人力资源管理和绩效管理方面的专家,因此,对他们进行绩效管理培训是绩效执行的重要保障,培训的内容及效果是成功实施绩效管理系统的关键决定因素。绩效管理培训与一般的组织培训在程序与方法上相类似。从培训内容来看,绩效管理培训首先要使直线管理者和员工理解和接受绩效管理系统。绩效管理是一个复杂的系统,涉及许多方面的内容和各个方面的利益,通过培训要使直线管理者和员工理解绩效管理系统各要素之间以及与组织其他系统之间的关系,认识到绩效管理系统的意义和价值,在观念和态度上真正接受绩效管理系统。其次,通过绩效管理培训来培养直线管理者和员工的责任感。直线管理者和员工能否自觉地履行自己的职责是绩效管理系统能否顺利实施的关键,培养他们的责任感是绩效管理培训的重要内容。

为了使绩效管理培训取得好的效果,高层领导者对绩效管理培训的支持至关重要,他们的支持会促使受训者更加重视培训,并使培训所需资源得到保障。

3. 激励措施保障

绩效执行的有效性在很大程度上取决于绩效管理系统的直接使用者或具体实施者的积极性,因此,在绩效执行过程中必须对管理者和员工进行有效的激励。对于管理者,要把他们的管理工作绩效以及报酬与他们在绩效执行过程中所履行职责的状况联系起来,激励他们更好地履行自己的职责。对于员工,则要不断地进行沟通,让他们了解绩效管理系统实施状况及对组织整体的作用,扮演好积极的绩效沟通和反馈角色。

4. 投入保障

绩效执行要有相应的投入,这些投入不仅包括在人力、物力和财力上的投入,也包括在时间、精力上的投入。由于实施绩效管理系统会产生机会成本,这导致实践中许多组织在绩效管理上总是表现为投入不够或不作为,使得绩效管理系统没有发挥应有的作用。当然,绩效执行的投入也要考虑投入的成本问题,要充分利用便利的技术手段,尽可能消除不必要的活动,以提高绩效管理系统实施的效率。

第二节 绩 效 辅 导

在传统组织中,管理者往往扮演领导者、决策者和监督者的角色,对下属的工作内容了如指掌。而如今的管理者却遭遇了一个难题,随着组织内部的专业分工日益明细、知识型员工的比重不断增加,对管理者的管理水平与艺术提出了更高的要求,那些掌握了专业技能的员工都是各自领域的专家,管理者从前的示范和监督作用似乎难以发挥。在管理者与员工关系发生巨大变化的今天,管理者应重塑自己的角色,实现从"领导"向"导师"转变,特别是在员工完成工作的过程中,管理者应适时提供有效辅导,帮助员工改变工作方法与技能,纠正工作偏差,保证绩效目标的实现。

一、绩效辅导及其意义

绩效辅导(performance coaching)是管理者根据绩效计划,采取恰当的领导风格,对下属进行持续的指导,确保员工的工作不偏离组织战略目标,并提高其绩效周期内的绩效水平以及长期胜任素质的过程。绩效辅导贯穿于整个绩效管理过程,在绩效执行阶段表现得尤为重要,在某种意义上说,绩效执行的过程其实就是绩效辅导的过程。通过绩效辅导,管理者可以及时发现下属工作过程中存在的问题,帮助下属不断改变工作方法与技能,随时纠正下属可能的偏离工作目标的行为,从而保证绩效目标的完成。

在整个绩效管理过程中,与员工保持持续的、有针对性的绩效辅导具有非常重要的意义。据国际权威机构欧洲公众人事管理调查显示:企业辅导对企业业绩的提升作用在30%以上,培训和辅导技术相结合可以使绩效提高88%。而美国的相关调查显示,在所有实行"辅导"制度的公司中,有77%认为,采取有系统的辅导能够降低员工的流失率及改善整体表现。辅导已在欧美企业界广泛运用,美孚石油公司、IBM公司、宝洁公司、爱立信等多家国际著名企业都在内部推行教练计划。绩效辅导的作用概括起来主要有以下几个方面:

- 通过绩效辅导了解员工工作的进展情况,以便及时进行协调和调整。
- 了解员工工作时碰到的问题和障碍,以便发挥管理者的作用,帮助员工解决困难,提高绩效。
- 通过沟通避免在绩效评价时一些意外的发生。
- 掌握一些必要的绩效评价信息,使绩效周期内的评价更具有目的性和说服力。
- 帮助员工协调工作,从而增强员工做好本职工作的信心。
- 提供员工需要的信息,让员工及时了解管理者的想法和工作环境的变化,以便管理者和员工步调一致。

二、绩效辅导的方式

在绩效辅导过程中,管理者应当扮演"导师"和"教练"的角色,管理者应力求变身为优秀的绩效导师和企业教练,其作用在于开启员工的能力,加以帮助而不是教训员工。在这一过程中,管理者关注的基本问题应当是帮助员工学会发展自己,即通过监控工作过程发现问题,并及时做出修正,以系统的培养带动技巧和能力的提升。作为"绩效导师",管理者具体应该发挥三层作用:首先,与员工建立一对一的密切联系,帮助他们制定具有挑战性的目标和任务,并在他们遇到困难时提供支持;其次,营造一种鼓励承担风险、勇于创新的氛围,使员工能够从过去的经验和教训中学习;最后,提供学习机会,把员工与能够帮助其发展的人联系在一起,为其提供挑战性工作,进而为目标实现和能力提升提供机会。

每个人天生都有一种倾向性的辅导风格,管理者需要了解自己的辅导风格以及应用时机,这样才能使自己对员工的绩效辅导更加有效。

典型的绩效辅导风格可分为"教学型"和"学习型"。"教学型"辅导风格侧重于"指导",即直接告诉员工该如何去做。他们往往具有某种专长,并希望通过向员工传授这些专长,使其能够完成一项具体工作。他们凭借自身的经验向员工传授完成工作所必需的技能和知识。这种辅导风格对在一线工作的员工特别有帮助。"学习型"辅导风格则侧重于"引导",即以提问和倾听为主,而不是直接告诉员工该如何做。这种辅导者将提供给员工广博的专业知识,并相信员工个人有能力自主解决问题。这种辅导风格在一个问题存在多种解决方案,而不是只有唯一解决途径的时候非常有效,尤其对那些承担新责任、从事全新或非常规项目的员工非常有帮助。

在实际中,"教学型"辅导风格和"学习型"辅导风格并不矛盾,而是相辅相成的。为了取得满意的效果,应采用权变的观点"因材施教",指导与引导的合理结合有助于实现组织目标和员工发展的"双赢"(如图 4-1 所示)。

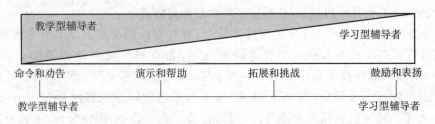

图 4-1 绩效辅导风格类型

另外,绩效辅导应建立在信任员工的基础之上,对员工的绩效辅导应是经常性的,也包括对那些绩效优秀的员工。在绩效辅导过程中应学会将传授和启发结合,多为员工提供独立工作的机会,注重员工能力的提升。

三、绩效辅导的内容

绩效辅导的内容应为对完成关键绩效指标或已制定的工作目标所需的能力的指导,指导员工能取得绩效的关键方面,最大限度地提高下属员工的绩效。

实施绩效辅导时,首先要对员工的工作方法、结果进行及时的评价。这种评价是非正式的,主要是通过描述具体的行为、数据来对照目标进行反馈,提出这些行为、数据可能的影响与后果,在此基础上进行辅导。对于职位较高的员工而言,这种辅导更多的是提出建设性的建议;而对于基层员工则更多的是管理者的亲自演示与传授,有时向员工提供可供模仿的工作榜样也是一种不错的辅导途径。

绩效辅导是在考核周期中为使部门或员工达成绩效目标而进行的辅导,因此,辅导的内容重点应放在对完成关键绩效指标或已制定的工作目标所需的能力的指导上,放在指导员工能取得绩效的关键方面,从而最大限度地提高部门和员工的绩效。绩效辅导一般可分为日常工作辅导和阶段性回顾。

日常的工作辅导主要包括具体指示、方向引导、鼓励促进等。具体指示一般是对于完成工作所需的知识和能力较为缺乏的部门,提供的比较具体的指示型指导,帮助其把要完成的工作分解为具体的步骤,并跟踪完成情况;方向引导是指对于那些具有完成工作的相关知识和技能,但是遇到困难或问题的部门,需要给予方向性的指引;鼓励促进则是对那些具有较为完善的知识和专业化技能,而且任务完成比较顺利的部门,给予鼓励和继续改进的建议。

阶段性回顾主要通过召开阶段性工作回顾会议讨论交流,集思广益,帮助部门和员工改进和提高。阶段性工作回顾会议是由各部门填写"绩效目标××阶段回顾表",介绍这一阶段的总体目标完成情况及主要差距等,被评价者汇报这一阶段的业绩目标完成情况,介绍下一阶段工作计划,通过对各部门进行质询,提出改进意见,并对提出的问题给予答复,对完成情况进行总结,提出对下一阶段工作的期望与要求,最后形成"××阶段回顾情况表"。

四、绩效辅导的流程

在绩效管理过程中,绩效辅导是连接绩效计划与绩效评价的重要中间环节。绩效辅导不是简单的绩效纠错,其本身也是一个管理过程。绩效辅导的完整流程可以用 GROW 模型来表示[①](如图 4-2 所示)。

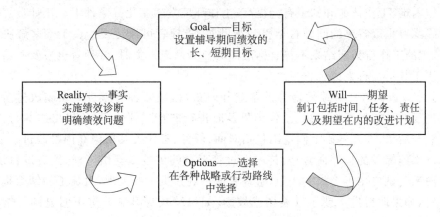

图 4-2　绩效辅导的 GROW 模型

(1) 设定目标。管理者必须首先明确员工应该履行或实现的绩效目标,确认其现有行为和工作结果与目标的差距,进而实施绩效诊断和辅导。在明确目标时应综合考虑组织、岗位及流程(客户)目标,确保目标是科学、合理的。

(2) 绩效诊断。绩效具有多因性特征,一个员工的绩效优劣可能取决于多个因素而不是单一因素,而且在不同情境下各因素的影响作用也可能不同,所以应从员工、管理者和环境三方面综合分析诊断。在员工方面,如果员工所采取的行动本身不正确,工作过程中努力不够,或者知识、技能不足都有可能导致绩效不良。而员工对组织或管理者的要求理解有误,或是目标不明确,缺乏激励也可能是造成绩效不良的原因。在管理者方面,一是管理者做了不该做的事情,比如监督过严、施加不恰当压力等;二是管理者没有做该做的事情,比如没有明确工作要求,没有对员工给予及时反馈,不给员工提供辅导、教育和培训的机会等。在环境方面,工作场所、团队气氛等都可能对员工绩效产生影响。这些具体的环境因素包括:工具或设备不良、原料短缺、不良工作条件(噪声、光线、空间以及其他干扰等)、同事关系、工作方法等。

(3) 策略选择。如果发现员工需要改进的地方很多,则最好选取一项重要且容易进行的改进项目率先开始。多个问题同时进行,很可能由于压力过大而导致失败。选择绩效改进的要点就是综合考虑每个拟定项目所需的时间、精力和成本因素,选择用时较短、精力花费较少以及成本较低的项目,同时要争取员工的认可。

选择了绩效改进要点并对影响的因素有了比较清晰的认识后,就要考虑解决问题的途径和方法。员工本人可以采取的行动包括:向管理者或有经验的同事学习,观摩他人的做法,参加组织内外的有关培训,参加相关领域的研讨会,阅读相关的书籍,选择某一实际工作项目,在管理者指导下训练等。管理者可以采取的行动包括:参加组织内外关于绩效管理、人员管理等方面的培训,向组织内有经验的管理者学习,向人力资源管理专家咨询等。在环境方面,管理者可适当调整人员分工、加强交流来改善团队氛围,对工作设备和环境进行改善等。

---

① 王晓莉.从领导走向教练——教练技术在绩效辅导中的应用[J].中国人力资源开发,2008(5):30-32.

绩效辅导策略选择的另一个重要问题是辅导时机的选择。绩效辅导时机通常选择在员工面临工作困难、工作技能和知识有待提高、工作环境发生变化等条件下。比如员工在工作中遇到障碍或者难以解决的问题希望得到帮助时,管理者可以传授给员工一些解决问题的技巧,而员工的工作行为或结果不符合标准而其自身尚未发觉时,管理者也应及时给予提示和辅导以纠正其不当行为或观念。

(4) 实施改进。选择好绩效辅导的策略和时机后,绩效辅导就进入实施改进阶段。这一阶段首先要对员工的工作方法、工作结果及时进行非正式评价,据此提出这些行为、结果可能的影响与后果,在此基础上制定出包括时间、任务、责任人及期望在内的改进计划,以此进行辅导。实施辅导的程序通常是:首先通过管理者的讲授或提供榜样,然后进行演示,再让员工把演示尝试应用于工作实践中,管理者通过观察员工的表现,对员工的绩效提升和改进给出评价,如果取得进步就予以表扬或鼓励,如果绩效提升和改进不明显则可给予再辅导,直到满意为止。

五、绩效辅导过程中应注意的问题

(1) 绩效辅导应突出重点,重视对员工能力的指导。作为上级,面对众多下属员工,身上承担着很多的责任,很难有时间去跟踪并指导每位下属员工的每一次具体发生的问题或每个需要改进的方面。在这种情况下,管理者应该把精力放在那些对完成关键绩效指标或已制定的工作目标所需能力的指导上,这样就使管理者的时间能有效地应用在员工能够取得绩效的关键方面,最大限度地提高下属员工的绩效。

(2) 绩效辅导既要关注绩效结果,也要关注绩效完成的过程。在绩效辅导实践中,管理者经常忽视了员工"怎么做",而只是注重最后的绩效结果。这样会导致一部分下属员工用影响组织整体利益的方式去完成结果。比如只顾自己的目标而影响他人,或者由于自己的某些行为而加剧了部门与部门之间的冲突等。管理者在工作中如果注意对下属员工工作方法的指导,就会避免类似的问题发生。另外,管理者如果对员工做事的方式加以指导,员工今后就会自己独立地运用这种方式去服务于其他情景或解决其他的问题,使绩效辅导得到进一步的延伸,产生更大的效果。

(3) 绩效辅导应注意处理好"问"与"告诉"两种方式的关系。大量的研究表明,在绩效辅导过程中询问信息、想法或建议,比仅仅告诉员工怎么做要有效得多。当管理者采用"问"的方式时,下属通常需要自己去思考解决问题的方法。如果管理者不重视或不认真倾听下属的想法或感觉,下属员工就会对管理者告诉他应做什么或应改什么持有反感,因此,在绩效辅导中多用"问"的方式,对下属日后真正在行动上落实改进的方案较为有效。当然,在某些场合还是要用到"告诉"的方式,比如当管理者要提供一些员工所缺乏的信息、无法积累的经验或者不具备的想法时,就需要先告诉下属员工以便让他们在具备这些信息、经验或想法的基础上用自己的思考来处理这些信息以推导解决问题的方法。

(4) 在绩效辅导中要重视反馈技巧。反馈是绩效辅导中最重要的技能,如何进行反馈决定了管理者绩效辅导是否有效,也直接影响着员工能否接收到管理者的反馈信息并运用到工作中。反馈要有助于和员工建立融洽的关系,不要让员工觉得有压力,要以事实为依据,对事不对人,就事论事,不要伤害员工的人格和尊严。对员工表现好的地方一定要给予充分的肯定,这有利于增强员工的自信,消除员工的紧张心理。针对不同类型的员工,反馈的重点应该不同,要差别化对待。比如对业绩和态度都很好的员工,要肯定其成绩,给予奖励,并提出更高的目标;对工作业绩好但态度不好的员工则要加强了解,找出态度不好的原因,并给予辅导;对业绩不好但态度很好的员工应该帮助分析绩效不好的原因,制订绩效改善计划;而对工作业绩和工作态度都不好的员工则要重申工作目标,把问题的严重性告知对方,以引起重视。

第三节 绩效沟通

一、沟通的含义及过程

交流沟通是人类行为的基础。一个人在工作中需要与他的上级、同事、下属、客户等打交道,在生活中需要与他的亲朋好友打交道,沟通无处不在。良好的沟通能力能够使我们获得更佳、更多的合作机会,减少误解,理清思路,提高办事效率。如何理解沟通的内涵呢?通俗地讲,沟通就是相互理解,它包括两个方面的问题,一是自己知道别人不知道,二是别人知道自己不知道。通过有效的沟通,最终使双方都知道并产生共识。由此可见,所谓沟通(communication),就是指为了设定的目标,把信息、思想和情感在个人或群体间传递,并达成共同协议的过程。沟通的这一定义包含了三层含义:一是沟通要有一个明确的目标,要有目的性;二是检验沟通的关键是最终是否达成共同的协议,形成了共识;三是沟通的内容既有信息交流,更有思想和情感的交流。

在信息和知识经济时代,沟通能力已经成为个体和组织成功的必要条件。对组织而言,人们越来越强调建立学习型组织,越来越强调团队合作精神,这都离不开有效的组织内部沟通和交流;对外为了实现组织之间的强强联合与优势互补,人们需要掌握谈判与合作等沟通技巧;为了更好地在现有政策条件允许下实现组织的发展并服务于社会,也需要处理好组织与政府、组织与公众、组织与媒体等各方面的关系,这些都离不开熟练掌握和应用管理沟通的原理和技巧。对个人而言,树立良好的沟通意识,养成良好的沟通习惯,往往能够达到事半功倍的效果,使自己在工作、生活中游刃有余。

沟通是一个双向信息传递过程,首先由信息发送者(信源)经过编码,并选择恰当的信息传递媒介(信道),将所要传递的信息发送出去,信息接收者(信宿)通过解码将信息接收下来,对接收不全的信息和已接收到的信息中不理解的部分,再通过反馈环节询问,如此反复,直到信息充分接收并理解为止。在这个沟通过程中,编码、解码、沟通渠道是沟通过程取得成功的关键环节,它始于主体发出信息,终于得到反馈。信息沟通过程模式如图 4-3 所示。

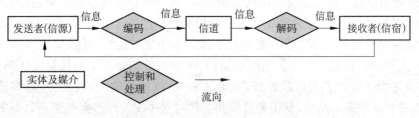

图 4-3 信息沟通的过程模式图

从图4-3中,我们可以看出沟通过程主要由9个要素构成:沟通目标(目的)、发送者、接收者、编码、解码(或译码)、信息本身、沟通媒介、反馈以及环境。这9个要素相互作用,相互影响,共同构成一个信息传递系统,任何一个要素处理不当都会影响到整个沟通的效果和沟通目标的实现。

二、绩效沟通的意义

绩效沟通就是指管理者与员工在共同工作的过程中分享各类与绩效有关的信息的过程。绩效沟通主要是以绩效作为主要的沟通内容,是沟通的一种特殊形式。绩效沟通贯穿于绩效管理的全过程,对绩效管理的成败起着决定性作用,缺乏沟通或沟通不畅,绩效管理就会流于走过场,形式主义,做表面文章。

绩效管理本身就是管理者与员工之间就绩效目标的设定及实现而进行的一个持续不断的双向沟通过程,在这一过程中,管理者与员工从绩效目标的设定开始,一直到最后的绩效评价与反馈,都必须保持持续不断的沟通,任何单方面的决定都将影响绩效管理的有效开展,降低绩效管理系统效用的发挥。绩效沟通的重要意义表现在以下几个方面:

(1) 绩效沟通有助于制定管理者和员工共同认可的绩效目标。绩效管理是否有效首先在于能否制定出合理的绩效目标。绩效目标的制定过程就是组织、管理者和员工沟通的过程。真正有效的目标是被执行者和参与者接受的目标,制定的绩效目标要想让大家接受,就必须事先进行充分的沟通交流。通过绩效沟通,双方的利益都能在绩效目标中得到体现,各自的权责利得到进一步明晰,绩效目标的接受度进一步提高,这使绩效管理的后续环节工作的开展有了广泛的群众基础,同时减少了绩效执行的阻力。

(2) 通过绩效沟通能够在绩效管理过程中不断勘误,提高效率。管理者与员工就工作目标和任务完成情况,以及工作中存在的问题进行沟通,对及时发现问题、解决问题、减少工作中的失误具有重要作用。就员工而言,通过绩效沟通,可从管理者那里得到必要的支持和帮助,改进工作方法,提高工作效率;对管理者而言,需要及时了解员工的工作进展情况,了解员工所遇到的障碍,只有通过了解,才能帮助员工清除工作中的障碍,提供有效的领导支持和智力帮助,进而提高管理效率。

(3) 绩效沟通有助于在管理者和员工之间建立良好的绩效伙伴关系。管理者与员工进行持续的交流和沟通,如讨论大家的期望、分享任务的价值和目标的信息,及时了解员工的工作状况,并针对员工出现的问题进行相应的辅导支持。而员工又能及时得到自己工作的反馈信息和主管的帮助,不断改进不足。管理者与员工之间的这种真诚合作对双方都有利,有助于在他们之间建立良好的绩效伙伴关系,从而使管理者的工作变得更加轻松,员工绩效也会大幅度提高。

(4) 绩效沟通有助于员工接受绩效评价结果,及时得到绩效反馈。通过绩效沟通,能够使绩效管理思想深入人心,绩效管理工具的使用和评价结果才能得到认可。通过绩效沟通,要让员工认识到绩效管理不是管理者对员工滥用手中职权的"撒手锏",也不应成为无原则的走过场、走形式。要管理者和员工都意识到,绩效评价不是为了制造员工之间的差距,而是要实事求是地挖掘员工工作的长处,发现其短处,以扬长避短,以史为鉴,有所为有所不为,有所改进有所提高。另外,员工都希望在工作过程中能及时得到关于自己绩效的反馈信息,以便不断地改进自己的绩效和提高自己的能力。通过绩效沟通,员工可以及时了解到自己的长处和不足,了解到哪些方面没有达到组织的期望和要求。这种反馈既是对员工出色工作的肯定,其本身对员工也会产生极大的激励作用,同时又能使绩效不佳的员工及时了解和发现自己工作中存在的缺点和不足,以便及时采取改进措施。

(5) 绩效沟通过程也是一个发现人才、开发人才的过程。通过绩效沟通,管理者可对员工在工作中表现出来的能力、态度、性格特点等进行较为全面的审视和判断,从而识别和发现人才。同时,管理者还可根据员工已经表现出来的优点和弱点,有针对性地制订员工的培训、开发计划和个人职业生涯发展规划。

三、绩效沟通的原则

在绩效沟通过程中,需要重点把握好两个原则,一个是有效原则,另一个是双向沟通原则。

1. 有效原则

有效原则是指通过传接双方的沟通行动取得预期效果的原则。这一原则主要包括沟通的效度和效率两个方面。所谓沟通的效度,是指信息发送者对信息接收者态度变化的影响程度,这里的态度包括正向状态和逆向状态。通常对态度变化的影响程度越大,沟通就越有效。在组织绩效沟通过程中,发送者都希望接收者的态度能够得到正向强化。沟通的效率主要是指沟通有效的信息数与沟通信息总数之比。

通过贯彻沟通的有效原则,可以不失时机地充分利用信息。信息是一个社会组织发展的源泉,但信息的时效性很强且易过时,信息一旦过时,就失去或减弱了它的价值。因此,在沟通中贯彻有效原则,就是为了不失时机地充分利用信息,使信息更迅速、更广泛、更有效地发挥其作用。另外,坚持有效原则也有助于达到最佳的沟通效果,使接收者和发送者在沟通的互动过程中拥有良好的"正向状态"。

2. 双向沟通原则

双向沟通原则是指沟通双方互相传递、互相理解的信息互动原则。双向沟通原则包含三层含义,首先,沟通双方的角色可以互换。在绩效沟通过程中,发送者和接收者的角色是相对的,他们会不断更换自己的角色位置。其次,沟通不仅仅是一种信息的交流,更是人的认识活动的一种反映。参与沟通的双方都是具有主观能动性的人,在整个沟通过程中,双方的认知总是在不断地扩大和深化,因此,沟通不是在原有水平上的重复,而是一个螺旋上升的认识过程。最后,沟通过程是一个没有终点的循环活动。沟通过程由传递和反馈两个基本阶段构成,如果反馈成功,那么就意味着一次沟通过程的完成和下一次沟通过程的开始,沟通始终是一个没有终点的循环活动。

双向沟通原则提高了信息互动的质量,传递的信息比单向沟通更为准确、完备,同时也大大加速了信息流量和信息的内容。另外,利用双向沟通原则可最大限度地消除沟通障碍。比如信息对方没有全部收到或者传出的信息没有被对方理解,通过双向互动和信息反馈最终都能得到圆满解决。

四、绩效沟通的内容

绩效沟通的最终目的都是为了提高员工的工作绩效。不过,对于管理者和员工而言,各自通过绩效沟通所要了解的信息却是不同的。由于绩效沟通是管理者和员工共同的需要，因此，沟通的具体内容也要按照管理者和员工的需要来确定。

对于管理者而言，要考虑以下问题：
- 我必须从员工那里得到哪些信息？
- 我必须提供给员工哪些信息和资源以帮助员工完成工作目标？

而对于员工来说，要考虑以下问题：
- 我必须从管理者那里得到什么样的信息或资源？
- 为保证更好地完成我们的工作目标，我必须向管理者提供哪些信息？

从中可以看出，管理者和员工通过绩效沟通是为了共同找到与达成目标有关的一些问题的答案。由此可得出，绩效沟通的主要内容有：
- 工作的进展情况怎么样？
- 员工和团队是否在达到目标和绩效标准的正确的轨道上运行？
- 如果有偏离方向的趋势，应该采取什么样的行动扭转这种局面？
- 哪些方面的工作进行得好？
- 哪些方面的工作遇到了困难或障碍？
- 面对目前的情景，要对工作目标和达成目标的行动做出哪些调整？
- 管理者可以采取哪些行动支持员工？

……

上述问题只是给我们绩效沟通的内容提供了一个思路，在具体情况面前，还要充分考虑工作面临的各种变化和环境，具体问题具体分析，甚至沟通的内容本身就是双方需要沟通的话题。

五、绩效沟通的方式

绩效沟通的方式多种多样，在不同情境下人们选择沟通的方式是不同的，在这里，我们主要从正式沟通和非正式沟通角度对沟通方式加以介绍。

1. 正式沟通方式

正式沟通(formal communication)，是指事先经过计划和安排，按照一定的预定程序进行的沟通，它是由组织内部明确的规章制度所规定的渠道进行的信息传递与交流。在绩效管理过程中常用的正式沟通方式有：书面报告、会议沟通、面谈沟通。

（1）书面报告

书面报告是指员工使用文字或图表等形式向管理者汇报工作进展情况，它是绩效管理中比较常用的一种绩效沟通方式。书面报告可以是定期的，也可以是不定期的。定期的书面报告主要有：工作日志、周报、月报、季报、年报等。其中，工作日志、周报、月报和季报的样表分别如表4-2～表4-5所示。

书面报告中可以根据关键业绩考核指标逐条写明各项工作开展现状，并对绩效计划能否完成作简单评价，报告中应说明预期不能完成的绩效计划事项、存在的困难和问题、需要的资源支持以及建议的解决方案等。管理者应该对下属提交的书面报告仔细审阅并给下属及时反馈意见。

表 4-2　工作日志(样表)

姓名：	职位：		所属部门：	
序号	开始时间	结束时间	活动内容	备注
重大事件说明				

表 4-3　周报(样表)

本周工作任务	工作要点	计划完成时间	实际完成时间

表 4-4　月报(样表)

目标/工作任务	现状	困难与问题	解决建议	需要的支持	备注

表 4-5　季报(样表)

姓名：	职位：				
		年 月 日____年 月 日			
		工作计划(主管和员工共同制订)			
序号	工作任务描述	关键点/结果输出/衡量标准	完成时限	完成情况及完成时间	备注
重大事件说明	事件 1				关键事件
	事件 2				关键事件

(2) 会议沟通

书面沟通无法提供面对面的交流机会,会议沟通可以提供更加直接的交流机会,而且可以满足团队交流的需要。当组织战略目标、组织绩效计划等重要信息需要贯彻传达时,会议沟通往往是首要的选择。

(3) 面谈沟通

管理者和员工进行一对一的面谈沟通是绩效沟通中采用的最为普遍的一种沟通方式。面谈沟通可以使管理者和员工进行深入的思想交流,谈论一些不易公开的观点。通过面谈,员工会有一种受到尊重和重视的感觉,有利于建立管理者和员工之间的融洽关系,管理者在面谈中可以根据员工的处境和特点,因人制宜地给予帮助,起到绩效辅导的作用。

2. 非正式沟通方式

非正式沟通(informal communication)是指以一定的社会关系为基础,与组织内部明确的规章制度无关的沟通方式。在绩效沟通中,恰当地使用非正式沟通方式,可以取得意想不到的效果。非正式沟通形式灵活多样,不需要刻意准备,不受时空的限制。采用非正式沟通解决问题非常及时,因为发现问题就及时进行沟通,这样可以使问题高效率地得到解决;非正式沟通也易于拉近管理者和员工的距离,沟通效果往往更加有效。

非正式沟通的形式也是多种多样的,常见的非正式沟通方式主要有走动式管理、开放式办公、工作间歇时的沟通和非正式会议等。

(1) 走动式管理

走动式管理是指主管人员在员工工作期间不时地到员工的座位附近走动,与员工进行交流,或者解决员工提出的问题。主管人员对员工及时地问候和关心会使员工减轻压力、感到鼓舞和激励。不过,主管人员在管理过程中应注意不要对员工具体的工作行为过多地干涉,否则会给员工一种突袭检查的感觉,反而使员工产生心理压力和逆反情绪。

(2) 开放式办公

开放式办公是指主管人员的办公室随时向员工开放,只要在没有客人或开会的情况下,员工可随时进入办公室与主管人员讨论问题。这种方式已被绝大多数组织采用。这种方法使员工处于比较主动的位置,大大提高了沟通的主动性,同时也使整个团队的气氛得到改善。

(3) 工作间歇时的沟通

工作间歇时的沟通主要是指主管人员利用双方工作间歇就某些双方都感兴趣的话题展开的一种非正式沟通,比如与员工共进午餐,在喝咖啡的时候聊聊天等。这种沟通方式开始往往会选一些较为轻松的话题,从中引入一些工作中的问题,并且应尽量让员工主动提出要谈的问题。

(4) 非正式的会议

非正式的会议也是一种比较常用的沟通方法,主要包括联欢会、生日晚会等各种形式的非正式的团队活动。主管人员可以在轻松的气氛中了解员工的工作情况和所需要的帮助。同时,这种以团队形式举行的聚会也可发现一些团队中出现的问题,帮助主管人员更全面地了解员工。

正式沟通和非正式沟通在沟通实践中各有优势和不足,两种方式互为补充,我们应学会根据不同的情景和环境综合使用。许多研究显示,非正式渠道的信息反而容易引起接收者的重视,非正式渠道的信息一般采用口头传播,不留证据,不负责任,而且能够传播在正式沟通中不易表达的信息。但在组织管理实践中,一般将非正式沟通的信息称为小道消息,虽然小道消息并不都是错误的,但作为管理者应该看到,这种信息遭到扭曲和歪曲的可能性较大,易于演化为谎言,破坏组织的正常运作,因此,也要对非正式渠道获取的信息进行识别和选择,以便更好地为提升组织和员工绩效服务。

[案例故事 4-1]   松开的鞋带

有一位表演大师上场表演前,他的弟子告诉他鞋带松了。大师点头致谢,蹲下来仔细系好。等到弟子转身后,他却又蹲下来将鞋带解松。有个旁观者看到了这一切,不解地问:"大师,您为什么又要将鞋带解松呢?"

大师回答道:"因为我饰演的是一位劳累的旅者,长途跋涉让他的鞋带松开,可以通过这个细节表现他的劳累憔悴。"

旁观者又问:"那你为什么不直接告诉你的弟子呢?"

"他能细心地发现我的鞋带松了,并且热心地告诉我,我一定要保护他这种热情的积极性,及时地给他鼓励。至于为什么要将鞋带解开,将来有更多的机会教他表演,可以下一次再说啊。"大师回答道。

资料来源:马作宽.组织绩效管理[M].北京:中国经济出版社,2009:56.

六、绩效沟通的技巧

沟通的技巧多种多样,因人而异,但是有效沟通的一些基本技能是具有普适性的,这些基本技能中最核心的主要有换位思考、积极倾听和有效发问。

1. 换位思考

所谓"换位思考",是指在绩效沟通过程中,管理者和员工双方在发生矛盾时,能站在对方的立场上思考问题。换位思考的核心包括两个方面,一方面是考虑对方的需求,满足对方的需要;另一方面又要了解对方的不足,帮助对方找到解决问题的方法。换位思考要以诚恳为基础,通过换位思考,可以增进管理者和员工的相互了解、相互尊重,增强彼此的信心,在管理者和员工之间建立起信任关系,可以说,换位思考就是绩效沟通的润滑剂。在应用换位思考开展绩效沟通过程中,不要过分强调你为对方做了什么,而要强调对方能获得什么或能做什么,只有这样,沟通才能持续下去,才能真正达成共识。

2. 积极倾听

聆听不仅是耳朵听到相应的声音的过程,更是一种情感活动,需要通过面部表情、肢体语言和话语的回应,向对方传递一种信息:我很想听你说话,我尊重和关注你。倾听要适应讲话者的风格,要眼耳并用,与讲话者保持目光交流,并且适当地点头示意,表示认同和鼓励,表现出倾听的兴趣。

具体的倾听技巧主要包括:①倾听回应。当你在听别人说话的时候,一定要有一些回应的动作,在听的过程中适当的点头或者表现出其他的一些表示你理解的肢体语言,这既是一种积极的倾听,也是给对方的一个非常好的鼓励。②提示问题。就是当你没有听清楚的时候,要及时提问。③重复内容。在听完了一段话的时候,要能简单地重复讲过的内容,这不是简单的重复,而是表示你认真听了,还可以向对方确认你所接受到的信息是否准确。④归纳总结。在倾听过程中,要善于将对方的讲话进行归纳总结,更好地理解对方的意图。⑤表达感受。要养成一个好的习惯,在对方表达结束后及时给对方回应,表达感受,这也是一个非常重要的倾听技巧。

3. 有效发问

有效发问也是一项关键的沟通技巧。没有发问就没有充分的沟通,发问就是双向沟通过程中的反馈环节,它既是对已经获取的信息进行确认和验证,也是对未知信息的获取。要做到有效发问,首先要学会选择合适的发问方式和问题类型。发问的种类一般有封闭式问题和开放式的问题。封闭式问题有助于获得特定的信息,也有利于人们以问题来控制谈话内容,节省沟通时间,但往往会错过一些重要的信息或资料,也会抑制开放的讨论。开放式问题鼓励交流更多的心得体会,能更加深入地了解人或问题的复杂性,但使用过度也会导致信息太多而失去重点,同时也增加了沟通的时间和成本。在沟通实践中,我们要结合封闭式问题和开放式问题各自的特点和适用范围,合理选择发问方式,以达到有效发问的目的。

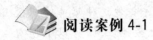阅读案例 4-1

H 公司的绩效执行

H 公司是一家以电话营销为主的销售公司,近一年来公司业绩逐步下滑。令张总头疼的是,每次绩效考核结束,员工总是抱怨声不断:"平时公司没有任何举动,一到季末,公司就开始安排考核,考核结束,人力资源部就要对员工的工资进行调整。每到季末公司上下就会人心惶惶,无心工作,真不明白公司为什么要弄这个绩效考核。"从效果来看,绩效管理实施一年来,公司绩效不但没有任何改进,反而员工的离职率越来越高。张总在无奈之下,聘请一家咨询机构为公司设计了一套绩效实施方案。

首先,咨询顾问会同部门经理对业务人员的日常工作进行了详细观察和记录,特别是对以往绩效较差的员工和绩效优异的员工的行为信息进行收集。收集信息的内容包括:打电话的数量、电话时长、电话用语、电话记录内容、客户台账以及部分客户对业务员的反馈信息等,目的是为以后的绩效评估、绩效沟通和绩效辅导做准备。

其次,对绩效较差和绩效优异的员工的信息进行详细比对和分析(如表 4-6 所示),发现影响绩效的因素有:每天的电话数量、每天所打电话总时长、同一客户所联系的频率、电话记录内容完备程度和客情关系。通过分析绩效优异员工在这几项因素上的日常表现,将其作为成功经验对绩效较差员工进行绩效辅导,帮助他们不断改进工作方法和细节,使其逐渐养成好的工作习惯。

表 4-6 绩效较差的员工和绩效优异的员工的信息比对

内 容	绩效较差的员工	绩效优异的员工	差 距	因素关键指数
每天平均电话数量	32 个	98 个	每天平均电话总量相差 66 个	★★★★★
每天平均电话总时长	244min	368min	每天平均电话总时长相差 124min	★★★★★
平均电话间隔	7.6min	3.8min	平均每个电话间隔相差 3.8min	★★★★
同一客户两次电话间隔	16 天	10 天	同一客户两次电话间隔时间相差 6 天	★★★★★
话术	公司培训的标准话术	公司培训的标准话术	均是公司培训的标准话术	★
电话记录内容	80%的人员只对有购买意向的客户有记录,对其他客户只简单记录"已打电话"、"暂无需求"或类似记录	全面有较详细的电话记录内容,通过不同的标志标出客户购买意向程度,并分别表明下次联系的时间、方式	电话记录内容的完善程度有较大差别,绩优者电话记录内容普遍较详细	★★★★
客户台账	有台账,但不太详细	有台账,非常详细	均有台账,详细程度不同	★★★
客户反馈信息	40%的客户不知道打电话的业务员的姓名,且不清楚公司的产品信息,如产品种类、优势、价格,等等	68%的客户能叫出打电话业务员的名字,知道公司的产品信息	绩优者与客户的关系相对较紧密,基本与客户确立了彼此了解的关系,为进一步沟通奠定基础	★★★

最后,当员工和经理都对绩效管理实施过程有了大概了解时,安排绩效管理的系统培训,通过形式多样的系列培训使公司上下对绩效管理有明确而统一的认识,消除认识上的误差。另外,咨询顾问与经理根据所收集的绩效信息重新提取员工的关键绩效指标,修订考核卡,并与员工本人进行沟通确认后实施。

三个月后对员工进行季度考核,结果显示,部门的整体绩效和个人绩效均有了很大提升。90%的员工完成了季度任务,部门超额完成季度任务(如表4-7所示)。经理并没有因此而沾沾自喜、停滞不前,而是在增强信心的同时,针对不同考核等级的员工认真准备了一次绩效面谈,特别是没有完成季度任务的员工。通过面谈,进一步找出了员工的其他不足,经理与员工共同寻找改进措施,达成一致意见后形成改进方案。由于双方对绩效管理认识比较统一,目的比较明确,都是为了个人和企业绩效的提升,因此,沟通起来非常顺畅。

表4-7　员工季度任务完成情况　　　　　　　　　　　　单位:人

完成情况	第一季度	第二季度	第三季度	第四季度
100%以上	0	0	4	
80%~100%	2	2	14	
60%~80%	15	11	2	
60%以下	3	7	0	

注:公司规定,完成任务的80%即为完成任务。

三个月来,对公司上下的变化张总看在眼里、记在心里,考核结果进一步证明了公司绩效管理的变化。长时间困扰张总的问题逐步得到了解决,张总的脸上露出了久违的笑容,因为他知道,公司目前的绩效管理终于步入了正轨。

资料来源:沈丽,勾景秀.绩效管理[M].北京:中国人民大学出版社,2013:150-152.

第四节　绩效信息的收集

一、绩效信息收集的目的与意义

在绩效执行阶段,除了进行持续的绩效辅导和绩效沟通外,还需要进行的另一项重要工作就是对绩效信息的收集与记录。及时、准确、全面地收集绩效信息对于绩效管理的有效开展是必不可少的。所有组织决策都需要信息,绩效管理也不例外。没有充分有效的信息,就无法掌握员工工作的进度和所遇到的问题,也就无法对员工工作结果进行评价并提供反馈,整个绩效管理的循环也无法进行下去。

收集绩效信息是一种有组织地、系统地收集员工及组织相关绩效信息的过程,其目的是为绩效管理的下一个环节——绩效评价做准备。管理者在日常工作中注意收集员工工作绩效的有关信息,不仅在绩效评价时可以找到充分的事实根据,避免各种主观偏差造成的消极影响,而且在绩效反馈面谈时能够言之有据,有效避免上下级之间由于在绩效评价等级上的分歧而产生的矛盾与冲突。通过平时绩效信息的收集和记录,还可以积累大量的关键事件,发现绩效优劣背后的原因,从而有针对性地帮助员工提高绩效。概括起来,绩效信息的收集主要有以下目的:

- 提供一份以事实为依据的员工工作情况的绩效记录,作为绩效评价及相关决策的基础;
- 及时发现问题,提供解决方案,为改进绩效提供事实依据;
- 掌握员工的工作行为和态度信息,发现员工的长处和不足,找出绩效问题和优秀绩效的原因,以便有针对性地提供培训和再教育;
- 在有法律纠纷时为组织的决策辩护,保护组织利益。

二、绩效信息的来源

绩效信息既有来源于组织内部成员的,也有来自于组织外部利益相关者的。但主要的绩效信息来源还是组织内部的相关成员。这些来源中,有员工自身的汇报和总结,有同事的共事和观察,有上级的检查和记录,也有下级的反映与评价。如果一个组织中所有成员都具备了绩效信息反馈的意识,那么,获取绩效信息的渠道就会畅通无阻,这就会给绩效管理带来极大的帮助与支持。目前,从绩效管理实践来看,绩效信息的来源主要有以下几个渠道:

(1) 员工本人。员工本人收集并提交有关绩效信息是最重要的信息收集渠道,仅仅依靠主管自己去收集有关的绩效信息是不现实的,因为这需要耗费大量的时间和精力,而且在信息的准确性方面也常常会发生分歧。员工可通过提交工作报告和自评报告,提供自己有关工作的主要信息,这样一方面可以节省主管的时间,另一方面也利于员工充分地展示自己的工作业绩。当然,这些信息一般会倾向于报告已经达到进度或实现目标的内容。对于那些没有实现的目标和没有完成的内容,员工可能会回避或者过多地强调外在因素的影响,这方面的信息可通过格式化的报告要求员工提供。通过员工本人提供的绩效信息只是信息来源的一部分,还需要来自其他方面的信息来补充和佐证。

(2) 管理人员。绩效管理从绩效计划、绩效执行、绩效评价到绩效反馈,整个过程都离不管理人员的参与,员工的工作活动也离不开管理人员的支持和指导。管理人员一般对自己管理的员工还是比较了解的,他们通过直接观察、检查记录等途径也能得到员工工作的一些绩效信息。

(3) 财务部门。财务部门是确认员工业绩的主要信息渠道,主要通过客观的财务数据和财务报表来反映。财务部门一般只为那些产出能够形成财务结果的员工提供信息支持,对于基层的员工,主管往往不能从财务部门获取有效的信息。为了保证财务部门提供信息的准确性,一些组织和企业将财务部门直接划归组织一把手领导,一些大型组织和企业集团则建立了垂直管理的财务管理体系,使之忠于最高管理层,以便高层管理者能够及时准确地掌握组织的真实信息。

(4) 客户及外部市场。客户及外部市场的反应也是一条重要的信息渠道;在倡导客户利益至上的今天,通过了解客户的评价可以比较真实、客观地反映员工的绩效状况。在很多组织中,对支持部门都要进行内部客户满意度的调查,征求内部客户对支持部门的工作产出的满意程度,对于对外部门和业务部门则采用对外部客户进行问卷调查、访谈或召开专场座谈会的方式获取相关的绩效信息。

(5) 其他员工。员工的同事和下属也是提供其绩效信息的一个重要渠道,能够提供一些真实的信息。在工作过程中,员工总要和自己的同事或下属一起共事,他们也能从各自的角度提供一些员工觉察不到或难以发现的信息,这些信息对于判断一个人实现绩效目标过程中的价值观和行为表现是十分重要的。不过,同事和下属提供的信息有时会受到人际关系的影响,一般要采用匿名的方式来获取有关信息。

在绩效信息的收集过程中,为了准确、全面地掌握员工的绩效信息,一些组织对于某些关键岗位或部门采用360度考评的方式,多角度和多层次获取客户、同事、下属等对员工工作业绩、态度以及行为表现等方面的评价信息,提供给主管人员作为绩效评价和决策的参考依据。还有一些组织为了保证绩效信息的真实性和准确性,还要求审计或控制部门对绩效信息进行审核和核对,以确保用于决策和评价的绩效信息是真实、可信的。

三、绩效信息收集的内容

并非所有的绩效信息都需要收集和分析,也不是收集的信息越多越好,因为收集和分析信息需要耗费大量的时间、精力和金钱,管理人员也不可能对员工工作过程中的所有绩效表现都作记录,再加上收集太多的信息也会导致抓不住最有价值的信息,因此,在对绩效信息进行收集时必须有选择地进行。收集哪些信息主要取决于组织的目标,同时,还要强调必须是与绩效管理有关的信息。这些内容概括起来主要包括:

- 工作目标或任务完成情况的信息;
- 员工达到或未达到绩效目标和绩效标准的证据;
- 与关键绩效指标(KPI)密切相关的信息记录;
- 工作绩效突出的行为表现;
- 工作绩效有问题的行为表现;
- 来自客户积极的和消极的反馈信息;
- 与员工就绩效问题进行沟通的记录;
- 对员工找到问题的原因有帮助的信息;
- 对员工找到取得成绩的原因有帮助的信息;
- 绩效执行过程中的关键文档;
- 关键事件的具体描述;
- ……

四、绩效信息收集的流程与方法

对绩效信息的收集,通常由人力资源部门于每个月或季度初给有关职能部门或下一级单位的人力资源部门下达书面通知,对绩效信息和数据的收集提出具体要求,于每个月或季度末将员工绩效计划完成情况的数据资料报送有关业务管理部门审核,然后再报回人力资源部门。人力资源部门负责组织数据收集并汇总。职能部门或相关业务部门负责业务指标的审计确认,保证数据的真实可靠,最后将审定后的数据信息报送人力资源部门。

绩效信息的收集是一项重要的工作,要耗费一定的时间和精力,只有掌握一定的方法和技术,才能做到事半功倍。绩效信息的收集方法主要有观察法、工作记录法、抽查法、他人反馈法、特别事例法等。

观察法是指管理人员直接观察员工在工作中的表现并将其记录下来。

工作记录法是指通过日志或工作记录的方式将员工的工作表现和工作结果记录下来。

抽查法是指定期或不定期地对员工的工作情况进行抽查,并将抽查情况记录下来。

他人反馈法是指管理者通过其他员工的汇报、反映来了解某些员工的工作绩效情况。比如通过调查顾客的满意度来了解售后服务人员的服务质量等。

特别事例法则是指记录特别优秀的行为或结果以及特别不好的行为或结果，这些行为和结果往往都是反映员工绩效的关键信息。

在选择绩效信息的收集方法时，我们提倡各种方法的综合运用。因为单一的方法可能只了解到员工绩效的一个或几个方面而不能做到全面系统。比如，有些员工的态度并不能从每次的检查或表面观察中得知，这时候就需要通过他的共事、服务对象或者客户的反馈获取相关信息，这种情况下，通过他人反馈法得到的结果往往比直接观察法得到的更真实可信。所以说，方法选择和运用的正确与否直接关系到信息质量的好坏，最终也会影响到绩效管理的有效性。

> 在今天，我们信息的提取已经不是问题。我们所面临的问题恰恰是信息过多。
> ——艾森·拉塞尔（Ethan M. Rasiel）《麦肯锡意识》

五、绩效信息收集应注意的事项

为了更加有效地收集绩效信息，在工作中我们还要注意处理好以下问题：

（1）让员工参与绩效信息的收集过程。员工参与收集绩效信息一方面体现了员工的责任，另一方面也使所收集的信息更易得到员工的认同。事实上，当管理人员与员工就收集到的信息进行沟通时，员工比较容易接受。但是，员工会倾向于选择性地记录或收集情况，比如报喜不报忧，或者故意夸大工作中的困难等。为了避免这一现象，可以采用结构化的方式，将员工选择性收集信息的程度降低到最小。

（2）绩效信息收集要有针对性和目的性。收集绩效信息是一项需要耗费大量时间和精力的工作，要收集所有相关的信息，做到面面俱到是不大可能的，因此，在收集绩效信息之前，我们一定要搞清楚收集信息的目的，要有针对性地收集，避免造成人力、时间和财力等方面的不必要的浪费。

（3）要把绩效信息中的事实和推测区分开来。为了尽量避免用于决策和评价的绩效信息客观公正，我们应该把主要精力放在收集第一手资料和事实数据上，而不是对事实的估计和推测，因为只有第一手资料和事实材料才是真正可靠、可信的，其他资料和数据都会或多或少夹杂着人们的一些主观臆断和个人倾向。

思考题

1. 什么是绩效执行？管理者和员工在绩效执行阶段是怎样分工的？
2. 绩效执行阶段关键要解决什么问题？
3. 什么是绩效辅导？绩效辅导在绩效执行阶段有何作用？
4. 结合绩效管理实践谈谈绩效沟通的重要意义。
5. 常见的绩效沟通方式有哪些？
6. 简述收集绩效信息的意义及其收集内容。
7. 绩效信息收集的方法有哪些？结合实践谈谈这些方法的使用。

8. 根据表 4-8 中的绩效目标,指出这些绩效信息的来源渠道,即反映这些指标的绩效信息应该由谁来提供,从何处获取。

表 4-8 某岗位绩效计划书

工作产出	指标类型	具 体 指 标	绩 效 目 标	资料来源
销售利润	数量	● 年销售额 ● 税前利润百分比	● 年销售额在 20 万～25 万元 ● 税前利润率 18%～22%	
新产品设计	质量	● 创新性 ● 体现公司形象 ● 性价比 ● 相对竞争对手产品的偏好程度 ● 独特性 ● 耐用性	● 至少有 3 种产品与竞争对手不同 ● 使用高质量的材料、恰当的颜色和样式代表和提高公司的形象 ● 产品的价值超过了它的价格 ● 在不告知品牌的情况下对顾客进行测试,发现选择本公司产品比选择竞争对手产品的概率要高 ● 客户反映与他们见到过的同类产品不同 ● 产品使用的时间足够长	
零售店销售额	数量	● 销售额比去年同期的增长	● 销售额比去年同期增长 5%～8%	

案例分析题

绩效面谈之争[①]

客户服务部员工李晓茹向人力资源部发来邮件投诉:每月都要作绩效考核,但从来就没见考核结果起过作用,对自己的工作质量提升没有任何影响。她举了最近一次与她的直接上司——客户服务部经理吴静的绩效面谈的实例,认为这纯粹是浪费时间。人力资源部李经理看到这份投诉信后感到无地自容。

"事实上,公司的绩效管理体系非常注重 KPI 指标的细化,也的确是把考核结果与员工年终奖金挂钩的。"李经理说,"但我们的中层管理人员都只是注重年终的绩效考核,而不是一个从年初到年终的贯穿始终的年度管理。此外,在绩效面谈环节,各个部门经理都没有给予应有的重视,才会引发这一次的冲突。"

2 月 21 日上午,客户服务部经理吴静把长达几页的绩效考核表格分发给所属的 7 名员工,提醒这两天是公司例行的月底绩效考核期,要求员工在两天内填好表格并上交给她。同时,吴静还告诉她的下属:公司将在今年开始实施每月的考核结果与年度的奖金发放、末位淘汰挂钩的制度。

出乎吴静的意料,当天下午,这些复杂的考核表格就全都悉数交回给了她,所得的自评分数均介于 70～80 分之间,这是一个既没有优秀又没有拙劣的普通的分数段。更让她哭笑不得的是,有名员工在自评后,即在上司评分栏里签下了自己的名字。也就是说,不管上司给予什么样的评分,员工在事前就已经表示了同意。

---

① 郭晓薇,丁桂凤. 组织员工绩效管理[M]. 大连:东北财经大学出版社,2008:136-138.

在下班前，吴静召集员工开了一个简短的通气会，就员工在绩效考核结果的上司评分栏签名的做法，认为是对她的信任，她表示感谢。但她同时指出，这种提前签名的做法有悖以往的考核管理，是不合理的，她要求员工重新拿回表格，进行评估与衡量，合理地打出自己的分数后再返还给她。同时，吴静再次强调，人力资源部已经明确发文，考核结果将作为年底奖金发放及末位淘汰的参考依据！

第二天下午，吴静顺利地收回了7名员工的考核表格。结果却让她非常为难：员工自评还是全都在80分以上！这意味着部门员工的绩效考核均为优，而这不符合人力资源部制定的强制分布原则——每个部门只有20%的员工得"优"。

吴静根据月初制定的KPI指标，逐一对这7名员工进行了评分。最后，她和往常一样，把考核表格发还给员工，交代员工如有异议，可找她作绩效面谈。

由于在过去考核结果并没有与收入直接挂钩，中层经理及员工一直都不重视考核结果的应用，绩效面谈也一直流于形式。最后如果员工对上司的评分没意见，就干脆把绩效面谈这个流程也省略了。

但这一次，却因为与李晓茹的面谈，让吴静尴尬得差点儿下不了台。李晓茹是主动找吴静要求面谈的，对此吴静是有心理准备的，因为入行4个月的李晓茹的绩效评分在最近三个月都不是非常理想，这个月吴静给了她一个最低分。

李晓茹非常坦诚的问她的上司：这个月她的KPI指标完成情况的确不够理想，也遭到了几个客户的投诉，得了部门的最低分，她心里非常难过。但她希望知道自己如何做才能避免这种情况。

面对有充分准备的李晓茹，缺乏绩效面谈准备的吴经理显得有点手足无措，一时无言以对。她只是简单地安慰李晓茹，会考虑下个月度调低对她的考核指标，帮助她把工作做得更好，也会动员其他同事给她提供一些帮助。至于如何调整考核指标、提供什么样的帮助，吴静表示自己正在考虑之中。

李晓茹对吴经理的态度感到不满，认为自己在这种情况下非常无助，的确希望自己的直接上司在工作改进上提供指导性帮助。但吴经理的答复对她没有任何价值。她认为，这样下去，自己肯定是第一个被淘汰的员工。她再次直截了当地问吴静怎样帮助自己改善绩效。

"由于吴静缺乏这方面的经验及准备，只是简单地以调低考核指标来敷衍、许诺自己的下属，不可避免地会给员工带来一定的危机感。"人力资源部李经理说。

感到异常无助的李晓茹，把绩效面谈的情况及结果以邮件方式告诉了人力资源部李经理，对公司的绩效考核目的及直接上司的绩效面谈方式均提出了质疑。

而客户服务部经理吴静则对李晓茹的投诉非常反感，认为自己已经作出了多个承诺，会帮助她在未来的日子做好工作，李晓茹实在犯不着将此事捅到人力资源部去。人力资源部李经理对此也显得非常无奈。后来吴经理和李晓茹的关系一直处得不甚愉快，李晓茹的工作绩效也没有起色。

讨论问题：
1. 分析案例中的李晓茹与其上司吴静之间的绩效面谈之争的原因。
2. 如果你是客服部李经理，应该怎么做？
3. 结合案例谈谈，作为人力资源部经理，应该如何处理员工的邮件投诉。
4. 此案例对你有何启示和借鉴？

第五章

绩效评价

> 如果你不能正确地评价(考核),你就无法正确地管理。
> ——彼得·德鲁克(Peter F. Drucker)

学习目标

- 掌握绩效评价的目标及其评价原则;
- 理解绩效评价系统的构成要素及其相互关系;
- 熟悉绩效评价的一般过程模式;
- 熟练掌握绩效评价的主要内容;
- 学会选择合适的绩效评价主体;
- 熟悉绩效评价方法的分类标准及其选择依据;
- 熟练掌握常用的绩效评价方法。

关键术语

绩效评价	工作业绩	工作态度
工作能力	评价主体	绩效评价方法
比较法	量表法	行为锚定量表法
描述法	关键事件法	评价中心法

开篇引例

360度测评风波

大腾煤炭设计院有限公司为了选拔储备干部,最近在搞360度测评。几个环节过后,测评结果终于出来了,谁知公司却炸开了锅。

公司建筑所所长钟一凡给本所H项目组组长曹秋林作测评反馈,两人就都弄得很不愉快。曹秋林是建筑所的业务尖子,钟一凡平时很器重他,想让他锻炼两年当副所长,所以这次报了他当储备干部候选人,参加测评。他怎么也没想到曹秋林的综合得分居然会很低,要是照这个分数,曹秋林根本进不了第一梯队,连进第二梯队都没戏。

钟一凡发现,曹秋林在"团队贡献"和"人际沟通"两项标准上得分尤其低,便指出可能是因为曹秋林平时跟大家沟通太少,让大家对他有些误会,劝他以后得多加注意。谁知这话激怒了曹秋林,曹认为大家的评估太不公平,他说自己把时间用来钻研业务,还给所里揽了很多活儿,对所里对组里都做出了很大贡献,难道要把时间浪费在讲八卦上才行吗?最后,曹秋林愤愤而去。

其实,钟一凡一直不看好这次评估,第一次开管理会讨论时,他就提醒过人力资源总监于小溪,因为他不相信参加测评的人能诚实作答,只要有人不诚实作答,那么真相就会被扭曲。所以,他对360度测评的公正性、客观性、有效性和可操作性提出了强烈质疑。除了钟一凡,其他几个部门的头头也纷纷表示出同样的疑虑。

但于小溪对钟一凡他们的挑战早有准备。她解释说,首先,360度测评和反馈工具是从国外成功企业和世界500强企业那里引进的,实践证明这个工具在绩效管理和人才培养方面成效卓著。大腾设计院经过改制和这些年的发展,人员结构发生了大调整,由新生代构成的主力军带来了新的企业文化,这种文化较之以往,更加开放也更加坦诚,这为360度测评提供了群众基础。其次,360度工具是由管理专家和学者多年研发实验而成,理论基础厚实。最后,公司这次是与有国际声望的管理咨询公司合作,而且他们会为大腾量体裁衣。于小溪的话似乎无可辩驳,而且还有公司总经理谢涛支持她,360度测评就这样在公司展开了。

现在,测评结果出来了,郁闷的不只有钟一凡和曹秋林,于小溪那里也很不安生,不少人找到了她那里。没入选干部梯队的有抱怨,入选的也有抱怨,嫌发展计划把人分成三六九等。面对这些捕风捉影的消息,于小溪一边惊讶于消息的泄密和传播,一边还得做解释安抚工作。她又回顾了一遍,认为整个计划是缜密的,而且直到反馈之前都可以说是顺畅的,各位中高层干部似乎也很配合。可是,为什么到了反馈环节就跑偏了呢?

测评风波也惊动了公司总经理谢涛。先是钟一凡找到他,要求公司慎重考虑选拔计划,对曹秋林这种业务尖子有所变通。随后热力工艺所所长朱强找上门来,抱怨自己所这次无人入选一、二梯队,是因为不懂潜规则。有个大所的所长还透露给谢涛一个消息,说他底下的人,不管进梯队的还是没进梯队的,都要联名上书,要求公司将培养储备干部的钱拿出来,进行全员培训,他们的口号是:人人享有被培训的权利。

真没想到一个360度测评会引起如此轩然大波,这完全背离了谢涛做这件事的初衷。他本来是想给大家创造一个好的发展环境,为公司规划一个可持续发展的未来。谁知事到如今,方方面面冒出了这么多不同的声音。一个测评弄得全公司士气低落、飞短流长,乱成了一锅粥。

资料来源:中国人力资源开发网,www.chinahrd.net.

英特尔公司总裁安迪·格罗夫(Andy Grove)曾说:"在英特尔公司,我们估计一位主管可能将8小时中的5小时用于对每个雇员的评价,如果这种昂贵的工作能改进一个雇员的工作绩效,哪怕是一年中的一小段时间的绩效,这难道不值得主管支出时间吗?"格罗夫的话阐明了绩效评价(考核)是管理者一项非常重要的工作,因为绩效评价不仅回答了员工的基本问题:我做得如何?而且更重要的是回答了员工到底怎么才能做得好。[1]

---

[1] 林筠,胡利利,冯伟.绩效管理[M].2版.西安:西安交通大学出版社,2013:13.

绩效评价作为绩效管理系统的重要环节，能够为人力资源管理的各项职能提供重要的决策依据。在整个绩效管理系统中，绩效评价是绩效管理的重点和关键，没有绩效评价，就没有评价结果，也就无法对员工过去的绩效表现进行总结、发现过去工作中存在的问题以及找到改善绩效的方法。同时，绩效评价又是和组织的战略相连的，绩效评价的有效实施将有利于把团队和员工的行为引导到组织的战略目标上来。

第一节　绩效评价的流程

一、绩效评价的目标

评价是对人或事物的价值做出判断的一种观念性活动。绩效评价（performance appraisal，PA）是指在绩效周期结束时，选择有效的评价方法，由不同的评价主体对组织、群体及个人绩效作出判断的过程。绩效评价是绩效管理的基础，没有绩效评价，就无法对部门和员工过去的绩效表现进行总结，绩效反馈将失去依据，绩效管理的目标也将无法实现。绩效评价包含两个层次，一是对于组织绩效的评价；二是对于员工绩效的评价。在绩效管理实践中，组织绩效往往和组织高层管理者的绩效状况息息相关，因此，对组织绩效的评价，在某种意义上就是对组织高层管理团队和组织"一把手"的考核评价。

评价除了可以做出基本的价值判断外，还可以用于选择和预测，并发挥导向作用。绩效评价作为绩效管理系统中的关键子系统，其核心目标是为了改善员工的组织行为，充分发挥员工的潜能和积极性，以求更好地达到组织目标。通过绩效评价，既要有利于员工的成长和发展，如确定如何激励员工，使其有更好的绩效表现，评价员工所存在的、具有改进空间的缺点和短处，帮助员工形成适合自身的职业发展目标；又要有助于实现组织的管理和决策目标，如为薪酬支付、人员晋升等方面的人力资源管理决策提供依据。

美国学者尤金·麦克纳（Eugene McKenna）和尼克·比奇（Nic Beech）把绩效评价区分为考核性评价和发展性评价，他们指出，考核性评价将着眼点放在对评价对象做出判断上。在进行考核性评价时，评价者首先对评价对象在一段时间内的绩效表现进行历史性的回顾和分析，然后将其与预先确定的绩效目标或标准比较，做出最后的评价，这种评价往往与薪酬挂钩。发展性评价在系统分析评价对象的发展需要之后，主要关注的是如何对评价对象将来的绩效表现做出预测。因此，发展性评价更加注重如何确定评价对象可以改进的知识和技能，从而达到开发其潜力的目的，这种类型的评价通常会与员工的职业生涯规划相联系。

二、绩效评价的原则

绩效评价的结果将直接关系到绩效管理目标的实现和人力资源管理政策的正确性和可操作性。为此，在绩效评价的过程中应遵循以下基本原则：

（1）客观真实原则。绩效评价应该根据明确规定的评价标准，针对客观的评价信息进行，尽量避免掺入主观性和感情色彩。要做到"用事实说话"，评价结果要建立在客观事实的基础上。

（2）明确化、公开化原则。组织的绩效评价标准、程序和责任都应当有明确的规定，而且应当在绩效评价过程中予以遵守。同时，这些规定应当对全体员工公开。只有这样才能使员工对绩效评价产生信任感,对评价结果持理解和接受的态度。

(3) 差别化原则。这里的差别化包含了由评价目的不同导致的差别化和由岗位等级不同导致的差异化。一方面,绩效评价应当根据不同的评价目的有所差别,有所侧重,只有这样,才能使绩效评价具有针对性和激励性。另一方面,绩效评价在等级之间应有鲜明的差别界限,不能"一刀切"。针对不同岗位应制定出不同的评价标准,比如对管理者的评价标准与一般员工的评价标准不能一样,因为对管理者的要求和对员工的要求是不同的。

(4) 行为导向原则。绩效评价的内容实际上就是对员工工作行为、工作态度、工作业绩等方面的要求和目标,它是员工行为的导向。绩效评价的内容是一个组织的文化和管理理念的具体化和形象化,在评价内容中必须明确:组织鼓励什么,反对什么,给员工以正确的指引。

(5) 可行性和实用性原则。可行性是指任何一次绩效评价方案所需要的时间、人力、物力、财力等都要为参与评价的各方所处的客观环境所允许。这就要求制定绩效评价方案时必须对限制因素、目标效益、潜在的问题等进行可行性分析,以便评价方案更加合理、可行。实用性主要包括两方面含义:一是指评价工具和方法应适合不同评价目的的要求,要根据评价目的来设计和选择评价工具;二是指绩效评价过程要从行业和部门的实际出发,考虑不同岗位的人员素质特点和要求,据此来设计组织的绩效评价方案。

(6) 定期化和制度化原则。员工的绩效评价既是对员工过去和现在的考察,也是对员工未来行为表现的一种预测。因此,只有将员工的绩效评价定期化和制度化,才有可能全面了解员工的潜能,及时发现组织中的问题,从而有利于组织的健康持续发展。

(7) 积极反馈原则。在现代人力资源管理系统中,缺少反馈的评价是没有任何现实意义的。没有积极反馈的绩效评价,是无法真正激励和帮助员工改进绩效、提高员工能力的,这也是和现代绩效管理理念相违背的,因此,组织应把绩效评价后的结果及时地反馈给员工,使员工认识到工作中的不足,并加以改善。

除了以上原则之外,还要注意对评价者进行适当的培训,使其能摒弃主观因素,对评价标准有统一、准确地把握,使绩效评价过程真正做到公正、公平。

三、绩效评价系统的构建

绩效评价作为绩效管理过程中的一个环节,是绩效管理系统中的一个重要组成部分,同时,绩效评价本身也具有相对的独立性,构成一个完整的绩效评价系统。绩效评价系统由许多要素构成,在构建绩效评价系统时,主要是要对这些构成要素的相关方面进行决策。绩效评价系统的构成要素主要包括评价内容、评价主体、评价方法、评价周期以及评价结果的应用5个方面,这些构成要素之间的关系如图5-1所示。

在绩效评价系统中,评价内容就是要解决"评价什么"的问题。在绩效管理实践中,绩效评价的内容一般包括工作业绩评价、工作态度评价和工作能力(包括潜力)评价,具体内容根据不同的评价目标或目的有所差异。评价周期即"多长时间评价一次",可分为月度评价、季度评价和年度评价等多种类型,评价周期的选择受评价内容、工作岗位、组织特点等多种因素影响。评价主体就是"谁来评价",根据掌握的绩效评价信息的不同,评价主体除了评价对象的上级外,也可以选择同级(同事)评价、下级评价、客户评价以及本人自评等方式进行,为了保证评价的公正客观,对评价主体进行事先培训是必要的。绩效评价方法根据绩效评价的比较对象不同可分为相对评价法和绝对评价法,也可根据绩效评价的内容不同分为特征

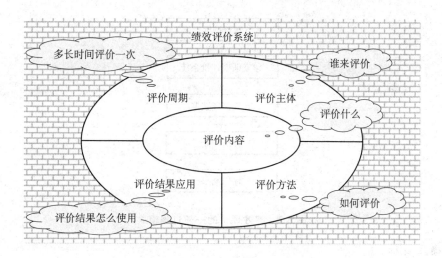

图 5-1 绩效评价系统构成要素图

法、行为法和结果法。绩效评价系统的最后一个要素是评价结果的应用,在绩效管理实践中,绩效评价结果主要运用于两个方面:一是通过分析绩效评价结果,诊断员工存在的绩效问题,找到产生问题的原因,制订绩效改进计划,以提高员工的工作绩效;二是绩效评价结果为其他人力资源管理子系统(如招聘、晋升、培训与开发、薪酬等)提供决策依据,特别是用于薪酬的决策。

为了使绩效评价系统科学有效,设计绩效评价系统需要符合以下特点:① 战略一致性(目标一致性),即评价内容和评价指标的很好完成能够保证组织目标的实现;② 反映组织特点,这里的组织特点主要指组织文化、组织的资源优势和劣势、组织面临的外部发展环境等;③ 客观性,即绩效评价尽可能采用可验证的资料和数据作为评价依据,以确保绩效评价的客观公正性;④ 准确性,即评价结果最大可能地反映员工工作的真实绩效水平;⑤ 可接受性,即绩效评价系统应该尽可能地得到使用者的认同;⑥ 可控性,即绩效评价系统要素都是可控的,尤其是评价内容(评价指标)应尽可能是可控的;⑦ 及时性,即绩效信息必须及时获得,滞后的信息可能会导致不适当的反应,甚至误导人们的行为;⑧ 应变性,即良好的绩效评价系统应该能够根据组织内外环境的变化,及时做出反应,进行相应的调整。

绩效评价系统的各个构成要素彼此相互作用、相互影响,共同构成了一个完整的评价体系。只有处理好这些要素的关系,根据组织、部门和员工实际状况选择好每一个要素,绩效评价的过程才是科学、有效的,评价的结果才能真正帮助员工改进绩效水平,为管理者提供有价值的决策依据。

四、绩效评价的过程

绩效评价是评价主体对照工作目标和绩效标准,采用科学的评价方法评定员工的工作任务完成情况、员工的工作职责履行程度和员工的发展情况,并且将评定结果反馈给员工的过程。它是一个对客观绩效进行主观评定和估价的过程,因此,组织和员工的绩效评价结果除了与绩效本身有关外,还与绩效评价的过程模式密切相关。绩效评价的一般过程模式主要包括:确立目标、建立绩效评价系统、收集整理数据、分析判断和输出结果(如图 5-2 所示)。

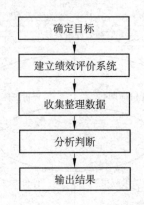

图 5-2 绩效评价的一般过程模式

1. 确立目标

绩效评价的核心目标是要通过评价的选择、预测和导向作用实现组织的战略目标,不论是组织的绩效评价,还是员工的绩效评价,都是基于这个共同目标的。绩效评价的对象不同,其评价工作也会有所不同。不同评价对象的选择取决于不同的评价目的,评价的结果对于不同的评价对象产生的影响各不相同,比如对于员工或高层管理者的绩效评价关系到他们的奖惩、升降等人力资源管理的决策问题,而对于组织绩效的评价则关系到组织的发展、业务的扩展与收缩、组织间的兼并重组等经营决策问题。

2. 建立绩效评价系统

绩效评价系统作为绩效管理系统的重要组成部分,主要由评价内容、评价周期、评价主体、评价方法以及评价用途等要素构成,这些要素相互影响、相互作用,共同构成了一个有机的评价系统。关于绩效评价系统的构建上文已做了介绍,这里不再赘述。

3. 收集整理数据

可靠准确的数据是绩效评价公正、有效的重要保障。在绩效执行阶段收集到的绩效信息往往都是零散的,绩效评价阶段需要对收集到的各类绩效信息进行分析、界定、归类、整理等,必须把这些零散的数据和资料整理成系统的体系。在数据整理过程中,还需要评价者具有较高的职业素养和丰富的经验,评价者对数据和资料的主观判断必须是科学的、反映客观事实的。

4. 分析判断

分析判断就是指针对评价对象,应用具体的评价方法来确定其评价结果的过程。分析判断要结合组织的特点、评价对象的岗位特征以及评价内容和目的,选择合适的评价方法和形式进行。

5. 输出结果

通过选择适当的评价方法对评价对象进行评价后,就会得出一个具体的评价结果。评价结果不仅仅是一个绩效高低的简单排序,更重要的是要指出绩效优秀或绩效低下的具体原因。通过输出结果,鼓励取得优秀业绩的员工,百尺竿头,更进一步;鞭策业绩不佳的员工,意识到自身的问题所在,找出差距,主动改进,迎头赶上。总之,只有详尽的绩效评价输出结果,才能为进一步的绩效反馈和绩效结果的应用提供依据。图 5-3 列举了某公司年度绩效评价流程,可供企业在开展绩效评估中参考。

第五章 绩效评价

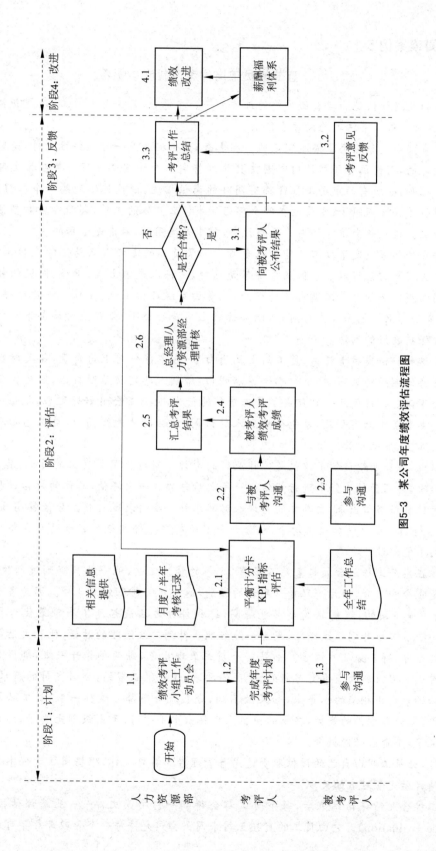

图5-3 某公司年度绩效评估流程图

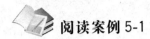

惠普的员工岗位考评制度

员工的业绩评估是管理者最重要的工作之一。在惠普,无论是老员工,还是新招进来的员工,都会有一份非常清晰的岗位责任书。

岗位责任书是参照岗位描述制定的。在惠普,岗位描述是一份框架性文件,是针对某一类工作设计的,而岗位责任书的内容则要具体到特定的人和这个人下一年在特定部门要做的工作。比如说,所有的市场工程师都有同样的岗位描述,但是具体到某一个工程师而言,他们的岗位责任就不同了,要看他在哪个部门从事什么具体的工作,部门经理希望他下一年重点做什么。这就是岗位责任书。总的说来,前者是通用的,后者是专用的。

考评人的组成决定了员工对什么人负责。如果员工的考评人只是他的直接上司,他只要把这个上司搞定就可以了。但在惠普不是这样,考评人是由上级、下级、同级的相关部门人员共同组成。比如说员工满意度的评分,就是由下级评估上级,在员工满意度评估中,大约有10来条与上级领导有关的问题,比如你的上司是否公平、公正地对待部下? 你的上司是否与你保持良好的沟通? ……

有了这样一份岗位责任书,员工马上就明白了:我不能仅对上司负责,还要对很多人负责。在这样的制度约束下,每个人都会逐渐明白:帮别人其实就是帮自己,因为你不知道哪块云彩会下雨。这样团队合作就成了员工自觉的行为,大家都会好好地配合,把每一件事情做好了。惠普员工只有如此,才能得到别人的认同,评估时才能得高分,员工的心思就不会用在歪门邪道、投机钻营上了。

可以说,综合业绩评估不仅仅是工作业绩的考评。新进公司并转正的员工,其考评每6个月作一次,对照岗位责任书进行评估。一年之后每年作一次评估,具体的评估过程就是把员工的岗位责任书拿出来,由具体的考评人对其中每一条的表现打分。分值最高5分,最低1分,最后得出一个总的加权平均分,总分5分就是超群。得到这个分数的人在整个公司所占的比例不能超过5%。

一位在惠普工作前后加起来差不多有15年的员工回忆,他一共只得到过两次5分,更多情况是4分和3分,因为一旦晋升到新的级别,通常要回到2分或3分。因为各个级别得5分的标准是不同的,级别越高要求也越高,这种评分方法能起到不断鞭策优秀员工的作用。当一个员工晋升到一线经理,或者一线经理晋升到二线经理的时候,他在之后的两年内很难得到5分,得4分就不错了。如果一个员工表现出色,每两年晋升一级,那得5分的机会就非常小。因为新的岗位有着新的、更高的要求,这是很正常的:公司支付的薪水高了,员工也就必须表现出相应的水平来,如果做不到,分数就会下降。这样一来,员工必须不断地充实自己,提升各方面的能力,在新的岗位上发挥出水平才行;否则级别上去了,综合评估的分数下来了,工资未必能提升。

另外,让员工明白自己的岗位职责是惠普管理者的首要工作,根据岗位责任书每年给员工作业绩评估是管理者的天职。

员工综合业绩评估结束后,每个员工都会得到一份书面文件——业绩评估报告(performance evaluation)。它由员工的直接上司来写。公司允许每一个管理者每年可以抽出一天来专门为一个下属写业绩评估报告。如果一位经理管着10个部下，那么他一年可以有10天的时间专门来写这10份报告，既可以在办公室写，也可以在家里写。因为这是惠普各级管理者非常重要的工作，需要拿出专门的时间去做。在惠普看来，如果管理者不认真地写这个报告，员工就会有被忽视和被愚弄的感觉，就会认为上司是应付公事。

管理者给部下写考评时，不能用一些含糊的语言来表达，必须举出实际的例子来证明员工表现出了某种技能，表现了怎样的态度和热情。如某位员工某年某月某日做了什么事情，表现出了某种水平；或者某员工某年某月某日做了什么事情，证明在某个方面还有欠缺。

如果上司对员工观察不细，就很难在一天内写出这份评估报告，或者即使写出来，员工可能也会觉得针对性不强——他出色的地方你没有写出来，他薄弱的地方你也没有写上去，即没法使员工心服口服。因此，在惠普，员工做的很多事情，管理者平常都要做到心中有数，今天谁做了一件什么好事，今天谁犯了一个什么错误，在给员工明确指出来的同时，还要记下来，作为将来评估该员工的素材。

资料来源：中国人力资源开发网，www.chinahrd.net.

第二节　绩效评价的内容

在绩效评价过程中，首先要解决的基本问题是"评价什么"的问题，即评价内容的问题。因为绩效评价的内容决定了绩效评价系统中的具体评价要素和评价指标。人们对绩效内涵的理解，在很大程度上影响着绩效评价的内容，当你认为绩效就是"结果"的时候，就不大可能在评价过程中关注绩效产生的"过程"。

绩效本身是一种客观存在，但这种客观的绩效水平需要经过评价者的主观评价，形成绩效信息，才能对管理决策产生影响。在人力资源管理实践中，绩效包含了经过评价的工作行为、方式与结果。传统的绩效主要是为了追述过去、评价历史，而随着绩效边界的扩展，现代组织在绩效界定上越来越关注未来。比如那些创新型组织和知识型岗位的绩效，不仅关注"做了什么"（实际结果），而且关注"能做什么"（预期结果）。基于这种绩效观，我们把员工绩效评价的内容分为工作业绩评价、工作能力评价、工作潜力评价和工作态度评价。下面分别对这四类评价内容进行介绍。

一、工作业绩评价

工作业绩是指员工通过工作行为取得的阶段性产出和直接结果，它反映了员工的工作效率及效果。业绩评价的过程不仅要说明各级员工的工作完成情况，更重要的是通过这些评价指导员工有计划地改进工作，达到组织发展的要求。

业绩评价对于管理者和员工都是非常必要的，管理者希望员工能够通过工作行为促进组织完成既定的经营目标，对员工的业绩评价能够直接反映实现组织目标的过程，并对这一过程进行控制。员工则希望通过业绩评价使自己的工作付出和贡献能够得到承认和反映。

业绩评价是相对于评价对象的工作而言的，是对员工担当工作的结果或履行职务的结果进行的评价。事实上，一个人对组织的贡献程度并不单纯取决于业绩评价的结果，同时还要取决于工作本身对于组织的贡献程度。在实践当中，我们应当把对员工的业绩评价和对工作本身的评价区分开来,以免影响员工业绩评价的准确性。

员工的业绩评价通常从数量、质量、时间和成本等方面进行,不过,由于业绩评价主要关注的是员工的工作结果,要对员工的绩效进行综合反映,还需要对员工的工作能力和工作态度进行评价。

二、工作能力评价

工作能力是指个体工作业绩的基础和潜在条件,没有工作能力,创造良好的工作业绩几乎是不可能的。工作能力包括体能、知识、智能、技能等内容。体能是员工工作能力的基础,它取决于员工的年龄、性别和健康状况等因素;知识主要包括文化水平、专业知识水平、工作经验等项目。员工在工作中所表现出来的专业知识水平、工作经验等往往和他所受的教育是分不开的;智能主要包括记忆、分析、综合、判断、创新等能力,它反映了一个人认识客观事物、获得知识并运用知识分析决策问题的能力。智能水平的变化一方面表现在人们认识客观事物的深刻、正确和完整程度上,另一方面表现在人们获取和运用知识解决实际问题的速度与质量上;技能则主要包括实际操作能力、表达能力、组织能力等。

与员工的业绩评价相比,员工的能力评价显得格外困难,因为业绩是外在的、可以把握的,而能力是内在的、难以衡量和比较的。在绩效管理实践中,员工的能力评价并不一定要综合评价能力所包含的体能、知识、智能和技能这四个方面,而是根据评价的目的和职位的特征有针对性地进行评价。对于那些不易改变的、可以通过资格审查说明的能力,并不需要在日常的绩效评价中进行评价,而只是在较长的绩效周期结束之后进行一次测评或资格认证。在员工能力评价中,我们注重的是这些能力在工作时集中发挥的状况。

三、工作潜力评价

潜力,即潜在能力,是指员工所具有的但在工作中并没有发挥出来的能力,它是相对于在工作中发挥出来的能力而言的。潜力评价是指通过各种手段了解员工的潜力,找出阻碍员工潜力发挥的原因,更好地将员工的工作潜力激发出来,将潜力转化为现实的工作能力。在绩效评价实践中,通常有三方面的信息可用于对员工的潜力进行评价,这三方面的信息分别来源于能力评价的结果、相关工作的年限以及相关工作的资格认证等,这方面的信息通常都是比较客观和相对稳定的。由于潜力评价针对的是员工在现任工作中没有机会发挥出来的能力,因此,这种评价可以很好地为工作轮换、职位升迁等人事决策提供有价值的决策依据。

在现实中,对于潜力的评价是很难和能力评价相脱离的,通过能力评价对员工潜力进行推断是最为常见的做法。日本学者提出的"能力开发卡"的概念,实际上就是把能力评价和潜力评价相结合的一种方式。其基本思路是:将员工的工作年限、学历、资格证书等资料与日常的能力评价结果综合记录下来,并进行动态修正;结合员工工作中的薄弱环节和个人职业生涯设计的需要,提出员工个人的能力开发目标,有针对性地提出阶段性的努力目标;通过个人与直ል上级、人力资源管理专家的沟通,不断交换意见,对个人的能力发展目标进行动态修正;结合能力评价的结果和绩效反馈中各方面的意见与建议,对能力开发的状况进行评价并进一步提出新的目标。

四、工作态度评价

工作态度是影响员工工作能力发挥的个性因素,主要包括纪律性、协作性、积极性、主动性、服从性、执行性、责任性、归属性、敬业精神、团队精神等。人们通常会认为,能力强的人能够取得更高的工作业绩,但现实情况并不总是如此,有时好的工作能力并不一定产生高的工作业绩。好的工作能力首先必须要在个体良好的工作态度下,并且具有内部和外部条件的支持才能取得,不同的工作态度将产生不同的工作结果。因此,绩效评价中还要对员工的工作态度进行评价,以鼓励员工充分发挥现有的工作能力,最大限度地创造优异的工作业绩,并通过日常工作态度评价,引导员工增强工作热情,避免"出工不出力"的情况发生。

工作态度是影响工作能力向工作业绩转化的重要调节变量。通过对工作态度的评价引导员工改善工作态度,是促进员工达成绩效目标的重要手段。关于工作能力、工作态度和工作业绩三者之间的关系如图5-4所示。

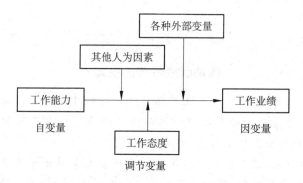

图 5-4　工作能力、工作态度和工作业绩的关系简图

态度评价和能力评价的内容不同,态度评价不论员工的职位高低,也不管员工的能力大小,而只是评价员工是否努力、认真地工作,工作中是否有干劲、有热情,是否遵守各种规章制度等。一般情况下,对工作态度的评价往往采用过程评价的方式进行,而工作能力评价则可以是过程评价,也可以是结果评价。

第三节　绩效评价主体的选择

一、绩效评价主体的选择依据

绩效评价主体指的是对被评价者做出评价的人。在绩效评价过程中,能否选择合适的评价主体对于保证评价结果的公正有效至关重要。选择什么样的评价主体在很大程度上与所要评价的内容相关,因此,评价主体与评价内容相匹配是一个非常重要的选择依据。一般情况下,选择绩效评价主体要把握好以下原则:

(1)绩效评价主体所评价的内容必须基于他可以掌握的情况。评价主体必须要熟悉和掌握他所要评价的内容,如果要求评价者对于他不能观察到或感知到的情况做出评价,那么这种评价一定是不准确的,必将对整个绩效评价的准确性和公正性产生不良影响。

比如对于客服人员的服务态度进行评价,客户最能感受到其服务态度的优劣,客户就比客服人员的主管更有发言权,因此,评价主体选择客户要比其主管或其他人员更合理、更有效。

(2) 绩效评价主体应对所评价职位的工作内容有一定的了解。绩效评价主体不仅应该了解所评价的内容,而且对于所评价的职位及其工作内容也应该有一定程度的了解。员工的任何职位行为都是以实现一定职责任务为目的的,并不是孤立的行为,如果评价主体缺乏对该职位的全面了解,就可能会做出以偏概全的判断。

(3) 所选择的评价主体应有助于实现一定的管理目的。绩效管理通过设定评价指标来引导员工关注组织所强调的方面,引导员工表现出企业期望的行为。在这一过程中,员工的直接上级是绩效管理的实施者,他要对员工的职务工作履行监督和指导的职能,他对组织绩效管理负有不可推卸的责任,因此员工的直接上级往往是最重要的评价主体。直接上级可以通过绩效评价者的身份更好地监督、了解并控制员工的绩效表现,更好地整合全部下属员工的工作,从而更好地实现团队或部门的整体工作目标。

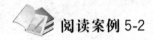

阅读案例 5-2

谁是绩效考核的主体?

凯达公司是一家集碳酸、果汁饮品生产销售于一体的中型企业。公司王老板最近很苦恼,原来公司销售部、市场部和公司人力资源部经理因为营销人员绩效考核问题较上了劲儿,并且还在部门经理例会上吵了起来,影响很不好。

事情的起因是这样的,原来销售部所属的一名送货业务员由于早晨交通拥堵的原因送货迟了一些,进而导致商场断货,商场于是打来了投诉电话。结果人力资源部经理知道了这件事,坚持要从重处罚这名送货员,而销售部经理则认为这是客观原因造成的,不应处罚送货员。在凯达公司,这类事情已经发生过很多次,按照公司的考核标准这会影响到销售部的业绩,销售经理自然不服气。销售部和市场部为营销系统的两大部门,两位经理的关系很好,并且市场部也不满意人力资源部制定的所谓绩效考核模式,于是,导致他们"联手"抵制人力资源部。

更严重的是,销售部、市场部经理还找到了王老板,扬言如果人力资源部经理不"走人",那他们就走。面对这些曾经在商场上和自己"出生入死"的兄弟们,王老板没了辙。人力资源部倡导绩效考核,自然没错,不能打击他们的积极性,可是销售部经理所言也有道理,市场是不能乱的。如此"内耗"下去企业怎么办?王老板百思不得其解,陷入极度困惑之中。

资料来源:马作宽.组织绩效管理[M].北京:中国经济出版社,2009:72.

二、不同绩效评价主体的选择与比较

传统的绩效管理强调员工完成上级布置的工作的重要性,在这种情况下,员工工作的目的在很大程度上是为了获得上级的认同,员工工作绩效的评价主体也主要是他的上级。但是上级并不是唯一重要的人,也不是对员工进行绩效评价的唯一主体。根据评价主体选择的依据,评价主体必须熟悉和掌握他所要评价的内容,但在有些情况下直接主管并不能观察到被评价者工作的一些重要方面,而他的同事、下级甚至外部客户可能更了解员工这方面的信息。比如一个企业的销售人员可能会到不同的区域去推销产品,其直接主管就不能观察到他们推销过程中的主要情况;客户服务人员为处于不同地点的客户提供服务时,直接主管也难以观察到他们的主要工作过程。在这样的情况下,如果只是由直接主管或上级作为评价主体,就很难对员工的绩效进行充分有效的评价。因此,为了使员工的绩效评价公平、有效,还必须要有其他种类的人员作为评价者与员工的上级或主管一起对员工的绩效进行评价。通常情况下,参与员工绩效评价的主体主要包括员工的直接上级或主管、同事、下级、员工本人、外部客户以及外聘专家等。

由于不同的评价主体具有不同的特点,因此,各类评价主体在绩效评价过程中所承担的评价和管理责任也各不相同。选择不同评价主体不仅仅是绩效评价的需要,同时也是实现绩效管理目的的需要。从这一点上看,绩效评价主体的选择并不仅仅是为了更好地落实绩效评价的工作,也是为了更好地对员工绩效进行管理。

1. 直接上级或主管人员评价

员工的工作绩效评价在多数情况下都是由员工的直接上级或主管人员做出的,直接上级或主管人员在绩效管理过程中自始至终都起着十分关键的作用。研究表明,目前大约有98%的组织将绩效评价视为员工直接上级的责任。直接上级或主管人员之所以能作为主要的评价主体,主要原因在于:

(1) 直接上级或主管人员了解下属员工的工作情况。作为直接上级或主管人员,通常处在最有利的位置来观察下属员工的工作情况,对下属员工的工作表现会有更全面的了解,能更容易地收集到有关下属员工工作绩效的相关信息。

(2) 直接上级或主管人员对下属员工的工作负有责任。因此,一方面直接上级或主管人员会更加熟悉工作绩效评价的内容,知道应该对下属员工工作的哪些方面进行评价;另一方面直接上级或主管人员也能更加负责地对下属员工的工作绩效进行评价,增强评价的客观性。

(3) 直接上级或主管人员作为评价主体符合逻辑。直接上级或主管人员对下属员工具有奖惩权,对工作表现良好的下属员工可以进行奖励,对工作表现不佳的可以进行惩罚,因此,由直接上级或主管人员作为评价者更加符合逻辑。另外,拥有对下属员工进行评价的权力,也增强了直接上级或主管人员的管理权威。

由于以上原因,直接上级或主管人员通常都是作为主要的评价主体,工作绩效评价往往都是由直接主管人员做出的。不过,直接上级或主管人员在评价时,有时也会因为个人偏见或与下属员工私人关系等原因而影响评价的客观性和公正性,甚至也可能出现为了给职位和薪酬调整提供决策依据而操纵绩效评价的情况。解决这些问题可以考虑由更高一级的主管对直接主管人员所做出的评价进行复核和补充,这样就可以抵消评价中的部分偏见,更好地把握绩效评价标准,使评价结果客观有效。

2. 同事评价

由于直接上级或主管人员在许多情况下并不能直接观察到下属员工的工作情况,而在一起工作的同事却能相互了解对方,所以同事可以作为评价主体参与员工的绩效评价。事实上,许多组织和企业都在绩效评价主体中增加了同事评价,用于补充甚至取代直接上级或主管人员所做的评价。

这里讲的同事既包括在同一个团队或部门一起工作的同事,也包括与评价对象有业务关系的其他部门的同事。同事考评与直接上级或主管评价在角度上会有所不同,同事能以一种与直接上级或主管不同的、更为直接的视角来看待员工的绩效,从而能对员工工作绩效中更真实的一面做出评价。同事在一起共同工作,能够更容易地观察到相互之间的领导能力和人际交往能力等方面的内容,同事评价在预测员工未来能否在管理工作上取得成功更加有效。

在同事考评时,对同一员工可能会形成不同的观点,但综合起来得出的评价结果则是比较客观的。虽然采用同事评价具有许多优点,但同时它也有一定的局限性。采用同事评价时,最主要的问题是由于要相互进行评价,同事之间可能会达成默契,相互给对方评为较高的等级,这也符合博弈论中多次博弈所要遵循的原则。在竞争的环境中,如果同事们所构成的工作团体并不成熟,同事评价就会引起相互猜疑、关系紧张,从而可能会使同事之间失去信任,降低工作团体的凝聚力。因此,同事评价的适用范围是有限的,同事评价的结果通常只能作为员工工作绩效评价的一个部分或补充,而不能单独作为员工的评价结果。

3. 下级评价

现在越来越多的组织中都采取了下级对其直接上级或主管人员进行评价的方式,即进行所谓自下而上的评价。事实上,下级具备作为其直接上级或主管人员工作绩效评价主体的基本条件,因为下级要经常与上级接触,对上级的管理工作情况(如领导风格、管理力度、组织协调能力、信息沟通能力等)和对下属的关注程度等都有直接的了解,因此,这种下级评价既能较好地反映管理人员的实际工作情况,又有利于促进管理人员的工作改进和个人发展。

不过,也有很多管理者担心他们的一些不受欢迎但是必要的行为(如批评员工)会导致下属对他们进行评价时实施报复,这就是所谓"民主评议"削弱了组织管理的原因所在。下级评价有时会使管理者陷入困境,有可能导致管理者在工作中总是设法去迎合下级的需要,更加注重员工的满意程度而不是他们的工作效率。同时,尽管在下级评价时通常都会采取匿名形式,但下级还是会担心自己所做的评价被上级察觉而招致相关的后果,在上级所管辖的人数较少时更是如此。另外,下级由于不承担管理工作而不了解管理者工作的必要性,也很难对"事"进行评价,因此,要做好下级评价,关键在于上下级之间要真正做到相互信任,下级评价也只能作为对上级工作绩效进行考评的一个部分,并且更多的是用于管理发展的目的。

4. 员工自我评价

有些组织在进行工作绩效评价时采用员工自我评价法。自我评价的理论基础是班杜拉(Bandura)的社会认知理论,这一理论包括自我目标设定、对目标执行的自我监控、自我实施奖励和惩罚等。该理论认为,许多人都了解自己在工作中哪些做得好、那些是需要改进的,如果给他们机会,他们就会客观地对自己的工作业绩进行评价,并采取必要的措施进行改进。

员工可以对自己的工作绩效进行评价,这种自我评价一般在其他评价主体实施评价之前，先由员工就自己的工作绩效填写一份自我评价表，如果员工理解了对自己期望的目标及评价标准，他们则处在评价自己的最佳位置上。更重要的是，自我考评给予员工参与评价鉴定的机会，当这种自我评价与个人工作目标制定结合在一起时，这种参与就变得非常重要。同时，自我评价也有利于减少人们对工作绩效评价的抵触情绪。

选择任何主体都不是十全十美的，自我评价也不例外。自我评价所存在的主要问题是，人们往往都对自己更加宽容，倾向于给自己做出更高的评价。大多数研究都表明，员工对他们自己的工作绩效做出的评价一般总是比他们的上级或同事所做出的评价结果要高。因此，对自我评价要慎重地使用，主要把它用于发展目的。

5. 客户评价

在一些组织中，了解员工工作情况的外部利益相关者也可以成为绩效评价的主体之一，最常见的做法就是将外部客户纳入评价主体之中，这种做法主要是为了了解那些只有特定外部人员才能感知到的绩效状况，或者通过引入这类外部评价主体达到引导评价对象行为的目的。

客户可以作为员工工作绩效的评价主体，特别是在那些大量接触公众的服务性组织中，往往把客户服务标准作为绩效评价的一项重要参考数据。由于服务性工作或岗位在时间和空间上的特点，决定了客户往往能观察到提供服务的员工工作的一些重要方面，因此客户评价能获得从其他渠道难于获得的信息。进行客户评价就是要获得更加客观的评价结果，使客户能够满意，并促进员工把工作做得更好，因此，客户评价的结果在人力资源管理决策和员工个人发展方面都能起到积极的作用。

采用客户评价存在的主要问题是，顾客在进行评价时与组织所进行的工作绩效评价在目的上可能会有所不同，客户考评往往是不全面的，并且有可能忽视员工工作的一些重要方面。因此，在利用客户进行评价时，要慎重地选择适合的客户作为评价人员。此外，采用客户评价的形式也有可能导致员工与客户的关系发生扭曲，双方可能发生串通一气的情况，这些都是需要注意解决的问题。

6. 外聘专家评价

在有些组织中，有时也会聘请外部专家来帮助进行评价。外部专家作为评价主体具有一些明显的优势，主要体现在他们拥有高超的专业评价技能和丰富的评价经验；同时，由于他们置身组织之外，与被评价者没有人际关系的纠葛，在评价结果的客观性上能够得到认可。因此，管理者和员工双方都愿意接受外部专家作为评价者。但是，利用外部专家来进行评价也存在缺陷，主要是外部专家没有机会观察被评价者的工作情况，对工作的许多方面理解有限。同时，与其他评价主体相比外部专家的评价成本较高。

通过对以上几种主要评价主体所进行的分析可以看出，每一种评价主体都具有自身的优势和不足。几种主要评价主体的优缺点如表 5-1 所示。在绩效评价系统中，评价主体的选择通常是以直接上级或主管人员为主，同时还要根据其他各种评价主体的优缺点，结合被评价者所从事的工作性质、所处的层次和组织其他方面的具体情况，在众多评价主体中进行选择。因此，最终所形成的考评主体往往是多重的，形成了以直接上级或主管人员为主体的 360 度评价，其主要特点就是所有与被评价者有关的方面（利益相关者）都可作为评价主体来进行全方位的评价。

表 5-1　几种主要评价主体的优缺点

评价主体	优点	缺点
直接上级或主管	1. 熟悉被评价者的工作情况 2. 对评价的责任心强 3. 符合逻辑	1. 个人偏见和私人关系有可能影响评价的公正性 2. 容易出现操纵评价结果的情况
同事	1. 有充分的机会观察被评价者的工作情况 2. 熟悉被评价者所从事的工作	1. 容易出现相互之间达成默契，把对方评为较高的等级的情况 2. 可能会造成同事关系紧张，降低团体的凝聚力
下级	1. 有充分的机会观察被评价者的工作情况 2. 熟悉被评价者所从事的工作	1. 可能削弱管理者的权威 2. 担心所作的评价被上级察觉而做出有利的评价
被评价者本人	1. 给予员工参与评价鉴定的机会 2. 有利于减少对工作绩效评价的抵触情绪	人们对自己更加宽容，倾向于做出更高的评价
外部客户	能获得其他渠道难以获得的信息	1. 评价目的不同 2. 可能会忽视被评价者一些重要方面
外聘专家	1. 拥有高超的评价技术和丰富的评价经验 2. 客观程度高	1. 对被评价者及其工作了解有限 2. 成本高

三、绩效评价主体的培训

评价主体在绩效管理过程中扮演着重要的角色，而评价主体的培训对于实现绩效评价的目的以及绩效管理的目标都是非常重要的一个环节。通过对评价主体的培训，主要要达到以下几个方面的目的：

（1）使评价主体认识到绩效评价在人力资源管理中的地位和作用，认识到自身在绩效评价过程中的作用；

（2）统一各个评价主体对于评价指标和评价标准的理解；

（3）使评价主体理解具体的评价方法，熟悉绩效评价中使用的各种表格，并了解具体的评价程序；

（4）避免评价主体误区的发生，使评价主体尽可能地消除误差与偏见；

（5）帮助管理者学习如何进行绩效反馈和绩效指导。

员工的直接上级或主管是最常见的评价主体，因此，对于员工的直接上级或主管人员的培训就显得格外重要。对于上级管理者作为评价主体的培训，其内容主要包括以下六个方面[①]：

（1）评价主体的主观误区培训。绩效评价是一个对客观绩效进行主观评定和估价的过程，在这一过程中，评价主体的主观判断准确与否非常重要，这就要求评价者必须尽可能地避免绩效评价的各种主观误区和主观错误。通过评价主体的误区培训，可使评价者对各类评价误区有更加深刻的认识和理解，找到克服或防止这些主观误区的方法和措施，减少由此造成的评价误差。

（2）关于绩效信息收集方法的培训。如何收集绩效信息也是评价主体培训的一项重要

---

① 方振邦，罗海元. 战略性绩效管理[M]. 北京：中国人民大学出版社，2010：240-241.

内容。为了使评价结果更有说服力,并且为评价后的绩效反馈提供充分的信息,评价主体必须充分收集各种与员工的绩效表现相关的信息。员工的职位和工作性质不同,能够获取有关工作绩效信息的渠道就会有所不同,因此,根据评价对象的不同情况有针对性地进行绩效信息收集方法的培训,对于评价主体收集到真正有价值的评价信息和反馈信息至关重要。

(3) 绩效评价指标的培训。绩效评价指标的培训是指通过培训,使评价者熟悉在评价过程中将使用的各个绩效指标,了解它们的真正含义。只有评价者真正理解这些指标的内涵和价值,他们才能够将绩效评价体系所要传达的信息传达给员工,因此,对评价主体就有关的绩效评价指标进行培训是必要的。

(4) 关于如何确定绩效标准的培训。关于确定绩效标准的培训是指通过培训,向评价者提供评价时的比较标准或者参考的框架。评价主体如何理解绩效标准将在很大程度上影响他们对每位评价对象的评价结果,因此,对评价主体进行绩效标准的培训是实现绩效管理中的程序公平的前提。

(5) 绩效评价方法的培训。绩效评价过程中可供选择的评价方法多种多样,有定性评价方法与定量评价方法之分,也有主观评价方法与客观评价方法之别,每一种评价方法都有各自的优点和缺点,应当通过培训使评价主体对各类评价方法尤其是在评价过程中可能会用到的方法有一个比较全面的认识和充分的掌握,对所选的评价方法产生认同感和信任感,以便在实际操作过程中做到扬长避短,充分发挥各种评价方法所具有的优势。

(6) 绩效反馈培训。绩效反馈是评价主体与评价对象之间的沟通过程,通过把绩效信息反馈给评价对象,可帮助评价对象认识到自己的绩效状况和存在的问题,纠正自己的绩效不足。通过开展绩效反馈方面的培训,可使评价者掌握绩效反馈的方法和技巧,更好地帮助员工提高能力,改进绩效,实现绩效管理系统的预期目标。

评价主体的培训内容要根据组织不同的情况而确定,并没有统一的模式,每一次培训可针对不同的问题来进行。另外,对于其他类型的评价主体进行培训时,也可参考对上级管理者进行培训的相关内容有针对性地开展培训。

[知识链接 5-1] 改进绩效评估的建议

绩效评估过程是一个潜在的雷区。评估者可能会无意识地夸大评估(宽大化倾向)或低估绩效(严格化倾向),或者对某个特定的评估过度影响了对其他特点的评估(晕轮效应)。有些评估者由于无意识地偏向那些品质和特征与自己相似的人,因而作出有偏见的评估(个人偏见)。当然,还有些评估者把评估过程视为一种政治机会,公然根据自己的喜好来奖励和惩罚员工。虽然不能保证获得精确的绩效评估,但下面这些建议能够使评估过程更为客观和公平。

(1) 使用多个评估者。随着评估者数量的增加,获得更准确信息的可能性也会提高。

(2) 有选择地评价。为了提高评估者之间的一致性,评估者只应在自己熟悉的领域进行评估。所以从总体上说,评估者与评估对象在组织层级上的距离越近越好。相反,评估者与评估对象之间的层级距离越远,则他们观察评估对象行为的机会就越少,因而评估结果不准确的可能性就越高。

(3) 培训评估者。如果你找不到优秀的评估者,那么就造就他们。大量事实证明,对评估者进行专门培训可以使他们成为更精确的评估者。

(4) 为员工提供正当程序。在评估中使用正当程序可以增强员工受到公正对待的认知。正当程序体系有三个特征:① 组织向个体提供充分的信息,使其了解组织的期望;② 某种违规或违纪行为的所有相关证据在一次听证会上被展示,从而使所涉及的个体可以进行辩护;③ 最终结果依赖于证据,不受偏见的影响。

资料来源:[美]斯蒂芬·P. 罗宾斯,蒂莫西·A. 贾奇. 组织行为学[M]. 14版. 孙建敏,李原,黄小勇,译. 北京:中国人民大学出版社,2012:486-487.

四、绩效评价主体应避免的主观误区

绩效评价是一项复杂的工作,而且是要通过评价主体的主观判断最终形成评价结果的,因此,在实际操作中难免会出现许多主观误区。只有认识到这些主观误区的存在,掌握它们的规律和特点,才能有的放矢地避免或克服这些评价误区,减少评价误差。在绩效评价过程中,评价主体要避免的主要评价误差有以下几种:

1. 晕轮效应

晕轮效应是指当认知者对员工的某种特征形成好的或坏的印象后,他会倾向于据此推论该员工其他方面的特征。晕轮效应意味着,如果对下属某一绩效要素的评价较高,会导致对此人的其他绩效要素也会评价较高,晕轮效应反映的是"以偏概全"的评价倾向。

2. 宽大化倾向

宽大化倾向是最常见的评价误差行为。受这种行为倾向的影响,评价者对评价对象所做的评价往往高于其实际成绩。这种现象产生的原因主要有:① 评价者为了保护下属,避免留下不良绩效的书面记录,不愿意严格地评价下属;② 评价者希望本部门员工的业绩优于其他部门员工的业绩;③ 评价者对评价工作缺乏自信心,尽量避免引起评价争议;④ 评价要素的评价标准不明确;⑤ 评价者想鼓励工作有所提高的员工。

3. 严格化倾向

严格化倾向是与宽大化倾向相对应的另一种可能的评价者行为倾向,是指评价者对员工工作业绩的评价过分严格的倾向。严格化倾向产生的原因主要有:① 评价者对各种评价因素缺乏足够的了解;② 惩罚顽固的或难以对付的员工;③ 促使有问题的员工主动辞职;④ 为有计划的裁员提供依据;⑤ 减少凭业绩提薪的下属的数量;⑥ 遵守组织的规定。

4. 中心化倾向

中心化倾向是指评价者对一组评价对象做出的评价结果相差不大,或者都集中在评价尺度的中心附近,导致评价成绩拉不开差距。造成中心化倾向的原因主要有:① 人们通常不愿意做出"极好"或"极差"之类的极端评价;② 对评价对象不甚了解,难以做出准确评价;③ 评价因素的说明不完整,评价方法不明确;④ 评价者对评价工作缺乏自信心。

5. 首因效应

首因效应也叫第一印象效应,是指员工在绩效评价初期的表现对评价者评价其以后的绩效表现会产生延续性影响。首因效应会对绩效评价工作带来消极的影响,往往会使评价结果不能正确地反映评价对象的真实情况。

6. 近因效应

近因效应是指评价者只凭员工近期行为表现,即员工在绩效评价期间的最后阶段绩效

表现的好坏进行评价,导致评价者对其在整个评价期间的业绩表现得出相同的结论。近因效应的存在往往会使员工在评价之前的几天或几周里表现积极,工作效率明显提高,这使得评价者对近期行为的记忆要比过去行为的记忆更加清晰,由此得出的评价结论往往是不恰当的。

7. 评价者的个人偏见

评价者的个人偏见是指评价者在进行各种评价时,可能在员工的个人特征,如种族、民族、性别、年龄、性格、爱好等方面存在偏见,或者偏爱与自己的行为或人格相近的人,造成人为的不公平。评价者的这种偏见在其脑海里形成所谓的"刻板效应",这会导致评价者对与自己关系不错、性格相投的人给予较高的评价;反之,则给予很低的评价。

8. 溢出效应

溢出效应是指因评价对象在评价周期之前的绩效失误而降低其当期的评价等级。溢出效应意味着如果员工在非评价周期发生工作失误,在评价周期内即使并没有再犯过类似的错误,也同样会受到过去失误的影响而在评价中被给出较低的评价等级。在评价中出现溢出效应对评价对象来说是很不公平的,它会极大地挫伤员工继续提高工作绩效的积极性。

避免上述评价者的误区,首要的途径就是通过培训使评价者认识到各种评价误区,从而使评价者有意识地避免这些误区的发生。通过培训使评价者学会如何收集资料作为评价依据,以避免首因效应、近因效应和溢出效应;也可通过清晰地界定绩效评价指标以避免晕轮效应的发生;还可通过让评价者正确认识绩效评价的目的或者必要时结合使用比较法(如排序法、强制分配法等)以避免宽大化倾向、严格化倾向或中心化倾向。

第四节 绩效评价的方法

一、绩效评价方法的分类与选择

在绩效评价过程中,明确了绩效评价的内容结构和评价主体之后,选择合适的绩效评价手段和工具就成了绩效评价的关键任务。评价方法的选择不仅是绩效评价的重点,同时也是绩效评价的难点,选择合适的绩效评价方法是绩效管理中一个技术性很强的问题。正确地选择绩效评价方法,对于能否得到公正、客观的评价结果有着重要的意义。

(一)绩效评价方法的分类

绩效评价方法有许多种,划分绩效评价方法的标准也是多种多样,常见的分类标准有以下三类:一是按照绩效评价标准的类型划分,可以分为特征导向的评价方法、行为导向的评价方法、结果导向的评价方法;二是按照绩效评价的系统性,可把绩效评价方法分成"系统的绩效评价方法"和"非系统的绩效评价方法"两大类;三是按照绩效评价的相对性或绝对性划分,可分为相对评价法和绝对评价法。

1. 特征导向型、行为导向型和结果导向型评价方法

特征导向型评价方法的评价重点是评价对象的个人特质,即评价员工是一个什么样的人。所选的评价内容主要是那些抽象的、概念化的个人基本品质,比如对组织的忠诚度、工作的主动性、创造性、沟通技巧等。

行为导向型评价方法的评价重点主要是评价对象的工作方式和工作行为,即对员工工作过程的评价。这类方法关注完成任务的行为方式是否与预定要求一致,当工作输出成果难以量化或者强调以某种规范行为来完成工作任务时适合采用此类绩效评价方法,比如对行政管理人员、服务人员的工作态度、待人接物方式的评价等。

结果导向型评价方法的评价重点是评价对象的工作内容和工作质量,如产品的产量和质量、劳动效率等,这类方法侧重于评价员工完成的工作任务和生产的产出。这类评价方法在员工工作的产出成果客观、具体以及可量化等条件下适用,比如在一线从事具体工作的生产人员、销售人员等。

特征、行为及结果导向的评价方法之间的比较如表 5-2 所示。

表 5-2 特征、行为、结果导向的绩效评价方法之比较

方法	优点	缺点	适用范围
特征导向的评价方法	1. 成本较低 2. 绩效指标比较有意义 3. 利于导向员工注重潜能的开发 4. 利于员工进行有计划的长期培养	1. 产生评价错误的可能较大 2. 对于员工的指导效用较小 3. 不适合用于奖励的分配	1. 适用于能力等个性特征指标的考核 2. 适用于以员工开发为目标的绩效考核和对高级管理人员的绩效考核
行为导向的评价方法	1. 提供确切的事实证据 2. 利于提供绩效反馈 3. 利于引导并规范被考核者的工作行为 4. 员工和主管都比较容易接受	1. 考核标准的制定难度大 2. 成本较高 3. 对基础管理要求较高	1. 适用于考核难以量化、主观性的行为 2. 适合于事务管理、行政管理等行为态度直接影响绩效效果的员工的考核
结果导向的评价方法	1. 简单、易操作 2. 成本低 3. 利于作出奖励和晋升决策 4. 便于员工之间进行比较 5. 员工和主管都比较容易接受	1. 可能会鼓励只看短期的行为 2. 对于工作行为、个人特征等难以量化的指标无法进行考核	1. 适用于考核可量化的、具体的绩效指标 2. 适合于企业操作工人、销售人员等工作相对简单、工作结果易于比较的员工的考核

2. 系统的绩效评价方法和非系统的绩效评价方法

系统的绩效评价方法就是指从组织战略目标到部门绩效目标以及员工个人绩效目标逐级进行系统评价的方法,比如前面第二章讲到的目标管理法、标杆管理法、关键绩效指标法和平衡计分卡等都是系统的绩效评价方法。事实上,系统的绩效评价方法已不再是简单的绩效评价方法,而是一种系统的绩效管理工具。非系统的绩效评价方法,也被称为一般性的绩效评价方法,是指针对具体的工作任务,对员工个体层面的绩效进行评价的方法,传统的绩效评价方法多属于非系统的绩效评价法。本章下面将会对各种主要的非系统的绩效评价方法及其应用问题进行深入探讨。

3. 绝对评价方法和相对评价方法

绝对评价法是针对每一个员工自身的工作绩效进行评价,而不是在员工之间相互比较的基础上得出员工的绩效结果。这种评价方法通常要制定统一的"绝对标准",用这种绝对标准对员工的工作绩效进行评价。按照所使用绝对标准的性质不同,绝对考评方法又可以分为两类:一类是以客观的工作标准作为绝对标准的评价方法;另一类是以客观的工作目标作为绝对标准的评价方法。标准往往是客观和固定的,绝对评价法使用绝对标准,不以评价

对象为转移,这使得绝对评价法在实践中的使用变得越来越普遍。不过,在有些情况下,绝对标准往往很难制定,而有时出于特定的评价目的,只需要能区分出被考评者的绩效状况就可以了,这时就可以使用相对评价法。所谓相对评价法是指在对员工的绩效进行相互比较的基础上对员工进行排序,提供一个员工工作的相对优劣的评价结果。相对评价法并不需要预先制定统一的评价标准,而是通过对被评价者进行相互比较来完成考评,因此,相对评价法也被称为比较法,所得出的评价结果只是反映被评价者绩效状况好坏的顺序或排列,而不能体现绩效的绝对水平。

绝对评价法和相对评价法之间的比较如表 5-3 所示。

表 5-3 绝对评价法和相对评价法之比较

评价项目	绝对评价法	相对评价法
成本	高	低
使用便利性	低	高
被评价者满意程度	高	低
评价性目标	高	低
发展性目标	高	低
绩效区分度	不确定	低
对合作的影响力	不利	有利
客观性	低	高
晕轮效应	高	低
过宽倾向	低	高
集中趋势	低	高
近因效应	低	高

按照评价标准进行分类,除了把绩效评价方法分成绝对评价法和相对评价法外,还有一种评价方法——描述法,这种评价方法不能直接被划归到这两个主要的评价方法类别中。所谓描述法是指用文字的形式对被评价者工作绩效的各个方面进行描述,由此得出被评价者工作绩效的综合评价结果。描述法属于一种特殊的评价方法,在使用时往往作为其他评价方法的辅助方法。

本章接下来对绩效评价具体方法的介绍主要从相对评价、绝对评价和描述评价三方面展开(如图 5-5 所示)。

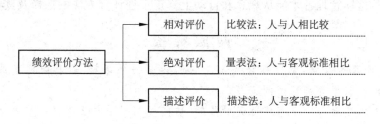

图 5-5 绩效评价方法的类别

(二)绩效评价方法的选择

绩效评价方法的选择是一个权变且灵活的过程,在具体的选择过程中应该考虑以下主

要因素[①]:

1. 组织管理和文化特征

不同的组织管理和文化特征必然会对组织的人力资源管理文化产生关键性的影响,从而对绩效评价方法的选择和实施产生重要影响。每一种绩效评价法都反映了一种具体的管理思想和原理,都具有一定的科学性和合理性,同时不同的方法又都有自己的局限性与适用条件范围,要有选择那些适应组织管理风格和组织文化特征的绩效评价方法,绩效评价过程才会顺畅,绩效评价目标才易于实现。

2. 评价目的和评价对象

绩效评价是为组织战略和人力资源管理服务,而不是为评价而评价,因此,评价方法的选择要考虑与评价目的的适应性。同时,不同的评价对象对评价方法的适应性也是不同的,如常规工作强调对程序、规范、工作纪律服从等的评价,对技术和创新岗位人员的评价则强调对基本素质和创造性的评价,对组织的管理人员则强调管理技能的评价等,所以,选择的评价方法还要与评价对象相适应,能为评价对象所理解和接受。

3. 评价成本和前提条件

绩效评价体系的价值在于通过绩效评价所产生的经济收益高于投入的成本。绩效评价的成本主要包括管理运作成本、组织成本以及评价信息收集与管理成本。一般情况下,定量评价方法的成本要高于定性评价方法的成本,但定性评价又会因为信息传递过程中的失真而增加成本,组织在选择评价方法时需要对此加以权衡。另外,评价成本与评价的前提条件也有密切关系。在缺乏评价前提条件时选择相应的评价方法,不仅会增加评价成本,而且无法有效地进行评价。绩效评价的关键前提条件主要有:评价要素必须选自关键职责领域和目标领域;评价要素必须具有明确的评价标准;评价必须有有效的衡量手段;评价必须具有可靠的信息来源;评价必须具有随时纠偏的手段;必须能够公正地使用评价结果。

4. 管理者的能力和态度

管理者的能力和态度也是影响绩效评价方法选择的主要因素。绩效评价方法的难易程度差异很大,它对管理者的能力和素质要求各不相同,所以无论采取什么评价方法,都需要对各级管理者进行必要的培训,以提高评价方法的使用效果。同时,管理者对待绩效评价的态度也是能否有效进行评价的关键条件,管理者对待绩效评价的态度必须端正,而且需要有制度上的保障,这样管理者才能从观念和行动上真正重视评价方法的选择及其使用。

[案例故事 5-1]　　　　　　两 熊 赛 蜜

黑熊和棕熊喜食蜂蜜,都以养蜂为生。它们各有一个蜂箱,养着同样多的蜜蜂。有一天,它们决定比赛看谁的蜜蜂产的蜜多。

黑熊想,蜜的产量取决于蜜蜂每天对花的"访问量",于是它买来了一套昂贵的测量蜜蜂访问量的绩效管理系统。在它看来,蜜蜂所接触的花的数量就是其工作量。每过完一个季度,黑熊就公布每只蜜蜂的工作量;同时,黑熊还设立了奖项,奖励访问量最高的蜜蜂。但它从不告诉蜜蜂们它是在与棕熊比赛,它只是让它的蜜蜂比赛访问量。

[①] 马作宽. 组织绩效管理[M]. 北京:中国经济出版社,2009:85-86.

棕熊与黑熊想得不一样。它认为蜜蜂能产多少蜜,关键在于它们每天采回多少花蜜——花蜜越多,酿的蜂蜜也越多。于是它直截了当告诉众蜜蜂:它在和黑熊比赛看谁产的蜜多。它花了不多的钱买了一套绩效管理系统,测量每只蜜蜂每天采回花蜜的数量和整个蜂箱每天酿出蜂蜜的数量,并把测量结果张榜公布。它也设立了一套奖励制度,重奖当月采花蜜最多的蜜蜂。如果一个月的花蜜总产量高于上个月,那么所有蜜蜂都受到不同程度的奖励。

一年过去了,两只熊查看比赛结果,黑熊的蜂蜜不及棕熊的一半。

资料来源:诸葛剑平. 人力资源管理[M]. 杭州:浙江工商大学出版社,2013:137-138.

二、比较法

比较法(comparison method)就是对评价对象进行相互比较,从而决定其工作绩效相对水平的评价方法。常见的比较法主要有简单排序法、交错排序法、配对比较法、人物比较法和强制分布法。

1. 简单排序法

简单排序法是指评价者经过通盘考虑后,以自己对评价对象工作绩效的整体印象为依据,结合自己的经验认识和主观判断,对相同职务的员工的工作状况进行整体比较和排序。简单排序法的例子如表5-4所示。

表5-4 简单排序法

要素一的排名		要素二的排名		总 排 名	
排序名次	员工姓名	排序名次	员工姓名	员工姓名	排序名次
1	员工B	1	员工A	员工A	3
2	员工A	2	员工D	员工B	4
3	员工D	3	员工B	员工C	8
4	员工C	4	员工C	员工D	5

2. 交错排序法

交错排序法的原理和简单排序相同,只是在排序方法上进行了一些技术上的改进。一般来说,从员工中挑出最好的和最差的比逐一排序要容易得多,交错排序法就是据此克服了简单排序法的缺点。交错排序法的具体操作步骤是:①把绩效最好的员工列在名单之首,把绩效最差的员工列在名单末尾;②从剩余员工中挑出绩效最好的列在名单第二位,相应的绩效最差的员工列在名单倒数第二位;③按照上述步骤不断挑出剩余的员工中绩效最好和绩效最差的员工,直到所有被评价员工都被排列到名单中为止。交错排序法适合员工数量多、评价要素也多的情况,这种评价方法简单实用,结果一目了然,但采用这种方法也容易对员工造成心理压力,情感上不易接受。

3. 配对比较法

配对比较法就是将员工两两配对并依据某一评价因素进行比较。基本做法就是将每一个被评价的员工按照所有的评价要素(工作数量、工作质量等)与其他所有员工进行比较,根据配对比较的结果,排列出绩效名次。比如要对某组织中的4名员工采用配对比较法进行绩效评价,首先要设计出一张如表5-5所示的表格,在表中要标明所有被评价的员工姓名,然后将所有员工根据评价要素进行逐一比较,绩效水平高的一方记"+"号,绩效水平差的一方记"-"号,最后将每一名员工得到的"+"号相加,根据"+"号的数量排序。

表 5-5 配对比较法

员工	A员工	B员工	C员工	D员工	"+"号合计(排序名次)
A员工	—	+	—	+	2
B员工	—	—	—	+	1
C员工	+	+	—	+	3
D员工	—	—	—	—	0

4. 人物比较法

人物比较法,也叫标准人物比较法,就是所有的评价对象都与某一个特定的"标准人物"进行比较,从而得出评价结果。这种比较方法设计和使用容易,成本低,比其他比较法更能提高员工的工作积极性,同时,这种方法还能够有效地避免宽大化倾向、中心化倾向以及严格化倾向。人物比较法的例子如表5-6所示。

表 5-6 人物比较法

评价项目: 业务知识   标准人物: 员工 H

员工姓名	1. 非常优秀	2. 比较优秀	3. 相同	4. 比较差	5. 非常差
A员工					
B员工					
C员工					
D员工					

5. 强制分布法

强制分布法是指按照事物"两头小、中间大"的正态分布规律,先确定好各绩效等级人数在被评价总人数中所占的比例,然后按照每个被评价者绩效的相对优劣程度,将其强制分配到其中的相应等级。强制分布法是最初美国部队为考核军官的绩效而设计的,它伴随着 GE 公司的"活力曲线"(vitality curve)进入中国企业视野,现在在企业界已经得到了广泛的应用。这种方法是基于这样一个假设:所有的组织、部门中都有优秀、一般、较差表现的员工,他们的比例基本服从正态分布。在符合这一假设前提下,可以按照正态分布制定被评价员工的绩效分布比例。强制分布法的例子如表5-7和图5-6所示。

表 5-7 强制分布法

等级	杰出	优秀	良好	需要改进	不令人满意
比例	10%	20%	40%	20%	10%

强制分布法适合被评价员工人数较多的情况,评价过程简单易行,可以有效避免评价者的宽大化倾向、中心化倾向以及严格化倾向,有利于管理控制,特别是在引入了淘汰机制的组织中,强制分布法能明确筛选出淘汰对象,具有强制激励和鞭策员工的功能。不过,如果一个部门的员工整体绩效都比较优秀,而强制进行正态分布进行比例分配,也会带来多方面的弊端。另外,被评价员工数量不够大或者群体绩效明显不服从正态分布时,采用强制分布法也会严重影响评价结果的客观公正性。

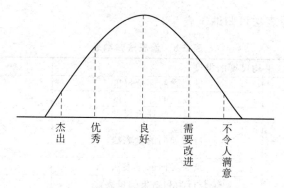

图 5-6 正态分布的"强制分布"示意图

[知识链接 5-2] "活力曲线"

活力曲线(vitality curve),亦称末位淘汰法则、10%淘汰率法则,指通过竞争淘汰来发挥人的极限能力,由通用公司(GE)前 CEO 杰克·韦尔奇提出,其实质就是"末位淘汰"。活力曲线是以业绩为横轴(由左向右递减),以组织内达到这种业绩的员工的数量为纵轴(由下向上递增)。活力曲线通常呈正态分布。利用活力曲线,将很容易区分出业绩排在前面的 20% 的员工(A 类)、中间的 70% 的员工(B 类)和业绩排在后面的 10% 的员工(C 类)。A 类是激情满怀、勇于负责、思想开阔、富有远见的一批员工,他们不仅自身充满活力,而且有能力带动自己周围的人提高企业的生产效率。是否拥有这种激情,是 A 类员工与 B 类员工的最大区别,通用公司投入大量精力提高 B 类员工的水平,部门经理的主要工作之一就是帮助 B 类员工成为 A 类员工,而不仅仅是任劳任怨地实现自己的能量和价值,这就是绩效管理的魅力。C 类员工是不能胜任自己工作的人,他们更多是打击别人,而不是激励,是使目标落空,而不是使目标实现,作为管理者,不能在 C 类员工身上浪费时间。这种评估组织内人力资源的方法,韦尔奇称之为"活力曲线"。韦尔奇所推崇的"活力曲线",被认为是给通用公司带来无限活力的法宝之一。

通用公司每年会针对各事业单位的主管打分数,区分出 A、B、C 三个不同等级的绩效表现。最杰出的 A 级员工必须是事业单位中的前 20%;B 级员工是中间的 70%;C 级员工约 10%,通用公司以常态分配的钟形活力曲线来呈现这种概念。A 级员工将得到 B 级员工 2~3 倍的薪资奖酬,而 C 级员工则有遭到淘汰的危机,活力曲线是年复一年、不断进行的动态机制,以确保企业向前迈进的动能。

资料来源:http://baike.baidu.com/view/564982.htm.

三、量表法

量表法(scaling method)是指将绩效评价的指标和标准制作成量表,并据此对员工的绩效进行评价的方法。量表法是应用最为广泛的绩效评价方法之一。应用量表法进行评价,通常应先进行维度分解,再沿各维度划分出等级,通过设置量表来实现量化考核。量表的形式有很多种。

作为一种绝对评价方法,量表法所采用的评价标准一般都是客观的职位职能标准,因此,评价结果更客观、准确,并且可以在不同员工之间进行横向比较。绩效评价指标有四个构成要素:指标的名称、定义、标志和标度,实际上量表法就是根据评价指标的这四个构成要素来设计量表的。不同量表法之间的区别主要反映在所使用的评价指标如何定义其具体的评价尺度上。常用的量表法可归纳于表5-8。

表5-8 量表法归纳表

平均尺度的类型		量表法的名称
非定义式的评价尺度	量词式的评价尺度	图尺度量表法
	等级式的评价尺度	等级择一法
	数量式的评价尺度	
定义式的评价尺度	行为导向的量表法	行为锚定量表法
		混合标准量表法
	结果导向的量表法	—
	综合行为和结果的量表法	综合尺度量表法
其他		行为对照表法
		行为观察量表法

1. 图尺度量表法

图尺度量表法(graphic rating scale, GRS),也称为图解式评价法,它列举出一些组织所期望的绩效评价要素(如质量、数量或个人特征等),不同的评价要素被赋予不同的权重,并对这些评价因素分别规定从非常优秀到很差的等级标志,对每一个等级标志都进行必要的说明并赋予不同的得分。在进行绩效评价时,首先针对每一位评价对象从每一项评价要素中找出最符合其绩效状况的分数,然后将每一位员工所得到的所有分值进行加权汇总,即得到其最终的工作绩效评价结果。图尺度量表法的例子如表5-9、表5-10所示。

表5-9 图尺度量表法示例1

员工姓名:_____   职 位:_____
部   门:_____   员工薪资:_____
绩效评价的目的: □年度例行评价 □晋升   □绩效不佳
              □工资调整   □试用期结束 □其他
员工到现职时间:_____
最后一次评价时间:_____ 正式评价日期时间:_____

说明:请根据员工所从事工作的现有要求仔细地对员工的工作绩效加以考核。请检查各代表员工绩效等级的小方框。如果绩效等级不合适,请标明"N"字样,并加以说明。请按照尺度表中所标明的等级来核定员工的工作绩效分数,并将其填写在相应的用于填写分数的方框内。最终的工作绩效结果通过将所有的分数进行加总和平均而得出。

评价等级说明:

O:杰出(outstanding)——在所有各方面的绩效十分突出,并且明显地比其他人的绩效优异的多。

V:很好(very good)——工作绩效的大多数方面明显超出职位的要求。工作绩效是高质量的并且在考核期间一贯如此。

G:好(good)——是一种称职的和可信赖的工作绩效水平,达到了工作绩效标准的要求。

I:需要改进(improvement needed)——在绩效某一方面存在缺陷,需要进行改进。

U:不令人满意(unsatisfactory)——工作绩效水平总的来说无法让人接受,必须立即加以改进。绩效考核等级在这一水平上的员工不能增加工资。

N:不作考核(not rated)——在绩效等级表中没有可利用的标准或因时间太短而无法得出结论。

员工绩效评价要素	评价尺度		评价的事实依据或评语
1. 质量:所完成工作的精确度、彻底性和可接受性	O □ V □ G □ I □ U □	100~91分 90~81分 80~71分 70~61分 60分及以下	分 数 □

续表

2. 生产率：在某一特定的时间段中所生产的产品数量和效率	O □ V □ G □ I □ U □	100~91 分 90~81 分 80~71 分 70~61 分 60 分及以下	分　数	
3. 工作知识：时间经验和技术能力以及在工作中所运用的信息	O □ V □ G □ I □ U □	100~91 分 90~81 分 80~71 分 70~61 分 60 分及以下	分　数	
4. 可信度：某一员工在完成任务和听从指挥方面的可信任程度	O □ V □ G □ I □ U □	100~91 分 90~81 分 80~71 分 70~61 分 60 分及以下	分　数	
5. 勤勉性：员工上下班的准时程度、遵守规定的时间休息、用餐时间的情况以及总体的出勤率	O □ V □ G □ I □ U □	100~91 分 90~81 分 80~71 分 70~61 分 60 分及以下	分　数	
6. 独立性：完成工作时不需要监督和只需要很少监督的程度	O □ V □ G □ I □ U □	100~91 分 90~81 分 80~71 分 70~61 分 60 分及以下	分　数	

表 5-10　图尺度量表法示例 2

评价要素	评价尺度	权重	得分	事实依据及评语
专业知识：经验以及工作中的信息知识	10　8　6　4　2 s　a✓　b　c　d	30%	a	（略）
计划能力：对完成工作的有效设计	15　12　9　4　3 s　a　b✓　c　d	15%	b	（略）
沟通能力：以书面和口头方式清晰明确的表达思想、观念或者事实的能力	10　8　6　4　2 s　a✓　b　c　d	10%	a	（略）
…	…	…	…	…
s：极优 a：优 b：良 c：中 d：差	最终得分：62 分 最终档次： s　a　b✓　c　d	档次划分		s：80 分以上 a：65~79 分 b：49~64 分 c：33~48 分 d：16~32 分

2. 等级择一法

等级择一法是指在事先规定各等级标准的基础上,由评价者根据评价对象的实际状况对属于某一等级做出决定。等级择一法是一种既简单又实用的评价方法,其原理与图尺度量表法完全相同,只是在规定评价尺度时没有使用图示,而是采用了一些有等级含义的短语来表示。等级择一法的例子如表 5-11 所示。

表 5-11 等级择一法

评价指标	评价尺度				
	优秀	良好	满意	尚可	不满意
专业知识	5	4	3	2	1
沟通能力	5	4	3	2	1
判断能力	5	4	3	2	1
管理技能	5	4	3	2	1
工作质量	5	4	3	2	1
团队合作能力	5	4	3	2	1
人际关系能力	5	4	3	2	1
主动性	5	4	3	2	1
创造性	5	4	3	2	1
解决问题能力	5	4	3	2	1

3. 行为锚定量表法

行为锚定量表法(behaviorally anchored rating scales,BARS)是将某一职务工作可能发生的各种典型行为进行评分度量,建立一个锚定评分表,表中有一些典型的行为描述性说明词与量表上的一定刻度即评分标准相对应和联系。然后以锚定评分表为依据,对员工工作中的实际行为进行测评给分。行为锚定量表法实际上是运用量表评分的方法对关键事件进行考核打分,在某种程度上,它与前面所提的图尺度量表法有相似的地方,但重点不在绩效的结果上,而是落在员工的职能行为上。行为锚定量表法的前提是假设员工的职能行为将产生有效的工作绩效。

采用行为锚定量表法进行绩效评价的关键,在于所制定的锚定评分表是否合理。锚定评分表的制定,通常应由组织的领导层、直接绩效评价人员(直线经理或主管)、人力资源管理专业人员、被评价者代表共同研究,民主协商完成。采用行为锚定量表法通常应遵循以下五个步骤:

(1) 记录关键事件。由员工本人及其直接上级对一些代表各个等级绩效水平的关键事件进行描述。

(2) 建立绩效评价等级。由上述人员将所收集的关键事件合并为几个绩效评价要素或指标(通常是 5~10 个左右),并对这些绩效评价要素或指标的内容加以界定或给出定义。

(3) 对关键事件进行重新分配。由另外一组同样对工作比较了解的人员对原始的关键事件进行重新排列,将这些关键事件分别放入他们认为最合适的绩效要素中。一般来说,如果第二组中某一比例的人(通常是 50%~80%)将某一关键事件归入的绩效评价要素与第一组是相同的,那么就能确认这一关键事件应归入的评价要素。

(4) 对关键事件进行评定。由第二组人员对关键事件中描述的行为进行评定,以判别它们是否有效地代表某一工作绩效要素所要求的绩效水平。对行为的评定大多选择 7 级或 9 级尺度进行(既可是连续尺度,也可是非连续尺度)。

(5) 建立最终的行为锚定评价体系。对每一个绩效要素而言,都将会有一组关键事件作为其"行为锚",每组中通常会有 5~7 个关键事件。表 5-12 是关于工作计划和编制文件的锚定评价表。表 5-13 则是根据多个评价维度编制的行为锚定等级评价表[①]。

表 5-12　关于"工作计划和编制文件"的锚定评价表

锚	分　值
制订综合的工作计划,编制好文件,获得必要的批准,并将计划分发给所有相关人员	7(优秀)
计划、沟通并观察重大事件;每星期陈述有关计划的执行情况。编制最新的工作计划完成图及累计待办的工作,采用这些方法使任何要求修改的计划最优化。运行中偶尔会有一些小的操作问题,但能够有效地沟通	6(很好)
列出每项工作的所有组成部分,对每一部分的工作做出时间安排。努力提早完成计划,以留出富裕时间。满足顾客的时间要求,超时和超支现象很少发生	5(好)
制定了工作日期,并随工作进展的情况修改日期,经常增加不可预见事件,经常激起顾客的抱怨。可能制订了一个不错的计划,但没有记载工作进展的重大事件,也不报告时间安排中的疏漏或者发生的其他问题	4(一般)
没有很好地制订计划,编制的时间进度表通常是不现实的。不能提前一两天制定计划,对于实际工作的到期日一无所知	3(低于平均水平)
对将要从事的工作没有计划或安排,对分配的任务不制定计划或者很少做计划	2(很差)
因为没有计划,且对制订计划漠不关心,所以很少完成工作。由于缺少计划且不查明如何改进,所以常常失败	1(不能接受)

表 5-13　多维度的行为锚定等级评价表

维　度	锚	分值/分
工作量——员工每个工作日的工作量	有非常优异的生产记录	5 优秀( )
	很勤奋地超额完成	4 良好( )
	工作量令人满意	3 一般( )
	刚好达到要求	2 较差( )
	没有达到最低要求	1 极差( )
可信赖程度——只需最少监督就能令人满意地完成规定的工作	所需的监督是最低限度的	5 优秀( )
	需要很少的监督,是可以信赖的	4 良好( )
	通常在适当的督促下能完成规定的工作	3 一般( )
	有时需要督促	2 较差( )
	需要密切督促,不可信赖	1 极差( )
工作知识——员工为取得满意的工作绩效应具备的有关工作任务的信息	已经完全掌握所有的工作阶段	5 优秀( )
	理解工作的所有阶段	4 良好( )
	对工作任务有一定认识,能回答工作上的大多数问题	3 一般( )
	缺乏对工作某些阶段的认识	2 较差( )
	对工作任务认识不足	1 极差( )
出勤率——每天上班且遵守工作时间的守信性	总是正常及时地出勤,在需要时自愿加班	5 优秀( )
	非常及时地出勤,且很正常	4 良好( )
	基本正常出勤且准时	3 一般( )
	出勤散漫,有时工作准时,或两者兼而有之	2 较差( )
	经常缺勤且没有充分的理由,或者经常迟到,或兼而有之	1 极差( )

[①] 魏新,张春虎. 人力资源管理概论[M]. 2 版. 广州:华南理工大学出版社,2013:181.

续表

维度	锚	分值/分
准确性——履行工作责任的准确度	所需监督是最低限度的,几乎总是准确的	5 优秀( )
	很少需要监督,多数时候是正确的、准确的	4 良好( )
	通常准确,只犯平均数量的错误	3 一般( )
	粗心,经常犯错误	2 较差( )
	屡屡犯错误	1 极差( )

行为锚定量表法是量表法与关键事件评价法综合运用的产物,其优点主要有:① 绩效评价尺度更为精确。由于行为锚定量表法是由那些对工作要求最为熟悉的人来编制行为等级体系,因此,这种法能够比其他评价法更准确地对工作绩效进行评价。② 绩效评价标准更为明确。等级尺度上所附带的关键事件有利于评价者更清楚地理解各种绩效等级上的工作绩效到底有什么关系,它们之间有哪些具体差异。③ 具有良好的反馈功能。关键事件可以使评价者更为有效地向评价对象提供反馈。④ 各种工作绩效评价要素之间有着较强的相互独立性。⑤ 具有较好的连贯性。由不同评价者采用行为锚定量表法对同一个人进行评价时,其结果基本上都是前后一致的,具有较好的连贯性和较高的评价信度。

行为锚定量表法在应用过程中也存在一些不足,主要有:① 行为锚定的文字描述耗时比较长,同时会动用较多的人力和物力;② 对于不同的工作岗位必须使用不同的表格,这不便于绩效评价和管理;③ 经验性的描述有时也容易出现偏差。图 5-7 是一个关于行为锚定量表法的例子。

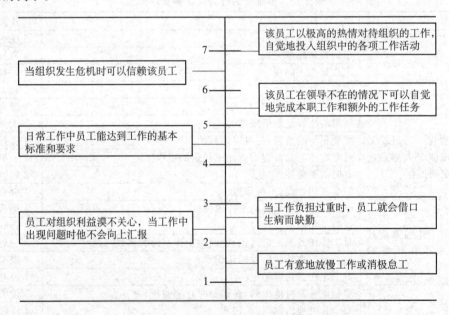

图 5-7 行为锚定量表法:员工在工作中的行为表现考评表

4. 混合标准量表法

混合标准量表法(mixed standard scales,MSS)是美国学者布兰兹(Blanz)于 1965 年提出的。这种评价方法最初是作为特征导向的量表法而开发的,但它也被用在以行为导向描述的绩效评价中,并被作为一种减少绩效评价误差的手段。混合标准量表法最主要的特征在于,所有评价指标的各级标度被混在一起随机排列,而不是根据评价指标的一定顺序排列。在评价过程中,评价者要注明被评价者的实际情况是高于(+)、等于(0)还是低于(-)所描述的水平,并填写评价表格,然后再根据一个特定的评分标准来确定每一位被评价者在每一种绩效维度上的得分。其具体做法是:① 对相关的绩效维度进行界定;② 分别对每一个维度的"好"、"中"、"差"的绩效内容与标准进行阐明或界定;③ 在实际评价表格的基础上,将这些说明与其他维度中的各种绩效等级说明结合在一起,形成一种混合标准尺度供评价者选择。

混合标准量表法与其他评价方法相比适应度强,易于操作,它既适用于对一般工作人员的评价,也适用于对管理人员的评价,而且混合标准量表一旦制定出来,今后的评价都可以依此操作。混合标准量表法打散了各评价指标的各级标度,这种方式能够避免人们受到等级规定的影响而不能客观地根据标度的描述进行评价。同时,混合标准量表法采用了特殊的评分方式,这使得在合理编排标度的前提下,可以通过寻找评价结果中是否有自相矛盾的情况来判断评价者是否认真地进行了评价。另外,其量表在中间的位置将评价对象的排列顺序进行了变更,这种方式能够在一定程度上避免评价者受惯性思维的影响。混合标准量表法的例子如表 5-14 所示。

表 5-14 混合标准量表法

被评价的三个维度		绩效等级说明	
主动性,智力,与他人的关系		高,中,低	

说明:请在每一项陈述后面标明员工的绩效是高于陈述水平的(填"+")、相当于陈述水平的(填"0"),还是低于陈述水平(填"-")的。

维度	等级	陈述	评价
主动性	高	1. 该员工确实是个工作主动的人。这个人一贯都是积极主动地做事,从来不需要上级来督促	+
智力	中	2. 尽管这位员工可能不是一个天才,但是他/她确实比我认识的许多人都更聪明	+
与他人的关系	低	3. 这位员工有与别人发生不必要冲突的倾向	0
主动性	中	4. 虽然通常来说这位员工工作还是积极主动的,但是有时候也需要由上级来督促其完成工作	+
智力	低	5. 尽管这位员工在理解问题的速度方面比某些人慢一点,学习新东西也比别人要花更长的时间,但是他/她还是具有一般的智力水平	+
与他人的关系	高	6. 这位员工与每一个人的关系都不错,即使是与别人意见相左的时候,他/她也能够与其他人友好相处	-
主动性	低	7. 这位员工有点儿坐等指挥的倾向	+
智力	高	8. 这位员工非常聪明,他学东西的速度非常快	0
与他人的关系	中	9. 这位员工与大多数人相处都比较好。只是在少数情况下偶尔会与他人在工作上产生冲突,这些冲突通常都是很小的	-

赋分标准:

陈述			得分
高	中	低	
+	+	+	7
0	+	+	6
-	+	+	5
-	0	+	4
-	-	+	3
-	-	0	2
-	-	-	1

续表

根据上述评估等级确定分数的过程举例：

	陈述			得分
	高	中	低	
主动性	＋	＋	＋	7
智力	0	＋	＋	6
与他人的关系	－	－	0	2

5. 综合尺度量表法

综合尺度量表法是将结果导向的量表法和行为导向的量表法相结合的一种评价方法，其评价指标的标度规定了行为和结果相结合的方式，这种方式既能够有效地引导员工的行为，又能够对结果进行直接控制。由于设计与职位相关的指标尺度比较困难，因此，使用这种评价方法需要较高的设计成本。表 5-15、表 5-16 是两个用于评价工作态度指标的综合尺度量表法的例子。[①]

表 5-15　综合尺度量表法例一

要素名称：协作性		职位等级：中层管理人员	职务类别：职能管理
要素定义：在工作中能否充分认识本部门在工作流程中所扮演的角色，考虑他人的处境，主动承担责任，协助上级、同事做好工作。			
等级	定义		评分
S	正确认识本部门在流程中所扮演的角色，合作性很强，自发主动地配合其他部门的工作，积极地推动公司总体工作的顺利进行。		20
A	愿意与其他部门进行合作，在其他部门需要的时候，能够尽量配合工作，从而保证公司总体工作的正常进行。		16
B	大体上能够按规定配合其他部门的工作，基本上能够保证公司总体工作的正常进行。		12
C	有时候有不配合其他部门工作的现象，存在部门本位主义倾向，从而导致公司总体工作有时会遇到困难。		8
D	根本不与其他部门进行沟通和协调，部门本位主义倾向明显，在工作中经常与其他部门发生冲突，导致公司总体工作陷入僵局。		4

表 5-16　综合尺度量表法例二

要素名称：自律性		职位等级：中层管理人员	职务类别：职能管理
要素定义：本人以及本人所管理的部门能否严格遵守公司的各项规章制度和工作纪律，有无违反规定的现象发生。			
等级	定义		评分
S	本人清正廉洁，严于律己，很受大家尊重，同时能够严格约束下属，本人及所属部门能够严格遵守公司的各项规章制度以及工作纪律，从来没有违反公司规定的现象出现。		20
A	本人对自己的要求比较高，受到大家的尊重，同时对下属人员的纪律要求也比较严，本人及所属部门能够遵守公司的各项规章制度以及工作纪律，基本没有违规记录。		16

---

① 方振邦，罗海元．战略性绩效管理[M]．北京：中国人民大学出版社，2010：263-264．

		续表
B	本人有一定的自律性,总体上能够获得大家的认可,同时对下属人员也注意约束,本人及所属部门基本上能够遵守公司的各项规章制度以及工作纪律,违规事件较少。	12
C	本人的自律性不够,周围的人对其有一定的意见,同时(或者)对下属人员不注意纪律约束,本人及所属部门有时不遵守公司的规章制度和工作纪律,违规事件时有发生。	8
D	本人的自律性非常差,周围的人对其意见很大,同时(或者)对下属人员根本不加以约束,本人及其所属部门不遵守公司的规章制度和工作纪律,违规事件屡屡发生。	4

6. 行为对照表法

行为对照表法,也叫普洛夫斯特法,是由美国圣保罗人事局的 J. B. 普洛夫斯特在 1920 年创立的一种评价方法。评价者只要根据人力资源部门提供的描述员工行为的量表,将员工的实际工作行为与表中的描述进行对照,找出准确描述了员工行为的陈述(即评价者只要做出"符合、不符合"二选一的决定),其选定的项目不论多少都不会影响评价的结果。这种方法能够在很大程度上避免因评价者对评价指标的理解不同而出现评价偏差。制作行为对照表是一项十分繁杂的工作。由于行为对照表中列举的内容与评价对象的工作内容密切相关,因而必须由熟悉评价对象工作内容的人员逐项进行核定。

行为对照表法操作简单,执行成本很小,只需对项目和事实进行一一核实,并且可以回避评价者不清楚的情况;不易发生晕轮效应等评价者误差,评价标准与工作内容高度相关,评价误差小,有利于进行行为引导。此外,行为对照表法可以进行员工之间的横向比较,较好地为发放奖金提供依据。

当然,行为对照表法在应用中也存在一些不足,主要表现在:① 评价因素/项目所列举的都是员工日常工作中的具体行为,无论如何,这种列举都不可能涵盖工作中的所有行为;② 设计难度大,成本高,需要借助专家的力量才能完成;③ 由于评价者无法对最终结果做出预测,因而可能降低评价者的评价意愿;④ 能够发现一般性问题,但无法对今后员工工作绩效的改进提供具体明确的指导,所以不是特别适合用来对员工提供建议、反馈和指导。行为对照表法的例子如表 5-17 所示。

表 5-17 行为对照表法

评价	评价项目	项目计分(不公开)
√	懒惰	−2
	对自己的工作十分熟悉	1
	行动迟钝	−1/−2
√	值得信赖	1
	语言粗鲁	−1/−2
	声音态度十分明朗	1
√	人际关系良好	1
...	……	...

表 5-17 的例子中,左边的"评价"栏中打钩的项目是指评价者认为评价对象的行为与项

目描述的内容一致。右边的"项目计分"栏在实际的评价表中是不公开的,这是为了避免评价者由于了解评价项目的加分或减分情况而影响判断。

7. 行为观察量表法

行为观察量表法(behavioral observation scales,BOS)是由美国的人力资源专家拉萨姆和瓦克斯雷(Latham & Wexley,1981)在对行为锚定量表法和传统绩效评定表法进行不断发展和演变的基础上提出的一种评价方法,这种方法使用统计分析(如因素分析或项目分析)选出评价指标,再据此将建立在事件基础上的行为清单进行汇总,评价者有时只要把那些表示员工具体行为发生频率的数字简单相加就可以得到评价结果。行为观察量表法适用于对基层员工工作技能和工作表现的考察。

行为观察量表法运用行为观察量表,并不是要先确定员工工作表现处于哪一个水平,而是确定员工某一个行为出现的频率,然后通过给某种行为出现的频率赋值,从而计算出得分。设计行为观察量表的步骤如下:

(1) 将内容一致或相似的事件归为一组,形成一个行为指标;
(2) 将相似的行为指标归为一组,形成一个评价标准;
(3) 检查每个评价标准的内部一致性,对评价标准一致性差的行为项重新分类或改写;
(4) 检验行为观察量表各评价标准的相关性或内容效度;
(5) 将行为观察量表各评价标准的每个行为指标划分为五级频率标度;
(6) 对行为观察量表的每个行为指标与其他所有行为指标进行相关性分析,排除那些区分度不符合要求的行为指标;
(7) 根据行为指标之间的相关程度分析将行为指标分组,形成不同的评价标准,保证评价指标相互独立,而且在此基础上所包含的评价指标数目也最少。

表 5-18 是应用行为观察量表法考核机关中层管理人员的示例。

表 5-18 行为观察量表法示例(部分)

岗位名称:机关中层管理人员
说明:通过指出员工表现出下列每个行为的频率,用下列评定量表在指定区间打分。
　　5=总是　　　4=经常　　　3=有时　　　2=偶尔　　　1=从不
1. 克服改革中阻力的能力
　　(1) 向下属说明改革的细节　　　　　　　　　　　　　　　5 4 3 2 1
　　(2) 解释改革的必要性　　　　　　　　　　　　　　　　　5 4 3 2 1
　　(3) 与员工讨论改革会对他们产生什么影响　　　　　　　　5 4 3 2 1
　　(4) 倾听员工所关心的问题　　　　　　　　　　　　　　　5 4 3 2 1
　　(5) 在推进改革的过程中寻求下属的帮助　　　　　　　　　5 4 3 2 1
　　(6) 如果需要,确定下一次会议的日期以便为员工所关心的问题做出答复　5 4 3 2 1
　　总分=_____
　　6~10 分:不合格　　　11~15 分:合格　　　16~20 分:中等
　　21~25 分:良好　　　　26~30 分:优秀

行为观察量表法使用简便,员工参与性强,容易被接受。由于能将组织发展战略与它所期望的行为结合起来,因此,行为观察量表法能够向员工提供清晰明确的信息反馈,管理者也可以利用量表中的信息有效地监控员工的行为。行为观察量表法明确说明了对给定工作岗位上的员工的行为要求,所以其本身可以单独作为职位说明书或作为职位说明书的补充。

另外,该方法也有助于减少评价者的偏见,使评价者对评价对象做出更为全面的评价。

行为观察量表法存在的主要缺陷在于:评价者需要投入大量的精力和时间用于开发行为观察量表,而且岗位和工作不同,所要开发的行为观察量表也不同。行为观察量表法主要适用于行为比较稳定、不太复杂的工作,因为只有这类工作才能够准确、详细地找出相关的有效行为,从而设计出相应的量表。另外,行为观察量表在使用中,受评价者主观性影响较大,不同的评价者对"几乎没有"、"几乎总是"、"有时"、"偶尔"等的理解有差异,导致评价结果的稳定性下降。

四、描述法

描述法(essay method)就是指评价者用描述性的文字对评价对象的能力、态度、业绩、优缺点、发展的可能性、需要加以指导的事项和关键事件等作出评价,由此得到对评价对象的综合评价。描述法一般作为其他各类绩效评价方法的必要补充,适合对任何人的单独评价,难以对多个对象进行客观、公正的评价。

根据所记录事实的内容不同,描述法一般可分为关键事件法、态度记录法、工作业绩记录法和评价中心法。

(一)关键事件法

关键事件法(critical incident method,CIM)是由美国学者福莱诺格(Flanagan)和伯恩斯(Baras)在1954年共同创立的。关键事件法是以记录直接影响工作绩效优劣的关键性行为为基础的绩效评价方法。所谓关键事件,是指被评价者在工作过程中做出的对其所在部门或组织有重大影响的行为。这种影响包括积极影响和消极影响。比如一个制衣厂的保安员在工厂下班后发现一个熨斗没有断电,将熨斗断电,避免了可能引发的火灾,这就是一件对所在部门或组织具有特别积极影响的关键事件。又比如负责收发快件的文员,忘了将一份紧急文件及时发出,而对工作造成了很大影响,则是一件对工作具有特别消极影响的关键事件。

采用关键事件法对员工进行评价,要求评价者必须将员工日常工作中非同寻常的好行为或非同寻常的坏行为认真记录下来,然后在一定时期内,由管理人员和员工根据所做的记录来讨论员工的工作绩效。对于关键事件一般要从以下四个方面来记录:

- 情境(situation)——这件事情发生时的情境是怎么样的;
- 目标(target)——他为什么要做这件事;
- 行动(action)——他当时采取了什么行动;
- 结果(result)——他采取这个行动获得了什么结果。

这四个方面也被称为STAR法或星星法,构成了关键事件所要记录的主要内容。关键事件法一般有以下三种具体方法。

1. 年度报告法

这种方法的一种方式是一线管理人员针对考核期内员工的关键事件进行连续记录。管理人员每年要报告每一个员工的记录,其中特别好的或特别差的事例就代表了员工在考核期内的绩效。在考核期中没有或很少有记录的员工所做的工作可视为令人满意,因为他们的绩效既不高于也不低于预期的绩效水平(即达到标准或平均绩效水平)。

年度报告法的优点是它特别针对工作,工作联系性强。而且,由于评价是在特定日期针对特定事件进行的,评价者很少或基本不受偏见的影响。这种方法的主要缺点是很难保证对员工表现的精确记载。由于管理人员的偏见或缺乏时间和努力,他们常常更优先地考虑其他事情,因此,往往不会为记录员工表现而付出充足的时间。另外,年度报告法由于缺乏关于员工的比较数据,很难用关键事件的记录来比较不同员工的绩效。不过,组织内部如果能够对承担绩效评价工作的管理人员进行必要的培训,使他们能客观、全面地记载员工的关键事件,这种评价方法也可以用于人力资源的开发性目标。

2. 关键事件清单法

关键事件法也可以通过开发一个与员工绩效相联系的关键行为的清单来进行绩效评价。这种评价方法对每一项工作都要给出 20~30 个关键项目,评价者只需要简单地检查员工在某一项目上是否表现出众,出色的员工将得到很多检查记号,这表明他们在考核期表现很好。一般员工将只得到很少的检查记号,因为他们仅在很少的某些情况下表现出众。

关键事件清单法一般给不同的项目以不同的权重,以表示某些项目比其他项目重要,通常权重不让评价者知道。将员工关键事件清单上的检查记号汇总以后,就可以得到这些员工的数量型的评价结果。由于这种方法产生的结果是员工绩效的总分数,因此,必须为组织内每个不同岗位制定一个考核清单,这使得采用这种方法花费的时间和费用都很高。

3. 行为定位评级表

这种量表把行为评价与评级量表结合在一起,用量表对绩效作出评级,并以关键行为事件对量表值作出定位。这种方法使用起来很容易,既可以用于评价性目标,也可以用于开发性目标。如果用于评价性目标,很容易获得与绩效增长和提升可能性相联系的数字型评价结果。能够用于开发性目标则是因为它是与工作紧密相联系的,而且用代表好的工作成绩的关键事件作为评价事项。

总的来说,关键事件法是对其他评价方法,尤其是各种量表法的补充,它在认定员工的良好表现和不良表现方面十分有效,而且有利于制定改善不良绩效的规划。其突出优点表现在:① 对关键事件的记录为评价者向被评价者解释绩效评价结果提供了事实依据;② 采用关键事件法可以确保在对员工进行评价时,所依据的是员工在整个评价周期内的工作表现,而不是员工在近期内的表现,即可以减少近因效应所带来的评价偏差;③ 通过对关键事件的记录可以使管理者获得一份关于员工通过何种途径消除不良绩效的实际记录。

(二)态度记录法

所谓态度记录法就是由评价者通过对评价对象日常工作情况的观察,将其在工作中表现出来的工作态度记录下来的绩效评价方法。记录的内容不仅包括评价对象在态度方面表现出来的优点和长处,也包括其不足之处。工作态度记录卡的样表如表 5-19 所示。

表 5-19 工作态度观察记录卡

员工姓名:		所属部门:		职位名称:	
观察期间:				记录人:	
项目		具体事实			
		长处		短处	

续表

	积极性		
	服务意识		
	责任意识		
	自我开发意识		
	……	……	……
	指导意见		
评价对象意见栏	你是否同意上述记录及对你的评价？为什么？ 若无其他意见，请在相应位置签字表示认可。 　　　　被评价人(签字)：　　　　日期		

（三）工作业绩记录法

工作业绩记录法要求评价者填写工作业绩记录卡，观察并记录评价对象在工作过程中的各种事实，分段记录所达到的工作业绩。工作业绩记录卡的样表如表5-20所示。

表5-20　工作业绩记录卡

员工姓名：_____　　所属部门：_____　　职位名称：_____
观察期间：_____　　　　　　　　　　　　　　　　　记录人：_____

任务内容	进度	结果
任务一：……	1月： 2月： ……	……
任务二：……	……	……
……	……	……
缺勤记录		
迟到或早退情况		

（四）评价中心法

现代人才测评理论认为，人的行为和工作绩效都是在一定的环境中产生和形成的。对人的行为、能力、绩效等素质特征的观察与评价，不能脱离一定的环境。所以，要想准确地测评一个人的素质，应将其纳入一定的环境系统中，观察、分析、评定被试人的行为表现以及工作绩效，从而考察其全面素质。基于这种理论，人们逐步形成和发展了评价中心这种现代人才测评的新方法。评价中心法(assessment center)是以评价管理者和员工素质及操作能力为中心的测评活动，往往采用多种评价技术，其表现形式多种多样。

一般情况下,评价中心法针对特定的岗位来设计、实施相应的测评方法与技术。通过对目标岗位的工作分析,在了解岗位的工作内容与职务素质要求的基础上,事先创设一系列与工作高度相关的模拟情景,然后将被评价者纳入到该模拟情景当中,要求其完成该情景下多种典型的管理工作和活动,如主持会议、处理公文、商务谈判、处理突发事件等。在被评价者按照情景角色要求处理或解决问题的过程中,评价者按照各种方法或技术的要求,观察和分析被评价者在模拟的各种情境压力下的心理、行为表现,测量和评价被评价者的能力、性格等素质特征。评价中心法的评价流程如图5-8所示。

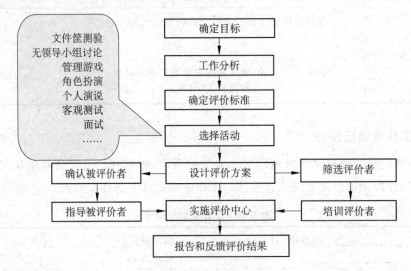

图5-8 评价中心法的流程图

评价中心是多方法、多技术的综合体,在应用评价中心法过程中用到的比较典型的评价和情景模拟技术包括文件筐测验、无领导小组讨论、管理游戏、角色扮演、个人演说、客观测试、面试等。

(1)文件筐测验(In-basket)。在模拟活动中,文件筐中装有各种文件和手稿:电话记录、留言条、办公室的备忘录、公司正式文件、客户的投诉信、上级的指示、人事方面的信息(如求职申请或晋升推荐信等)……这样的资料一般有10~25条,有日常的琐事,也有重大的紧急事件。要求被评价者在一定时间内处理完毕,并要通过文字或口头报告他们处理的原则和理由,据此判断被评价者分析、决策、分派任务的能力以及对工作环境的理解与敏感程度。

(2)无领导小组讨论(leaderless group discussion,LGD)。由多个被评价者组成一个临时小组,依据给定的某个问题或议题,在规定时间内充分进行讨论,并最终得出统一的结论;而评价者(主考官)会依据每个小组成员在讨论过程中的行为表现,为应聘者在各个维度上进行评分。讨论小组的成员之间是平等、合作的关系,他们自己来决定和组织整个讨论的过程,自发产生一个领导者来组织整个讨论,也有人主动承担秘书的工作,记录讨论的结果和控制讨论的时间等。该方法可用于考查被评价者的人际互动能力和特性(如人际敏感性、社会性和领导性)、计划组织能力、分析问题和创造性地解决问题的能力、主动性、坚持性和决断性等。

(3)管理游戏。这是一种以完成某项或某些"实际工作任务"为基础的标准化模拟活动,通过活动观察和测评被评价者实际的管理能力。因为模拟的活动大多要求被试通过游戏的形式进行,并且侧重评价被评价者的管理潜质,管理游戏因此得名。在管理游戏测评中,评价对象将被置身于一个模拟的工作情境中,面临着一些管理中常常遇到的各种现实问题,要求想方设法加以解决。管理游戏中涉及的管理活动范围也相当广泛,可以是组织中的各类管理活动。在评价过程中,评价者常常会以各种角色身份参与游戏,给被评价者施加工作压力和难度,使矛盾激化、冲突加剧,目的是全面评价被评价者的应变能力、决策能力、人际交往能力等素质特征。

(4) 角色扮演。角色扮演是一种主要用以测评被评价者人际关系处理能力的情景模拟活动。在这种活动中,评价者设置一系列尖锐的人际矛盾与人际冲突,要求评价对象扮演某一角色并进入角色情景,去处理各种问题和矛盾。评价者通过对评价对象在不同人员角色的情景中表现出来的行为进行观察和记录,测评其相关素质。比如模拟面谈、主持模拟会议等。

在角色扮演中,评价者对评价对象的行为表现主要从角色的适应性(即评价对象是否能迅速地判断形势并进入角色情景,按照角色规范的要求采取相应的对策行为)、角色扮演的表现(包括评价对象在角色扮演过程中所表现出来的行为风格、人际交往技巧、对突发事件的应变能力、思维的敏捷性等),以及评价对象在扮演指定角色处理问题的过程中所表现出来的决策、问题解决、指挥、控制、协调能力等方面进行评价。

(5) 个人演说。通过让被评价者就一指定的题目发表演讲来评价其沟通技能和说服能力。被评价者拿到了一些零乱、无组织的材料,他们需要根据现有的材料来把握其中的主要问题,尽力去了解问题进展到什么程度。经过半个小时左右的准备之后,他们向主考陈述自己的想法。当被评价者表达了尽可能多的信息,明确提出材料中存在的问题及其解决方案之后,主考可以针对性地提一些问题。

这种活动对被评价者的智能、社会技能和意志力都有特定的要求,比如分析问题的能力、口语表达能力、计划组织能力、综合能力以及压力下的坚定性等。

(6) 客观测试。各种类型的纸笔人格测试、智力测试、兴趣测试和成就测试也可以作为评价中心的一部分。

(7) 面试。多数评价中心法要求至少有一名评价者对每一位评价对象进行面试,并对评价对象当前兴趣、背景、过去表现和动机等进行评价。

思考题

1. 绩效评价的目标是什么?在绩效评价过程应把握好哪些基本原则?
2. 绩效评价系统有哪些构成?举例说明如何构建绩效评价系统。
3. 简述绩效评价的过程及步骤。
4. 绩效评价的内容有哪些?各自具有哪些特征?
5. 常见的绩效评价主体有哪些?这些评价主体各有何优劣势?
6. 特征导向型、行为导向型和结果导向型评价方法各有何特点,它们各自在什么情况下适用?
7. 绝对评价方法和相对评价方法各自有何特点?试比较之。

8. 在选择绩效评价方法时应考虑哪些因素？
9. 试述常见的比较法、量表法和描述法及它们之间的区别。

案例分析题

部门绩效考核结果与员工利益紧密挂钩的弊端[①]

Z公司是某电信运营商的地市级分公司，在某管理顾问公司设计以KPI为核心的考核体系基础上，建立了自己的KPI考核体系。Z公司组织机构的简化模型如图5-9所示。

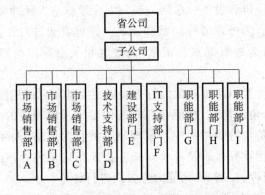

图5-9 Z公司组织机构的简化模型图

Z公司的绩效管理分为两个管理链条：一是以部门为考核对象基于团队绩效管理的部门绩效管理链条，一是以员工为考核对象的员工绩效管理链条(参见图5-10)。

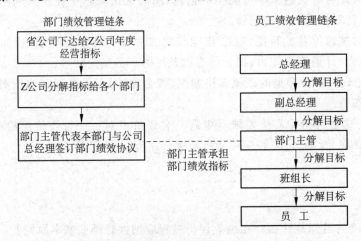

图5-10 Z公司部门绩效管理链条和员工绩效管理链条

在绩效考核结果的应用上，Z公司采用的方案是：

(1) 部门绩效管理链条的考核周期为一个季度。部门的季度实得绩效工资总额＝部门的季度预算绩效工资额度×部门的季度绩效考核得分。

---

① 付亚和、许玉林主编. 绩效管理[M]. 2版. 上海：复旦大学出版社，2008：158-162.

(2) 根据部门年度绩效考核结果，将部门分成市场营销片、建设支持片、职能服务片并进行排名，评出一等奖、二等奖、三等奖，分别奖励部门主管，据此确定部门的年终奖励金额。不同部门的员工将在本部门员工绩效考评的等级分布中享有不同的分布比例，比如得一等奖的部门员工、考评等级为优秀和良好的可以比考评等级为二等奖的部门的优秀和良好员工分别多出1.5和2.5个百分点的奖金。

(3) 员工绩效管理链条的考核周期为一个月。员工的绩效工资＝员工的月度绩效工资额度×员工的月度绩效考核得分＝员工的月度绩效工资标准×部门的季度绩效考核得分×员工的月度绩效考核得分。

(4) 部门主管的绩效考核周期为一个季度。部门主管的绩效工资＝部门主管的季度绩效工资标准×部门的季度绩效考核得分。

经过一年的绩效管理运行，Z公司的绩效管理出现以下问题：

(1) 每年度确定部门绩效目标和调整每季度的绩效目标时，各部门主管都要耗费半个月乃至两个月的时间进行协商、争吵。

(2) 建设支持片和职能服务片的部门考核成绩拉不开档次，而且接近满分，往往在年度总评中各部门都得二等奖。

(3) 市场营销片的部门得分虽然拉开了档次，但是在季度的绩效考评结果公示时，各部门主管为本部门争取加分时"寸土必争"，耗费了绩效管理人员和部门主管的大量精力。

问题诊断：

Z公司遇到的问题也是不少企业在推进绩效管理过程中遇到的难题。根据一般的管理理论，一定要尽量将团队绩效考核结果和员工自身利益挂钩，这样才能形成团队和员工的利益统一体，才能激发员工的工作积极性和潜能。但是，Z公司的实践表明，如果部门绩效考核结果和员工利益挂钩太紧密，反而会产生负面影响。部门绩效考核结果对员工利益的影响如图5-11所示。

(1) 部门绩效考核结果对员工利益的影响度和KPI指标值的选择弹性势必消耗部门主管的管理精力。从图5-11可以看出，部门考核结果极大地影响了员工的利益。短期看，部门季度绩效得分的一分之差就会影响部门季度绩效工资总额，轻则5000元，重则超过3万元。部门越大，绩效工资总额越多，影响绩效工资的额度就越大。从年度来看，如果部门的年终绩效考核为三等，则该部门不光优秀和良好等级的员工比例下降，而且要有一定比例的员工被淘汰。从长期来看，员工次年的住房补贴、退休时可以享受的企业补充年金都和当年度的绩效考核结果挂钩，无法被评为优秀和良好等级的员工利益就受到很大的影响。

另外，部门KPI的选择存在一定的弹性。关键是如何确定"关键"两个字。理论上可以根据德尔菲法、两两权重比较法根据省公司下达的经营指标和市场特点来确定。但是如何筛选出一致认同的"关键"指标，部门之间往往存在很大的分歧。其次，为了完成本部门的KPI，各部门都希望其他协作部门也承担一定的KPI，而考核组织部门出于对管理成本的控制，又一定要让KPI真正体现"关键"，必须控制一定的考核指标数量。

最后，对于KPI指标值的讨价还价。Z公司所处的电信运营市场错综复杂，市场条件的变化以及考核结果的深远影响促使各部门主管不得不对指标值的确定讨价还价。

(2) 部门考核与员工利益紧密挂钩让工作努力、绩效显著的优秀员工为部门的绩效扣分承担责任，打击优秀员工的积极性。由于部门绩效考核结果对本部门的所有员工都会造

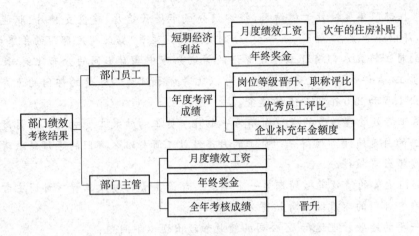

图 5-11 部门绩效考核结果对员工利益的影响

成影响,承担职责比较多的部门犯错误被扣分的绝对量也比较大,同时,承担职责比较多的部门需要优秀员工的绝对数也比较多,于是出现了这种现象:同样岗级的员工,在承担职责比较多的部门工作的员工月绩效工资可能会比在承担职责比较少的部门工作的绩效工资少。这种差异即使很小,也会对员工造成负面影响,他们会认为自己的工作成绩没有得到公正评价,认为自己再怎么努力,由于本部门其他员工的过错拖累了自己,自己又很难对减少本部门其他员工的过错有所帮助。这种负面激励就会引导工作积极的员工下意识选择对责任的逃避。

(3) 由于部门绩效结果牵涉员工切身利益太多,将造成部门之间得分可能接近。根据团队绩效测评理论,团队之间的评比有一个很重要的前提,就是各个团队之间共性的地方要大。Z 公司各部门之间的职责、可使用的资源、工作方式、人员配备存在很大的不同。而 KPI 又是很强调以结果为导向的考核体系,各部门之间的工作结果相比较而言存在很小的共性。强行进行团队绩效测评的结果,只会造成各部门主管就本部门所承担的职责进行针对 KPI 指标组成和指标值的"据理力争"。由于各个部门之间的共性很小,就不难设想部门之间的考核拉不开差距了。

(4) 激烈的部门绩效考核隐含着对部门主管的考核缺位,Z 公司激烈的部门考核表象下面其实隐含着对部门主管的考核缺位,可以借助图 5-12 得出比较清晰的解释。

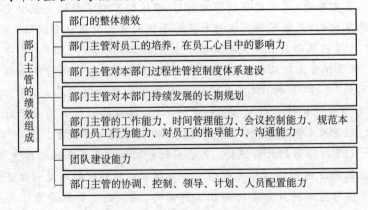

图 5-12 对部门主管的考核缺位

目前 Z 公司将部门的绩效指标直接与部门主管的绩效指标画等号,造成对部门主管的考核缺失。根据上面的论述,由于部门绩效考核结果与部门员工利益关系链很长、很深,加上部门之间的共性比较小,所以部门与部门之间尽可能缩小绩效考核得分的差距成为必然,此时,部门主管的工作努力程度、工作结果就得不到客观的评价,因为他的得分就是部门的绩效得分,个人绩效比较差的部门主管也因此不会被拉开差距。

讨论问题:

1. 结合案例分析 Z 公司部门绩效考核结果与员工利益紧密挂钩带来的弊端是什么原因造成的。

2. 针对 Z 公司的这些问题你认为应该如何解决?试提出解决方案。

第六章

绩效反馈

> 理论上,绩效反馈过程可以被视为一位"教练"与一位员工之间展开的积极的互动,双方通过这种互动来努力达成最优的绩效。在现实中,这就好比你在自家的院子里发现了一只死松鼠,然后你意识到最好的解决办法就是把它扔到你邻居家的房顶上。
> ——斯科特·亚当斯(Scott Adams)(呆伯特法则)

学习目标

- 理解绩效反馈的含义及其重要性;
- 掌握绩效反馈的原则和内容;
- 学会应用360度绩效反馈;
- 掌握绩效反馈面谈的内容及策略;
- 熟悉绩效反馈面谈的步骤及过程;
- 掌握绩效诊断的方法和过程;
- 能够学会制订、实施及评估绩效改进计划;
- 掌握绩效评价结果的具体应用。

关键术语

绩效反馈	建设性批评	360度绩效反馈
绩效反馈面谈	绩效诊断	绩效改进
绩效改进计划	绩效结果应用	

开篇引例

亨利·法约尔:把考评结果反馈给员工是非常重要的

被人们称为"管理之父"的法国人亨利·法约尔(Henri Fayol)曾经做过一个试验,他挑选了20名技术水平相近的工人,每10人一组,把他们分成2组,然后在相同的条件下,让他们同时进行生产。每隔一个小时,他就会去检查一下工人们的生产情况。对每一组工作,法约尔只是记录下来他们各自生产的产品数量,但并不告诉他们工作的进展情况;对于第二组,法约尔不但对生产的产品数量进行记录,而且还告诉每个人他们各自的工作进度。

每一次考评完毕,法约尔都会根据考评的结果,在生产速度最快的两个工人的机器上,各插上一面小红旗;给速度居中的4个人每人插上一面绿旗;而给最后的4个人则插上一面黄旗。这样一来,每个工人对自己的生产进度到底如何就一目了然了。实验结果表明,第二组工人的生产效率远远高于第一组。

资料来源:杨序国、何稳根.绩效管理何以见绩效[M].长沙:湖南科学技术出版社,2006:126.

绩效反馈是绩效管理过程中的最后一个环节,也是最为重要的环节。绩效管理的目的是要实现组织和员工绩效的改进与提高,因此,在绩效评价环节之后必然要进行绩效反馈。这既是完整地进行绩效评价的要求,又是对绩效管理过程进行有效的反馈控制的需要。同时,绩效反馈也是绩效沟通最主要的形式,管理者在很大程度上依赖绩效反馈来与员工进行绩效沟通。员工通过反馈知道主管对他的评价和期望,从而根据要求不断提高;而主管通过反馈指出员工的绩效水平和存在的问题,可以有的放矢地对员工进行激励和指导。

第一节 绩效反馈概述

一、绩效反馈及其重要性

反馈是人们产生优秀表现行为的最重要的条件之一,如果没有及时、具体、有效的反馈,人们往往会表现得越来越差。美国哈佛大学教授戴维·麦克利兰(David McClelland)早就指出,高成就型的人员最突出的品质之一就是经常需要明确的不间断的关于进展的反馈。由此可见,缺乏具体、频繁的反馈,往往会造成组织和员工绩效不佳。

所谓绩效反馈,主要是指通过评价者与被评价者之间的沟通,就被评价者在评价周期内的绩效情况进行面谈,在肯定成绩的同时,找出工作中的不足并加以改进。绩效反馈的目的,是为了让员工了解自己在本绩效周期内的业绩是否达到所定的目标,行为态度是否合格。以便让管理者和员工双方达成对评价结果一致的看法,共同探讨绩效未合格的原因所在,并制订绩效改进计划。

由于绩效反馈在绩效评价结束后实施,而且是评价者和被评价者之间的直接对话,如果不将评价结果反馈给被评价的员工,绩效评价将失去极为重要的激励、奖惩和培训的功能,而且其公平和公正性也将难以得到保证。因此,有效的绩效反馈对绩效管理起着至关重要的作用。其重要作用具体表现在以下几个方面:

(1)绩效反馈是绩效评价公正的基础。由于绩效评价与被评价者的切身利益息息相关,评价结果的公正性就成为人们关心的焦点。而绩效评价过程是评价者对客观绩效进行主观评定和估价的过程,在这一过程中评价者不可避免地会掺杂自己的主观意志,导致这种公正性不能完全依靠制度的改善来实现。绩效反馈较好地解决了这个矛盾,它不仅让被评价者成为主动因素,更赋予了其一定权力,使被评价者不但拥有知情权,更有了发言权;同时,通过程序化的绩效申诉,有效降低了评价过程中不公正因素所带来的负面效应,在被评价者与评价者之间找到了结合点和平衡点,对整个绩效管理体系的完善起到了积极作用。

（2）绩效反馈是提高绩效的保证。绩效评价结束后，被评价者接到评价结果通知单，但对评价结果的来由并不了解，这时就需要评价者就评价的全过程，特别是被评价者的绩效情况进行详细介绍，指出被评价者的优缺点。评价者还需要对被评价者的绩效提出改进建议。通过这个环节，被评价者可充分了解到自身存在的不足，以便在日后的工作中不断完善，最终达到提高绩效的目的。

（3）绩效反馈可以排除目标冲突，有利于增强组织竞争力。在一个组织中总是存在组织目标和个体目标，当这两个目标一致时，就能够促进彼此不断进步；反之，则会产生负面影响。有效的绩效反馈可以通过对绩效评价过程及结果的探讨，发现个体目标中的不和谐因素，借助组织或团队中的激励手段，促使个体目标朝着组织或团队目标方向发展，达成两个目标的一致性，从而增强组织的竞争力。

二、绩效反馈的原则

通过绩效反馈，一方面要把绩效评价情况反馈给员工，另一方面要与员工一起建立关于未来的计划，即确定员工下一步要达到的绩效目标。要实现这些目标，在绩效反馈过程中就应坚持以下基本原则。

1. 相互信任原则

绩效反馈和绩效沟通有效的首要条件就是双方都要做到开诚布公，坦诚面对，建立起彼此相互信任的氛围。同时也要注重选择有助于反馈和沟通的良好环境，比如最好选择一些轻松的场合，没有工作的压力、没有上级的威严，以平和的姿态、亲切的表情，达成相互信任的气氛。

2. 经常性原则

绩效反馈应当是经常性的，而不应当是一年一次。管理者只要意识到员工在绩效中存在缺陷，就有责任立即去纠正它。如果管理者已经发现员工的绩效低于标准要求而不立即给予纠正，非要等到绩效周期末再去评价和反馈，就会给组织带来较长时期的绩效损失。另外，绩效反馈过程有效性的一个重要决定因素是员工对于评价结果的基本认同，因此，评价者应当向员工提供经常性的绩效反馈，使他们在正式的评价过程结束之前就基本了解和掌握自己的绩效评价结果。

3. 对事不对人原则

在绩效反馈面谈中，双方应该讨论和评价的是员工的工作行为和工作绩效，即工作中的一些事实表现，而不是讨论和评价员工的个性特点。员工的个性特点不能作为评价绩效的依据。在谈到员工的主要优点和不足时，虽然可以谈论员工的某些个性特征，但要注意这些个性特征必须是与工作绩效有关的。

4. 多问少讲原则

在绩效反馈过程中，管理者要扮演"帮助者"、"伙伴"、"教练"的角色，而不是"发号施令者"、"指挥者"角色。按照20/80法则，管理者应当把80%的时间留给员工，20%的时间留给自己；而管理者在自己这20%的时间内，也要将80%的时间用来发问，20%的时间才用来"指导"、"建议"、"发号施令"，因为员工往往比管理者更清楚本职工作中存在的问题。因此，管理者要多问少讲，要多提好问题，引导员工自己思考和解决问题、自己评价工作进展，而不是发号施令,居高临下地告诉员工应该如何做。

5. 着眼未来的原则

绩效反馈的很大一部分内容是对过去的工作绩效进行回顾和评估,但这并不等于绩效反馈要集中于过去。讨论和评估过去的目的并不是要停留在过去,而是从过去的事实中总结出一些对未来发展有用的东西。因此,任何对过去绩效的讨论和评估都应着眼于未来,核心目的是为了制订员工的改进计划和未来发展计划。

6. 正面引导原则

绩效反馈对于员工而言应该是建设性的,不管员工的绩效评价结果是好是坏,都要多给员工一些鼓励和正面引导。至少让员工意识到虽然自己的绩效评价成绩不理想,但自己得到了一个客观认识自己的机会,找到了应该努力的方向,并且在自己前进的过程中会得到主管人员的帮助。这对于实现绩效反馈目标、改善和提高组织与员工绩效都具有重要意义。

7. 制度化原则

为了更好地发挥绩效反馈的作用,组织必须针对绩效反馈建立相应的制度,只有将其制度化,才能够保证绩效反馈持久地发挥作用。

三、绩效反馈的内容

绩效反馈的内容概括起来主要包含以下四个方面:

(1) 通报员工当期绩效评价结果。通过对员工绩效评价结果的通报,使员工明确其绩效表现在整个组织中的大致位置,激发其改进现在绩效水平的意愿。在给员工通报当期绩效评价结果时,主管人员要多关注员工的长处,耐心倾听员工的声音,以便在制定员工下一期绩效评价指标及标准时进行必要的调整。

(2) 分析员工绩效差距并确定改进措施。绩效管理的目的是通过提高员工的绩效水平来促进组织整体绩效水平的提高。因此,每一位主管人员都负有协助员工提高其绩效水平的职责。改进措施的可操作性与指导性来源于对绩效差距分析的准确性。所以,主管人员在对员工进行过程指导时要记录员工的关键行为,按类别整理,分成高绩效行为记录与低绩效行为记录。通过表扬与激励,维持与强化员工的高绩效行为。还要通过对低绩效行为的归纳与总结,准确地界定员工绩效差距。在绩效反馈时反馈给员工,以期得到改进与提高。

(3) 沟通协商下一个绩效评价周期的工作任务与目标。绩效反馈既是上一个绩效评价周期的结束,同时也是下一个绩效评价周期的开始。通过绩效反馈,在回顾过去绩效表现的同时,更要为下一个评价周期工作任务和绩效目标的完成做好准备。下一个绩效评价周期的工作任务与目标需要各主管人员与员工共同制定。主管人员的参与可以防止绩效指标的方向性偏差,而员工的参与则有助于绩效目标的明确。另外,在确定绩效目标时一定要紧紧围绕关键指标内容,同时考虑员工所处的内外部环境变化,而不是僵化地将季度目标设置为年度目标的四分之一,也不是简单地在上一期目标的基础上累加几个百分比。

(4) 确定与任务和目标相匹配的资源配置。绩效反馈不是简单地总结过去上一个绩效周期员工的表现,更重要的是要着眼于未来的绩效周期。在明确绩效任务的同时确定相应的资源配置,对主管人员和员工来说是一个双赢的过程。对于员工,可以得到完成任务所需要的资源;对于主管,则可以积累资源消耗的历史数据,分析资源消耗背后可控成本的节约途径,还可以综合有限的资源情况,使之发挥最大的效用。

> 你若不想做,会找到一个借口。你若想做,会找到一个方法。
>
> ——阿拉伯谚语

四、绩效反馈的形式

（一）根据沟通方式分类

根据沟通方式可把绩效反馈的形式分为语言沟通、暗示以及奖惩等。语言沟通是指评价者将绩效评价结果通过口头或书面方式反馈给被评价者,对其良好的绩效加以肯定,对不好的绩效给予批评。采用语言沟通方式的反馈效果与绩效反馈双方的情感、思想、态度、观点的交流有关,这种反馈方式可满足被评价者一定的精神需要,而且在负激励时可起到一定的缓冲作用,同时沟通能使双方了解对方的意图,从而避免了激励不对称。语言沟通主要包括口头方式和书面方式两种,口头方式比较灵活,速度快,更易于交流情感、思想、态度等;而书面方式则更加正式,可以长期保存,接受者可以反复阅读。

暗示方式是指评价者以间接的形式对被评价者的绩效给予肯定或否定,比如可以通过与下属接近或疏远的方式,暗示对下属的工作绩效的评价。暗示方式是一种间接反馈方式,采用这种反馈可使评价对象保持一定的自尊心,以促使其自觉改正。不过采用暗示方式有时也容易引起误解,如果当事人对暗示视而不见,反馈效果就会很弱。

奖惩方式是指通过货币(如加薪或罚款等)及非货币(如晋升或降级等)形式对被评价者的绩效进行反馈。奖惩方式采用物质的或非物质的手段刺激和强化被评价者的行为,这种方式对于评价对象的影响最为直接。

（二）根据反馈对象的参与程度分类

绩效反馈形式根据反馈对象的参与程度可分为:指令式、指导式和授权式。指令式是最接近传统的反馈模式,大多数管理者习惯于这种方式。其主要特点是以管理者为中心,员工更多的是倾听和接受。指导式是以教和问相结合为特点,这种方式同时以管理者和员工为中心,管理者与员工之间有较为充分的互动沟通过程。授权式则是以问为主,以教为辅,完全以员工为中心,管理者主要对员工的回答感兴趣,而很少发表自己的观点,而且注重帮助员工独立地找到解决问题的方法。

（三）根据反馈信息的内容分类

根据绩效反馈的内容可把绩效反馈形式分为负面反馈、中立反馈和正面反馈。负面反馈和中立反馈主要针对错误的行为,而正面反馈则是针对正确行为进行的反馈。对错误行为进行的反馈就是人们通常所说的批评,批评的目的是通过让员工了解自身存在的问题而引导其纠正错误。这里讲的批评应该是积极的和建设性的,美国加州大学洛杉矶分校的心理学家亨德里·温辛格(Hendry Wensinger)对批评进行了大量的研究,发现七个要素能够有效地促成建设性批评。这七个要素分别是:① 建设性的批评是战略性的,即有计划地对错误行为进行反馈,如事前要明确反馈目的、组织好思路、选好语言、注意谈话氛围等。

② 建设性的批评是维护对方尊严的。自尊是每个人在进行人际交往时都要试图维护的，消极的批评容易伤害别人的自尊，要学会换位思考。③ 建设性的批评发生在恰当的环境中。绩效反馈也要讲究天时地利人和，选择合适的反馈环境和时机，比如私下里批评可以最大限度维护对方的自尊心，但在团队工作中，公开化的批评则更有力，甚至可以通过头脑风暴法给出问题的员工提供建设性意见和建议。④ 建设性的批评是以进步为导向的。批评并不是目的，而是促使员工改进、提高的手段。绩效反馈应着眼于未来，而不应该抓住过去的错误不放。⑤ 建设性的批评是互动式的，是一种双向沟通过程。⑥ 建设性的批评是灵活的，即根据不同的对象、不同情况采用不同方式，并且根据对方的反应及时调整。⑦ 建设性的批评是能够传递帮助信息的。

管理人员通常倾向于关注对错误行为的训导，而对正确行为的反馈往往容易被忽视。对正确行为的反馈与对错误行为的反馈同等重要，两者的最终目的都是为了提高员工的绩效。对正确行为的反馈应遵循以下四个原则：① 用正面的肯定来认同员工的进步；② 明确指出受称赞的行为；③ 当员工行为有所进步时，应给予及时的反馈；④ 反馈应包含这种行为对团队、部门乃至整个组织的整体效益的贡献。

（四）360 度绩效反馈

360 度绩效反馈（360-degree performance feedback）是 20 世纪 80 年代，由美国学者爱德华兹和义文（Edwards & Ewen）等在一些企业组织中不断研究发展而成的。所谓 360 度绩效反馈，就是指帮助一个组织的成员（主要是管理人员）从与自己发生工作关系的所有主体那里获得关于本人绩效信息反馈的过程。360 度绩效反馈的示意图如图 6-1 所示。

360 度绩效反馈作为一种全方位的绩效信息反馈机制，其优势在于强调付出的行动（过程）甚于得到的结果，能够向评价对象提供全面而有价值的信息，且有利于提高员工对绩效反馈信息的认同程度。但是 360 度绩效反馈也容易削弱绩效目标的意义，收集处理信息的成本高，反馈过程也过于机械化。360 度绩效反馈最重要的价值在于开发，而不是评价。大多数专家都认同，用 360 度评价法的结论来决定提升或薪酬是一种冒险的做法。

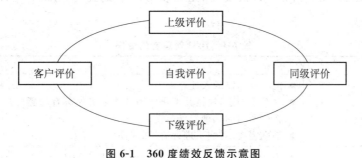

图 6-1 360 度绩效反馈示意图

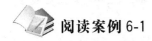

阅读案例 6-1

IBM：全新的绩效管理制度

创立于 1911 年的 IBM（国际商业机器公司），是全球最大的信息技术和业务解决方案公司，拥有全世界最多专利。目前拥有全球雇员 43 万多人，业务遍及 160 多个国家和地区，2012 年的总收入高达 1045 亿美元。

在创办初期,公司创始人老托马斯·沃森为公司制定了"行为准则",这些准则主要包括:必须尊重个人,必须尽可能给予顾客最好的服务,必须追求优异的工作表现。这些准则一直牢记在 IBM 每位员工的心中,任何一个行动及政策都直接受到这三条准则的影响。"沃森哲学"对公司的成功所贡献的力量,比技术革新、市场销售技巧,或庞大财力所贡献的力量更大。如今,遍布全球的 IBM 能有条不紊地正常运转,都是依靠 IBM 的管理技术,它是推动 IBM 发展的动力,而这些技术的发展与改革也离不开"沃森哲学"的影响。

一、IBM 的 360 度反馈

在人员的绩效管理上,IBM 现已取消以往绩效四级考核的评等方式,而改采新的三等(1,2,3)评等方式,并实行纺锤形的绩效分配原则。即除非有例外状况,绝大多数的员工都能得到 2 的评等。IBM 的新绩效管理制度叫个人业务承诺,即除了由经理作年终绩效考核外,员工亦可自己另寻找 6 位同事,以匿名方式透过电子窗体考评,称为"360 度反馈"。

表现评等为第 3 等,表示本人未达成业务承诺(PBCs),员工必须更努力工作,以便能达到更佳的业绩。如果得到特别差的评等 3,员工可能被处以 6 个月的留公司查看。评等 2 代表员工达成目标,是个好战士,得到评等 1 的人称为"水上飞"(water walkers),代表该员工是高成就者,超越自己的目标,也没做错什么事。

二、员工绩效计划目标的设定

IBM 的员工的绩效计划,是由员工自己根据下列三个领域设定年度目标:

(1) 必胜(win),这里表达的是成员要抓住任何可成功的机会,以坚强的意志来励志,并且竭力完成。如:市场占有率是最重要的绩效评等考量。

(2) 执行(execute),这里强调三个词,即行动、行动、行动,不要光坐而言,必须起而行。

(3) 团队(team),即各不同单位间不许有冲突,绝不能当面让顾客产生疑惑。

三、IBM 管理者的责任

IBM 对管理人员的考核,是根据员工意见调查(employee opinion survey)、高阶主管面谈(executive interview)、门户开放政策(open door policy)的反馈,另加一个评等构成。IBM 管理者的责任如表 6-1 所示。

表 6-1 IBM 管理者的责任

责任项目	内容
1. 人员配置(stuffing)	● 配置有才能的人才; ● 对每个职工,根据其工作成绩及将来可能具有的必要技能,提出他今后在公司内的几种发展前途; ● 根据需要,对职工进行适当的调配。
2. 培养(developing)	● 为职工履行职务适当地安排必要的教育训练; ● 要支持、鼓励职工增长知识与技能,提高信心,同时,要引导职工对未来的事业充分理解; ● 适当培养自己与部下的接班人。
3. 调动职工积极性(motivating)	● 制定有效的部门目标与明确的业务目标; ● 确认职工进修业务与评定标准; ● 进行适当的指导与监督; ● 最大限度地发挥职工的知识与技能;

续表

责任项目	内　容
	● 按业务目标,定期对职工的成绩进行评定; ● 推荐、晋升善于发挥能力的、有上进心的职工承担更重要的工作; ● 对取得成绩者给予适当报酬,以贯彻正确的管理; ● 为职工能持续追求最佳效果创造条件; ● 对主动承担工作并发挥了独创性而获优异成果者加以表扬,同时给予相应的待遇(提薪、晋升); ● 选择典型实例向职工推荐,对工作优异、做出贡献者予以表彰。
4. 授权(delegating)	● 充分授予职工以执行职务所必要的决策权。
5. 与雇员的关系(employee relations)	● 为了解职工需要什么和关心什么,有效地确立并坚持定期交流; ● 确切掌握职工的工作积极性及事业的发展,并向上级汇报; ● 适当地掌握职工私人信息; ● 发现公司的方针、制度、惯例等和实际情况相违背时,要提出改革方案。
6. 安全与健康(safety & health)	● 通过对工作方法和机械设备的定期检查,掌握并排除危害安全与健康的因素; ● 对工作方法进行实验与说明。
7. 公司财产的安全与保密(security)	● 对自己管辖的一切公司财产负有保证安全与管理的责任; ● 教育职工懂得人人都有确保公司财产安全的义务; ● 熟悉有关公司财产安全及保密的规定与各种手续,如有影响公司财产的事态发生,要及时采取适当措施。
8. 机会均等(equality)	● 在所有部门的业务活动中,都不会考虑人种、信仰、肤色、年龄、性别、有无结婚、出身、国籍或身体是否残疾,一律实行"机会均等",采取积极的行动; ● 为残疾人提供雇用机会与工作环境。
9. 社会责任(social responsibility)	● 充分理解 IBM 对地区社会与一般社会的责任; ● 在履行经营责任的同时,要坚持不懈地关心社会责任。
10. 自我开发(personal)	● 要关心自我能力的开发与训练(特别是发挥人才作用的训练),并安排充分时间; ● 关于组织管理的责任。
11. 计划(planning)	● 制定长期、短期的业务目标,提出可望取得最大成果的实施计划方案; ● 编制并提出能够正确反映收入与开支的预算方案; ● 经常适当搜集影响产品、服务与技术的新信息,并为谋求 IBM 的利益,有效地利用这些信息; ● 在确定计划时,要根据经验提出改进方案。
12. 组织(organizing)	● 要经常保持能够随机应变的组织形式; ● 熟悉并遵守方针、指令与手续; ● 在必要情况下,对现行指导方针提出改革方案。
13. 实施(doing)	● 为达到长期与短期的目标,指挥日常业务; ● 为组织全体人员取得最大成果,调整各项业务工作; ● 为使职工能对公司、负责人以及公司的方针全面信任并积极工作,保持日常管理的统一性。

续表

责任项目	内 容
14. 交流(communicating)	● 不论第一线生产部门还是管理部门,都要通过与有关人员的积极协作,养成并保持一种富有创造性的默契配合精神,以促进共同目标的实施; ● 有关重大事项、履行职务所采取的措施以及某些决策,要经常向上级报告。
15. 控制(controlling)	● 核实执行情况是否符合制订的计划; ● 按被通过的预算限度,履行自己的职责。

资料来源:中国人力资源开发网,http://www.chinahrd.net。

第二节 绩效反馈面谈

一、绩效反馈面谈的目的与意义

所谓绩效反馈面谈,是指管理者就上一绩效管理周期中员工的表现和绩效评价结果与员工进行正式面谈的过程,是管理者与员工之间共同针对绩效评价结果所作的检视与讨论。作为现代绩效管理区别于传统绩效评价的主要特征,绩效反馈面谈是各级主管人员阐明管理意志、调查员工思想、增进上下级感情的有效工具。绩效反馈面谈主要有以下4个目的:① 使员工认识到自己在本阶段工作中取得的进步和存在的缺点,了解主管对自己工作的看法,促进员工改善绩效;② 对绩效评价的结果达成共识,分析原因,找出需要改进的方面;③ 制订绩效改进计划,共同协商确定下一个绩效管理周期的绩效目标和绩效计划;④ 为员工的职业生涯规划和发展提供必要的信息。

绩效反馈面谈作为一种正式的绩效沟通方法,是绩效反馈的主要形式。正确的绩效反馈面谈是保证绩效反馈顺利进行的基础,同时,也是绩效反馈发挥作用的保障。通过绩效反馈面谈,可以让被评价者了解自身绩效状况,强化优势,改进不足;同时也可将企业的期望、目标和价值观进行传递,形成价值创造的传导和放大,从而实现组织和员工的双赢。比如通过绩效反馈面谈,企业可以提高绩效评价的透明度,突出以人为本的管理理念和传播企业文化;员工可以增强自我管理意识、充分发挥自己的潜在能力等。

二、绩效反馈面谈的内容及策略

(一)绩效反馈面谈的内容

绩效反馈面谈应围绕员工上一绩效周期内的工作展开,一般主要包括4个方面的内容。

(1)工作业绩。工作业绩的综合完成情况,是管理者进行绩效反馈面谈时最为重要的内容。在绩效面谈时,管理者应将评价结果及时反馈给员工,如果员工对评价结果有异议,管理者应给出合理的解释和说明。通过对绩效结果的反馈,总结绩效达成的经验,找出绩效未能有效达成的原因,为以后更好地完成工作任务、实现工作目标奠定良好的基础。

(2)行为表现。除了绩效结果的反馈外,管理者还应关注员工的工作行为表现,比如工作态度、工作能力等,对工作态度和工作能力的关注可以帮助员工更好地完善自己,提高自身的技能,同时也有助于帮助员工进行职业生涯规划。

(3) 改进措施。绩效管理的最终目的是为了改善、提高组织和员工的绩效水平。在绩效反馈面谈过程中,针对员工未能有效完成的绩效计划,管理者和员工应该一起分析绩效不佳的原因,并设法帮助员工提出具体的绩效改进措施。

(4) 新的目标。绩效反馈面谈作为绩效管理流程中的最后环节,在回顾上一绩效周期的同时,还要为下一个绩效周期提出新的绩效目标和绩效标准。管理者应结合上一绩效周期的绩效计划完成情况,结合员工新的工作任务提出新的目标,帮助员工一起制订新的绩效计划。

在实践中,绩效反馈面谈的内容通常都是以面谈记录表的形式被保存和记录下来。绩效反馈面谈记录表的格式如表 6-2 所示[①]。

表 6-2 绩效反馈面谈记录表

部门/处室			时间	
被评价者	姓名:		岗位:	
评价者	姓名:		岗位:	
工作业绩要点				
行为表现要点				
改进措施				
新的目标				
双方确认签字:			日期:	

(二) 绩效反馈面谈的策略

在绩效反馈面谈中,管理者应针对不同类型的员工选择不同的面谈策略,只有这样才能做到有的放矢、取得良好的反馈效果。根据员工的工作业绩和工作态度不同,通常可把员工分为以下四种类型(如图 6-2 所示)。

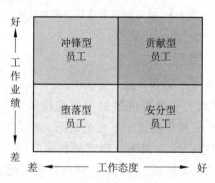

图 6-2 绩效反馈面谈中的员工分类

(1) 贡献型员工(好的工作业绩+好的工作态度)。贡献型员工是组织和部门创造良好业绩的主力军,是最需要维护和保留的。对于这类员工的面谈策略应该是在了解组织激励政策的前提下予以奖励,提出更高的目标和要求。

(2) 冲锋型员工(好的工作业绩+差的工作态度)。冲锋型员工的工作忽冷忽热,态度

---

① 付亚和,许玉林. 绩效管理[M]. 上海:复旦大学出版社,2008:131-132.

时好时坏,这种情况既可能是员工的性格使然,也可能是沟通不畅所致。对于这类员工,既不能过分放纵,也不能管得过死,应当通过良好的沟通和绩效辅导改善员工的工作态度,在管理者和员工之间建立起信任关系,尽量不要把问题留到下一次绩效面谈。

(3) 安分型员工(差的工作业绩+好的工作态度)。安分型员工工作态度端正,对工作认真负责,兢兢业业,对上级和组织有很高的认同度,但工作业绩上不去。对于这类员工的面谈策略应当是以制订明确的、严格的绩效改进计划作为绩效面谈的重点,严格按照绩效评价办法给予评价,不能用工作态度代替工作业绩,更不能用工作态度掩盖工作业绩。

(4) 堕落型员工(差的工作业绩+差的工作态度)。堕落型员工通常会想尽办法为自己辩解,或者寻找外部客观因素为自己工作业绩差开脱。对于此类员工的面谈策略应强调或重申工作目标,通过面谈使之澄清对工作成果的看法。

三、绩效反馈面谈的步骤及过程

绩效反馈面谈过程主要包括面谈准备、面谈过程和提出改进计划三个阶段。面谈准备阶段包括管理者的准备工作、员工的准备工作以及绩效反馈面谈的内容准备等;面谈过程阶段主要确认绩效反馈面谈的原则和要求、创造有利于绩效反馈面谈的环境、设计面谈过程以及实施面谈等;提出改进计划阶段主要是围绕面谈过程中提出的问题,制订相应的改进计划。绩效反馈面谈的步骤和过程如图 6-3 所示[①]。

图 6-3 绩效反馈面谈的步骤和过程

(一) 绩效反馈面谈准备

1. 管理者的准备工作

(1) 选择合适的面谈时间。管理者应根据工作安排确定一个面谈双方都有空闲的时间,尽量不要将绩效反馈面谈安排在接近上下班的时间。除非得到员工的充分认同,否则千万不要试图利用非工作时间进行绩效面谈。确定的面谈时间不应是一个时间点,而应当是一个合适的时间段,时间段的长短要适宜,面谈时间过长会引起疲倦、注意力不集中;而面谈时间过短则可能导致沟通不充分。管理者一定要在征得员工认可的情况下,对绩效反馈面谈的时间做出最终的决定,这既是对员工的尊重,也是为了便于员工统筹安排工作时间,为面谈做好充分的准备。

(2) 选择合适的面谈地点和环境。在办公环境下,主要的反馈地点有管理者的办公室、会议室、接待室等。其中小型会议室或者接待室是比较理想的面谈地点,因为这些地方不易被电话、传真、办公人员等干扰,能为面谈创造相对安静、轻松的环境。面谈的场所最好是封

---

① 林泽炎,王维.执行绩效管理[M].北京:中国发展出版社,2008:55.

闭的,因为开放的办公区域比较容易受周围环境的影响。管理者还应注意安排好双方在面谈时的空间距离和位置,因为管理者和员工之间不同的空间距离和位置关系往往会营造出不同的面谈氛围(如图6-4所示)。

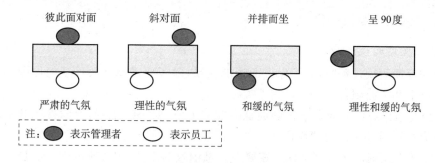

图6-4 绩效面谈的距离和位置

(3)准备面谈的材料。在进行绩效反馈面谈之前,管理者还必须准备好面谈所需的各种材料。这些资料包括绩效计划表和绩效计划变动表、员工的绩效评价表、员工日常工作表现的记录、员工的岗位说明书及其历史绩效档案等。在与员工进行绩效反馈面谈之前,管理者必须熟悉这些资料,以便需要的时候可以随时找到相关的内容。

2. 员工的准备工作

绩效反馈面谈是管理者和员工的互动过程,不仅需要管理者做好充分准备。而且也需要员工做好充分准备。只有双方都做好了充分的准备工作,反馈面谈才有可能成功。员工在绩效反馈面谈过程中需要做好以下准备工作:

(1)收集证明自己绩效的资料或数据。收集本绩效评价周期内与员工本人绩效有关的资料。在进行绩效反馈面谈前,员工要充分地准备好表明自己工作状况的一些事实依据,对于完成的好的工作任务,需要以事实为依据说明具体好在哪里;对于完成的不好的事项,也要用事实为依据来说明理由。

(2)做好自我评估工作。员工要对自己在本绩效周期内的问题和结果进行总结评价,并对自己在下一阶段的发展做出初步规划,特别是要针对本期存在的绩效不足提出改进和提高计划。要学会自己提出计划,而不是等待组织的管理人员为自己制订计划。

(3)准备好需要向管理者提出的问题。绩效反馈面谈是一个双向沟通过程,员工也可以主动向管理者提出自己关心的问题。提出的问题可以涉及组织发展战略、组织的绩效目标、部门绩效目标以及工作中的困惑等,也可向管理者提出在业务上提供辅导支持的要求,以及其他资源支持的要求等。

(4)安排好自己的工作。由于绩效反馈面谈需要一定的时间,所以事先应把工作安排妥当,以免使绩效面谈受到干扰,重要工作受到影响。比如,在绩效反馈面谈期间,若有非常紧急的事情发生,就需要事先安排同事帮助处理一下,以防止给组织造成损失。

3. 明确反馈面谈的内容

绩效反馈面谈的一般内容主要包括工作业绩、行为表现、改进措施和探讨新的目标等。具体的反馈面谈内容还要根据具体情境来定,并没有固定的模式。在进行正式面谈之前,应明确反馈面谈的主要内容和侧重点;面谈开始时,首先应就绩效现状达成一致,形成共识,为面谈的顺利进行奠定基础。应明确指出员工完成工作过程中的优良表现,管理者应当毫不吝啬地表达对员工绩效亮点的赞扬,但是面谈的重点应当放在不良业绩的诊断上。经过探讨,员工应当明确绩效改进的方向和需要提升的知识、技能,并了解提升的办法。

(二)绩效反馈面谈过程

1. 绩效反馈面谈的原则

在绩效反馈面谈过程中,为了保证面谈的效果,除了要遵循绩效反馈的原则外,还应着重把握好以下几个原则:

(1)相互信任原则。缺乏信任的面谈会使双方感到紧张、焦躁,充满冷淡和敌意,相互信任是交流和沟通顺利进行的前提。

(2)实效性原则。绩效反馈面谈需要做大量细致的工作,要力求实效,通过绩效反馈面谈,切实对双方今后的工作都能产生促动作用和改善提高效果。

(3)开放性原则。绩效反馈面谈应以开放性话题为主,设计的面谈问题要留有思考空间,要顾及员工当时的情绪,让员工按照个人的体会回答,而不应增加限制和约束。

(4)畅所欲言原则。要创造宽松的面谈环境和气氛,提供足够的时间让员工诉说,双方都应认真倾听和记录,实现相互间的充分沟通,真正做到畅所欲言。

2. 设计面谈过程

事先设计一套完整而合理的绩效面谈过程,是成功实现绩效反馈面谈的保证。在进行面谈前,人力资源管理部门可能会提供一个面谈用的提纲,但是具体进行面谈的管理人员要在面谈提纲的基础上对面谈的内容进行详细的计划。在设计面谈过程计划时可以从以下几方面入手:

(1)要计划好如何开始。绩效反馈面谈的开场有各种各样的形式,采取什么样的方式开始面谈要取决于具体的谈话对象和情境。在绩效反馈面谈中,管理者可以从一个轻松的话题入手,帮助员工放松心情,以使员工在下面的面谈中更好地阐明自己的看法。当然,如果员工能够很好地了解面谈的目的,并已经为面谈做好了充分的准备,那么开门见山也许是最好的选择。

(2)明确面谈目的与预期效果。管理者要明确通过此次面谈要达到什么样的效果,期望的效果可能是员工就如何改进绩效与管理者达成共识,并在下一个绩效周期成功实现改进的计划;也可能是管理者想通过面谈表达对员工的信任,并期望他们保持目前好的绩效水平;或者是使员工接受更高的目标或者绩效标准;有时面谈还可能要达到使员工接受职务变化的目的等。

(3)确定面谈顺序。在明确了面谈的主要目的之后,就要确定面谈的顺序,即先谈什么,再谈什么的问题。通常情况下,首先要列出被评价者的所有关键工作要项,然后分别根据重要性、有效性以及员工的初步评价结果对这些工作要项进行排列,最后再综合以上因素确定面谈顺序。一般考虑到员工的心理承受能力,先谈员工表现好的工作要项,之后再谈有待改进的地方比较好。另外,根据工作要项的重要性,一般先谈重要的,后谈次重要的,最后谈不太重要的。这样逐项进行沟通,一旦双方意见一致就可以进入下一个话题;如果双方的意见不一致,则可经过讨论争取达成一致,若实在无法达成一致,可以求同存异,暂时搁置难以达成共识的问题。

3. 实施面谈

实施面谈是绩效反馈面谈的实质性阶段,主要包括按照绩效反馈面谈的目标、评价标准和方法,与员工共同回顾员工的工作表现;说明具体的评分依据及评分结果;充分肯定绩效周期内取得的成绩和优点,同时也要明确指出其中的不足。绩效反馈面谈要做好必要的记录,并提供绩效改进的建议和途径。通常情况下,面谈从双方无异议的话题谈起,然后逐渐进入有异议的内容,相互平等地加以讨论,并留有充分时间让对方陈述、申辩或补充。其间管理者需认真倾听,并努力与员工达成共识。

(三)提出绩效改进计划

绩效反馈面谈的一个重要内容,就是确定下一阶段的改进重点和改进计划。面谈结束后,双方需要认真汇总所作的面谈记录,比如评估面谈记录表中的内容。对有强烈不同意见的面谈对象进行仔细、客观的分析,并划定具体的协调方法或对策;及时报告上级或与上级保持沟通,获得支持和批准;整理有关资料和表格等。双方一定要将达成共识的结论性意见,或经双方确认的关键事件或数据,及时予以整理、记录并填写在绩效评价表中,作为人力资源管理档案。对于达成共识的下一期绩效目标也要进行整理,形成下期的评价指标和评价标准。同时,管理者对自己履行的评价工作也要进行回顾与反思,保持和发扬做得好的方面,改进存在的不足,不断提高自身管理水平和能力。

关于绩效改进计划的制订、实施及评估,将在本章第三节详细介绍,这里暂不赘述。

四、绩效反馈面谈过程中应注意的问题

为了更好地发挥绩效反馈面谈的作用,促进员工和组织绩效的提升,在绩效反馈面谈过程中,还应注意以下几个方面的问题:

(1)建立轻松愉快的谈话气氛。实行什么样的开场白,往往取决于谈话的对象与情景。应设计一个缓冲带,时间不宜太长,管理者可先谈谈工作以外的其他事情,以便和员工拉近距离,消除紧张,再进入主题,明确说明这次面谈的主要目的和内容。实际上,最初的几分钟谈话往往决定了面谈的成功与否。

(2)把重点放在解决问题上。反馈面谈的最终目的是改进绩效,因此分析不良绩效产生的原因并探讨解决方案才是面谈的核心。

(3)自始至终坚持双向交流。绩效反馈是一个双向沟通过程,即使采用指示型方式,也需要了解员工的真实想法与心理。管理者应当特别注意倾听员工的想法。但是面谈中主管常犯的错误是喋喋不休,指责和命令充斥其中,这样只会使面谈成为领导一个人的演讲,而没有信息的交流。调查表明,即使管理者倾听了员工的谈话,也至多只能记得对方不到30%的内容。因此,管理者应尽量撇开自己的偏见,控制情绪,耐心地听取员工讲述,并不时地概括或重复对方的谈话内容,鼓励员工继续讲下去。这样往往能更全面地了解员工绩效的实际情况,帮助其分析原因。

(4)管理者应学会"换位思考"。管理者在绩效反馈面谈过程中应学会"换位思考",要多站在员工角度思考问题。比如巧用"你们"与"我们",称赞员工多用"你们",批评时则多用"我们"。这样的沟通方式很容易让人接受,并激起员工的兴趣,排除戒备心理,逐步调动起员工的主动性。另外,也要善于给员工台阶下。面谈中员工有时已清楚自己做得不好,在管

理者给出了具体的事例与记录后,却不好意思直接承认错误,管理者就不要进一步追问,而应设法为对方挽回面子。这样,一方面给员工搭了个"台阶",使其对管理者心存感激,同时又引导员工承认自己的不足。

(5) 鼓励员工积极参与到反馈过程中。管理者应当与员工在一种相互尊重的氛围中共同解决绩效中存在的问题。由管理者一方主导的绩效面谈,很可能会导致绩效面谈的效率低下。

(6) 恰当把握"正面反馈"与"负面反馈"。通常情况下,员工的绩效表现有正反两个方面,有表现优良、值得鼓励的地方,也有需加以改进之处。管理者应当采取赞扬与建设性批评相结合的方式,在肯定员工表现的同时,指出其可改进之处,避免员工产生抵触情绪。

对于正面反馈,管理者要特别注意做到以下三点:一是真诚。真诚是面谈的心理基础,不可过于谦逊,更不可夸大其词。要让员工真实地感受到管理者确实是满意他的表现,管理者的表扬确实是一种真情流露,而不是"套近乎",或做表面文章。这样,员工才会把管理者的表扬当成激励,在以后的工作中更加努力。二是具体。在表扬员工和激励员工的时候,一定要具体。要对员工所做的某件事有针对性地、具体地加以表扬,而不是笼统地说员工表现很好就完事。三是建设性。正面的反馈要让员工知道自己的表现达到或超过了组织的期望,得到了组织和管理者的认可,要强化员工的正面表现,使之在以后的工作中不断发扬,继续保持优秀的行为表现。同时,要给员工提出一些建设性的期望或意见,以帮助员工获得更大提高和改进。

对于反面的反馈,同样也要注意做到以下三点:一是具体描述员工存在的不足,对事不对人,描述而不作判断;二是客观、准确、不加指责地描述员工行为所带来的后果;三是耐心听取员工本人的看法或解释,探讨问题解决的方法和途径。

(7) 形成书面的记录和双方认可的备忘录。绩效反馈面谈过程要有完整的书面记录。在面谈结束之后,管理者一定要和员工形成双方认可的备忘录,就面谈结果达成共识,对暂时还有异议没有形成共识的问题,可以和员下约好下次面谈的时间,就专门的问题进行二次面谈。

(8) 以积极的方式结束面谈。如果面谈中的信任关系出现裂痕,或由于其他意外事情被打断,管理者应立即结束面谈。要不谈分歧,而多肯定员工的工作付出,真诚希望员工的工作绩效有提高,并在随后的工作中抽空去鼓励员工,给以应有的关注。如果面谈实现了其目标,管理者要尽量采取积极的、令人振奋的方式结束。事实上,无论绩效反馈面谈以何种方式进行,过去的行为都已不能改变,而未来的绩效与发展才是努力的目标。面谈反馈应尽量传递给员工鼓励、振奋的信息,使员工摆脱信息劣势,与管理者一道以平等、受尊重的心态制定下一个绩效周期的发展目标和可行方案,实现组织目标与员工个人发展,这才是绩效反馈面谈的最大成功。

第三节　绩效诊断与改进

一、绩效诊断的含义

所谓绩效诊断(performance diagnosis)就是指管理者通过绩效分析和绩效评价,判断组织不同层面的绩效水平,识别低绩效的征兆,探寻导致低绩效的原因,找出可能妨碍评价对象实现绩效目标的问题及症结的过程,它是一项复杂、多维度的活动。看不到成绩的地方,一定能看出问题。我们可以把绩效诊断看作一个界定问题和寻找机会的方法,通过这种方法一方面可以确认组织各个层面的现实绩效与期望绩效之间的差距,另一方面可以制定出改进绩效的具体干预措施。

绩效诊断和分析是绩效改进的第一步,也是绩效改进最基本的环节。在绩效反馈面谈中,管理者和员工通过分析和讨论评价结果,找出关键绩效问题和产生绩效问题的原因,这是绩效诊断的关键任务。

二、绩效诊断的方法

诊断绩效的方法通常有以下两种:

1. 三因素法

所谓三因素法就是从员工、主管和环境三个方面来分析和诊断绩效问题的方法。在员工方面,造成有些绩效问题的原因可能是员工所采取的行动本身就是错误的,或者是员工应该做而没有去做,这既可能是因为员工知识和技能不足,也可能是因为员工缺少动机等。在主管方面,可能是主管做了不该做的事情,比如监督过严,施加不当的压力;也可能是主管没有做该做的事情,比如主管没有明确工作要求,没有对下属的工作给予及时、有效的反馈,对下属的建议不予重视,不授权给下属,不给下属提供教育和培训的机会等。在环境方面,对绩效产生影响的主要是下属的工作场所和工作气氛因素,比如工具或设备不良、原料短缺、工作条件不良、人际关系紧张、工作方法或设备的改变给下属带来的困难等。

2. 四因素法

四因素法是指从知识、技能、态度和环境四个方面着手分析诊断绩效不佳的原因。知识既包括员工所具有的从事某方面工作的理论知识,也包括经验和实践知识;技能主要指运用知识和经验的能力和技巧;态度则反映了员工对工作的评价和行为倾向,是员工表现的心理和价值观基础;环境则更多地反映了造成绩效问题的外部不可控因素和障碍。

在绩效诊断实践中,为了更加透彻、全面地分析绩效问题,通常把上述两种方法结合起来使用,在管理者和员工充分交流的情况下,对产生绩效不良的原因达成一致意见。把三因素法和四因素法结合进行绩效诊断的诊断表如表 6-3 所示。

表 6-3 绩效诊断表

影响绩效的维度		绩效不良的原因	备注
员工	知识		
	技能		
	态度		
主管	辅导		
	其他		
环境	内部		
	外部		

三、绩效诊断的过程

绩效诊断过程一般包括 5 个步骤(见图 6-5):① 确立初始目标;② 考量绩效变量;③ 细化绩效考评;④ 确定绩效需求;⑤ 拟订绩效改进方案。

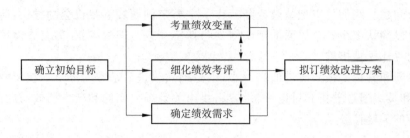

图 6-5 绩效诊断过程

1. 确立初始目标

确立初始目标就是要明确绩效诊断的目标,把绩效问题转化为与组织绩效类型、绩效层次相吻合的绩效诊断目标。要确立初始目标,首先要确定绩效问题的初始征候。绩效问题的最初征候往往来源于某组织的负责人,也就是这个问题的发起人。这些初始绩效征候的形成最典型的是围绕着某个关键事件、某个人或某种外部条件的变化。其次,确定绩效问题的类型。绩效问题的类型可以划分为三种:① 当前的绩效问题;② 对当前绩效问题的改进;③ 将来的绩效需求。将绩效问题归纳为上述三种类型中的某一种,有助于分解多维的绩效问题,并且有助于使组织诊断的目的变得更加清晰。再次,确定绩效目标的层面。明确绩效诊断的目标所需要考虑的另一个问题就是绩效目标的层面,绩效层面一般分为组织层面、流程层面、团队层面和个人层面。最后,在确定组织绩效类型和绩效层次的基础上,明确绩效诊断的目标。

2. 考量绩效变量

所谓绩效变量,就是一种能从根本上作用于系统绩效的因素。绩效问题通常可能由以下 5 个绩效变量中的一个或多个引起,它们是:使命/目标、系统设计、产能、激励和专业技能(Swanson,1999)。考量绩效变量,首先就是要通过扫描各个绩效变量的现有数据,来了解目前各个绩效变量在所诊断的组织中的运作状况。这就要求分析人员运用有关绩效的层面、绩效需求以及绩效衡量的所有相关知识,来探寻这些数据与 5 个绩效变量之间可能的关联。贯穿 4 个绩效层面(组织、流程、团队、个人)的 5 个绩效变量为绩效诊断提供了一个非常有效的绩效诊断矩阵框架,绩效诊断矩阵如表 6-4 所示。

表 6-4 绩效诊断矩阵

绩效变量 \ 绩效层面	组织层面	流程层面	团队层面	个人层面
使命/目标	该组织的使命/目标与经济、政治及文化方面的社会现实相适应吗?	该流程的目标与整个组织及个人的使命/目标相吻合吗?	该团队的目标与工作流程及个人的目标相协调吗?	该组织员工专业人士的个人目标/使命与组织目标相一致吗?
系统设计	该组织系统是否具备支持期望绩效的结构和政策?	该流程是不是以系统的工作方式来设计的?	该团队的工作方式是否有助于合作和提高绩效?	个体员工是否清楚可能遇到的阻碍工作绩效的障碍?
产能	该组织是否具备完成其使命/目标的领导力、资本及基础设施?	该流程是否具备足够的产能(数量、质量、时限)?	该团队是否具备快速高效地完成绩效目标的综合能力?	个体员工是否具备工作所需要的智力、体力和情商?

续表

绩效变量＼绩效层面	组织层面	流程层面	团队层面	个人层面
激励	该组织的政策、文化及奖惩体系是否支持期望的绩效？	该流程是否具备持续运作所需要的信息及人力因素？	该团队是不是在彼此尊重、相互支持的原则下工作？	个体员工是否在任何条件下都愿意工作？
专业技能	该组织是否建立并保持了员工遴选和培训制度及其相关资源？	专业技能开发的流程是否能满足该流程不断改进、不断变化的需求？	该团队是否具备团队运作流程的相关技能？	个体员工是否具备工作所需要的专业知识和技能？

3. 细化绩效考评

在绩效诊断中,具体的绩效考评包括三个步骤:首先,要确定组织相关层面的绩效系统产出;其次,选择适当的可衡量的绩效考评单位,一般可选择"时间"、"数量"、"质量"和"成本"指标作为绩效单位;最后,对这些绩效单位的适合性给出确认。

4. 确定绩效需求

对绩效需求的确定,首先要根据绩效层面和类型进行绩效需求的分类。查理德·A.斯旺森(Richard A. Swanson,2007)根据系统理论把绩效分为5个层次:理解、操作、排疑解难、改进、创新(如图6-6所示)。这种分类通常被划为两个系统:维持系统和变革系统。绩效要么表现为维持组织系统的运作,要么表现为变革组织系统。其次,确认绩效层面和类型的划分,形成关键问题矩阵。最后,根据绩效层面和类型细化绩效需求,找出绩效差距。

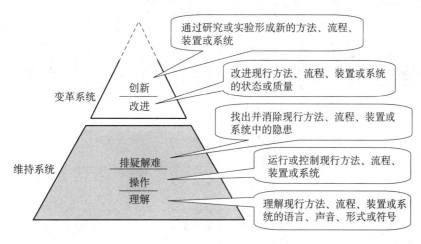

图 6-6 查理德·A. 斯旺森的绩效分类

5. 拟订绩效改进方案

前四个绩效诊断步骤提供了绩效改进方案所需的诊断信息。拟定绩效改进方案的流程主要包括草案拟定、预测绩效收益和提交方案并待批。一份完整的绩效改进方案至少应包括绩效差距、绩效诊断、措施推荐和收益预测4个要素。

绩效诊断5个步骤的详细过程和每一步的关键点可用图6-7表示,该图是对绩效诊断全过程的一个完整直观的总结。

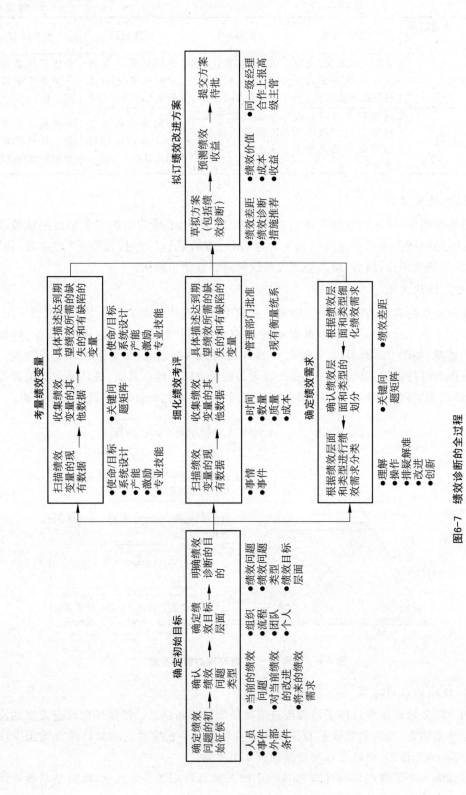

图6-7 绩效诊断的全过程

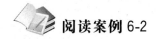

阅读案例 6-2

艾克米公司的绩效改进方案

日期：_____年____月____日

送达：配送部总监

来自：绩效改进经理、货运处经理

主题：货运处绩效改进方案

绩效要求：公司层面

过去4个月公司出现了大量的混乱现象，致使成本指标上升。包括退货率增加了7个百分点（从5%～12%），库存差错率增加了3个百分点（从3%～6%）。绩效分析已经清楚地表明了各部门、各管理团队及本公司的具体绩效需求。该方案是针对货运处的，该部门需要增加项目管理和培训以改进整个公司的绩效。

绩效目标：货运处层面

未来6个月货运处的目标是：(1) 减少货运处10%的员工加班，以加班的小时数计算；(2) 减少3%的库存差错率，以被处罚的单个订单的差错来计算。

绩效诊断：货运处

1. 使命/目标：公司和个人都很关心生存和发展问题。当这些目标需要平衡时，个人的生存目标似乎占了上风，并对公司产生了负面影响。通过全面质量管理方案来解决这些绩效问题，近来已经获得了本公司总裁的认可。

2. 系统设计：货运处的人手不够，两个主管目前在职的只有一个，另一个因重病离岗已经5个月，有可能不会重返工作岗位。此外，货运处的工作无规律并经常加班，货运处的工作角色和职责已经被重新界定、消减或分离。

3. 产能：员工潜能利用不足。大多数发货工具备对货运系统的理解能力和完成货运单据的工作能力。

4. 激励：部门之间的敌对关系使他们很难承认自己的不足和局限。员工虽然想把工作做好，但又要小心被当作替罪羊。

5. 专业技能：只有生病住院的那位主管具备完成订单的技能。发货工缺乏对公司或本部门的系统观和全局观。坐垫替换工作经常不符合规定，而且很复杂，需要有条理的问题解决技巧。

备选的干预措施：货运处

在管理层面：

1. 替换货运主管。
2. 具体明确发货工的工作角色和责任（四种类型）

在开发层面：

3. 培训两位货运主管的沟通、任务分工和指导技能。
4. 培训所有24位货运处人员对货运系统的理解。
5. 培训20名发货工如何完成坐垫订单。
6. 培训货运处经理和两位货运主管的团队问题解决方法。

推荐的绩效改进措施/项目

项目描述：

推荐实施以上全部的六项措施。所有的培训都应是结构化培训，公司要对主管培训负责。公司培训协调人应促进该开发项目并提供货运交付系统、货运订单以及坐垫替换选择等问题解决的培训项目。所有发货工的培训都应在工作时间以外进行。

1. 替换货运主管：配送事业部总监和货运处经理在随后30天内聘用货运主管。

2. 具体明确发货工的工作角色和责任：货运处经理和货运主管在随后14天写出和确认工作岗位说明书。

3. 培训两位货运主管的沟通、任务分工和指导技能：培训协调人与人力资源开发人员商定满足这些要求的服务。主管培训在公司内进行。新任主管应在岗位上工作一周后参加公司培训，之后再返回工作岗位与现任主管一起工作一周，之后现任主管将参加公司培训。本措施会涉及旅行及相关费用。

4. 培训所有24位货运处人员对货运系统的理解：培训协调人员开发1～2个小时的培训项目，由部门经理和培训师来讲授。

5. 培训20名发货工如何完成坐垫订单：培训协调人员开发2～4个小时的培训项目，由主管和培训师来讲授。

6. 培训货运处经理和两位货运主管的团队问题解决方法：培训协调人员开发一个两个小时的培训项目，由主管和培训师来讲解。

项目评估：

确认完成管理层面的工作；确定受训者满意而且从每个培训项目中学有所得；并且在12个月后开展一次关于加班和库存差错率的检查。

财务分析（细目分类）

绩效价值（项目12个月产生的绩效价值）	28500美元
一成本（项目花费）	－7750美元
收益（项目完成2个月后的收益）	20750美元

资料来源：[美]查理德·A. 斯旺森. 绩效分析与改进[M]. 北京：中国人民大学出版社，2010：84-85.

四、绩效改进

绩效改进是绩效管理的后续应用阶段，是连接绩效管理和下一循环计划目标制订的关键环节。在绩效管理过程中，绩效评价只是从反光镜中往后看，而绩效改进则是往前看，以便在不久的将来能获得更好的绩效，而不是关注那些过去的、无法改变的绩效。事实上，绩效管理的目的不仅仅是作为确定员工薪酬、奖惩、晋升或降级的标准，员工能力的不断提高以及绩效的持续改进才是其根本目的，而实现这一目的的途径就是绩效改进。绩效改进目标的实现形式多种多样，通常都是通过制订并实施绩效改进计划来实现。

（一）绩效改进计划的制订

绩效改进计划的制订通常有以下几个步骤：

1. 确定绩效改进要点

通过绩效诊断可以找出员工绩效方面存在的问题以及需要改进的地方，由于员工绩效需要改进的地方往往比较多,需要找出主要的改进要点。选择绩效改进要点时要综合考虑每个拟选定项目所需的时间、精力和成本因素,通常会选择用时较短、精力花费少以及成本低的项目最先执行。

2. 选择解决问题的途径和方法

确定了绩效改进要点之后,就需要考虑选择什么样的途径和方法解决问题,可采用三因素法从员工、主管和环境三个方面采取行动。

员工方面可采取的措施和行动包括:向主管和有经验的同事学习,观摩他人的做法,参加组织内外的有关培训,参加相关领域的研讨会,阅读相关的书籍,参与某一实际工作项目,在主管的指导下训练等。

主管方面可采取的措施和行动包括:参加组织内外有关绩效管理、员工管理方面的培训,向组织中有经验的管理人员学习,向人力资源管理专家咨询等。

环境方面可采取的措施和行动包括:管理者适当调整部门内的人员分工或进行部门间的人员交流,以改善部门内的人际关系氛围;在企业资源允许的条件下,尽量改善工作环境和工作条件等。

[知识链接 6-1]　　　　　通过"绩效强化"实现绩效改进

绩效的改进从本质上讲是促进一些符合期望的行为发生或增加出现的频率,或者减少或消除不期望出现的行为,这样就可以运用强化的方法来进行绩效改进。

强化的方法最早是由心理学家斯金纳等人提出来的。强化分为正强化和负强化,正强化是指给予一个愉快的刺激,促进某种行为的出现;负强化指的是去除某种不愉快的刺激,促进某种行为的出现。例如,一个员工制作产品的正确率达到 95%,给他一定的奖励,那么他会努力保持良好的工作质量;如果一个员工由于与同小组的另一个员工不和而影响工作,那么这另一个员工就成为一种不愉快的刺激,假如把这名员工调离到其他小组,这种不愉快的刺激就消除了,这名员工的工作质量就会得到提高。与强化相对应的是惩罚,惩罚是指去掉愉快的刺激或给予不愉快的刺激。例如,如果上班迟到就会被扣奖金或者罚站。

资料来源:王萍. 考核与绩效管理[M]. 长沙:湖南师范大学出版社,2007:93.

3. 制订具体的绩效改进计划或方案

绩效改进计划(performance improvement plan)是关于改善现有绩效进展的计划。制订绩效改进计划,实际上就是具体规划应该改进什么、应该做什么、由谁来做、何时做以及如何做的过程。制订一个行之有效的绩效改进计划,一般要符合下列几个要求:① 切合实际。比如容易改进的优先列入计划,不易改进的列入长期计划,不急于改进的暂不列入计划。② 计划要有时间性。比如制定一个具体的时间表,注明每一阶段要改进的绩效项目,这样可以使员工行为有了时间对照标准,也可防止改进计划流于形式。③ 计划的内容要具体。什么时候应该做什么事情必须说清楚,切忌提一些空泛的目标。④ 计划要获得认同。绩效改进计划的制订应当建立在管理者和员工充分沟通的基础上,要得到双方的一致认同,只有这样,绩效改进的目的才能真正有效地实现。

绩效改进计划的内容主要包括以下 4 个方面:① 员工和直接上级的基本情况、改进计划的制订时间及实施时间;② 根据绩效评价结果和绩效反馈情况,确定该员工在工作中需要改进的方面；③ 明确需要改进和发展的原因，通常会附上该员工在相应评价指标上的得分情况和评价者对该问题的描述或解释；④ 明确员工现有的绩效水平和经过绩效改进之后要达到的绩效目标。绩效改进计划的样表如表 6-5 所示。

表 6-5　绩效改进计划样表

部　　门			时间：	年　月　日
被考核人	姓名：		职位：	
直接上级	姓名：		职位：	

1. 待改进绩效的描述：（含业绩、行为表现和能力目标，请用数量、时间、成本/费用、客户满意度等标准进行描述）

2. 原因分析：

3. 绩效改进措施/计划：

直接上级：	被考核人：		年　月　日

4. 改进措施/计划实施记录：

直接上级：	被考核人：		年　月　日

5. 期末评价：
　　□ 优秀：出色完成改进计划　　　□ 符合要求：完成改进计划
　　□ 尚待改进：与计划目标相比有差距
　　评价说明：

直接上级：	被考核人：		年　月　日
期末签字：	被考核人：	直接上级：	HR 专员：

（二）绩效改进计划的实施与评估

在完成绩效改进计划的制订之后，管理者还应通过绩效监控，实现对绩效改进计划实施过程的控制。这个控制过程就是监督绩效改进计划能否按照预期的计划进行，并根据被评价者在绩效改进过程中的实际工作情况，及时修订和调整不合理的改进计划。管理者应主动与员工沟通，了解员工在绩效改进过程中遇到的困难和障碍，并为员工克服这些困难和障碍提供必要的帮助。

绩效改进计划作为绩效计划的补充，始于上一个绩效评价周期的结束，结束于下一个绩效评价周期的开始。绩效改进计划的完成情况常常反映在员工前后两次绩效评价结果的比较当中，如果员工前后两次绩效评价中得到的评价有显著提高，就在一定程度上说明绩效改进计划取得了一定的成效。

第四节　绩效评价结果的应用

绩效评价作为人力资源管理职能的核心环节，与人力资源管理的其他职能之间存在着非常密切的关系，绩效评价的结果也可广泛应用于人力资源管理系统中的招聘与甄选、培训与开发、职位变动与调整、薪酬福利管理等各个环节，是这些环节发挥作用的基础或决策依据。

一、绩效评价结果的应用原则

1. 以人为本，促进员工发展的原则

绩效评价的根本目的在于调动员工的工作积极性，促使员工改进和提高绩效水平，进而提高组织整体绩效水平，实现组织目标。为此，评价者必须向员工个人反馈评价的结果，让员工明确掌握已达到或未达到预定目标的反馈信息，了解到自己绩效的不足。只有这样，员工才能更加清楚自己的努力方向和改进工作的具体方式，从而促进员工的发展。绩效评价结果的反馈要坚持"以人为本"，以诚恳、坦诚的方式与员工沟通，尽可能采取让员工乐于接受的方式进行。

2. 员工成长与组织发展相结合的原则

组织的发展离不开员工个人的成长。组织不能单方面要求员工修正自己的行为和价值观等来适应组织发展的需要，组织应当参与到员工的职业生涯规划和管理中，将员工成长与发展纳入组织管理的范围，从而实现组织与个人的共同成长。因此，绩效评价结果的应用要有助于增强员工的全局观念和集体意识，使员工意识到个体的高绩效与组织的高绩效紧密相关，个人的目标及成长与组织的目标与成长是联系在一起的，个人在为组织目标的实现做出贡献的同时，自己也在组织发展中得到成长与发展。

3. 统筹兼顾，综合应用的原则

员工的绩效评价结果可为组织对员工的合理使用、培养、调整、薪酬发放、职务晋升、奖励惩罚等提供客观依据，从而规范和强化员工的职责和行为，促进组织人力资源开发与管理工作，完善员工的竞争、激励和淘汰机制。从组织和员工发展视角考虑，绩效评价结果的应用要坚持统筹兼顾，综合应用。组织中的人力资源开发与管理是一个系统工程，只重视绩效评价结果在员工管理的某一方面的应用，并不能从根本上促进员工和组织的共同成长与发展。因此，必须系统考虑绩效评价结果对组织人力资源开发与管理工作的影响和作用，综合应用于组织发展的各方面和人力资源管理系统的各环节。

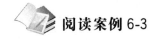
阅读案例 6-3

通用电气公司对绩效结果的应用

有关工作绩效结果应用的调查研究在通用电气公司进行。最初的研究结果表明：① 批评对完成目标具有消极影响；② 表扬收效甚微；③ 具体明确的目标可改进工作；④ 批评性的评估导致抵触和更差的工作业绩；⑤ 指导工作必须天天进行而非一年一次；⑥ 不加批评地共同制定目标,可提高工作;⑦ 以改善工作为主要目的的会议,不应与考虑薪酬或晋升的会议同时举行;⑧ 下属参与制定目标可改进工作。

根据这些研究结果,通用电气公司制订了一项新的考核方案,称为"工作计划与检查",简称"WP&R"。这种新的做法强调经常进行工作讨论,而不是简单地评等、分级,薪酬的增减则单独开会讨论。通用电气公司的经验表明,工作业绩考评的两个目的必须分开。这是因为,如果考评被用作薪酬调整的依据,上级则担任法官的角色;而假如旨在激励职工,那么管理人员则担任辅导员的角色,只有认识到工作考核的双重作用及上下级共同制定具体目标的重要性,劳动生产率才能得到提高。

资料来源:林筠,胡利利,冯伟.绩效管理[M].2版.西安:西安交通大学出版社,2013:8.

二、绩效评价结果的具体应用

1. 用于员工薪酬奖金的分配及调整

绩效评价结果用于员工薪酬奖金的分配及调整,是绩效评价结果最主要的一种用途。在大多数组织中,把员工的绩效评价结果与其报酬挂钩也是一项普遍的人力资源管理策略。研究表明,尽管影响员工绩效的因素有很多,但报酬仍然是最重要的因素之一,将绩效评价结果与报酬联系起来,建立一种付出与回报之间的条件关系,能够增强员工对工作的投入程度,可以大幅度提高员工的绩效。同时,绩效评价结果与薪酬奖金的联系,也提高了物质利益分配的客观性和逻辑性,薪酬奖金的增减是组织对绩效水平最真实的反馈。

绩效评价结果中目标可量化的部分更多地与奖金挂钩,实现组织对员工的承诺,而有关行为或技能部分的评价结果则更多的与薪酬联系在一起。绩效评价结果与薪酬挂钩体现了组织对员工的长期激励,而绩效结果用于奖金的分配,则体现了组织对员工的短期激励。具体情况因职位不同,绩效评价结果与薪酬奖金联系的紧密程度及其在总薪酬中所占的比例也会有所不同。

[知识链接6-2]　　　绩效评价结果与报酬挂钩的条件

- 员工必须认为报酬是有价值的;
- 报酬必须与工作的所有重要方面联系起来;
- 员工必须看到报酬与绩效评价结果是联系在一起的;
- 员工必须知道报酬量与他们的努力付出是相称的;
- 在期望的绩效目标实现时,必须立刻兑现报酬承诺,不要失约;
- 员工必须相信管理层能够公正地分配报酬。

资料来源:朴愚,顾卫俊.绩效管理体系的设计与实施[M].北京:电子工业出版社,2006:150.

2. 用于员工的招募与甄选

绩效评价结果是组织做出招募计划的主要依据。绩效评价结果可以暴露组织内的员工是否满足组织所需的职位技能,当员工不能满足职位需要而又无法在短期内通过培训解决或是员工数量不足以完成工作任务时,组织就应当考虑通过招聘来替换原有职位的人员或填补职位空缺。另外,在研究招募与甄选效度时,通常都选绩效评价结果作为员工实际绩效水平的替代,在人员招募和甄选过程中担当重要的"效标"作用。即如果选拔是有效的,那么选拔时表现很好的人员实际的绩效评价结果也应该很好;反之,则有两种可能,要么是选拔没有效度,要么评价结果不准确。

3. 用于职务的晋升调配

员工的历史绩效记录,为员工的职务晋升和人员调配提供了基础依据。人员调配不仅包括纵向的升迁或降职,还包括横向的工作轮换。通过分析员工历史绩效记录,可以发现员工工作表现与其职位的适应性问题,查找出原因并及时进行职位调配。如果员工在某方面的绩效突出,则可以让他(她)在这方面承担更多的责任或得到晋升;如果员工在某方面的绩效表现不佳,则可以通过职位的调整,使之从事更加适合的工作。

4. 用于员工培训与开发决策

员工培训与开发,是组织通过培训和开发项目提高员工能力和组织绩效的一种有计划的、连续性的工作。通常情况下,培训的主要目的是为了让员工获得目前工作所需的知识和能力,帮助员工更好地完成好当前工作,而开发的主要目的则是为了让员工获得未来工作所需的知识和能力。通过对绩效评价结果的分析,可以及时发现员工与组织要求的差距,帮助培训部门有的放矢地做好下一步的培训计划,开展有针对性的培训,即做到"缺什么,补什么",以提升员工队伍的整体素质。

5. 用于员工个人发展计划的制订

个人发展计划(individual development plan,IDP),是指根据员工有待发展提高的方面,所制订的一定时期内完成的、有关工作绩效和工作能力改进和提高的系统计划。绩效评价结果反馈给员工个人,揭示出员工工作的优势和不足,使得员工改进工作有了依据和目标。在组织目标的指导下,员工可以据此制订个人的发展计划,不断提高自身工作能力,开发自身潜能,改进和优化工作。这不仅有助于员工实现个人职业目标,也有助于员工个人职业生涯的发展,同时还可以实现员工发展与部门发展的有机结合,为组织创造一个高效率的工作环境。

除此之外,绩效评价结果还有其他应用,如开发员工潜能,为组织人力资源规划提供决策支持,在人员选拔录用和员工培训效果评估过程中发挥重要的效标作用等。

思考题

1. 什么是绩效反馈?如何理解绩效反馈的重要性?
2. 简述绩效反馈的原则及其内容。
3. 什么是360度绩效反馈?采用360度绩效反馈计划要注意哪些问题?
4. 举例说明怎样设计一套完整有效的绩效反馈面谈计划。
5. 结合实例分析绩效诊断的过程。
6. 如何制订、实施和评估绩效改进计划?
7. 绩效评价结果在人力资源管理中有哪些具体的应用?
8. 心理学家曾经做过这样的研究:把一些孩子随机分成两组,让他们画画,其中一组的孩子只是画画,而另外一组孩子除了画画之外还会得到一些钱。一段时间后,测试这些孩子是否喜欢画画。结果发现,没有得到钱的一组孩子反倒比得到钱的孩子更喜欢画画。根据上述资料,分析为什么会出现这样的结果。

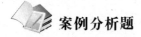
案例分析题

情景案例一[①]

假设你是公司采购部的经理,王星是你部门的骨干,加入采购部的时间与你差不多,你们以前是不错的同事。今年1月你提升为经理后,王星的工作热情好像有不少变化。上班有时迟到,下班到点就走,部门会上发言也不多。你原本希望王星能把你原来的工作接手一部分,让你能有更多的精力用在部门的管理工作上,现在看起来王星并不支持你的工作。有两个同事也暗示过你,王星对你的提升有些嫉妒,要你小心。

这两个星期,在准备王星的业绩判定时,你发现王星的工作质量还是不错的,各种技能也是部门中比较突出的,王星的各项工作也都能按时完成。你知道王星的能力很强,但是不清楚她为什么不能帮你一把。

你和王星约好今天讨论她的业绩考核。你准备和她怎么谈?

情景案例二

假设你是公司采购部的业务骨干,在这几年的工作中,你一直工作非常努力,加班加点,使采购部从无到有,并建立了各种流程和供货渠道,你的工作表现也得到了充分肯定。

今年1月,公司决定提升与你同时加入采购部的同事作为部门经理,促使你考虑你的个人发展方向。经过仔细考虑,你认为你应该转到财务方面,因为财务领域是你的个人兴趣,你也有基础,同时也是今后市场很需要的人才。从2月份开始,你参加了会计师的培训班,每星期要上三次课。你希望在完成本职工作的前提下,两年内完成这一学业计划。

天有不测风云,三个月前,你母亲生病住院需要有人陪伴,你每个星期还要有两晚在医院。所以最近一段时间压力很大,工作有时做不完,你就自己周末在家里做。到目前为止,还是按时按质地完成了各种工作。

今天你要和经理讨论你的业绩考核,你希望他能了解你的用心,对你的工作也还能满意。你准备跟他怎么谈?

情景案例三

假设你是公司销售部经理。张轩是你部门负责东北地区的销售员,三年前由一个小公司加入你们部门。前两年张轩都未能完成销售任务,同时只是把精力用于发展客户关系,对客户的业务需求了解很肤浅,对产品的了解也很有限。根据这些表现,你给张轩的业绩评定连续两年都是及格。

今年,东北地区突然决定做项目A,你和技术部经理立即组织力量投标,经过几轮奋战,最终拿到了合同。作为销售工程师的张轩,在项目期间工作很努力,以建立各种关系为重点,成为项目组的骨干。由于项目A的成功,张轩的销售业绩达到了130%。

但同时,你注意到张轩在与技术工程师合作时,关系处理得非常紧张。工程师们抱怨张

[①] 付维宁. 绩效管理[M]. 北京:中国发展出版社,2012:182-183.

轩不能准确提供用户需求,没有计划,也不与大家沟通,造成几次方案重新设计,因此大家都不愿与他合作。另外,张轩没有事先预报项目 A,目前订货、交货期都有问题。

综合以上考虑,你计划给张轩良好的业绩考核成绩。今天你约了张轩做本年度的业绩考核。你要讨论的关键点是什么?你希望达到的目的是什么?

情景案例四

假设你是公司销售部销售工程师,负责东北地区的业务。今年是你在公司工作的第三年,前两年,由于东北经济不好,加之自己手生,都没有完成任务,业绩考核只得了及格。然而能得及格已不错了,要是在以前的公司,可能就被炒鱿鱼了。功夫不负苦心人,今年出台的项目 A 终于签约,你的销售业绩是 130%。做项目的几个月中日日夜夜的辛苦终于有了回报。有这样的成绩,你认为今年的业绩考核非得优秀不可。

今天,你的经理约你做全年的业绩考核,你期待着好消息。你会做哪些准备工作?

第二部分

薪酬管理

第七章

薪酬管理基础

> 奖励什么,就会得到什么!人们会去做他所希望受到奖励的事情,而不会去做他所害怕受到处罚的事情。
>
> ——米契尔·拉伯福(拉伯福法则)

 学习目标

- 深刻理解报酬与薪酬的含义及其关系;
- 掌握薪酬的基本功能;
- 理解薪酬管理的含义及作用;
- 掌握薪酬管理的原则及其内容;
- 熟悉薪酬管理的影响因素;
- 掌握薪酬管理的流程;
- 熟悉不同时期薪酬理论的主要观点及其发展;
- 理解职位评价的含义及其战略意义;
- 掌握职位评价的原则及四种主要方法;
- 了解职位评价的发展趋势。

关键术语

报酬	薪酬	薪酬管理
内部一致性	外部竞争性	效率工资理论
分享经济理论	全面报酬理论	战略薪酬理论
职位评价	排序法	分类法
因素比较法	评分法(要素计点法)	

> **开篇引例**

杰克·韦尔奇：一个差点改写历史的薪酬故事

通用电气公司(GE)前 CEO 杰克·韦尔奇在工商界是一个名闻遐迩的传奇人物，号称世界第一经理人，他在 GE 的神奇业绩和经营管理思想充斥在报纸、电视、书籍等世界各种媒体。然而，他在 40 多年前经历的一次薪酬事件差点改写历史，几乎使他无法创造在 GE 的种种神奇。

1960 年，杰克·韦尔奇在取得化学博士学位以后，选择了 GE 的一家分公司，开始他自己的事业。他感到在这样一个规模极大的公司体系中，可以将自己的博士学问派上最大的用场。工作了一年之后，1961 年 10 月，他得到了第一次的年度评语，由于他创造了一种非常快速的流程，因此对他的评价很高。然而他所在的 GE 下属公司只按规定标准给他加 1000 美元的年薪。因为公司规定无论表现得好坏，每个人都获得同样的薪酬。他感到非常气愤和沮丧，把自己的老板称作"吝啬鬼"，并毅然辞去了工作，接受了位于芝加哥的国际矿物化学公司提供的职位。但因为薪水问题，他又辞了职，准备前往另一家公司工作。就在第二位老板准备为他开欢送会的前天晚上，GE 总经理亲自飞到这个城市，向他提出了几乎无法拒绝的条件：假如他留在 GE 工作，公司将在薪酬上令他感到值得为它工作下去。公司还要向已经解雇了他的那家公司道歉，并赔偿他们因此所造成的经济损失。杰克·韦尔奇认为那是"一剂医治创伤的良药"，因此欣然接受，回到 GE 继续工作。于是，便有了我们今天所知道的作为通用电气 CEO 的杰克·韦尔奇。

资料来源：中国人力资源开发网，www.chinahrd.net。

第一节 薪酬的内涵及其功能

一、报酬的概念

报酬(rewards)是一个综合的概念，一个员工因为某一个组织工作而获得的所有各种他认为有价值的东西统统称为报酬。在企业中，报酬是企业对员工为企业所做贡献(包括他们实现的绩效、付出的努力、时间、学识、技能、经验和创造等)付给的相应的回报。在员工的心目中，报酬不仅仅是自己的劳动所得，它在一定程度上也代表着员工自身的价值，代表企业对员工工作的认同，甚至还代表着员工个人的能力和发展前景。

报酬根据激励源可分为内在报酬(intrinsic reward)和外在报酬(extrinsic reward)。内在报酬是指员工由工作本身所获得的心理满足和心理收益，包括参与决策、自由分配工作时间及方式、较多的职权、有趣的工作、个人成长的机会、活动的多元化、挑战性工作等。这类报酬都是工作参与的结果，人力资源管理过程中的工作丰富化、缩短工作日、弹性工作时间、工作轮换等做法，正是出于员工追求内在报酬的考虑。外在报酬主要是指以物质形态存在的各种类型的报酬，包括经济性报酬和非经济性报酬。经济性报酬就是薪酬，非经济性报酬包括优越的办公条件、特权、荣誉与地位、特定停车位等。报酬与薪酬的关系如图 7-1 所示。

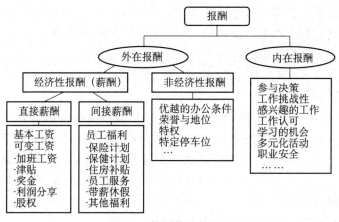

图 7-1 报酬体系结构图

[知识链接 7-1]

心理报酬

　　心理报酬是指员工个人对企业及其工作本身在心理上的一种感受,属于非货币性报酬的范围。根据工作特征模型(job characteristics model,JCM),当员工的工作在技能的多样性、任务的一致性、任务的重要性、自主性和反馈性这 5 个核心层面的评价很高时,员工的工作体验会增强其心理状态(心理报酬)。这些心理状态又可以影响到个人和工作的结果,即:内在工作动力、绩效水平、工作满足感、缺勤率和离职率等,从而给予员工内在的激励,使员工以自我奖励为基础的自我激励产生积极循环。

　　员工通过自己的努力工作得到的非货币性奖励就属于员工的心理收入,这种奖励又可分为职业性奖励和社会性奖励。职业性奖励又可以细分为:职业安全、自我发展、和谐的工作环境和人际关系、晋升机会等;而社会性奖励由地位象征、表扬肯定、荣誉、成就感等因素构成。企业对员工的物质报酬在某种程度上、在一定的范围内对员工起到了很好的激励作用。人们为了维持生存和更好的物质生活,的确在为金钱而工作,但是他们更为生命的价值而工作。正如比尔·盖茨所说,来到微软,你不仅得到工资,你也将会得到"一次改变世界的机会"。

　　资料来源:杨百寅,韩翼. 战略人力资源管理[M]. 北京:清华大学出版社,2012:326-327.

　　一个有效的报酬系统能以较低的人力成本来实现组织的基本目标,而这主要取决于能否处理好外在报酬与内在报酬的关系,即薪酬、员工工作满意感和工作价值三者之间的关系。薪酬、员工工作满意感和工作价值的关系如图 7-2 所示。员工的薪酬高低与员工的工

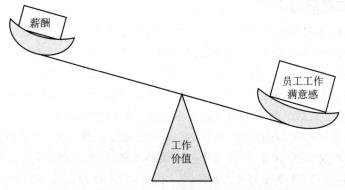

图 7-2 薪酬、员工工作满意感及工作价值的关系

作满意感和工作价值有关,因而,为了提高员工工作满意感,一方面可加大薪酬力度;另一方面还需要使员工认识到工作是有价值的;如果只加大薪酬力度,而忽视了工作价值,员工的工作满意感程度是不会很高的。

二、薪酬的概念

"薪酬"(compensation)一词源于西方的管理学,在历史上不同时期不同国家的人们并不总用"薪酬"来表达它所代表的含义。中国古代的"俸禄"(薪俸、俸饷、俸金)、"工钱"、"军饷"等,都可以看作是薪酬的最初表达形式。在西方国家,1920年以前,薪酬的主要含义使用Wage(工资)来表达;1920年以后人们开始使用Salary(薪水)来表达薪酬。随着理论研究与管理实践的不断发展,到了1980年,薪酬的概念开始为多数人所接受。20世纪90年代中期,薪酬作为一个管理学范畴在我国开始流行起来。

薪酬是指企业因员工的工作与服务付出而支付给员工的各种直接的或间接的经济收入,包括各种货币收入以及实物报酬。员工的薪酬主要由基本工资、可变工资和员工福利三部分组成。

基本工资(base pay)是企业按照一定的时间周期,定期向员工发放的固定薪酬,它主要反映员工所承担的职位的价值或者员工所具备的技能或能力的价值。基本工资的形式主要有:职位工资(也叫岗位工资),即根据员工所承担的工资本身的重要性、难度、对组织的价值、工作环境对员工的伤害程度以及对员工资格的要求确定;技能工资,即根据员工拥有的完成工作的技能或能力高低来确定;资历工资,即根据员工的工作时间长短定期增加其基本工资。在国外,基本工资往往有小时工资、月薪和年薪等形式;在中国大多数企业中,提供给员工的基本工资往往是以月薪为主,即每月按时向员工发放固定工资。

可变工资是指薪酬系统中直接与绩效挂钩的部分,包括业绩工资和激励工资。业绩工资是对过去工作行为和已取得成就的认可,是基本工资之外的增加额。业绩工资主要随员工业绩的变化而调整。激励工资也是与业绩直接挂钩的工资类型,可以是短期的,也可以是长期的;既与个人绩效挂钩,还可与团队或组织绩效挂钩。

员工福利是员工在从业中不断获取的、间接的货币报酬。福利是对员工生活的照顾,是组织为员工提供的除工资与奖金之外的一切物质待遇,它是薪酬体系的重要组成部分。在我国主要表现为法定福利和自定福利,法定福利包括"五险一金",即养老保险、医疗保险、失业保险、工伤保险、生育保险和住房公积金;自定福利则由组织根据经营状况和效益自主决定。

三、报酬与薪酬的关系

报酬主要由内在报酬和外在报酬构成,外在报酬又包含了经济性报酬和非经济性报酬,薪酬属于外在报酬中的经济性报酬。在组织当中,与内在报酬相比,员工和组织更倾向于注重外在报酬,尤其是薪酬。这是因为外在报酬比较容易定性,也容易衡量,而且也便于在不同个人及组织间进行比较,而内在报酬则往往难以清晰地界定、衡量和比较。

在组织中,员工对薪酬的不满和抱怨并不全是因薪酬而引起的,一部分是因内在报酬或外在报酬中的非经济性报酬引起的。组织必须清楚地意识到,员工对薪酬的抱怨很可能掩盖其对组织中其他方面的不满,这些方面包括领导风格、职业发展机会、工作成就感、对工作的影响力、工作自由度、决策参与机会水平等。因此,简单地提高员工的薪酬水平,并不能从根本上消除员工的不满。组织可以通过工作系统设计、增强员工对组织的影响力、调整人力资本的内部流动政策等，来为员工提供内在报酬。但这些做法本身不一定能起到降低组织薪酬成本的作用，反倒有可能导致员工要去更高的薪酬。尽管如此，由于内在报酬有可能刺激员工的奉献精神，启发其工作潜力，同时对绩效、创新、间接劳动力成本、员工队伍的灵活性等产生积极影响，因此，即使内在报酬无法降低组织的薪酬成本，它对组织仍然具有积极的作用。

组织在处理薪酬与报酬的关系时，必须在外在报酬与内在报酬之间实现平衡。当员工获得更大的工作自由度时，内在激励就会出现。但是，当组织将薪酬以及其他外在报酬与绩效过于紧密地挂起钩来，反而有可能削弱内在激励的作用。因此，管理者必须决定是把内在报酬还是外在报酬作为激励员工的主要方式，以及不同的内在报酬和外在报酬组合适用的场合和时间，以防止薪酬或其他外在报酬削弱内在激励而带来的不良后果[①]。

[知识链接 7-2]　　　　　　　关于薪酬的六大误解

对于薪酬的理解，人们在实践中存在许多误解。美国斯坦福大学商学院杰弗里·佩弗（Jeffrey Pfeffer）教授于曾在《哈佛商业评论》上发表了一篇名为"关于薪酬的 6 个危险神话"的文章，在这篇文章中他指出了管理者在薪酬管理过程中普遍存在的误区，这些认识误区总结如表 7-1 所示。

表 7-1　有关薪酬的六大误解

说　　法	事　　实
1. 工资率与劳动力成本是一回事。	事实并非如此，这种说法对管理者产生了误导，导致管理决策的失误。根据定义，工资率是全部直接薪酬除以全部工作时间的结果。沃尔玛的收银员工资率按小时计算，为每小时 5.15 美元；而华尔街上的经纪人的薪金则按天计算，为每天 2000 美元。而劳动力成本的计算既涉及企业向员工支付多少报酬，也涉及他们所生产的产品数量。因此，德国的工厂工人的小时工资率可能是 30 美元，而印度尼西亚工人的工资率却有可能是每小时 3 美元，但是要判断这些工人的相对成本高低，还要看在相同的时间内他们能够生产出多少产品。
2. 降低工资率将会降低劳动力成本。	劳动力成本是工资率和生产率的一个函数，要降低劳动力成本，就需要同时关注这两个方面。事实上，在大多数情况下，降低工资率反而会增加劳动力成本。
3. 劳动力成本在企业总成本中占很大比重。	这种说法仅仅在某些情况下是正确的。在不同的行业和企业中，劳动力成本占总成本的比重明显不同。许多高层管理者在其财务报告中假定劳动力成本是总成本中所占比重最大的部分，事实上，劳动力成本只是在短期内有可能发生变化。
4. 保持低劳动力成本有助于创造有力、可持续的竞争力。	事实上，劳动力成本可能是最不可靠和最不容易持久的竞争优势来源。更好的竞争优势来自质量、客户服务、产品、流程或者技术方面的领先。同时，通过这些方式来实现的竞争优势往往比削减成本更难以被竞争对手模仿。
5. 提供个人奖励能够改善绩效。	实际上，个人奖励工资可能会破坏个人和组织两方面的绩效。许多研究有力地证明了个人奖励破坏了团队精神，鼓励了短视行为，使个人相信薪酬与绩效完全没有关系，而与拥有"恰当的"人际关系以及"逢迎性的"个性高度相关。
6. 人们主要是为了金钱而工作。	人们为了金钱而工作，但是他们更为生命的价值而工作。事实上，他们更有可能是为了乐趣而工作。企业如果无视这个事实，就会简单地用金钱收买其员工，并且将会为员工缺乏忠诚度和献身精神而付出代价。

资料来源：改编自〔美〕杰弗里·佩弗. 关于薪酬的 6 个危险神话[N]. 哈佛商业评论，1998-05-06.

---

① 刘昕. 薪酬管理[M]. 4 版. 北京：中国人民大学出版社，2014：5-6.

四、薪酬的基本功能

薪酬既是企业为员工提供的收入,又是企业的一种成本支出,它代表了企业与员工之间的一种利益交换关系。这种利益交换关系具有以下功能:

(1) 激励功能。企业支付给员工的薪酬是对员工劳动付出的认可,是员工满足自己与家人需要的经济基础。企业通过支付给员工不同的薪酬,来评价员工个人的素质、能力、工作态度及其工作效果,而合理的薪酬可以促进员工产生更高的工作绩效,进而为员工带来更高的薪酬。更高的薪酬不仅可以使员工的经济条件得到不断地改善,而且是对员工工作能力的一种肯定,显示了员工在企业中的价值和社会地位的提升。这使得员工能够赢得更多的尊重,从而激发其工作的满足感和成就感,并以更高的热情投入工作。

(2) 保障功能。薪酬本质上表现为企业与员工之间达成的一种供求契约,员工通过自己的工作为企业创造市场价值,而企业对员工的贡献提供经济上的回报。员工通过劳动获得薪酬来维持自身的衣食住行等基本生存需要,以保证自身劳动力的再生产。同时,他还必须利用这些薪酬来养育子女和进行自身的培训学习,以实现劳动力的再生产和人力资本的增值。因此,薪酬是保障企业人力资源生产和再生产的基本因素。

(3) 调节功能。薪酬差别是企业实现人力资源合理流动和配置的一个重要"调节器"。一方面,企业可以通过薪酬水平的变动和倾斜,将企业目标和管理者意图传递给员工,促使员工个人行为与企业期望的行为实现高度一致,并引导内部员工合理流动,从而调整企业生产和管理环节上人力资源的数量和质量,实现企业内部各种资源的高效配置;另一方面,企业通过制定有效的薪酬差距水平,向社会传递了重要信息,当企业支付给员工的薪酬与同类企业相比有竞争力时,企业对外部人员也就具有了很强的吸引力,这样企业就可以吸引到更多急需的人力资源。

(4) 保留功能。薪酬和待遇是留住人才的重要手段。如果企业提供的薪酬对外具有竞争性,同时对内又具有公平性,使员工的劳动付出获得了应有的报酬,体现了员工的能力和贡献,这就会使绝大多数员工感受到企业对自己的重视以及组织的公平感。为了继续拿到这些薪酬,他们会选择留在企业,而不会轻易离开企业,这就可以起到保留员工的作用。

(5) 增值功能。对企业而言,薪酬作为企业用于交换员工劳动的一种成本投入,实际上也是对人力资源这一劳动要素的数量和质量的一种投资。与其他资本投资一样,企业支付员工薪酬是为了带来预期的大于成本的收益,使员工创造出远远大于自身获得的价值,从而实现企业增值。

[知识链接 7-3] 　　　　　　　雷尼尔效应

雷尼尔效应来源于美国西雅图华盛顿大学的一次风波。校方曾经选择了一处地点,准备在那里修建一座体育馆。消息一传出,立即引起了教授们的强烈反对。教授们之所以抵制校方的计划,是因为这个拟建的体育馆选定的位置在校园内的华盛顿湖畔。一旦场馆建成,就会挡住从教职工餐厅可以欣赏到的窗外美丽的湖光山色。原来,与当时美国的平均工资水平相比,华盛顿大学教授们的工资要低20%左右。为何华盛顿大学的教授们在没有流动障碍的前提下自愿接受较低的工资呢?很多教授之所以接受较低的工资,完全是出于留恋西雅图的湖光山色。西雅图位于北太平洋东岸,华盛顿湖等大大小小的水域星罗棋布,天气晴朗时可以看到美洲最高的雪山之一——雷尼尔山峰,开车出去还能看到一息尚存的圣海伦火山。因为在华盛顿大学教书可以享受到这些湖光山色,所以很多教授们愿意牺牲获取更多收入的机会。他们的这种偏好,被华盛顿大学的经济学教授们戏称为"雷尼尔效应"。

资料来源:王瑞永,袁声莉,暴丽艳. 人力资源管理[M]. 北京:科学出版社,2011:236。

第二节　薪酬管理概述

一、薪酬管理的概念及作用

（一）薪酬管理的概念

薪酬管理(compensation management)是指企业为实现其发展战略,根据企业人力资源战略和企业内外部状况,确定企业薪酬体系、薪酬水平、薪酬结构和薪酬形式,明确员工应当得到的薪酬,并进行薪酬调整和薪酬控制的过程。在这一过程中,企业必须就薪酬体系及构成、薪酬水平、薪酬结构、薪酬形式以及特殊员工群体的薪酬等作出决策。同时,作为一种动态管理过程,企业还要持续不断地制订薪酬计划、拟定薪酬预算、就薪酬问题与员工进行沟通、对薪酬体系的有效性进行评价及完善等。

薪酬管理是企业人力资源管理的一种重要职能活动,它也是一项影响企业经营目标实现程度的战略管理活动。全面理解薪酬管理的含义,对于有效开展薪酬管理活动至关重要。要准确把握薪酬管理含义,需要注意以下问题:① 薪酬管理要在企业发展战略和企业人力资源战略的指导下进行,薪酬管理必须服务于企业经营战略,要为战略的实现提供有力的支持;② 薪酬管理不仅要使员工获得经济收入,维持并改善其生活水平,更要引导员工行为,激发员工的工作热情,不断提高他们的工作绩效;③ 薪酬管理不单单是及时、准确地给员工发放薪酬,还要涉及薪酬政策的制定与调整、薪酬体系的改进和优化、薪酬预算的控制与沟通等一系列决策,是一项非常复杂的活动。

（二）薪酬管理的作用

薪酬管理的过程就是对员工劳动成果的分配过程,这一分配过程直接影响企业员工的工作士气,进而影响企业绩效。具体而言,薪酬管理的作用体现在以下几个方面:

(1) 有效的薪酬管理有助于企业合理配置与使用人力资源。企业的管理过程实质上是各类资源的配置与使用过程。资源大体上可分为物质资源、财力资源和人力资源三类。在这三类资源中,人力资源的配置与使用至关重要,因为人是各个生产要素中起决定性能动作用的要素。合理配置与使用人力资源,使企业员工做到"人尽其才,才尽其用",已成为现代人力资源管理的核心问题。薪酬作为实现人力资源合理配置的基本手段,在人力资源开发与管理中起着十分重要的作用。薪酬一方面代表着劳动者可以提供的、不同劳动能力的数量与质量,反映着劳动力供给方面的基本特征;另一方面代表着用人单位对人力资源需要的种类、数量和程度,反映着劳动力需求方面的特征。薪酬管理就是要运用薪酬这一人力资源中最重要的经济参数,通过薪酬政策调整、薪酬水平与结构优化、薪酬制度设计等来引导人力资源向合理的方向流动,从而实现组织目标的最大化。

在我国企业和组织中,主要存在着两种不同的薪酬管理机制:一种是政府主导型的薪酬管理机制;另一种是市场主导型的薪酬管理机制。政府主导型的薪酬管理机制主要是通过行政的、指令的或计划的方法来直接确定不同种类、不同质量的各类劳动者的薪酬水平、薪酬结构。这种机制由于无法回答人力资源是否真正用于了最需要的地方,也无法确定人力资源是否真正用于了最能发挥了其作用的地方,因而很难真正解决好人力资源的合理配置和使用问题。市场主导型的薪酬管理机制实质上是一种效率机制,它主要是根据劳动力的流动和市场竞争,依据在供求平衡中所形成的薪酬水平和薪酬差别来引导人力资源的配置和使用。显然,市场主导型的薪酬管理机制不但能够及时、准确地反映各类劳动力的稀缺程度,而且能使劳动者通过流动调换职业或岗位实现薪酬最大化时也找到尽其所能的位置,从而使人力资源的配置与使用更加合理。因此,在薪酬管理中,为了更合理地配置与使用人力资源,应尽可能采用市场主导型的薪酬管理机制。

(2) 有效的薪酬管理有助于实现对员工的激励,吸引并保留优秀员工。薪酬管理的有效实施给员工提供了可靠的经济保障,这也使得薪酬成为员工努力工作、提高士气的重要诱因,也成为企业吸引和保留优秀人才的重要手段。马斯洛的需要层次理论指出,人们存在着5个层次的需要,有效的薪酬管理能够不同程度的满足人们的这些需求,从而实现对员工的激励。员工获得的薪酬是他们满足生存需要的直接来源,没有经济收入,员工就不可能有安全感,也不可能有与人交往的物质基础。在现今条件下,企业各类人员仍把薪酬问题作为其最关心的问题之一。不同的员工对薪酬内涵的理解不同,一般来说,大部分企业员工都会认为薪酬不只是金钱的多少,也不仅仅是自己劳动付出的简单回报。他们更愿意把薪酬理解为代表着自身的价值、代表企业对自己工作的认同程度,甚至还代表了员工个人的能力、品行和未来发展前景。因此,尊重人才的企业往往会利用这一点,通过按时发薪、加薪或调薪等形式,激励员工发挥更多的聪明才智。同时,企业通过更好地满足员工日常生活的物质需求,保障员工生存与发展所需的资源,解决员工的后顾之忧,让其安心工作,留住人才,并吸引更多的人才加入企业的员工队伍中来。

(3) 有效的薪酬管理有助于塑造良好的企业文化,改善企业绩效,促进企业发展。现代企业越来越重视企业文化在企业发展过程中的重要作用,而有效的薪酬管理有助于塑造良好的企业文化。因为薪酬是进行企业文化建设的物质基础,如果员工的生活得不到保障,企业文化建设就是空谈。事实上,企业制定的各项薪酬政策本身就是企业文化的组成部分,薪酬政策的导向、对效率与公平的理解等都与企业价值观和企业文化息息相关。企业的薪酬政策能够对员工的工作行为和态度产生引导作用,而这种引导作用对于塑造良好的企业文化至关重要。比如企业推行员工计件工资制,就容易引导强化个人主义的企业文化;反之,可变工资以团队为基础计发,则会引导强化集体主义的企业文化。

薪酬管理不仅有助于企业文化建设,它也有助于改善企业绩效,促进企业发展。企业支付给员工的薪酬除了考虑岗位特点、员工技能水平及工龄等因素外,最主要的支付依据就是员工的工作表现和工作绩效。因此,可以说员工薪酬水平的高低也是员工绩效水平的反映。薪酬管理的有效实施,可以使员工的绩效和员工的薪酬产生相互促进作用,而员工个人绩效的改善和提高,必将使企业整体绩效得到改善和提高,从而促进企业发展。

二、薪酬管理的原则

企业薪酬战略的制定、薪酬制度和薪酬体系的设计及其管理都要围绕薪酬管理的目标展开,薪酬管理的主要目标就是吸引企业发展所需要的高素质人才,提高员工工作的积极性和满意度,进而实现企业与员工目标的协调发展以及提升企业的竞争优势等几个方面。要实现薪酬管理的上述目标,企业薪酬管理必须坚持以下四大原则。

（一）公平性原则

所谓公平性,是指员工对于企业薪酬管理系统及管理过程的公平公正性的看法或感知。公平是薪酬管理系统的基础,员工只有在认为薪酬管理系统是公平的前提下,才能产生认同感和满意度。亚当斯的公平理论是薪酬管理公平性原则的重要理论基础。公平性主要包括三个层次,即分配公平、过程公平和机会公平。

（1）分配公平。分配公平是指组织在进行人事决策、决定各种薪酬奖励措施时,应符合公平的要求。如果员工认为受到不公平对待,将会产生不满。员工对于分配公平的认知,主要根据其对于工作的投入与所获得的报酬的主观比较而定,在这个过程中还会与过去的工作经验、同事、同行、朋友等进行对比。分配公平又可进一步划分为个人公平、内部公平、外部公平三个方面。个人公平是指员工获得的薪酬应当与其付出成正比;内部公平是指同一企业中,不同职务的员工获得的报酬应当与各自对企业做出的贡献成正比;至于外部公平,则是指同一行业、同一地区或同等规模的不同企业中类似职务的报酬应基本相同。

（2）过程公平。过程公平又叫程序公平或规则公平,是指在决定任何奖惩决策时,组织所依据的决策标准或方法符合公正性原则,比如程序公平一致、标准明确,过程公开等。过程公平强调人们在工作或竞争过程中应当遵守同一游戏规则,实施同样的约束和标准。唯有做到过程公平,才能真正保证结果的公平,如果离开过程公平谈论"公平","公平"就会成为无源之水、无本之木。

（3）机会公平。机会公平主要是指应当为人们提供均等的参与权利、竞争机会,信息和游戏规则透明统一,不搞"相马"而是"赛马","机会面前人人平等",最终分配则根据个人的产出或绩效而定。机会公平的关键在于组织赋予所有员工同样的发展机会,包括组织在决策前与员工互相沟通,组织决策考虑员工的意见,管理者能够换位思考,考虑员工的立场,建立员工申诉机制等。

[案例故事 7-1]　　　　　　主帅华元与车夫羊斟的故事

春秋时期,宋国与郑国关系紧张,战事一触即发。宋国主帅华元为鼓舞士气,特做羊羹招待部下。羊羹美味无比,大家都吃得热火朝天,唯独华元的车夫羊斟没有份儿,这让羊斟心里憋了一股子闷气。宋国与郑国开战之后,羊斟为华元驾车。正当两军交锋之时,羊斟对华元说:分羊肉汤,你为政;今之事,我为政。说罢,扬鞭策马,径直将华元拉到了郑国军营,让华元活活地当了郑军的俘虏,宋军自然不战而败。华元的美食对车夫来说起到了负激励的作用,不但不能起到激励的作用,还起到了相反的作用,甚至还能要了将帅的性命。

资料来源:付维宁. 人力资源管理[M]. 北京:电子工业出版社,2014:216-217.

（二）经济性原则

经济性是指企业支付薪酬时应当在自身可以承受的范围内进行,所设计的薪酬水平应当与企业的财务水平相适应。企业薪酬管理的经济性原则包括两个层面的含义:第一个层面是从薪酬管理的产出角度来看,薪酬及其管理能给组织绩效带来最大的价值;第二个层面是从薪酬管理的投入角度来看,实现薪酬成本控制。薪酬管理的经济性原则要求企业用适当的薪酬成本给组织带来最大的价值,有效的薪酬管理应当在竞争性和经济性之间找到恰当的平衡点。

(三) 合法性原则

合法性是指企业的薪酬管理政策要符合国家、省区市的法律法规、政策条例要求,如不能违反最低工资制度、法定保险福利、薪酬指导线制度等的要求规定。合法性原则是企业薪酬管理应遵循的基本前提,为了保障劳动者的合法权益、维护社会稳定和经济健康发展,各个国家都会相应地制定一系列法律法规,对企业薪酬体系施加约束力和影响力。比如,我国的《劳动法》第四十八条就规定:"国家实行最低工资保障制度。最低工资的具体标准由省、自治区、直辖市人民政府规定,报国务院备案。用人单位支付劳动者的工资不得低于当地最低工资标准。"

(四) 战略性原则

战略性是指企业在薪酬设计及其管理过程中,要时刻关注企业的战略目标要求,薪酬政策和薪酬制度要体现企业的长远规划,能够反映组织支持和鼓励的重点,实现企业战略和薪酬对员工激励的充分结合。进入 21 世纪,随着企业的发展和外部市场环境的不断变化,面对剧烈的工作场所变化、严峻的竞争环境、急速的技术变革以及转瞬即逝的商业机会,企业越来越清楚地意识到,战略性地设计和管理薪酬福利体系,有助于企业在快速变化的环境中赢得竞争优势。因此,薪酬管理过程要作出一系列战略性的薪酬决策,制定薪酬战略,设计战略薪酬,薪酬以及薪酬管理必须能够支持企业的经营战略,与企业文化相容,并且具有对外界压力作出快速反应的能力。

三、薪酬管理的内容

薪酬管理涉及比较复杂的企业员工之间的利益关系,必须根据企业生产经营管理实践和企业员工现状及结构特点进行分析和处理。其中,确定薪酬管理目标、选择合适的薪酬政策、制订科学的薪酬计划、控制薪酬总额、设计和调整薪酬结构等方面的内容,是薪酬管理中最为重要和最为普遍的内容。

(一) 确定薪酬管理目标

企业薪酬战略的制定、薪酬制度和薪酬体系的设计及其管理都要围绕薪酬管理的目标展开,因此,薪酬管理的首要任务是确定薪酬管理目标。薪酬管理目标根据企业的人力资源战略确定,具体包括以下三个方面:① 建立稳定的员工队伍,吸引企业发展所需要的高素质人才;② 激发员工的工作热情,提高员工工作的积极性和满意度,进而提升企业竞争优势,创造高绩效;③ 实现企业与员工目标的协调发展。

(二) 选择合适的薪酬政策

企业薪酬政策是企业管理者对企业薪酬管理运行的目标、任务和手段的选择和组合,是企业在员工薪酬上所采取的方针策略。选择合适的薪酬政策,关键是要选择与企业发展战略、实际情况相适应的薪酬政策。政策作为一种调整措施,与一般规律措施的区别在于具有更强的价值倾向性。企业制定薪酬政策的任务是要从分配角度促进企业发展，通过薪酬政策，要增强企业投入产出效益，塑造良好的企业内部激励机制，并且能够有效整合企业薪酬管理措施。企业薪酬政策既要为员工提供基本生活保障，又要为提高企业效益服务，同时还要体现薪酬分配的公平性。

企业薪酬政策的具体内容包括：① 企业薪酬成本投入政策。比如根据企业组织发展的需要，采取扩张劳动力成本或紧缩劳动力成本政策等。② 根据企业的自身情况选择企业合理的薪酬制度。比如采取稳定员工收入的策略还是激励员工绩效的政策，前者多与等级和岗位工资制度相结合；后者则与绩效工资制度相结合。③ 确定企业薪酬结构及薪酬水平的政策。比如是采取向高工资倾斜的工资结构，还是采取均等化或者向低工资结构倾斜的工资政策，前者加大了高级员工的比例，提高了其薪酬水平；后者则缩减了高薪人员的比例，降低其薪酬水平。此外，还包括薪酬支付形式的管理，即确定薪酬计算的基础是按照劳动时间计算还是按照生产额、营运产值计算。

（三）制订科学的薪酬计划

一个好的薪酬计划是企业薪酬政策的具体化。所谓薪酬计划，就是企业预计要实施的员工薪酬支付水平、支付结构及薪酬管理重点等。企业在制订薪酬计划时，要通盘考虑，同时要把握一系列原则：一是与企业目标管理相协调。企业薪酬计划应该与企业的经营计划相结合，需综合考虑是否能留住优秀人才、是否符合企业的支付能力、是否符合企业的发展目标要求等。二是增强企业竞争力。工资是企业的成本支出，压低工资有利于提高企业的竞争能力，但是，过低的工资又会导致激励的弱化。所以企业既要根据其外部环境的变化，也要从内部管理的角度，选择和调整适合企业经营发展的薪酬计划。任何工作计划都不是固定的，必须在实施过程中根据需要随时调整。

（四）控制薪酬总额

薪酬总额是指企业用于劳动报酬的总支出。薪酬总额是企业掌握和控制人力成本的主要信息来源，对薪酬总额的控制集中体现了企业人力资源管理的价值取向，具有很强的政策性。对薪酬总额的控制要注意处理好两重关系：一是固定工资与变动工资的关系。薪酬总额由固定工资和变动工资两部分构成，前者体现的是员工的劳动力价值，在成本中列支；后者主要取决于员工的劳动贡献，既与成本工资联系，又与效益分享联系。二是成本控制与员工激励的关系。薪酬总额的确定与企业发展需要相关。在测算企业薪酬总额时，不仅要分析企业的经营成本，还要分析企业的效益来源，探讨企业员工的激励力度，据此来确定效益分享的提取比例。

企业薪酬总额的确定一般需要考虑的因素包括：市场薪酬水平，企业支付能力、员工生活费用以及员工现有薪酬状况等。企业内部各类员工的薪酬水平，应以能够实现劳动力与企业之间公平的价值交换为原则。在决定员工薪酬时，企业要建立衡量员工劳动价值的杠杆，在此基础上确定员工业绩评价方式。业绩评价的方式主要包括行为测量和结果测量，行为回答了员工如何完成任务(how)，结果回答了员工完成了什么(what)。总之，企业薪酬总额的控制不仅要符合国家的法律法规和有关规定，而且要有利于企业的效益提升。

（五）设计和调整薪酬结构

薪酬结构是指企业员工之间的各种薪酬比例及其构成，它是对同一组织内部的不同职位或者是技能之间的工资率所做的安排。薪酬结构强调的是不同职位或技能等级的数量、薪酬差距及其标准。薪酬结构的内容主要包括:薪酬的等级数量、同一薪酬等级内部的薪酬变动范围,以及相邻两个薪酬等级之间的交叉与重叠关系等。

设计和调整薪酬结构,需要对薪酬结构进行科学分析,一般可从稳定性和差异性两个角度进行分析。这是因为员工对于薪酬的期望,一是要多;二是要稳,就是希望获得既高又稳的劳动报酬。但在给定的薪酬总额预算条件下,这是不可能实现的。实际情况是,如果想获得较高的收入,可能要冒一定的风险;如果想获得稳定的收入,可能收入不会很高。因此,对员工而言,现实的选择就是:是否愿意和应该为获得较高收入承担相应的风险。这就需要结合不同的员工情况,决定以什么样的薪酬结构方式支付报酬更为合适。[1]

设计和调整薪酬结构,还需要掌握一个基本的原则,即给予员工最大激励的原则。公平付薪是企业管理的宗旨,要避免员工的报酬给得过多或者过少的现象,因为给多了会造成不称职员工不努力工作,给少了又会造成高素质人才的外流。另外,对薪酬结构的确定还必须与企业的人事结构相一致,比如企业中高级员工占的比重较大,那么这一部分的工资成本就相应的较高。

综合薪酬管理的上述内容,并从管理实践的角度考察薪酬问题,薪酬管理实际上主要涉及五个层面、十大基本问题,如表 7-2 所示。

表 7-2 薪酬管理的十大基本问题

五个层面	十大基本问题
战略层面	1. 应该采取何种薪酬策略以配合企业战略?
基本薪酬层面	2. 如何对每个职位及从事该职位的人准确付酬? 3. 如何保证外部公平性? 4. 如何确立薪酬结构?
可变薪酬(奖金)层面	5. 凭什么支付奖金? 6. 支付多少奖金? 7. 如何支付奖金?
福利层面	8. 如何设计一套符合法律的福利体系? 9. 如何充分发挥福利的人力资源管理功能?
制度层面	10. 如何使薪酬体系制度化?

四、薪酬管理的影响因素

为了使企业薪酬管理活动更加有效,薪酬政策与措施更加具有针对性和实践性,我们必须对企业薪酬管理的影响因素有所认识和了解。一般来说,影响企业薪酬管理的因素可分为企业外部因素、企业内部因素和员工特征因素。

(一)企业外部因素

(1)国家的法律法规。国家法律法规对于企业的行为具有强制的约束性,它规定了企业薪酬管理的最低标准,因此企业实施薪酬管理时应当首先考虑这一因素,要在法律规定的范围内进行活动。比如企业支付给员工的薪酬下限必须满足当地政府的最低工资立法规

---

[1] 秦志华. 人力资源管理[M]. 3 版. 北京:中国人民大学出版社,2010:319.

定，企业必须依法为员工缴纳一定数额的社会保险费用等。

（2）物价水平。薪酬最基本的功能是保障员工的生活，因此对员工来说更有意义的是实际薪酬水平，即货币收入（也叫名义薪酬）与物价水平的比率。当整个社会的物价水平上涨时，为了保证员工的生活水平不受或少受影响，支付给员工的名义薪酬相应地也要增加。

（3）劳动力市场的状况。按照经济学的解释，薪酬就是劳动力的价格，它取决于供给和需求的对比关系。在企业需求一定的情况下，当劳动力市场紧张造成供给减少时，劳动力的价格就会上涨，此时要获取劳动力就必须相应地提高薪酬水平；反之，劳动力市场提供的劳动力资源供过于求时，企业就可以维持甚至降低薪酬水平。

（4）其他竞争企业的薪酬状况。其他竞争企业的薪酬状况对企业薪酬管理的影响是最为直接的。根据亚当斯的公平理论，员工不仅看重自己的绝对报酬，同时也非常看重自己的相对报酬，其他竞争企业的薪酬状况是员工进行横向的公平性比较时非常重要的一个参照系。当竞争对手的薪酬水平提高时，为了保证外部的公平性，企业也要相应地提高自己的薪酬水平，否则就会造成员工的不满意甚至流失。

（二）企业内部因素

（1）企业的经营战略。薪酬管理应当服从和服务于企业的经营战略，在不同的经营战略下，企业的薪酬管理也会不同。表7-3列举了不同的经营战略对应的不同的薪酬管理举措[①]。

表7-3 不同经营战略下的企业薪酬管理

经营战略	经营重点	薪酬管理举措
成本领先战略	● 一流的员工操作水平 ● 追求成本的有效性	● 重点放在与竞争对手的成本比较上 ● 提高薪酬体系中的可变薪酬的比重 ● 强调生产率 ● 强调制度的控制性及具体化的工作说明
创新战略	● 产品领先 ● 向创新性产品转移 ● 缩短产品生命周期	● 奖励在产品以及生产方式方面的创新 ● 以市场为基准的工资 ● 弹性/宽泛的工作描述
客户中心战略	● 贴近客户 ● 为客户提供解决问题的办法 ● 加快营销速度	● 以客户满意度作为奖励的基础 ● 由客户进行工作或技能评价

（2）企业性质与特点。不同类型的企业和从事不同类型的工作，也是造成企业薪酬管理政策差异的重要因素。比如在劳动密集型企业中，员工主要从事简单的体力劳动，劳动成本在总成本中占很大的比例；而在高科技企业中，大部分员工都从事的是科技含量较高的脑力劳动，因此，劳动力成本在总成本中占的比重不大，显然这两种类型的企业所采取的薪酬政策和措施是不同的。

（3）企业的发展阶段。由于企业处于不同发展阶段时其经营的重点和面临的内外部环境是不同的，因此，在不同的发展阶段，薪酬形式也是不同的。比如，企业处在发展初期时，基本薪酬在薪酬体系中占的比重往往比较低，员工的主要收入来源主要靠可变薪酬；但是当一个企业进入稳定发展期时，其薪酬结构正好反过来，即基本薪酬占的比重比较高，而

---

① 刘昕. 薪酬管理[M]. 北京：中国人民大学出版社，2007：34-35.

可变薪酬则较少。

(4) 企业的历史与企业文化。企业的传统及企业文化对企业薪酬管理也有着举足轻重的影响。企业制定的各项薪酬政策本身就是企业文化的有机组成部分,薪酬政策的导向、对效率与公平的理解等都与企业价值观和企业文化息息相关。企业通常会制定一些正式或非正式的薪酬政策,以表明它在劳动力市场中的竞争地位。

(5) 企业能力和财务状况。经营比较成功的企业,往往会倾向于支付高于劳动力市场水平的薪酬。因为企业效益归根结底决定着企业对员工薪酬的支付能力,企业的支付能力又与企业的财务状况息息相关。薪酬是企业一项重要的成本开支,因此,企业的财务状况会对薪酬管理产生重要的影响,企业的财务状况是薪酬管理各项决策得以实现的物质基础。良好的财务状况,可以保证薪酬水平的竞争力和薪酬支付的及时性。

(6) 决策者。企业决策者或决策团队的风险态度、工资取向和价值观以及经营策略等,都会对薪酬政策与制度、薪酬结构与水平、薪酬计划与预算产生影响。

(三) 员工特征因素

(1) 员工所处的职位及其价值。员工所处的职位及其价值,是决定员工个人基本薪酬以及企业薪酬结构的重要基础,也是企业薪酬内部公平性的主要体现。职位对员工薪酬的影响并不完全来自于职位的级别,而主要是与职位所承担的工作职责、岗位对员工的任职资格要求、岗位工作条件及艰苦程度等有关。

(2) 员工能力与绩效。员工能力和工作技能是员工完成工作的关键因素之一。员工在工作过程所展现出来的能力和工作技能越强,支付给员工的薪酬也就应该越高。在薪酬设计过程中,必须考虑员工的能力和工作技能。员工绩效是决定员工可变薪酬的重要基础,在企业中,员工的可变薪酬往往都与员工绩效联系在一起,因此,可变工资也叫绩效工资,可变薪酬与员工绩效具有正相关的关系。

(3) 员工的工作年限。工作年限主要有工龄和企龄两种表现形式,工龄指员工参加工作以来整个的工作时间,企龄则是指员工在本企业中的工作时间。员工的工作年限会对其薪酬水平产生一定的影响,采用技能工资体系的企业所受影响更加明显一些。工龄的影响源于人力资源管理中的"进化论"思想,即通过社会的"自然选择",工作时间越长的人越适合工作,不适合的人,会由于优胜劣汰的作用而离开这个职业;企龄的影响则源于组织社会化理论,即员工在企业中的时间越长,对企业和职位的了解就越深刻,并能够熟能生巧,在其他条件一定时,其绩效也就会越好。另外,企龄越长的员工,给予其相对较高的薪酬,可以增加员工流动或流失的机会成本,在一定程度上减少了企业员工的流动率和流失率。

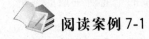

阅读案例 7-1

12 家知名科技公司奇特的新员工待遇

1. Facebook:徒步穿越树林

在马克·扎克伯格(Mark Zuckerberg)准备聘用一名新员工后,他会和该员工一起徒步穿越树林。在此构成中,扎克伯格会为其讲述 Facebook 的发展愿景,随后会告诉该员工金钱并不应该成为人们追求的目标,而新员工当场就可以表态。

2. LinkedIn：收到一大包相当酷的东西

新员工在加入 LinkedIn 之后，都会收到一个大袋子，里面放了各种各样的好东西，其中包括 LinkedIn 水杯、笔记本和一本由公司创始人雷德·霍夫曼(Reid Hoffman)撰写的《The Startup of You》，此外新员工在上班第一天还会收到一张印有"You're [In]"的欢迎卡。

3. Square：与公司 CEO 散步，参观甘地雕像

Square 的 CEO 杰克·多尔西(Jack Dorsey)喜欢与新员工一起散步，并和他们一起参观甘地的雕像，他也经常在 Twitter 上分享类似的经历。

4. 谷歌：戴一顶印有"Noogler"的多彩鸭舌帽

这确实是一种比较古怪的传统，新员工们需要戴着"Noogler"(谷歌菜鸟)鸭舌帽参加每周五的员工大会。

5. 苹果：得到一台全新的 iMac

苹果的新员工在入职之后会得到一台全新的 iMac 电脑，不过需要自己动手进行设置。此外，他们还将得到一件印有加入苹果年份的 T 恤衫。

6. 微软：用 M&M 巧克力豆欢迎新员工

微软喜欢用糖果欢迎新员工的做法在业内几乎无人不晓，尤其钟情于 M&M 巧克力豆。

7. 亚马逊：用旧门板做一张桌子

亚马逊的员工都有一张用旧门板做成的桌子，这都是他们在刚刚入职时自己动手用公司提供的材料做出来的。

8. 雅虎：CEO 梅丽莎·梅耶尔会阅读每一位新员工的简历

雅虎 CEO 梅丽莎·梅耶尔(Marissa Mayer)不愧是一位名副其实的"工作狂"，她会认真地阅读每一位新员工的简历，这种习惯可能是从谷歌带过来的。

9. Twitter：得到一件 T 恤衫和一瓶葡萄酒

Twitter 的新员工在上班第一天不仅会得到一件 T 恤衫和一瓶葡萄酒，还有可能得到与公司 CEO 迪克·科斯特洛(Dick Costolo)一起吃早餐的机会。

10. Airbnb：获得 2000 美元的旅游津贴

旅行房屋租赁网站 Airbnb 给新员工的福利自然与旅行有关：每人都能获得 2000 美元的旅游津贴。

11. Dropbox：为员工提供无限量的免费云端存储空间

作为 Dropbox 的新员工，公司能为你提供无限量的云端存储空间，并且完全免费。要知道 100GB 的 Dropbox 空间每月是要收费 10 美元的，所以这种福利也相当不错啦。

12. About.me：享用啤酒和烤肠

大多数 About.me 的员工都在家中上班，不过在入职的第一天，他们需要位于旧金山的公司总部报到，在那里他们能够享用到公司所提供的啤酒和美味烤肠。

资料来源：中国人力资源开发网，www.chinahrd.net。

五、薪酬管理的流程

企业的薪酬管理系统能否正常运行和发挥正常功能，在很大程度上取决于企业薪酬管

理的流程是否科学、有效。虽然不同企业的薪酬管理流程会受到多种因素的影响,比如企业经营性质、业务规模、战略愿景以及员工的技术和能力状况等,但我们仍然可以归纳出多数情况企业薪酬管理的决策过程以及政策导向。在现代市场经济条件下,企业的薪酬管理立足于企业的经营战略和人力资源战略,以劳动力市场为依据,在考虑到员工所承担的职位本身的价值及其任职资格条件要求的基础上,结合对团队和个人的绩效评价,才能最终形成企业的薪酬管理系统。企业的薪酬管理流程围绕四条主线展开,这四条主线分别是:薪酬的内部一致性、薪酬的外部竞争性、员工的贡献、薪酬管理过程的公平性(如图 7-3 所示)。这四条主线既是构建薪酬体系的基石,也是指导薪酬管理达到既定目标的行动纲领,是一个企业薪酬管理过程中必须达到的 4 个方面的要求。

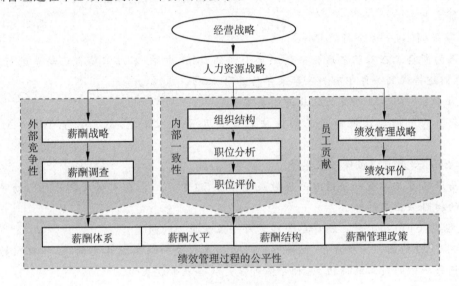

图 7-3 薪酬管理的流程

  薪酬的内部一致性(internal alignment)是指在同一组织内部不同岗位之间或不同技能之间的薪酬公平性的比较,因此,也可称为薪酬的内部公平性。员工通常会把自己的薪酬与比自己职位等级或技能低的、等级相同的以及等级更高的人所获得的薪酬进行对比,由此来判断企业对本人从事工作所支付的薪酬是否公平合理。员工的这种比较判断不仅影响其总体的工作态度,同时还会影响到员工跨职能、跨岗位之间的合作倾向以及对企业的组织承诺度。在实践中,企业往往通过职位评价来强化员工对薪酬的内部一致性的认可。

  薪酬的外部竞争性(external competitiveness)是指企业与外部竞争对手的薪酬比较,这种比较除了薪酬水平的比较,也包括对薪酬结构的比较。在企业中,员工通常会把本人的薪酬与外部劳动力市场或其他竞争对手企业中从事同样工作的员工所获的薪酬进行比较,这种比较的结果常常会影响到求职者的工作选择和现有员工的跳槽决策。薪酬的外部竞争性事实上反映了企业薪酬的外部公平性。在实践中,企业往往借助市场薪酬调查来避免员工产生强烈的外部不公平感。

  员工贡献这条主线主要反映的是薪酬如何与绩效挂钩的问题,对绩效的付酬是否公平直接影响着员工的工作态度和工作行为。在企业薪酬管理过程中考虑员工贡献体现了员工绩效薪酬的公平性,是企业员工个人公平性的反映。如果在一个企业中从事相同或类似工作的员工,无论绩效优秀与否都拿到大体相同的薪酬,他们就会产生不公平感,要消除这种不公平感,企业就必须根据员工贡献大小拉开薪酬差距。在实践中,企业通常用绩效工资以及其他绩效奖金等方式,来体现业绩水平不同的员工对企业的贡献大小。

薪酬管理过程的公平性是指企业的薪酬管理程序公平一致、标准明确、过程公开,企业所有员工在工作过程中应当遵守同一游戏规则,实施同样的约束和标准等。薪酬管理过程和薪酬政策的实施方式会直接影响员工对企业薪酬制度公平性的看法,薪酬决策以及薪酬制度的制定应当建立在公开、透明以及与员工进行充分沟通的基础上,只有这样才容易形成员工对企业薪酬公平性的认同,同时也使员工接受起来更加容易,薪酬体系的有效性也会相应提高。

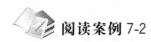

阅读案例 7-2

诺基亚的薪酬管理

诺基亚公司最早是一家以造纸起家的芬兰小公司,历经 130 多年的发展,已经成为一家全球著名的生产移动通信产品的跨国公司和世界五百强企业。诺基亚公司的发展和成功与诸多因素有关,其中,诺基亚公司有效的人力资源管理起到了重要作用。这里聚焦诺基亚的薪酬管理,讨论其薪酬管理方面的成功做法及其特点。

一、帮助员工明确工作目标

当代管理大师肯·布兰查德(Kenneth Blanchard)在其著作《一分钟经理》中指出,"在相当多的企业里,员工其实并不知道经理或者企业对自己的期望,所以在工作时经常出现'职业偏好病'——即做了过多经理没有期望他们做的事,而在经理期望他们有成绩的领域里却没有建树。造成这样的情况,完全是由于经理没有为员工做好目标设定,或者没有把目标设定清晰地传递给员工。"这个观点指明了员工绩效管理的一个长期为人忽视的问题——在许多情况下,员工的低效业绩,并不是因为员工的低能力或低积极性,而是因为目标的不明确性。而绩效体系是整个薪酬体系的基础,如果没有解决好这个问题,薪酬体系的合理性与公平性必然会受到挑战。精于管理的诺基亚早就看到这个问题,其解决方案甚至比肯·布兰查德的解决方案更具有前瞻性和战略性。

肯·布兰查德指出,解决这个问题的办法是"一分钟目标确定",让经理向员工清晰地表达他对员工的工作期望。而诺基亚则认为,不但要对每一个员工的工作目标,更要对员工的发展方向进行明确的界定与有效的沟通。只有这样,员工才能在完成眼前工作目标的基础上,与企业的发展保持同步,才能在企业成长的同时,找到自己更大的发展空间。而且诺基亚提倡,在这个目标确定的过程中,员工才是主动角色,而经理则应该从旁引导。为了达到这个目标,诺基亚启动了一个名为 IIP(invest in people,人力投资)的项目:每年要和员工完成 2 次高质量的交谈,一方面要对员工的业务表现进行评估;另一方面还要帮助员工认识自己的潜力,告诉他们特长在哪里,应该达到怎样的水平,以及某一个岗位所需要的技能和应接受的培训。通过 IPP 项目,员工可以清晰地感觉到,诺基亚是希望员工获得高绩效而拿到高薪酬的,并且不遗余力地帮助员工达到这个目标。这就为整个薪酬体系打下了良好的基础。

二、薪酬参数保持业内竞争力

诺基亚认为,优秀的薪酬体系,不但要求企业有一个与之相配的公平合理的绩效评估体系,更要在行内企业间表现出良好的竞争力。比如说,如果行内 A 层次的员工获得的平均薪酬是5000元,而诺基亚付给企业内A层员工的薪酬只有3000元,这就很容易造成员工流失,这样的薪酬体系是没有行内竞争力的。然而这里又存在一个问题,如果企业员工的薪酬水平高于业内平均水平,就会使企业的运营成本高于同行,企业的盈利能力就会削减,这同样也是不利于企业发展的。如何解决这一矛盾呢?

为了确保薪酬体系具备行内竞争力而又不会带来过高的运营成本,诺基亚在薪酬体系中引入了一个重要的参数——比较率(comparative rate),计算公式为:

比较率=诺基亚员工的平均薪酬水平/行业同层次员工的平均薪酬水平

例如:当比较率大于1时,意味着诺基亚员工的平均薪酬水平超过了行业同层次员工的平均薪酬水平;比较率小于1时,则说明前者低于后者;等于1时,两者相等。

为了让比较基数——行业同层次员工的平均薪酬水平能保持客观性和及时性,诺基亚每年都会拨出可观的经费,让专业的第三方市场调查公司进行大规模的市场调查。根据这些客观数据,再对企业内部不同层次的员工薪酬水平适当调整,务求每一个层次的比较率都能保持在1~1.2的区间内。这样既客观有效地保持了薪酬体系在行内的竞争力,又不会带来过高的运营成本。

三、重酬精英员工

巴雷特法则(Pareto's law)又称80-20法则,它既概括地指出了管理和营销中大量存在的一种现象,比如20%的顾客为企业产生了80%的利润,或20%的员工创造了企业80%的绩效。根据前者,营销界衍生出一套大客户管理(key customer management)营销管理理论与方法。而后者则促进了人力资源管理上的一种新理论——重要员工管理(key staff management)的产生。

诺基亚是重要员工管理理论的推崇者,从其薪酬体系中即可明显发现这一点。例如,诺基亚的薪酬比较率明显随级别升高而递增:在3~5级员工中,其薪酬比较率为1.05;而在更高一层的6级员工中,其薪酬比较率为1.11;到了7级员工,这个数字提高到了1.17。也就是说,越是重要、越是对企业有贡献的精英员工,其薪酬比较率就越高。这样,就确保了富有竞争力的薪酬体制能够吸引和留住企业的重要员工。这还使得诺基亚的薪酬体系有一个特征:级别越高的员工,其薪酬就越有行业竞争力,让高层人员的稳定性有了较好的保证,有效避免了企业高层动荡带来的伤害,使诺基亚的企业发展战略保持了良好的稳定性。而这对于企业的持续发展来说,是至关重要的。

在不同层次的薪酬结构上,诺基亚也根据重要员工管理原则作了相应的规划,其薪酬结构上有3个趋向性特征:基本工资随着等级的升高而递增;现金补助随着等级的升高而降低;绩效奖金随着等级的升高而升高。前两点保证了诺基亚的薪酬体系在稳定性方面会随着员工等级的升高更有行业竞争力,其目标在于保持高层员工的稳定性。而第3个特征则注重鼓励高层员工对企业做出更大贡献。因为高层员工的绩效对企业整体效益的影响,是数倍甚至是数十倍于一般员工的。

重要员工管理理论在诺基亚薪酬体系中的嵌入,一方面保证了高层员工有更好的稳定性和更好的绩效表现;另一方面也给低层员工开拓了一个广阔的上升空间,在薪酬体系表现出相当强的活力与极大的激励性。

四、注重本土化与人性化的薪酬制度

如果说以上是先进管理的理论在其薪酬体系中的灵活应用,让人感受到一种来自理性

制度的优越,那么,诺基亚在薪酬体系中表现出来的本土化与人性化的元素,就足以让人享受到一份来自感性上的欢畅。诺基亚公司是一个典型的跨国公司,其在中国公司的现金福利发放,虽然不算一个大数目,却完全是按照中国传统的节日来设计的。其中体现出的对中国文化的理解,让中国员工有被尊重与被照顾的感觉。而"员工生日"现金福利的规定,更是让员工感受到细致入微的个性化体贴。

以人为本,诺基亚不但这样说了,也的确这样做了,诺基亚这套兼具理性与感性的薪酬体系,正是诺基亚企业文化的充分体现,这也从一个侧面告诉我们:诺基亚 130 多年的传奇并非偶然,严谨的态度和宽容的文化正是其成功的重要因素。

资料来源:盖勇,马惠. 薪酬管理[M]. 济南:山东人民出版社,2004.

第三节 薪酬理论

一、早期的工资理论

（一）生存工资理论

生存工资理论是 18 世纪末 19 世纪初由亚当·斯密(Adam Smith)和大卫·李嘉图(David Ricardo)提出并全面论述的理论。其理论的基本思想是:劳动者的工资应当等同于或者略高于能够维持其生存的水平,工资是"劳动的自然价格",这种"自然价格"除包括工人本身能够维持生存部分的生活费外,还包括能够在工人人数总体上不增不减地延续后代所需要的生活费。

生存工资理论更多地揭示了资本主义原始积累时期的一个现实——从长远看,在工业化社会中,工人的工资等于它的最低生活费用,即工资只能保持在维持其生存、使其勉强糊口的水平上。生存工资理论是政府进行工资调节的主要理论依据,基于此理论,世界上很多国家都制定有统一的最低工资标准。

（二）工资差别理论

工资差别理论也主要是由英国古典经济学家亚当·斯密及其主要继承人大卫·李嘉图提出。该理论认为,造成不同职业和雇员之间工资差别的主要原因是职业性质和工资政策。职业性质对工资差别的影响有 5 个途径:① 使劳动者的心理感受不同——有的职业让人愉快,有的职业让人厌烦;② 掌握职业要求的难易程度不同——有的职业很容易学习和掌握,有的很难;③ 职业的安全程度不同——有的职业风险大,安全系数低,有的职业没什么风险,十分安全;④ 承担的责任不同——有的职业承担的责任大,有的则很小;⑤ 成功的可能性不同——有的职业容易成功,有的职业容易失败。因此,工资差别理论认为,那些使劳动者不愉快、学习成本高、不安全、责任重大、失败率高的职业,要付给高工资。

（三）工资基金理论

工资基金理论的代表人物是英国古典经济学家约翰·穆勒(John S. Mill)。该理论认为,工资取决于雇主为支付工资而留出的固定数量的资本和工人人数。一个国家在一定时期内的资本额是一个固定的量,其中用来支付工资的部分即工资基金,是固定的。工人的工资总额受工资基金的限制。由于这种理论的基础是一定数量的工人的工资基金是预先确定而不可变动的,因此,从长远看,工人的总人数越多,每一个工人所得到的工资额就越少;只有减少人口才是大幅度提高最低工资水平的有效方法,工资水平的高低取决于工资基金数量与人口数量之间的比例。由此可见,工资基金论实际上是以马尔萨斯的人口论为基础,是最低工资论的翻版,强调工资只能短期高于最低水平。

英国经济学家纳索·威廉·西尼尔(Nassau William Senior)后来对此理论进行了修改,他将货币工资和实际工资划分开来,并且否认了工资取决于总资本中用于支付工人的部分。他认为,工资应该是所生产的产品和服务中分给工人的那一部分。工资基金的数量取决于两个因素:一个是工人直接或间接生产产品和服务的生产效率;另一个是生产这些商品过程中直接或间接雇用的劳动力数量。

19世纪后半叶,人们普遍认识到工资不仅可以从某一基金中支付,而且还可以从现时生产中支付。20世纪初期,边际生产力工资理论逐渐取代了工资基金理论。

二、工资决定理论

(一)边际生产力工资理论

19世纪后期,美国经济学家约翰·贝茨·克拉克(John Bates Clark)在其著作《财富的分配》中提出了边际生产力工资理论。边际生产力指的是在其他条件不变前提下,每增加一个单位要素投入所增加的产量,即边际物质产品(marginal physical product,有时被简称为边际产品,MP)。克拉克认为,工资决定于劳动的边际生产力,即厂商雇用的最后一个工人所增加的产量——劳动的边际产品。在假定其他生产要素的投入不变的条件下,当劳动的投入增加时,其所增加的产量开始以递增速度增加,到一定量后,由于每一单位劳动所分摊的机器设备、原料等逐渐减少,会出现技术供应不足。因此,如果继续增加劳动投入,每增加一个单位的劳动所生产出来的产品必然少于前一单位劳动所生产的产品。这就是边际生产力递减规律。他就是用边际生产力概念来解释工资水平的。克拉克认为工人的工资水平是由最后追加的工人所生产的产量来决定。如果工人所增加的产出小于付给他的工资,雇主就不会雇用他;反之,如果工人所增加的产出大于所付给他的工资,雇主就会增雇工人。只有在工人所增加的产出等于付给他的工资时,雇主才既不增雇也不减少所使用的工人。

边际生产力工资理论可以说是现代工资理论的先驱,它解释了工资的长期水平,也适用于短期工资水平的确定。但这一理论是以劳动力市场完全竞争和劳动力自由流动为前提假设的,这与现实情况并不完全一致,再加上企业中各种复杂的因素,使得工人的边际劳动生产力难以计算。事实上,工资并不是简单地决定于劳动者的边际生产力,而是在一个较长的时间内,围绕着边际生产力摆动。但该理论建立起工资和生产力之间的本质联系,开创了工资问题研究的新时代。

(二)供求均衡工资理论

英国剑桥学派的著名领袖、新古典经济学派的代表人物阿尔弗雷德·马歇尔(Alfred Marshall)在其名著《经济学原理》中以供求均衡价格理论为基础,提出了供求均衡工资理论,从生产要素的需求和供给两方面来说明工资的市场决定机制。马歇尔认为,工资是由劳动力的供给价格和需求价格相均衡时的价格决定的。劳动力的供给价格取决于劳动者的生活费用，即维持劳动者自身及其家庭生活所需的最低费用；劳动力的需求价格取决于劳动的边际生产力，即取决于边际劳动者生产的产品。他还提出了劳动的需求替代和供给弹性理论，所谓需求替代，是指生产的两个最基本的要素——劳动和资本之间存在着一种可以相互替代的关系。供给弹性是用来描述由于价格变动而引起物品供给量变动幅度的一个概念。

马歇尔提出的供求均衡工资理论是一种微观就业理论，是当时各种新旧分配理论的大综合，他既吸收了古典学派的有关分配理论的思想，也汲取了边际学派的边际革命的精髓。该理论将注意力从分配份额的大小转向稀缺性资源的配置，并把要素投入报酬与要素生产贡献联系起来，这在经济学上是一大贡献，其后的许多研究是在他所奠定的市场工资决定机制的基础上展开的。

（三）集体谈判工资理论

从18世纪以来，包括亚当·斯密在内的一些早期经济学家就一直很关注集体谈判在工资决定上的影响，之后，克拉克、庇古等知名经济学家还对此有过研究。但是由于当时工会的规模和影响都比较小，人们对之并没有给予更多的重视。第二次世界大战前后，工会势力在美国等发达资本主义国家迅速增长，工会会员人数达到产业工人总数的四分之一左右，再加上许多未参加工会的工人的收入实际上也受到工会活动的影响，因此，工会在工资决定中的作用引起了高度关注，集体谈判工资理论也就应运而生。对该理论有重要贡献的经济学家主要有英国经济学家莫里斯·多布（M. H. Dobb）、美国经济学家邓洛普（J. T. Dunlop）、张伯伦（N. W. Chamberlain）、厄尔曼（L. Ulman）和李斯（Albert Rees）等。

集体谈判也称集体交涉，它是指以工会为代表的工人集团为一方，与以雇主或雇主集团为另一方进行的劳资谈判。集体谈判工资理论是工会发展的产物。该理论认为，短期工资水平决定于劳动力市场上劳资双方的力量对比。而集体谈判的过程是一系列建议和反建议对峙的过程。在工业化发展的初期，工资谈判是在企业主和劳动者个人之间个别进行的。由于工人无法遏制自己相互之间的竞争，因而无法抵抗工资下降的趋势。工人只能组织起来，通过工会代表自己的更高利益与雇主和雇主集团做斗争。与此同时，雇主方面通过资本积聚和集中，不断形成大型企业和企业集团，从而遏制了雇主之间的竞争。劳资双方的谈判采取了规模日益扩大的集团化方式。

集体谈判的主要特点是工会通过有效地遏制工人之间的竞争使自己成为市场劳动力供给的垄断者，并力图使劳动力市场成为卖方垄断的市场。工会提高工资的途径通常有以下四种：① 限制劳动力供给；② 提高标准薪酬率；③ 改善劳动力需求；④ 消除买方垄断。典型的集体谈判过程是最初由工会方面提出高于期望值的工资要求，而雇主方面则提出低于期望值的工资承诺。在以后的谈判中，工会不断降低要求，而雇主则提高承诺。集体谈判也可能破裂，工会的最后武器是罢工，而雇主的最后武器是关厂，这两者都将导致企业停产。在西方国家里，70%～80%的罢工起因于工资问题。由于集体谈判破裂而造成的企业停产是比较常见的现象。

集体谈判工资论虽然带有浓厚的实用主义色彩，仍不失为一种应用广泛的有效理论，当前经济生活中很多重要的工资率确实是由集体谈判达成的。但是，经济因素仍然在后面起作用。即使是在某种程度上谈判力量似乎超过了经济力量，工会的胜利最终还是短命的。

因为一时较高的工资必然引起较高的价格,从而降低了产品的市场需求。这反过来又会减少雇主对劳动力的需求,使工资最终跟劳动的边际生产力恢复一致。

(四)效率工资理论

效率工资理论是一种有关失业的劳动理论,它探究的是工资率水平跟生产效率之间的关系,是主流宏观理论为了解释工资刚性而提出的理论(工资刚性是指工资确定之后不易变动的特性,尤其是不易下降的特性,即工资的弹性不足)。定性地讲,效率工资指的是企业支付给员工比市场保留工资(保留工资是工资构成中的固定部分,即国家规定的各项工资、增资和补贴)高得多的工资,促使员工努力工作的一种激励与薪酬制度。定量地讲,厂商在利润最大化水平上确定雇用工人的工资,当工资对效率的弹性为 1 时,称它为效率工资。此时工资增加 1%,劳动效率也提高 1%,在这个水平上,产品的劳动成本最低,即效率工资是单位效率上总劳动成本最小处的工资水平,它保证了总劳动成本最低。

效率工资理论的核心概念是员工的生产力与其所获得的报酬呈正向关系。该理论认为,工资与生产率之间是相互依赖的,企业中每个工人的生产率(产出或利润等)λ 是企业支付的薪酬率 W、其他企业支付的薪酬率 W_1 以及失业率 μ 的函数,$\lambda \equiv \lambda(W, W_1, \mu)$。高工资的效率首先来源于刺激效应,即高工资会改进劳动者的劳动刺激,改善劳动者的营养和健康,从而提高生产率;其次是逆向选择效应,即工资可以对求职者的潜在生产率进行推测,从而获取有效信息;再次是劳动力流动效应,即提高工资可以降低辞职率;最后是社会伦理效应,即厂商提高相对工资,便能通过劳动者感受到的公平观念和回报观念来提高努力程度,从而提高劳动生产率。

效率薪酬理论比以完全信息和同质劳动力市场为假定前提的传统理论现实得多,事实证明,效率工资已经成为企业吸引人才的利器,它可以相对提高员工努力工作、对企业忠诚的个人效用,提高员工偷懒的成本,具有激励和约束双重功效,采用效率工资制度有助于解决企业的监控困难。

(五)人力资本投资理论

人力资本投资理论是 20 世纪从劳动力供给角度出发,研究劳动力市场的重大贡献之一。人力资本投资理论是美国著名经济学家西奥多·舒尔茨(Theodore Schultz)20 世纪 60 年代提出的,该理论认为,人力资本是由投资形成的凝聚在劳动者身上,能够推动国民经济和社会发展的智力、知识、能力、体力和态度的综合体。人力资本投资就是通过增加人的资本而影响未来的货币和物质收入的各种活动。与物质资本相似,人力资本的增长来自人力资本投资的增加。从某种意义上讲,一切有利于提高劳动者素质与能力的活动、有利于提高人的知识存量的经济行为以及有利于改善人力资本利用效率的开支,都是人力资本投资。人力资本投资主要包括卫生保健投资、教育培训投资和迁移投资。也正是由于人力资本的这种投资特性,使得企业和员工在涉及薪酬水平决策时,会充分考虑曾经付出过的为积累人力资本而进行的投资。

人力资本投资理论突破了传统经济学的分析框架,揭示了经济增长中人力资本的巨大贡献,开辟了对人的素质和能力研究的新思路。该理论不仅对经济学中的投资经济、公共财政等领域有重要影响,最重要的是对收入分配的影响,舒尔茨也因此获得了 1979 年的诺贝尔经济学奖。这一理论提出之后,许多经济学家开始运用该理论分析劳动者技能差异的原因、个人收入差异的原因、企业对教育和培训的投资行为以及劳动力流动等问题。

随着知识经济的发展,人力资本投资理论将会在工资决定领域表现出更为重要的作用,员工根据知识技能的付出获得收益,出资者按照资本付出获得资本收益。员工付出人力资本的积累,获得收入即为人力资本的收益。

三、工资分配理论

(一)按劳分配理论

马克思在研究社会主义个人消费品的分配问题时,提出社会主义个人消费品分配应实行按劳分配的思想,并创立了按劳分配学说。马克思按劳分配理论的精华在于它从社会生产条件的分配入手去探索产品分配方式,从根本上否定了不劳而获的剥削分配制度。并从劳动者成为生产过程的主体出发,确立了以劳动为依据的分配关系。该理论还提出按劳分配过程中既要反对剥削,也反对平均主义。马克思确立的按劳分配原则具有实施范围的全社会统一性、按劳分配的社会直接性、分配形式的实物性以及劳动时间作为消费品分配依据的唯一性等特征。

与计划经济相比,在市场经济条件下,等量劳动要求获得等量报酬这一按劳分配的基本内涵未变,所改变的只是实现按劳分配的形式和途径。具体表现在两个方面:一是按劳分配市场化,即由劳动力市场形成的劳动力价格的转化形式——工资,是劳动者与企业在市场上通过双向选择签订劳动合同的基础,因而是实现按劳分配的前提条件和方式;二是按劳分配企业化,即等量劳动得到等量报酬的原则只能在一个公有企业的范围内实现,不同企业的劳动者消耗同量劳动,其报酬不一定相等。也就是说,按劳分配的平等与商品交换的平等结合后,市场竞争会影响按劳分配实现的方式和程度,但若不与大私有制相结合,其本身无法带来两极分化,妨碍共同富裕。

我国自改革开放以来,在个人收入分配方面也进行了不断的深化改革,党的十三大报告提出了社会主义初级阶段的理论,在分配领域坚持"以按劳分配为主体、其他分配方式为补充",之后又提出了"依法保护法人和居民的一切合法收入和财产、鼓励城乡居民储蓄和投资,允许属于个人的资本等生产要素参与收益分配"。党的十五大报告提出要坚持按劳分配为主体,多种分配方式并存的制度,"把按劳分配与按生产要素分配结合起来","允许并鼓励资本、技术等生产要素参与收益分配","坚持效率优先,兼顾公平"。党的十八大报告则进一步指出,"劳动报酬增长和劳动生产率提高同步","初次分配和再分配都要兼顾效率和公平,再分配更加注重公平","完善劳动、资本、技术、管理等要素按贡献参与分配的初次分配机制","推行企业工资集体协商制度,保护劳动所得"。

(二)分享经济理论

美国麻省理工学院经济学教授马丁·魏茨曼在其1984年所著的《分享经济》一书中,提出了分享经济理论。所谓分享经济,是一种劳动的边际成本小于劳动的平均成本的经济。威茨曼认为,资本主义滞胀的根本原因在于资本主义现存工资制度的不合理。在工资制经济中,全部利润被资本所有者拿走,工资与企业的经营状况无关,而与某些外在因素相联系。当经济运行健康时,固定工资制可作为一种调节手段,刺激劳动力的有效转移,自动把劳动力从边际价值低的地方转移到高的地方,从而成为在各种不同职业需求间合理配置劳动力的理想工具。然而,一旦经济状况不景气,随着社会总需求的萎缩,由于工资是固定的,厂商出于利润最大化的考虑,只能维持产品的既定价格并通过裁员降低成本,以便保持劳动成本与劳动收益的平衡。而这种决策势必引发资本主义社会的普遍失业,并反过来加深了需求不足,进一步恶化经济运行,最终导致滞胀。为此,"我们要选择一种具有自动抵制失业和通货膨胀功能的报酬机制,即工人的工资与某种能恰当反映厂商经营的指数相联系。"[①]

魏茨曼提出的分享经济旨在提高工资的可浮动程度,与传统的工资制度相比,利润分享制下的工资水平会随市场条件的变化而变化。工资水平如能随经济周期的循环而波动,则就业规模的变化幅度就会缩小,经济衰退期的失业水平就会下降。在分享经济中,企业的劳动成本与企业的产品价格直接挂钩,任何价格变动都能自动地反馈给劳动成本,因此,分享经济总是有较少提高价格和较多降低工资的倾向,及内在的反通货膨胀的倾向。在固定工资制条件下,工资报酬与企业的人数无关,劳动的平均成本始终等于劳动的边际成本,企业会因雇用一单位劳动所追加的劳动成本等于追加收入而放弃扩大雇员人数。在分享制条件下,每增加一个工人,其他工人的收入就会稍微下降一点。增加的工人使劳动的边际成本下降,且低于劳动的平均成本,企业追加一小时劳动所带来的收入增加总是大于追加的成本。所以,当劳动力市场上有剩余劳动力时,企业就会选择扩大生产。正因如此,分享经济必然具有扩大就业和增加生产的倾向。

中国学者李炳炎教授结合我国社会主义制度和企业发展实际,提出了社会主义分享经济理论。该理论提出工资不进入成本、用净收入分成制取代工资制的观点,社会主义的商品价值主要由社会主义生产成本和净收入构成,净收入可划分为国家收入、企业收入和个人收入三部分。净收入分成制是在社会主义公有制及按劳分配条件下对新创造价值的分享,它可使国家、企业和职工三者结成利益共同体,在追求共同利益的动力驱使下,实现国家、企业和个人三者之间真正意义上的利益分享。社会主义分享经济理论所主张的净收入分成制因依据按劳分配原则,工人的报酬直接与自己的劳动量和企业的经济效益相联系,多劳多得,少劳少得,不会出现分配过程中工人收入与企业效益呈反向变动的情况。而且不论在经济繁荣还是经济衰退时,这一理论都能起到保护劳动者利益、调动劳动者积极性的作用。

魏茨曼和李炳炎的分享经济理论都是从微观的企业行为出发,从分配问题入手,希望通过建立一种新的利益共享制度来消除传统体制中的利益矛盾,以解决经济发展动力不足的问题。不过,魏茨曼的分享经济理论主张应通过可变的收入和稳定的就业来发挥作用,通过降低单个工人收入来保持厂商收益,从而打消厂商裁员的意愿,保持就业率。而李炳炎的分享经济理论则认为,中国的充分就业不全是通过市场机制来实现,劳动报酬制度难以对企业就业量起作用,净收入分成制不能引致就业量的变化,而只能通过真正实现按劳分配来调节个人劳动收入的变化。[②]

(三) 全面薪酬理论

全面薪酬,也称全面报酬、薪酬福利包、弹性薪酬、自助式薪酬等。埃德·劳勒于1971年提出全面薪酬的概念,将员工薪酬与组织发展密切联系起来,明确组织所有的资金和奖励

---

① 马丁·魏茨曼.分享经济[M].北京:中国经济出版社,1986:2.
② 王珍,沈建国.李炳炎与魏茨曼两种分享经济理论的比较[J].经济纵横,2009(5):26-29.

计划作为一种激励手段,其目的是为了让员工变得更有朝气、有干劲。全面薪酬主要包括两部分:外在薪酬和内在薪酬。外在薪酬是员工为组织工作所获得的外部收益,包括经济性薪酬和非经济性薪酬。经济性薪酬就是传统薪酬的内涵,比如基本工资、奖金等短期激励;股票期权、利润分享等长期激励;退休金、医疗保险以及公司支付的其他各种形式的福利等。非经济性薪酬主要指工作环境与组织环境,为员工提供的培训学习等发展机会,组织管理与组织文化以及组织发展带来的机会和前景等。内在薪酬对员工而言是内在的心理收益,主要表现为社会和心理方面的回报。根据工作特征理论,工作本身就是工作报酬,员工在工作特性、工作意义、工作多样性、工作决定权和反馈等方面都得到满足时,员工的心理状态就会得到改善,从而对组织承诺增强。如参与决策所获得的归属感与责任感、挑战性工作所带来的成就感、领导或主管的赞美与肯定所带来的荣誉感等将会有不同程度的增强,而这些又能够长时间给员工带来激励和工作满足感。外在薪酬与内在薪酬具有各自不同的激励功能,它们相互联系,互为补充,共同构成完整的全面薪酬体系。

美国的薪酬协会也十分重视、强调"全面薪酬",甚至将其名称改为"全面薪酬协会"。它将全面薪酬定义为:所有能够吸引、保留、激励员工的可行方案,它包含使员工从雇佣关系中感知到价值的所有东西。2006年它又将全面薪酬进一步归纳为5个部分:货币报酬、福利、工作-生活、绩效管理及认可奖励、职业发展与职业机会。美国康奈尔大学教授乔治·米尔科维奇和纽约州立大学教授杰里·纽曼(2002)则指出:全面薪酬体系主要由薪酬(工资、佣金、奖金)、福利、社会交往、保障、地位和认可、工作多样性、工作任务、工作重要性、权利和控制、晋升、反馈、工作条件、发展机会、授权等因素构成。

基于全面薪酬的理念,现代薪酬管理已不是简单地对员工贡献的承认和回报,它是企业战略目标和价值观转化的具体行动方案。它突破了"金钱"与物质的范畴,间接收入和一些非经济性报酬在薪酬设计中的地位越来越重要。现代薪酬管理主要是通过全面薪酬管理来体现的,全面薪酬管理适应了现有员工的工作理念和追求。全面薪酬管理体系要求企业构建将以工作为中心和以人为中心相结合的组织结构;设计以人的全面发展为中心的职业生涯发展计划;把受教育、培训作为一种报酬手段,构建基于终身教育理念的员工培训体系;完善奖励机制,细化内在薪酬措施。

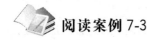

阅读案例 7-3

认可奖励计划的实例

随着全球经济的迅速发展,人才竞争日益激烈,传统的基于工资、奖金、福利的薪酬组合模式开始显现出局限性,员工更加考虑工资和福利之外的东西,于是全面薪酬的概念应运而生。认可奖励计划是全面薪酬的重要组成部分,目前在很多企业得到了推广和运用。下面来看一个认可奖励计划的实例。

小文是本市一家连锁快餐店的前台点餐员,时薪只有4.5元,一天干满8小时报酬才30几块钱,而且这份工作既无挑战性又很烦琐劳累,更谈不上乐趣了。但是,小文很喜欢自己的这份工作,谈起她的工作、她的老板和公司来却是十分的热情。她这样向人们解释:"其实我喜欢的是,老板对我所付出的努力的认可。他经常在大家面前赞扬我。在上半年,我已经两次被评选为'月度工作明星'了。只要到我们餐厅去就餐,都可以看到墙上贴着我戴奖章的照片。"其实,要保留和激励员工并没有想象的那么困难,甚至不一定需要高额的经济开支。货币薪酬不能实现的功能,或许一个小小的表扬就能达到。

认可奖励计划可以分成两部分来理解,一部分是认可、肯定;另一部分是奖赏。认可是指承认员工的绩效贡献并对员工的努力工作给予特别关注。被人赏识且自己对组织的价值得到承认,是员工一种内在的心理需要。不管这种认可和承认是正式的还是非正式的,只要表现出对员工个人的关注,就能表明领导或组织对他感兴趣。通过对员工的行为、努力或绩效给予赞扬和感谢,组织将很快能够看到员工的工作状态向着期望的方向发生改变。

认可奖励计划是一种以表扬、赞许为主的非货币性激励,它能从心底感动员工的激励,能够满足员工的成就感和自豪感。它是及时的、灵活的、每时每刻都可以发生的激励,能够对员工贡献做出快速积极的反馈。执行认可奖励计划必须要有三大要素:预算、分权和沟通。认可奖励计划不直接以货币的形式奖励员工,但还是会涉及货币的支出,需要进行资金预算。认可奖励计划需要基层领导、部门领导和高层领导等各层级的领导来参与。要提升奖金体系的活力,加强领导与员工之间的交流沟通,对员工的绩效进行及时的绩效反馈和认可,让员工适时感受到奖励。

资料来源:文跃然,张兰. 全面薪酬的新实践:认可奖励计划[J]. 中国劳动,2009(1):44-46.

四、薪酬运用理论

(一)薪酬激励理论

激励(motivation)是指组织通过设计适当的外部奖酬形式和工作环境,以一定的行为规范和惩罚性措施,借助信息沟通来激发、引导、保持和规范组织成员的行为,以有效地实现组织及其成员个人目标的系统性活动。激励的目的在于激发人的正确行为动机,调动人的工作积极性和创造性。美国管理学家贝雷尔森(Berelson)和斯坦尼尔(Steiner)认为,一切内心要争取的条件、希望、愿望、动力都构成了对人的激励,它是人类活动的一种内心状态。人的一切行动都是由某种动机引起的,动机是一种精神状态,它对人的行动起激发、推动、加强的作用。激励水平越高,完成目标的努力程度和满意度也越强,工作效能就越高;反之,激励水平越低,则缺乏完成组织目标的动机,工作效率也就越低。

一个有效的激励手段必然是符合人的心理和行为活动规律的。人的行为由动机支配,而动机则是由需要所引起。人受到刺激产生需要,需要引起心理紧张,成为寻找目标以满足需要的驱动力,由此激发了动机。由此可见,从需要入手来探求激励,是符合人类行为规律的。人的行为的这种规律性可用图7-4表示。

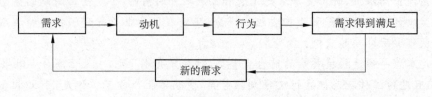

图7-4 人的行为形成过程

薪酬激励理论是对如何满足人的各种需要、调动人的积极性的原则和方法的概括总结,主要包括内容型激励理论、过程型激励理论和行为改造型激励理论。内容型激励理论主要是对于人的"需要"的研究，回答了以什么为基础或根据什么才能激发调动起员工工作积极性的问题，代表性理论包括马斯洛的需求层次理论、爱尔德佛的 ERG 理论、赫茨伯格的双因素理论和麦克利兰的成就需要理论等。过程型激励理论着重探讨激励的心理过程以及行为的指向和选择，说明行为是怎样产生、怎样向一定方向发展、怎样保持下去以及何时结束的整个过程，代表理论主要包括目标设置理论、期望理论和公平理论。行为改造型激励理论注重研究个体外在的行为表现，强调人的行为结果对其后续行为的影响作用，代表性理论有强化理论和挫折理论。

（二）委托-代理理论

委托-代理理论（principal-agent theory）是 20 世纪 30 年代，美国经济学家伯利和米恩斯（Berle and Means）因为洞悉企业所有者兼具经营者的做法存在着极大的弊端，而提出的理论。该理论倡导所有权和经营权分离，企业所有者保留剩余索取权，而将经营权利让渡。委托代理理论现已成为现代公司治理的逻辑起点，同时也是企业高层管理者和核心员工薪酬设计的理论基础。委托-代理理论认为，在任何委托-代理关系当中都存在代理风险。委托代理关系和剩余索取权问题的产生与发展与企业的发展过程是一致的。企业发展的最初阶段为业主制阶段，此时无委托-代理问题和剩余索取权问题。当合伙制的企业制度取代了业主制的企业制度时，就出现了局部委托-代理问题和局部剩余索取权问题。在公司制企业阶段，出现了委托-代理问题和剩余索取权问题。

委托代理理论是建立在非对称信息博弈论的基础上的。非对称信息（asymmetric information）指的是某些参与人拥有但另一些参与人不拥有的信息。信息的不对称性容易引发代理问题出现，代理人为风险规避型时，代理人为了自身效益的最大化可能会做出损害委托人利益的行为。解决委托-代理问题主要采取两类方法：一类是采用利润分享式的激励机制，其中最常用的激励手段有股票期权、绩效股、股票增值权、虚拟股奖励等；另一类是通过市场或其他外部力量约束经营者的行为。

（三）战略薪酬理论

传统薪酬是对劳动者和经营者给企业所做的贡献，包括他们实现的绩效、付出的努力、时间、学识、技能、经验和创造所给付的相应回报或答谢。战略薪酬则是从战略角度来理解薪酬，从企业战略角度出发来定义薪酬，使薪酬为企业战略服务。战略薪酬是以组织发展战略为前提，充分考虑了组织发展的宗旨和价值目标，将薪酬作为组织战略实现手段及组织赢得和保持战略优势的重要工具。战略薪酬必须服从和服务于组织发展战略，设计战略薪酬所依赖的价值观体系、所依托的关键资源、所期望达到的主要目的都必须与组织的发展战略相吻合或相兼容。同时，战略薪酬的选择也必须追求组织实力与外界环境的综合平衡。

战略薪酬不仅是一种人力资源管理的工具，也是组织制度的重要组成部分。与传统薪酬相比，战略薪酬更强调薪酬制度的整体特性，突出薪酬的制度特性。在公司组织中，战略性的薪酬制度是公司治理制度的核心和基础。战略性薪酬体系提高了组织的战略竞争力，它既有助于吸纳企业外部对企业发展具有战略价值的人力资源，又有助于留住企业内部的战略人才。同时，战略性薪酬体系还可帮助优化企业内部人力资源配置，迅速弥补企业战略瓶颈部门的人才"短木板"，激发员工不断提升自己的潜质。

第四节 职位评价

在一个企业里,人们常常需要确定一个职位的价值或贡献度,进而判断谁对企业的价值及贡献更大,谁应该获得更高的报酬。那么,究竟如何确定某个职位在企业的地位,如何对不同职位之间贡献价值进行衡量比较呢?这就需要对组织中的相关职位进行价值评估。

一、职位评价的含义

职位评价(job evaluation),又称职位评估或岗位评价,是指根据各职位对组织目标的贡献,通过专门的技术和程序对组织中的各个职位的价值进行综合比较,确定组织中各个职位的相对价值差异的过程。职位评价是在工作分析的基础上,对岗位本身所具有的特性(比如岗位对组织的影响、职责范围、任职条件、环境条件等)进行评估,以确定岗位的相对价值。其实质是把提供不同使用价值的产品或服务的具体劳动还原为抽象劳动,进而使各种具体劳动之间可以相互比较,以确定各个岗位在组织中的相对价值。具体方法是把各种劳动统统分解为劳动的几大基本要素,再把几大要素分解为若干子因素,然后用统一的衡量标准,对各子因素分级、配点;最后再用事先确定的衡量标准,评定每一岗位各个子因素的级数和相对价值。

职位评价是建立在企业工作分析基础上的基础性人力资源管理活动,其主要的工作是建立企业职位价值序列和设计企业薪酬体系。职位评价的核心是划分职位级别,它所关心的是岗位的分级,而不去注意谁去做这项工作或谁在做这项工作。职位评价的目标是为了实现同工同酬,即完成同等价值的工作,支付等量的报酬。

根据职位评价的定义和实践操作,可以总结出职位评价具有的三大特点:一是"对事不对人"。即职位评价的对象是组织中客观存在的职位,而不是任职者。二是职位评价衡量的是职位的相对价值,而不是绝对价值。职位评价是根据预先规定的衡量标准,对职位的主要影响指标逐一进行测定、评比、估价,由此得出各个职位的量值,使职位之间有对比的基础。三是职位评价先对性质相同的职位进行评判,然后根据评定结果再划分出不同的等级。

二、职位评价的战略意义及作用

企业的人力资源管理体系包括以人为基础的人力资源管理体系和以职位为基础的人力资源管理体系。在以职位为基础的人力资源管理体系中,职位评价扮演着承上启下的重要作用。首先,职位评价展示了组织战略认可的报酬要素,从而实现了组织战略与企业报酬体系的有效衔接,对于企业的可持续发展以及获取核心竞争力提供了明确的操作导向;其次,职位评价是企业建立内在职位序列和报酬体系的基础性工具和方法,是企业薪酬体系实现"内部一致性"的集中体现。另外,职位评价的操作过程本身就是组织和员工建立良好的心理契约的途径,它有效地传导了组织对员工在工作职责、能力要求等方面的期望[①](如图7-5所示)。

职位评价作为人力资源管理的一项基础性工作,在组织管理和企业薪酬设计过程中发

---

① 彭剑锋.人力资源管理概论[M].北京:中国人民大学出版社,2008:134.

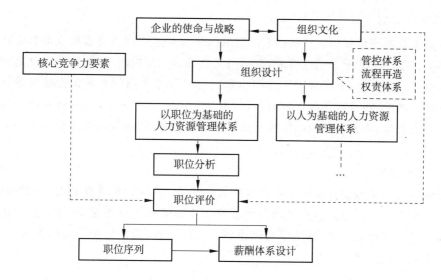

图 7-5　职位评价在战略、组织、人力资源管理中的地位

挥着举足轻重的作用,其重要作用主要表现在以下几个方面:

(1) 职位评价对于建立科学、合理的职位等级,实现公平分配具有重要意义。职位评价能将表面上不可比的具体劳动还原为抽象劳动,使之可以相互比较,以确定各个职位在组织中的相对价值,进而根据岗位相对价值确定不同岗位等级,这样不仅使员工招聘、考核、晋升等人力资源管理有了规范的尺度和标准,还能据此建立公平合理的职位工资等级体系,使公平分配有了科学依据。

(2) 职位评价对于支撑组织战略、发展组织文化认同具有重要作用。职位评价的核心内容就是组织战略发展所需要的核心能力。组织通过职位评价使得组织的战略意图得以有效的传递,从而达到支撑战略的实施和组织使命的达成。职位评价的要素选择既与组织战略关系密切,也与组织文化息息相关,通过组织成员参与职位评价的过程,使组织文化更加为组织成员所接受。

(3) 职位评价有助于引导员工行为,减少因报酬差别造成的不满和争端。在职位评价的过程中,通过组织成员的参与,强化了组织成员对组织权责体系的认识,从而能更好地指导自己的行为。同时,职位评价能够比较客观地反映职位在组织中的相对价值,使职位的报酬与其对组织的相对贡献融为一体,减少组织成员对职位之间报酬差别的不满和争端,增强了组织内部从管理层到员工对工资制度的认同感,提高了组织成员对薪酬的满意度。

三、职位评价的原则

职位评价是一项技术性强、涉及面广、工作量大的活动。这项活动不仅需要大量的人力、物力和财力,而且需要许多学科的专业技术知识,涉及很多的部门和单位。为了保证各项实施工作的顺利开展,提高职位评价的科学性、合理性和可靠性,在组织实施中应该注意遵循以下原则。[1]

---

[1] 王玺,王东旭,仇丽娜. 最新职位分析与职位评价实务[M]. 北京:中国纺织出版社,2004:144-146.

1. 系统性原则

系统是由相互作用和相互依赖的若干既有区别又相互依存的要素构成的具有特定功能的有机整体。组织由若干个部门构成，而部门又由许多岗位构成，这些岗位彼此之间有着千丝万缕的联系，构成了一个庞大的工作岗位系统，同时，各个岗位又是作为组织系统的子要素而存在的。因此，在进行职位评价时，既要对岗位本身进行系统评价，还要把岗位作为系统的要素进行评价，要关注其他岗位对所评价岗位的影响，用系统的观点组织实施职位评价工作。

2. 实用性原则

职位评价必须从组织目前的生产和管理实际出发，选择能促进组织生产和管理工作发展的因素。尤其要选择目前组织劳动管理基础工作需要的评价因素，使评价结果能直接应用于组织的劳动管理实践中，特别是劳动组织、工资、福利、劳动保护等基础管理工作，以提高职位评价的应用价值。

3. 标准化原则

标准化是现代科学管理的重要手段，是现代组织劳动人事管理的基础，也是国家的一项重要技术经济政策。标准化的作用在于能统一技术要求，保证工作质量，提高工作效率和减少劳动成本。为了保证职位评价工作的规范化和评价结果的可比性，提高职位评价工作的科学性和工作效率，职位评价也必须采用标准化。职位评价的标准化具体表现在为评价指标制定统一的评价标准、为评价技术方法制定统一的规定、为数据处理制定统一的程序等方面。

4. 能级对应原则

在管理系统中，各种管理功能是不相同的。根据管理的功能把管理系统分成级别，把相应的管理内容和管理者分配到相应的级别中去，各占其位，各显其能，这就是管理的能级对应原则。一个职位能级的大小，是由它在组织中的工作性质、繁简难易、责任大小、任务轻重等因素决定的。功能大的职位能级就高，反之就低。各种职位有不同的能级，人处于相应的能级职位。一个完整的管理系统一般可分为四个层次：决策层、管理层、执行层和操作层。这四个层次不仅使命不同，而且标志着四大能级差异。不同能级对应有不同的权力、物质利益和精神荣誉，这种对应是一种动态的能级对应。只有这样，才能获得最佳的管理效率和效益。

5. 优化原则

所谓优化，就是按照规定的目的，在一定的约束条件下寻求最佳方案。任何组织在现有的社会环境中生存，都会有自己的发展条件，只要充分利用各自的条件发展自己，每个工作岗位、每个人都会得到应有的最优化发展，整个组织也将会得到最佳的发展。

[案例故事 7-2]　　　　　　五 指 争 大

有一天，5根指头聚在一起，讨论谁是真正的老大。

大拇指骄傲地率先发言，说："五根指头中，我排在第一而且最粗大，人们在称赞最好或表现杰出的时候，总是竖起我，所以老大非我莫属！"

食指不以为然，急着辩解："我才是老大，人们在吃饭时，如果没有我支持着，根本就夹不了菜;另外,人们在指示方向的时候,总是依靠我。"

中指不屑地说:"要说我们中间谁是老大,那一定就是我。在五根指头中,我最修长,犹如鹤立鸡群,而且我居最中间的位置,大家众星捧月,这不就是老大的证明吗?"

无名指也不甘示弱,理直气壮地讲:"三位也未免太自大了,世上最珍贵的珠宝,只有套在我身上才能相得益彰,因此我才配做老大。"

小指在一旁,只是静默不语,四指惊讶地问道:"喂,你怎么不谈谈你的看法,难道你不想做老大?"

小指回答:"各位都有显赫的地位,我人微言轻。只是人们在合十礼拜或打躬作揖的时候,我是最靠近真理与对方的。"

就这样五根指头谁也没有说服其他几位,大家还是总觉得自己才是老大。

在现实社会中,每个人、每个岗位都有其存在的价值,人们总是争论所谓谁大谁小、谁轻谁重的问题,如果不将他们放在一个特定的环境中,提供一个共同的参照点,大家都说自己重要,也许每个人说的都有道理,但谁也不可能说服谁。在企业管理中,谁更重要的问题往往涉及薪酬体系设定,是影响企业发展动力的重要因素。在现实中企业总由多个岗位组成,不同岗位的员工对企业有着不同贡献,而每一个岗位对企业来说都是不可或缺的重要部分。因此需要采取一定的方法,进行企业内部的岗位价值评估,并将之纳入绩效管理工作之内,保持企业正常有效的发展。

资料来源:颜爱民,方勤敏.人力资源管理[M].北京大学出版社,2011:306-307.

四、职位评价的方法

常用的岗位评价方法有四种:排序法、分类法、因素比较法、评分法,其中岗位排序法和岗位分类法属于定性方法,因素比较法和评分法属于定量方法。排序法与因素比较法是岗位与岗位之间进行整体比较,岗位分类法与评分法则是岗位与标准之间进行的比较,下面分别对这几种方法进行介绍。

(一)排序法

排序法(job ranking)是根据各种岗位的相对价值或它们对组织的相对贡献来由高到低地进行排列,它是职位评价中最简单的方法,也最易于解释。通常情况下,会使用比简单排序法更可靠的两种常用的排序方法:交替排序法和配对比较法。交替排序法是从两个极端排列开始,所有评价者对于哪项岗位最有价值、哪项岗位最没有价值达成一致意见,然后确定下一个最有价值、下一个最没有价值的岗位,以此类推,直至所有的岗位都已排列在内。配对比较法运用一个矩阵来比较各种岗位。每两种岗位都被比较,比较之后,价值相对较大的岗位就记入空格中,当完成所有岗位间的比较后,被认为价值较大频数最多的岗位便是等级最高的岗位,以此类推。

(二)分类法

分类法(job classification)是将各种岗位与事先设定的一个标准进行比较来确定岗位的相对价值。具体而言,就是将职位按总体工作内容分为不同的职类,在每一职类中,按岗位工作内容的复杂程度、难易程度将不同的职位分为不同的等级,然后根据职位的工作内容,将不同的职位归入不同的工作类、工作级中,确定不同类、级的薪酬比率。分类法是排序法的改进,适用于多种不同性质的组织中薪酬比率的确定,它和排序法一样,属于定性的职位评价方法。

(三)因素比较法

因素比较法(factor comparison),也叫要素比较法,是一种量化的职位评价技术,它需要使用报酬要素的比较来确定不同职位的报酬比率,从而确定不同职位的相对价值。这里提到的报酬要素是指能够为各种工作相对价值的比较提供依据的工作特性。因素比较法实际上也是排序法的一种改进。排序法通常是把每个岗位看成一个整体,再加以排序。而因素比较法要多次对岗位进行排序,每次都要依据不同的报酬要素,然后把每一报酬要素排序的结果加权后相加,得出各岗位在所有报酬要素比较基础上的相对量化价值。因素比较法的具体操作步骤如下:①

(1)获取职位信息。要求仔细、全面地分析职位。先要制作岗位描述,然后制作岗位说明书,尤其要注意评价决定使用的报酬要素。因素比较法通常使用以下5个报酬要素:心理要求、身体要求、技术要求、承担责任、工作条件。目前,被企业界广泛接受的报酬要素体系主要有:美世咨询公司(Mercer)开发的职位评估的报酬要素体系、翰威特咨询公司(Hewitt)的报酬要素体系和合益咨询公司(Hay Group)的报酬要素体系(如表7-4所示)。

表7-4 三大咨询公司开发的职位评价的报酬要素体系比较

公司	美世咨询公司(Mercer)	翰威特咨询公司(Hewitt)	合益咨询公司(Hay Group)
报酬要素	影响	知识与技能	技能水平
	知识	影响/责任	解决问题能力
	沟通	解决问题/制定决策	应负责任
	创新	行动自由	—
	—	沟通技能	—
		工作环境	—

(2)选择标杆职位。由职位评价委员会挑选出15~25个标杆职位。这些职位将是所研究职位等级中的基准职位,其他职位的价值则可以通过与这些典型职位之间的报酬要素比较得出。

(3)根据报酬要素的重要性对标杆职位进行排序。要求评价者根据上述5个要素的重要性分别对典型职位进行排序。排序过程以职位描述和岗位规范为基础,通常由职位评价委员会中每个成员分别对职位进行排序,然后再开会合议或计算平均排序值,以确定每个职位的序列值。假定选取的职位分别是职位A、职位B、职位C和职位D,则根据报酬要素对标杆职位的排序如表7-5所示。

表7-5 根据报酬要素对标杆职位进行排序

职位\报酬要素	心理要求	技术要求	身体要求	承担责任	工作条件
职位A	4	4	2	3	1
职位B	3	3	4	4	4

---

① 〔美〕加里·德斯勒. 人力资源管理[M]. 6版. 北京:中国人民大学出版社,2004:445-450.

续表

报酬要素 职位	心理要求	技术要求	身体要求	承担责任	工作条件
职位 C	2	2	3	1	3
职位 D	1	1	1	2	2

注：价值的大小与数值大小一致，即1为低分值，4为高分值。

(4) 在标杆职位内部对报酬因素进行比较排序，并将工资率分配到每一个报酬因素上去。首先给标杆职位的报酬要素确定权重。评价委员会的成员需要根据自己的判断来决定，在每一个标杆职位中不同的报酬因素对该职位的贡献（重要性）是多少（用百分比的形式来体现）。然后根据事先确定的标杆职位的薪酬水平，来确定标杆职位内部每个报酬要素的价值。最终价值根据职位评价委员会成员各自评价结果的算术平均数确定。假定某标杆职位的现有薪酬水平（工作率）为8.4元/小时，职位评价委员会中的三位成员可按照表7-6所示方法来确定职位中各报酬要素的最终价值。

表7-6 对标杆职位内部的每一种报酬要素的定价过程　　　　单位：元/小时

报酬要素 评价者	心理要求	技术要求	身体要求	承担责任	工作条件	合计
评价者甲	30% (2.52)	30% (2.52)	15% (1.26)	20% (1.68)	5% (0.42)	100% (8.40)
评价者乙	35% (2.94)	30% (2.52)	10% (0.84)	15% (1.26)	10% (0.84)	100% (8.40)
评价者丙	30% (2.52)	25% (2.10)	15% (1.26)	25% (2.10)	5% (0.42)	100% (8.40)
合计 (甲+乙+丙)/3	2.66	2.38	1.12	1.68	0.56	8.40

(5) 根据两种排序结果选出不便于利用的标杆职位。现在对每个标杆职位都有了两种排序结果，即第(3)步根据报酬要素的重要性排序和第(4)步根据报酬要素的权重排序。如果某个标杆职位的两种排序结果差异太大，就表明这个标杆职位不能作为标杆（基准）职位使用。

(6) 建立标杆职位报酬因素等级基准表。根据每个标杆职位内部的每一个报酬要素的价值分别对职位进行多次排序后，建立起一张标杆职位报酬要素等级基准表。标杆职位报酬要素等级基准表如表7-7所示。

表7-7 标杆职位报酬要素等级基准表

薪酬水平（元）	心理要求	技术要求	身体要求	承担责任	工作条件
0.20					
0.30					
0.40					
0.50					职位 A
0.60					
0.70			职位 D		
0.80					

续表

薪酬水平(元)	心理要求	技术要求	身体要求	承担责任	工作条件
0.90					职位 D
1.00	职位 D			职位 C	
1.10	职位 C			职位 D	职位 C
1.20			职位 A		职位 B
1.30	职位 B		职位 C		
1.40			职位 B		
1.50					
1.60				职位 A	
1.80		职位 D		职位 B	
2.00		职位 C			
2.20		职位 B			
2.40		职位 A			
2.60	职位 A				
3.00					
3.50					
4.00					
4.50					

（7）使用标杆职位报酬因素等级基准表评价非标杆职位。依据报酬要素将其他待评价的职位同标杆职位进行比较，并将待评价职位的报酬要素与相应的比较等级对应起来，最终得出非标杆职位的薪酬等级和工资率。

[知识链接 7-4]　　　　美世国际职位评价法

职位评价是通过"因素提取"并给予评分的职位价值测量工具。早在 20 世纪七八十年代，职位评价风靡欧美，成为内部人力资源管理的基础工具。调研结果表明，当时美国有 70% 以上的企业使用职位评价系统来帮助搭建职位系统以及作为薪酬给付的依据。但是当美国逐渐将人力资源管理重点从"职位"挪到"绩效"以后，作为总部在美国的全球最大的人力资源管理咨询公司——美世咨询公司（William Mercer）却始终没有抛弃这个工具，而是将其进一步开发，使其适合全球性，尤其是欧洲和亚洲国家的企业使用。2000 年美世咨询公司兼并了全球另一个专业人力资源管理咨询公司 CRG（Corporate Resources Group，国际资源管理咨询集团）后，将其评估工具升级到第三版，成为目前市场上最为简便、适用的评价工具——国际职位评价系统（International Position Evaluation，IPE）。它不但可以比较全球不同行业不同规模的企业，还适用于大型集团企业中各个分子公司的职位比较。

这套职位评价系统共有 4 个因素，10 个纬度，104 个级别，总分 1225 分。评估的结果可以分成 48 个级别。其中这套评价系统的 4 个因素是指：影响（impact）、沟通（communication）、创新（innovation）和知识（knowledge）。这是在原先这个系统第二版 7 个评估因素（对组织的影响、监督管理、责任范围、沟通技巧、任职资格、解决问题、环境条件）的基础上，经过大量科学提炼简化的结果。经 100 多位美世人力资源首席咨询顾问和众多企业人力资源资深从业者的共同研究证明，事实上真正相互之间不存在相关性的因素只有两个——影响和知识。但为了减少评估过程由于主观因素造成的偏差，还是保留了另两个相对重要的因素——沟通和创新。

美世的国际岗位评估体系在选择确定岗位价值的因素时,考虑到岗位的投入、过程和产出的全过程。筛选相互独立且对岗位的价值有本质影响的因素,并确定了每个因素在体系中的权重。这些因素的选择考虑到:

(1) 因素的取向反映出企业的经营价值导向;
(2) 因素在一定程度上适用于所有岗位;
(3) 因素反映出岗位价值的本质;
(4) 因素之间有联系但是保持独立。

资料来源:根据美世咨询公司网站(http://www.mercer.com)及网络资料整理。

(四) 评分法

评分法(point method),也叫要素计点法、点数法,它是把岗位应达到的标准进行分解,按照各个标准对该岗位的重要性程度赋予相应的权重,然后按照事先设计出来的结构化量表对每种岗位进行估值。评分法也是一种量化的职位评价方法。

评分法(要素计点法)的具体操作步骤如下:[1]

(1) 确定要评价的职族。职族也称职位族,是具有相同工作性质及相似任职素质要求的一类职位的通称,它可根据工作内容、任职资格或者对组织贡献的相似性来划分。不同部门的岗位差别很大,通常不会使用一种点值评定方案来评价组织中的所有职位。如可划分为管理类、技术类、市场类、操作类、后勤类等,评价委员会一般要为每一个职族制订一种方案。

(2) 搜集岗位信息。通过工作分析,制定工作说明书。

(3) 选择报酬要素。报酬要素(compensable factor)是指一个组织认为在多种不同的职位中都包括的一些对其有价值的特征,这些特征有助于组织战略和组织目标的实现。常用的报酬要素有工作责任、知识技能、努力程度、工作条件等。

(4) 界定报酬要素。仔细界定每个报酬要素及其子要素,以确保评价委员会委员在应用这些要素时能保持一致。

(5) 确定要素等级。划分要素等级时,要对每个等级进行详细的定义,并提供标准岗位。不是每个要素等级都需要有相同的等级数,等级数应限制在可以清楚地区分岗位的水平上。

(6) 确定要素的相对价值。每个职族要素的权重都可能是不同的。评价委员会要仔细研究要素及其等级定义,然后决定每个职族中的各要素的权重,得到各要素百分比的权重。

(7) 确定各要素及各要素等级的点值。根据上一步确定的各要素的百分比的权重,用总点数乘以百分比权重就得到要素的点值,然后根据要素的等级数平均分配点值。

(8) 编写职位评价指导手册。把各要素及其等级定义、点值汇编成一本便于使用的职位评价指导手册。职位评价指导手册内容应当包括:选择报酬要素的逻辑依据、确定报酬因素权重的理由、给报酬因素赋值的过程及理由、总报酬因素和子因素及其等级的文字描述等。

---

[1] 〔美〕加里·德斯勒. 人力资源管理[M]. 6版. 北京:中国人民大学出版社,2009:450-452.

(9)根据评价点数排序建立职位等级结构。评价委员会使用岗位评价手册将岗位列等。每个岗位都根据岗位说明书,按各报酬要素分别进行评价以确定其点值,把所有要素的点值加总得到该岗位的总点值。评估者通常先评价关键岗位,达成一致意见后再评价职族中的其余岗位。待所有职位的评价点数(点值)都算出来之后,按照点数高低加以排序,然后根据等差的方式对职位进行等级划分,职位等级表就算制成了。

评分法的设计比较复杂,但使用却十分方便,只需要将各个待评职位按照评价标准及要求评价出相应分数,并将各因素的评价分数汇总、转化,便可把各职位的总点值转换为相应的工资金额。表7-8是某单位职位付酬要素与点数分配表,付酬要素主要包含工作责任、知识技能、努力程度和工作条件,每种要素又进一步分解为不同数量的次级子要素。表7-9则是该单位某职位的薪酬评价表,该职位的总点数为657点。

表7-8 职位付酬要素与点数分配表①

报酬要素	总权重(%)	子要素		子要素权重(%)	点数	级数	等级				
							1	2	3	4	5
工作责任	40	指导监督		10	100	5	20	40	60	80	100
		风险控制		8	80	5	16	32	48	64	80
		内外协调		6	60	5	12	24	36	48	60
		岗位权限		8	80	5	16	32	48	64	80
		工作决策		8	80	5	16	32	48	64	80
知识技能	35	学历水平		5	50	5	5	10	20	35	50
		工作经验		5	50	5	10	20	30	40	50
		工作能力	决策能力	5	50	5	10	20	30	40	50
			协调能力	4	40	5	8	16	24	32	40
			应变能力	6	60	5	12	24	36	48	60
			创新能力	10	100	5	20	40	60	80	100
努力程度	20	工作负荷度		5	50	5	10	20	30	40	50
		工作复杂度		5	50	5	10	20	30	40	50
		工作压力		5	50	5	10	20	30	40	50
		工作单调性		5	50	5	10	20	30	40	50
工作条件	5	工作时间		1	10	5	2	4	6	8	10
		工作地点		2	20	5	4	8	12	16	20
		职业危害		2	20	5	4	8	12	16	20

合计:总点数为1000点

表7-9 某职位的薪酬评价表

报酬要素	总权重(%)	子要素	子要素权重(%)	评定等级	得分
工作责任	40	指导监督	10	3	60
		风险控制	8	3	48
		内外协调	6	4	48
		岗位权限	8	3	48
		工作决策	8	2	32

① 李建新,孟繁强,苏磊.企业薪酬管理概论[M].2版.北京:中国人民大学出版社,2012:80-81.

续表

报酬要素	总权重(%)	子要素		子要素权重(%)	评定等级	得分
知识技能	35	学历水平		5	4	35
		工作经验		5	5	50
		工作能力	决策能力	5	3	30
			协调能力	4	4	32
			应变能力	6	5	60
			创新能力	10	3	60
努力程度	20	工作负荷度		5	4	40
		工作复杂度		5	3	30
		工作压力		5	3	30
		工作单调性		5	2	30
工作条件	5	工作时间		1	4	8
		工作地点		2	2	8
		职业危害		2	2	8
合计	100	—		100	—	657

为了便于对四种方法进行选择,对上述四种方法的区别可列表进行比较,如表 7-10 所示。

表 7-10 四种职位评价方法的比较

方法	定义	适用场合	优点	缺点
排序法	根据各种岗位的相对价值或它们对组织的相对贡献来由高到低地进行排列	岗位设置比较稳定;企业规模小(40个岗位左右)	简单方便,容易理解和节约成本	主观因素较多;评价人员对岗位的细节熟悉;岗位之间的价值差距无法表现
分类法	将各种岗位与事先设定的一个标准进行比较来确定岗位的相对价值	公共部门和大企业,职务等级体系严谨;岗位设置科学合理;各岗位差别明显	简单明了,容易被员工理解和接受;避免出现明显的判断失误	划分类别数量难以把握
因素比较法	根据各类岗位中的标尺性岗位在劳动力市场的薪酬标准,将非标尺性岗位与之相比较来确定非标尺性岗位的薪酬标准	适合劳动力市场相对稳定、企业规模较大的情况,能够随时掌握较为详细的市场薪酬标准	能够直接得到各个岗位的薪酬水平	灵活性差;成本相对较高
评分法(要素计点法)	把岗位应达到的标准进行分解,按照各个标准对该岗位的重要性程度赋予相应的权重,然后按照事先设计出来的结构化量表对每种岗位进行估值	岗位设置不太稳定,岗位雷同性小;对精确度要求较高。适合大规模的企业中管理类工作	能够量化,可以避免主观因素对评价工作的影响;可以经常调整	评价因素及点值设计比较复杂,对管理水平要求较高;评估成本相对较高,耗费时间

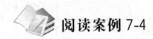

阅读案例 7-4

保安的身高与薪酬差别

据报道,义乌市保安服务公司以员工的身高作为划分工资等级的标准,个子高的保安拿的工资高,个子矮的工资就低。公司规定,1.68米(含)以上的保安,月工资为1500元,而达不到这一身高标准的,月工资就只有1300元。"一样的工种,一样的工作强度,履行同样的职责,就因为身高达不到公司的标准,一年的工资就要比别人少2400元,我觉得这很不合理。"有员工抱怨说。

对于上述做法,该保安公司办公室主任朱松叶并没有否认,他认为发放工资时参照员工的身高,应该是保安公司实行市场化运作的必然趋势。他解释说,公司为客户提供保安服务,当然应该让他们尽可能满意,而客户对我们的员工也有身高方面的要求。他们一般都喜欢身材高大的保安,毕竟其从外形上就可以给人一种威慑力,所以从市场需求来看,个子高大的保安更受客户的欢迎,也就能够为公司带来更大的经济效益。从这个角度来说,个子矮的保安为公司所做的贡献就相对较小,在工资上当然也应该有所体现,有所差别。

那么,义乌市保安服务公司的这种做法,会不会在业内形成一种新的"身高歧视"呢?朱松叶认为,身高标准只不过是发放员工工资的一个因素,而不是唯一依据。公司还制定了其他考核标准,个子矮小的员工如果在其他方面表现突出,也可以获得一定的经济奖励。而公司在提拔干部(如保安班长、中队长)时是不考虑身高因素的,所以这不能说是一种歧视。而且,实行一系列奖励制度,还有助于提高员工的工作积极性。

资料来源:刘昕. 薪酬管理[M]. 3版. 北京:中国人民大学出版社,2011:139-140.

五、职位评价过程中应注意的问题

职位评价从本质上讲是专家判断与组织内各个职位实际情况相契合的过程,因此,在这一过程中应注意以下两个方面的问题:①

(1) 注意尽量减少小团体利益对职位评价的影响。由于职位评价直接和薪酬设计相关,因此很容易受到小团体利益的影响。小团体利益集中体现在专家小组成员的结构上,比如如果评价专家中有1/3来自生产部门,那么,这些专家很可能在潜意识里会对生产岗位产生偏向,这种心理倾向,将直接使整体评价结果的公正性受到负面影响。小团体利益除了会影响到评价结果外,同时还会对评价过程的顺利进行产生消极影响。一旦存在为自己所在团体部门争利的想法,势必会引起专家们内部不同利益团体之间的争论,如果这种争论没有得到很好的解决,对专家们的立场、情绪、心里偏向都会产生微妙的影响,这样显然既影响到评价的效率,又影响到评价的效度。

要克服或减少小团体利益对职位评价的影响,首先要重视对专家的选择,应当选择那些经验丰富、对所有职位状况了解比较深刻的专家。同时,还要选择在工作中态度比较客观公正,能够认真倾听的专家。其次,进行正式评价之前,应对专家小组进行培训,使他们明白,应当站在组织全局的立场,代表组织来完成职位评价,而不是作为部门代表来争利益的。另

---

① 张德. 人力资源管理[M]. 4版. 北京:清华大学出版社,2012:72-73.

外,还应在评价之前设定评价过程的规则,让专家们按照一样的评价过程规则和要求行事,以减少职位评价的随意性和主观性。

(2) 对职位信息要尽可能了解充分和对称。尽管专家小组成员对于要评价的职位都很熟悉,但由于组织可能存在某些特殊情况,比如,当存在工艺保密问题时,不同生产部门的员工对彼此的工作细节并不了解,专家们也可能存在类似问题。在这种情况下,工作说明书就可以发挥重要的作用。另外,在专家们分别对某些职位的情况进行介绍时,也会因为每个人的表达能力差异而影响到其他专家对这些岗位的判断和评价,造成谁的表达能力强,谁就有可能让其他专家更充分地了解职位的重要程度。

要做到对职位信息尽可能多地充分了解,应注意做好两个方面的工作:一是要明确具体有哪些职位属于上述情况。一般情况下,属于上述情况的职位不是很多,否则说明专家小组的挑选存在一定问题。二是把存在上述情况的职位拿出来,作为同一批次来做出评价,评价之前先对职位本身进行充分的讨论,然后从横向和纵向与相关职位进行比较分析。当大家对这些职位的认识趋于明了时,再做出自己的判断必然是有效的。

六、职位评价的发展趋势

长期以来,职位评价为组织内部的薪酬等级决策奠定了重要基础,是确保组织内部薪酬公平性的一个重要工具和手段。然而,随着组织中相对固定的基本薪酬所占的比例越来越小,浮动薪酬占的比例越来越大,职位评价的作用似乎有所下降,一些企业甚至抛弃了职位评价做法,直接采用所谓的市场定价法来确定相应的职位薪酬。但是,职位评价的基础性作用以及最新发展趋势并不足以让组织彻底抛弃这种技术,这是因为很多组织的浮动薪酬仍然是以基本薪酬作为决定依据的,职位评价不仅决定了基本薪酬的等级,而且也通过基本薪酬影响着浮动薪酬的基数大小。当前,职位评价的最新发展趋势主要体现在其外部公平性和战略导向性两个方面。[1]

(一) 职位评价的重心从内部公平性向外部公平性转移

传统的职位评价是建立在内部比较的基础之上的,尽管这种比较最后要借助外部劳动力市场来进行解释。但在管理实践中经常会出现这样的情况,即在内部同样重要的职位在外部市场上的价值却并不相同,或者在外部市场上价值相同的职位在内部评价中所得到的评价点数却有高有低。在这种情况下,传统的职位评价往往把内部公平性放在第一位,外部公平性排在第二位。传统职位评价方法赋予员工在组织内部垂直成长而不是横向成长以获取更多的评价点数,这实际上是在鼓励员工争取成为其他员工或者资产的管理者,向员工传递的是一种层级主义和官僚主义价值观。员工所关注的仅仅是自己所承担的职位如何获得更多的点数,而不是组织应当如何定位才能在外部市场上用更少的人和更少的资产来进行有效的竞争。

近年来,国际上的许多企业采取了所谓的新薪酬战略。这种战略首先从外部市场入手。它不力图创造一种能够实现组织内所有职位之间全面公平的结果,而只是在更为宽泛的工作职能领域(信息系统、人力资源、财务、市场、营销)内部实现公平。它也不试图对跨职能的

---

[1] 刘昕. 薪酬管理[M]. 4版. 北京:中国人民大学出版社,2014:100-102.

职位之间的公平性进行比较或试图建立这种公平性,而是针对不同的员工群体建立不同的职位评价要素和评价计划。这种新的职位评价系统具有两方面的突出特点:一是根据外部市场来确定标杆职位(基准职位)在基本薪酬结构中的位置;二是内部公平只是同一职能领域内部的公平,而不是跨职能领域的公平。在这种新的职位评价系统中,创造职位价值的因素就变成了某一职能领域中的工作在外部市场上的价值,以及职位本身所要求的关键技能。这意味着,组织往往会首先按照市场水平支付正常的竞争性薪酬,然后将其他资金用在浮动薪酬上,从而为员工的工作绩效提供报酬,而不是把有价值的薪酬资金都放到与市场或者组织的经营战略无关的内部公平性比较上。

(二)战略性职位评价

20世纪90年代以后,企业经营环境的变化导致许多企业都试图通过成为客户导向型的组织,来创造世界一流的经营业绩。这样,企业对员工的绩效和生产率非常重视,对人力资源管理在经营战略、利润绩效、成本管理以及市场渗透中所起的作用感兴趣。因此,它们希望为组织成功所必需的那些职能或技能支付薪酬的时候既要有竞争性,又要有战略性。

竞争性要求企业所支付的薪酬水平与外部劳动力市场保持一致。而战略性则要求企业根据职位对于企业经营战略实现的贡献或者价值来确定职位的薪酬水平。战略性职位评价意味着,那些对组织战略(客户、利润、新产品或服务、成本、质量等)有着积极影响的职位或技能有可能获得比外部市场价值更高的薪酬。战略定位有助于将员工的努力集中在那些与有效经营企业有直接关系的要素上。

组织战略不同不仅影响组织结构,而且直接影响组织中各部门和岗位在组织发展中的定位。在同一个行业中,企业在市场中的不同位置决定了它们具有不同的经营目标和经营战略。比如,处在领先者位置上的企业需要有更强的创新能力,而处在追随者位置上的企业则更需要超强的市场运作能力。组织战略不同,组织内的不同部门和岗位对战略的贡献度就不同,因此,随着组织外部环境的不断变化,职位评价的因素设计不仅要体现竞争性,更要体现这种战略的差别。

思考题

1. 比较报酬与薪酬的概念并指出两者的联系。
2. 薪酬有哪些基本功能?
3. 什么是薪酬管理?它有何作用?
4. 比较分配公平、过程公平和机会公平的区别。
5. 简述薪酬管理的主要内容及其影响因素。
6. 结合实践谈谈薪酬管理的过程及步骤。
7. 试对本章提到的薪酬理论观点进行梳理,并比较之。
8. 什么是职位评价?它有何战略意义及作用?
9. 比较四种职位评价方法(排序法、分类法、因素比较法和评分法)的异同点及其优劣势。

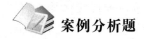 案例分析题

员工激励:薪酬扮演了什么样的角色[①]

正当美国国家篮球协会(NBA)四处物色其中国机构的将才之时,多家跨国企业的中国公司高管成了他们的猎头对象。其中有一位最终胜出,他就是陈永正先生(Tim Chen)。这位前任微软大中华区首席执行官于2007年秋天离任,转而出任美国篮球协会的中国公司首席执行官。当微软公司为陈永正的继任人选一事左右斟酌之时,该公司也正为一个低调但却持久的人力资源问题而费尽心思:面对一心想招聘绩优人士的竞争对手,该如何保护公司免遭挖角厄运?

"我们确实面临挑战,"微软亚洲工程院的人力资源经理康兆宁(Joe Hoskin)承认,"比如有一家名叫 Google 的公司。"康兆宁和来自各行各业的 50 多位人力资源高管在 11 月 6 日云集上海,参加了为期一天的研讨会,主题是"不只是薪酬!开动'创造性思维'吸引员工,帮助企业在中国获得成功"(More Than Just Money! "Outside the Box" Thinking in Engaging Employees for Business Success in China)。该会由全球人力资源咨询公司翰威特咨询公司(Hewitt Associates)主办。研讨会突显出一个共同的信息:要留住员工,仅仅凭借丰厚的薪酬是不够的。

翰威特的组织和人才咨询分析亚洲业务总监尼什查·苏里(Nishchae Suri)对此评论说:"亚洲的员工流动率相当高,因此企业应当制订如何留住员工的战略计划。"

谷歌当然不是觊觎中国资深 IT 人才的唯一公司。Alibaba.com,这家全国最大的电子商务公司 2007 年 11 月在香港证交所成功上市,该公司每年吸引全国高校的优秀人才前来就业,以满足公司的快速发展要求。印度软件巨头 Infosys 制订了一份雄心勃勃的中国招聘计划:到 2010 年,要为设在上海和杭州的两家新研发中心招聘 6000 名员工。摩根士丹利(Morgan Stanley)正在为公司位于上海的 IT 部招兵买马,计划从去年的 30 人扩展至明年的 200 多人,为公司的全球金融事业部门提供技术服务。

人才争夺战的战场并不局限于信息技术行业。据翰威特公司 2006 年亚太地区人才损耗与留存研究显示,依赖稳健的经济与日益增长的市场,银行业与金融服务业目前正在经历前所未有的发展,2005 年,金融行业的员工流动率达到 25% 之多。

猎头行动也不仅仅局限于跨国公司。华信惠悦咨询公司(Watson Wyatt)北京分公司总经理林杰文先生(Jim Leininger)在 2007 年四月份的报告中指出,"中国国内的一流公司正在加紧业务转型,以便获得国际市场的竞争力,他们对人才的期望也逐渐与外国公司接轨。"

物色不到合格人员将成为行业发展的桎梏。美国猎头公司光辉国际(KORN FERRY)在今年公布的一份报告中指出,中国的生命科学市场正面临着如此挑战。报告称,"阻碍中国的生命科学行业发展的最大障碍在于,如何设法吸引,甚至更为重要的是,留住那些掌握合适技能的管理团队",从而能够保持长久的发展。报告还指出,对于生命科学行业的销售与制造部门而言,30%~40%的员工流动率是很普通的。

员工流动率如此之高,数字的背后究竟是什么?薪酬条件当然是主导因素。针对中国

[①] 赵曙明,刘洪,李乾文. CEO 人力资源管理[M]. 北京:大学出版社,2011:149-152.

劳动力市场日益增加的压力,除了提供更为丰厚的薪酬福利之外,公司该如何留住员工、保持他们的敬业度呢?研讨会期间,发言者与座谈小组成员就此问题相互交换了各自的观点与经验。

飞索(中国)的成功之鉴

飞索(中国)有限公司(Spansion China)作为飞索半导体的独资子公司,是全球最大的闪存产品和服务供应商。公司荣膺翰威特"2007年度亚洲最佳雇主"的称号,这是一项由翰威特对亚洲750家组织开展的调查研究。飞索(中国)拥有1200名员工,总部设在江苏省苏州市。公司的人力资源总监陆解明(Benjamin Lu)与其他三位部门经理在小组讨论中互相交流了成功经验。

陆先生在回答听众提问时说:"本公司去年的人员流动率是12.3%,而整个电子行业的人员流动率是24%。"然而,陆补充说,他也经历了劳动力市场的剧烈动荡时期。2002年11月,他加盟飞索(中国)之后的第三个月,有53名员工集体跳槽去了马路对面那家竞争对手的公司。

当被问及公司如何激励员工时,陆先生回答道:"飞索中国的独特之处在于公司上下的联合协作。我们说员工是公司的核心资产,这是我们的肺腑之言,并非冠冕之辞。我们将其转化为实际行动。关键是要尊重员工。在公司副总裁兼总经理PC Loh的带领下,公司高层创建了许多与员工交流的渠道,方便管理层与员工进行对话。例如,我们召开双周例会、每周的圆桌讨论会以及季度碰头会,借此鼓励所有人直接提出他们的想法、在工作中碰到的问题及相应的解决方案。"

"许多其他公司也建立起某种体制,但是仅限于案头工作,然后就不闻不问了,"他说道,"但在我们公司,我们真正地鼓励员工,让他们表现出主人翁的精神,他们可以对任何问题提出改进方案。我们称飞索公司是一个大家庭。所以,通过所有这些实际行动,员工们切实感受到高层对他们的关心与尊重。另一方面,我们当然也力图打造一个学习型组织并且……并且将所有必需的硬件设施、基础设施落实到位。"

飞索(中国)公司的测试部制造经理应少军认为,"在其他公司,有人说员工发展计划是人力资源部的问题。但是在飞索(中国)公司,所有员工与人力资源部的工作人员密切合作,我们对人力资源部的同事有充分的信任和非常坦诚的交流。"

万科集团的经验

万科集团是中国最大的上市房地产公司,1988年由富有传奇色彩的企业家王石先生创办,王石还是一位著名的登山者。

万科集团副总裁解冻先生表示,"万科集团的事业蒸蒸日上,其中很重要的一个原因,是因为集团总裁王石先生于1999年卸任总经理一职之前,他在人才发展和培训方面投入了大量的时间与心血。他求贤若渴、对人才的执着追求和严格要求是他获得成功的动力。同时,一旦把人才放在合适的岗位上,他就会充分授权。他为什么要去登山?用他的话来说,'是为了控制我想去干预的冲动'。"

万科集团的总部设在中国南部的深圳,拥有员工13000名。2007年11月,万科集团荣膺翰威特颁发的2007年大中华"最具领导力公司"的美誉。解先生介绍说:"万科拥有网上培训学校和若干员工培养项目供各级员工学习,即岗位发展项目、经理发展项目及领袖发展项目(point promotion project, manager promotion project and leader promotion project),借此来建设公司的全面人才培训体系。此外,我们的岗位轮换制也能让员工得到培养。"

"我们发自内心地尊重员工,但我们也对他们进行严格的要求,"他补充道,"我在万科的15年职业生涯中,让我最引以为傲的就是,我的团队和我本人都做了我们爱做的事情,而公司也为我们提供了发展的平台与资源。万科的文化是倡导对人的尊重,对此我深感荣耀。"

谈及中国日益增长的劳动力成本的压力问题时,解冻表示,在房地产行业中,万科提供的薪酬待遇并不是最高的,只在近两年有所提高。"作为人力资源总监,我并不认为薪水越高越好,合理的报酬才是重要的。当有人说想辞职去薪水更高的公司干活,我会对他说,'除非他们付你双倍的工资,否则你还是别去了。因为我相信,在三年到五年之后,万科能为你提供更好的职业发展道路。其他公司或许会给你更多的薪水,但是未来发展的机会又在哪里呢?'"

在研讨会间歇,翰威特公司华南区总经理许峰(Belcome Xu)就为什么有的公司比其他公司在人力资源方面表现出色的问题提出了他的真知灼见:"首先,公司高层管理团队必须团结一致,并且重视人力资源工作;其次,人力资源总监必须精明强干,并且有能力与公司首席执行官开展有效的互动与沟通。"

学 习 总 结

翰威特公司全球咨询业务总监安德鲁·贝尔(Andrew Bell)对最佳雇主评选进行了总结,根据最佳雇主研究的数据显示,最佳公司的员工对组织的目标具有清楚的认识。最佳公司在组织的各个层级设立了积极目标,近乎实现积极目标的员工与超过不太积极的目标要求的员工相比,前者获得的奖励更多。最佳公司的经理与员工充分开展关于业绩的谈话,帮助他们实施改进。此外,这类公司能够充分肯定优秀员工,对表现不佳的员工做出处理,同时由人力资源部门提供有效的工具和培训,确保绩效管理的成功实施。

据翰威特的2006年亚太地区人才损耗与留存研究显示,接受调查的公司采用最多的三种人才留存措施分别为:高于市场水平的薪酬、提供学习新技能的机会、鼓励生活与工作之间的良性平衡。

正如IBM亚太区人力资源副总裁汤姆·韦恩斯(Tom Vines)所指出的,"员工的敬业度非常重要,否则员工就不会为顾客提供优良的服务,但问题在于如何改进。"或者如飞索(中国)公司总经理PC Loh在之前接受翰威特采访时所说:"作为一个经验丰富的观察者,当你走进办公场所时,你一眼就能看出员工是高兴的,还是一副茫然呆板的样子……如果你的手下心情愉快,他们就会更加敬业、更加愿意在工作中做出贡献。"

讨论问题:

1. 在中国这样快速发展的市场中,如何留住人才?
2. 在企业薪酬设计过程中,考虑的主要因素有哪些?
3. 案例中提到的企业经验对你有何启示和借鉴?

第八章

薪酬战略

> 战略是一种理性的思考,是一个有意识的、深思熟虑的过程,是一套精密的执行体系,是一门确保未来成功的学问。
>
> ——皮特·约翰逊(Pete Johnson)

学习目标

- 深刻理解薪酬战略的含义及作用;
- 理解薪酬战略与企业战略、竞争战略的关系;
- 熟悉薪酬战略决策的影响因素;
- 掌握薪酬战略的制定步骤;
- 掌握传统薪酬战略、全面薪酬战略和全面报酬战略的特点及其构成;
- 理解战略性薪酬管理的含义及作用;
- 掌握战略性薪酬管理的原则、内容及过程;
- 熟悉战略性薪酬管理对人力资源管理职能的新要求。

关键术语

薪酬战略	企业战略	竞争战略
全面薪酬战略	全面报酬	全面报酬战略
工作-生活平衡	战略性薪酬管理	

开篇引例

H 医药公司的薪酬体系再设计

H 医药有限公司成立于 1998 年,主要从事化学原材料、化学药制剂、生物制品、抗生素、生化药品、中成药等产品的生产经营活动。该公司具有很强的研发能力,并先后通过了 GMP 和 GSP 认证,拥有较为畅通的产品渠道和一大批精干的高素质销售人员,是华中地区重点医药生产和流通企业之一。该公司基于"高附加值员工是公司最大资产"的核心理念,实施了岗位轮换制、员工建议系统、EVA奖金计划等一系列人力资源变革措施。但近年来，公司骨干人员流失率呈逐年上升趋势，尤其以高管、研发人员最为突出。

面对未来，究竟如何吸引、激励和保留关键人才，已成为困扰H公司董事会和人力资源管理者的一大难题。

一、公司现行的薪酬体系

H公司的薪酬体系包括工资、补贴、福利和奖金四个单元。并将所有员工分为管理职、技术职和一般职三个序列，进行分类管理。

工资单元，实行典型的岗位工资制，其价值分配基础以职位为主，以能力为辅，整个工资体系共含11个等级，其中，第1级分3等；第2级分4等；第3~7级分5等；第8、9级分6等；第10级分7等；第11级分8等。最低工资水平（1级1等）为600元/月，最高工资水平为9500元/月。

补贴单元，可以说是名目较多，包括车补、餐贴、通信补贴、房补、差补、安家补贴、学位补贴、技术职称补贴8个项目。其中，除技术职称补贴按公司聘任职称发放，学位补贴根据国家国民教育系列学位发放外，其他补贴均以职位为基础进行发放。

福利单元，除国家法定社会保险之外，还包括补充商业保险、带薪年假、退休金等8个项目。

奖金单元，则包括月度奖金（绩效工资）、服务质量奖、年终目标奖、最佳建议奖、特别贡献奖、EVA奖金计划等7个项目。

H公司现行薪酬体系的调整，主要包括晋升调薪、考核调薪和通货膨胀调薪三种类型。晋升调薪分为职位晋升调薪和职称晋升调薪两种形式，均在员工晋升的下月开始执行。考核调薪的频率为每年一次。通货膨胀调薪每年调整一次，在通胀率超过10%的情况下，该调整每半年一次。

二、公司现行薪酬体系的问题诊断

面对人力资源管理困境，企业高层决定借用外脑，引进新思路，聘请外部咨询公司帮助诊断。咨询小组进驻企业后，经过多方调查分析，发现现行薪酬体系存在的主要问题有如下6个方面。

其一，薪酬政策与人力资源管理理念错位。H公司提倡能力主义，强调以能力为取向，在公平的原则下，内部提拔重用有实力的员工，员工只要能为公司贡献实绩，就能获得相应的报酬。同时，公司通过资格认证、工作轮调和能力发展计划等一系列措施，进一步强化"高素质带来高效能，高效能获得高待遇"的思想，这是典型的能力本位型人力资源管理模式。然而，其薪酬体系设计则基本以职位价值为基础，虽然对技术职位也通过职称补贴进行弥补，但未充分体现该系列的能力价值。

其二，劳动力市场定位有偏差。H公司的研产销辅人员比例为4:2:3:1，其人才结构与典型的哑铃型人才结构相近。公司对研发和技术人员素质要求较高，虽然该公司地处华中地区，但此类人才的劳动力市场基本属于全国性市场，而非区域性市场。根据该公司的产品市场定位，除公司主导产品覆盖全国范围以外，其他产品的市场，尤其是该公司的商业产品市场，基本以华中地区为主。这就是说，公司营销人员的劳动力市场以区域市场为主。但H公司现行薪酬体系设计所隐含的劳动力市场定位，除一般职位外，其他职位均为全国性劳动力市场，其定位与实际偏差较大。

其三，薪酬水平定位错位。公司外部劳动力市场定位偏差导致了公司在薪酬水平定位方面的错位。一方面,全国与区域的劳动力市场内部结构不同,导致薪酬定价参照系错位;另一方面,由于全国与地区劳动力市场薪酬水平的差异,导致相同人员绝对薪酬水平存在错位。

其四,价值评估体系不严谨。H公司的薪酬体系以职位为基础,其基本设计思路是通过职位评估来确定各职位之间的相对价值,再通过职位序列和市场薪酬数据之间的映射来建立基础工资体系。其中,能力评估是该职位评估体系中的一个维度,但同时另外又设计了学历补贴和技术职称补贴,这虽然在某种程度上体现了公司人力资源管理政策当中"能力主义"理念,但对能力要素的重复计算在很大程度上破坏了薪酬体系的内部公平性和一致性。

其五,薪酬调整机制不健全。H公司薪酬体系的调整方式包括晋升调整、考核调整和通胀调整,但是缺少与市场薪酬水平变化相对应的调整方式,从而导致该薪酬体系虽然在设计之初有一定的"外部竞争性",但是并没有建立一种持续保持这种外部竞争性的动态跟踪调控机制。

其六,工资等级范围和重叠度不尽合理。H公司各工资等级范围过窄,在一定程度上抵消了各工资等级内部薪酬调整的激励作用。同时,各工资等级之间基本没有重叠(重叠度为负数,意味着该公司内部等级森严),对员工的职业发展方向产生误导,对团队合作造成严重冲击,这是造成该公司高管、研发人员流失的主要原因之一(薪酬满意度调查结果也印证了此判断)。另外,该公司高管人员平均薪酬水平仅为员工平均薪酬水平的11.3倍,远低于行业平均水平(16倍),这也可能是该公司高管人员流失率持续攀升的原因之一。

以上仅仅是H公司基本薪酬体系方面存在的一些主要问题。此外,补贴和福利项目的设计、绩效工资、奖金、销售提成等方面,也不同程度地存在着各种各样的矛盾和问题。

三、公司薪酬体系的再设计

针对在薪酬体系方面所存在的种种矛盾和问题,结合行业案例、相关数据和信息,在咨询专家帮助下,H公司对原有薪酬体系进行了调整和再设计。

1. 明确薪酬理念。根据该公司以能力为主的人力资源管理政策,将该公司所有职位按照其价值创造和价值衡量的基本特征,分为管理、技术和营销三个序列,分别设计相对应的薪酬体系。其中,管理序列的薪酬体系以职位为基础,技术序列以能力为基础,营销序列以业绩为基础。

2. 简化基本薪酬项目构成。在H公司现有薪酬结构的基础上,取消学位补贴和技术职称补贴。

3. 重新进行薪酬定位。根据H公司的发展战略、业务调整重点及人力资源需求计划,确定其核心战略技能,针对三个职位序列的劳动力市场分布和供给情况,以及产品市场分布状况,分别确定不同的薪酬定位,以及各个序列的关键职位清单。

4. 重新进行工作价值评估。针对三个职位序列的不同特点,分别采用相应的评价体系,对其工作价值进行评估,重新确定H公司内部价值序列,并在评估过程中对关键职位进行适度倾斜。

5. 与市场薪酬相衔接。以薪酬定位为基础,进一步明确其劳动力市场细分,委托专业机构进行薪酬调查,获取外部薪酬数据,作为H公司薪酬体系设计的重要参考依据。

6. 基础工资结构再设计。根据H公司的内部价值序列和薪酬调查结果,重新设计基础工资结构,确定薪酬等级数量、级差、等级工资范围和重叠度等,并根据该公司现有人力资源状况,进行初步测算和调整。重点解决薪酬差距问题,高管及关键职位与一般员工平均薪酬水平之间适当拉大差距。

7. 补贴、福利及其他项目再设计。在基础工资结构再设计的基础上,根据 H 公司的人力资源规划及其他相关情况,对其他基础工资之外的薪酬项目进行再设计。

8. 薪酬测算及风险评估。根据 H 公司的人员现状、人力资源供给计划和历史薪酬数据,测算实施新薪酬方案可能造成的财务影响,以及该方案实施过程中可能造成的人员波动及相关风险,并据此对设计方案进行必要调整,确保设计方案切实可行。

9. 方案实施。正式颁行《H 医药有限公司薪酬管理规定》,由薪酬管理委员会根据价值评估结果、人员现状和各岗位工作要求等,对现有人员进行评估,确定各岗位任职者的薪酬标准,编制薪酬调整表,经审批后,正式执行。

H 公司在薪酬管理体系再设计过程中,进一步明确了"能力主义"核心理念,确定了职位本位、能力本位和业绩本位相结合的薪酬战略框架。通过工作价值评估解决了内部公平性问题,通过准确的劳动力市场定位解决了外部竞争性问题,通过与业绩高度相关的可变薪酬设计解决了个体公平性问题,从而建立了具有高度内部一致性、与战略相匹配的薪酬体系。同时,也大大提高了对高管、研发等关键人才的吸引力和战略性激励作用。

资料来源:李宝元,等. 薪酬管理:原理·方法·实践[M]. 2 版. 北京:清华大学出版社,北京交通大学出版社,2013:78-80. 选编自《世界经理人》,2007 年 2 月 27 日.

第一节　薪酬战略概述

一、薪酬战略的含义

(一)薪酬战略的概念

薪酬战略(compensation strategy)作为一种全新的薪酬管理理念,起源于 20 世纪 90 年代整体薪酬管理的实践。传统的薪酬管理虽然也可以称为"薪酬战略",但其目标往往被界定为"吸引、激励和保留员工",所采取的战略往往是直接支付与市场薪酬水平同样的薪酬。合益(Hay)咨询公司的研究指出,进入 21 世纪,如何将薪酬管理与组织战略结合起来,通过报酬体系来支撑组织战略,是组织未来在薪酬管理方面所遇到的最大的挑战。[①]

美国亚利桑那州立大学教授戈麦斯-梅西亚(Gomez-Mejia,1988)认为,薪酬战略是能对组织绩效和人力资源利用的有效性产生影响的、关于薪酬决策的选择,这些薪酬决策能适应企业面临的内外环境制约,能引导各个部门和员工为实现企业的战略目标而努力。薪酬战略的核心是以一系列薪酬选择帮助组织赢得并保持竞争优势,薪酬方案选择的成功与否取决于这种方案与当时的组织的权变因素是否相符。[②] 从薪酬的宏观角度来理解,戈麦斯认为薪酬战略是管理人员根据具体的经营环境,可以选择的全部支付方式,这些支付方式对企业

---

① 文跃然. 薪酬管理原理[M]. 上海:复旦大学出版社,2004.
② Gomez-Mejia L R, Theresa M. Welbourne. Compensation Strategy: An Overview Future Steps[J]. Human Resource Planning,1988,(3):173-189.

绩效和有效使用人力资源产生很大的影响,它主要包括薪酬的决定标准、薪酬的支付结构和薪酬的管理机制。美国康奈尔大学教授乔治·T. 米尔科维奇(George T. Milkovich)则指出,薪酬必须支持企业的经营战略,战略视角的薪酬要关注那些能帮助企业获取和维持竞争优势的薪酬选择;不同的经营战略决定着不同的薪酬战略,企业经营战略与薪酬战略之间的联系越紧密或彼此越适合,企业的效率就越高;设计成功的薪酬体系往往是那些可以支持企业经营战略、承受周围环境中来自社会竞争以及法律法规等各方面压力的体系。薪酬战略的最终目标是使组织赢得竞争优势,并持续保持竞争优势。美国著名人力资源管理专家爱德华·劳勒教授(Edward E. Lawler)则认为,薪酬战略就是将薪酬体系与经营战略联系起来,将经营战略具体化为不同的薪酬方案,以一系列薪酬选择,帮助企业赢得并保持竞争优势的阶段性与长远实现的目标与愿景,以及为实现目标而不断调整的方向与手段。[①]

综上所述,我们可以把薪酬战略理解为管理者在组织战略目标指导下制定的一系列薪酬选择,通过这些薪酬选择以帮助组织赢得并保持竞争优势。薪酬战略一般可从三个维度来衡量:薪酬决定标准、薪酬结构和薪酬管理制度。薪酬决定标准是指决定薪酬高低的依据,岗位、技能、资历、绩效和市场状况等都可能是决定薪酬的依据;薪酬结构是指薪酬的各个构成部分及其比重,通常指固定薪酬和变动薪酬、短期薪酬和长期薪酬、非经济薪酬和经济薪酬两两之间的比重;薪酬管理制度是指制定和调整薪酬制度的行为方式和决策标准,包括授权程度、员工参与方式、薪酬内外导向性、薪酬等级状况、薪酬支付方式以及薪酬制度的调整频率等。

企业战略的核心是实现企业的生存和发展,其基本手段就是资源的合理配置以利于目标的实现,表现为资本运作和价值增值。同样地,薪酬战略的核心也是实现企业的生存和发展,具体体现为企业对薪酬管理运行的目标、任务和手段的选择,包括企业对员工薪酬所采取的竞争策略、公平原则、薪酬成本与预算控制方式等内容,从而确保员工对薪酬系统的基本看法。薪酬战略有助于配合组织经营战略的实施,促成组织和个人目标的实现。

(二)薪酬战略的作用

薪酬战略作为企业人力资源战略的主要组成部分,在提升企业核心竞争力、支撑企业发展战略和企业经营战略等方面具有重要作用。薪酬战略的作用主要体现在以下几个方面。

(1)薪酬战略体现并传达着企业的文化及其经营理念。

薪酬与每一位员工的利益息息相关,不同的薪酬战略会形成不同的薪酬政策和薪酬制度。薪酬战略源于企业的人力资源战略,人力资源战略又是建立在企业战略的基础之上的,因此,透过薪酬战略可以折射出企业的核心价值观和所关注的员工特点,从而在员工中传递企业的文化及其经营理念。企业应该针对自身的背景、历史、现状和愿景,规划企业的薪酬理念、薪酬导向和薪酬原则,以确保企业的薪酬系统与企业文化及其经营理念相一致,并能够有效地传达并支撑之。

(2)薪酬战略是企业员工行为习惯的风向标。

在人力资源管理的工具中,有正向引导员工行为的工具,也有负向惩罚员工行为的工

---

① Lawler E E. Strategic Pay: Aligning Organizational Strategics and Pay Systems[M]. San Francisco: Jossey-Bass Inc,1990.

具;有限制性工具,也有激励性工具。薪酬战略是人力资源管理系统中行为导向效果最为明显的工具之一。科学、合理的薪酬战略可以成为有效撬动员工积极性的杠杆,激励员工自动、自觉地改变自身的行为方式和发展方向,从而符合企业发展战略和经营战略的需要。因此,科学、合理的薪酬战略就像是企业员工行为习惯的风向标,能够起到积极引导和塑造员工行为习惯的作用。

(3) 薪酬战略有助于实现企业战略目标、提升企业核心竞争力。

企业生存与发展的关键是保持持续竞争优势,只有获得持续的竞争优势,企业才有可能在激烈的市场竞争中占据有利位置。为此,企业需要根据现有的资源能力,进行合理的配置,确定经营范围,选择经营方向,提高竞争能力,以获取持续的竞争优势。薪酬战略作为推进企业战略实施的有力工具,对于实现企业经营目标、提升企业竞争优势具有重要作用,具体表现在以下几方面:①增值作用。薪酬不但关系到企业的成本控制,还与企业的产出或效益密切相关。虽然薪酬本身不能直接带来效益,但可以通过有效的薪酬战略及其实践,用薪酬交换劳动者的活劳动,使劳动力和生产资料结合创造出企业财富和经济效益,从而对企业产生增值作用。②激励作用。企业管理者可以通过有效的薪酬战略及其实践,反映和评估员工的工作绩效,让表现出不同工作绩效的员工获得不同的薪酬,即多劳多得,从而促进员工工作数量和质量的提高,保护和激励员工的工作积极性,以提高企业的生产效率。③资源配置和协调作用。企业可以发挥薪酬战略的导向功能,通过薪酬水平的变动,结合其他的管理手段,合理配置和协调企业内部的人力资源和其他资源,并将企业目标传递给员工,促使员工个人行为与组织行为相融合。④帮助员工实现自我价值。薪酬不仅可以满足员工获得实物、保障、社会关系以及尊重的需求,在某种程度上也能满足员工自我实现的需求。通过有效的薪酬战略及其实践,可以让薪酬所体现的内涵不再仅仅是一定数目的金钱,还可能反映员工在企业中的能力、品行和发展前景等,从而充分发挥员工的潜能和能力,实现其自身价值。

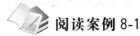

阅读案例 8-1

葛兰素史克(中国)公司调整销售人员的薪酬体系

2013 年 12 月 18 日,英国制药企业葛兰素史克(GSK)中国公司宣布,该公司将于 2014 年 1 月对直接面向处方医生的销售人员(包括医药代表和销售经理)的评估和薪酬体系进行根本性调整。在新的薪酬体系下,销售人员的奖金计算不再以个人的销售指标完成情况为基础。取而代之的是,公司将根据专业知识、服务质量以及对公司价值观的践行程度,对所有面向客户的销售人员进行考核。葛兰素史克公司的价值观是公开透明、以患者为中心、尊重他人、正派诚实。与此同时,葛兰素史克公司还将停止向医生提供药品宣讲费,停止直接资助医生参加医学会议。新的销售人员薪酬体系将于 2014 年 1 月开始在中国实施,也将于同年在全球其他市场推出。2015 年年初在葛兰素史克全球所有运营的国家全面执行。

公司指出,新的薪酬体系是为了确保把患者的需求作为所有工作的核心,医药代表和销售人员是公司与客户沟通的纽带,激励、指导并奖励他们遵照公司的价值观行事至关重要。这些调整措施早在 2011 年率先在美国成功实施的葛兰素史克"以患者为中心"的计划中推出。美国的经验显示,这种更为关注患者的方式极大改善了与客户的互动。与此同时,葛兰素史克在美国的业务也同期获得增长。由于葛兰素史克是在中国第一家实行这种调整的医药企业,因此,公司表示可能存在风险;这种做法可能会得罪公司商业部门的现有员工,以及依赖制药企业提供医药培训且在这方面缺乏替代资金来源的许多医生。

外界的普遍看法则是,葛兰素史克公司的这种调整实际是其针对在中国陷入的贿赂丑闻而采取的补修措施。该公司不仅在2012年被美国监管部门开出30亿美元的创纪录巨额罚单,而且于2013年在中国惊爆丑闻:该公司高管以及销售人员通过各种渠道向处方医生以及相关领域的官员行贿,以推动医生在处方中开该公司的药品。在丑闻曝光之前,该公司每年都会给销售代表制定非常高的个人销售目标,同时制定诱人的激励机制:如果完成销售指标,则全年奖金高达七八万元。如果能拿到超额奖金,所得奖金会更高且上不封顶。有时一名普通的销售代表就能拿到40万元的奖金。销售业绩好的人员还能进入精英俱乐部,获得去海外旅游的奖励。此外,公司还默许销售人员以讲课费、餐费等形式将销售额的7%~10%用于行贿医生,以达到让医生多开药的目的。

资料来源:改编自王霞. 葛兰素史克取消个人销售指标,调整薪酬体系[N]. 每日经济新闻,2013-12-18;袁国礼. 葛兰素史克行贿内幕:大客户公关费年送近千万[N]. 京华时报,2013-09-03.

二、薪酬战略与企业战略的匹配

(一)薪酬战略与企业战略的关系

企业战略通常可分为三个层次的战略:第一个层次的战略称为企业发展战略或公司战略(corporate strategy),主要解决的是企业扩张、稳定还是收缩的问题;第二个层次的战略称为企业的经营战略或竞争战略(business strategy),主要解决的是如何在既定领域中通过一定的战略选择来战胜竞争对手的问题;第三个层次的战略称为企业的功能战略或职能战略(function strategy),主要解决的是如何通过部门(职能)的战略方向选择和战略设计来有效支撑企业发展战略和企业经营战略的问题。企业所采取的战略不同,其薪酬水平和薪酬结构也必然会有所不同。薪酬战略和企业战略的关系在学术界存在两种认识:一种观点认为企业战略影响人力资源管理战略,从而对薪酬战略产生间接影响(如图8-1所示);另一种观点认为企业战略直接影响并决定薪酬战略(如图8-2所示)。尽管两种观点都各有说法,但对企业战略驱动薪酬战略、薪酬战略属于从属层次这一认识上达成共识。

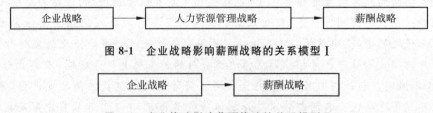

图 8-1 企业战略影响薪酬战略的关系模型 Ⅰ

图 8-2 企业战略影响薪酬战略的关系模型 Ⅱ

在一个企业的组织层面,其根本性的战略选择就是:"我们的事业应该是什么?"在经营(业务)层面,其战略选择将转变为:"我们怎样获得和支持竞争优势?我们如何在这些事业中取得胜利?"在功能(职能)层面,战略的选择则是:"薪酬应该怎样帮助我们获得和保持竞争优势?"企业战略与薪酬战略正是在这些战略性选择与追求竞争优势的结合过程中相互影响、相互促动的。企业战略与薪酬战略的关系如图 8-3 所示。

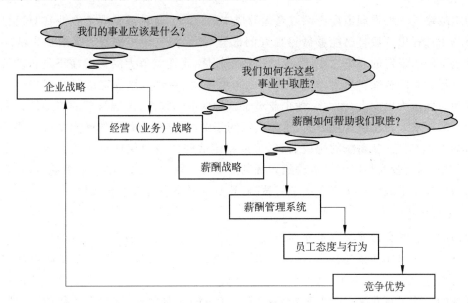

图 8-3 企业战略与薪酬战略的关系图

（二）薪酬战略与企业战略的匹配

企业战略通常可分为成长战略、稳定战略和收缩战略。下面分别介绍这三种企业战略类型与薪酬战略的匹配。

1. 成长战略

成长战略是一种关注市场开发、产品开发、创新以及合并等内容的战略。它又可分为内部成长战略和外部成长战略两种类型。内部成长战略是通过整合和利用组织所拥有的所有资源来强化组织优势的一种战略，它所注重的是自身力量的增强和自我扩张；外部成长战略则是试图通过纵向一体化、横向一体化或者多元化来实现一体化战略，这种战略往往是通过兼并、联合、收购等方式来扩展企业的资源或是强化其市场地位。

追求成长战略的企业所强调的重要内容是创新、风险承担以及新市场的开发等，因此与此相联系的薪酬战略往往是：企业通过与员工共同承担风险，同时分享企业未来的成功来帮助企业达成自己的目标，同时使得员工有机会在将来获得较高的收入。这样，企业需要采用的薪酬方案就应当是：在短期内提供水平相对较低的固定薪酬，但是同时实行奖金或股票选择等计划，从而使员工在长期中能够得到比较丰厚的回报。比如，IT 行业中许多企业都是采用这种薪酬战略。成长型企业对于灵活性的需要是很强的，因此它们在薪酬管理方面往往会比较注意分权，赋予直线管理人员较大的薪酬决策权。同时，由于企业的扩张导致员工所从事的工作岗位本身在不断变化，因此，薪酬系统对于员工的技能比对他们所从事的具体职位更为关注。

当然，内部成长战略和外部成长战略之间的差异，也会使两者在薪酬管理方面存在一定的差异，比如，采用内部成长战略的企业可以将薪酬管理的重心放在目标激励上；而采用外部成长战略的企业，则必须注意企业内部薪酬管理的规范化和标准化。

2. 稳定战略

稳定战略是一种强调市场份额或者运营成本的战略。这种战略要求企业在自己已经占领的市场中选择出一块自己能够做得最好的部分,然后把它做得更好。采取稳定战略的企业往往处于较为稳定的环境之中,企业的增长率较低,企业竞争力的关键在于是否能够维持住自己已经拥有的技能。从人力资源管理的角度来说,主要是以稳定已经掌握相关工作技能的劳动力队伍为出发点,因而这种企业对于薪酬内部一致性、薪酬管理的连锁性以及标准化有较高的要求。在薪酬管理方面,薪酬决策的集中度比较高,薪酬的确定基础主要是员工所从事的工作本身。从薪酬的构成而言,采取稳定战略的企业往往不强调企业与员工之间的风险分担,因而较为稳定的基本薪酬和福利的成分比较大。就薪酬水平来说,这种企业一般追求与市场持平或略高于市场水平的薪酬,薪酬水平不会有太大的增长。

3. 收缩战略

收缩战略通常会被那些由于面临严重的经济困难因而想要缩小一部分经营业务的企业所采用。这种战略往往是与裁员、剥离以及清算等联系在一起的。根据采用收缩战略的企业本身的特性,我们不难发现,这种企业对于将员工的收入与企业的经营业绩挂钩的愿望是非常强烈的。除了在薪酬中降低稳定薪酬部分所占的比重之外,许多企业往往还力图实行员工股份所有权计划、收益分享计划等,以鼓励员工与企业共担风险。

(三) 薪酬战略与竞争战略的匹配

美国哈佛大学教授迈克尔·波特(Michael E. Porter)将竞争战略划分为三种不同的类型:成本领先战略、差异化战略和集中战略。三种竞争战略具有不同的组织特征,因而,采取的人力资源管理政策也存在差异,相应地,薪酬战略也表现出较大的差异性。

1. 成本领先战略

成本领先战略也称为低成本战略。当成本领先的企业的价格相当于或低于其竞争对手时,它的低成本地位就会转化为高收益。推行成本领先战略的企业强调将成本控制至最低点,严格控制研发、生产、采购、销售等活动,同时注重生产效率的不断提高和工作专业化的设计。组织结构多为中央集权,要求员工在指定的工作范围内具备适度能力,有稳定的表现即可,不要求创新与突破。采用成本领先战略的企业,由于人力成本受到严格的控制,企业内部短期员工较多,需要以员工个人短期绩效作为绩效评估标准,在薪酬体系设计时应该更加注重考虑竞争对手的劳动力成本、强调生产效率、重视系统控制和工作要求等因素;薪酬结构宜以固定薪酬、短期薪酬为主,建立基于成本的薪酬决定制度,适合实行中央集权式的薪酬管理制度。

2. 差异化战略

差异化战略是企业通过使产品或服务在质量、设计、品牌形象等方面都具有独特性来提升竞争力。采用差异化战略的企业一般处于一个不断成长与创新的环境中,因而重视员工的创新与卓越。由于生产技术一般较为复杂,对于员工创造力要求略高,通常也会聘用较多的员工,以提高企业弹性与储备多种专业技能。采用差异化战略的企业,倾向于与员工建立长期的工作关系以留住核心人才,对员工的培训投资所占比例也大。员工工作以团队合作为基础,注重团队绩效和个人的长期绩效评估。在此背景下,企业的薪酬水平通常以劳动力市场上的通行水平为基准,并且会高于市场水平,注重员工的技能薪酬和绩效薪酬。在薪酬结构上强调变动薪酬、长期薪酬和内部公平,适合实行分权式的薪酬管理制度。

3. 集中战略

集中战略是指企业生产经营单一产品或服务,或者将产品及服务指向特定的地理区域、特定的顾客群。企业以满足顾客需求为中心,不仅要求能够满足顾客现有的需求,而且能够深入挖掘顾客潜在的需求。集中战略的实施以专业化技术为前提,要求企业在特定的技术领域保持持久的领先地位,因此对员工的主动性与创新性都要求极高。在薪酬策略上,企业通常给技术人员支付超过市场水平的薪酬待遇,以提高技术人员的工作积极性和激发他们的创造性,又使技术人员对企业具有高度的忠诚感。在薪酬结构上则侧重采用股票期权等长期薪酬激励手段。同时,企业又提供各种丰富的社会福利和保险等非经济薪酬,以吸纳和留住更多的社会优秀技术人员。在薪酬管理制度上,多实行分权管理,让员工参与薪酬的制定以更好地满足员工需求。由于企业以顾客满意为中心,这类企业的薪酬系统往往会根据客户对员工所提供服务的评价来支付奖金。

三、影响薪酬战略决策的因素

薪酬战略是组织根据外部环境存在的机会与威胁以及自身的条件,所做出的具有总体性、长期性和关键性的薪酬决策,必须全面考虑组织内外多种因素的影响。只有全面考虑和系统决策,薪酬战略才能真正驱动和支持组织所期望的行为,支撑企业人力资源战略和企业战略。概括起来,影响企业薪酬战略决策的因素主要有:外部环境因素、行业特点因素、组织内部因素和员工特点因素。

(一)外部环境因素

外部环境是指企业经营所处的背景环境,主要包括与企业薪酬有关的经济环境、社会文化环境和国家法律法规等。企业的各种外部环境在很大程度上影响着企业薪酬战略的有效性。在经济环境方面,社会的经济发展水平与社会薪酬水平有关,企业的薪酬水平必须根据当时的经济状况来确定;而所在地区劳动力市场的供需关系与竞争状况也会直接影响组织的薪酬战略设计;伴随着现代经济的快速发展和技术飞速进步,企业还要面对不断变化的环境压力,薪酬战略决策还要起到吸收环境变化所引起的冲击力的减震器作用,如薪酬系统的设计注重将员工利益与企业中长期利益相结合,为员工支付更高的风险收入,薪酬战略体系的设计为企业营造响应变革的氛围,以增强企业对环境的适应性等。在社会文化环境方面,由于一个国家的社会价值观、特定的收入分配观念以及独特的民族文化会对企业管理者和员工产生潜移默化的影响,因此,薪酬战略决策必然会打上社会和民族文化的烙印。在政策法规方面,薪酬战略必须合法合规,在法律法规框架下设计和制定,比如我国《劳动法》《劳动合同法》《最低工资规定》等相关法律法规都有针对企业薪酬方面的条款或规定,而政府出台的财政政策、税收政策、价格政策和产业政策等虽然不是专门用来调节薪酬变动的,但在客观上也会对企业薪酬战略决策产生影响。

(二)行业特点因素

企业所处的行业不同,其薪酬制度与薪酬水平就会有较大的差异。比如在高新技术行业,由于企业技术含量高、人均资本占有量大,企业可采用高薪策略;而在传统制造行业、原料加工行业和劳动密集型行业,企业往往采取保守的薪酬制度,薪酬调整速度相对平稳,调整幅度和范围也较小,更多地重视福利和非绩效类工资,总体薪酬水平比较低。另外,行业竞争状况也会影响到企业薪酬战略的决策。比如在完全垄断市场,产品没有替代品,企业没有任何竞争的威胁,企业的薪酬策略完全依据企业的内部条件;在寡头垄断市场,只有少数几个企业处于行业"领导者"地位,其他多数企业都是"跟随者"。"领导者"企业往往主导着行业的薪酬战略,行业中的"跟随者"一般无法自由选择薪酬战略而只能采用行业中通用的薪酬制度、薪酬政策和薪酬体系,因而行业中企业之间的薪酬战略匹配度较高。而在垄断竞争市场,产品差异性大,竞争者多,市场竞争激烈,企业间的薪酬战略差异较大,薪酬的确定必须充分考虑竞争者的情况和每一个职位的薪酬市场价格。

(三)组织内部因素

影响企业薪酬战略决策的组织内部因素较多,概括起来主要有:企业战略、企业生命周期、企业规模、企业文化以及企业的组织结构等。

1. 企业战略

薪酬战略源于企业战略,又服务于企业战略。企业战略确定了企业的发展目标和方向,定义了企业的核心竞争力和核心人力资源。而这些问题反映到薪酬方面,就决定了企业薪酬战略激励的方向和重点,以及构建薪酬管理的基本框架,包括薪酬支付对象、支付规模、薪酬水平和薪酬结构等方面的内容。从经营战略分析,不同的战略类型需要不同的薪酬战略与之相匹配。薪酬战略与企业战略的匹配已在上文阐述,这里不再赘述。

2. 企业生命周期

企业生命周期描述企业组织成长与发展的状态,一个企业组织的生命周期一般包括初创期、成长期、成熟期和衰退期4个阶段。企业处于成长期时,各种制度与机制尚未健全,急于寻求市场提供资金,以及发展属于自身的产品或服务,具有显著的创新行动,面临着未来的不确定性也较高;而处于成熟期时,组织制度与架构完善,技术成熟且进入大规模生产阶段,企业获利可预期且平稳,面临的不确定性亦随之降低,政策也趋于保守。产品市场上的竞争态势以及不同生命周期中战略取向的变化,必将影响薪酬决策。在初创和成长期,基于现金的限制,为吸引、激励必要的劳动力,企业采用较低的基本薪酬和福利,且多用个人化的薪酬;更为强调较高的激励组合和外部公平,更倾向于使用变动薪酬而不是较高的基薪,以求积累现金用于投资与成长;重视长期激励,提供诸如股票期权等可以导致总薪酬水平远高于市场水平的长期报酬机会,被认为是一种普遍的模式。在成熟期,企业往往会提供高于市场的基本薪酬与福利,采取低风险比例的激励组合,短期激励更为重要;弱化外部竞争性,更为强调不同工作、部门之间的薪酬分配的内部公平;更为强调团队合作,多用团队化薪酬。在衰退期,组织聚焦于生存和劳动成本的减少,企业多采纳减薪、冻结涨薪、减少成就工资池以及缩减养老金和健康保险的缴费等。[①]

3. 企业规模

企业规模也是影响企业薪酬设计的重要因素,主要体现在薪酬水平和薪酬结构两个方

---

① 谢延浩,孙剑平. 企业薪酬战略决策的最佳匹配范式[J]. 财会研究,2011(9):55-57.

面。在薪酬水平方面,规模较大的企业比小型企业具有更强的薪酬支付能力,因而倾向于支付较高的薪酬水平,这一特性在企业经理层表现得更为明显。通常情况下,企业规模越大,经理可控制的资源就越多,涉及的经营管理问题也越复杂,因而企业对经理层的能力要求也越高,由此支付给经理们的薪酬水平也就越高。在薪酬结构方面,小型企业的薪酬支付能力相对较弱,这类企业要想在市场上保持薪酬的竞争力,常常倾向于降低总薪酬中基本薪酬的比重而增加激励薪酬的比重,使员工获得的薪酬与企业的经营业绩紧密挂钩。而规模较大的企业更重视员工的资历,规模越大,企业对员工采取"长期激励"和"年功工资"的比例就越高。

4. 企业文化

企业文化是一个企业内部形成的、对其成员的行为起到指导作用的一整套共享的价值观、信仰以及行为。一个企业的组织文化会以各种方式影响其薪酬设计和薪酬管理实践。比如美国西南航空公司规定,新加入者必须从较低的薪酬起步,这意味着到西南航空公司来工作的初期,他们的薪酬水平会比原来公司的薪酬水平低很多。西南航空采取这样一种薪酬战略,主要是想打造一种员工与企业建立长期合作关系的文化,希望员工与企业结成长期的利益共同体,而不是形成短期的经济契约或劳动力买卖关系。马云在阿里巴巴也采取类似的薪酬战略,虽然短期内企业会失去一些"人才",但得到的"人才"却是真正愿意和公司长期共同发展的人才。对这些留在公司的人才来说,在薪酬方面减少了一点短期收入,但却获得了长期收益。当然,一个组织的报酬系统也会对组织文化产生非常大的反作用力。比如一个组织中谁能得到报酬以及为什么能够得到,实际上指明了一个组织的价值观和信仰。由此可见,报酬系统也是了解组织文化的关键所在,对组织报酬系统的分析可以为高管人员管理组织的长期文化变革提供重要基础。[①] 组织的报酬系统必须与组织的文化和价值观保持高度一致。

企业文化对薪酬战略决策的具体影响,可依据科尔和斯洛克姆(Kerr & Slocum)对组织文化的划分类型来加以说明。科尔和斯洛克姆(1987)将文化划分为氏族型文化(clan culture)与市场型文化(market culture)。氏族型文化强调组织中的个体是互依的关系且显示对群体的顺从,规范与传统由科层结构所塑造,个体与组织的关系通常是一种长期的承诺关系。而市场型文化则强调成员之间的关系是独立的,员工之间较少存在个人间的互动,个人贡献较集体努力来得更具价值,规范性结构贫乏,员工与组织之间的关系是一种交易契约型的短期关系。在氏族型文化中,由于强调长期取向、集体主义、高风险规避与内部公平,因而等级型薪酬战略更为适合,多采用基于岗位的固定薪酬;个体间强调协作而不是竞争,因而团队激励比个体激励更为合适;强调资历加薪、福利与长期激励。在市场型文化中,由于强调短期取向、个人主义、低风险规避与外部公平,因而并不强调资历和职位,多采用绩效加薪;员工与组织共享成功与风险,多基于短期的工作绩效或结果,强调变动薪酬和短期激励,员工与企业的雇佣关系不稳定。

5. 企业的组织结构

美国学者戈麦斯-梅西亚和韦尔伯恩(Gomez-Mejia & Welbourne,1988)将组织结构划

[①] Kerr J, Slocum J W. Managing Culture through Reward Systems[J]. Academy of Management Executive,2005,19(4):130-138.

分为机械式组织结构与有机式组织结构。机械式组织结构存在高度集权的控制体系、专业化的工作、明确的岗位定义、垂直化的沟通和正式的报告关系,表现为高度正式化、标准化以及对员工权力的严格控制,对顾客的需要反应较慢,个人对于问题的解决扮演有限角色,类似于官僚体系。有机式组织结构则存在低度集权化的体系、互依的职能或工作、持续改进的工作描述、充分的横向沟通和信息共享,表现为低度的正式化、标准化以及各层级平等分配的决策权力,通过授权以鼓励自主性,对顾客需求有快速反应,完成组织使命和目标时不单纯是忠诚与服从,在不易确定及难预测的环境下比较适用,更具弹性与适应性。

在机械式的组织架构下,薪酬体系更多的是基于资历的、强调非货币激励和低比例的激励性变动薪酬;基薪通常以岗位为基础,更适合于等级型薪酬战略;宜采用员工参与较少的集权式薪酬决策模式,强调薪酬保密。相反的,在有机式的组织架构下,更多地使用货币性激励以及高比例的激励性薪酬,更适合于压缩型、具有平等主义色彩的薪酬体系;基薪通常以技能为基础,宜采用员工参与度较高的分权式薪酬决策模式,薪酬制度相对公开透明。

(四)员工特点因素

企业的员工现状及其特点也是企业制定薪酬战略不得不考虑的因素。比如员工的职位、个人工作能力、潜能、工作经验、受教育程度以及个人偏好和需求等方面的差异,都是构建薪酬战略必须考虑的因素。由于员工个人的资历水平、个人工作能力、工作表现以及教育水平的差别,所担任的岗位和职务就不同,工作量的大小、难易程度和肩负的责任也就会有区别,这就决定了他们的薪酬水平不可能一致。另外,薪酬战略的制定还会受到员工个人需求和偏好的影响。员工个人需求和偏好的多样性,决定了薪酬激励的方式有所不同。比如,知识型员工的事业成就感很强,他们更看重个人的成长与发展,注重从事业中获得的满足感和自我价值的实现;而非知识型员工则偏重的是有保障和稳定的工作。

四、薪酬战略的制定

制定薪酬战略的步骤可概括如下[①]:

(1)确立薪酬战略的构建目标。

制定薪酬战略,首先需要明确构建目标。构建薪酬战略的总体目标是以企业战略为依据,通过制定合理的薪酬战略体系,使薪酬战略和薪酬管理能有效地辅助人力资源战略,推进企业战略实施,吸引和保留企业所需的优秀人才和核心员工,使企业保持核心能力优势。构建薪酬战略的目标还包括有效地激励员工,改变员工态度和行为,促进员工的行为与组织目标保持一致,推动企业战略的有效实施;在满足企业和员工双向需求的同时,控制运营成本,发挥成本的潜在效率,保持成本竞争优势;有效推动企业变革,增强企业对环境的适应性,从整体上增强企业竞争优势。

(2)开发薪酬战略,使之同企业战略和环境相匹配。

薪酬战略的构建受到外在和内在多种因素的影响,只有将这些内外因素及其差异考虑进去,才能制定出对大多数员工具有激励作用的薪酬战略制度。在开发企业薪酬战略过程中,企业需要根据事先分析好的企业内外部权变因素,将薪酬战略与企业战略进行有效的匹

---

① 陈思. 提升企业竞争优势的薪酬战略研究[J]. 产业与科技论坛,2013(1):225-226.

配。薪酬战略要素主要有薪酬基准、薪酬水平、薪酬结构、薪酬等级和薪酬管理与控制5个方面;企业战略要素主要有行业选择、竞争策略、企业发展阶段和产品多元化程度4个方面。企业需要通过建立企业战略因素与薪酬战略因素两两对应关系,根据每一个企业战略要素,相应地确定薪酬战略及薪酬管理要素,使薪酬战略与企业战略实现有效匹配,从而完成薪酬战略的设置与开发。

(3) 实施所构建的薪酬战略。

实施所构建的薪酬战略,就是将薪酬战略转变成薪酬实践,这是从理念和原则到操作层面的跳跃。薪酬战略实际上是企业进行薪酬设计所要坚持的一种导向和基本原则,一个好的薪酬战略应该是能够有效实施和贯彻执行的。实施薪酬战略,不仅可以提升企业的核心竞争优势,还可以通过薪酬实践来检验和完善薪酬战略,使之更好地为企业战略和人力资源战略服务。

(4) 薪酬战略的评价与调整。

基于薪酬战略的薪酬体系设计和实施并不是一件一劳永逸的事情,管理者必须不断对其进行评价并适时调整,以使之与变化了的经营环境和企业战略相适应。企业人力资源部门可利用员工座谈会、满意度调查、内部刊物等多种形式,向员工充分介绍企业制定薪酬战略的依据,同时为了保证薪酬战略的适用性和规范化,企业还可通过评价所实施的薪酬战略对企业竞争优势的影响,并根据不断变化的企业内外部环境对薪酬战略进行调整和完善,使之始终与企业发展和企业环境同步,从而促使企业得到持续发展,巩固企业竞争优势。

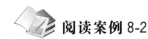
阅读案例 8-2

星巴克公司的薪酬战略

美国星巴克(Starkbucks)公司一开始是美国西雅图的一个咖啡豆销售店,经过一系列战略性决策后,已成为遍布北美的咖啡屋连锁公司。在此过程中,星巴克公司的管理者设计了一套薪酬制度来适应它在基本方向上的转变,即从咖啡豆进口商到时髦的咖啡屋,乃至规模的扩大发展了1000多家连锁店。

星巴克公司的薪酬战略对5个基本问题做出了正确的决策——薪酬目标、内部一致性、外部竞争力、员工贡献率和薪酬管理体系,使这几个方面相互影响、相互作用、相互促进、相互交织在一起,形成了一个完整的企业薪酬战略的支持与运行系统,有力地支持了公司总体战略的实施和目标的实现。

1. 薪酬目标。要回答的问题是:企业薪酬体系应该怎样支持企业的经营战略,又该如何适应企业内外部环境中的社会、政治、经济、法律、企业文化和价值观等因素的制约和影响?

星巴克公司的薪酬目标是:让所有的员工体验他们的价值,以此来取得企业的发展。要意识到企业的每一分钱都是由员工辛苦挣来的。在支付薪酬的同时,给员工提供福利,使他们忠于企业,并且让竞争对手难以模仿。

2. 内部一致性。要回答的问题是:同一个企业内部岗位的工作性质、员工的技能水平之间的差别如何在薪酬体系上得到体现?

星巴克公司的做法是:忽视岗位与技能的差别,把员工当作公司最忠实的"合作伙伴",

采用平等的薪酬政策。

3. 外部竞争力。要回答的问题是：企业员工的整体薪酬应定位在什么水平上，才能保持员工队伍的稳定性，并提高人才的吸引力和竞争力？

星巴克公司的做法是：在这个低工资的行业里比其他快餐店支付的薪酬稍高一点。

4. 员工贡献率。要回答的问题是：员工加薪的根据是什么，是个人或团队的业绩，还是员工不断丰富的经验，知识的不断增长或技能的不断进步；或者是生活费用的上涨，个人需求增加，如住房补贴、交通补贴、医疗保险等；还是根据企业经济效益？

星巴克公司的做法是：教育员工知道什么是最好的表现，什么是符合标准的服务，什么是最佳的业绩，给所有的员工，包括兼职人员提供医疗保险和股票期权，也叫咖啡豆股份。不过这些员工大多数很年轻而且很健康，很少有人在此一直工作到实际获得期权。

5. 薪酬管理体系。要回答的问题是：薪酬决策应在多大程度上向所有的员工公开化、透明化，谁负责设计、管理和实施薪酬制度？

星巴克公司的做法是：作为星巴克公司这个大家庭中的一员，鼓励员工积极参与管理，并赋予这些业务伙伴必要的薪酬决策权。

资料来源：中国就业培训技术指导中心组.企业一级人力资源管理师[M].3版.北京：中国劳动社会保障出版社，2014：420-421.

第二节 薪酬战略的演进与发展

一、传统的薪酬战略

（一）传统薪酬战略下的薪酬构成特点

在企业中，员工的薪酬构成包括基本薪酬、可变薪酬和员工福利三部分。在传统的薪酬战略指导下，企业员工的各个薪酬构成部分的特点如下：

1. 基本薪酬

在传统薪酬战略下，基本薪酬是员工为企业工作所获得的绝大部分报酬，而这部分薪酬则主要依赖于三个方面的因素：一是员工所从事的特定的工作；二是在组织内部维持员工薪酬公平性的需要；三是与市场上、行业中或地区内的其他企业相比，支付具有竞争力薪酬的需要。其中，特定工作的价值是决定员工薪酬水平的最关键因素，而对工作价值的评价通常是通过要素计点法等职位评价方法来完成的。在传统薪酬战略指导下，企业的基本薪酬往往被划分成很细的、数量较多的等级，以适应员工在企业内部职位晋升和加薪的需要。因此，在这种薪酬导向下，员工所关注的主要是职位的提升，而不是技能的增长，即使涉及技能的问题，员工所重视的往往也只是本职位所需技能的增长，而不是范围更宽的技能增长。对于那些现代企业非常看重的员工的内在个人能力特征和胜任素质（如灵活性、实践判断能力、与他人合作的能力等）也不支付报酬。

2. 员工加薪

在传统薪酬战略下，基本薪酬在员工的总体薪酬收入中占据非常大的比重，所以在最初的基本薪酬确定以后,基本薪酬的增长对于员工来说就显得至关重要。传统上,员工基本薪酬的增长主要取决于晋升、绩效加薪或生活成本加薪。尽管后两种基本薪酬增长的依据是完全不同的,但是在传统薪酬体系中,绩效加薪和生活成本加薪之间的界限却变得越来越模糊。尤其是在企业的薪酬预算水平不高时,绩效加薪的水平可能会仅仅比生活成本加薪高出一点点。这样,绩效奖励的含义就被弱化了,员工会逐渐将绩效加薪也看成是一种像生活成本加薪一样天经地义的权利,而不考虑个人或组织的绩效水平是否达到可以加薪的程度。

3. 可变薪酬:奖金

在许多传统的美国企业中,除了组织的高层管理人员和销售部门的员工有资格获得不确定的奖金或参与年度奖金计划之外,大多数人都只能拿基本工资,再加上绩效加薪和生活成本加薪。在我国,随着社会主义市场经济体制的确立和发展,许多企业也实行了浮动工资或绩效工资计划。但是,由于在绩效管理尤其是绩效考核方面遇到很多问题,很多企业的绩效工资也往往演化成了一种变相的固定工资,浮动工资或绩效工资根本拉不开差距。对于员工而言,他们也同样将这种浮动工资或绩效工资当成是自己的一种既得权利,而不是一种真正的绩效奖励或者是与企业分担风险的一种报酬。

4. 员工福利

从国际上来看,员工福利和额外补贴主要是在第二次世界大战以后发展起来的。起初数量不大,发展也比较缓慢,但是后来已经成为企业的一个重要成本开支项目,而对员工来说则成为一种重要的价值来源:用于儿童看护、卫生保健、学费报销,以及弹性支出账户的成本有相当一部分是由企业承担的。过去存在的一个主要问题是,许多企业在福利上花了不少钱,但是并未将这种支出作为薪酬的一个重要组成部分来看待,没有认真研究和分析福利如何为企业的人力资源管理目标乃至企业战略目标服务,结果导致企业在福利上花钱很多,但是效果却并不明显。

(二) 传统薪酬战略存在的主要问题

20世纪90年代尤其是进入21世纪以来,随着企业的发展和环境的变化,传统薪酬战略的弊端越来越明显,主要表现在以下几个方面。

(1) 传统薪酬战略的目标定位过于单一。传统薪酬战略往往将薪酬目标界定在吸引、激励和保留员工方面,采用的战略通常是支付市场化的薪酬。由于不同的企业在目标以及结构方面存在很大的差异,因此仅仅以吸引、保留、激励员工为目标的薪酬体系,无法保证薪酬战略配合企业的经营战略和人力资源战略。其结果往往是无法在组织中保持目标的一致性,薪酬体系是"自己过自己的日子",很多企业的薪酬体系甚至是简单地对竞争对手的一种拷贝。此外,传统薪酬战略下的薪酬体系大多以利润最大化为单一目标,只关注生产率和市场占有率等一些可量化的指标,对于处于激烈竞争环境当中的需要达成多元目标的现代企业来说存在很大的局限性。

(2) 传统薪酬战略过于强调单个职位的价值,而对跨职能和跨部门的团队价值重视不够。基本薪酬加上绩效加薪的战略,对于强调稳定性和一致性的职能组织来说是非常适用的,但是这种将基本薪酬与特定的、单个的职位紧紧地联系在一起的做法,对于强调创新、绩效、服务、流程以及速度等的组织来说却存在局限性。这是因为,这类组织依赖的往往是要求团队成员共同分享工作角色的跨职能团队,组织的整体绩效比员工的个人绩效更为重要。

在这种情况下,过分强调单个职位价值的薪酬体系显然是不适用的。

(3) 传统的薪酬战略难以适应扁平化组织的需要。自 20 世纪 90 年代以来的一个重大变化,就是企业的组织结构开始从原来的金字塔状职能型结构向扁平型结构转化。而传统薪酬战略的基本薪酬部分所强调的,却是保障性和职位的持续晋升,显然,这种薪酬导向是难以适应扁平型组织的要求的。在扁平型组织中,员工向上垂直流动或晋升的机会是非常有限的,个人和组织的成功也主要取决于绩效和员工的"横向成长",即新的技能和能力的获得,而不是所谓的保障性。因此,原来的薪酬设计理念和思路就必须改变,以适应组织结构扁平化的需要。

(4) 传统薪酬战略的激励性和灵活性不足。新的竞争环境要求企业不断改善绩效和生产率,改善产品或服务的质量,同时改善员工的工作和生活质量,从而谋取竞争优势。而传统薪酬战略的激励性和灵活性却较差,尽管其中也有绩效加薪的成分,但是加薪的幅度很多时候仅仅维持在每年 3%～4% 这种几乎接近生活成本上升率的水平,对员工和组织绩效的影响实际上并不明显。不仅如此,在传统薪酬系统中,除了福利部分外,其他部分为员工所带来的价值增值是停滞的或者是下降的,这对于追求生活质量的新一代劳动者来说也是非常缺乏吸引力的。

二、全面薪酬战略

(一) 全面薪酬战略的含义

全面薪酬战略是发达国家普遍推行的一种新型薪酬支付方式,它源自 20 世纪 80 年代中期的美国。当时美国的企业处在结构大调整时期,许多公司将相对稳定的、基于岗位的薪酬战略转向相对浮动的、基于绩效的薪酬战略,使薪酬与绩效紧密挂钩。全面薪酬战略的概念则在此基础上产生。

全面薪酬战略(total compensation strategy),也叫整体薪酬战略或总薪酬战略,是一种以客户满意度为中心,鼓励创新精神和持续的绩效改进,并对娴熟的专业技能提供奖励的新型薪酬战略。它摒弃了原有的科层体系和官僚结构,在员工和企业之间营造出了一种双赢的工作环境。全面薪酬战略关注的对象,主要是那些帮助企业达到组织目标的行动、态度和成就,其关键在于设计正确的奖酬计划组合,将传统的薪资项目和新型的奖酬项目结合起来,最大限度地发挥薪酬对于组织战略的支撑作用。全面薪酬战略与传统的薪酬战略强调的着重点是不同的,它们的具体差异如表 8-1 所示。

表 8-1 传统的薪酬战略与全面薪酬战略比较

项 目	传统的薪酬战略	全面薪酬战略
战略导向	内部的一致性	外部市场的敏感性
薪酬基础	强调工作	强调弹性的贡献机会
可变薪酬	定期加薪	以绩效为基础的可变薪酬
薪酬功能	强调工作的保障性	强调就业的能力
企业与员工的关系	强调既得权利	强调风险分担的伙伴关系
价值导向	个人贡献	团队贡献
员工发展	垂直晋升	横向流动

（二）全面薪酬战略下的薪酬构成特点

在全面薪酬战略下，不同的薪酬构成要素所扮演的角色和发挥的作用出现了变化，这些薪酬构成部分的变化特点如下：

1. 基本薪酬

在企业支付能力一定的情况下，尽量将基本薪酬水平紧密地与竞争性劳动力市场保持一致，以保证组织能够获得高质量的人才——利用基本工资来强调那些对企业具有战略重要性的工作和技能。同时，基本薪酬还起着充当可变薪酬的一个平台的作用。

2. 可变薪酬

全面薪酬战略非常强调可变薪酬的运用。与基本薪酬相比，可变薪酬更容易通过调整来反映组织目标的变化。在动态环境下，面向较大员工群体实行的可变薪酬能够针对员工和组织所面临的变革和较为复杂的挑战做出灵活的反应，这不仅能够以一种积极的方式将员工和企业联系在一起，为在双方之间建立起伙伴关系提供便利，而且还能起到鼓励团队合作的效果。可变薪酬一方面能够对员工所达成的、有利于企业成功的绩效提供灵活的奖励；另一方面在企业经营不利时，还有利于控制成本开支。事实上，集体可变薪酬、利润分享、一次性奖励以及个人可变薪酬等多种可变薪酬形式的灵活运用，以及由此而产生的激励性和灵活性，恰恰是全面薪酬战略的一个重要特征。

3. 福利

基于全面薪酬战略的企业福利计划，也是针对企业的绩效并强调经营目标的实现，而不是像过去那样单纯为了追随其他企业。全面薪酬战略强调为迎接未来的挑战而创新性地使用福利计划，要求企业必须重视对间接薪酬成本进行管理，以及实行合理的福利成本分担。企业必须认识到，间接薪酬只是作为全面薪酬管理核心要素的基本薪酬和可变薪酬的一种补充，而不是其替代者。因此，在全面薪酬战略的引导下，许多企业的收益基准制养老金计划已经被利润分享计划或缴费基准制的养老金计划所代替，原有的许多针对性不强的福利计划也逐渐被弹性福利计划所取代。

（三）全面薪酬战略的主要特征

全面薪酬战略具有以下几个方面的特征：

1. 战略性

全面薪酬战略是基于组织的经营战略和组织文化制定的全方位薪酬战略，它着眼于可能影响企业绩效的薪酬的方方面面。它要求运用所有各种可能的"弹药"——基本薪酬、可变薪酬、间接薪酬、福利、工作体验等，来达到适当的绩效目标，从而力图最大限度地发挥薪酬对组织战略的支持功效。组织在财务、产品与服务、客户等方面的特定战略目标，是企业制订薪酬方案以及进行薪酬沟通的重要基础。薪酬方案要根据组织的特定经营状况以及面临的重要人力资源挑战进行及时调整。除此之外，企业还必须全面审查总薪酬成本，其中包括薪酬的分配方式以及从每一单位薪酬支出中获得的价值，从而从总体上在薪酬与组织绩效之间得出一条明确的线索。

2. 激励性

全面薪酬战略关注企业的经营，是组织价值观、绩效期望以及绩效标准的一个很好传播者。它会对与组织目标保持一致的结果和行为给予报酬(重点是只让那些绩效足以让组织满意以及绩效优异的人得到经济回报,而对于绩效不足者,则会诱导他们离开组织)。实际上,关注绩效而不是等级秩序是全面薪酬战略的一个至关重要的特征。在全面薪酬战略指导下,企业可以采取多种激励计划,以对员工个人及团队绩效提供回报。

3. 灵活性

全面薪酬战略认为,并不存在适用于所有企业的所谓最佳薪酬方案,甚至也不存在对于一家企业来说总是有效的薪酬计划。因此,企业应当能够根据不同的要求设计出不同的薪酬应对方案,以充分满足组织对灵活性的要求,从而帮助组织更加适应不断变化的环境和客户的需求。

4. 创新性

与传统的薪酬制度类似,基于全面薪酬战略的薪酬管理也沿袭了诸如收益分享这样一些传统的管理举措;但在具体使用时,管理者却采取了与以往不同的方式,以使其适用于不同的环境,并因时因地加以改进,从而使它们更好地支持企业的战略和各项管理措施。全面薪酬战略非常强调的一点是,薪酬制度的设计必须取决于组织的战略和目标,充分发挥良好的导向作用,而不能是机械地照搬原有的一些做法,或者是简单地复制其他企业的薪酬计划。

5. 沟通性

全面薪酬战略强调通过薪酬系统将组织的价值观、使命、愿景、战略以及规划等传递给员工,界定好员工在上述每一种要素中将要扮演的角色,从而实现企业和员工之间的价值观共享和目标认同。企业与员工之间能否建立起一种积极的、双赢的关系,能否进行有效的沟通,是组织成功与否的关键。全面薪酬战略非常重视制定和实施全面薪酬管理战略的过程,它把制订薪酬计划和薪酬实施方案的过程本身看成是一个沟通过程,企业必须通过这样一个过程使员工能够理解,组织为什么要在薪酬领域采取某些特定的行动。

(四)全面薪酬战略下的主要激励模式

全面薪酬战略下的激励模式主要包括奖酬激励、福利激励、成就激励和组织激励这四个方面[1]。

1. 奖酬激励

(1)谈判工资制度。谈判工资制度就是指在市场经济条件下,以企业、雇主或其组织为一方,以雇员或工会组织为另一方,双方就工资分配问题通过谈判后签订合同。它是兼顾双方利益的体现,既能充分反映知识型员工的自身价值,调动其工作积极性和对企业的忠诚度,又有利于维护企业的利益。由于工资既是劳动力的价格,又是知识型员工价值的重要组成部分。因此,谈判工资制度承认了人力资本的价值,并从制度上确立了对人力资本的补偿。在此制度下,劳资双方结成"利益共同体",形成稳定和谐的劳动关系,共同努力,发展生产,促进企业目标的实现。

(2)项目奖金激励。项目奖金是指为了激励员工及时超额完成工作任务或取得优秀工

---

[1] 资料来源:中国管理科学学会(Society of Management Science of China)网站,www.mss.org.cn。

作成绩而支付的额外薪酬。由于奖金的发放一般是根据企业和部门效益、团队业绩以及个人工作业绩综合评定的,因此,项目奖金激励制度至少有两个好处:一是可以促进员工抓紧项目进度;二是可以提高项目的质量和水平。不过,在运用这项激励办法时需要注意以下三点:一是必须信守诺言不能失信于人,否则就会给激励增加许多困难;二是不能搞"平均主义",奖金金额要使员工感到满意;三是要把奖金的增长与企业的发展挂钩,使员工清楚地意识到只有企业的利润不断增长,才能使自己获得更多的奖金。

(3) 股票期权激励。股票期权也称为认股权证,它是指企业给予员工(主要是高级管理人员和技术骨干)的一种权利,期权持有者可以凭此权利在一定时期内以一定价格购买公司股票,这是公司长期盈利能力的反应,也是股票期权的价值所在。而股票期权至少要在一年以后才能实现,所以要求经营者努力改善企业的经营管理,以保持公司价值长期稳定增长,这样股票期权持有者才能获得利益。股票期权的这些特点,使其具有长期激励的功能,能较好地解决所有者与经营者之间的利益矛盾。一些企业采取在所有者和知识型员工之间达成一种协议,即在完成或超额完成经营目标的前提下,允许知识型员工在未来某个时间以当前的市场价或更低的价格买进一定数量的公司股票,通过这种协议使企业所有者和知识型员工形成利益共同体。由于股票价值会随企业的经营业绩而变化,只有使企业具备长期的盈利能力,股票才会升值,知识型员工的财富才会增加,从而形成对知识型员工的长期激励。

2. 福利激励

(1) 强制性福利。强制性福利是指为了保障员工的合法权利,由政府统一规定必须提供的福利措施。它主要包括社会养老保险、失业保险、医疗保险等基本保险。强制性福利是员工的基本工作福利,也是员工权益的重要组成部分,其激励作用不大,但却是员工(包括知识型员工)必不可少的保障因素。

(2) 菜单式福利。菜单式福利是指由企业设计出一系列合适的福利项目,并平衡好所需费用,然后由知识型员工根据自己的需要进行选择,这样会增大员工选择的余地和满意度,福利项目的激励作用也会增强。主要包括:非工作时间报酬(假日、带薪休假、探亲假等)、津贴(交通津贴、服装津贴、住房津贴等)、服务(体育娱乐设施、集体旅游、节日慰问等)。

(3) 特殊性福利。特殊性福利是指企业中少数特殊群体单独享有的福利,这些特殊群体往往是对企业做出特殊贡献的知识型员工。主要包括:提供宽敞住房,提供专车接送,发放特殊津贴,享受全家度假等。特殊性福利通过差异化的方式使知识型员工获得额外利益,为员工带来了心理上的自豪与满足。

3. 成就激励

(1) 职位消费激励。职位消费是指担任一定职位的知识型员工在任期内为行使经营管理职能所消耗的费用,主要包括办公费、交通费、招待费、培训费、信息费及出差费等。职位消费的标准往往是知识型员工表明自己身份和地位的一种象征,也是对员工成就的承认和补偿,因此也是一种重要的激励手段。

(2) 荣誉感激励。对知识型员工的荣誉感激励主要包括正面表扬、嘉奖、鼓励、授予荣誉称号。知识型员工由于受教育程度较高,有很强的社会责任心和荣誉感,企业在运用荣誉感激励时应注意:要有明确的奖励标准,多种奖项的设计要合理,等级分明;要适当对知识型员工给予表扬,特别要表扬他们通过额外的努力取得的绩效;还要针对知识型员工的职业道德和素质修养进行表扬。荣誉感激励会随着知识型员工岗位的升迁和个人薪金水平的提高而发挥越来越重要的作用。

(3) 参与激励。创造和提供一切机会让员工参与管理,可以形成员工对企业的归属感、认同感和成就感,可以进一步满足自尊和自我实现的需要。而且员工的参与也可以使企业的决策、经营方略更加完美。

4. 组织激励

(1) 个体成长和职业生涯激励。通过个体成长和职业生涯激励,一方面可以带动知识型员工职业技能的提高,从而提升人力资源的整体水平;另一方面可使同组织目标方向一致的员工脱颖而出,为培养组织高层经营、管理或技术人员提供人才储备。只有当员工个人需要与组织需要有机统一起来,员工能够清楚地看到自己在组织中的发展前途时,他才有动力为企业尽心尽力地贡献自己的力量,才能与组织结成长期合作、荣辱与共的伙伴关系。

(2) SMT(自我管理式团队)创新授权激励。SMT 创新授权激励是指,通过独立战略单位的自由组合,来挑选自己的成员、领导,确定其操作系统和工具,并利用信息技术来制定他们认为最好的工作方法。这种组织结构已经日益成为企业中的基本组织单位,许多国际知名大公司都采用这种组织方式。SMT 的基本特征是:工作团队做出大部分决策,选拔团队领导人,团队领导人是"负责人"而非"老板";沟通是通过人与人之间直接进行的;团队将自主确定并承担相应的责任;由团队来确定并贯彻其工作计划的大部分内容。SMT 使组织内部的相互依赖性降低到了最低程度,知识型员工既可充分发挥自身潜能和创造力,又要与团队成员相互合作,发挥知识的协同效应。由于该激励形式对知识型员工的知识能力与协作能力具有极大的挑战性,迎合了员工的高层次需要,故能起到很好的激励作用。

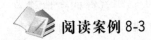

阅读案例 8-3

IBM 公司推行全面薪酬战略的实践经验

作为 IT 产业的巨人,IBM 公司的全球雇员曾经超过 37 万人。然而到了 1994 年,全球雇员数量减少到了 22 万人,公司同时还遇到其他各种问题。90 年代中期,郭士纳出任 CEO,并帮助 IBM 停止了它在 IT 市场上的"自由落体运动"。他所做的努力是重新界定公司的文化并使之复兴,其中一个重要的方面就是引进新的付酬模式——全面薪酬体系。

IBM 实施全面薪酬战略的过程非常清晰:

首先,IBM 很清楚自己所要的全面薪酬体系是什么,要起到什么作用,那就是提供一个由各种元素混合组成的、可以自由选择的、全面的薪酬包。对于蓝色巨人来说,这样的薪酬模式转型是整个企业文化转型的重要组成部分。

其次,IBM 在实施整个全面薪酬体系的过程中有条不紊、丝丝入扣,既符合全面薪酬体系实施的通用法则,也具有自己的特点,具体如下:

1. 明确目标:通过全面薪酬体系来倡导绩效优先的文化,鼓励员工创造高绩效;满足员工各方面的需要,赢得人才并避免因为人才流失给企业带来价值损失;同时要能降低管理成本,赢得市场。比如通过全面薪酬留住核心员工,减少由于招聘、甄选等带来的直接成本和各种机会成本。

2. 把握时机:IBM在郭士纳最初决定变革文化的时候,就已经把薪酬模式的变革提上了日程,尽管改革薪酬战略的后果可能会被放大。

3. 开发IBM特色的全面薪酬项目:过去薪酬增长被视为IBM人的自然权利,随着人才竞争的日益严峻,蓝色巨人发现陈旧的付薪结构限制了它的竞争能力。现在的IBM增加了可变薪酬的使用,使得绩效最优者可以挣到绩效最差者2.5倍的收入,薪酬增长权利逐渐变成了对员工个人的贡献付酬。此外,IBM特别强调积极的工作经历,他们认为"'IBM作为一个值得工作的地方'的信誉至关重要",具体有如下做法:表扬、工作和生活的平衡、文化、发展和环境等。股票期权的引入也是一个巨大的挑战,因为它给予了员工对未来贡献的预期。

4. 明确绩效标准:IBM特别强调可变工资与绩效的关系,他们通过IT系统来提高衡量绩效结果的速度,并且坚定地对不同风险、不同性质的业务根据实际绩效水平提供不同种类、不同数量的报酬。

5. 注重学习成功企业的经验:IBM坦诚自己不是采用全面薪酬战略的第一家,它的成功就在于虽然学习借鉴过别的企业的全面薪酬战略的做法,但没有一味模仿。他们知道自己想通过全面薪酬战略带来什么样的改变,领会的是全面薪酬的思路,执行的是具有IBM特色的薪酬策略。

6. 开放、鼓励参与:自1995年开始并延续到1996年,IBM完全抛弃了之前的薪酬支付体系,而是建立了开放的薪酬决策体系,特别是让直线经理们做出付薪决策,鼓励基层管理者的参与。

7. 加强协作:IBM的重震旗鼓是有代价的,虽然采用全面薪酬降低了管理成本,但是与薪酬和福利有关的总成本却从1993年的210多亿美元激增至2003年的500亿美元,这大大增加了劳动成本管理的复杂性。为了应对这一问题,IBM没有单单让薪酬与福利团队负责整个劳动成本管理,而是让其他部门,比如直线管理者、劳动力管理部门、招聘部门和财务部门都承担起相应的责任。

8. 员工反馈:IBM让员工来评判全面薪酬体系是否有效,及时获得员工的反馈。他们坚信只有了解员工感受、知道他们最需要什么,全面薪酬才能实现真正为员工量体裁定,才有价值。

9. 关注外部环境:IBM重视参考实时的市场工资水平和猎头数据,并且通过Towers Perrin's Comp Online等网络工具来了解市场的薪酬趋势,以便保持自身薪酬的外部竞争性。

第三,IBM在实施全面薪酬体系的全过程中非常注重沟通,这在多个方面都有体现。比如,鼓励直线经理参与付酬的决策,这不仅意味着企业管理者必须要和直线经理详细地沟通付酬的原则和方法,还发挥了直线经理设身处地、掌握员工绩效第一手资料的优势。IBM让员工来评判全面薪酬是否有效,也说明了他们重视员工的意见和反馈。与此同时,IBM充分借助自己在IT领域的技术领先优势,为企业内部的沟通创造了高效、畅通的渠道,比如Lotus软件(IBM的一个办公软件)不管在企业的内部网还是外部网中,都是很好的通信工具。但是,IBM还是非常看重人与人之间的沟通,他们认为这样的沟通方式更加直接、坦诚,也更加有效。可以说,良好的沟通机制为IBM推行全面薪酬其定了坚实的基础。

表 8-2 IBM 的薪酬变迁

1995 年	2000 年
社会化工资	差异化
关注内部公平性	关注市场导向
员工权利 ● 基薪增长 ● 晋升 ● 家长式作风的福利制度	新"合同" ● 为贡献付酬 ● 个人发展 ● 股票期权
	重视灵活性和原则性
	全面薪酬的广泛视角

资料来源：文跃然，高琪，吕晓洁．厘清十大问题，实践全面薪酬[J]．人力资源，2007(10)：40-41．

三、全面报酬战略

（一）全面报酬的提出

近年来，面对剧烈的工作场所变化、严峻的竞争环境、急速的技术变革以及转瞬即逝的商业机会，企业越来越清楚地认识到战略薪酬在竞争中带来的优势。而随着人才竞争的日益激烈，一些新兴企业敏感地发现，虽然薪酬和福利方案依旧十分重要，但仅仅靠薪酬和福利已不能再打赢人才争夺战了。在这种情况下，全面报酬的概念浮出水面。

全面报酬的含义，从严格的基本薪酬加奖金演变到了现在的企业对员工实施的所有报酬支付方式，这既包括传统的货币薪酬，如基本薪酬、短期激励、长期激励、福利和临时津贴等；同时也包括非货币报酬，如文化、培训、对员工工作的认可、职业发展、弹性工作时间、员工工作与生活的平衡等。由此可见，与之前传统的薪酬概念相比，全面报酬变化最大的不是福利的比重，而是收入内涵的极大扩充，从过去注重物质报酬扩充到精神报酬，从工作外在激励扩充到内在激励。

对于全面报酬的构成，许多公司和学术机构进行了深入探索和研究。韬睿公司(Towers Perrin)根据 1997 年对美、英、法等公司高级管理人员的调查，提出了包括薪酬、福利、学习与发展、工作环境 4 个维度在内的全部门报酬体系框架。合益公司(Hay Group)则提出了包括可视化报酬、员工价值、工作与生活的平衡、工作质量、愉悦的工作环境、成长机会六大要素的全面报酬体系模型。美国联邦政府人事管理署则将全面报酬定义为战略性报酬(strategy reward)，认为这种报酬是指一个组织为了招募、保留、开发员工以及使员工支持组织的战略目标，而提供的员工认为有价值的任何一种东西。这种战略性报酬将各种传统和非传统的报酬结合在一起，以达到使雇佣关系更有意义以及更能满足员工需要的目的。美国薪酬学会(World at Work, WAW)2000 年提出自己的第一个正式的全面报酬模型，其中包括薪酬、福利和工作体验三大部分内容，而工作体验则具体包括认可与赏识、工作与生活的平衡、组织文化、发展机会以及环境 5 个方面的要素。2006 年，WAW 在调查研究的基础上进一步提出了一个范围更广的、作为组织经营战略组成部分的新的全面报酬体系模型（如图 8-4 所示）。

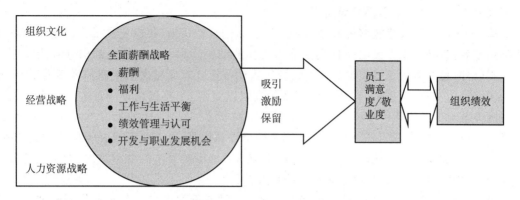

图 8-4 美国薪酬学会(WAW)的全面报酬体系模型(2006)

美国薪酬学会认为,全面报酬(total reward)应该是指雇主能够用来吸引、保留和激励员工的各种可能的工具。包括员工认为他们从雇佣关系当中能够得到的各种有利用价值的东西,它是雇主为了换取员工的时间、才智、努力以及工作结果而向员工提供的各种货币性和非货币性收益,是能够吸引、激励以及留住人才,从而达到理想经营结果的各个报酬要素的有目的的整合。美国薪酬学会认为,全面报酬的各个要素之间也并不是相互排斥的,有可能是相互交叉的;此外,全面报酬体系是根植于组织文化、经营战略和人力资源战略之中的,因此,组织文化、经营战略和人力资源战略等这些因素都会对一个组织的人才吸引、保留和激励产生影响。

(二) 全面报酬战略的含义及作用

1. 全面报酬战略的含义

所谓全面报酬战略(total reward strategy),是指将组织中的外在报酬和内外报酬、经济性报酬和非经济性报酬加以组合,而形成一种对员工的最优激励系统。这一激励系统将多种激励方式有机地整合在一起,从多角度体现了员工的价值和贡献,使之成为支持组织战略实现和应对变革挑战的有力工具。并在组织和员工之间形成一种积极特殊的雇佣关系,最大程度地调动了员工的积极性、提升员工的敬业度,使员工全身心投入工作,从而实现组织的战略目标。

全面报酬战略有别于全面薪酬战略,它是将各种传统和非传统的报酬要素、物质要素和精神因素结合在一起,以达到使雇佣关系更有意义以及更能满足员工需要的目的,它既包括了传统的薪酬项目,也包括了对员工有激励作用的能力培养方案和非物质的奖励方案等。

2. 全面报酬战略的作用

全面报酬战略作为一种系统的回报和激励员工的手段,受到越来越多的企业和员工的欢迎,它的突出作用主要表现在以下三个方面。

第一,全面报酬战略是企业吸纳人才的重要手段。一套有竞争力的薪酬体系之所以有吸引力,不仅仅是因为它能够提供具有吸引力的货币报酬,还体现在它能够根据被吸引人群的特殊需求提供各种非货币形式的待遇,体现企业对员工的人文关怀。全面报酬战略在这方面就具有明显的优势。一方面,传统的货币报酬为员工提供了物质回报,使之能够满足物质生活需要;另一方面,非货币报酬部分,比如学习和成长给员工提供了个人价值提升的机会,而令人满意的工作氛围又给员工提供了身心愉悦的外在条件。可以说,全面报酬战略对于吸引人才起着非常重要的导向作用。

第二,全面报酬战略能够更好地激励员工。激励理论认为,要想让员工实现组织目标并达到高绩效,就必须想方设法强化员工努力工作的动机。除了组织文化的引导和规章制度的强制以外,最根本的是要满足员工的需要。人的需要既有低层次的生理和生存需要,主要以物质满足为主;也有尊重、自我价值实现等高层次需要,主要以精神满足为主。全面报酬战略既涉及员工的物质需要满足,也涉及员工精神需要的满足,比如学习与成长的机会、工作身心愉快、公司的表彰和鼓励、主管及同事的赞许和认可、员工意见对公司决策的影响等。由此可见,全面报酬战略比传统的薪酬战略更能有效地满足员工的各种需要,对员工尤其是知识型员工和高层次人才的激励效果更为明显。

第三,全面报酬战略对于留住企业的关键人才具有重要影响。企业不仅要能够吸引住人才,更重要的是要把那些承载企业核心竞争力的、最有价值的人才保留下来。全面报酬战略既满足了员工的基本需要,又帮助员工实现自我价值,员工自然就不会轻易跳槽。因此,只要全面报酬要素体系设计合理,就能有效解决企业关键人才流失问题,为企业保持持续竞争优势、实现企业经营战略目标储备关键人才。

(三) 全面报酬战略下的报酬构成特点

在全面报酬战略下,报酬的要素主要包括:薪酬、福利、工作-生活平衡、绩效管理与认可、开发与职业发展机会5个方面。这些报酬部分的变化及其特点如下:[①]

1. 薪酬

薪酬是雇主向员工支付的用来换取其提供服务(时间、努力、技能等)的工资性报酬,一般包括基本薪酬、可变薪酬、短期奖励薪酬、长期奖励薪酬。基本薪酬也称为固定薪酬,它不随业绩或工作结果的实现情况而变化;可变薪酬也称为浮动薪酬或风险薪酬,它是直接随绩效水平或工作结果的实现程度而变化的薪酬项目;短期奖励薪酬是可变薪酬的一种,是针对一年或一年以内的特定绩效提供奖励的一种薪酬计划;长期奖励薪酬也是可变薪酬的一种,是针对一年或一年以上的特定绩效提供奖励的一种薪酬计划,典型的长期奖励薪酬包括股票期权、绩效股份以及现金奖励等。在上述四种主要薪酬形式中,基本薪酬是薪酬的基础,它是根据员工的岗位或能力来确定的,体现岗位或能力对于整个组织的价值或贡献。但是,单纯的基本薪酬不能创造足够的竞争优势来激发员工的最大潜力,无法保证薪酬战略成为企业经营战略及人力资源管理战略的一种延伸,也很难保证员工的努力方向与组织目标一致,因此,在全面报酬战略下需要加强可变薪酬的作用。

2. 福利

福利是雇主为补充员工所获得的现金薪酬而提供的一些计划,这些计划的目的是保护员工及其家庭避免各种经济风险。福利可以分为社会保险、集体保险和带薪非工作时间三大类。社会保险又包括失业保险、工伤保险、社会保障和职业伤残保险。集体保险包括医疗保险、牙医保险、视力保险、处方药、精神健康、人寿保险、意外事故死亡险、残疾保险、退休保险、储蓄等。带薪非工作时间(pay for time not worked)是指当员工没有从事工作活动时,也为他们提供的收入流保护计划,它包括两部分:一是工作期间的带薪非工作时间(工休时

---

① 刘昕. 薪酬管理[M]. 4版. 北京:中国人民大学出版社,2014:51-53.

间、打扫卫生时间、换装时间);二是非工作期间的带薪时间(休假、公司假日、事假)。

福利是全面报酬体系中不可或缺的组成部分,具有独特的功能和作用。首先,福利有助于企业营造和谐、独特的企业文化,强化员工的忠诚度和提升企业的核心竞争力。通常情况下,员工都希望企业能够像个大家庭一样,和睦地相处、快乐地工作,而福利会让员工从雇佣关系中获取一种类似家庭关系的情感成分,增强员工的归属感,激发工作热情和活力。其次,福利有助于维护员工的健康和维持员工的生活品质,增加人力资本储备。有效的员工福利计划可以舒缓压力,调适工作节奏,同时通过各种健身和娱乐活动,维护员工的健康,焕发员工的精神力量,增强员工的凝聚力和稳定性,提高劳动生产率。最后,福利具有明显的成本优势。员工福利计划与货币薪酬相比,一般会有税收上的优惠,同时,集体福利比员工个人购买的福利更具有规模效应,因而具有价格上的优势。此外,灵活多样的弹性福利计划有利于满足企业不同员工的需求,减少员工的不满,起到一定的保健作用。

3. 工作-生活平衡

工作-生活平衡(work-life balance),又称工作家庭平衡计划,是指组织帮助员工认识和正确看待家庭与工作之间的关系,调和职业和家庭的矛盾,缓解由于工作家庭关系失衡而给员工造成压力的计划。现代社会的发展,使得越来越多的人开始将关注的重点从工作和经济收入转变为个人和家庭生活质量,尤其是收入水平较高的高层次人才。高水平的薪酬福利并不能完全补偿员工因工作带来的家庭生活质量的降低,因此,那些不能使员工保持家庭生活和工作平衡的企业将无法留住自己所需要的人才,尤其是那些知识型员工和高层次人才。

通常情况下,单身成人的主要问题是寻找配偶和决定是否结婚组建家庭。婚后初期需要适应两人生活、决定是否生育,作出家庭形式和财务要求的长期承诺变为当务之急。子女出生后,体验为人父母的经验,担负起抚养和教育子女的责任成为首要任务。子女成人时他们不仅要适应空巢生活,而且又要开始为自己的父母提供衣食和财务上的照顾。这些需要形成的压力有的会影响员工的工作情绪和精力分配,有的则会形成强烈的职业发展方面的需要和工作动机,最终影响员工对工作的参与程度。由此可见,企业必须在灵活的工作安排以及为员工提供便利的各种计划方面进行大量的投入,制订出切实有效的工作家庭平衡计划。工作家庭平衡计划的内容包括:向员工提供家庭问题和压力排解的咨询服务;创造参观或联谊等机会,促进家庭和工作的相互理解和认识;将部分福利扩展到员工家庭范围,以便分担员工的部分家庭压力;把家庭因素列入考虑员工晋升或工作转换的制约条件中;设计适应家庭需要的弹性工作制以供选择等。

4. 绩效管理与认可

绩效管理包括绩效计划、绩效执行、绩效评价和绩效反馈4个关键环节,从设定绩效目标和标准开始,到执行实施目标计划、评判绩效目标的实现情况,再到绩效问题诊断与改进,每一个环节的有效推进,都离不开管理者与员工之间的绩效沟通,都体现了组织的期望,即通过绩效管理过程找出员工、部门和组织的绩效差距,从而改进和提高员工与组织的绩效。经过绩效管理系统的动态循环过程,员工不仅可以使其对组织的贡献和价值得到体现,而且也使他们的技能得到提升、绩效得到改善,这在某种程度上就是对员工的一种奖赏和认可。

认可(recognition)是指对员工表示感谢,或者对员工的行动、努力、行为或绩效给予特别的关注。认可满足了人们对自己的努力受到欣赏的内在心理需要,它可以通过强化有助于组织取得成功的某些特定行为来支持组织战略。认可的形式多种多样,可以是现金,也可以不是,比如口头表扬、颁发奖品或证书、告示、宴请、音乐会门票或球赛门票等。

5. 开发与职业发展机会

开发(development)是指为了强化员工的应用技能和能力而提供的一整套学习经历。开发可以使员工能够更好地完成工作,更有效地实现组织战略目标。职业发展机会(career opportunities)是指员工在实现职业发展目标方面以取得进步为目标而制订的计划。组织对员工的内部职业发展机会提供支持的主要目的在于,确保有才能的员工人尽其才、才尽其用。开发与职业发展的具体形式主要包括三种:一是各种学习机会,包括学费报销、就读企业大学、新技术培训、参加外部研讨会、虚拟教育、在职学习、职位轮换等;二是组织内外得到的指导和辅导机会,包括领导力培训、参加专业协会、参会及发表演讲的机会、被专家了解的机会、正式或非正式的导师计划等;三是组织内外取得进步的机会,包括实习、做专家助手、海外工作派遣、内部竞聘、职位晋升、职业阶梯与通道、接班人计划等。

伴随着企业与员工之间的契约从传统的终身雇佣向长期就业能力培养转变,一家仅仅能够提供高薪而不能为员工提供长期发展机会的企业,将会越来越难以留住人才。这是因为,员工特别是知识型员工越来越看重企业提供的发展机会,一旦在某一企业得不到这种发展机会,他就会最终选择到其他能够提供这种机会的企业去工作。与此同时,随着未来组织的扁平化趋势,传统的晋升阶梯数量将会被大量削减,企业仅仅依靠级别晋升来对员工进行激励的做法也将受到越来越大的约束。在这种情况下,企业就必须寻找一些创新性的方法来对员工进行激励与开发。比如,由资深员工或管理人员担任员工的教练或导师,对他们的职业发展和进步进行指导和帮助;给员工更大的授权;对员工进行跨职能或跨地区调动,以增加员工的工作内容,丰富员工的工作经历;在企业内部为员工提供创业平台,让员工进行内部创业,以便充分发挥他们的才能。美国著名管理咨询公司美世公司(Mercer)甚至允许自己的员工到其他企业短期工作一段时间,然后让他们自己作出选择,是留在原公司还是回到本公司。有人担心这种做法会导致人才流失,但美世认为,公司能够为大家提供这种机会本身,就向员工表明了公司对员工的职业发展是真正重视的。事实上,这种做法只会使公司对员工更加具有吸引力。

第三节 战略性薪酬管理

一、战略性薪酬管理概述

(一)战略性薪酬管理的含义

20世纪80年代末到90年代初,以爱德华·罗勒(Edward E. Lawler)为代表的一批美国学者提出了战略性薪酬体系的理论。与此相对应,战略性薪酬管理的概念孕育而生。战略性薪酬管理的提出有其深刻的历史背景,首先表现在人力资源战略性地位的提升。在知识经济时代,人力资源日益成为企业的战略资源,人才成为企业争夺的主要资源,员工所具有的知识、技能、态度、价值观及其行为等,成为影响企业之间经营绩效差异的决定性因素,薪酬管理也因此成为企业获取竞争优势的战略工具。其次,薪酬管理环境的不确定性增大。薪酬管理受到市场、法律等的约束越来越多,多变的内外部环境和多重的利益相关性驱使薪酬管理向战略方向转型。另外,薪酬管理的权能也随着人力资源战略地位的提升而扩展,从单纯的交换劳动力和控制人工成本的职能上升为战略人力资源开发与管理的职能。

所谓战略性薪酬管理(strategic compensation management),是指在进行薪酬决策时需要对环境中的机会及威胁做出适当的回应,并且要配合或支持组织全盘的、长期的发展方向以及目标,将薪酬管理作为企业构建竞争优势的工具。并非所有的薪酬管理都具有战略性,美国著名薪酬管理专家米尔科维奇(Milkovich)教授认为,"战略性薪酬管理"应该被界定为"对组织绩效具有关键性影响的薪酬决策模式",就是说,能对组织绩效产生重大影响的薪酬决策模式才具有战略性。我国学者刘昕(2003)则指出,战略性薪酬管理实际上是看待薪酬管理职能的一整套崭新的理念,其核心是做出一系列的战略性薪酬决策。综上所述,战略性薪酬管理过程应该包含以下4个方面的内涵:一是企业薪酬体系的设计必须基于企业的战略来展开;二是企业需要思考人力资源在企业战略规划中的作用,以及企业通过什么样的人力资源系统来支撑企业的战略与目标;三是应当把薪酬战略作为人力资源战略的重要组成部分,即在整个企业的人力资源系统设计中,把薪酬系统作为其中的一个子系统,来思考如何支撑整个人力资源战略的实现;四是应当将薪酬战略转化为具体的、可操作的薪酬制度、技术和薪酬管理流程,只有这样才算完成了战略性薪酬管理体系的设计。

(二)战略性薪酬管理的作用

战略性薪酬管理作为企业构建竞争优势的一种工具,对于提升企业绩效和企业竞争优势具有重要的作用。

1. 对于提升企业绩效的作用

战略性薪酬管理对于提升企业绩效的作用主要体现在以下4个方面:

一是降低人工成本。这里讲的人工成本既包括直接人工成本,也包括薪酬管理等间接人工成本。人工成本一般要占组织整体运作成本的20%~50%,一些服务行业的人工成本更是高达70%以上。因此,降低人工成本是企业竞争优势的重要来源。对于初创企业和处在困难时期的企业,依靠有效的薪酬管理减少薪酬开支,对企业的生存与发展更具有关键的作用。

二是吸引和留住人才。一方面,薪酬管理具有吸引与甄选人才的作用。较高的薪酬水平和多样化的薪酬形式,可以吸引和激励企业的稀缺人才和创新人才;另一方面,薪酬以及管理问题也是员工流失的主要原因。在人才竞争日趋激烈的今天,建立公平、合理的薪酬激励体系,对于吸引和留住人才是至关重要的。

三是引导员工行为。一个设计优良的薪酬体系可以传达这样的信息:什么样的员工是企业需要和关注的?什么样的行为是企业认可并给予鼓励的?比如岗位薪酬有助于激励员工尽职尽责的行为;技能薪酬有助于激励员工学习知识和掌握更多技能的行为;而绩效薪酬则能促使员工为企业价值增值做出更大的贡献。企业可以根据对员工管理的需要,设计符合战略需求的薪酬体系。

四是促进劳资和谐。薪酬管理是一把双刃剑,不科学或不公平的薪酬管理往往是劳资争议的焦点。战略性薪酬管理以企业发展战略和人力资源战略为依据进行薪酬决策,通过企业战略将企业利益、部门利益和员工利益统一起来,形成"心往一处想、劲往一处使"的局面,既缓解了劳资冲突,又促进了企业与员工的双赢。

2. 对于提升企业竞争优势的作用

战略性薪酬管理对于提升企业竞争优势的作用主要体现在以下三个方面:[1]

一是价值性。价值性指薪酬管理能否对控制人工成本、吸引和维系人才以及影响员工的态度和行为等有直接和较强的影响。应该说,对上述因素不产生影响或影响较弱的薪酬管理行为,不具有对组织竞争优势的显著价值性。

二是难以模仿性。如果一个薪酬决策很容易被模仿,那么所有的公司都可以通过它来获得竞争优势,其优势也就不复存在了。因此,为了使战略性薪酬决策具有难以模仿性,必须将薪酬战略嵌入企业战略系统中,使得薪酬管理具有组织的专属性特征——它根植于组织内部,内化为员工行为,最终与组织文化融为一体。

三是有效的执行力。战略性薪酬管理的关键不仅在于它的制定是否科学,更重要的是它能否得到贯彻和执行,唯有如此,才能为企业带来竞争优势。从某种意义上讲,企业薪酬管理领域从不缺乏战略,缺乏的是战略执行,而薪酬的战略执行力又主要体现在组织全体成员对薪酬战略的理解能力和接受能力上。

二、战略性薪酬管理与一般薪酬管理的区别

薪酬管理理论的形成和发展与时代的特征密切相关,我们可以把一般的薪酬管理分为三个阶段:经验管理阶段、科学管理阶段和现代管理阶段;而战略性薪酬管理是现代薪酬管理的新发展,主要指20世纪90年代以后,新经济初期阶段的薪酬管理。各个阶段的薪酬管理都有着比较明显的差异,战略性薪酬管理与一般薪酬管理的主要区别如表8-3所示[2]。

表8-3 战略性薪酬管理与一般薪酬管理的区别

类别	阶段	时期	薪酬的内涵	薪酬管理的目的	薪酬功能的侧重点
一般薪酬管理	经验管理阶段	18世纪60年代—20世纪初	货币报酬	低工资获取稳定劳动力	补偿功能
	科学管理阶段	20世纪初—20世纪40年代	货币报酬+小额福利和奖金	制定科学的薪酬制度,提高生产率	补偿功能+激励功能
	现代管理阶段	20世纪50年代—20世纪80年代	较高的薪酬福利+激励薪酬	通过薪酬激励,建立人力资源优势	激励功能
战略性薪酬管理	新经济初期	20世纪90年代以后	经济性报酬+非经济性报酬+部分内在报酬	薪酬制度与企业战略匹配,实现企业战略目标	信号功能+战略导向功能

1. 薪酬的内涵不同

在经验管理阶段,薪酬表现为直接的货币薪酬。这个阶段是从18世纪60年代到20世纪初,其标志是近代工业代替了工厂手工业,雇主支付工人的薪酬主要是货币工资,采用家

---

[1] 李中斌,李亚慧. 薪酬管理[M]. 北京:科学出版社,2011:34-35.
[2] 李光. 企业战略性薪酬管理的策略研究[D]. 山西大学,2011:29-33.

族制计件付酬的办法。衡量工人表现的标准是以历史形成的平均工时为基础,而不是以工作本身及完成任务应当花费的时间的研究为基础①。在科学管理阶段,薪酬仍表现为直接的货币薪酬,但薪酬总额中包含了奖金和小额福利。这个阶段大体是从 20 世纪初到 20 世纪 40 年代。企业很少在总货币薪酬之外提供任何其他报酬,只有少数企业向技术工人提供养老金、利润分享计划和有保障的工资,员工的经济保障程度完全取决于市场的不确定性以及公司的业绩。这一时期,科学管理之父泰勒提出了差别计件工资制度,提出把钱付给人而不是职位,薪酬与个人绩效紧密结合。1938 年,约瑟夫·F. 斯坎伦提出了团体激励的薪酬计划,该计划的核心是建议以计划和生产委员会为主体,寻求节省劳动成本的方法和手段,认为工人节约劳动成本应给予奖励。斯坎伦计划建议实行团体付酬,认为工人分享的是节省的成本,而不是增加的利润。在现代管理阶段,薪酬总额中福利所占比例越来越高,不仅考虑人们的货币需求,也开始考虑人们的心理需求。这个阶段主要是 20 世纪 50 年代到 20 世纪 80 年代。这一时期,科学技术和工业生产迅猛发展,复杂产品和大型工程相继出现,企业规模不断扩大,市场竞争日趋剧烈,工会势力在美国等西方发达国家迅速增长,工会在工资决定中的作用越来越重要。一些工会推动企业实施有保障的工资计划,并且将资历作为决定工资、晋升以及解雇的一个重要依据,强化了福利在总薪酬中的地位。到了新经济初期阶段,即 20 世纪 90 年代以来,伴随着战略性人力资源的提出,越来越多的企业认识到薪酬管理的作用已经超越了人力资源管理的局限,直接影响到企业的经营战略本身。许多企业在探讨如何通过加强薪酬战略与组织战略之间的联系,让企业的经营变得更有效。这一时期,企业开始从战略视角看待薪酬和薪酬管理,并将薪酬的内涵拓展至非经济报酬和部分内在报酬领域,使员工的报酬不仅包括薪资和福利,也涉及发展机会、工作认可、工作环境等。

2. 薪酬管理的目的不同

在经验管理阶段,薪酬管理的重点在于如何通过降低工资来获取稳定的劳动力队伍。当时的雇主们认为,最饥饿的工人就是最好的工人②。于是他们就尽可能地降低工人的工资,让工资稳定在最低水平上,只够维持生计,从而不得不使工人稳定地到工厂上班。在科学管理阶段,薪酬管理的重点是制定科学的薪酬制度以提高劳动生产率。当时的泰罗主张采用的刺激性工资计划,取得了生产率在 200% 甚至更高范围内的持续改进。由于美国制造公司较早地接受了科学管理方法,从而使它们比外国公司处于相对优势的地位,至少在其后的 50 年里,美国制造业的效率一直令世界瞩目③。在现代管理阶段,薪酬管理的重点是设计薪酬的激励机制,来吸引、培养、激励和储备人才,建立人力资源优势,从而使企业在激烈的市场竞争中处于优势地位,保证企业的可持续发展。正规的薪酬决策程序、政府的规章制度以及工会和企业之间的谈判,已经取代了监工和主管对薪酬决策的控制权。到了战略性薪酬管理阶段,薪酬管理的重点则是设计并执行与企业战略匹配的薪酬战略,保证组织的战略重点以及组织的变革,推进企业组织目标的实现。

3. 薪酬功能的侧重点不同

在经验管理阶段,薪酬的功能侧重于补偿性。古典经济学家威廉·配第、大卫·李嘉图

---

① 〔美〕丹尼尔·雷恩. 管理思想的演变[M]. 北京:中国社会科学出版社,2004:367-368.
② 〔美〕丹尼尔·雷恩. 管理思想的演变[M]. 北京:中国社会科学出版社,2004:56-57.
③ 〔美〕斯蒂芬·罗宾斯. 管理学[M]. 北京:中国人民大学出版社,1997:27-28.

等认为,工资是维持工人本人及其家属最低生活的收入,具有补偿功能。古典经济学家亚当·斯密认为,货币的诱因会激发人们发挥最大的能量,人们获得的报酬越多,工作越努力。他认为当时欧洲各地工资的差异其实是"对某些职业的微薄金钱报酬给予补偿,对另一些职业的优厚报酬加以抵销"[①]。在科学管理阶段,薪酬发挥补偿功能的同时,也开始注重激励功能。甘特(Henry L. Gantt)曾是泰罗的同事,后来独立创业,从事企业管理技术咨询工作。他的重要贡献之一就是设计了一种用线条表示的计划图表,即甘特图,这种图像现在常用于编制进度计划。甘特还提出了"计件奖励工资制",对完成定额的给予日工资,对超额完成定额部分给予计件奖金,而且工长也会得到一笔奖金。这种制度比泰勒的"差别计件制"更受工人们的欢迎,可使他们感到收入有保证,有效地激发了包括管理人员在内的全体员工的工作积极性。在现代管理阶段,伴随着激励理论的发展,人们对报酬的需要也逐渐从低级的需求向高级的需求转变。薪酬管理在满足员工经济性报酬激励的基础上,开始注重非经济性报酬和部分内在报酬的激励。美国心理学家赫茨伯格(F. Herzberg)1959年提出的双因素理论指出,工作效率高低的因素分为保健因素和激励因素,保健因素包括企业政策、监督、工资等10项,激励因素则包括工作上的成就感、受到重视、工作本身的性质等6项。他认为保健因素只能消除员工的不满,起不到激励的作用。而各种激励因素主要来自于工作本身。根据美国全民民意研究中心1973—1974年的调查,半数以上的男性员工把成就感作为工作的首要条件,认为有意义的工作才是第一位的[②]。到了战略性薪酬管理阶段,薪酬功能的侧重则转向信号功能和战略导向功能。企业通过薪酬政策的制定向员工发出信号:哪些技能是企业所关注的?哪些行为是企业所期望的?哪些绩效跟企业战略密切相关?员工可以从企业的薪酬战略中读懂这些信号。企业通过薪酬的激励与约束机制,使员工的行为朝着有利于企业战略的方向努力,实现员工的个人目标与企业战略目标相融合。

三、战略性薪酬管理的原则及内容

(一)战略性薪酬管理的原则

战略性薪酬管理除了应当坚持薪酬管理的公平性、经济性、合法性和战略性这四项基本原则外,还应当注重系统性、专业性、信息化和参与性原则[③]。

(1)系统性原则。传统的企业实践往往将人力资源管理的各个分支体系,如薪酬管理体系、绩效管理体系等单独设计,然后汇总成一个人力资源管理系统。分割设计、孤立管理的思路很容易导致人力资源管理各个子系统之间的冲突和不相匹配。现代人力资源管理强调各种人力资源职能的整体性、一致性和协调性。企业在构建薪酬战略和制定战略性薪酬管理方案过程中,必须系统思考薪酬管理系统与整个人力资源管理系统的契合,以及与其他子系统的匹配问题。

(2)专业性原则。现代薪酬管理是一项技术性和专业性非常强的管理工作。在薪酬管理上升到战略层面之后,应当从以下几个方面提升薪酬管理的专业化水平:一是加大薪酬管理方面的技术投入,聘请薪酬专家管理企业薪酬;二是建立与企业总体绩效水平和人力资源

---

① 张文昌,于维英. 东西方管理思想史[M]. 北京:清华大学出版社,2007:211.
② 卢盛忠. 管理心理学[M]. 杭州:浙江教育出版社,2006:151.
③ 李建新,等. 企业薪酬管理概论[M]. 北京:中国人民大学出版社,2012:26-27.

战略相匹配的薪酬体系和方案,并培育保证这一体系和方案有效落实的管理机制;三是降低事务性活动在薪酬管理中的比重。传统薪酬管理模式下的主要工作是收集分析薪酬数据,进行绩效考评、职位评价等常规事务,战略性薪酬管理要求管理者将更多的时间用于外部信息收集、薪酬战略规划和员工沟通等。

(3)信息化原则。伴随着网络技术和信息技术的快速发展,管理高效化必须借助于系统的信息化。在传统的人力资源管理信息系统中,薪酬管理模块的功能主要集中在核算薪资、记录薪酬数据、生成各类报表等。而在战略性薪酬管理模式下,薪酬管理信息系统帮助管理人员从事务性活动中解脱出来,更加注重其专家性和决策支持性功能,解决诸如可变薪酬与基本薪酬的比例达到多少才能与最低成本战略相匹配等之类问题。

(4)参与性原则。战略性薪酬管理要求薪酬体系的构建和实施必须有员工的充分参与。员工的参与程度直接影响薪酬体系作用的发挥,具体表现在以下三个方面:一是员工参与能给组织提供更加丰富、更为全面的信息,有助于识别对提高绩效有意义的权变因素,而这些因素为最终识别企业的竞争力和薪酬管理目标提供帮助;二是有助于增强员工对薪酬体系和薪酬管理机制的理解和接受程度,而被员工接受和认可的薪酬体系本身就是一种约束和激励员工行为的机制;三是员工的参与也是一种学习和开发过程,这有助于增强员工的自我管理意识,促进他们的工作积极性和主动性。

(二)战略性薪酬管理的内容

战略性薪酬管理在内容上与一般薪酬管理并无多大的差异,不同的是,战略性薪酬管理是从战略层面确定薪酬管理的目标、选择薪酬管理政策、制订薪酬管理计划、控制薪酬总额、优化与调整薪酬结构的。战略性薪酬管理的核心内容是做出一系列对组织绩效产生重大影响的战略性薪酬决策。在通常情况下,企业需要首先作出一系列的根本性决策,即确定企业的战略:我们应该进入并停留在什么行业?我们靠什么赢得并保持在本行业或相关产品市场上的竞争优势?企业的整体人力资源政策应该如何设计?在企业战略确定之后,接下来企业需要继续回答的下一个问题就是:我们如何才能依靠薪酬决策来帮助企业立于不败之地?这些关于如何帮助组织赢得并保持竞争优势的相关薪酬决策,就是所谓的战略性薪酬决策。概括起来,战略性薪酬决策主要需要回答以下几个方面的问题:

(1)薪酬管理的目标是什么?即薪酬如何支持企业经营战略?当企业面临着经营和文化压力时,应当如何调整自身的薪酬战略?

(2)如何实现薪酬的内部一致性?即在本企业内部,如何对不同职位和不同的技能或能力支付不同的薪酬?

(3)如何实现薪酬的外部竞争性?即相对于竞争对手,企业在劳动力市场上的薪酬水平应该如何定位?

(4)如何认可员工的贡献?即基本薪酬调整的依据是什么?是个人或团队的绩效,还是个人的知识、经验增长以及技能的提高?抑或仅仅是生活成本的变化?是否需要根据员工的不同表现及其业绩状况制订不同薪酬奖励计划?

(5)如何管理薪酬系统?即对于所有的员工而言,薪酬决策的公开和透明程度应该是怎样的?应该由谁来设计和管理薪酬体系?

(6)如何提高薪酬成本的有效性,即如何有效控制薪酬成本?

四、战略性薪酬管理的基本步骤

战略性薪酬管理的基本步骤可概括如下:[①]

(1) 分析企业内外部环境中的权变因素。战略性薪酬管理的第一步是了解并分析企业薪酬管理的内外部环境,这些环境因素主要包括外部宏观政策环境、产业及市场环境、企业内部环境等。每个企业所面临的薪酬管理环境都不一样,企业只有全面、准确地审视其所面临的内外环境,才能找出最能影响薪酬战略及其管理过程的权变因素。

(2) 确定驱动组织绩效的关键因素。在分析企业薪酬管理的内外部环境基础上,确定驱动组织绩效的关键因素。一般而言,在确定驱动组织的关键因素时需要考虑的问题主要有:企业的愿景与目标、为实现愿景和目标所选择的竞争战略、为实现竞争战略而选择的企业的核心价值观、组织结构及管理流程、企业所面临的内部和外部威胁和挑战等。

(3) 明确关键因素对薪酬成本及员工技能、态度和行为的要求。战略性薪酬管理的第三步,是要找出驱动组织绩效的关键因素对薪酬成本和员工技能、态度与行为的具体要求。只有确定了这些战略要求,薪酬战略的目标才可以落实,才能明确薪酬管理的工作方向和指导方针。

(4) 制定薪酬战略以实现上述要求。为了实现企业对薪酬成本和员工技能、态度与行为的要求,企业接下来需要制定一套行之有效的薪酬策略与薪酬政策体系,包括薪酬水平政策、薪酬结构政策、薪酬组合政策以及行政管理政策等。表8-4列举了三家著名公司的薪酬战略目标及其薪酬政策。

表 8-4 薪酬战略目标及薪酬政策比较

公司		微软	惠普	谷歌
薪酬战略目标		● 支持经营目标 ● 支持招募、激励和维系优秀人才 ● 支持公司的核心价值观	● 能够持续地吸引具有创造性和激情的人才 ● 确保人人机会平等 ● 反映员工的相对贡献	● 支持创新 ● 认可个人贡献 ● 支持吸引和奖励优秀人才 ● 致力于成本控制
薪酬战略因素	薪酬结构政策	● 微软价值观的组成部分 ● 支持公司绩效推动计划 ● 以经营/技术为基础的组织结构设计	● 反映惠普之道 ● 支持跨职能的协调 ● 支持公司职业生涯设计 ● 树立公司长期责任感	● 使等级结构最小化 ● 每个人都拥有几种头衔 ● 支持合作
	薪酬水平政策	● 总体薪酬领先 ● 基本薪酬滞后 ● 奖金和股票期权领先	● 领先水平的薪酬 ● 惠普之道的组成部分	● 探索薪酬和福利管理的新理念 ● 慷慨而独特的福利
	薪酬组合政策	● 奖金和期权以个人绩效为基础	● 优秀绩效加薪和利润分享 ● 以个人绩效为基础	● 重视个人贡献 ● 优越的股权计划
	行政管理政策	● 公开、透明和交流 ● 集权管理 ● 管理软件支持	● 公开、交流	● 热爱员工,并让员工知道这一点 ● 技术支持

---

① 李建新,等. 企业薪酬管理概论[M]. 北京:中国人民大学出版社,2012:27-28.

(5) 执行薪酬战略并重新评价与调整。战略性薪酬管理的最后一步是执行战略,在战略执行过程中不断检查执行效果,并对战略进行重新评价和调整。由于企业的内外部环境是不断变化的,这种变化很可能会影响驱动组织绩效的关键因素的变动,因此,薪酬战略及其管理过程必须能够及时顺应这种变动,以确保企业的薪酬战略与环境之间的适应性。

五、战略性薪酬管理对人力资源管理职能的新要求

与传统的薪酬管理实践相比,战略性薪酬管理对企业的人力资源管理部门以及薪酬管理人员提出了新的要求。具体而言,他们应当达到以下几点[①]。

(1) 薪酬战略和薪酬体系要与企业的使命、战略以及价值观相适应。企业的竞争实力在很大程度上取决于企业是否制定了适应市场环境的战略,是否具备实施这种战略的能力以及所有员工是否认同这一战略。当薪酬战略与企业的使命和战略相适应时,它就能有效地实现对员工的激励,增强员工对组织目标的承诺和认同感,促使员工帮助组织成功地实现这种经营战略。

(2) 确保组织的薪酬体系和薪酬管理政策简单实用。战略性薪酬管理力求薪酬体系和薪酬管理政策简单、明了,向员工传递非常明确的战略导向以及行为和价值观信号。薪酬制度本身并没有先进和落后之分,只有适合与不适合之分。企业应当根据自己的环境、使命、战略、价值观、业务要求等制定适合自身的个性化薪酬制度,而不要盲目追求所谓的国际先进经验。事实上,因地制宜、实事求是地思考并创新出适合本企业的薪酬模式,然后再随着本企业的发展阶段和面临的问题不断调整自己的薪酬模式,这种做法才是最有效、最实用的。

(3) 降低事务性活动在薪酬管理中的比重,实现日常薪酬管理的自动化。薪酬管理活动通常可以划分为常规管理活动、服务与沟通活动以及战略规划活动三种。在传统的薪酬管理过程中,人们往往把 2/3 以上的时间精力消耗在一些常规性管理活动上,比如更新职位说明书,分析劳动力市场供求状况,分发、填写、汇总绩效评价表格,收集、分析、汇总薪酬数据等。而能够向员工提供个性化服务、就薪酬体系进行沟通以及战略规划方面所花费的时间及精力可谓少之又少。战略性薪酬管理要求薪酬管理人员降低日常管理活动所占的时间比重,将更多的时间和精力用在服务与沟通以及战略规划等活动上。实现常规性管理活动的自动化和系统化,是减少薪酬管理人员日常管理活动比重的一个主要途径。企业可通过将有关职位、能力、角色、员工以及市场等的数据整合到同一个计算机系统当中,借助薪酬福利管理软件实现日常活动的自动化管理。一些先进的薪酬管理软件还可以建立组织的薪酬模型,对不同员工和职位进行薪酬比较,从而协助管理者作出最优的薪酬决策。

(4) 积极承担人力资源管理的新角色。在传统的人力资源管理中,企业人力资源管理者,包括薪酬管理者,往往不能迅速地感知到组织内外部环境和经营策略发生的变化,不了解企业经营和业务流程,因而无法提出能够对企业的战略实现产生支撑和推动作用的建议,结果只能是从本职工作而不是从企业的战略出发来做人力资源管理工作。再加上一部分人力资源管理者承担了很多本来应该由直线管理者承担的事务性工作,消耗了大量的时间和

---

① 刘昕. 薪酬管理[M]. 4 版. 北京:中国人民大学出版社,2014:37—40.

精力，因而难以超越事务性工作去进行战略性思考。而在战略性薪酬管理这一全新管理理念下，薪酬管理与组织的其他职能管理都实现了有机的整合，薪酬管理已不再是所谓薪酬管理专家的专利，直线管理者甚至普通员工都要参与其中。企业让薪酬管理者能够及时和准确地获知组织中所发生的所有变化，同时使他们从繁杂的管理事务中解脱出来，使他们从官僚体制的捍卫者转变为真正可以提供建议和支持的、具有全局眼光的专业领域专家。

思考题

1. 什么是薪酬战略？它有何作用？
2. 怎样实现企业的薪酬战略与企业战略和竞争战略的匹配？
3. 影响企业薪酬战略决策的因素有哪些？
4. 简述薪酬战略制定的步骤。
5. 比较传统薪酬战略、全面薪酬战略和全面报酬战略的特点及其构成。
6. 什么是战略性薪酬管理？它有什么作用？
7. 战略性薪酬管理需要把握哪些原则？
8. 战略性薪酬管理对人力资源管理职能提出了哪些新要求？
9. 试对本章提到的绩效管理的直接理论观点进行梳理，并比较之。

案例分析题

华为公司的战略性薪酬管理[①]

一、华为公司概况

华为技术有限公司是任正非在20世纪80年代末创建于中国经济特区深圳的一家民营高科技企业。华为的主营业务涵盖了以下范围：交换、传输、无线和数据通信类电信产品及设备，是当今世界范围内领先的电信网络解决方案供应商以及基站硬件设备的提供商。其产品和解决方案等服务已经向世界超过140个国家和地区的客户提供，其客户包含了全球电信运营商前50名中的45家，服务全球1/3的人口。华为还是世界第六大的手机生产商。华为也是我国参选世界500强企业中唯一没有上市的企业。在华为的4万多名员工中，接近一半为知识型员工，从事研发工作。

华为的战略是以客户为出发点，以客户需求为导向，关注并紧跟客户的需求，提供相应的有竞争力的产品、通信解决方案和服务，使人们的沟通和生活丰富多彩。在这样的理念下，华为的发展紧扣客户需求的主题，以此为原始出发点，提出为客户服务是华为唯一的存在理由。通过管理流程的优化演变，保障生产端到客户端的优质交付。为客户持续提供稳定优质、节能高效的产品和服务，满足客户各类特色需求，帮助客户的同时，实现竞争力和赢利能力的双赢。与商业伙伴互惠发展，竞争与合作并存，创造捆绑共同利益的价值链，开创和谐的生存空间。

---

① 改编自：张璇. 华为公司薪酬管理的研究及启示[D]. 上海：上海外国语大学，2012：12.

二、华为公司薪酬管理的发展演变历程

华为的薪酬管理策略是随着组织内部的发展阶段和外部市场环境的发展变化而变更,为企业赢得源源不断的高质量、高竞争力和高绩效的人力资源。华为的薪酬管理发展演变过程大致可划分为以下三个发展阶段:

第一阶段,在最初成立的 8 年间,华为处于创业初期的起步阶段,采用的薪酬管理策略是非经济性薪酬给付。那时,各种外部资源缺乏,配备不全,而对于属于高科技行业的通讯领域来说,高科技人才能否到位是业务能否开展起来的关键。可是当时华为无力提供具有竞争性的薪酬来吸引人才,因此华为决定采取与当时所处阶段最相适应的非现金式的员工激励政策。就是说,不论员工的年龄和资历,只要你对公司做出大的贡献,即使是刚刚毕业几年的大学生,也能够管理几十个人的团队。据说在华为,年纪最小的高级工程师的记录是 19 岁;另一个记录,最短时间升任高级工程师所用的时间是加入公司的一周后。同时,企业对所有员工采用长期股权激励的福利,用来缓解给予员工浮动收入或者奖金带来的现金压力。通过这种薪酬管理的设计,以及怀着创业初期的冲动和对成功的向往,华为吸引了一批批优秀的朝气蓬勃的人才,因为在这里,可以成就他们的梦想。在创业两年后,华为建立并完善了全员的股权激励制度,这在当时是市场上极其罕见而又成功的实践案例。

第二阶段,即随后的 5 年间,企业从初步创业阶段过渡到高速蓬勃发展阶段,企业的内外资源都处于非常"给力"的状态,颇具实力。那么相对应的薪酬策略也应随着企业的发展阶段发生变化,实施了领先市场的薪酬战略。1997 年以后,华为从最初的单一领域经营转向多领域、多元化的扩张,即从最初的电话交换机扩展到数据业务、无线通信、GSM 等领头产品。相应的,从最初仅对电话交换机人才的需求扩张到多个领域的高科技人才的需求,数量产生质的变化。据悉,当时华为每年新增的人才数量不少于 3000 人。为了能够保证足够多高质量科技人才的及时到岗和留用,华为的薪酬策略从最初的非经济性薪酬给付转变为高薪酬+高压力+补助+加班费的模式。"有竞争性的薪酬"成了当时华为薪酬给付的代名词,对于应届生起薪和一般社会招工的薪资增长比率,都高出深圳一般公司的 20% 左右。华为的薪酬长期激励制度是对全公司的全体员工范围,并从开始的全体员工固定配股分红,演化为现在的虚拟受限股。这是华为发放给员工的虚拟股票,可以购买公司的股票,价格为 1 元人民币,但是,在员工离开公司的时候,所购的股票必须出售给公司。华为通过这种制度吸引优秀人才,快速盈利后马上发放股票和分红奖赏员工,同时也不影响总资本和现金流的运转。这种方式是企业对员工长期激励的最有效的政策,激励着华为人秉承着狼一样的精神勇往直前。

第三阶段,从 2005 年到现在,华为渐渐步入成熟的发展阶段,业务已经拓展到海外,并且国外的业务销售已经超过了国内销售额。相应的,对国际化人才的需求量开始增加,尤其是对一些级别比较高并且对公司起着关键作用的职位,比如高级法律顾问、销售总监、财务总监等。此时,华为采取的薪酬策略是,在保持内部薪酬公平性的同时兼顾外部竞争力,实行基于能力的职能工资分配制,奖金的分配与团队和个人的绩效直接挂钩,退休金发放的多少依据平时的工作态度表现,医疗保险按照个人对公司的贡献度,对于公司高级别的重点职位和一般员工实施差别化待遇,从而使公司的薪酬战略同业务战略的发展阶段相匹配,达到最优化组合。

华为的薪酬战略发展是随着企业的发展阶段适时变化的。每个企业都会经历初创期、

成长期、成熟期、停滞不前、衰退这几个必经阶段,每个阶段在经营模式、流程管理、财务管理和人员管理方面都会呈现出巨大的差异性,与之相匹配的薪酬管理模式应当及时地调整以适应公司不同的发展阶段。与此同时,在设计薪酬体系时,华为还兼顾外部市场环境的变化,从创业初期非经济型激励到成熟发展阶段时采取的有竞争性的经济型激励,采用领先市场型的薪酬策略来吸引人才,成为带领公司成长的第一推动力。华为别具匠心的薪酬设计被许多研究者视为研究案例,华为本身也把薪酬设计作为一种艺术来对待。除了设计一些市场上比较普遍的操作比如培训、分红以外,还有一些货币化的福利,比如发放的福利卡可以用来购买火车票、购物,员工还可享受基本工资15%的退休基金。福利发放不会考虑身份、资历和背景,以能力和贡献大小作为分配的评估标准,这样就充分调动了员工的积极性和主动性。

三、华为公司的战略性薪酬管理

《华为公司基本法》第六十九条规定:公司保证,在公司发展处于良好的阶段,整体经济环境良好的时期,公司的员工平均薪资将高于该地区同业的最高水平。这个公司政策明显向公司员工做出承诺,同时也将员工薪酬与公司长期利益联结在一起。任正非相信:重赏之下,必有勇夫。华为2011年度企业社会责任报告提到,"要基于员工的绩效与贡献,提供及时、合理的回报,为员工提供全面的健康安全保障体系和成长机制。同时重视员工的业余生活和心理健康。"这句话无疑成为华为在进行战略薪酬设计时的宣言。华为不仅会为员工提供在市场上有竞争性的薪酬待遇,同时会随时根据市场发展、人才竞争,并结合公司的内部发展和员工个人业绩表现,对薪酬进行实时调整。从华为流传出来的资料称,华为为全体雇员设置了全面的福利和保障机制,而且这一系列制度堪比当地社保政策的水准,包含了较为全面强制的保险和福利等。据说华为的员工保险及福利机制仍在不断地改进优化,在2010年,公司为雇员的保险和福利保障投入达19.7亿元人民币。内部资料还说,华为坚持"以奋斗者为本"的理念,根据员工对公司的贡献和自身工作表现,公司将快速给予相应的回报,为员工建立全方位的物质精神保障机制和利于其发展的环境制度。引导员工组织各类文化体育活动,使其工作之余的时间丰富多彩。公司坚持认为,具有竞争力的工资是对员工对公司贡献的肯定,是公司在人力资源市场上与竞争对手抢夺优秀员工的重要手段。也希望能让员工获得与企业一起成长的成就感和自豪感,实现互惠互利的最佳设想。

华为实施的战略性薪酬管理就是为了保持绝对的竞争优势,适时随着企业内部和外部环境的变化而做出的一系列相应的战略决策调整。这种战略性薪酬管理的作用,是能够最大限度地调动员工的积极性和主动性,增强企业对外部环境的灵敏度,以达到实现企业经营战略目标的目的。

华为目前的人力资源现状是以贡献定报酬,凭责任定待遇,鼓励人才充分发挥个人的主动性和创造性。华为的薪酬战略的指导方针是"人岗分离"。华为的战略薪酬观念是:①公司的薪酬机制在公司内部公开公正公平,在市场上具有吸引力;②通过对岗位的系统性评估,体现出公司推崇的价值导向;③建立岗位的评价标准和评价方法,来评估岗位的级别。

四、华为公司的薪酬战略

1. 体现组织战略。在技术、创新以及对客户提供优质服务的基础上实现成本领先,在占领并巩固国内市场业务之后,向国际发达市场进军,挤占国际电信设备传统巨头的市场份额。该战略的核心内容就是知识,从这个理念出发,体现出以人才为本的发展原则。

2. 反映组织文化和价值观。面对华为"高质量、高压力、高效率"的组织文化,高于市场的、有竞争性的薪酬无疑是助推此文化的源动力。相应的,愿意在这种企业文化下通过艰苦奋斗换来高薪酬的华为人,以此作为自己的价值观。

3. 支持经营战略。以技术换市场,最终开拓国际发达国家市场是华为的企业经营方式,重视培养国际型技术人才和营销人才是实现经营方式的最根本保证。具有竞争力的薪酬机制才能对人才产生吸引力和达到留任的目的。

4. 拥护人力资源管理战略。人力资源管理实践的目标,一是为企业打造一个具备出色能力素养、对组织有承诺和团队精神的工作队伍;二是在公司内部营造自动自发、自律自控和有益于培养杰出人才的氛围和机制。从而使得企业可以迅速发展,高效运营。公平、公正及公开是三大基本准则。

5. 适应环境和变革的压力。优质的人才是当代企业存亡的决定性的因素,为了能够招聘并且留住人才,灵活高效的薪酬策略是关键。华为采用的"高薪+持股+培训"的薪酬机制,无疑会受到众多人才的青睐。

6. 法律的约束。在国家法律准绳的要求下,华为设计的薪酬策略除了会按照相关规定帮员工缴纳最基本的社保基金和养老保险金,给予节假日的休假,以保证员工能够享受到国家的法定福利外,还会依据工作态度的绩效考评结果和贡献大小,对公司高层管理者和高级专业人士在待遇方面与一般雇员采取差别对待,高层领导和高级专家除基本医疗保障外,还享受医疗保健等健康待遇。

五、华为公司的薪酬构成

在薪酬构成中,华为将报酬分为两大类,即外在激励和内在激励。外在激励主要是由基本工资、固定奖金、现金津贴、浮动收入、长期激励和福利待遇共同组成的、以金钱形式给予报酬的全面薪酬;内在激励体现在工作内容、文化氛围和工作生活平衡度上的精神方面的感知。随着社会高度现代化的发展,越来越多的员工除了会把金钱当成重要的考量手段来决定工作的选择外,同时重心也在慢慢地向精神层面上转移。工作内容的挑战、培训发展的机会、文化氛围的和谐、公平透明的机制、同事的互助友爱等一系列非物质方面的因素,都在一步步地影响着对员工对于一份新工作的考虑或者继续留任。由此衍生出来的全面激励的概念,在华为成为制定薪酬架构的核心。之所以要将薪酬构成的要素做出如此的细分,是由于每个组成要素对员工的影响程度都是不同的,缺一不可。只有对每个薪酬构成要素的发挥作用有了充分的了解,才能制定出合理有效并有针对性的薪酬架构。

据悉,2011年华为应届生的起薪,本科生为5000~6000元,按重点院校、学科专业、职类差异化起薪;研究生起薪:北上广以及杭州9000元,其余城市8000元;对于行业内争夺凶猛的稀缺人才起薪可以达到10000元,如云计算、芯片的开发和检验、容错计算机系统结构软件工程师、操作系统软件工程师、编译器及工具链软件工程师、终端天线开发工程师、终端GUI程序设计师、终端ID设计师等;同时博士生招聘更有过之而无不及,起薪按照特招标准一律面谈,实行一人一薪。这套基本工资的标准在同行业乃至在市场上都是位于前列的。

在短期激励上,即根据个人和团体业绩统一来考量,不过关键是看部门的整体表现。表现优异的话一般来说3个月左右有一次加薪,这样频繁的调薪和考核,是因为短期激励在激励上是最关键的。为了让员工深刻地体会到在华为付出努力的及时回报和表现优异的肯定,用来充分调动员工的积极性并使之以饱满的激情投入工作,这种激励方式最适合于研发和销售部门,浮动收入与基本工资的占比远远高于其他后勤部门。

对保留员工影响最大的薪酬组成项堪称是长期激励,即股票认购。在每个财年开始之际,华为各个部门的高层管理人员开始确定新的年度符合认购股票资格的员工名单,确定标准的维度是员工的入职时间、总工作年限、现岗位工作时间、岗位级别、上年度业绩表现、团队合作度和员工总评价,最终会得出确定符合条件的员工可以购买的股票性质以及股权数。新进员工,即入职必须满一年的员工即可享有华为的内部职工股权,员工可以根据自己的意愿进行购买、套现或者放弃这三种形式的选择。如果选择购买的话,每股一元人民币向公司购买,不能转让,离职时按照市价卖给华为。

华为还提供内部股的多种购买形式,除了可以使用手上的现金购买,这种内部股还可以用奖金认购,也可从公司无息贷款,三者选其一。对于工作年限比较久并且业绩比较好的员工,奖金和股票分红收入相较一般员工而言会比较高。5年以上干得好的,年终奖(一般第二年年中发)可以达到10万元以上,股票收入也能达到10万元以上。近几年分红能达到30%以上。华为内部股的发放配额并非是固定不变的,通常会实时根据"能力、责任心、付出、工作积极主动性、风险担当"等因素作定期动态调整。在华为的股本结构中:30%的优秀员工可享有集体控股,40%的骨干员工按照一定的比例控股,10%~20%的低级别员工和新入职员工只能视具体情况而定适当参股。华为灵活地运用着长期激励在薪酬管理中的调节作用,使得一批批的人才得以长期留用,为华为创造价值。

六、华为公司的薪酬制度

华为的薪酬制度是按照7个基本要求来制定的:①体现出保障、激励和调节三大功能。薪酬给付要使员工有充分的安全保障,能够有效调动重点员工的积极主动性,同时能够有灵活地随着市场变化而适时的调节能力。②体现出劳动的三种表现形态:凝固形态、流动形态和潜在形态。③体现出岗位的差别:知识、技能、强度、环境和技能。④建立劳动力市场的决策机制。⑤公平公正合理地搭建薪资架构体系。⑥对人工成本进行有效的管控,确立合理的薪酬结构。⑦相应的配置系统。

检测一个企业的薪酬制度是否科学、有效和合理,可用三项衡量标准,即:①员工的感知度,员工对本公司的薪酬制度是否清楚明了;②员工的认同度,90%以上的员工能够接受;③员工的满足感。

华为的高薪酬给了员工充分的保障功能,员工愿意通过自己的艰苦奋斗换来高薪报酬,满足个人以及家庭的基本生活需求,以及更高层次的精神方面的追求。同时华为薪酬的内部公正性也激励着员工不断前进,以期获得更好的报酬,这种公正性已成为员工和企业的心理契约,对员工的工作意识、行为举止和忠诚度都产生了很重要的影响。

怎样使得员工各尽其能呢?重中之重就是建立公平的价值评价和相应的分配制度,使员工形成合理的预见性,相信在付出自己的贡献和努力后能够得到应得的合理回报。而如何使价值评价做到公平呢?就是要抛开任何学历、成绩、背景和裙带的客观因素,实行同等贡献、同等报酬的原则,这样才能够真正地把大家的信任感和积极性调动起来。华为的战略性薪酬管理体系与其他高科技企业的区别如表8-5所示。

表 8-5　华为的战略性薪酬管理体系与其他传统高科技企业的比较

项　目	华为公司	其他传统高科技企业
薪酬管理目标	聚焦于核心优秀员工的留任和积极性调动上，同时确保企业价值和员工价值实现的和谐一致	被看作管理员工的一种被迫管理手段和工具，终极目标是为了促进企业的利润最大化
薪酬设计基础	企业战略目标	传统的级别划分
薪酬理念	薪酬被视为资本投资行为	薪酬被看作是一种管理成本
对员工的认知	员工是获得竞争优势的核心战略资源	把员工当成是一种为了达到目的而使用的工具性资源
绩效考核	专注于长期绩效；关注调动员工的积极性和主动性，乐于奖赏有功之臣，推崇奉献、公开和沟通的价值观，强调分配效果	只注重中短期绩效；关注薪酬的基本制度和体系的设计方法，强调分配过程
员工的参与度	充分尊重和接受员工的态度和意见，员工也是制定薪酬体系的一分子，重视员工的参与	一般不会将员工作为管理主体，在设计薪酬体系的过程中没有员工的参与，只会告知员工薪酬体系的安排
环境	随着内外环境变动而适时改变的动态管理	以不变应万变

面对当前激烈的市场竞争和人才争夺战，以工作内容为目标、注重企业中短期利益，将薪酬管理视为成本中心的传统薪酬管理方案已经无法满足现代化企业的快速发展。企业必须采取与企业战略和谐统一的薪酬战略，才能获得合适的高质量的人才竞争优势，为企业源源不断地输入具有能力、有知识、有创新、能够创造高绩效的人力资源，为实现企业使命和目标提供强大的动力源泉，同时也为员工个人价值和目标的实现提供强有力的保证。

讨论问题：

1. 华为公司在不同发展阶段的薪酬战略有何不同？
2. 总结华为公司在薪酬管理方面的主要做法和特点。
3. 你如何评价华为的人力资源管理及其薪酬战略？
4. 华为的战略性薪酬管理对你有何启示和借鉴？

第九章

薪酬水平

> 数赏者,窘也;数罚者,困也。
> ——《孙子兵法(行军篇)》

学习目标

- 深刻理解薪酬水平及其外部竞争性的含义;
- 理解薪酬水平及其外部竞争性的作用;
- 学会选择薪酬水平及其外部竞争性的策略;
- 掌握薪酬水平决策的影响因素;
- 熟悉薪酬调查的类型及内容;
- 熟练掌握薪酬调查的实施过程;
- 学会根据薪酬曲线确定薪酬水平。

关键术语

薪酬水平	薪酬的外部竞争性	领先型薪酬策略
跟随型薪酬策略	滞后型薪酬策略	工资指导线制度
薪酬调查	薪酬曲线	

开篇引例

百度公司的薪酬管理

百度(Baidu)是全球最大的中文搜索引擎。2000年1月由李彦宏创立于北京中关村,致力于向人们提供"简单,可依赖"的信息获取方式。"百度"二字源于中国宋朝词人辛弃疾《青玉案·元夕》中的词句"众里寻他千百度",象征着百度对中文信息检索技术的执着追求。百度公司的快速成长与其在人才激励和薪酬管理方面的成功做法不无关系。

一、百度公司的薪酬水平策略

百度公司在执行薪酬制度时,既看重人力成本因素,也看重薪酬制度在市场上的竞争力。

为了保持自己的薪酬制度在市场上有很大的竞争力，百度公司每年都密切关注同行业薪酬水平的变动，不仅依靠专业公司所提供的薪酬调查数据和报告，同时也通过同行业之间的薪酬情况掌握公司内核心员工的薪酬价位。公司在对自身薪酬水平在外部市场的竞争力定位时，是做了系统和全面的考虑的。由于公司采取的是全员股票期权计划方案，因此在设计基本薪酬方案，尤其是在确定基本薪酬水平时，将其定位在略低于同行业公司的价位上。一般来说，公司内核心人员的基本薪酬水平都要低于行业内其他公司相应职位的薪酬水平。百度公司内职位越高的员工，其基本薪酬水平与行业相比差距越大，是综合考虑不同职位的员工所持股票期权数量的多少来制定的，因为职位越高的员工的薪酬方案更应与公司的战略业绩挂钩，且其掌握的股票期权数量也相当可观。

在控制人力成本方面，百度公司在成功登陆美国纳斯达克股票市场后，就面临着作为一个国际知名的、在纳市上市的大公司如何协调老员工与新员工的薪酬水平问题。由于公司的股票期权计划是针对全员设计的，而在上市之后若继续执行势必增加公司的人力成本，且当初实行这项计划也是从长期激励的角度出发，为的是引导员工努力工作、提高业绩、实现公司的长期绩效目标。而在公司上市后，根据薪酬调查的结果，公司认为持有股票期权的老员工的整体薪酬水平（期权兑现之后的整体收入水平）依旧能在市场上保持强有力的竞争力，因此对老员工采取的是继续维持低于市场薪酬水平的薪酬策略；而对于新员工，由于不可能继续执行全面的赠与期权，因此对于他们采取的是高于市场薪酬水平的薪酬策略，这样有利于保持公司在劳动力市场的薪酬竞争力。而同时公司承诺，新员工若入职后达到软件Leve3级以上，公司将依据其优异的业绩赠与期权。

百度公司在每年调整绩效工资时做到了完全透明，让每个员工知道他加薪的原因。公司每年给员工加薪的主要目的是保证百度在人才市场上的竞争力。每年年末是全公司的绩效考核期，针对员工个人的业绩考核结果，给予一定幅度的加薪。加薪时，员工的主管会找员工谈话，告知最终的绩效考核结果，共同分析业绩不佳的原因和总结业绩突出的因素，并就考核结果与员工沟通，听取员工的反馈意见，并做好一切有关政策制度的解释工作，最后双方要对绩效考核及加薪结果统一确认。即使是在日常薪酬管理中，公司将薪酬制度和等级规定都完全透明化，任何员工都能查到有关自身的薪酬政策和制度的相关解释。

二、公司的企业文化

百度公司的管理风格与美国硅谷的高科技公司十分相似，这与公司创始人曾经在美国长期工作、学习的经历有关。总的来说，公司意在培育一种注重员工绩效的完全以业绩为导向的企业文化。

百度在招聘人才时注重学历和毕业学校，比如2004年年底到2005年年初招聘了700多人，大部分是研究生以上学历，绝大部分拥有耀眼的名校背景。但百度公司又不仅仅以学历和毕业学校为唯一的评判标准。2005年度在"百度之星"的程序大赛决赛里，入围的就不乏一些普通院校的优秀学生，其中还有一位是高一学生！所谓的名校、学历仅仅是在新员工进入公司时与确定基本薪酬有关系，至于新员工正式工作之后，学历和名校背景在很短的时间内就淡化了，无论是做技术、市场还是商务，待遇、晋升与学历、背景是毫无联系的。在薪酬和晋升方面，百度公司根据工作表现决定薪酬，薪酬和职业发展与学历、资历、专业的关系越来越淡化，基本跟员工的职位和业绩挂钩。在以技术见长的百度公司里，人力资源部门为员工尤其是技术类员工设计了技术、管理的双通道的职业发展渠道，并制定了相应的薪酬级别,同时对技术和管理的等级也规定级别的对照关系。比如,技术类别的等级就包括软件工程师、高级工程师、架构师、首席架构师等9个技术等级,而员工的薪酬水平完全依照员工所处的技术等级来制定。为配合技术级别制度,公司还成立了技术职称评选委员会,由公司内公认的技术高超的员工兼职担任,每年举行两次技术等级评选,一旦某员工的职称确定,公司马上给予相应的薪酬等级。百度公司潜在的薪酬文化是,只要你的业绩优秀,只要你技术过硬,你就能获得相应的回报。比如,技术部门的某位经理只是国内民办高校大专生,由于业绩突出,在短短的两年内就由一名普通的技术员工晋升为该部门技术经理,其薪酬等级与他所处的高级工程师的技术等级匹配。

由于采用双通道的职业发展模式,公司也处处为员工提供展现能力的机会。公司商务部门的一位经理曾提出想换做技术类的工作,因为他认为自己更适合做技术工作,经过精确地考核后,这位经理的技术水平完全达到了工作要求,因此公司立刻给他安排了技术岗位,且依据技术评选委员会的职称评判等级为他确定了相应的技术和薪酬等级。由于人力资源部门在技术和管理两个通道之间制定了合理且科学的薪酬等级对照,因此公司内员工调换岗位是非常灵活和方便的。

此外,公司对于一些以团队为单位的项目,还采取团队奖励计划。对于团队完成的每一个项目,公司都依据团队成员的贡献大小,给予团队奖励或为团队成员普遍加薪。这些方案使得百度公司的薪酬管理相当灵活并富有成效。

三、百度公司的员工福利

除了基本薪酬和奖金制度外,百度公司还提供了多样的员工福利项目。如高科技公司因工作强度和时间较长,公司就为员工提供免费早餐和报销加班交通费,对于一些工作任务特殊的员工还实行通信费用报销制度。除了承担员工的法定保险外,公司还另外出资为员工购买其他一些商业保险项目。此外,公司还为各部门拨出专门的团队建设(team-building)资金,用于部门内的活动。最能体现百度"硅谷文化"的福利措施是从2005年年初开始,公司在全国范围内招聘保健医生,所开出的价码是年薪10万元再加上一部分股票期权。由于高科技公司工作的快节奏和高强度,工程师经常出现特有的"硅谷综合征",即紧张、焦虑、思维不畅。针对这一现象,公司决定聘请一位专业的保健医生,以解决员工的身体保健、心理保健等问题,这也是百度"工程师文化"的突出表现之一。

资料来源:改编自刘李豫.百度公司的薪酬管理[J].经营与管理,2006(1):36-37.

第一节 薪酬水平及其外部竞争性

一、薪酬水平及其外部竞争性的含义

薪酬水平(salary level)是指组织内部各类职位和人员平均薪酬的高低状况,它侧重分析组织之间的薪酬关系,是相对于其竞争对手的组织整体的薪酬支付实力。一个组织所支付的薪酬水平高低无疑会直接影响到企业在劳动力市场上获取劳动力能力的强弱,进而影响企业的竞争力。

薪酬水平有不同层次的划分,它可以指一定时期内一个国家、地区、部门或企业任职人

员的平均薪酬水平,也可以指某一特定职业群体的薪酬水平,其中企业员工的薪酬水平主要指以企业为单位计算的员工总体薪酬的平均水平,包括时点的平均水平或时期的平均水平。测定企业薪酬水平主要有两种方法:其一是企业支付给不同职位的平均薪酬,是一种绝对量指标;其二是企业薪酬水平在相关劳动力市场中的位置,是一种相对量指标。需要指出的是,不能简单地用薪酬水平的高低来判断一个企业薪酬的外部竞争性,衡量企业薪酬的外部竞争性,还要考虑企业内部薪酬结构和薪酬差距等因素,比如关键岗位的薪酬水平、重要职位与非重要职位之间的薪酬差距、企业的非经济性报酬、薪酬增长以及员工薪酬满意情况等。

薪酬水平反映了企业薪酬的外部竞争性。所谓薪酬的外部竞争性,实际上是指一家企业的薪酬水平高低以及由此产生的企业在劳动力市场上的竞争能力大小。理解薪酬的外部竞争性需要注意以下两点:

一是薪酬的外部竞争性是指职位和职位之间或者是不同组织中同类职位之间的薪酬水平对比,而不是笼统的组织整体薪酬水平的对比。在实践当中,将一个组织所有员工的平均薪酬水平与另外一家企业的全体员工平均薪酬水平进行比较对员工而言意义不大,薪酬外部竞争性的比较基础更多地应落在不同组织之中的类似职位或者类似职位族之间,因为一个组织的整体平均薪酬水平高,并不意味着它在所有的职位上都具有外部竞争性。如果一个企业的内部薪酬水平差距很小,没有充分体现"优质优价",重要职位和不重要职位之间的薪酬水平没有太大差异,那么,它在重要职位上的外部竞争性可能还不如平均薪酬水平低的企业,很可能造成低素质员工对组织的强烈依恋而高素质员工因对自己的薪酬水平不满而另谋高就。这就类似于经济学中的"劣币驱逐良币"的"格雷欣法则",虽然企业在薪酬方面的支出成本并不低,但却很难吸引、保留和激励高素质员工,而且高素质员工留下的工作职位也往往被更多的低素质员工所填补。

二是随着人才竞争的加剧,组织在薪酬的外部竞争性方面的考虑甚于对内部薪酬一致性的考虑。薪酬的外部竞争性往往与外部劳动力市场联系在一起,有时组织为了争夺高层次稀缺人才,会对这类人才的职位安排很高的薪酬水平。这样就会打破组织薪酬的外部竞争性和内部一致性之间的均衡,使外部竞争性和内部一致性之间产生矛盾。在这种情况下,组织就必须作出决策:到底是依据组织的内部职位评价来确定薪酬水平,还是根据外部劳动力市场竞争状况来确定薪酬水平。从现实来看,越来越多的企业开始采用强化外部竞争性的市场定价策略,但这又会破坏企业的职位评价体系,使其他员工产生不满。如何解决这一问题呢?目前一个比较折中的做法是在职位价值评估中,加入职位市场稀缺度的修正,以求得外部竞争性与内部公平性的一致。主要有两种方式:第一种是直接在职位评价的评价因素设置中加入对市场稀缺度的评价;第二种是职位评价结果乘以职位市场稀缺度修正系数,但必须合理确定职位市场稀缺度的权重与评价标准以及市场稀缺度修正系数。[①]

在新的商业竞争环境下,企业间的薪酬水平及其外部竞争性比较呈愈演愈烈的趋势,并且由过去单纯的薪酬水平比较转变为全面的薪酬体系的整体比较。当前,企业间热衷于薪酬竞争力的比较主要基于以下4个方面的背景:一是人才竞争的需要。随着企业间竞争的

---

① 周斌. 现代薪酬管理[M]. 成都:西南财经大学出版社,2011:30-31.

加剧,企业越来越重视竞争情报系统的建设,而薪酬信息日益成为企业竞争情报的重要组成部分,企业需要了解其他企业的薪酬信息,以便吸纳人才和避免人才朝竞争对手方向流动。二是薪酬调整的需要。企业往往会根据市场、竞争对手的薪酬变化、企业自身的发展等因素定期诊断和调整薪酬体系。三是实施标杆管理的需要。为了应对不断加剧的竞争,特别是全球范围的竞争,一些企业总是希望与所在行业中的顶尖企业进行比较,即实施标杆管理,而薪酬系统逐渐成为标杆管理的对象。四是国际化战略的需要。在经济全球化的背景下,许多企业开始推行国际化战略,这就需要企业了解更多国家的企业、更多文化中的薪酬信息与管理,以应对国际人才竞争。

二、薪酬水平及其外部竞争性的作用

薪酬水平及其外部竞争性的重要作用主要体现在以下 3 个方面。

1. 吸引、留住和激励员工

薪酬水平的高低在吸引、留住和激励员工方面发挥着非常重要的作用,如果企业支付给员工的薪酬水平过低,企业将很难招募到合适的员工,而且过低的薪酬水平还会造成员工忠诚度的下降,员工流失率上升。相反地,如果企业支付员工的薪酬水平比较高,则一方面企业可以很方便地招募到自己所需要的人员;另一方面还有利于员工流动率的下降,这对于企业保持自身在产品和服务市场上的竞争优势是十分有利的。另外,较高的薪酬水平还有利于防止员工的机会主义行为,激励员工努力工作,同时降低企业的监督管理费用。

2. 控制劳动力成本

薪酬水平的高低和企业的总成本支出的多少密切相关,尤其是在一些劳动密集型的行业和以低成本作为竞争手段的企业中。事实上,在其他条件一定的情况下,薪酬水平越高,企业的劳动力成本就会越高;而相对于竞争对手的薪酬水平越高,则提供相同或类似产品、服务的相对成本也就越高。而较高的产品成本会导致较高的产品定价。在产品差异不大的情况下,消费者自然会选择较为便宜的产品。在今天大多数产品和服务市场处于买方市场的情况下,消费者对产品和服务的价格是比较敏感的,企业必须要控制劳动力成本以减少产品和服务价格的波动对消费者的影响。

3. 塑造企业形象

薪酬水平的高低不仅体现了企业在特定劳动力市场上的相应定位,同时也彰显了企业的支付能力以及对于人力资源的态度。支付较高薪酬的企业不仅有利于树立在劳动力市场上的良好形象,而且有利于企业在产品或服务市场上的竞争。因为企业的薪酬支付能力能够增强消费者对企业及其产品或服务的信心,从而在消费者心目中造成一种产品差异化的感知,起到鼓励消费者购买的作用。另外,一个国家和地区政策法规对企业的最低薪酬水平有明文规定,如果企业在确定员工薪酬水平时无视这些政策法规,不仅会影响到企业自身经营的规范性和合法性,也会造成极为恶劣的社会和市场影响,使企业形象受损。

三、薪酬水平及其外部竞争性的策略选择

虽然企业在确定薪酬水平的时候会受到来自外部劳动力市场和产品市场的双重压力,

但是它们仍然存在一些选择余地。这个选择余地的大小取决于组织所面临的特定的竞争环境。当存在较大选择余地的情况下，企业需要做出的一个重要战略性决策就是：到底是将薪酬水平定在高于市场平均薪酬水平之上，还是将其定在与市场平均薪酬恰好相等或稍低一些的水平上。一般来说，企业在战略目标指引下，往往会根据企业战略和劳动力市场状况制定薪酬水平及其外部竞争性策略。可供企业选择的薪酬水平及其外部竞争性策略主要有4种，分别为领先型策略、跟随型策略、滞后型策略和混合型策略。

（一）领先型薪酬策略

领先型薪酬策略是指支付高于市场平均薪酬水平的策略。企业可以通过提高薪酬水平吸引和留住优秀人才，提高员工的士气和工作效率，但与此同时企业支付给员工的薪酬又会影响企业所生产的产品或服务的价格，从而降低其产品或服务的市场竞争力，影响企业经济效益。因而采用这种薪酬策略的企业应具备以下特征：其大部分职位所需人才在劳动力市场上供给不足；企业产品的需求弹性和品牌需求弹性较小；多为资本密集型产业；产品投资回报率较高；市场竞争对手较少等。

当采用领先型薪酬策略时，企业需要确定究竟应领先市场水平多少以及薪酬水平领先的实现方式。企业可以在每年年底调薪时考虑下一年度全年的市场薪酬水平变动趋势，据此预测下年年底时的市场平均薪酬状况并确定下一年全年的薪酬水平，从而确保企业的薪酬水平在全年中都能够高于市场平均水平。假如企业的薪酬水平要比市场高出5％～10％，则其薪酬水平的调整趋势如图9-1所示。

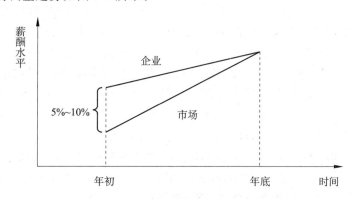

图9-1　领先型薪酬策略的调整趋势图

（二）跟随型薪酬策略

跟随型薪酬策略也称为市场匹配策略，是指根据市场平均薪酬水平来确定本企业的薪酬定位，即支付市场工资水平的策略。跟随型策略是最常采用的一种薪酬策略，尤其在一个成熟的产业中。采用这种薪酬策略的企业既希望确保自己的薪酬成本与产品竞争对手的成本保持基本一致，从而不至于在产品市场上陷入不利地位；同时又希望自己能够保留一定的吸引与留住员工的能力，不至于在劳动力市场上输给竞争对手，也不至于引起内部员工的反感。因此，采取这种薪酬政策的企业面临的风险可能是最小的，它能够吸引到足够数量的员工为其工作，只不过在吸引那些非常优秀的求职者方面没有显著的优势。

采取市场跟随薪酬策略的企业往往生产经营特点不是很突出，不能或不愿负担过高的薪酬成本。有时企业为了防止人才流失影响其市场竞争力，也不得不对薪酬水平做出一定的调整。但这种调整在很多情况下是存在时滞的，企业往往是在一些优秀的员工已经离职后才发现自己的薪酬水平已经落后于市场。因此，这种力图确保本企业薪酬水平与市场薪酬水平保持一致的企业必须坚持做好市场薪酬调查工作，以确保及时掌握行业和市场的确切薪酬水平。假如企业所在行业和市场的薪酬水平年底上涨5%，企业也应考虑将其薪酬水平上调5%，其薪酬水平的调整趋势如图9-2所示。

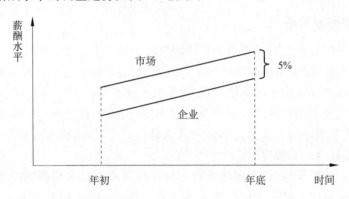

图9-2　跟随型薪酬策略的调整趋势图

（三）滞后型薪酬策略

滞后型薪酬策略是指将组织的薪酬水平更新至当前的市场水平，然后按照低于市场薪酬水平的调整速度予以实施的薪酬政策，在市场上表现为企业的大多数职位的薪酬水平是低于市场平均水平的。采取滞后型薪酬策略的企业，大多处于竞争性的产品市场上，边际利润率比较低，成本承受能力很弱。受产品市场上较低的利润率所限制，没有能力为员工提供高水平的薪酬，是企业实施滞后型薪酬策略的一个主要原因。当然，也有一些企业并非没有支付能力而是因为缺乏支付意愿而采用滞后型薪酬策略。滞后型薪酬策略在市场上表现为企业本组织的薪酬水平低于竞争对手或市场薪酬水平的策略。

滞后型薪酬策略对于企业吸引高质量员工是非常不利的，如果长期实施这种策略会造成员工流失率上升。不过，滞后型薪酬水平会削弱企业吸引和保留潜在员工的能力，但如果这种做法是以提高未来收益作为补偿的，则反而有助于提高员工对企业的组织承诺度，培养他们的团队意识，并进而改善绩效。此外，滞后型薪酬策略还可以通过与富有挑战性岗位、理想的工作场所、良好的同事关系等其他因素的结合而得到适当的弥补。假如预计企业的薪酬水平年底将滞后于市场水平5%，则企业的薪酬水平调整趋势如图9-3所示。

（四）混合型薪酬策略

混合型薪酬策略是指组织在确定薪酬水平时，是根据职位或员工的类型或者总薪酬的不同组成部分来分别制定不同的薪酬决策，而不是对所有的职位或员工均采用相同薪酬定位的策略。通常情况下，企业会对一些核心职位族或核心员工采取领先型薪酬策略，而对于其他职位族或辅助员工多采用跟随型或滞后型薪酬策略。此外，有些组织在不同的薪酬构成部分之间实行不同的薪酬政策，比如在总薪酬水平方面处于高于市场平均水平的竞争性地位，但在基本薪酬方面处于略低于市场平均水平的滞后性地位，同时在激励性薪酬方面则提供高于市场平均水平的领先地位。假如以不同的职位族为例来描述混合型薪酬策略,则企业的薪酬水平调整趋势如图 9-4 所示。

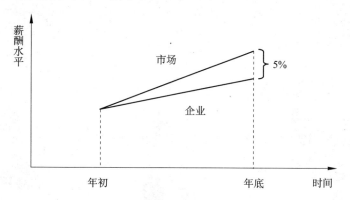

图 9-3　滞后型薪酬策略的调整趋势图

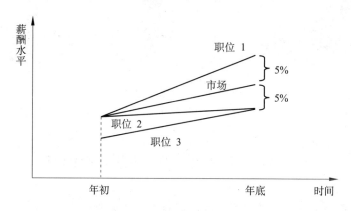

图 9-4　混合型薪酬策略的调整趋势图

[案例故事 9-1]　　"同工"不同酬:三只猫的经历

有人养了一只猫,生了三只可爱的小猫咪。姐弟三个中,姐姐长得非常可爱,被一位城里人收养为宠物,从小就不用抓老鼠,每天吃着鱼啊、肉啊的,过得非常自在和舒适。一只猫弟弟专门为一位农民捉老鼠,运气好的时候,一天能捉到好几只老鼠,吃得肚子发胀;运气不好的时候,一连几天捉不到老鼠,饿着肚子不说,还要遭受毒打。还有一只猫弟弟也是以捉老鼠为生,但每次捉到老鼠后主人都会奖励他很多鱼骨头。

一天,三只猫相约到老家去看他们的母亲,凑在一起,姐弟三个就互相讲起了自己的遭遇(如图 9-5 所示)。

专门以捉老鼠为生的猫弟弟说:"我过得很糟糕,没有老鼠的时候,总要饿肚子。"另外一只猫弟弟接着说:"我比你好一点,虽然没有你那么苦,不用饿肚子,但每天也得起早贪黑去捉老鼠。"

听了两位弟弟的话,在城里做宠物的猫姐姐说:"我很同情你们,虽然我不愁吃,但我每天只能待在家里,连半步也不能迈出家门,憋得也很难受。"

图 9-5 三只猫的对白

资料来源:蔡巍,姜定维,水藏玺.薪酬的真相[M].北京:中华工商联合出版社,2011:66-67.

第二节 薪酬水平决策的影响因素

上文介绍了薪酬水平及其外部竞争性的四种基本策略选择,对于某一个组织而言,到底应该选择哪一种类型的薪酬策略呢?这就需要我们分析影响一个组织薪酬水平及其外部竞争性决策的因素有哪些。概括起来,薪酬水平决策的影响因素主要有:劳动力市场因素、企业产品市场因素、企业自身特征、相关的法律法规、生活费用与物价水平、企业所在地区和行业环境等因素。

一、劳动力市场因素

(一)劳动力市场运行的原理

劳动力市场是企业为了生存而必须参与的三大市场(资本市场、产品市场和劳动力市场)之一。劳动力市场是配置劳动力并且协调就业以及雇佣决策的市场,其运行的主要结果表现为雇佣条件和雇佣水平。正如任何市场都要有买方市场和卖方市场一样,劳动力市场也不例外。不过,与产品市场相比,劳动力市场具有一定的特殊性:一是劳动力无法储存;二是劳动力每时每刻都在变化,它是随着劳动者的工作能力而发生变化;三是劳动力供给者与劳动力是无法分离的,劳动力供给者能够在工作的过程中控制自己实际提供的劳动力服务的数量和质量。在这种情况下,劳动力市场上的供求双方就劳动力的买卖所达成的契约,即劳动合同是一种不完善的供求关系,而劳动力价格也是一种不完善的价格。劳动力的购买者所遇到的困境是:劳动力服务的实际成本是通过单位产出成本决定的,因而无法事先定价;然而对于劳动力的出售者而言,又要求必须事先定价。因此购买者必须在实际的讨价还价之前就确定一个价格。这种价格取决于购买者对劳动力服务的数量和质量价值所进行的一种估算,这种估算的准确性可以从今后单位产品的成本中推导出来。劳动力的出售者在决定接受何种价格的时候也同样面临困难,因为他们最多只能知道某种特定职位的现行工资率是多少,对于企业所能够提供的其他方面——比如工作条件、上下级关系、工作联系、具体工作完成的方式等往往都不是很清楚。尽管劳动力市场具有上述特殊性,但在劳动力市场上,供给方和需求方之间的相互作用仍然是薪酬水平以及雇用数量的最重要的决定因素。

(二)劳动力需求对薪酬水平决策的影响

企业的功能在于将各种生产要素(其中主要是劳动力和资本)结合起来,以生产和提供消费者所需要的产品和服务。企业的总产出以及所使用的资本和劳动力的组合方式取决于产品需求数量、一定价格水平下可以利用的资本和劳动力数量、可以获得的技术选择等多种因素。研究劳动力需求的目的就在于解释企业的劳动力需求是如何受上述一个或多个因素的影响而发生变化的。

有关劳动力需求的理论一般都着重于解释企业在不同的价位上对劳动力的需求程度,而其中最为广泛接受的理论是"边际生产率理论"。根据这一理论,由于企业对劳动力需求是从消费者对产品或服务的需求当中派生出来的,因而劳动力需求是关于劳动力价格和质量的一个函数。在短期劳动力需求决定中,最重要的两个概念是边际成本和边际收益。所谓劳动力的边际收益,是指其他因素保持不变的情况下,增加一个单位的人力资源投入所产生的收益增量。在产品市场和劳动力市场完全竞争的情况下,劳动力的边际收益等于劳动力的市场工资率。于是,利润最大化的劳动力需求就存在于企业所雇佣的最后一个劳动力的边际收益等于雇用这名劳动力所支付的薪酬水平这一点上。当增加雇用一名员工的边际收益大于边际成本时,企业就应该继续增加员工的雇用;反之,则企业就不应该再继续增加雇用了。由此可见,企业劳动力需求原则是雇用边际成本等于边际收益。

在具体的薪酬管理实践中,企业在利用边际生产率模型确定雇用的员工数量时,需要做到以下两点:首先是确定市场力量作用下的薪酬水平;其次是确定每一潜在新员工所可能产生的边际收益。然而,现实世界远非理论中所假设的那么简单,一方面是市场薪酬水平的确定问题,由于劳动力市场上的供给方与需求方之间的竞争程度很不确定,劳动力也不可能是完全同质(即质量不完全相同)的,同时也并非所有的组织都是利润最大化的追求者,因此,对市场薪酬水平的把握是很难非常精确的。另一方面是对员工的未来预测问题,管理者不可能明确地知道一位尚未进入组织的员工的边际收益到底会是多少。这种困难主要表现在以下几个方面:一是为每一位员工所生产的产品或服务进行定价是困难的,因为许多产品或服务是具有各种不同能力的劳动力经过共同努力才生产出来的,在劳动力不同质的情况下,要想确定单个员工在其中所创造的价值是很困难的;二是创造价值的除了劳动力之外,还有资本和其他生产要素,要想分离出在生产过程中共同创造了价值的其他要素(如资本和原材料)是非常困难的。正是因为存在对边际产品和边际收益进行直接衡量的困难,因而组织常常使用其他一些要素来反映员工给组织带来的边际收益。比如报酬要素、职位评价、技能评价等内容,反映了组织对于某种工作或技能、能力所能够给组织带来的价值进行评价的努力,这种评价实际上是对员工的边际收益进行评价的一种近似替代,是从投入角度而不是产出角度确定边际价值。

另外,劳动力需求存在长期劳动力需求和短期劳动力需求。通常情况下,市场工资率变化对于长期劳动力需求的变化所产生的影响要大于对短期劳动力需求的影响,因为在短期中,企业只能通过调整劳动力这一种生产要素的使用量来实现利润最大化,而在长期中,企业可以通过同时调整劳动力和资本的使用量来达到自己追求利润的目的。

(三)劳动力供给对薪酬水平决策的影响

劳动力市场上的劳动力供给是指特定的人口群体所能够承担的工作总量。一般而言,劳动力供给主要受到4个方面因素的影响。

一是劳动力参与率。劳动力参与率是衡量那些愿意在家庭之外工作的人口规模的一个重要而又明确的统计指标。它可以用下面的公式来表示:

劳动力参与率=(有工作的人数+目前正在找工作的人数)/劳动力人口总数×100%

具体到微观层面,劳动力参与率的大小则主要取决于单个家庭作出的劳动供给决策,其影响因素主要包括:家庭经济状况、年龄、性别、受教育程度等。以教育程度为例,研究表明,在其他条件相同的情况下,特定劳动力群体的受教育程度越高,则他们的劳动力参与率一般也会越高。

二是人们愿意提供的工作时数。在实践中,尽管工作时间的安排通常都是由企业来制定的,但是由于市场上存在越来越多的工时制度安排,同时许多企业还实行了弹性工作制,因此,劳动者实际上可以通过选择企业或职业来表达自己对工作时间的偏好。劳动经济学理论认为,工作决策实际上是一种时间利用方式的选择,即劳动者就工作时间作出的决策可以看成是其在工作和闲暇之间进行选择的结果。显然,闲暇所产生的效用和有酬工作带来的薪酬对于劳动者都是有价值的,而市场工资率的变化同时会为劳动者带来两种效应,即替代效应和收入效应。替代效应是指如果收入不变,工资率增加,闲暇的价格提高,劳动者的闲暇需求减少,从而提高工作动机;而收入效应是指如果收入增加,工资不变,劳动者愿意工作的时间将减少。在通常情况下,当工资率的绝对水平比较低时,工资率上升的替代效应大于收入效应,但是当工资率水平已经达到比较高的程度时,收入效应大于替代效应的可能性就会增加。

三是员工受过的教育训练及技能水平。前面两个因素决定了一国经济中的劳动力供给数量,但是劳动力供给不仅有数量的问题,还有质量的问题。而且质量要求比数量要求更为重要。决定劳动力质量的最重要因素是劳动力队伍所受过的教育以及接受过的训练,即劳动力队伍的人力资本投资状况。人力资本投资的具体形式包括积累经验、接受正规教育、在职培训、健康投资、居住地迁移等,还有劳动者及其家庭的教育投资决策以及企业的培训投资决策。研究结果表明,希望毕生都待在劳动力队伍里的劳动者在进行教育投资时会有相对较强的动机;接受过在职培训的员工通常能工作更长的时间;在人力资本方面进行过大额投资之后,员工的退休时间一般也会相应滞后等。通常情况下,员工的受教育程度越高、接受的训练越多,其所得到的薪酬水平也会越高。

四是员工在工作过程中付出的努力水平。劳动力的数量和质量都是一种静态的存量,这种存量如何转化为流量,即劳动者在实际工作过程中是否能够将其具备的知识和技能充分发挥出来,转化为生产率,则还要取决于企业的总体制度安排及其激励水平。这其中涉及员工与工作之间的匹配性,绩效管理制度是否完善以及薪酬水平和薪酬制度是否合理等,这些实际上都是人力资源管理工作的核心问题。

二、产品市场因素

大多数企业都同时存在于劳动力市场、资本市场和产品市场中。产品市场上的变化会通过市场传导机制影响到劳动力市场,从而对企业薪酬水平及其外部竞争性产生影响。一般说来,劳动力市场因素确定了企业所支付的薪酬水平的下限,而产品市场确定了企业可能支付的薪酬水平的上限。通常情况下,产品市场上的竞争程度和企业产品市场的需求水平都会影响企业的实际支付能力。

(一)产品市场上的竞争程度对薪酬水平决策的影响

企业所在的产品市场的结构通常被划分为完全竞争、垄断竞争、寡头以及垄断四种不同的类型。完全竞争的市场和垄断的市场是两种极端的市场结构,通常在现实中比较少见。最多的是垄断竞争性的市场结构,即企业的产品既与其他企业的产品有一定差异,因而具有一定的垄断性,又与其他企业的产品存在一定的可替代性,因而又具有一定的竞争性。处于完全竞争或接近完全竞争市场上的企业没有能力提高自己产品的价格,否则就会面临销售量迅速下降的命运;而在产品市场上处于垄断地位或接近垄断的企业在一定范围内是可以随心所欲地确定产品价格的。不过,定价过高也会招致其他企业加入竞争,从而使这一市场向自由市场演变,原有企业的垄断优势最终也会不复存在。

如果企业在产品市场上处于垄断地位,就能够获得超出市场平均利润水平的垄断利润,利润的增加为企业在劳动力市场的薪酬决策提供了强有力的保障,足以保证企业向员工提供高于市场水平的薪酬。而一旦垄断地位丧失,企业却无法将高薪水平所产生的成本负担通过较高的价格转嫁给消费者,企业支付高薪的基础也就不复存在了。当企业处在完全竞争或类似完全竞争的环境中,企业所支付的薪酬水平往往和市场平均水平更为接近。

(二)企业产品市场的需求水平对薪酬水平决策的影响

在企业可以利用的技术、资本和劳动力供给保持不变的情况下,如果产品市场对于某种产品或服务的需求增加,那么无论价格如何,企业都能够出售更多的产品或劳务。为了实现自身对利润最大化的追求,企业自然会相应提高自己的产量水平,规模(或产出)效应在给定的薪酬水平下将增加对劳动力的需求量(只要资本和劳动的相对价格不变,就不存在替代效应),这必将带来企业支付实力的增强和员工薪酬水平的提高。

在竞争性的市场上,产品市场对于某企业产品的需求增加可能是由多种原因导致的。比如企业可以通过广告或者其他手段来宣传本企业产品或服务与竞争对手所提供的同类产品或服务的差异性,来塑造消费者对本企业产品或服务的偏好。又比如,尽管市场上存在多家同类产品竞争者,但是这种产品本身属于畅销产品或新型产品,其市场容量足够大。在这种情况下,一方面产品生产者之间存在竞争;另一方面大家又共同做大了市场,共同从市场的培育中获利。

三、企业特征要素

除了劳动力市场和产品市场因素对企业的薪酬水平及其外部竞争性有影响外,企业的特征要素也是影响组织薪酬水平及其外部竞争性的重要因素。具体而言,企业的特征要素包括企业所处的行业、企业规模、企业所处的生命周期阶段、企业经营战略与价值观、企业经济效益及财务状况等。

(一)行业因素

企业所能够支付的薪酬水平很明显会受到企业所在行业的影响,而行业特征中对薪酬水平及其决策的最主要影响因素就是不同的行业所具有的不同的技术经济特点。不同的技术经济特点决定了组织的基本生产属性是劳动密集型还是技术密集型等生产形态,而不同的生产形态所需要的员工技能和素质是有区别的,从而也决定了他们薪酬水平的差异。一般情况下,在规模大、人均占有资本投资比例比较高的行业,比如软件开发、生物制药、遗传工程、电信技术等行业中,人均薪酬水平比其他行业普遍要高一些。这主要是由以下三个方面的原因造成的:其一,越是资本密集的产业,对投资的要求就越高,这会对新企业的进入造成一种限制,易于形成卖方垄断的结构;其二,高资本投入的行业往往要求从业者本人具有较高水平的人力资本投资,因为资本越昂贵,企业越需要雇佣具有高人力资本投入从而具有较高知识技能的人来运用这些资本,只有这样,才能保证这些资本产生最大的效益;其三,资本对劳动力的比例较高意味着劳动报酬在企业总成本支出中所占的比例相对较小,资本的利润较高,从而有能力支付较高的薪酬。相反,那些对资本投资要求低、新企业易于进入和以竞争性市场结构为特征的行业,其人工成本占总成本的比例较高,因而薪酬水平也较低,比如服装加工业、纺织品生产行业、皮革制品生产行业等就属于这类低工资行业。

此外,在不同的国家、不同行业中工会化程度的高低也是影响企业薪酬水平决策的重要因素。在工会势力比较强的行业中,企业往往会被迫维持一定的薪酬水平;而在工会势力比较弱或者没有工会的行业中,企业所面临的这种压力就会比较小,企业会因为不必与工会纠缠而节约大量的时间和费用。不过,为了防止本组织的员工加入工会或者是为了保持自己在外部劳动力市场上的竞争性,一些没有工会的企业往往也会追随有工会的企业的薪酬动向来调整自己的薪酬水平。

(二)组织规模

研究表明,在其他因素不变的情况下,大组织所支付的薪酬水平往往要比中小组织支付的薪酬水平高。在大组织中工作的员工不仅所获得的薪酬较高,而且,随着工作经验的积累,这些员工的薪酬上升的速度也更快一些。大型组织支付的薪酬水平之所以比中小型组织支付的高,其原因主要有以下几个方面。

一是在大型组织中采用长期雇佣的做法往往比在中小组织中更有优势,也更有必要。大型组织比较关注降低员工的辞职率以及确保空缺职位能够得到迅速的填补,因为优质员工的流失会造成大型组织生产率下降,同时还会产生雇佣新员工的成本和新员工的适应成本,而支付较高的薪酬增加了员工辞职的机会成本,这既有助于降低员工流失率,也有助于提升员工对组织的忠诚度,因而,大型组织向员工支付较高的薪酬水平就显得更加必要。

二是大型组织有更大的动力维持与员工之间的长期雇佣关系,因而其员工的稳定性也更强。大型组织会有更大的动力去培训自己的员工,而员工的人力资本投资增加必然会强化他们的收入能力。

三是由于组织规模越大,对员工的工作进行监督就越困难,因而组织就越希望能够找到其他的方式来激励员工。效率工资理论认为,企业不可能完全监督其员工的努力程度,而且,员工必定自我决定是否努力工作,员工可以选择努力工作,也可以选择偷懒,并有被抓到而被解雇的风险。企业可以通过较高的工资来减少员工的道德风险,提高员工的努力程度,进而提高员工的工作效率。效率工资理论所揭示的原理使得大型组织采取高于市场平均水平的薪酬来激励员工,使其即使在没有严密的、直接的监督下也能够努力工作。

四是大型组织更偏重于资本密集型生产,具有较高的薪酬支付能力,再加上出于组织形象等方面的考虑有更高的薪酬支付意愿,这也是造成大型组织容易支付较高薪酬的重要原因。

(三) 企业所处的生命周期阶段

处在不同生命周期阶段的企业,其赢利水平和赢利能力以及企业愿景是不同的,这会导致企业的薪酬策略选择和薪酬水平决策也存在很大的差异。企业的生命周期通常可划分为创业阶段、高速增长阶段、成熟平稳阶段、衰退阶段以及再造阶段,处在这些不同发展阶段的企业,其薪酬水平决策的内容和侧重点也是各不相同的。

在创业阶段,企业员工人数少,企业利润也不多,员工对企业的要求也不高,只是希望企业能够生存下去。国家或地区鼓励创业的政策也会使创业企业的薪酬水平受政府相关政策的影响较小,谈不上最低工资和工资歧视等问题,更没有企业工会的谈判要求。所以,创业阶段的企业多采用低于行业或标杆企业薪酬水平的薪酬策略,尽量降低人工成本,将有限的资金用于扩大生产经营。而薪酬激励方式也多采用长期激励的方式,以精神激励为主,鼓励员工"向前看",且许以相应的承诺。

在高速增长阶段,企业已经具有了一定的薪酬支付能力,也有了相当的利润和经济效益,企业开始选择领先型薪酬策略,支付高于行业和标杆企业的薪酬水平,以激励员工和吸引所需要的大量高素质人才,而高素质人才是高投资形成的,他们需要更高的投资回报。

在成熟平稳发展阶段,员工考虑更多的是长远、稳定的工作和由此带来的长期收益,而不像高速增长阶段由于不确定性给员工收益带来的难以预测的风险性,使得员工只注重短期的薪酬收入。处在这一阶段的企业多选择跟随型薪酬策略,与市场竞争对手的薪酬水平不差上下,以维持企业员工享受与行业或标杆企业员工相当的待遇。

当企业进入衰退阶段,意味着企业产品开始滞销,利润也逐渐下降。企业应遵循事物发展规律,不应再花更大的精力来维持已经无力回天的产品。企业应尽可能让员工知道企业所面临的处境,选择滞后型薪酬策略,争取员工的理解和认同。从长远、大局出发,争取员工自觉地与企业"同舟共济",接受企业的薪酬水平调整策略,以适应企业经营战略目标的快速转移。

再造阶段,也可以说是企业的第二次创业,这一阶段与初次创业阶段不同,企业已经有相当规模和实力,并有了第一次创业后的各种积累。为使企业尽快重新焕发生机,在选准了战略转移方向后,企业应及时调整薪酬水平策略,提高员工薪酬水平,选择领先型薪酬策略。从企业外部吸引企业再造阶段所急需的各类人才,同时激发老员工的积极性和创造性,以实现企业新的战略目标,确保企业可持续发展。

(四) 企业经营战略与价值观

企业的经营战略对企业确定薪酬水平的影响是非常明显的。如果企业选择实施低成本战略,那么企业必然会尽一切可能去降低成本,当然也包括薪酬成本。实施低成本战略的企业大多处于劳动密集型行业,边际利润较低,盈利能力和支付能力都比较弱,因而总体薪酬水平不是很高。相反地,实施创新战略的企业为了吸引有创造力、敢于冒风险的员工,必然不会太在意薪酬水平的高低,它们更为关注薪酬成本可能会给自己带来的收益,只要较高的薪酬能够吸引优秀的员工,从而创造出高水平的收益就行。对于实施创新战略的企业而言,高薪酬是加强合作并激发员工参与精神的重要因素,采用提高薪酬水平的方式,一方面可以强调质量、创新和顾客服务;另一方面可以使员工过上更好的生活。此外,企业文化及其价值观也是影响企业薪酬水平决策的重要因素。薪酬政策的选择必须与企业文化和企业价值观相一致,反映企业价值取向和经营理念,只有这样,才能将企业的眼前利益和长远利益有机结合起来,使薪酬政策既具有激励性,又能发挥战略导向功能。

(五)企业经济效益及财务状况

企业经营状况和经济效益直接决定着员工的薪酬水平。在市场经济条件下,生产和经济效益是决定企业员工薪酬水平及其变动的最为重要的因素之一,因为经济效益归根结底决定着企业对员工劳动报酬的支付能力。企业之间劳动生产率的差距必然反映在薪酬水平的差距上。薪酬是劳动力价格和价值的表现形式,它和其他劳动要素成本的价格一样,随着企业效益而变动。企业的经营状况和经济效益不仅决定了员工的总体薪酬水平,也决定了企业内部员工之间的工资差异和薪酬组合,特别是与业绩相关的薪酬部分受企业经营状况和经济效益的影响更明显。在企业经营状况中,财务状况与员工的薪酬水平有着更为直接的关系。如果企业财务状况较好,则员工的薪酬水平高且稳定;如果企业财务状况不好,薪酬负担超过了企业的承受能力,那么,严重情况下就会造成企业亏损、停业甚至破产。

四、法律法规因素

国家和地区制定的有关工资制度方面的法律法规也是影响企业薪酬水平及其外部竞争性决策的重要因素。在众多有关工资制度方面的法律法规中,企业最低工资标准、法定福利以及工资指导线制度对企业薪酬水平的影响最为明显。

(一)最低工资标准对企业薪酬水平的影响

最低工资是指劳动者在法定工作时间提供了正常劳动的前提下,其雇主或用人单位支付的最低金额的劳动报酬。最低工资一般由一个国家或地区通过立法制定。在国外,除了政府可以制定最低工资之外,某些行业的组织也可以自行制定该行业的最低工资。为了使劳动者最基本的生活得到保障,我国各个地区根据自身的实际情况制定了最低工资标准,并以法律的形式加以规范。而我国《劳动法》第四十八条明确规定,国家实行最低工资保障制度,用人单位支付给劳动者的工资不得低于当地的最低工资标准。各地区在确定最低工资标准时一般考虑城镇居民生活费用支出、职工个人缴纳社会保险费、住房公积金、职工平均工资、失业率、经济发展水平等因素,同时实行政府、工会、企业三方代表民主协商原则。国家劳动行政主管部门对全国最低工资制度实行统一管理。

(二)法定福利对企业薪酬水平的影响

员工福利通常可分为法定福利和自定福利,法定福利是指根据政府的政策法规要求,所有在国内注册的各类组织都必须向员工提供的福利,它是政府要求企业为雇员提供的一系列保障计划,由企业和雇员分别按工资收入的一定比例缴纳社会保障税,其目的在于降低受到严重工伤或失业的工人陷入贫困的可能性,保障他们的被赡养人的生活,以及维持退休人员的收入水平。我国《劳动合同法》明确规定,企业必须给员工缴纳的法定福利包括:养老保险、失业保险、医疗保险、工伤保险、生育保险和住房公积金(即"五险一金")。除此之外,法定福利还包括法定休假、病假、产假、丧假、婚假、探亲假等政府明文规定的福利制度以及安全保障福利、独生子女奖励等。法定福利让企业"操作"的空间不大,区别在于基数的不同而已。法定福利是企业的责任和义务,能给员工以基本的保障和规范的印象,但由于法定福利中的法定社会保险是根据工资基数的一定比例定期缴纳的,当企业支付给员工的薪酬水平越高时,企业所需缴纳的法定保险也就越多,这就构成了企业额外的工资负担。因而,即使企业有实力提高员工的薪酬水平,但考虑到法定保险费用也相应地随之增加,企业往往会适当地降低薪酬水平的增长幅度,以弥补在法定保险方面的过高支出。

(三)工资指导线制度对企业薪酬水平的影响

工资指导线制度是在社会主义市场经济体制下,国家对企业工资分配进行宏观调控的一种制度。其实施方式为,有关地区结合当年国家对企业工资分配的总体调控目标,在综合考虑本地区当年经济增长、物价水平及劳动力市场状况等因素的基础上,提出本地区当年企业工资增长指导意见,企业根据国家的指导意见,在生产发展、经济效益提高的基础上,合理确定本企业当年的工资增长率。工资指导线制度对于完善工资宏观调控体系、引导企业工资适度增长、促进劳动力市场均衡价格的逐步形成具有重要作用。工资指导线制度的实施并不是强制要求所有企业按照指导线的水平给职工增加工资,而是作为一种信号,反映整个社会经济发展与劳动者工资增长的关系,也是企业开展工资集体协商的重要依据。工资指导线制度的实施对于薪酬水平偏高、增长过快的垄断行业和特殊行业具有一定的约束作用,如果这些特殊行业和垄断行业完全根据企业的经营效益状况制定薪酬水平,则这些行业的薪酬水平将会远高于当地的平均水平,这将会引起社会的不公和其他行业职工的不满。

五、其他因素

除以上提及的影响薪酬水平及其外部竞争性的因素外,生活费用与物价水平、企业所在地区和行业的环境等因素也会影响企业薪酬水平的决策。生活费用和物价水平是企业在确定薪酬水平时需要考虑的一个重要因素,生活费用一般指衣、食、住、行、教育培训等的费用,企业要保证员工及其家庭依靠所获得的薪酬水平能够维持正常的生活。家庭基本生活所需花费一般会受到当地物价水平的直接影响,因而,企业在确定薪酬水平时,必须考虑当地的生活水平和物价水平,并且要在以后的年份里根据政府公布的物价指数资料适时调整员工的基本薪酬水平,以维持员工生活的安定。企业所在地区和所属行业的环境对薪酬水平的确定也有较大的影响。通常情况下,经济发达地区的薪酬水平高于欠发达地区的薪酬水平,资本密集型行业的薪酬水平高于劳动密集型行业的薪酬水平,顺应这种大环境的要求确定的薪酬水平既能使企业的薪酬具有外部竞争性,又不至于引起员工和同行业的不满。

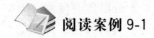
阅读案例 9-1

到底应该拿多少"薪酬"？

新同事的困惑

昨天是公司发工资的日子。虽然之前薪酬讲解很详细，但还是有员工不明白，需要咨询。咨询的、需要改电话号码接收短信的人还不少，中午就来了几个刚入职不久的同事。有一个还没毕业的应届生，对收到的工资短信非常不解，来人力资源部门咨询，"我想问一下，为什么我被扣了这么多税呀？"同事有些不满。

沉沉回答："因为你还没有毕业，所以扣税比已经毕业的人多一些。"

"为什么会多嘛？"同事继续追问。

"因为还没有毕业，所以就多一些呀。"沉沉有点不耐烦了。

"没毕业扣税就多啊？好奇怪喔！"同事的音量开始增大。

"是啊，没毕业就会多扣税，正常的。"沉沉应付了一句。

师傅在一旁看得着急了，觉得沉沉完全没有解决对方的疑问，没有让员工满意。

"沉沉，你有没有觉得你刚才的回答完全没有解决问题？"

"是啊，我也觉得。但我一时也想不起用什么方式回答了。"

"你觉得如果这样回答会不会更好呢？因为您没有毕业，所以在国家规定的纳税范畴中属于劳务工纳税，个人所得税会比已经正式毕业的同事工资所得税起征点低，普通社会人的起征点是3500元，而劳务工起征点目前是800元，所以用您的工资减去800再乘以征税比例就是您需要扣的税了。我们在做薪酬讲解的时候对这一块有专门的解释，如果您还不清楚可以抽空再查看一下当时的资料。我也可以现在帮您打印出关于讲解这一块的详细资料。"

"嗯，师傅我学习了。"沉沉认真记下。

"员工的疑问或不满可能会一点一滴积累起来，因此我们需要将所能考虑到的员工的任何疑问提前进行讲解和分析，让员工做到心中有数。同时，我们也可以将员工经常容易出现疑问的点做成员工沟通手册，让员工更方便、快捷地进行自助查询。要提高员工的满意度，让员工开心工作，我们就需要更加用心、细致，让工作更加出色。"师傅说道。

沉沉的困惑

沉沉也在琢磨自己的薪酬。其实对于薪酬，沉沉也不太明白是怎么算出来的。"师傅，我一直不明白个税是怎么扣的。"

"《中华人民共和国个人所得税法》是2011年6月30日通过了修改决定，并于2011年9月1日起施行。修改内容主要包括两个方面：个税起征点由原来的2000元提高至3500元；税率的修改。你看一下个人所得税税率表（见表9-1）。"

表9-1　个人所得税税率表

应纳税所得额（元）	扣税比例	速算扣除数（元）
<1500	0.03	0
1500~4500	0.10	105

续表

应纳税所得额（元）	扣税比例	速算扣除数（元）
4500~9000	0.20	555
9000~35000	0.25	1005
35000~55000	0.30	2755
55000~80000	0.35	5505
>80000	0.45	13505

"'应纳税所得额'这个名词其实是指以每月总收入额减去起征点3500元，以及允许免税部分费用（如个人社保、公积金）后的余额。"沉沉这才恍然大悟。

师傅接着说："个税计算方法为应纳税所得额＝总收入额－社保公积金－个税起征点，个人所得税＝应纳税所得额×适用税率－速算扣除数。我们举个例子吧，张三每月的总收入额为6500元，社保公积金合计缴纳700元，那么他的个税计算则为：应纳税所得额＝6500－700－3500＝2300元，个人所得税＝2300×10％－105＝125元。这个可以理解吧？"师傅问。

"嗯，明白，很清楚。"

"很多员工对应纳税所得额没弄清楚，所以算出来的和实际扣的不一样。如果有员工问你，你就可以这样告诉他，就很容易明白了。"师傅很耐心地说着。

"原来扣税是这样算的，今天终于明白了。我应该早点问的。"薪酬是很重要的一个模块，如果了解一些基本概念和方法，面试谈薪酬就知道怎么谈了，调薪的时候也会知道如何和员工沟通了。想到了这些，沉沉突然对师傅说："师傅，我可以再学一些关于薪酬方面的基础知识吗？"

"傻瓜，当然可以。爱学习是好事，我会一步一步讲给你听。"师傅很开心地答应了。

资料来源：涂熙．人力资源新手成长手记[M]．北京：清华大学出版社，2014.186-189

第三节 市场薪酬调查

一、薪酬调查的概念及类型

（一）薪酬调查的概念

薪酬调查是指企业通过一系列标准、规范和专业的方法，获取相关竞争企业各职位的薪酬水平及相关信息，并对所搜集到的信息进行分类、汇总和统计分析，形成能够客观反映市场薪酬现状的调查报告的系统过程。薪酬调查能够向实施调查的企业提供市场上的各种相关企业（包括竞争对手企业）向员工支付的薪酬水平和薪酬结构等方面的信息，而实施调查的企业可以根据调查结果来确定自己当前的薪酬水平相对于竞争对手在既定劳动力市场上的位置，进而结合企业经营战略和薪酬战略在未来调整自己的薪酬水平以及薪酬结构。

（二）薪酬调查的类型

薪酬调查的分类标准不同，其表现类型就会不同。下面分别从薪酬调查的方式、主体和目的等角度对市场薪酬调查进行分类。

(1) 根据调查方式不同,可把薪酬调查分为正式调查和非正式调查。

正式调查主要是指专门的调查机构通过问卷调查和实地访谈方式收集相关市场信息和资料。非正式调查则主要是通过企业电话询问、报纸招聘信息、非正式交流等方式获取市场信息和资料。正式调查往往需要花费较多的人力、物力和时间,但是其结果比较全面,可信度高。非正式调查简便易行,成本低,但是可信度较低。

(2) 根据调查主体不同,可把薪酬调查分为政府部门的薪酬调查、专业咨询机构的薪酬调查和其他社会机构的薪酬调查。

政府部门的薪酬调查主要是指由国家有关部委、各级地方政府劳动保障部门和统计部门对全国或本地区各行业、各企业的职位薪酬水平情况进行的调查。政府部门进行薪酬调查主要是出于宏观经济管理的考虑,通过政府部门的薪酬调查可为政府制定工资宏观调控政策和工资指导线、城镇居民最低工资标准、生活保障线等提供依据和有力的数据支撑。作为政府部门,可以通过行政手段收集相关数据和资料,因此,调查所涵盖的范围比较广泛,调查规模大,具有一定的可比性。不过,由于政府薪酬调查的主要目的是为政府决策服务,所以公布的调查结果只是一小部分,而且公布的数据一般也仅限于对工资等基本数据的简单处理。另外,部分政府部门行政官僚疾病的存在,也会造成部分上报数据存在误差。

专业咨询机构的薪酬调查主要是指由一些专门的咨询机构应客户需要对某一行业的薪酬状况进行调查,或者为了获利主动进行的调查。20 世纪 50 年代,在国外兴起了一批专门的管理咨询机构,如合益(Hay)、翰威特(Hewitt)、美世(Mercer)、华信惠悦(Watson Wyatt)等,这些专业咨询机构的一项重要工作就是进行各类信息和数据的调查收集,其中也包括薪酬方面的信息和数据。这些跨国管理咨询公司一般都采用国际通行的会员制,即会员单位按照咨询机构设计的调查表提供本企业的薪酬数据,咨询公司对这些信息进行整理、分析和汇总,会员企业可以无偿或者以最低价格获得全部或大部分分析结果。外部企业一般要付出很高的成本才能得到。专业咨询机构的薪酬调查一般针对性和区域性比较强,调查内容也比较全面;不仅关注薪金,也涉及股票期权、培训计划、退休及医疗待遇、住房福利等;数据分析可靠,既立足于现实,又注重前景预测。但是,专业咨询机构的薪酬调查出于获利的目的一般不向社会公开,调查的透明度比较低,即便出售相关调查数据和资料,其价格也比较昂贵。

除了政府部门和专业咨询机构之外,还有一些其他社会机构也进行薪酬调查。这些社会机构主要有:人才交流服务机构、劳动中介机构、人才招聘网站、部分学术研究机构、行业或专业协会、企业家联合会等。这类社会机构的调查往往随意性比较强,没有任何约束,缺乏专业的调查人员,被调查对象提供的数据真实性无法保证。只有一些学术研究机构和专业协会的薪酬调查比较正式和严谨,它们通常是接受政府部门或者企事业单位的委托而进行的,有时也出于研究和学术目的而进行调查。比如美国管理学会(AMA)的一项业务就是调查并提供各行业行政人员、管理人员以及专业人员的薪酬状况;美国行政管理协会(AMS)每年都有美国、加拿大和西印度群岛的约 130 多个城市中的 13 种事务性职位、7 种信息处理类职位以及各种中层管理职位的薪酬状况进行调查。

(3) 根据调查目的不同,可把薪酬调查分为盈利性薪酬调查和非盈利性薪酬调查。

盈利性薪酬调查主要是指以盈利为目的而进行的薪酬调查。大多数专业咨询机构所进行的薪酬调查参考价值比较高,多属于盈利性的,除对内部会员实行免费外,一般组织要获取相关数据和资料都要收取很高的费用。一些社会机构受特定组织或行业的委托开展的薪酬调查也属于盈利性薪酬调查。非盈利性薪酬调查主要是指以社会公共服务或学术研究为目的,而不是以盈利为目的所开展的薪酬调查。政府部门的薪酬调查一般都属于非盈利性薪酬调查,它们的薪酬调查报告是免费提供给公众的。还有一些学术团体专业协会以及部分社会机构也免费发布一些薪酬调查数据和信息,但这些数据和信息一般都比较简单。

二、薪酬调查的目的

对大多数企业而言,特定职位的薪酬水平都是在直接或间接进行薪酬调查的基础上确定的。虽然薪酬调查只是确定企业基准职位的薪酬水平,但其他职位的薪酬水平都是可以根据基准职位的相对价值加以确定的。开展薪酬调查对于企业了解和掌握竞争对手的薪酬制度、薪酬结构、薪酬水平以及薪酬的支付情况,及时调整自己的薪酬策略和薪酬战略,实现效率、公平、合法的薪酬管理目标等,都具有重要的促进作用。概括起来,企业希望通过薪酬调查达到以下几个方面的目的。

1. 调整薪酬水平

在市场竞争的条件下,大多数企业都会定期调整自己的薪酬水平,而调整的依据一般包括社会消费水平和生活成本变动、员工的绩效改善、企业的经营状况与支付能力变化、竞争对手的薪酬水平调整等。特别是当企业预感到竞争对手的薪酬水平有所变化和调整时,企业尤其需要通过薪酬调查来全面了解竞争对手的薪酬变化情况,并有针对性地制定自己的薪酬调整对策,以避免在劳动力市场的竞争中处于不利地位。

2. 优化薪酬结构

随着企业竞争环境的变化,越来越多的企业在薪酬管理方面已经开始从对内部一致性的强调转移到对外部竞争性的重视,而过去,企业比较重视内部职位评价,主要根据内部职位评价的结果来确定不同职位之间的薪酬差距。企业进行外部薪酬调查的作用主要在于为企业总体薪酬水平的确定提供参考依据,它对企业内部不同职位之间的薪酬差距并没有太大的影响。现如今,许多企业利用薪酬调查来评价自身所做的职位评价的有效性。假如企业根据职位评价的结果将两种职位放入同一薪酬等级,而市场薪酬调查的结果却显示这两种职位之间存在较明显的薪酬差距,那么企业就会对自己的职位评价过程进行重新检查或者单独设立一个新的薪酬等级。同时,随着更多企业逐渐从以职位为基础的薪酬体系向以人为基础的薪酬体系转移,企业就会更加依赖于市场薪酬调查,以控制其薪酬水平,优化其薪酬结构,确保企业的薪酬制度对外具有更强的竞争性。

3. 估计竞争对手的劳动力成本

面对产品市场的激烈竞争,许多企业都将劳动力成本作为克敌制胜的一个重要手段。特别对那些竞争压力比较大的企业来说,比如零售业、汽车或特殊钢产品制造业的企业等,劳动力成本是决定企业竞争优势的一个很重要的方面。因此,这些企业都会高度关注竞争对手的劳动力成本开支状况,通过薪酬调查获取竞争对手企业的薪酬数据和资料,并把这些数据和资料进行汇总分析,估计竞争对手的劳动力成本,从而维系企业自身薪酬水平的竞争地位,既不能因为薪酬水平太低而失去优秀的员工,也不能因为薪酬水平过高而影响企业产品的竞争性。

4. 掌握薪酬管理实践的最新发展和变化趋势

由于薪酬调查所收集的信息不仅包括基本薪酬、奖金、福利、长期激励、休假等信息,也包括加班时间、各种薪酬计划、员工流动率、加薪频率等信息,因此,实施调查的企业可以借此了解某些新型的薪酬管理实践在企业界的流行情况,并帮助企业判断,自己是否有必要实施某种新的薪酬管理实践。比如宽带薪酬设计就是一种比较新的薪酬管理实践,企业可以通过薪酬调查了解宽带薪酬模式的实施现状、实施效果及实施条件,分析判断自己是否也应该采用这种新的薪酬模式等。

三、薪酬调查的内容

薪酬调查的内容选择,应当本着精选的原则,选择那些最基础、最直接的项目进行调查。通过对这些基础信息和资料的统计分析,可以获得更多的相关信息。具体而言,企业薪酬调查的内容主要包括以下几个方面。

(1) 组织与工作方面的信息。组织信息一般包括财务信息结构和组织性质等。工作信息主要包括基准职位的职位描述者的个人特征及薪酬支付情况等。

(2) 薪酬战略方面的信息。薪酬战略方面的信息主要涉及调查对象企业的薪酬战略目标、薪酬策略类型以及薪酬管理政策等。通过薪酬调查,企业应当搞清楚调查对象企业的薪酬战略目标是什么,是要控制成本还是激励或吸引员工;调查对象企业是侧重薪酬水平策略、薪酬组合策略还是薪酬结构策略或薪酬管理策略;调查对象企业的薪酬管理政策有哪些,如轮班、加班、试用期、新员工的起薪政策等。

(3) 薪酬基本形式方面的信息。在进行薪酬调查时,薪酬的所有基本形式都应包括在内,薪酬的这些基本形式包括基本薪酬信息、可变薪酬信息以及福利信息等。基本薪酬信息是薪酬市场调查的重点,企业需要全面掌握调查对象企业的基本薪酬支付、变动情况,不同职位等级的薪酬差距以及同一等级内薪酬的幅度等。可变薪酬信息主要涉及调查对象企业在短期激励、长期激励以及奖金等薪酬形式方面的支付水平,特别是货币薪酬的支付水平。福利信息主要涉及福利项目的构成、福利方案的设计与实施、福利计划的改革及其对员工激励的功能等。

(4) 薪酬结构方面的信息。薪酬结构方面的信息主要涉及薪酬要素组合信息和薪酬等级结构信息。薪酬要素组合包括基本薪酬与浮动薪酬的比例、货币薪酬与福利薪酬的比例、绩效薪酬的设计等。薪酬等级结构信息则包括企业职位及职位等级结构的设计、薪酬等级差、最高等级与最低等级差等信息。

(5) 薪酬管理方式方面的信息。薪酬管理方式方面的信息主要包括薪酬支付的时间、内部薪酬信息的保密程度、与员工的沟通方式、反馈渠道以及员工薪酬满意度调查情况等。

(6) 企业所在行业和地区的薪酬信息。薪酬调查的内容除了涉及竞争对手企业的薪酬信息之外,有时也需要了解企业所在行业和所在地区的薪酬信息。行业信息主要包括行业的总体薪酬水平及薪酬结构状况,本企业在行业中的位置及薪酬竞争力状况等;收集本企业所在地区的薪酬信息主要是因为不同地区的生活费用水平和生产发展水平不同,其薪酬水平状况也会存在较大差别,企业在选择薪酬政策以及调整薪酬水平和薪酬结构时,必须参考所在地区的薪酬水平及结构状况。

四、薪酬调查的实施过程

薪酬调查的实施过程通常分为三个阶段：调查准备阶段、调查实施阶段和调查结果分析阶段。

（一）调查准备阶段

（1）确定薪酬战略，明确薪酬调查的目的。

在薪酬调查的准备阶段，首先需要确定企业薪酬水平的战略，即确定本企业薪酬水平要达到的战略目标及薪酬水平政策类型。战略性薪酬管理要求企业能够根据内外部环境的变化适时调整薪酬目标和政策。薪酬战略主要包括薪酬战略目标、薪酬水平政策、薪酬结构政策、薪酬管理政策等内容。只要在薪酬调查前确定企业的薪酬战略是什么，要求什么样的薪酬水平、薪酬结构及薪酬政策与之相适应，才能在调查过程中更加具有针对性，更好地实现促进企业绩效和竞争优势的提升。在确定企业的薪酬战略之后，还需要明确薪酬调查目的和调查结果的用途，薪酬调查的目的和用途不同，则调查的侧重点也会不同。薪酬调查的目的和用途上文已经阐述，这里不再赘述。

（2）根据需要审查已有薪酬调查数据，确定调查的实施方式。

调查准备阶段的第二步是审查已有的薪酬调查数据，并确定薪酬调查的实施方式。需要审查的已有数据包括：政府有关部门发布的劳动力市场价位资料、已出版的权威机构编纂的统计资料、企业已经收集或通过其他渠道已经获得的薪酬调查数据等，对这些资料和数据进行审查评估，看是否能加以合理利用，以满足企业的需要。确定调查的实施方式主要是决定薪酬调查由企业自己来做，还是聘请一个专门咨询公司或是购买专业机构提供的调查报告。实施方式的选择需要分析该项调查需要什么样的技术和公关技巧，企业有没有这方面技能的人来规划并完成这项调查，输入、整理和分析数据所需要的计算机软件是否具备，各种调查方式所需要的费用是多少等问题。如果企业自身条件不具备，可利用外部专业咨询机构为企业进行调查。在实践中，许多企业都是利用第三方来完成薪酬调查工作的，选择第三方进行薪酬调查主要是出于三个方面的原因：一是企业自行进行的薪酬调查往往容易引起其他企业尤其是竞争对手的警觉和不合作，而中立的第三方调查则比较容易说服目标企业的合作和参与；二是薪酬调查工作费事费力，企业往往没有足够的人力和时间，因此，借助专业化的外部薪酬调查机构从事薪酬调查就成为企业人力资源管理工作中一种常见的外包形式；三是对薪酬调查的结果进行分析也是一件非常复杂的事情，因为最终的分析一般要用到一些计算机软件和一些统计学的指标，企业往往没有能力或时间去做数据的处理工作。

（3）选择准备调查的职位及其层次。

调查准备阶段的第三步是选择准备调查的职位及其层次。首先确定需要调查的职位类别，即确定到底需要调查哪些职位，是某些类型的职位还是所有类型的职位，需要分析的薪酬支付问题涉及少数职位还是所有类型职位。在此基础上还需要进一步分析，看哪些职位是典型职位或关键职位。其次，需要进行恰当的职位配比，准确的职位配比对于有效开展薪酬调查至关重要。目前，我国许多企业的职位体系比较混乱，同样的职位名称，在不同组织里其工作内容和工作职责有可能相差很大。比如同样是行政部门的经理，在有的组织主要是从事后勤、保安等工作，而在有的组织则可能还从事办公室或机关管理工作。为了确保准确的职位配比,在确定被调查职位之后,最好对被调查的职位族进行清晰的层级划分,并对所调查的职位进行明确而清楚的描述,职位描述的内容包括职位名称、职位目的、主要职责、任职资格等。这样做有助于将企业的职位层级与调查对象的职位层级进行很好的配比。另外,在职位调查中所使用的职位说明书必须采用比较常见的或者是被普遍使用的职位名称,可先用一两句话描述某一职位的主要职责或目标,然后再以简明扼要、通俗易懂的语句列举出该职位最为重要的一些职能。对职位的描述应当注意不要过分关注发起调查企业的特殊情况,而应当具有一定的普遍适用性。除此之外,为了提高薪酬调查的精确性,调查者还可以为调查问卷附上一张与调查职位相关的简要的组织结构图,以帮助被调查者做好典型职位或基准职位与本企业职位之间的匹配。

(4) 界定调查范围,明确调查的目标企业及其数量。

薪酬调查的初衷是为了了解与企业在同一人力资源市场上争夺人力资源的其他企业的薪酬状况,因此,企业首先需要界定薪酬调查所要面向的人力资源市场的范围。从人力资源市场的覆盖范围而言,人力资源市场可以分为地方性、地区性、全国性和国际性人力资源市场。一般来说,对于低层级职位或无专长的普通工种岗位,如文员、半技术人员等,薪酬调查在企业所在地进行即可;而对于所需的高新技术人才、高级管理人才等,由于其学历高、流动性大、竞争范围广,则需要扩大调查范围,进行地区性甚至全国性的薪酬调查。其次,企业需要明确作为调查对象的目标企业及其数量。在明确调查范围的基础上,要进一步分析哪些企业是从特定的人力资源市场上招聘员工,哪些企业具有足够的所需调查的特定职位等,由此可从既定的市场中确定调查的目标企业。对于调查企业来说,没有一个企业是所有职位的竞争者。比如有些企业可能是管理、行政类职位的主要竞争者,而另一些企业可能是技术、信息领域的竞争者等。这就意味着为了获得不同种类职位的薪酬数据,就必须对不同的企业进行调查。调查的目标企业数量在很大程度上取决于职位的类型,当然也受到时间和预算方面的限制。通常情况下,参与调查的企业数量越多,所获得的信息越多,作回归分析或者对数据进行分类分析的效果就会更好。对于所涉及的特定人力资源市场而言,一般有10~20个具有代表性的企业就能够提供足够可靠的薪酬调查数据。

(5) 选择所要收集的薪酬信息内容。

同样的职位在不同的企业中所获得的价值评价通常并非完全一样,获得的报酬方式也是不同的。有些企业给予某个职位的基本薪酬可能比较低,但奖励性的可变薪酬或者福利却可能会很好。因此,薪酬调查的内容不能仅仅包括基本薪酬部分,一般薪酬调查所涉及的薪酬信息主要包括:基本薪酬及其结构,年度奖金和其他年度现金支付,股票期权或虚拟股票等长期激励计划,各种补充福利计划及薪酬政策等。另外,在薪酬调查中,如果所调查的职位属于中高层管理职位或者监督类职位,则询问其权限范围的信息(如管辖人数及其类型、所支配的预算资金等)也是非常重要的,因为这些信息有助于判断该职位在企业中的地位。对于一些诸如财务、资产规模、销售额等方面的敏感信息,调查者可采取间接方式或转换问题进行调查,比如在房地产行业询问某职位所负责的平方米数,在医疗行业询问某一职位所负责的病床位数等。

(二)调查实施阶段

1. 设计薪酬调查问卷

调查问卷是收集调查数据最常用的方法。调查问卷的内容一般包括企业本身的有关信息,如企业名称、地址、所在行业、规模等,还包括有关职位和任职者的信息,如职位类别、职位名称、任职者的教育程度、相关工作年限等。调查问卷关于员工薪酬方面的内容主要包括基本薪酬、奖金、津贴、员工福利及其他收入,有关调薪幅度和措施、工作时间和假期的规定等。薪酬调查问卷除了要涵盖以上有关内容外,有时还需要作出更详细的划分,如员工福利可细化为养老金、医疗、住房、休假制度、交通饮食等,由于福利通常不以现金的形式发放给员工,因此,对于福利的调查一般以单项标准为调查的内容。

调查问卷的设计应当尽量方便被调查者使用,以确保问卷易读、易懂、易回答。为了确保所有的调查参与者都能够理解调查内容,最好准备一份详细的问卷填写说明。在问卷设计完成之后,还需要做一次内部测试,可将自己的数据试着填写一遍,或者请其他人员试着填写一遍,以便发现需要改进的问题,进一步完善调查问卷。表 9-2 是一份薪酬调查问卷的样表。

表 9-2　薪酬调查问卷样表

1. 有关公司基本情况			
公司名称		公司性质	
行业属性		上年公司收入	
员工数量		公司地址	
2. 有关个人基本情况			
您的姓名		性别	
年龄		学历	
专业		所在部门	
所在岗位		参加工作时间	
本企业服务年限		本岗位工作时间	
3. 薪酬信息			
您的现有薪酬/元	□1000 以下　　□1000～1500　　□1501～2500　　□2501～3500　　□3501～4500　　□4501～5500　　□5501～6500　　□6500 以上		
对现有薪酬是否满意	□非常满意　　　□基本满意　　　□不满意		
您上次加薪的时间	□两年前　　　□一年半前　　　□半年前 □三个月前　　□一个月前　　　□其他(请说明)		
您的薪资构成	每年总薪酬的组成部分		占总薪酬的比例/%
非货币收入占 您年收入的百分比	□60%　　□50%　　□40%　　□30% □20%　　□10%　　□其他(请说明)		
您享受企业提供的福利有哪些?(多选,知道具体数额的请在后面填上大约数额)			
□社会养老保险,每月_____元		□商业医疗保险,每月_____元	
□社会医疗保险,每月_____元		□商业养老保险,每月_____元	
□社会失业保险,每月_____元		□加班补贴,每月_____元	
□社会工伤保险,每月_____元		□工作午餐补贴,每月_____元	
□社会生育保险,每月_____元		□出差补贴,每月_____元	
□住房公积金,每月_____元		□劳保补贴,每月_____元	

续表

☐ 交通补贴,每月_____元	☐ 高温补贴,每年_____元
☐ 通信补贴,每月_____元	☐ 防寒补贴,每年_____元
☐ 带薪休假,每年_____元	☐ 购车补贴,每年_____元
☐ 在职培训,每月_____元	☐ 生日补贴,每年_____元
☐ 其他补贴(请说明)_____,每月_____元	
您认为贵企业的薪酬在同行业中属于何种水平?	☐ 高收入　　☐ 中等　　☐ 低收入

2. 实施调查

由于薪酬信息往往涉及企业机密,不少企业与员工之间都有关于薪酬保密的约定,甚至一些人力资源部门经理也不一定了解企业全部人员的薪酬信息,或者即使知道也不允许向外泄露。因此,在发放薪酬调查问卷时,首先需要做好与企业总经理的沟通工作。通常可以采取合作调查的方式将被调查者作为成员之一纳入合作队伍中,被调查者可以分摊一定的调查费用。在调查结束后,被调查者可以获得专项调查报告,还可以向被调查者提供优惠的综合性调查报告,其优惠率根据调查规模来确定。这两种合作方式需要与企业签订合作协议,并约定保密条款,为企业提供的薪酬资料严格保密。调查问卷的发放尽量采取直接上门发送的方式,确实不便直接上门的可采取特快专递、传真或电子邮件等方式来发放。在被调查企业填写问卷的过程中还要做好解释和指导工作。

除了采用调查问卷的方式以外,还可以采取电话访谈、实地访谈、网络调查等方法来收集调查数据。尽管邮寄问卷的方式是一种最常见的方法,但在确保职位的可比性和薪酬数据的质量方面也存在很大问题,它要求调查者在制作问卷和定义概念时要非常小心。如果问卷调查再配以专业人员面谈,则问卷调查的效果会更好。因为在薪酬调查中,确保职位的可比性是数据收集时最重要的问题之一,而专业调查人员与被调查企业中的薪酬管理人员的直接面谈无疑有助于提高数据的质量和有效性。在双方面谈的情况下,他们比较容易对不同企业间的相应职位进行比较,调查者也能够就一些特殊问题直接征求被调查者的看法。电话调查的目的主要在于获取有关薪酬政策、薪酬管理实践方面的信息。当通话双方都是专业的薪酬管理人员时,他们有可能就部分职位的具体薪酬信息进行交流。网络调查作为一种新兴的调查方式,由于其良好的保密性,较大幅度地提高了调查结果的可靠性,因此,正在受到越来越多企业的青睐。

(三)调查结果分析阶段

1. 核查数据

在调查问卷被回收以后,调查者首先要做的是对每一份调查问卷的内容作逐项分析,以判断每一个数据是否存在可疑之处。比如,调查者需要检查企业所提供的薪酬浮动范围与其报告的职位实际薪酬水平之间是否存在不一致的现象。如果某一职位的基本薪酬数据远远超出其应属于的薪酬范围,要注意核查该职位与基准职位之间的匹配性,看某一职位所承担的职责比基准职位描述中的内容是更多还是更少。对于某一职位所承担的职责比基准职位更少的情况,要及时给接受调查的企业打电话询问和核对数据。如果经过核实,职位匹配性的问题确实存在,就要根据实际职位与基准职位之间的匹配程度,调整薪酬调查数据。

2. 分析数据

在数据核查完成之后，就需要对调查数据进行系统分析。薪酬数据的分析方法一般包括：频度分析、集中趋势分析、离散分析以及回归分析等。

（1）频度分析。频度分析也称为频次分析，就是将所得到的与每一职位相对应的所有薪酬调查数据从低到高排列，然后看落入每一薪酬范围之内的企业的数目。这是一种最简单、最直观的分析方法，一般会使用直方图来显示结果。

（2）集中趋势分析。集中趋势分析具体可细化为简单平均数、加权平均数、中值等几种数据分析方法。

① 简单平均数（非加权平均数）。这种方法不考虑在不同企业中从事某种职位的员工人数之间的差异，对所有企业的薪酬数据均赋予相同的权重。在操作层面上，简单平均数通常是将与特定职位相对应的所有数据简单相加，再除以参与调查企业的数目，从而求出平均值。在使用这种方法时，极端值有可能会影响其结果的准确性，因此，有些企业会首先用频度分析将极端值剔除掉。当调查者所获得的数据不能全面代表行业或是竞争对手的情况时，采用简单平均数分析方法是最好的。

② 加权平均数。这种方法给不同企业的薪酬数据赋予不同的权重，而权重的大小则取决于每一企业中在同种职位上工作的员工人数。换言之，企业从事某种职位工作的人员越多，则该企业的薪酬数据对于该职位最终平均薪酬数据的影响也就越大。在这种情况下，规模不同的企业支付的薪酬状况会对最终的调查结果产生不同影响。在调查结果基本上能代表行业总体状况的情况下，加权平均数的分析结果是最好的，因为这时经过加权的平均数比较接近人力资源市场的真实状况。

③ 中值。这种分析方法是将收集到的某职位薪酬数据进行降幂或升幂排列，然后取恰好位于中间位置上的那个薪酬水平数值。这样分析的最大好处是可以排除掉极端高或极端低的薪酬数据对于平均数的影响。不过，这种数据分析方法也是比较粗略的，只能显示当前市场平均薪酬水平的大概情况。

（3）离散分析。离散分析方法有三种：标准差分析、百分位分析和四分位分析。标准差分析可以检验各个分布值与平均值之间的差距大小，但在薪酬调查中却很少被使用。百分位和四分位是薪酬调查分析中最常用的衡量离散程度的分析方法。

① 标准差分析。标准差分析是指一组数值自平均值分散开来的程度。运用标准差进行薪酬数据分析可以衡量每个薪酬数值与平均数之间的差别，即观察值比平均值大多少或小多少。通过标准差分析可以看出某一类职位上的大多数人员的薪酬变动范围，同时可以发现某一个人的薪酬水平与同类职位人员的平均薪酬水平之间的差距是否合理。标准差的计算公式如下：

$$\sigma = \sqrt{\frac{1}{N}\sum_{i=1}^{N}(x_i-\mu)^2}$$

式中，N 为样本个数，x_i 为样本值，μ 为样本均值。

② 百分位分析。百分位分析就是将某职位所有薪酬调查数据按从低到高的顺序排列，并用百分位来表示特定企业薪酬水平在全部薪酬调查数据中的相对位置。对于薪酬水平处于某一百分位的企业来说，该百分位反映出有百分之几的企业薪酬水平是低于该企业薪酬水平的。比如说某企业薪酬水平处于市场第 75 个百分位上，这就意味着有 75% 的企业薪酬

水平比它低,只有25%的企业比其高。在百分位序列中,第50个百分位即是薪酬中值。这种百分位分析在企业的薪酬水平战略定位中是最常用的,因为它直接解释了本企业薪酬水平在人力资源市场上的地位。比如有的企业将自己的现金薪酬总额定位在市场上的第60、75甚至90个百分位上,而有的企业则将基本薪酬定位在平均水平上,而将全部现金薪酬(基本薪酬加奖金或奖励)定位在第75个百分位上。

③ 四分位分析。四分位分析与百分位分析的方法是类似的,只不过在进行四分位分析时,将某职位所有薪酬调查数据按从低到高顺序排列,划分为四组(百分位是划分为100组),每组中所包括的企业数分别为调查企业总数的1/4(百分位是1%)。处在第二小组中的最后一个数据就是所有数据的中值,可以用它来近似地表示当前市场上的平均薪酬水平。

(4) 回归分析。回归分析是测试两个或多个变量之间的相关关系,然后利用可以得到的其中一个变量的值(如销售额)来预测另外一个变量的值(如销售经理的薪酬)。变量之间的相关系数越接近于1,则变量之间的相关性就越强。我们可以利用一些数据统计软件如SPSS等所提供的回归分析功能,分析两种或多种数据之间的关系,从而找到影响薪酬水平、薪酬差距或者薪酬结构的因素,并预测其发展趋势。

3. 撰写薪酬调查结果分析报告

薪酬调查结果分析报告分为综合性分析报告和专项分析报告两种。综合性分析报告涵盖薪酬调查地区不同性质、规模、行业领域的企业,对这些企业的薪酬福利数据进行综合分析与统计处理,全面反映被调查地区企业薪酬与福利现状的全貌。专项分析报告则根据企业需要从参加薪酬调查的企业中选择一定数量具有可比性的企业,经过数据分析处理,获得针对性、指导性更强的专项薪酬信息。这两种报告对于企业制定薪酬策略都具有重要的参考价值。

规范的薪酬调查结果分析报告一般包括以下两个方面的内容:一是基本资料概述,主要涉及所调查企业的常规数据、人事聘用制度、薪酬和福利保险政策等;二是职位薪酬水平,主要包括所调查的每个职位的数量及简要职位说明、薪酬范围(即薪酬最高和最低值)、以平均数或百分位数来体现的薪酬数额等。

在采纳或利用薪酬调查结果分析报告时,应当注意把握以下几个方面:①计算薪酬总额标准。企业确定薪酬总额的主要依据是企业的支付能力、员工的基本生活需要以及现行的市场行情。在确定薪酬总额标准时,企业可以参照薪酬调查结果分析报告中当前本地区同类型、同行业企业的有关指标,如平均薪酬总额、平均基本薪酬水平、职位薪酬信息等,并与企业实际支付能力以及员工基本生活费用状况相结合进行综合考虑,兼顾企业与员工的利益,最终确定出一个合理的薪酬总额标准。②制定薪酬政策的依据。企业薪酬政策的内容涉及薪酬体系、薪酬结构、福利和保险政策。薪酬调查结果分析报告可以清楚地显示目前本地区不同性质、不同行业的企业所执行的薪酬政策。企业应根据自己的管理模式、行业特点以及企业的发展需要,确立最适合自己企业的薪酬政策体系。③调查资料与企业情况的匹配性。企业利用薪酬调查结果分析报告制定职位薪酬方案时,要同时参考薪酬报告提供的各职位的平均薪酬水平和所附的职位说明书,还要结合本企业职位实际工作特点、任职人员状况和企业对不同职位的需求程度。

五、根据薪酬曲线确定薪酬水平

对薪酬水平除了根据市场薪酬调查数据确定之外,还可以根据薪酬曲线来确定。企业的工作岗位通常可以分为一般岗位和特殊岗位,一般岗位的薪酬水平(工资率)可由薪酬调查数据得到,而特殊岗位的薪酬水平则需要借助于薪酬曲线得到。确定薪酬曲线的具体做法是,以职位评价数据为横轴、以薪酬的市场调查数据为纵轴建立平面直角坐标系,在坐标系中标出各种岗位的职位评价与市场调查数据,用最简洁的直线将这些散点连接起来,即得到一条薪酬曲线(如图 9-6 所示)。

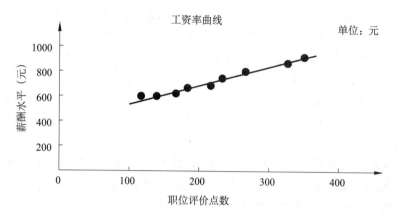

图 9-6　薪酬曲线

薪酬曲线也称为薪酬政策线,运用统计学的技术,可把企业中每项职位评价得分与劳动力市场上每个职位的工资率之间的关系归纳为线性回归的关系。任何回归直线都可以通过下列等式来表达:

$$Y = a + bX$$

用 Y 代表薪酬水平,E 代表职位评价得分,方程中的系数 a 和 b 则可根据统计软件 SPSS 得出,也可运用最小二乘法推导出来,推导公式如下:

$$a = \frac{\sum y}{n} - b\frac{\sum x}{n}, \qquad b = \frac{n(\sum xy) - \sum x \sum y}{n(\sum x^2) - (\sum x)^2}$$

如果企业中的关键职位的现行薪酬与市场状况完全相符,那么这条回归直线的相关系数就为 1.0。企业也可以将所有岗位的薪酬水平完全按照薪酬曲线来确定,这样就把市场调查的外部信息与职位评价的内部信息结合了起来,充分考虑了薪酬制度的内部公平性。具体做法就是,在得出薪酬曲线及其方程式之后,将所有岗位(包括一般岗位和特殊岗位)的职位评价得分代入薪酬曲线,即可计算得出各个岗位的薪酬水平。

思考题

1. 什么是薪酬水平及其外部竞争性?它有何作用?
2. 薪酬水平及其外部竞争性的策略有哪些?这些策略各有哪些特点?
3. 影响薪酬水平决策的因素有哪些?试分析之。

4. 什么是薪酬调查？为什么要进行薪酬调查？
5. 简述薪酬调查的内容及实施过程。
6. 结合实例谈谈如何根据薪酬曲线来确定薪酬水平。

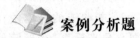 案例分析题

A 制冷公司的薪酬设计①

A 制冷公司是一家合资公司，公司成立于 1995 年，目前是中国最重要的中央空调和机房空调产品生产销售厂商之一。现有员工 300 余人，在全球有 17 个办事处，随着销售额的不断上升和人员规模的不断扩大，企业整体管理水平也需要提升。

公司在人力资源管理方面起步较晚，原有的基础比较薄弱，尚未形成科学的体系，尤其是薪酬福利方面的问题比较突出。在早期，人员较少，单凭领导一双眼、一支笔倒还可以分清楚给谁多少工资，但人员激增后，只靠过去的老办法显然不灵，这样的做法带有很大的个人色彩，更谈不上公平性、公正性、对外的竞争性了。于是他们聘请普尔摩公司就其薪酬体系进行系统设计。

普尔摩公司管理顾问经过系统的分析诊断，就公司现在的薪酬管理所存在的问题进行了整理，认为该公司在薪酬管理方面存在的主要问题有：一是薪酬分配原则不明晰，内部不公平。不同职位之间、不同员工之间的薪酬差别基本上是凭感觉来确定。二是不能准确了解外部特别是同行业的薪酬水平，无法准确定位薪酬整体水平。给谁加薪、加多少，老板和员工心里都没底。三是薪酬结构和福利项目有待进一步合理化。四是需要建立统一的薪酬政策。

普尔摩公司管理顾问认为，解决薪酬分配问题需要一系列步骤：首先，需要有工作说明书作为公司人力资源管理的基础；其次，在工作说明书的基础上，对职位所具有的特性进行重要性评价，依据国际上被广泛使用的权威的评估方法对该公司的职位等级进行评定，最终形成公司职级图；再次，公司应委托专门的薪酬调查公司就同行业、同类别、同性质公司的薪酬水平进行调查，获得薪酬市场数据；另外，依据公司职级图、薪资调查的数据、公司的业务状况以及实际支付能力，对公司的薪酬体系进行设计，此项工作内容包括制定薪酬结构、制定不同人员的薪酬分配办法和薪酬调整办法、测算人力成本等；最后，形成公司可执行、公布的薪酬政策。

经过双方的紧密配合，该公司领导对最终形成的方案十分满意，因为他们再也不用为每月发工资这件事头疼了，薪酬分配政策的公平性也消除了员工之间的猜疑，增强了其工作热情。

讨论问题：
1. 结合案例思考如何系统地诊断一个企业的薪酬管理现状及存在的问题。
2. 运用所学的薪酬知识和薪酬理论为 A 公司设计一套有效的薪酬改革方案。
3. 结合案例总结薪酬设计过程中应注意的问题。

---

① 岳文赫. 人力资源管理[M]. 哈尔滨：哈尔滨工业大学出版社，2011：179.

第十章 薪酬结构

> 管理的第一目标是使较高的工资与较低的劳动成本结合起来。
> ——弗雷德里克·泰罗（Frederick W. Taylor）

学习目标

- 理解薪酬结构的概念及其构成；
- 掌握薪酬结构的影响因素；
- 理解薪酬等级及其划分；
- 熟悉薪酬结构的主要策略；
- 理解薪酬结构设计的目标及原则；
- 熟练掌握薪酬结构设计的过程及具体步骤；
- 理解宽带薪酬的内涵及其实施条件；
- 掌握宽带型薪酬结构的设计流程及关键点。

关键术语

薪酬结构	内部一致性	外部竞争性
薪酬等级	薪酬幅度	薪酬结构策略
薪酬结构设计	宽带薪酬	

开篇引例

固定工资制还是佣金制？

白泰铭在读大学时成绩不算突出，老师和同学都不认为他是很有自信和抱负的学生，以为他今后无多大作为。他的专业是日语，毕业后便被一家中日合资公司招为推销员。他很满意这份工作，因为工资高，还是固定的，不用担心未受过专业训练的自己比不过别人。若拿佣金,比人少得太多就会丢面子。

上班的头两年,小白的工作虽然兢兢业业,但销售成绩只属一般。可是随着他对业务和他与客户们的关系越来越熟悉,他的销售额也渐渐上升了。到了第三年年底他已列入全公司几十名销售员中前20名了。下一年他很有信心让自己成为推销员中的冠军。不过公司的政策是不公布每人的销售额,也不鼓励互相比较,所以他还不能很有把握地说自己一定会坐上第一把交椅。去年,小白干得特别出色。尽管定额比前年提高了25%,但到9月初他就完成了这个销售额。根据他的观察,同事中间还没有人完成定额。

10月中旬,日方销售经理召他去汇报工作。听完他用日语作的汇报后,那位日本人对他格外客气,祝贺他已取得的成绩。在他要走时,经理对他说:"咱们公司要再有几个像你一样的推销明星就好了。"小白只微微一笑,没说什么。不过他心中思忖,这不就意味着承认他在销售员队伍中出类拔萃,独占鳌头吗?今年,公司又把他的定额提高了25%,尽管一开始不如去年顺利,但他仍是一马当先,比预计干得要好。他根据经验估计,10月中旬前他准能完成自己的定额。

可是他觉得自己的心情并不舒畅。最令他烦恼的,莫过于公司不告诉大家干得好坏,没个反应。

他听说本市另两家中外合资的化妆品制造企业都在搞销售竞赛和有奖活动。其中一家由总经理亲自请最佳推销员到大酒店吃一顿饭。而且人家还有内部发行的公司通信之类的小报,让人人知道每人的销售情况,还表扬每季和年度最佳销售员。

想到自己公司这套做法,他就特别恼火。其实一开头他并不关心排名第几的问题,如今却重视起来了。

不仅如此,他开始觉得公司对推销员实行固定工资制是不公平的,一家合资企业怎么也搞大锅饭? 应该按劳付酬。

上星期,他主动去找了那位日本经理,谈了他的看法,建议改行佣金制,至少按成绩给奖金制。不料经理说这是既定政策,母公司一贯就是如此,这正是本公司的文化特色,于是拒绝了他的建议。

昨天,令公司领导吃惊的是,小白辞职而去,到另一家公司了。

资料来源:张舰. 人力资源管理[M]. 北京:国防工业出版社,2013:203-204.

第一节 薪酬结构概述

一、薪酬结构的概念及其构成

(一)薪酬结构的概念

薪酬结构(salary structure),即薪酬的组成部分,它是对同一组织内部不同职位或者是技能之间的工资率所做的安排,主要是企业总体薪酬所包含的固定部分薪酬和浮动部分薪酬所占的比例,它强调的是不同职位或技能等级的数量、薪酬差距及其标准。薪酬结构反映了组织中各种不同职位或技能等级之间薪酬水平的比例关系,既包括不同层次职位之间报酬差异的相对比值,也包括不同层次职位之间报酬差异的绝对水平。一个完整的薪酬结构一般包括这样几项内容:一是薪酬的等级数量;二是统一薪酬等级内部的薪酬变动范围;三是相邻两个薪酬等级之间的交叉与重叠关系。

薪酬结构决策所强调的是同一组织内部的一致性问题。所谓内部一致性,是指组织内部不同职位(或技能等级)之间的相对价值比较问题。这种价值比较可以是横向的,也可以是纵向的;可以是同一职位族内部的比较,也可以是同一部门内部的比较。以图10-1为例,部门甲和部门乙之间在三个职位上具有内部一致性,这两个部门中也分别具有垂直内部一致性;但部门丙的三个职位在水平和垂直方向上都不具备内部一致性。

	水平内部一致性(部门之间)		
职 位	部门甲	部门乙	部门丙
前台接待员	2400元	2800元	3000元
行政秘书	3000元	3300元	2800元
高级秘书	3600元	3800元	5000元

(左侧纵向标注:垂直内部一致性)

图 10-1　薪酬结构的水平一致性与垂直一致性

薪酬结构在强调内部一致性的同时,也强调外部竞争性。事实上,薪酬结构决策是在内部一致性和外部竞争性这两种薪酬有效性标准之间进行平衡的一种结果。确定薪酬结构的流程如图10-2所示。

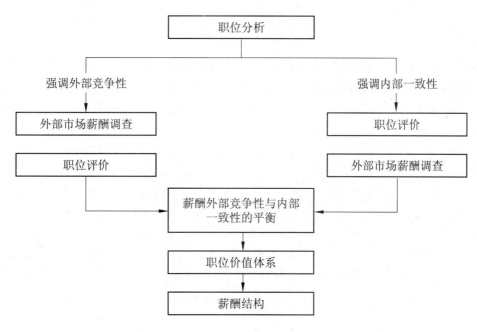

图 10-2　确定薪酬结构的流程

(二)薪酬结构的构成

确定企业薪酬结构,就是确定不同员工的薪酬构成项目及其所占的比例。企业的薪酬构成项目主要包括岗位工资、技能和能力工资、绩效工资、工龄工资、职务津贴、股票期权等。同一个企业内从事不同性质工作的员工薪酬构成项目可以有所不同,比如对于研发人员可以实行能力工资制,其薪酬构成项目主要是能力工资;对于销售人员可以实行绩效工资制,其薪酬构成项目主要是提成工资;生产工人的薪酬构成项目可能主要是计件工资。同一企业中不同层级的员工薪酬构成项目也可能不同,比如高级管理人员和企业技术骨干人员的薪酬构成除了基本工资、岗位工资、奖金等项目外,可能还会有职位津贴、股票期权等项目,而普通员工则可能没有这些薪酬项目。

至于薪酬构成项目的比例确定,从事不同性质工作的员工比例也有所不同。比如企业中管理人员由于其劳动不直接影响企业的经济效益,其薪酬应当重视保障功能,因此,管理人员的浮动工资(奖金)所占比重应当小一些;而销售人员的薪酬应当注重激励功能,浮动工资(奖金)应占较大比重。同一企业中即使从事同类型的工作但处在不同层级的员工,其薪酬构成项目也可能不同。比如都是管理层,高层管理人员由于其工作的成果对企业影响较大,其劳动绩效基本可以自己控制,所以其薪酬结构中浮动工资应占较大比重;而位于执行层的管理人员,由于其工作的成果对企业影响较小,其劳动绩效自己无法控制,并不能通过自己努力就能提高,因此在其薪酬结构中浮动工资应占较小比重。

[知识链接 10-1]　　　　　　　中国的津贴制度

津贴制度是为了补偿职工在特殊的劳动条件和工作环境下的额外劳动消耗和生活费额外支出而建立的一种辅助工资形式。在我国,津贴是职位薪酬的一种补充形式,其主要类型包括:

(1) 特殊岗位性津贴,如针对高温、高湿或高辐射岗位的高温作业津贴,针对劳动条件差、安全性难以保障的矿山井下津贴,针对连续生产不间断岗位的夜班津贴,针对某些苦脏累险特殊岗位的职务津贴,针对有毒有害岗位的医疗卫生保健性津贴等。

(2) 特殊职业性津贴,如针对公务员的各种津贴,针对老师的特级教师津贴、教龄津贴和特殊教育津贴,针对医生护士人员的医龄、护龄津贴和中医老药工津贴,针对科技人员的科研津贴,针对工人的技师津贴等。

(3) 特殊地域性津贴,如针对林区森林产业职工的林区津贴,针对自然环境差、海拔高、气候条件差的艰苦边远地区津贴,针对地质、测绘、建筑、矿山、林业等从事野外地质普查勘探工作人员的野外工作津贴,针对建筑安装等流动性工作人员的流动施工津贴等。

(4) 特殊项目性津贴,如针对在教科文卫领域做出重大贡献和取得突出业绩贡献的专家、学者和技术人员发放的国务院政府特殊津贴,针对在科技创新、成果转化、人才培养等方面有特殊贡献的人员发放的特殊人才津贴,针对转业军人、残疾人等发放的特殊人员津贴等。

(5) 特殊生活性津贴,这类津贴又称"生活补贴",是针对员工在物价较高、生活费用支出较高的地区或时段保持其生活水平不发生特别困难而进行的一种福利性补偿,如物价补贴、出差补贴、房租补贴、交通补贴等。

资料来源:李宝元,王文周,焦豪. 绩效薪酬整合管理[M]. 北京:清华大学出版社,2014:193.

二、影响薪酬结构的因素

（一）外部因素

1. 文化与风俗习惯

文化是一个非常广泛的概念，广义文化是指人类在社会历史发展过程中所创造的物质财富和精神财富的总和；狭义的文化则是指人们普遍的社会习惯，如衣食住行、风俗习惯、生活方式、行为规范等。文化作为十分复杂的现象，它包括对权力距离、对不确定性的规避，还有对个人主义与集体主义或男性化与女性化价值观的选择等，这些因素都共同影响着一个企业的薪酬结构。比如以美国和日本文化为例，美国文化强调个人主义，员工相信更高的薪酬来源于更好的业绩，所以大多数美国企业的薪酬实践都是奖励个人业绩（即业绩工资和激励工资）或个人获得的与工作相关的知识或技能（即知识工资和技术工资）；而日本文化是典型的集体主义，由于受到禅宗和武士精神等影响，日本文化的主导价值观是社会协作和社会责任，这使得日本人更容易接受现实，并在精神上有坚忍不拔的意志。日本人更重视团队中的成员资格，集体的需要超过了个人的需要。家庭在日本是个重要的团队，企业一般通过给员工发放基础工资来满足他们的家庭需要，偶尔也会使用资历工资来奖励员工自身与企业的从属关系，薪酬制度主要是满足员工的个人需要和回报员工的忠诚。

2. 市场竞争压力

著名古典经济学家亚当·斯密在很早以前就强调利用市场力量来影响薪酬结构。他把劳动力的价值划分为交换价值和使用价值。交换价值是企业与员工达成的协议工资；使用价值则反映的是由劳动生产的产品或提供劳务的价值，如果科学技术发展所产生的新技术、新方法在生产实践中得到应用，劳动的使用价值就会增加。马克思则提出了著名的剩余价值理论，他批判建立在交易价格基础上的资本主义制度，认为工人创造的剩余价值被资本家榨取了，因此号召工人推翻资本主义制度，夺回自己创造的剩余价值。现在一些企业推行的员工持股计划，在某种意义上讲，正是采用了马克思的剩余价值理论。很显然，早期的工资理论注重从劳动供给方面来考虑薪酬结构。而19世纪后期，面对日益提高的薪酬水平，开始出现从劳动需求方面研究薪酬结构的理论，边际生产力理论就是其中之一，该理论认为企业实际上支付给员工的是使用价值，如果员工不能生产或创造出与其薪酬相等的价值就不值得企业雇用了。在薪酬实践中，影响薪酬结构的市场因素主要包括市场薪酬水平、人力资源市场供给与需求状况、竞争对手的薪酬政策与薪酬水平、企业所在行业和市场的特点及其竞争态势等。企业只有在充分调查和考虑以上因素的基础上，才能够制定出体现外部竞争性的薪酬结构和市场薪酬线。

3. 政府政策、法律和法规

大多数发达国家都有各种各样的法律标准来规定组织的薪酬结构，这些国家的企业在制定薪酬政策、设计薪酬结构时都不得不考虑这些法律法规。比如美国的公平雇用立法禁止任何形式的性别、种族、信仰、民族歧视。美国的《公平薪酬法案》和《公民权利法案》要求"同工同酬"，如果工作需要的技术、努力程度、责任大小、工作环境相同，将会被认为是同工。只要薪酬结构的标准不牵涉性别、种族、信仰、民族问题，企业就可以任意设计薪酬结构的等级层次，任意确定等级级差。在我国，有关薪酬方面的法律法规也在逐渐健全和不断完善。

比如我国的最低工资制度就明确规定了最低工资的使用范围和工资标准的推算形式等。不过,由于我国现行的工资结构不合理,基本工资比重相对较小,在某种程度奖金的绝大部分已成为对全体职工发放的附加工资。因此,《企业最低工资规定》中并没有把奖金排除在最低工资的组成部分之外。这就意味着,只要企业付给职工的基本工资加奖金不低于最低工资,企业就没有违反相关法律法规。

(二) 组织因素

1. 企业战略

企业战略对企业组织内部薪酬结构具有重要的影响,不同的企业经营战略需要有不同的薪酬结构来支持,与企业战略不匹配的薪酬结构将成为企业获取竞争优势的障碍。

2. 工作设计

企业所应用的技术也是影响企业薪酬结构设计的重要因素。组织设计、组织功能定位、团队和部门设置都会受到企业生产商品和提供服务所用技术的影响,进而影响到所从事的工作和从事工作所需要的技巧。不同的组织其薪酬结构分层往往也是不同的,比如有学者根据文化差异将组织模式分为功能型、流程型、时效型和网络型组织四种。功能型组织强调的是自上而下的严密行政管理体系,注重清晰的责任体系以及技术与业务的专业化;流程型组织是以顾客满意度为导向来确定价值链,由产品中心转向流程中心,强调部门间的合作以及团队间的工作;时效型组织则追求以最快的速度把新产品或服务推向市场,并强调对商业环境迅速变化的适应能力,具有项目驱动性;网络型组织往往通过内部和外部的合伙人以及合作协议的具体商定来确定。一个组织不可能完全符合某一模式,从而会出现混合型组织模式。不同类型的组织模式对薪酬结构的要求也不同,功能型和网络型组织更注重薪酬结构的内部一致性和公平性,而流程型和时效型组织更注重薪酬结构的外部竞争性。

3. 人力资源政策

薪酬结构的设计往往会受制于企业的人力资源政策。比如,许多企业把晋升作为激励员工的主要手段。一些企业认为,提供的"头衔"足以吸引他人,因此,很少提高薪酬水平。如果企业将薪酬水平差异作为激励员工承担更大责任或学习新技术的手段,那么,薪酬结构的设计就应当适应这一政策。高工作标准需要支付较高的薪酬,这样就会激励员工接受必要的训练,从而得到必要的经验或技术以从事这项工作。

(三) 员工因素

根据亚当斯的公平理论,企业员工都渴望得到内部公平的薪酬。员工往往会把自己的薪酬水平与社会上相似工作的薪酬水平进行比较,以此来判断自己获得的薪酬是否公平。因此,员工对薪酬水平的接受程度也是一个设计薪酬结构不容忽视的因素。

三、薪酬等级

当企业中存在多种工作时,通常需要划分薪酬等级,每个等级中包含价值相同的若干种工作或技能水平相当的若干名员工。薪酬等级是薪酬结构的基础,薪酬等级是在岗位价值评估结果基础上建立起来的,它将岗位价值相近的岗位归入同一个管理等级,并采取一致的管理方法处理该等级内的薪酬管理问题。

企业的薪酬等级类型主要有分层式薪酬等级和宽泛式薪酬等级。分层式薪酬等级的特点是企业包括的薪酬等级比较多,呈金字塔形排列,员工薪酬水平的提高是随着个人岗位级别向上发展而提高的。分层式薪酬等级由于等级较多,所以每个等级的薪酬浮动幅度一般较小,在成熟的、等级型企业中比较常见。宽泛式薪酬等级的特点是企业包括的薪酬等级少,呈平行形,员工薪酬水平的提高既可以是因为个人岗位级别向上发展而提高的,也可以是横向工作调整而提高的。宽泛式薪酬等级类型在不成熟的、业务灵活性强的企业中比较常见。

同一个薪酬等级内的各种岗位都应得到相同的工资,当然还需要考虑员工在工作业绩和资历等方面的差异。设置薪酬等级的数目时,主要是考虑薪酬管理上的便利和各个岗位之间的价值差异,同时还要考虑企业文化、企业所属行业、企业员工人数、企业发展阶段以及企业组织架构等。如果各岗位差异很大而薪酬等级数目定得却很少,或者岗位差异不大而薪酬等级定得太多都会损害企业薪酬政策的内部一致性。

建立薪酬等级,首先需要将各个职位划分成不同的等级,划分的依据是职位评价的结果。每个等级中的职位,其职位评价的结果应当接近或类似(如图 10-3 所示)。职位等级确定后,还需要确定各个等级的薪酬变动范围,即薪酬区间。确定薪酬区间的关键是计算薪酬区间的中值、最高值和最低值。

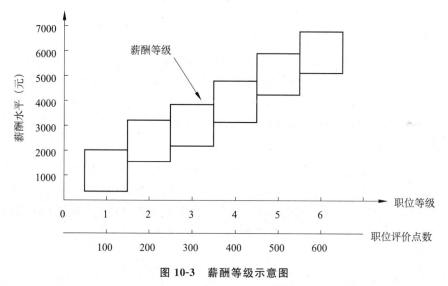

图 10-3　薪酬等级示意图

薪酬区间中值的确定,可通过把处于职位等级中间位置对应的职位评价点数代入已建立的薪酬曲线方程计算得出。薪酬区间的最高值和最低值可通过如下公式计算:

$$最高值 = 区间中值 \times (1 + 薪酬浮动率)$$
$$最低值 = 区间中值 \times (1 - 薪酬浮动率)$$

其中

$$薪酬浮动率 = (最高值 - 最低值) / 最低值 \times 100\%$$

薪酬浮动率(即薪酬幅度)的确定主要考虑企业薪酬的支付能力、各等级之间的价值差异、各等级自身的价值以及各等级的重叠比率等。

在实践中,有些企业为了简化管理工作,还将每个薪酬等级划分为若干个不同的级别,每个级别对应一个具体的薪酬数值(如图10-4所示)。各个薪酬级别的差距可以是等差的，也可以不是等差的，可根据实际情况灵活地加以确定。薪酬等级的划分也可以参照一些经验，比如跨国公司一般分为25级左右，1000名左右的生产型企业通常分为15～16级，而100人左右的组织则一般选择9～10级比较合适。

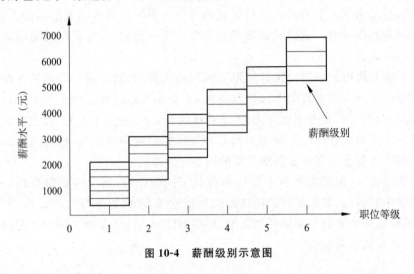

图10-4　薪酬级别示意图

四、薪酬结构策略

所谓薪酬结构策略，是指企业在薪酬应当由哪些部分构成、各占多大比例、薪酬分多少个层级、层级之间的关系如何等问题上所采取的政策和战略。根据薪酬构成及其所占比例，我们通常可以把企业的薪酬结构策略分为高弹性薪酬结构策略、高稳定性薪酬结构策略、调和型薪酬结构策略和混合型薪酬结构策略(如表10-1所示)。

1. 高弹性薪酬结构策略

高弹性薪酬结构策略是一种激励性很强的薪酬结构策略，绩效薪酬是薪酬结构的主要组成部分，基本薪酬等处于非常次要的地位，所占的比例非常低(甚至为零)，即薪酬中固定部分比例比较低，而浮动部分比例比较高。这种薪酬结构策略意味着，员工能获得薪酬的多少主要依赖于其工作绩效的高低，对员工的激励性很强，但是员工收入波动很大，员工缺乏安全感及保障。

2. 高稳定性薪酬结构策略

高稳定性薪酬结构策略是一种稳定性很强的薪酬结构策略，基本薪酬是薪酬结构的主要组成部分，绩效薪酬处于次要地位，所占的比例非常低(甚至为零)，即薪酬中固定部分比例比较高，而浮动部分比例比较低。高稳定性薪酬结构策略意味着员工的收入非常稳定，几乎与工作产出和绩效关系不大，主要与其岗位、能力、知识等较为稳定的因素有关。这种策略使得员工收入波动很小，员工安全感比较强，但缺乏激励功能，容易导致员工懒惰。

3. 调和型薪酬结构策略

调和型薪酬结构策略是一种既有激励性又有稳定性的薪酬结构策略，绩效薪酬和基本薪酬各占一定的比例。当两者比例不断调整和变化时，这种薪酬结构策略可以演变为以激励为主的薪酬策略,也可以演变为以稳定为主的薪酬策略。这种策略如果设计合理,既能达到较强的激励效果,又能使员工增加工作安全感。

4. 混合型薪酬结构策略

混合型薪酬结构策略的特点是针对不同岗位、不同人员的特点,选择不同的薪酬结构策略。比如对自律性强、积极上进、喜欢接受挑战的员工,可以采用高弹性的薪酬结构策略;对于做事踏实、追求工作和生活稳定的员工,则可以采用高稳定型的薪酬结构策略。这种因人而异的薪酬结构策略能够最大限度地激励员工,实现人尽其才。但是,对于企业规模较大、人员结构复杂的组织,要做到因人而异是比较困难的,同时,这种薪酬结构策略也不利于比较不同岗位和不同人员之间的薪酬公平性。

表 10-1 薪酬结构策略比较

策略类型	策略特征描述
高弹性薪酬结构策略	● 绩效工资占主体,基本工资处于非常次要的地位 ● 对员工的激励性强 ● 收入波动大,员工缺乏安全感及保障
高稳定性薪酬结构策略	● 基本工资是薪酬主体,绩效工资等处于非常次要的地位 ● 收入波动小,员工安全感比较强 ● 缺乏激励性,容易导致员工懒惰
调和型薪酬结构策略	● 绩效工资和基本工资各占一定的比例 ● 既有一定激励性又有一定安全感
混合型薪酬结构策略	● 绩效工资和基本工资的比例因人而异 ● 对员工的激励性强 ● 公平性难以把握

第二节 薪酬结构设计

一、薪酬结构设计的目标

1. 提高薪酬对员工的激励效果

科学合理的薪酬结构设计能够对管理者和员工产生非常好的激励效果,从而提高他们的工作绩效,为企业带来收益。研究显示,薪酬结构比薪酬水平更具有显著的激励效果,艺术性也更强。[①] 因为同行业的精英或管理者不可能同时去某一企业工作,只能分散到各个企业中去。他们在各自所在企业中能否很好地把工作绩效释放出来,在很大程度上取决于薪酬获取的心理平衡点。在薪酬水平相当的情况下,薪酬获取的心理平衡点就取决于薪酬结构的设计。因此,有效的薪酬结构设计能够最大限度地提高员工的激励效果。

2. 体现出薪酬支付的客观标准

企业无论是以工作为基础确定的薪酬结构,还是以技能为基础确定的薪酬结构,都体

---

① 温志强,孙紫夏,韩卓. 薪酬管理[M]. 北京:清华大学出版社,2013:73.

现了价值差异和薪酬差异的对等关系,即薪酬结构最终反映的是职位与员工的价值大小。这也体现了企业是按照一定的标准,而不是根据企业管理者的主观喜好来支付员工薪酬的。

3. 展现企业结构与具体管理模式

一个企业的薪酬结构类型在某种程度上反映了这个企业特定的结构形式、企业文化和经营管理模式。比如,劳动密集型的企业比较适合采用严格的等级薪酬结构,而知识密集型的企业则更适合采用等级少、薪酬幅度较大的宽带薪酬结构。强调行政级别文化的企业更适合采用职位薪酬体系,而强调学习文化、团队文化的企业则更适合采用知识或技能薪酬体系。

4. 促进企业的变革与发展

科学合理的薪酬结构设计可以通过作用于员工个人和工作团队而创造出与企业变革相适应组织氛围,从而有效地推动企业的变革与发展,使企业变得更具适应性和灵活性,对市场和客户的反映更为迅速有效。

5. 提升企业整体绩效

薪酬是企业购买劳动力的成本,它能够给企业带来大于成本的预期收益。尤其是合理的薪酬结构具有很强的激励功能,能激发员工的积极性、主动性和创造性。使员工主动自觉地参加培训和学习,增强其自身的素质和能力,从而提升企业的整体绩效和产出。

二、薪酬结构设计的原则

1. 战略导向原则

战略导向原则是指,在制定企业薪酬政策和制度时必须体现企业发展的战略要求。企业的薪酬不仅是一种制度,也是一种机制。合理的薪酬设计,能使有利于企业发展的战略的因素得到提高和成长,同时使那些不利于企业发展的战略的因素得到有效的遏制、消退和淘汰。因此,企业在设计薪酬结构时,必须从战略角度来分析哪些因素对企业发展战略具有非常重要的支撑作用,而哪些因素对企业发展的战略作用不大,通过一定的价值标准判断这些因素的权重并确定它们的价值分配。

2. 内部一致性原则

内部一致性原则体现企业内部工作价值的一致性,也被称为基于岗位价值付薪的原则。内部一致性原则要求企业必须清楚地了解每一项工作的相对价值,并能客观地在薪酬等级中予以反映。比如在同一个企业中,工作责任重的员工应该比工作责任轻的员工获得更多的报酬,工作复杂程度高的员工比工作复杂程度低的员工获得更多的报酬。企业需要根据工作价值的比较结果来建立岗位等级和薪酬等级结果。

3. 外部竞争性原则

外部竞争性原则,即按照市场价格付薪的原则。虽然企业薪酬结构的设计属于企业内部薪酬管理,但是按照现代企业薪酬管理不可能将内部管理与外部管理完全分离开来。企业在薪酬结构设计中应该体现外部竞争因素,尤其是对一些关键岗位和核心员工的薪酬结构设计,必须参考人力资源市场上的工资率变化情况,从而确保企业的总体薪酬状况在同行业或同类企业当中保持竞争性,防止关键岗位员工流失。

4. 经济性原则

经济性原则强调企业在薪酬结构设计时必须充分考虑企业自身发展的特点和支付能力。薪酬结构设计要确保薪酬支付不能超过企业的薪酬总预算。从短期看,企业的经营收入扣除各项非人工费用和成本后,能够支付企业所有员工的薪酬;从长期看,企业在支付所有员工的薪酬及补偿各项非人工费用和成本后要有盈余,只有这样才能支撑企业追加和扩大投资并获得可持续发展。

5. 激励性原则

薪酬结构设计必须适应企业的人力资源政策并为之服务,体现对员工最大限度的激励效果。比如企业实行以职位晋升作为激励手段的政策,就要保持薪酬等级之间有足够的差距;而实行以不断提高技能作为激励手段的政策,则要提高技能工资的比例。另外,薪酬构成既要体现对当前工作的激励,还要考虑对员工的长期激励,比如员工持股、股权激励等。总之,企业在设计薪酬结构时必须充分考虑各种因素,使薪酬的支付获得最大的激励效果。

[知识链接 10-2]　　　　与业绩挂钩的奖金制

相比于与业绩没有直接挂钩的加薪制,越来越多的公司开始转向与业绩挂钩的奖金制。这是总部设在伊利诺伊州林肯郡的人力资源和咨询服务公司怡安翰威特(Aon Hewitt)通过《2014年加薪调查》得到的一项重要发现。美国雇主的浮动工资支出在2014年达到了总工资支出的12.7%,创造了怡安翰威特开始这项调查以来38年间的最高点。同时,2014年美国工资增长率仅为2.9%,这表明企业正在不断地加强成本控制:

怡安翰威特薪酬战略和市场开发主管肯·阿布奇(Ken Abosch)称,"工资往往有级联效应[①],包括奖金在内的浮动工资制度在10到15年前就已经产生,它的不断发展也并不仅是2008年经济衰退的原因。他还补充道:"这是一场悄然而至的革命。"沃顿商学院管理学教授伊万·巴兰科(Iwan Barankay)指出,固定工资和浮动工资之间的博弈决定了谁有更多的议价能力,而浮动工资制度无疑给雇主带来了更多的优势。

根据怡安翰威特的调查结果,接受调查的1064家公司中,有91%家实行了浮动工资制度,相应支出将占2015年工资总支出的12.7%。相比之下,2005年时仅有78%的公司实行了浮动工资制度,支出占总工资支出的11.4%。增长的财务业绩和成果推动了浮动工资制的发展。阿布奇透露,在所有的受访者中,三分之二的人完成了绩效要求,18%的受访者甚至超额完成了10%以上的业绩。因此在奖金制下,"你能够清楚地看到业绩、结果和奖励之间的关联,而不是一些毫无头绪的局面。"阿布奇表示,雇主对奖金的偏好源于强势的经济和紧缩的就业市场。"基本薪酬属于固定成本,具有复合效应。而奖金是一次性支出,只对一年的资产负债表产生影响。"用人单位看到了奖金作为激励工具的有效性,股东和分析师也喜欢看到员工更积极地参与到公司建设中。即便如此,阿布奇认为加薪制并没有被完全取代。2008年的经济衰退见证了1.8%的最低薪酬增幅。自此之后,工资情况

---

① 级联效应(cascade effect)是由一个动作影响系统而导致一系列意外事件发生的效应。例如:在生态系统内,某一种重要物种的死亡,可能触发其他物种的灭绝。

得到了一些改善,2015年的薪酬增幅预计将达到2.9%～3%,并且会在这个水平上维持一段时间。

对于谈及奖金的发放机制是取决于业绩还是纯粹运气的问题时,伊万·巴兰科教授说,"我们在过去的研究中了解到,首席执行官们(CEOs)的奖金回报更多的在于运气,而不是真才实干,构建正确的奖励机制是非常关键的。"巴兰科教授指出,"如果就业市场的形势真的是一片大好,增长的应该是基本工资。相反的,当前绩效工资的增长意味着表现最好的人得到了更多的奖励。它背后反映出来的现实则是,雇主在这场博弈中拥有着压倒性的优势。"巴兰科教授称,可以通过数据分析有效地分清奖励发放是凭借员工的努力还是依靠运气。"不然的话,雇主的奖励就成了赌博,人们之所以有良好的表现也只是因为正确的时间和正确的地点。"

巴兰科教授还指出,对企业来说,奖金制上升到另一个更广泛的层面就是企业文化的问题。"如果你提供了一个非常个体化、高度激励的工作环境,员工得到的奖励是基于他们各自的表现,那么合作和团队精神就可能会受到损害。如果你希望员工能够并肩工作、相互启发,并且能够享受工作的氛围,那么这些高度激励的举措可能会变成缺点。"同时他还指出另外一个问题,就是有能力的员工可能不喜欢被平庸的同事拖后腿。"当你审视一个公司内部和个体生产力时,你会发现它是非常不均衡的。换句话说,就是小部分的员工创造了大部分的公司价值。"巴兰科说,"了解自身价值的员工会更有议价能力,他可以与雇主谈判获得更有吸引力的合同作为回报。从公司的角度来讲,一方面是如何创造良性的合作环境;另一方面是如何通过补贴和奖金施加绩效压力和提高绩效产出,平衡这些冲突将会是决策者们一直面临的问题。"

资料来源:沃顿知识在线,http://www.knowledgeatwharton.com.cn/,2014年9月19日。

三、薪酬结构设计的步骤

科学合理的薪酬结构设计,实际上就是在战略导向的前提下,确保薪酬的内部一致性和外部竞争性这两种薪酬有效性标准之间的平衡。然而,即使在同一个企业内部,职位等级不同,对该职位所得薪酬的内部一致性和外部竞争性的考虑也会出现不同的侧重点。通常情况下,职位等级越高,对外部竞争性的强调就会越多;职位等级越低,则对内部一致性的强调会更多,如图10-5所示。

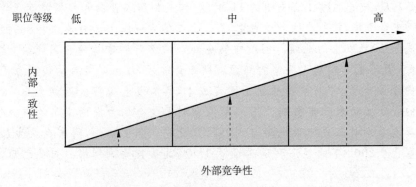

图10-5 薪酬结构设计的内部一致性与外部竞争性之间的平衡

薪酬结构设计的步骤可概括如下：

（1）观察被评价职位的点值状况，根据职位评价点数对职位进行排序。

这一步骤的目的在于从总体上观察通过计点法所得到的被评价职位的点值情况，排除不合理的点值。比如对处于同一职位族或属于其他职能但是明显属于同一级的职位点数进行比较和分析，对于那些明显不合理的点数应予以调整，以准确反映该职位在内部一致性价值评价中应当得到的点数。在这一步骤上需要注意的问题是：职位评价是否建立在对职位充分理解的基础之上？职位描述是否完备？在对职位进行比较时，所选择的参照对象是否合适？在对评价点数做好初步审核后，需要以升幂或者降幂的方式对所有经过评价的职位进行排序（如表10-2所示）。另外，这里还需要注意：职位排序的结构是否反映了不同职位的功能差异？点数之间的差异是否能够反映职位之间所存在的价值差异程度？

表 10-2　根据评价点数对职位进行的排序

顺　序	职位名称	点　数
1	出纳	150
2	离退休事务主办	205
3	行政事务主办	265
4	工会财务主管	335
5	总经理秘书	340
6	行政事务主管	350
7	报销会计	350
8	招聘主管	410
9	会计主管	435
10	项目经理	480
11	总经办主任	540
12	财务部经理	555
13	市场部经理	575

（2）按照职位点数对职位进行初步分组。

通过对职位评价点数进行观察之后，我们可以发现，尽管不同的职位所得到的评价点数是不同的，但是有些职位的评价点数和另外一些职位是相当接近的，因此，我们可以初步判断，点数接近的职位应当是属于同一个级别的。我们可以利用自然断点来划定职位的等级（如表10-3所示）。以100点为界线来对表10-3中的职位进行粗略的等级划分，初步可以划定为五个等级。

表 10-3　根据点数分布所作的初步职位等级划分

职位等级	职位名称	点　数
1	出纳	150
2	离退休事务主办	205
2	行政事务主办	265
3	工会财务主管	335
3	总经理秘书	340
3	行政事务主管	350
3	报销会计	350

续表

职位等级	职位名称	点数
4	招聘主管	410
	会计主管	435
	项目经理	480
5	总经办主任	540
	财务部经理	555
	市场部经理	575

(3) 根据职位的评价点数确定职位等级的数量及点数变动范围。

在实际操作中,由于不可能对企业所有职位进行职位评价,因此,在划分职位等级的过程中,需要考虑到其他未被评价的非关键职位的情况。需要仔细考虑到底应当划分多少个职位等级比较合适,并且要确定每一职位等级的最低点数和最高点数。企业最终划分的等级数量有赖于企业中的职位数量,以及职位之间的差异大小,同时,企业所坚持的报酬哲学和管理理念也会影响最终的职位等级划分。在这一步骤中,我们采取以下不同的方式来进行不同职位等级内部的点数划分:

① 对每一职位等级的最高点值,都以恒定绝对级差的方式来确定。比如,我们取 39 点作为恒定绝对级差(如表 10-4 所示)。可以看出,尽管绝对级差是恒定的,但是其差异比率(绝对级差与下一职位等级最高点数之间的比例)却是变化的。从表 10-4 中可以看到,这时的差异比率是呈现递减趋势的。

表 10-4 各职位等级最大点数之间的绝对极差恒定的情况

职位等级	职位点数等级		最大值的绝对极差	最大值的差异比率(%)
	最小值	最大值		
1	147	185	递增 39	
2	186	224	递增 39	21
3	225	263	递增 39	17
4	264	302	递增 39	15
5	303	341	递增 39	13
6	342	380	递增 39	11
…	…	…	…	…

② 先确定恒定的差异比率,然后再推算不同职位等级的最高值之间的级差。假设最大值的差异比率为 15%(如表 4-8 所示),从表 4-8 中我们不难看出,尽管差异比率是恒定的,但是绝对级差却是变化的,而且这时的绝对级差是逐渐递增的。

表 10-5 各职位等级最大点数之间的差异比率恒定的情况

职位等级	职位点数等级		最大值的绝对极差	最大值的差异比率(%)
	最小值	最大值		
1	136	155		
2	156	179	23	15
3	180	207	27	15
4	208	239	31	15
5	240	276	36	15

续表

职位等级	职位点数等级		最大值的绝对极差	最大值的差异比率(%)
	最小值	最大值		
6	277	318	41	15
…	…	…	…	…

最后,假定我们以恒定绝对级差的方式来确定不同职位等级内部的点数划分。取39点作为恒定绝对级差,即以表10-4的方式对表10-2的职位进行进一步的职位等级划分。并决定将其划分为包括11个等级在内的职位等级结构,则确定下来的职位等级就是如表10-6所示的薪酬等级。

表10-6 正式职位(薪酬)等级划分及其点数变动范围

顺 序	点数跨度
11	537 及以上
10	498～536
9	459～497
8	420～458
7	381～419
6	342～380
5	303～341
4	264～302
3	225～263
2	186～224
1	147～185

(4) 将职位等级划分、职位评价点数与市场薪酬调查数据结合起来。

假设我们通过外部市场薪酬调查得到了相应职位的市场薪酬水平,那么,我们就可以得到与被评价职位有关的两组数据,一组是点数值,一组是薪酬水平数值(如表10-7所示)。根据这两组数据,可以绘制成散点图(如图10-6所示),其中纵轴表示职位的市场薪酬水平;横轴表示职位的评价点数。

表10-7 职位评价点数与市场薪酬水平

顺 序	职位名称	点 数	市场薪酬水平(元)
1	出纳	150	1600
2	离退休事务主办	205	1850
3	无	—	—
4	行政事务主办	265	2080
5	工会财务主管	335	2350
	总经理秘书	340	2350
6	行政事务主管	350	2450
	报销会计	350	2550
7	招聘主管	410	2950
8	会计主管	435	3200
9	项目经理	480	3600

续表

顺 序	职位名称	点 数	市场薪酬水平(元)
10	无	—	—
11	总经办主任	540	4950
	财务部经理	555	5350
	市场部经理	575	5750

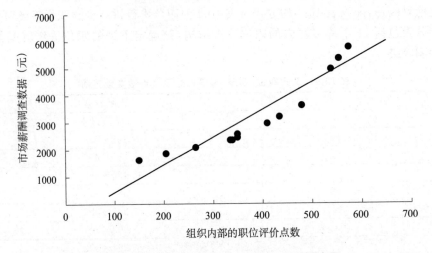

图 10-6 职位评价点数与市场薪酬水平的散点图

我们可以运用最小二乘法对表 10-7 中的两组数据进行拟合,以得到一条能够体现不同职位等级的薪酬趋势的直线。根据数学计算的要求,设 X 为职位评价点数,Y 为来自薪酬调查的市场薪酬水平数据,那么只要从下列联立方程中解出 a 和 b 的值,便可推出回归直线方程:

$$Y = a + bX$$

$$\sum Y = na + b\sum X \tag{10-1}$$

$$\sum XY = a\sum X + b\sum X^2 \tag{10-2}$$

合并式(10-1)和式(10-2),解方程组可以得到

$$a = \frac{\sum X^2 \sum Y - \sum X \sum XY}{n\sum X^2 - (\sum X)^2}, \quad b = \frac{n\sum XY - \sum X \sum Y}{n\sum X^2 - (\sum X)^2}$$

对于指数曲线 $Y = ab^X$,通常先将其转换成对数形式 $\ln Y = \ln a + X\ln b$,这样就可以按照直线方程求解参数 $\ln a$ 和 $\ln b$,将其代入直线方程 $\ln Y = \ln a + X\ln b$,计算出 $\ln Y$ 值后,再查反对数可得值。求解 $\ln a$ 和 $\ln b$ 的公式如下:

$$\ln a = \ln(\sum X^2 \sum Y - \sum X \sum XY) - \ln[n\sum X^2 - (\sum X)^2]$$

$$\ln b = \ln(n\sum XY - \sum X \sum Y) - \ln[n\sum X^2 - (\sum X)^2]$$

根据散点图 10-6,我们不难看出两组数据近似于直线分布。根据表 10-7 中各个职位的点数值和薪酬水平数值,可以得出表 10-8 的相关数据。下面根据表 10-8 中的数据来说明回归直线方程 $Y = a + bX$ 的推导过程。

表 10-8　职位评价点数与市场薪酬水平的回归分析计算

职位名称	评价点数 X	市场薪酬水平 Y(元)	X²	XY
出纳	150	1600	22500	240000
离退休事务主办	205	1850	42025	379250
行政事务主办	265	2080	70225	551200
工会财务主管	335	2350	112225	787250
总经理秘书	340	2350	115600	799000
行政事务主管	350	2450	122500	857500
报销会计	350	2550	122500	892500
招聘主管	410	2950	168100	1209500
会计主管	435	3200	189225	1392000
项目经理	480	3600	230400	1728000
总经办主任	540	4950	291600	2673000
财务部经理	555	5350	308025	2969250
市场部经理	575	5750	330625	3306250
合计	4990	41030	2125 550	17784 700

$$a = \frac{\sum X^2 \sum Y - \sum X \sum XY}{n \sum X^2 - (\sum X)^2} = \frac{2125550 \times 41030 - 4990 \times 17784700}{13 \times 2125500 - 4990^2} = -561.6063$$

$$b = \frac{n \sum XY - \sum X \sum Y}{n \sum X^2 - (\sum X)^2} = \frac{13 \times 17784700 - 4990 \times 41030}{13 \times 2125550 - 4990^2} = 9.6855$$

得到的回归直线为

$$Y = -561.6063 + 9.6855X$$

根据所确定的回归直线计算各等级的薪酬区间中值,如表 10-9 所示。

表 10-9　根据回归直线计算的各职位等级所对应的薪酬区间中值

职位等级	点数区间	点数区间中值 X	薪酬区间中值 Y
1	147～185	166	1046
2	186～224	205	1424
3	225～263	244	1802
4	264～302	283	2179
5	303～341	322	2557
6	342～380	361	2935
7	381～419	400	3313
8	420～458	439	3690
9	459～497	478	4068
10	498～536	517	4446
11	537 及以上	556	4824

(5) 考察薪酬区间中值与市场水平的比较比率,对问题职位的区间中值进行调整。

在通过前四个步骤得出每一职位等级的薪酬中值之后,通常还需要对薪酬区间的中值与外部市场薪酬数据之间的比率(即比较比率)进行分析,以发现可能存在问题的特定职位等级的薪酬定位。这是因为,理想的薪酬结构应该体现两个方面的关系:一是所评价职位之间的关系；二是推导出的职位所对应的薪酬区间中值与外部市场薪酬之间的关系。一般而言，比较比率减去100%之后控制在±10%以内都是可以接受的，这表明在该职位等级的薪酬内部一致性和外部竞争性之间是比较协调的。对于超过±10%的职位，企业可以考虑适当予以调整。各职位比较比率分析如表10-10所示。在表10-10中，与市场薪酬水平相比，行政事务主管、报销会计、会计主管、项目经理、招聘主管5个职位所对应的薪酬区间中值明显偏高。这主要是由于在企业内部的职位评价过程中，这5个职位的内部价值评价较高。而在外部市场上，这5种职位的价值却要相对低一些。对于这些根据外部市场标准报酬明显过高的职位，企业在是否调低其薪酬区间中值方面的自由度较大。如果薪酬成本在企业看来并不十分重要，可以不对上述5种职位的薪酬区间中值进行调整。但是如果出现了比外部市场标准报酬明显过低的职位，企业可能就不得不相应调高该职位所对应的薪酬区间中值。这是因为，如果只考虑内部一致性而不考虑外部竞争性，这些职位可能很难招募到合适的人员。

表 10-10　各职位比较比率分析①

等级	所在区间点值跨度	职位名称	内部评价点值	市场平均薪酬水平(元)	薪酬区间中值	比较比率(%)
11	537 及以上	市场部经理	575	5750	4824 (5175)	84(90)
		财务部经理	555	5350		90
		总经办主任	540	4950		97
10	498～536	无	—	—	4446	—
9	459～497	项目经理	480	3600	4068	113
8	420～458	会计主管	435	3200	3690	115
7	381～419	招聘主管	410	2950	3313	112
6	342～380	行政事务主管	350	2450	2935	115
		报销会计	350	2550		120
5	303～341	总经理秘书	340	2350	2557	109
		工会财务主管	335	2350		109
4	264～302	行政事务主办	265	2080	2179	105
3	225～263	无	—	—	1802	—
2	186～224	离退休事务主办	205	1850	1424 (1665)	77(90)
1	147～185	出纳	150	1600	1046 (1440)	65(90)

（6）根据确定的各职位等级或薪酬等级的区间中值建立薪酬结构。

在考虑等级内部各职位价值差异大小及外部市场薪酬水平的情况下，确定各薪酬区间的变动比率，就可以建立起相应的薪酬结构体系。假定各级薪酬区间的变动比率均为40%（以最低值为基础），以表10-10中所确定的薪酬区间中值为基础，计算各薪酬等级的区间最低值和最高值，就可以建立起相应的薪酬结构表（如表10-11所示）。

---

① 比较比率=(薪酬区间中值/市场薪酬水平)×100%。表中括弧内的数字代表调整后的数字。

表 10-11　管理岗位薪酬结构表　　　　　　　　　　　　单位:元

等级	薪酬区间最低值	薪酬区间中值	薪酬区间最高值
11	4313	5175	6038
10	3705	4446	5187
9	3390	4068	4746
8	3075	3690	4305
7	2761	3313	3865
6	2446	2935	3424
5	2131	2557	2983
4	1816	2179	2542
3	1502	1802	2102
2	1388	1665	1942
1	1200	1440	1680

最后需要说明的是,在整体薪酬框架中,同一家企业可以采用多种薪酬结构,以反映企业的管理理念和经营状况。比如,企业在设计销售人员和技术研发人员的薪酬结构时,完全可以采用两种不同的模式。

 阅读案例 10-1

百度公司的薪酬结构

百度公司的薪酬结构主要由三部分组成:一是保障性薪酬,与员工的业绩关系不大,只与其岗位有关;二是变动薪酬,紧紧与员工绩效挂钩,依照员工的业绩在公司范围内评选季度的或年度的"百度之星",这虽只是一种荣誉的给予,但也影响到年终关于绩效加薪的考核,而年度奖金发放和绩效工资变动也是依照当年绩效考核的成绩赋予相应的绩效加薪;三是公司在 1999 年成立之初,就将全公司范围内的员工股票期权计划纳入了薪酬制度中。与其他的高科技网络公司如搜狐、新浪不同的是,百度的股票期权计划是所有员工都享受的,连公司的前台员工也被纳入这项计划之中,这是百度公司给予员工最好的福利计划了。

百度公司的股票期权计划,俗称"金手铐"制度,完全是源自美国硅谷高科技公司流行的期权计划。百度公司成立之初,在知名度较小、竞争力较弱的情况下,公司提出这一薪酬计划的目的在于使员工的目标定位在远期的回报实现上,而不过分强调现期的收益。在员工入职时,公司将两套薪酬方案摆在员工面前供其选择,一是"较低的基本工资+较高的股票期权";二是"较高的基本工资+股票期权",当然这个"高"与"低"水平的界定仅是就这两套方案比较而言。此外,公司规定赠与的股票期权要分 4 年拿到,员工在入职的第一年可以获得全部期权的 1/4,而从工作的第二年开始,每过一个月员工能获得 1/48 的期权。2004 年初,公司内部又对员工所持有的期权做了进一步的裂股,由一股分为两股,这也是在公司上市前给予员工的最后一次福利优惠。就在 2005 年 8 月百度上市成功之日,整个业界都被百度震惊了,就是这 5 年前被百度许多员工所感到不解的期权制度,使得近 200 名员工都成了百万富翁。虽然当时有半年的"禁售期"(高管人员是两年)的限制,这一切仅是"纸上富贵",但股票期权所带来的激励效用却是不可忽视的。

资料来源:改编自刘李豫. 百度公司的薪酬管理[J]. 经营与管理,2006(1):36-37.

第三节 宽带薪酬

一、宽带薪酬的内涵

（一）宽带薪酬的兴起背景

美国著名管理学家劳伦斯·彼得在其1969年出版的《彼得原理》一书中曾经发出这样的警告：在企业和各种其他组织中，都普遍存在一种将员工晋升到一个他不能胜任的职位上去的总体倾向。即一旦一个员工在较低一级的职位上干得很好或完全胜任，组织就将其提升到更高一级职位上，直到员工被提升到一个他不能胜任的职位，组织才会停止对他的晋升步伐。如果这个员工往下降一个职位等级，他很可能就是一位非常优秀的员工，但是他现在却待在一个自己所不能胜任的、级别较高的职位上，并一直耗到退休。这种状况对于员工和组织双方来说无疑都没有好处。遗憾的是，传统的薪酬制度对于优秀员工进行奖励的晋升哲学，使得这种状况在实际生活中屡见不鲜。

为了克服传统薪酬制度的缺陷，宽带薪酬作为一种全新的薪酬管理模式应运而生。宽带薪酬始于20世纪80年代末，当时美国经济和世界经济的衰退已经十分严重，美国经济从1987年的股市暴跌开始每况愈下，到1990年正式进入衰退期，企业破产倒闭的数目不断增加，失业率不断上升，美国传统组织面临着重大转型的压力。在这种背景下，宽带薪酬结构作为一种与组织结构扁平化、流程再造、团队导向、能力导向等新的管理战略相配合的新型薪酬结构设计方式应运而生，并被很多大型公司所采用。

（二）宽带薪酬的含义

宽带薪酬（broadbanding），又称海氏薪酬制，是美国薪酬设计专家爱德华·海于1951年研究开发出来的。根据美国薪酬管理学会的定义，宽带薪酬是指对多个薪酬等级以及薪酬变动范围进行重新组合，从而变成只有相对较少的薪酬等级以及相应较宽的薪酬变动范围。宽带薪酬用少数跨度较大的工资范围代替了原来数量较多的工资级别的跨度范围，将原来的20个或30个薪酬等级压缩成几个级别，取消原来狭窄的工资级别带来的同种工作之间明显的等级差别。将每个薪酬级别所对应的薪酬浮动范围拉大，形成一种宽波段薪酬体系。比如美国IBM公司在20世纪90年代以前的薪酬等级一共有24个，采用宽带薪酬结构设计方式后只有11个范围更大的等级。

宽带薪酬实际上是一种新型的薪酬结构设计方式，是对传统的那种带有大量等级层次的垂直型薪酬结构的改进或替代。一种典型的宽带薪酬结构可能只有不超过4个等级的薪酬级别，每个薪酬等级的最高值与最低值之间的区间变动比率则可能达到200%～300%；而在传统薪酬结构中，这种薪酬区间的变动比率通常只有40%～50%。图10-7比较形象地解释了从传统薪酬结构到宽带薪酬结构的转变。

"宽带"的概念源于广播术语，应用于薪酬管理领域表明企业不再期望员工是"单一频率"的，而是希望他们能够覆盖"宽频"，即具有多种技能和能力，从而在组织需要的时候能够完成多种工作任务。宽带型薪酬结构既可以应用于职位薪酬体系，也可以应用于技能薪酬

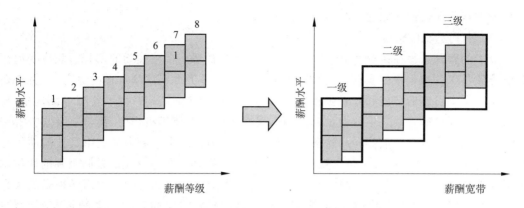

图 10-7 从传统薪酬结构到宽带薪酬结构的转变

体系。事实上,宽带薪酬是技能薪酬体系赖以建立的一个重要平台。在职位薪酬体系情况下,企业可以将传统的多等级薪酬结构加以适当合并来形成宽带薪酬;而在技能薪酬体系情况下,企业可以将其专业类、管理类、技术类以及事务类职位分别划入各自的单一薪酬宽带。员工不是沿着企业中唯一的薪酬等级层次升迁,而是在各自职业生涯的大部分或者所有时间里可能都只处于同一个薪酬宽带之中。他们在企业中的流动是横向的,但是随着他们获得新的技能、能力,承担新的责任,或者是改善绩效,他们就能够获得更高的薪酬。即使是被安排到低层次职位上,他们依然有机会获得较高的薪酬。宽带薪酬实施的理念思想是:员工的薪酬水平应该取决于其在工作上的表现、承担的责任和其技能水平,而不是员工在组织内的行政级别。

二、宽带薪酬的特点和作用

与传统的薪酬结构相比,宽带薪酬具有以下几个方面的特征和作用。

(1) 支持扁平型组织结构。

在传统薪酬结构下,一个企业中往往有很多的级别,员工们也具有严格的等级观念,来自基层的信息通过层层汇报、审批才能到达负责该信息处理的部门或人员那里。企业内部很容易出现层层拖拉、相互推卸责任的官僚作风。20 世纪 90 年代以后,企业界兴起了一场以扁平型组织取代官僚层级型组织的运动,而宽带薪酬结构可以说正是为配合扁平型组织结构而量身定做的。它的最大特点就是打破了传统薪酬结构所维护和强化的那种严格的等级制,有利于企业提高效率以及创造参与型和学习型的企业文化,同时对于企业保持自身组织结构的灵活性以及迎接外部环境竞争也有着积极的意义。

(2) 有助于引导员工重视个人技能的提高。

在传统薪酬结构条件下,员工的薪酬增长往往取决于本人在企业中职位的变化而不是能力的提高,即使员工的能力达到了较高的水平,但是在企业中没有出现高一级的职位空缺,员工仍然无法获得较高的薪酬。而在宽带薪酬结构下,即使是在同一个薪酬宽带内,企业为员工所提供的薪酬变动范围,也可能会比员工在原来的五个甚至更多的薪酬等级中获得的薪酬范围还要大。这样一来,员工就会集中精力于能力的提高而不去斤斤计较职位晋升等方面的问题。而只要员工注意发展企业所需要的那些技术和能力,并把注意力放在企业着重强调的那些有价值的事情上,如满足客户需要、以市场为导向、注重效率等,那么,他们就能够获得令他们满意的、较高的薪酬。

(3) 有利于职位轮换。

员工的薪酬水平在传统薪酬结构中是与其所担任的职位严格挂钩的,因此,职位变动往往会导致员工薪酬水平的变动。同级别的调动不能使员工得到薪酬水平的提高,让员工在这种情况下学习新的技能和知识是相当困难的。而宽带薪酬结构减少了薪酬等级数量,将过去处于不同薪酬等级之中的大量职位纳入现在的同一薪酬等级当中,甚至上级监督者和他们的下属也常常会被放到同一薪酬宽带当中,员工的薪酬水平更多的是由其技能而不是职位高低决定的。这样一来,员工就愿意学习新的东西,而不再过分关注是同级别的职位调动还是职位晋升了。另外,企业还因此减少了过去因员工职位的细微变动而必须做的大量行政工作,如职务名称变动、相应的薪酬调整、系统更新、社会保险投保基数调整、档案更新等。

(4) 有助于密切配合人力资源市场上的供给变化。

宽带薪酬结构是以市场为导向的,它使员工从注重内部公平转向更为注重个人发展,以及自身在外部人力资源市场上的价值。在宽带薪酬结构中,薪酬水平是以市场薪酬调查的数据以及企业的薪酬定位为基础确定的。因此,薪酬水平的定期审查与调整将会使企业更能把握其在市场上的竞争力,同时有利于企业相应地做好薪酬成本的控制工作。

(5) 有利于非人力资源部门的人力资源管理。

传统薪酬结构的官僚性质导致薪酬决策的弹性很小,基本上是机械地套用薪酬级别,因此,其他职能部门以及业务部门经理参与薪酬决策的机会是非常少的。而在宽带薪酬结构情况下,即使是在同一薪酬宽带中,由于薪酬区间的最高值和最低值之间的变动比率至少也会有100%,这就给员工薪酬水平的界定留有很大的空间。在这种情况下,部门经理就可以在薪酬决策方面拥有更多的权力和责任,可以对下属的薪酬定位给予更多的意见和建议。这种做法不仅充分体现了战略性人力资源管理的思想,有利于促使直线部门经理人员切实承担起自己的人力资源管理职责,同时也有利于人力资源部门人员从一些附加值不高的事务性工作中解脱出来,转而更多地关注企业更有价值的其他高级管理活动,并充分扮演好直线部门的战略伙伴和咨询顾问的角色。

(6) 有利于提升企业的整体绩效。

宽带薪酬结构通过将薪酬与员工的能力和绩效表现紧密结合来,更为灵活地对员工进行激励。上级对有稳定突出业绩表现的下级员工,可以拥有较大的加薪影响力;而不像在传统的薪酬体制下,直线管理人员即使知道哪些员工的能力强、业绩好,也不能对其进行加薪激励,因为那时的加薪主要是通过晋升来实现的,而晋升的机会和实践并不会那么灵活。宽带薪酬结构不仅通过弱化头衔、等级、过于具体的职位描述以及单一向上流动等方式向员工传递一种个人绩效文化,而且还通过弱化员工之间的晋升竞争而更多地强调员工之间的合作和知识共享、共同进步,来帮助企业培育积极的团队绩效文化,而这对于企业整体业绩的提升无疑是非常重要的一种力量。此外,宽带薪酬设计鼓励员工进行跨职能的流动,从而可以增强企业的灵活性和促进创新思想的出现,这对于企业迎接多变的外部市场环境的挑战以及强化创新而言无疑是非常有利的。

宽带薪酬结构与传统薪酬结构的差异比较如表10-12所示。

表 10-12　宽带薪酬结构与传统薪酬结构的比较

比较内容	传统型薪酬结构	宽带型薪酬结构
与人力资源战略的关系	难配套	易配套
与劳动力市场的关系	市场是第二位的	以市场为导向
直线经理的参与	几乎没有参与	更多的参与
薪酬调整方向	纵向	纵向及横向
组织结构特点	层级多	扁平
与员工绩效表现的关系	松散	紧密
薪酬等级	多	少
薪酬级差	小	大
薪酬变动范围	窄	宽

三、宽带薪酬的局限性及实施条件

（一）宽带薪酬的局限性

宽带薪酬虽然有很多优点,但在实施过程中也有其局限性,具体表现为如下三个方面。

(1) 宽带薪酬的设计过分依赖于绩效管理。

由于宽带薪酬的设计主要依据员工对企业的贡献大小,绩效管理就成为员工薪酬水平确定的重要依据。如果绩效管理做得不好,岗位的变化幅度特别大,在这样的情况下,员工工资浮动过大,这将会给员工的心理造成较大的不稳定感,从而降低了员工对企业的归属感和认同感。同时,如果企业的绩效管理不到位,员工薪酬水平下跌,而员工又自认为自己工作努力,也会使员工对企业的公正性、公平性、合理性产生怀疑,这容易导致企业内部、上下级或同事之间人际关系的紧张。

(2) 宽带薪酬降低了晋升的激励水平。

在传统薪酬制度中,由于岗位职级较多,员工要晋升一个职级相对比较容易;而在宽带薪酬制度中,员工的晋升机会就会变得很少。许多员工往往将晋升次数与其职业发展空间紧密相连,晋升也提升了员工的自信心,使员工更乐于为企业效力,这对于新员工来说尤其重要。但采用宽带薪酬,就会出现只有薪酬激励而没有晋升激励了,这对那些追求晋升的员工来说,将是一件令他们感到失望的事情。

(3) 宽带薪酬并不适用于所有的企业。

宽带薪酬适用于那种强调低专业化程度、多职能工作、跨部门流程、技能工作的团队型企业和扁平型组织。因为这类企业或组织所要强调的并非行为或者价值观,而要适应变革,而且要保持生产率并通过变革来保持高度的竞争力,因此,这类企业或组织希望通过一种更具有综合性的方法,将薪酬与新技能的掌握、能力的提高、更为宽泛的角色承担以及最终绩效等联系在一起,同时还要有利于员工的成长和多种职业通道的开发。宽带薪酬的设计思路恰恰与这类企业或组织的上述需求相符合。在我国,许多企业或组织在薪酬管理以及整体人力资源管理体系方面的基础还比较薄弱,有些企业甚至连规范的职位说明书都没有,也从来没有做过科学的职位评价。在这种情况下,盲目地推行宽带薪酬体系是很难取得预期效果的。

（二）宽带薪酬的实施条件

实施宽带薪酬是要具有一定条件的，否则企业推行宽带薪酬制度很难成功。美国薪酬学会曾经在1994年和1998年分别对实施了宽带薪酬制度的企业进行调查。两次调查结果的对比研究发现，导致企业引进宽带薪酬失败的原因主要有：

（1）宽带薪酬的实施降低了员工的工作满意度，影响了士气；
（2）员工和管理人员对实施宽带薪酬的目的和意义缺乏基本的了解；
（3）员工对管理层缺乏信任；
（4）企业不能完全摆脱原有的结构体系，存在隐形的等级制度；
（5）管理层不愿意花时间与员工沟通，听取员工的意见；
（6）对薪酬水平缺乏控制；
（7）不能为员工提供积极的职业发展计划；
（8）缺乏有效的绩效管理体系。

结合国内外的研究，企业实施宽带薪酬的条件可总结如下：

（1）具有明确的战略目标。一个企业的战略目标是否明确，是引入宽带薪酬体系的重要前提。只有首先清楚企业的战略目标，才能明确企业需要什么样的组织结构和人力资源管理系统，然后才能决定采用什么样的薪酬结构体系。

（2）具有积极参与型的管理风格。宽带薪酬要求企业的部门经理要有更大的空间参与其下属员工的薪酬决策。各部门的经理在人力资源管理方面必须有足够的成熟度，能与人力资源部门一起做出各种关键性的决策。如果各部门以自我为中心，没有成熟的管理队伍和积极的参与风格，人力资源部门就很难发挥"顾问"作用，实施宽带薪酬就会遇到阻力，即使实施了宽带薪酬制度也很难发挥其应有的作用。

（3）要以工作表现作为重要的报酬决定因素。实施宽带薪酬管理模式的企业，员工薪酬的增加应主要取决于其比较绩效以及新技能或能力的获得，而不是取决于职位再评估和晋升。这就要求企业重视员工的工作表现，能够公平有效地区分员工工作表现的优劣，将员工的薪酬水平与绩效考核的结果直接挂钩，避免"大锅饭"的现象发生，充分发挥薪酬制度所具备的"宽带"优势。

（4）有良好的沟通机制。引入宽带薪酬制度需要让管理层和员工及时全面地沟通，让全体员工能够清晰地理解企业报酬的决定因素以及企业发展的策略，激励员工重视个人与企业发展的一致性，并让员工看到自己将来在企业中的前途。

（5）有积极的员工发展计划。鼓励员工关注个人技能的增长以及能力的提高是宽带薪酬的关键特点之一。为实现这一目的，企业需要在实施宽带薪酬的同时为各个薪酬等级提供配套的培训和完整的开发计划。这样就可以使员工清楚地知道各个薪酬等级对于员工自身能力的要求，以及所需要掌握的技能，从而使员工有针对性地开展培训与开发，以期获得更优良的绩效和更高水平的报酬。

（6）人力资源管理部门发挥更多的辅助作用。宽带薪酬制度优势的发挥，需要企业从运营、文化、管理人员素质以及人力资源部门专业化程度等方面加以全面考虑与配套。同时，在新员工的职位定级、薪酬定位以及市场信息的获得等诸多方面，都需要人力资源部门的薪酬管理人员与各部门管理者共同商讨、密切合作。为此，人力资源部门需要扮演好"顾问"的角色,为其他部门提供优质专业的服务,否则,将很难真正发挥宽带薪酬制度所具有的优势。

(7) 建立科学有效的绩效管理系统。在宽带薪酬模式下,员工薪酬的多少很大程度上依赖于其对企业贡献的大小。假若企业绩效管理不合理,员工在较大薪酬变动幅度中就会有一种"过山车"的感觉,心里会不由自主地产生一种不安全感,极易恶化企业内部的人际关系,影响员工工作积极性和团队合作精神,进而影响员工对企业的认同感和忠诚度。因此,构建一套科学有效的绩效管理系统,公正、合理地衡量员工对企业的贡献和价值,是有效实施宽带薪酬的关键点。

(8) 建立支持宽带薪酬的企业文化。企业文化是企业在长期实践中形成的、大多数员工所认同的企业共同价值观,它对企业及其员工的行为具有导向作用。宽带薪酬制度强调员工的工作表现和工作技能,即使同一职级的员工,其薪酬差距也可以很大。为让员工正确认识这一差距,就需要从企业文化层面进行引导,并着力培养形成尊重员工个人才能、鼓励员工参与、重视沟通协作的文化氛围。唯有如此,才能使宽带薪酬制度在企业得到顺利实施。

(9) 良好的成本预算控制。宽带薪酬拉大了同一薪酬等级的薪酬变动范围,使得企业各部门管理人员对员工的薪酬决策拥有更大的自由裁量权,这就有可能使得企业人力成本大幅增长。同时,由于同一职级包含较多职位,确定基准职位需要进行深度的薪酬市场调查,这无疑也会加大企业的人力成本支出。因此,薪酬预算较少、成本难以控制的企业实施宽带薪酬模式应当慎重。

四、宽带薪酬结构的设计

(一) 宽带薪酬结构的设计流程

宽带薪酬结构的设计流程如图 10-8 所示,具体步骤可概括如下:

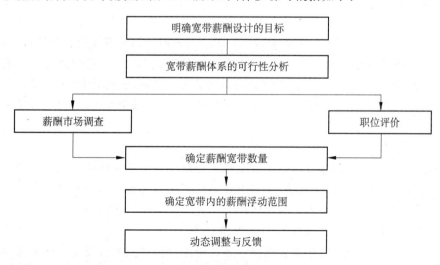

图 10-8 宽带薪酬结构的设计流程

(1) 梳理企业战略,明确宽带薪酬设计的目标。

薪酬体系设计的最终目标是未来推动企业的人力资源管理,从而服务于企业战略目标。

因此，设计宽带薪酬结构体系首先应该系统梳理企业战略，分析企业的核心竞争能力，明晰企业的核心价值观，在此基础上确立宽带型薪酬结构体系设计的目标。

(2) 宽带薪酬体系的可行性分析。

宽带薪酬体系是与不强调资历、提倡职业发展和成长的"扁平化"组织结构相匹配的，是建立在承认员工个人之间的能力差异、对个人能力和对组织的贡献充分尊重的企业文化基础上的。因此，人力资源部门应当根据本企业的竞争战略、目前的组织结构、工作性质、企业的文化背景、企业的发展阶段等实际情况，进行可行性分析，以决定是否适合采用宽带型薪酬结构体系。

(3) 进行薪酬市场调查。

宽带薪酬要求企业既要关注自己内部的薪酬状况，更要跟踪企业外部的市场薪酬水平，体现外部竞争性。为此，在论证宽带薪酬体系的可行性分析之后，企业应该做好薪酬市场调查工作，薪酬市场调查内容主要包括：本行业的薪酬水平、本地区的薪酬水平、薪酬结构、发放时间、发放形式与范围、其他非货币性报酬等。

(4) 确定职位的相对价值。

确定职位的相对价值主要通过职位评价来实现。职位评价是根据各职位对企业目标的贡献，通过专门的技术和程序，对企业中各个职位的价值进行综合比较，从而确定企业中各个职位的相对价值差异，它是企业薪酬结构设计的基础。公正的职位评价也是保持内部公平性的重要前提，职位评价的基本程序是对每一个职位所包含的内容（如责任、工作难易度、环境、技能等）进行相互比较，进而反映出职位的价值。常用的职位评价方法包括排序法、分类法、要素计点法、因素比较法等，具体方法已在前面的章节中详细介绍。

(5) 把不同的职位归类并确定薪酬宽带数量。

经过之前职位相对价值的确定之后，企业就可以根据薪酬市场调查的数据和对不同职位相对价值的评价结果确定相应等级的薪酬水平了。一个薪酬等级一般应包括操作复杂程度或重要性大致相同的职位。如果采用的是要素计点法进行职位评价，一个薪酬等级通常包括的是点值相同的职位；如果使用的是排序法，则包括两到三个等级的职位；如果使用的是分类法，则包括同一类或同一级的职位。在把不同的职位归入不同的薪酬等级之后，还需要把若干个薪酬等级进一步合并，使它们成为一个薪酬宽带。一个薪酬宽带内一般应包括几个甚至十几个薪酬等级。合并薪酬等级可以采用从低到高或从高到低依次排序合并的方法，合并时应当把那些工作性质大体类似的职位归入同一个薪酬宽带，通过合并薪酬等级最终确定宽带数量。

(6) 确定宽带内的薪酬浮动范围。

在确定了薪酬宽带数量之后，还要确定每一个薪酬宽带的薪酬浮动范围。确定宽带内的薪酬浮动范围的一种可行的做法，是将宽带内最低薪酬等级的最低薪酬水平作为薪酬浮动的下限，将宽带内最高薪酬等级的最高薪酬水平作为薪酬浮动的上限。

(7) 进行宽带薪酬体系的动态调整与反馈。

设计好的宽带薪酬体系，还需要根据实施过程中遇到的问题以及企业内外部环境和条件的变化，及时进行动态调整和完善。通过控制与合理调整薪酬方案，充分发挥宽带薪酬自身灵活性的特点，从而增强企业宽带薪酬体系对内外环境变化的应对能力。

(二)宽带薪酬结构设计的几个关键点

(1) 薪酬宽带数量的确定。在一个企业的薪酬结构中,到底设计几个宽带比较合适并没有一个统一的标准。大多数企业设计 4~8 个薪酬宽带,有些企业设计 10~15 个宽带,还有些企业甚至只设计两个宽带薪酬,一个宽带是针对管理人员的,另一个宽带则是针对技术人员的。不过,薪酬宽带数量的决策依据还应当参照企业中能够带来附加价值的不同员工的贡献等级。宽带之间的分界线往往是在一些重要的"分水岭"处,即在工作或技能、能力要求存在较大差异的地方,比如,可以将某企业的薪酬宽带划分成助理级(初进企业者)、专业级(有经验的、知识丰富的团队成员)、专业主管级(团队或项目监督者)、专业指导级或教练级等。

(2) 宽带的定价。在薪酬宽带的设计中,很可能会出现在每一个宽带中都包括财务、采购、研发、市场营销等各类工作,而在不同的宽带中所要求的技能或能力层次会存在差异的情况,同时还会存在在同一宽带内的各种不同职能工作之间存在薪酬水平差异的问题。因此,在薪酬宽带设计过程中所遇到的一个挑战就是,如何向处于同一宽带之中但职能却各不相同的员工支付薪酬。一个可行的做法是,参照市场薪酬水平和薪酬变动区间,在存在外部市场差异的情况下,对同一宽带之中的不同职能或职位族的薪酬要分别定价。

(3) 将员工放入薪酬宽带中的特定位置。在薪酬宽带设计完成之后,企业需要解决的一个重要问题是如何将员工放入薪酬宽带中的不同位置上。对于这个问题,企业通常可以采取三种方法。对于那些希望着重强调绩效的企业来说,可能会根据员工个人的绩效,来将员工放入薪酬宽带中的某个位置上。而那些需要强调新技能获取的企业,则可能会严格按照员工的新技能获取情况来确定他们在薪酬宽带中的定位,员工是否具备企业所要求的这些新技能,则是由员工是否接受过培训、是否已取得资格证书或者员工在工作中的表现来决定。对于那些希望强调员工能力的企业来说,则有可能这样确定员工在薪酬宽带中的位置:首先确定某一明确的市场薪酬水平,其次在同一薪酬宽带内部,对于低于该市场薪酬水平的部分,采用根据员工的工作知识和绩效定位的方式;而对高于该市场薪酬水平的部分,则根据员工的关键能力开发情况来确定他们在薪酬宽带中的位置。

(4) 跨级别的薪酬调整以及宽带内部的薪酬调整。在实施宽带薪酬的情况下,员工大多数时候是在同一级别的宽带内部流动,而不是在不同的薪酬宽带之间流动。这时,情况就比较简单,因为在薪酬宽带内部的薪酬变动与同一薪酬区间内的薪酬变动原理基本上是相同的。不过,有时企业也同样需要处理员工在不同等级的薪酬宽带之间的流动问题。这一问题的核心是如何确定员工的薪酬变动标准。作为一种强调能力和业绩而非僵化的职位等级结构的薪酬结构设计,宽带薪酬无疑是最为强调员工个人的能力提高和业绩表现的。也就是说,企业必须建立对员工的技能或能力评价体系以及绩效管理系统,只有这样才能确保员工薪酬变动的依据是客观、公平的。

思考题

1. 什么是薪酬结构?它有哪些构成?
2. 影响薪酬结构的因素有哪些?试分析之。
3. 结合实际谈谈如何划分企业中的薪酬等级。
4. 企业采取的薪酬结构策略主要有哪些?这些策略各有何特点?

5. 举例说明企业薪酬结构设计的过程,并总结薪酬结构设计中应注意的问题。
6. 什么是宽带薪酬?它与传统的薪酬结构有何区别?
7. 什么样的组织适合推行宽带型薪酬结构?若实施宽带薪酬应重点关注哪些问题?

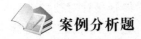 案例分析题

IBM:首创年薪制[①]

沃森家族创建了雄霸世界的计算机硬件公司 IBM。这个财富家族的创始人是托马斯·约翰·沃森(Thomas J. Watson),他从一个一文不名的乡下人,靠推销起家,一手把 IBM 这个当初生产磅秤、屠刀和穿孔机的小公司发展为世界超一流的硬件公司。他的独生子小托马斯·沃森曾是一个经常去夜总会厮混的花花公子,老沃森教育有方,最终使其浪子回头。小沃森继承了父业,把 IBM 的计算机事业推上峰巅。这个家族因培养最优秀的人才而继续他的使命。

在 IBM 公司,老沃森总是愿意把命运同员工们连在一起,因为他出身贫寒,从小就体会到穷苦、艰辛劳动和失业的滋味。所以,他竭力试图消除白领劳动者和蓝领劳动者之间的差别。老沃森不仅为 IBM 工厂的员工提供有保障的工作和优厚的报酬,而且多年来 IBM 的退休金完全是根据年资确定的,而不是根据薪水或职位。

在 20 世纪 30 年代和 40 年代,美国多次发生劳工骚乱,工会运动风起云涌,组织者们严厉抨击一些公司为其经理们提供的优厚退休金。老沃森制定的 IBM 的退休金不根据职位而根据年资,其动机并不是不让员工成立工会,但实际上却有效地起到了这种作用。

IBM 是由老沃森辛辛苦苦创建起来的,它同老沃森的联系比同小沃森更加密切。但小沃森并不甘示弱,总是想方设法进一步扩大老沃森的宗旨,也进一步实现自己的领导才能。1957 年,人事主管杰克·布里克带着一个激进的建议找到小沃森:IBM 应废除计时工资制,将 IBM 所有员工的工资都改为年薪。这将消除工厂操作人员与办公室工作人员之间的最后一个差别,并使 IBM 的所有员工平起平坐。这是一个相当大胆的计划,影响到 IBM 在美国 6 万名员工中的大约 2 万名员工。

1958 年 1 月,小沃森通过电话会议向美国各地的工厂宣布了这项改革。虽然改为年薪制最初进展顺利,但是 IBM 中有一些管理人员预言,许多员工会利用这一政策,什么时候想离开工作岗位时就会离开。甚至有人开玩笑说,在狩猎季节的这一天,在我们的明尼苏达州罗彻斯特工厂不会有任何人上班,但事实并非如此。据小沃森所知,IBM 是对所有员工实行年薪制的第一家大工业公司,员工们也确实在更好地为 IBM 做出贡献。

讨论问题:
1. 通过该案例,你认为根据年资确定退休金的好处有哪些?
2. 你认为 IBM 公司人事主管杰克·布里克的主要贡献有哪些?
3. 本案例对你有何启示和借鉴?

---

① 李亚民. 企业管理理论与方法[M]. 北京:中国林业出版社,2011:176-177.

第十一章
薪酬制度设计

> 最有价值的知识不是从别人那里获得的,而是我们自己创造的。
> ——野中郁次郎(Ikujiro Nonaka)

 学习目标

- 理解薪酬制度及其设计目标与设计依据;
- 熟悉薪酬制度设计的基本流程;
- 掌握职位薪酬制度体系的特点、类型及其实施条件;
- 掌握技能薪酬制度体系的特点、类型、设计流程及其实施条件;
- 掌握绩效薪酬制度体系的特点、类型及其实施条件;
- 熟悉不同的薪酬制度体系之间的差异。

 关 键 术 语

薪酬制度	职位薪酬制度	职位等级工资制
职位薪点工资制	技能薪酬制度	能力工资
技术工资	绩效薪酬制度	业绩工资
激励工资	利润分享计划	收益分享计划
成功分享计划	员工持股计划	股票期权计划

▌开篇引例 ▌

一碗牛肉面引发的思考

我和朋友在路边一个不起眼的小店里吃面,由于客人不多,我们就顺便和小老板聊了会儿。谈及如今的生意,老板感慨颇多,他曾经辉煌过,于兰州拉面最红的时候在闹市口开了家拉面馆,日进斗金啊! 后来却不做了。朋友心存疑虑地问他为什么。

"现在的人贼着呢!"老板说,"我当时雇了个会做拉面的师傅,但在工资上总也谈不拢。"

"开始的时候为了调动他的积极性,我们是按销售量分成的,一碗面给他 5 毛的提成。

经过一段时间,他发现客人越多他的收入也越多,这样一来他就在每碗里放超量的牛肉来吸引回头客。""一碗面才四块,本来就靠个薄利多销,他每碗多放几片牛肉我还赚哪门子啊!"

"后来看这样不行,钱全被他赚去了!于是我就换了种分配方式,给他每月发固定工资,工资给高点也无所谓,这样他不至于多加牛肉了吧?因为客多客少和他的收入没关系。"

"但你猜怎么着?"老板有点激动了,"他在每碗里都少放许多牛肉,把客人都赶走了!""这是为什么?"现在开始轮到我们激动了。"牛肉的分量少,顾客就不满意,回头客就少,生意肯定就清淡,他(大师傅)才不管你赚不赚钱呢,他拿固定的工钱巴不得你天天没客人才清闲呢!"

啊!结果一个很好的项目因为管理不善而黯然退出市场,尽管管理对象只有一个人。

资料来源:世界经理人网站,http://www.ceconline.com/.

第一节 薪酬制度设计概述

一、薪酬制度的含义及其设计目标

(一) 薪酬制度的含义

在现代企业制度体系中,薪酬制度是企业整体人力资源管理制度与体系的重要组成部分。从企业的生存与发展到战略目标的实现,再具体到企业内部激励员工和保持稳定的优秀团队,无不体现着薪酬制度的存在价值。所谓薪酬制度,就是指依据国家法律、法规和政策的规定以及市场经济的客观规律,为规范薪酬分配行为所制定的系统性准则、标准、规章、实施措施方法和具体分配形式的总称[①]。广义的薪酬制度包括薪酬等级制度、薪酬调整制度、薪酬发放制度、各种薪酬形式、薪酬激励方案和薪酬基金管理等内容;而狭义的薪酬制度主要是指企业的基本薪酬制度和辅助薪酬制度或者两者的综合。基本薪酬制度主要包括职位薪酬制度、技能(能力)薪酬制度和绩效薪酬制度,辅助薪酬制度则主要包括特殊人员的薪酬制度和部分福利制度。

科学有效的薪酬激励机制能够让员工发挥出最佳的潜能,为企业创造更大的价值。薪酬制度是企业对员工给企业所做贡献(包括他们实现的绩效,付出的努力、时间、学识、技能、经验和创造)所付给的相应的回报和答谢制度。在员工的心目中,薪酬不仅仅是自己的劳动所得,它在一定程度上代表着员工自身的价值、代表企业对员工工作的认同,甚至还代表着员工的个人能力和发展前景。

(二) 薪酬制度的设计目标

薪酬制度的设计目标如下:

(1) 吸引、激励和留住人才。

吸引、激励和留住人才,是企业薪酬制度设计的根本目标。薪酬制度只有具备内部公平性和外部竞争力,才能吸引优秀人才、防止优秀人才的外流;才能减少内部矛盾,充分调动员工的积极性和潜能的发挥,提高薪酬的绩效。

---

① 刘洪.薪酬管理[M].北京:北京师范大学出版社,2007:6.

(2) 贯彻企业战略目标,体现企业核心价值观,传递企业意图的信息。

企业薪酬制度不仅是一套对员工贡献进行评价并予以肯定激励的方案,它也是将企业战略及文化转化为具体行动,以及支持员工实施这些行动的管理流程。企业通过薪酬制度设计,将企业战略、核心竞争优势和核心价值观转化为可以测量的行动计划和指标,并借助激励性的薪酬体系强化员工的绩效行为,增强企业的战略实施能力,有力地促进企业战略目标的实现。通过薪酬制度的设计,可以向管理者和员工传递相关的企业意图信息,引导和强化员工行为与企业意图保持一致性。

(3) 控制薪酬成本,提高薪酬绩效。

企业的薪酬投入都是有限的,为了实现利润最大化,企业必须增强薪酬的激励功能,提高薪酬投入产出绩效。因此,在薪酬制度设计中,需要更多地利用财务成本相对较低的内在薪酬激励形式,更好地运用薪酬管理的艺术和技巧,选择更有效的薪酬模式,降低薪酬制度设计和运行的成本,提高薪酬制度本身的绩效。

(4) 促进企业与员工的共同发展,实现企业与员工的双赢。

企业与员工都有其特定的目标和追求,两者既相互矛盾又相互联系。就薪酬目标而言,员工为了实现自己的价值希望获取更高的报酬,而企业则为了有效利用资源和降低成本,希望以"较小的投入"换取较大的回报。如果两种薪酬目标直接没有合适的接口和交集,企业付出的薪酬就无法激励员工,更不能换回企业所期望的高回报;而员工的愿望和目标被压制,就会产生怠工心理,最终形成企业对员工不满、员工对企业抱怨,企业绩效下降、员工薪酬越来越低的恶性循环。反之,如果企业与员工通过薪酬分配结成有机的利益共同体,就会形成薪酬激励功能增强、企业绩效越来越高的良性循环。因此,企业的薪酬制度设计应当能够确保员工利益与企业利益对接,促进企业与员工的共同发展,实现企业与员工的双赢。

二、薪酬制度设计的依据

(一) 薪酬制度设计的理论依据

大多数企业的薪酬体系既有固定薪酬部分,如基本工资、职位工资、技能或能力工资、工龄工资等,又有浮动薪酬部分,如效益工资、业绩工资、奖金等。企业薪酬体系中各部分所占的比例不同,企业所传达的薪酬导向也是不同的。企业薪酬制度体系设计重点要考虑职位特性、人员特点、工作绩效表现、市场竞争等因素,职位(position)要素影响员工的职位工资和基本工资,人员(person)要素影响员工的福利待遇,绩效(performance)要素决定了员工的业绩工资和奖金,外部市场(market)状况则影响员工薪酬的公平性和外部竞争性。职位、人员、绩效以及市场要素构成了薪酬体系设计的4个关键因素,形成了薪酬设计的3P-M模式(如图11-1所示)。上述四种因素的不同比例组合,就形成了企业不同的薪酬制度体系。

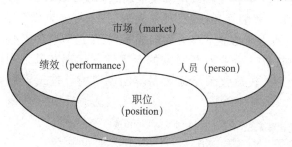

图 11-1　薪酬体系设计的 3P-M 模式

在人力资源管理中，企业员工所获得的薪酬主要取决于员工对组织的价值和贡献，这种价值和贡献可以归结为员工的工作业绩。而业绩的产生则是通过把一定的知识、技能和能力投入到特定的工作岗位上，并通过劳动过程所产生的。理论上，员工的薪酬应该根据其产生的工作业绩来发放，即按照业绩付酬。但是，由于很多员工的业绩往往很难进行直接衡量，有些业绩还具有滞后性，再加上绩效本身的波动性和评价的主观性等，使得根据业绩来决定所有员工的薪酬在实践中很难实现，而且不能有效满足员工需求并保持组织和工作的稳定性。因此，人们不是直接根据业绩来确定员工的薪酬，而是用业绩产生的投入和过程要素来确定。① 由此形成了以职位为基础的薪酬制度、以技能和能力为基础的薪酬制度和以绩效为基础的薪酬制度三种基本薪酬制度体系（如图11-2所示）。

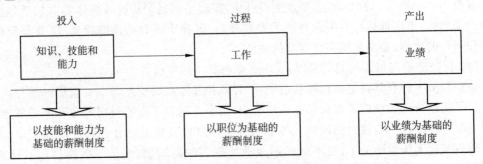

图11-2 基于投入产出模型的薪酬制度体系

（二）薪酬制度设计的实践依据

不同的企业往往会选择不同的薪酬制度，这种薪酬制度差异体现了企业对员工不同方面的认可度。比如，职位薪酬制度体现了企业因员工从事不同的岗位工作而对企业的贡献价值不同的一种认识；技能薪酬制度则体现了企业对不同技术、不同能力的员工对企业发展有不同推动作用的一种认识。在选择最适合于企业的薪酬制度时，要结合企业的实际情况和需要加以判断，具体可以考虑以下因素。②

（1）企业的盈利水平。如果一个企业盈利水平较低，就要考虑操作简单的薪酬制度，如职务（或岗位）等级薪酬制度；如果企业盈利水平较高，可以考虑采用技能薪酬制度或组合薪酬制度等。

（2）企业所在行业的发展速度。如果企业所在行业的发展速度较快，那么就可以采用技能薪酬制度；如果行业发展速度缓慢，可以采用组合薪酬制度。

（3）企业的结构和规模。企业如果结构简单、层级较少，可以采用宽带薪酬制度；若层级较多、结构复杂，可以考虑采用职位薪酬制度或技能薪酬制度。如果企业规模较小，也不宜采用太复杂的薪酬制度，职位薪酬制度或技能薪酬制度就比较适宜。

（4）薪酬管理成本。薪酬管理涉及经济、人力、技术等多方面企业资源的投入，所以在设计薪酬制度时，必须综合考虑企业多方面的成本，甚至包括机会成本。

（5）适用人员的特征。企业薪酬制度的合理性还体现在其适用的对象上。比如，对于从事生产工作的工人，较适宜采用绩效薪酬制度中的计件工资制，如果要提高工人的

---

① 彭剑锋．人力资源管理概论[M]．北京：中国人民大学出版社，2008：384．
② 杨河清．人力资源管理[M]．3版．大连：东北财经大学出版社，2013：190．

技术水平,则可采用技能薪酬制度;对于专业技术人员,适宜采用技能(能力或知识)薪酬制度;而对于高级管理人员,则比较适宜采用绩效薪酬制度中的年薪制或股票期权制等。

三、薪酬制度体系设计的流程

企业薪酬制度体系的设计过程主要,包括制定薪酬策略、职位分析与评价、薪酬的市场调查、确定薪酬制度体系(包括薪酬水平、薪酬结构和薪酬等级的确定)以及对企业薪酬制度体系的贯彻实施与修正(如图11-3所示)。

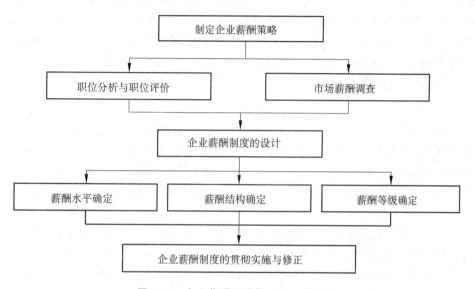

图 11-3 企业薪酬制度体系设计的流程

1. 制定企业薪酬策略

制定薪酬策略就是要确定薪酬的价值判断准则,以及能够反映企业战略需求的薪酬分配策略。薪酬策略是根据企业总体发展战略和企业人力资源战略制定的,同时,薪酬策略也与企业文化密切相关,是企业文化的重要内容。因此,制定企业薪酬策略必须与企业战略、人力资源战略以及企业文化相一致。薪酬策略明确了企业薪酬设计的目标和原则,使薪酬结构设计和薪酬水平确定有了科学依据。企业的薪酬策略通常涉及薪酬水平策略和薪酬结构策略两个方面,有关这两方面的薪酬策略选择,已在前面的相关章节详细介绍。

2. 职位分析与职位评价

职位分析与职位评价是薪酬体系设计的基础。职位分析是运用科学方法,系统地收集、分析与职位有关的各种信息的过程。而职位评价是指根据各职位对组织目标的贡献,通过专门的技术和程序,对组织中各个职位的价值进行综合比较,确定组织中各个职位的相对价值差异的过程。通过职位分析与职位评价,进行职位级别划分和岗位分级,建立企业职位价值序列,为下一步确定薪酬水平和设计薪酬结构奠定基础。

3. 市场薪酬调查

薪酬调查是薪酬设计中的重要组成部分,它重点解决的是薪酬的外部竞争力和内部公平性问题,薪酬调查报告能够帮助企业达到个性化和有针对性地设计薪酬的目的。企业通过市场薪酬调查,可以了解市场薪酬水平,调整本企业薪酬水平,保持外部的竞争力,优化薪酬结构,整合薪酬要素,确定企业人工成本标准等。

4. 薪酬水平、薪酬结构和薪酬等级的确定

薪酬水平反映了企业薪酬相对于当地市场薪酬行情和竞争对手薪酬绝对值的高低,它对员工的吸引力和企业的薪酬竞争力有着直接的影响。薪酬水平既可以根据市场薪酬调查数据确定,也可以根据薪酬曲线确定。薪酬结构则是对同一企业内部的不同职位或者技能之间的工资率所做的安排,确定企业薪酬结构就是确定不同员工的薪酬构成项目及其所占的比例。至于薪酬等级,它是薪酬结构的基础,是在岗位价值评估结果基础上建立起来的。薪酬等级将岗位价值相近的岗位归入同一个管理等级,并采取一致的管理方法处理该等级内的薪酬管理问题。关于薪酬水平、薪酬结构和薪酬等级确定的具体做法已在前面的章节做了阐述,这里不再赘述。

5. 企业薪酬体系的实施与修正

企业的薪酬制度体系一经建立,就应当严格执行,发挥其保障、激励功能。在保持相对稳定的前提下,企业还应随着经营状况和市场薪酬水平的变化对薪酬制度做出准确的预算。薪酬预算是管理者在薪酬体系实施过程中的一系列成本开支方面的权衡和取舍。通过薪酬预算可以合理控制员工流动率,降低企业的劳动力成本,并且促使员工表现出良好的绩效。比如,企业在绩效薪酬或浮动薪酬方面增加预算,而在基本薪酬增长方面注意控制预算的增长,则必将会促使员工重视自身职责的履行和有效业绩的实现。在执行薪酬预算过程中,企业需要搞清楚什么时候对薪酬水平进行调整,对谁的薪酬水平进行调整,企业的员工数量是增加了还是减少了,这种变动是什么时候出现的,员工的流动状况如何,企业里的职位状况会发生哪些变化,等等。

为了确保薪酬制度体系顺利落实,还应采取各种相关措施对薪酬体系的运行状况进行监控。由于企业进行薪酬预算时通常要对市场平均薪酬水平、薪酬变动幅度等因素进行大致的估计或预测,再加上企业在薪酬预算时采用的内部信息未必都准确,而实际雇佣状况也存在随时变化的可能,因此,在很多时候,针对实际情况进行调查并及时纠正预期,实施有效的薪酬控制就显得非常必要了。事实上,薪酬预算与薪酬控制是一个不可分割的整体,企业的薪酬预算需要通过薪酬控制来加以实现,而在薪酬控制过程中对薪酬预算的修改则意味着一轮新的薪酬预算的产生。企业通常可通过控制雇佣量、设计和调整平均薪酬水平和薪酬体系构成以及利用一些薪酬技术等途径,来实现对薪酬的有效控制。

在制定和实施薪酬体制度体系过程中,及时的沟通、必要的宣传或培训也是保证薪酬改革成功的因素之一。从本质意义上讲,劳动报酬是对人力资源成本与员工需求之间进行权衡的结果。世界上不存在绝对公平的薪酬制度,只存在员工是否满意的薪酬制度。企业的人力资源部门可以利用薪酬制度问答、员工座谈会、内部刊物等形式向员工介绍企业的薪酬制度体系,企业也可以通过对员工开展薪酬满意度调查,了解员工对薪酬制度的态度,以此为基础对薪酬制度做出相应的调整与修正。

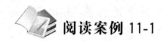

阅读案例 11-1

独具特色的日薪制

河南有一家郑州二七燃气具大世界公司,该公司根据自己的实践摸索出一套日薪制薪酬管理模式。这种管理模式的起因是:公司在招工过程中发现,几乎所有的打工者最担心干了一个月甚至更长时间之后,老板却不发工资或者克扣工资。因此,该公司决定从2000年4月开始实行逐日计酬并当天发放工资的做法。按照该公司总经理的说法,这种做法赢得了99%的员工的支持,只有1%的人不支持,这些人是各部门的经理,他们认为每天都要统计手下员工干了多少活,该领多少钱,太烦琐了。但是实行一段时间后,一切都成了模式,非常容易计算,经理们的抱怨也就平息了。

实践证明,这种日薪制给公司带来的好处立竿见影,员工的积极性、生产效率均大幅度提高,以前每次派单子干活,大家都挑肥拣瘦,甚至互相推诿,能不干就不干。实行日工资后,装个热水器多少钱、修个煤气罐多少钱都有标准,白天干多少活,晚上就能领多少工资,今天挣得少了,到明天就会多要单子多干活,争取把今天的损失补回来。日工资制让员工由原来的"推单子"变成了现在的"抢单子"。此外,员工们非但没有当天结完钱第二天就随意走,流动性反而降低了。实施日工资之后的三年中,近百名员工中主动离开的没几个,许多人还把自己的亲属介绍到公司来。

资料来源:刘昕.薪酬管理[M].4版.北京:中国人民大学出版社,2014:38.

第二节 职位薪酬制度体系设计

一、职位薪酬制度体系的概念及特点

职位薪酬制度体系也叫岗位工资制,是指以员工在生产经营工作中的职位(岗位)为基础确定薪酬等级和薪酬标准,进行薪酬给予的一种基本薪酬决定制度。职位薪酬制度体系最大的特点,就是薪酬的给予"对岗不对人",即员工担任什么样的职位就得到什么样的薪酬。薪酬水平的差异来源于员工职位(岗位)的不同,很少考虑员工的年龄、资历、技能等个人因素。职位薪酬制度体系具有以下基本特点:

(1)根据职位(岗位)支付薪酬。职位薪酬制度体系是根据员工所在岗位的工作内容进行薪酬支付的制度,做什么样的工作就拿什么样的工资。职位薪酬制度体系比较准确地反映了员工工作的质量和数量,有利于贯彻"同工同酬"原则。

(2)以职位分析为基础。职位工资的制定必须要有严密、科学的职位分析,并以此为基础进行严格的职位评价,按照职位评价的结果将企业的各个职位进行等级排列,进而确定各个职位间的薪酬差异。

(3)具有较强的客观性。在职位薪酬制度体系下,员工的薪酬是根据员工所在岗位来确定的,薪酬的确定必然要对与岗位有关的各种因素进行客观分析与评价。由于是对岗不对人的,很少掺杂容易导致个人偏见的因素,因此,职位薪酬制度体系的客观性比较强。

职位薪酬制度体系是建立在"每个职位上的人都是合格的"以及"不存在人岗不匹配情

况"这些假设基础上的,而且这种薪酬制度体系并不鼓励拥有跨职位的其他技能,由此可见,职位薪酬制度体系既有明显的优点,同时也存在一定的缺点(如表11-1所示)。

表 11-1 职位薪酬制度体系的优点和缺点

优 点	缺 点
1. 实现了真正意义上的"同工同酬"。 2. 按照职位系列进行薪酬管理,操作简单,管理成本低。 3. 晋升与基本薪酬的连带性增强了员工提高自身技能和能力的动力	1. 因薪酬与职位直接挂钩,当晋升无望时没有机会获得较大幅度的加薪,其工作积极性必然会受挫,甚至会出现消极怠工或离职现象。 2. 因职位稳定,薪酬也相对稳定,不利于企业对多变的外部经营环境做出迅速反应,也不利于及时地激励员工

二、职位薪酬制度体系的主要类型

(一) 职位等级工资制

职位等级工资制是指将职位按照重要程度进行排序,然后确定薪酬等级的薪酬制度。职位等级工资制主要有:一岗一薪制和一岗多薪制。

1. 一岗一薪制

一岗一薪制是指一个职位只有一个薪酬标准,凡是在同一岗位上工作的员工都按照统一的薪酬标准获得薪酬。一岗一薪制的薪酬按照由低到高的顺序排列,组成了统一的标准岗位薪酬体系。在这一薪酬体系内,岗内没有薪酬等级,员工上岗时采用"试用期"或"熟练期"的办法,期满经考核合格,皆可以按照职位薪酬标准获得薪酬收入。由此可见,一岗一薪制反映的只是不同岗位之间的薪酬差别,不反映岗位内部的工作和相应的薪酬差别。员工只有在变动工作职位时才有可能提高自己的薪酬水平,如果企业想在不变动员工工作职位的情况下提高员工的薪酬水平,就只有通过调整和提高职位薪酬标准来实现了。

企业在实行一岗一薪制时,一定要对职位进行全面、科学的分析,并对有关因素进行评价。评价的具体内容包括:职位责任范围及责任程度、职位对员工的技能水平要求、职位劳动强度、职位劳动条件等,通过评价得出职位的综合分数,据此确定职位(岗位)系数以及职位的薪酬额度。一岗一薪制的职位等级工资制度一般适合于专业化/自动化程度高、流水线作业、工种技术比较单一的工作岗位。

2. 一岗多薪制

一岗多薪制是指在一个职位内设置几个薪酬标准,以反映职位内部员工之间的劳动差别的职位薪酬制度。一些企业的职位数量比较多,从管理成本角度分析,不可能为每一个职位都设立薪酬标准,企业只能将相近或相似的职位进行合并以采取同一薪酬标准,这就造成同等级职位内部存在工作差别的问题。为解决这一问题,一些企业在同一等级内划分档次,员工在一个职位等级内可以通过逐步考核而升级,直到其薪酬达到本职位最高标准。

一岗多薪制也需要进行职位分析和职位评价。在职位评价时,企业可根据职位对上岗员工的最低技能要求、工作责任、工作强度等因素进行评分,以此为基础确定的职位系数作为基本系数,再根据职位对上岗者较高的技能要求确定技能附加系数。职位基本系数与技能附加系数之和,即为职位技能综合系数。员工以职位技能综合系数为依据获得的薪酬,才是该职位的最后薪酬。

一岗多薪制比较适合那些职位划分较粗、职位之间存在明显工作差别、职位内部的员工之间存在技术熟练程度差异的企业或部门。

（二）职位薪点工资制

薪点工资制是在职位评价的基础上,用点数和点值来确定员工薪酬的一种弹性薪酬分配制度。薪点工资制的突出特点是薪酬标准不是以金额表示的,而是用薪点表示的,而且点值的大小由企业的经济效益确定。职位薪点工资制的关键是确定员工的薪点数和薪点值。

员工的薪点数是员工所在职位薪点、员工个人的表现薪点以及企业或部门预先规定的加分薪点等三项点数之和。员工所在的职位薪点可通过职位分析与评价(通常以劳动责任、劳动技能、劳动强度和劳动条件等劳动四要素为评价标准),得出每一个职位的等级和点数;员工个人的表现薪点可通过员工分类,比如普通员工、主管员工、技术员工等,不同种类的员工有各自的评分标准,也可以把员工绩效考核期内的业绩表现情况转化为个人薪点的一部分;对于职位薪点和个人薪点不能表现的,而现阶段又必须鼓励和强调的合理因素,可以使用加分点数来体现,比如员工在本企业的工龄、学历、职称或做出的突出贡献等,都可以作为加分薪点。

至于薪点值的确定,则主要根据企业经济效益的好坏来确定。可以把薪点值分为基值和浮动值两部分,基值由企业整体经济效益决定,浮动值则由所在部门的生产经营状况决定。企业的薪点值也可按以下公式计算：

$$X = \frac{(A-G-R)/\sum D}{12}$$

其中,X 代表薪点值;D 代表员工的薪点总数;A 代表本年度上级核定的薪酬总额;G 为预算奖金总数;R 为薪酬含量内津贴补贴的年度总数。

由于企业薪酬总额受企业效益制约,所以薪点值及员工收入都将随着企业经济效益的升降而相应浮动。

职位薪点工资制使员工的薪酬分配直接与企业效益和员工个人的劳动成果挂钩,体现了效率优先的原则,符合市场取向的要求。薪点基值与企业效益挂钩,薪点浮动值与企业所属部门主要经济指标挂钩,使得职工的收入、所在部门的经济技术指标、企业的效益与市场联系在一起。薪酬用薪点表示,比职位等级工资制更容易做到薪酬向一线关键岗位、技术岗位倾斜,通过规定员工的个人薪点标准,促使员工学习技术、提高业务素质和绩效水平,充分发挥了薪酬的激励作用。

三、职位薪酬制度体系的实施条件

企业在选择实施职位薪酬制度体系时,必须对以下几个方面的情况做出评价,只有满足以下条件的企业才适合采用职位薪酬制度体系。

(1) 有明确、规范和标准的职位工作内容。

职位薪酬制度体系要求纳入本系统中来的职位本身必须是明确的、具体的,企业必须保证各项工作有明确的专业知识要求,有明确的责任,同时这些职位所面临的工作难点也是具体的、可以描述的。换言之,采用职位薪酬制度体系的企业必须具备进行职位分析的基本条件。

(2) 职位的工作内容基本稳定,在短期内不会有太大的变化。

只有当职位的内容保持基本稳定,在短期内不会有较大的变动时,企业才能使得工作序列关系的界限比较明显,不至于因为职位内容的频繁变动而使职位薪酬制度体系的相对稳定性和连续性受到破坏。

(3) 具有按照个人能力安排职位的岗位配置机制。

由于职位薪酬制度体系是根据职位的价值而不是员工的价值支付报酬的,如果员工的能力与职位要求的能力不匹配,无论是高于职位的能力还是低于职位的能力,都会造成严重的不公平现象。因此,企业选择职位薪酬制度体系,就必须保证按照员工个人的能力安排其合适的职位,既不能存在能力不足者担任高等级职位的现象,也不能出现能力强者担任低等级职位的情况。这就需要企业建立按照个人能力安排职位的岗位配置机制。

(4) 企业存在相对较多的职位等级。

在实施职位薪酬制度体系的企业中,无论是比较简单的工作还是比较复杂的工作,职位等级都应该足够多,以确保企业能够为员工提供一个随着个人能力提升从低级职位向高级职位晋升的机会和通道。否则,如果职位等级很少,大批员工在上升到一定的职位之后就无法继续晋升,结果必然会阻塞员工的薪酬提升通道,加剧员工的晋升竞争,损伤员工的工作积极性和进一步提高技能和能力的动机。

(5) 企业的薪酬水平要足够高。

在职位薪酬制度体系中,员工的主要收入来自职位本身,其他收入所占比重很少,而通过晋升提高薪酬水平不仅机会有限,而且需要一个较长的过程。如果企业的总体薪酬水平不是很高,职位的等级又很多,处于职位序列最底层的员工得到的薪酬就会非常少,起不到维持和保障员工基本生活需要的作用,薪酬的激励功能更是无从谈起。因此,采用职位薪酬制度体系的企业,其薪酬水平必须是足够高的。

第三节 技能薪酬制度体系设计

现代技能薪酬制度体系起源于 20 世纪 60 年代的保洁(P&G)公司。当时该公司在一些新的生产工厂中实施了一种高参与工作系统,其主要内容包括自我管理团队、扁平化组织机构、大量的培训、广泛的信息分享以及其他一些创新活动。技能薪酬计划则是为了配合这一系统而设计的,它鼓励员工学习自我管理团队中需要完成的各项工作,有时甚至鼓励员工去学习完成一个工厂中所有岗位上的工作,这些工厂中的人员结构精简但是生产率却很高。今天,技能薪酬制度体系在各类组织中的应用日益普遍,其中一个主要原因,就是技能薪酬制度体系能够满足组织变革以及组织对员工灵活性的更高要求。现代组织的层级比过去更少,结构也更灵活,工作团队、适时生产系统、基于项目的工作系统、矩阵式管理以及虚拟型组织越来越普遍。这些变化一方面要求企业采用更为灵活的工作生活方式;另一方面也要求员工必须不断地学习,增强自己的知识和技能,从而能够对顾客的要求做出更为灵敏的反应。

一、技能薪酬制度体系的概念及特点

技能薪酬制度体系,也称为技能薪酬计划,是指企业根据员工所掌握的与工作有关的技能、能力以及知识的深度和广度支付薪酬的一种基本薪酬决定制度。技能薪酬制度体系支付员工薪酬的依据主要是员工所具备的知识、技能和能力。知识就是对客观的人和事物的认识,它是人们在改造主观和客观世界的实践活动中所获取的各种经验和认识。技能是指通过训练而获得的、顺利完成某种工作任务的动作方式和动作系统。而能力则是指人们顺利地完成某种心理活动所必需的个性心理条件和心理特征。技能薪酬制度体系概括起来具有以下特点。

(1) 以人为中心。技能薪酬制度体系的核心特点,是以"人"为中心设计的薪酬制度。企业关注的是员工在获取组织需要的知识、技能和能力方面的差异,而不是员工所从事的工作差异,这一点恰恰与职位薪酬制度体系相反。

(2) 薪酬与员工的技能和能力紧密相连。技能薪酬制度体系支付报酬的依据是员工个人掌握的、经过组织认可的知识、技能和能力水平。员工只要掌握了经过组织认可的,并经由组织确认的机构鉴定认可的技能和能力,就能取得相应的报酬。换句话说,员工想要提高薪酬水平,他(她)就必须被证明在相关领域的能力,并提供获取相应薪酬增长的技能或能力证明。

(3) 技能薪酬奖励的是员工做出贡献的潜能。技能薪酬制度体系的假设条件是:员工掌握的知识和技能越多,员工的工作效率就越高,灵活性也越强。事实上,掌握工作所需要的知识、技能和能力只是员工做出贡献的必要条件,而不是充分条件。如果知识、技能和能力不能在工作中得到有效或恰当使用,组织预期的绩效水平就很可能无法实现,因此,技能薪酬奖励的是员工做出贡献的潜能。

技能薪酬制度体系和其他类型的薪酬体系一样,既有其优势,也存在一些明显的不足,技能薪酬制度体系的优点和缺点如表11-2所示。

表 11-2 技能薪酬制度体系的优点和缺点

优 点	缺 点
1. 技能薪酬制度体系向员工传递有关员工自身发展和不断提高技能的信息,这能够有效激励员工掌握组织所需要的知识和技能。 2. 员工技能多样性的增加使员工在工作间的流动变得更加容易,增强了应对内外部环境变化和挑战的能力,有助于岗位配置弹性的提高。 3. 掌握更多的知识、技能和能力会使员工成为一种弹性资源,扮演多种角色,从而实现员工对组织及其工作流程更为全面的理解。 4. 技能薪酬制度体系有利于优秀专业人才安于本职工作,而不去一味地谋求晋升或管理职位,从而保证了关键员工的稳定	1. 技能是一种潜在生产力,企业需要通过有效的管理和培训使这种潜在生产力变成实际生产率和绩效。因此,需要企业在培训方面给予更多的投资。 2. 技能与组织战略发展需求结合不紧密、员工追求技能提升、技术进步、市场变化等都可能造成成本控制问题,因此,技能薪酬制度体系对成本控制的能力要求很高。 3. 技能薪酬制度体系因人而异,造成薪酬体系设计和管理困难,加大了工作的难度

如果把技能薪酬制度体系与职位薪酬制度体系进行比较,不难看出两者之间的显著差别和联系,技能薪酬制度体系与职位薪酬制度体系的特点比较如表11-3所示。

表 11-3 技能薪酬制度体系与职位薪酬制度体系的比较

比较项目	职位薪酬制度体系	技能薪酬制度体系
薪酬支付依据	以市场和工作职位为基础	以市场和技能认证为基础
薪酬支付机制	报酬要素——薪点等级	技能模块——技能水平
员工关注焦点	获得职位晋升	提高自身技能水平
管理人员关注焦点	● 员工与职位的匹配 ● 晋升机制	● 有效利用技能 ● 提供培训和技能认证
薪酬成本控制	通过职位设计、薪酬预算来控制	通过培训、技能认证和工作安排来控制
体系建立程序	职位分析与职位评价	技能分析与技能认证

二、技能薪酬制度体系的主要类型

(一) 技术工资

技术工资是以应用知识和操作水平为基础的工资,主要用于专业技术人员和"蓝领"员工,其基本思想是根据员工通过证书和培训所证明的技术水平支付工资,而不管这种技术是否在实际工作中被应用。员工获得技术工资的前提是从事企业认可的专业技术工作,未从事企业认可的专业技术工作的员工,企业不向其发放技术工资。

技术工资一般在生产制造企业采用的较多。技术工资制能够鼓励员工发展各项技能,提高业绩表现,增强参与意识。采用技术工资制的企业比传统的采用官僚式管理的企业更能充分利用员工的新技术和新知识。但是,这种工资方式在给企业带来技术进步、生产率提高的同时,也使工资费用日益增加。

(二) 能力工资

能力工资是依据个体对能力的获得、开发和有效使用来支付工资,它是建立在比技术范围更为广泛的知识、经验、技能、自我认知、人格特征、动机等综合因素基础上的工资体系。能力工资最初的出现是为了保证公司生产的连续性,允许员工承担其他员工因缺勤而空置的工作,员工不得不学会其他工作所需要的知识和技能。今天,能力工资已经成为提高员工基本素质、增强企业综合竞争力的重要手段。

能力工资还可进一步分为基础能力工资和特殊能力工资。基础能力是指员工胜任某一工作任务所应具备的一般能力。基础能力工资通常采用职位分析法来确定,即通过岗位调查,对企业或部门中公认的表现最好的员工进行分析,找出最佳表现者与一般表现者之间的差别,这些差别可通过一系列测试、面谈、业务评定等方式获得。然后将这些差别归类,就可以得到衡量能力的大体标准,基础能力工资正是以这些能力标准为基础确定的工资制度。

特殊能力工资则是以某类岗位人员的核心竞争能力为基础确定的工资。这里的核心竞争力不是指企业在某些产品或市场上的竞争能力,而是指企业在某种科技或管理方面的竞争能力,这种能力使得企业具有某种竞争优势。这种竞争优势不会随着企业产品的落后或市场领先地位的丧失而消失,而是会帮助企业适应产品的变化,重新获得市场。特殊能力工资制度的设计和制定过程一般是自上而下的,其关键在于企业最高管理者对企业的核心竞争力的理解和定义。特殊能力工资发放的对象主要是企业技术或经营管理方面的专门人才。

在实践中,技能工资的形式主要表现为基于技术、知识、岗位胜任能力、岗位任职资格等要素来确定工资(如表 11-4 所示)。

表 11-4　四种技能工资的比较

技能工资	侧重点	能力来源	能力架构	适用范围
技术工资	关注相对具体的技术和知识	具体的工作要求和技术要求	基于技能的深度和广度的模块	技术工人及从事单一工作的专业技术人员
知识工资	关注相对具体的技能和知识	与培训密切相关,关注学习成果	基于培训的学分体系	技术工人及专业管理、服务和研究人员
胜任力工资	关注相对核心和抽象的素质,潜质	与组织使命感、愿景、价值观、战略密切相关,关注员工特质动机	基于文化和战略导向的胜任力模型	中高层管理者和知识白领
任职资格工资	综合经验、技能、知识、素质等能力	与任职资格体系相关,薪酬与职业发展密切相关	基于综合的任职资格体系	专业的管理类、技术类和服务类人员

三、技能薪酬制度体系的设计流程

技能薪酬制度体系设计要经过技能分析、技能评价、技能定价以及技能管理等环节(如图 11-4 所示)。

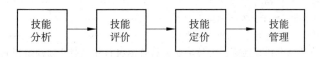

图 11-4　技能薪酬制度体系的设计流程

技能分析就是对某项工作所需技能信息的收集和分析过程,它是一个系统性过程,通常由设计团队承担,团队成员一般由外部专家、人力资源部门人员以及相关部门负责人和员工等组成。技能分析的内容主要包括技能单元、技能模块、技能种类等。技能单元是技能分析的最小分析单位;技能模块(也叫知识模块)是指从事某项工作任务所需要的技术和知识,是对技能单元的分组;技能种类则是对技能模块进行的分组,它反映了一个工作群所有活动或一个过程各步骤中有关技能模块的集合,多种技能模块组成一个技能种类。

技能评价是指评价不同技能对组织的相对价值,进而建立技能等级体系的过程。通常可以根据技能模块中所包含的工作任务的内容来,对技能模块进行等级评定。表 11-5 是某企业车间员工技能分析与评价的样表[1],它也提供了对员工技能进行等级划分的标准,在表中,员工的每一项技能都划分为 4 个等级。

---

[1] 刘昕. 薪酬管理[M]. 3 版. 北京:中国人民大学出版社,2011:135-136.

表 11-5　员工技能分析与评价样表

员工姓名_____ 部门_____
技能评价人员姓名_____ 职位名称_____
评价者与员工的关系：
　　　　　上级　　　同事　　　下属　　　自己　　　顾客　　　其他
员工技能等级
1 = 能够在上级详细的指导下完成工作任务
2 = 能够在上级的一般指导下完成工作任务
3 = 能够在上级远距离且内容宽泛的指导下完成工作任务
4 = 能够在宏观目标的指导下完成工作任务

技能种类	车床操作工的技能评价
三级技能：技术专家	从事该任务的员工需要具备高水平的专业知识、判断能力和应变能力。 24　对零部件进行再加工……………………………………………（　　） 33　检修机器设备故障…………………………………………（　　） 30　解决质量问题………………………………………………（　　） 39　编写设备专用的程序系统…………………………………（　　） 44　执行高级的计算机功能……………………………………（　　） 10　装配转子……………………………………………………（　　） 18　装配和拆卸专门的零部件…………………………………（　　） 34　确定生产优先顺序…………………………………………（　　） 27　确认质量问题………………………………………………（　　）
二级技能：熟练个人	从事该任务的员工需要具备中等水平的专业知识、判断能力和应变能力。 6　在已有的设备上进行生产流水操作…………………………（　　） 8　检验零部件的规格一致性……………………………………（　　） 21　维护机器设备（以及机器设备专用的冷却剂和油料类型）…（　　） 42　运用企业要求的系统订购测量仪器、原材料以及道具……（　　） 43　安排生产日程并编制派工表…………………………………（　　） 15　检查液压位和设备是否准备就绪……………………………（　　） 28　使用精确的衡量仪器和手工工具……………………………（　　） 37　运用升降机和其他必要的运输车辆转移原材料和机器并通知适当人员 …（　　） 19　按照职业安全与卫生法规以及公司的标准操作起重机……（　　） 25　遵守ISO质量标准、公司质量管理标准以及部门质量标准的规定 …（　　）
一级技能：学徒	从事该任务的员工需要具备一定的技术知识，但是从本质上讲基本属于日常事务性的工作任务。 2　确定刀具和量器的可用性……………………………………（　　） 9　读取游动卡尺…………………………………………………（　　） 31　阅读派工表……………………………………………………（　　） 36　输入维护工作单………………………………………………（　　） 12　记录所要求的数据……………………………………………（　　） 3　检查材料是否准备好…………………………………………（　　） 4　清洗并准备好在装配线上需要使用的零部件………………（　　）

技能定价是指按照一定的规则对不同技能等级确定薪酬数额的过程。确定技能模块的相对价值，一般应考虑以下5个方面的因素：一是工作失误的后果，即由于技能发挥失误所导致的财务、人力资源以及组织后果；二是工作的相关度，即技能对完成组织认为非常重要

的那些工作任务的贡献程度;三是基本的能力水平,即学习一项技能所需要的基本的数学、语言以及推理方面的知识;四是工作或操作的水平,即工作中所包括的各种技能的深度和广度;五是监督责任,即该技能等级涉及的领导能力、小组问题解决能力、培训能力以及协作能力等的范围大小。

技能管理是指为了保持技能薪酬制度体系的正常运行,在技能薪酬结构设计过程中开展的鉴定员工技能水平、与员工就技能薪酬进行沟通、提供岗位轮换和技能认证、建立科学完善的培训体系等一系列活动的过程。技能管理的重点在于最大限度地利用员工已有的技能,使员工做到人尽其才、人事相宜。

四、技能薪酬制度体系的实施条件

一个组织是否选择技能薪酬制度体系,一方面要看组织中员工的工作性质是否适合;另一方面还要看组织管理层对于员工的看法,因为这种看法会影响组织与员工之间心理契约的性质及其薪酬的采取形式。技能薪酬制度体系要有效实施,一般应具备以下条件。

1. 扁平化的组织结构

实施技能薪酬制度体系首先需要具备特定的心理环境和组织环境,最适合实行技能薪酬制度体系的组织应该是没有官僚的职位描述。职位结构可以允许员工不受传统的、官僚的职位描述约束的有机的组织结构形式,即扁平化的组织结构形式。扁平化的组织结构使企业对组织内外的变革反应更加灵活、快速和高效,而且为员工的参与和发展提供了良好的组织环境。扁平化的组织结构以工作流程为中心,而不是根据部门职能来构建组织结构;其纵向管理层次简化,大幅削减了中层管理者;组织资源和权力下放于基层,采取顾客需求驱动;能够大大改善服务质量,快速响应市场的变化。技能薪酬制度体系适应了扁平化组织结构的上述特点,使员工的注意力从职位晋升和地位提高转向技能的学习、运用和扩充。可以说,扁平化的组织结构是技能薪酬制度体系得以有效运行的组织保障。

2. 工作结构性较高、专业性较强的岗位

工作结构性高低的判断依据主要是看这种工作的目标、内容、完成方式及程序和结果是否确定。如果这种工作的诸多方面都是确定的,则说明该工作的结构性较高。由于结构性较高的工作各方面都是相对确定的,因此,员工技能水平的高低,将直接影响工作完成效率和工作完成质量的好坏。对于结构性较高的工作,组织根据员工的技能高低来为员工发放薪酬,可以促进员工不断努力提高自己的技能水平,从而高效地实现工作目标,提高质量。

另外,专业性较强的岗位也适合采用技能薪酬制度体系。因为专业性较强的岗位所需要的技能往往比较容易确定,也比较容易测试和评估,比如专业性较高的岗位,一般都有通用的技能等级考试或能力测试对其进行考核。而像管理岗位等种类综合性工作一般则很难用技能作为薪酬发放的标准,至少操作起来比较困难。

3. 需要员工掌握深度或广度技能的岗位

深度技能是指通过在一个范围较为明确的、具有一定专业性的技术或专业领域中不断积累而形成的专业知识、技能和经验。而广度技能则要求员工在从事工作时,需要综合运用其上游、下游或者同级职位上所要求的多种一般性技能。深度技能培养的员工是专家(specialist),而广度技能培养的员工是通才(generalist)。如果职位所要求的技能水平很高、范围很大,但是当前的技能基准很低,员工的技能水平急需大幅度提高时,采用技能薪酬制度体系可以鼓励员工持续学习,对自身发展负责,努力提高岗位所需要的深度或广度技能。

事实上,随着技术不断地变化,产品和技能必须不断地更新。再加上一些岗位的工作弹性越来越大,这对组织的应变能力和员工的灵活性要求越来越高。通过员工的技能直接与其薪酬挂钩,有效促进了员工深度技能和广度技能的提升,充分满足了组织和岗位提出的要求。

4. 高度的员工参与

员工的参与对于完善技能薪酬制度体系是至关重要的。因为技能薪酬制度体系是以人为中心的薪酬制度体系,员工是技能薪酬制度体系设计和实施的关键。在设计和实施技能薪酬制度体系过程中,需要持续不断地从员工那里获取真实的信息反馈和建议,以便修改和完善实施方案。同时,技能分析与评价、技能模块的定价以及技能管理等都离不开员工的积极参与。技能薪酬制度体系的当事人参与进来,有利于组织制定出更为合理的技能等级和薪酬标准,也有助于员工将其所学的技能充分发挥出来,应用于工作的实践中。

5. 管理者的支持

技能薪酬制度体系能否在一个组织中得到充分应用,还取决于这个组织中管理层对组织的看法,这种看法会直接影响到组织和员工之间心理契约的性质乃至薪酬将采取何种形式。若管理层对员工持合作态度,即组织通过积极地与员工合作来达成目标,而且组织又是一个扁平化的有机系统,那么,组织是非常适合采用技能薪酬制度体系的。但如果管理层对员工持敌对的态度,在敌对的管理哲学下,管理层会把员工看成组织利益的竞争者,因而会想方设法控制员工在组织中所能发挥的作用,尽力使其最小化,而员工也会采取一系列的报复行为,如一旦组织不对其工作行为立即付酬,员工就会拒绝继续为组织做贡献。因此,技能薪酬制度体系的实施需要管理层和员工对双方的关系持有一种长期的态度,只有这种长期的观点才能保持对技能的长期强调,而这恰恰是技能薪酬制度体系有效运作的前提条件之一。在技能薪酬制度体系设计和实施过程中,管理层和员工双方都需要承担相应的责任和风险。

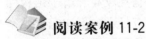
阅读案例 11-2

技能薪酬制度在各类企业或组织中的实践

据统计,《财富》杂志 500 强企业中有 50% 以上的企业至少对一些员工采用技能工资系统,采用这种方法的目的在于鼓励员工获得额外的技能,这样既能够增加员工对组织的价值,同时也增强他们的竞争地位。

案例一:20 世纪 80 年代,北方电信公司为了改进技术服务质量,提高客户满意度,在客户服务部门内部对工程师和技术人员实行了技能工资制。根据对技术人员和工程师的调查,公司总结出他们工作中所运用的硬件、软件、客户数据库、文件存档、网络接触面、书面交流、人际交往等 7 个主要方面的技能,每个方面根据其运用到的具体技术划分为 4 个等级。同时,组织专家对技术人员和工程师目前具有的技能种类和每种技能的等级进行评定,确定每位员工的底薪。以后,员工每提高一级技能或获得一项新的技能,在得到评定委员会的认可后,就可获得相应的加薪。

案例二:微软公司为技术人员和管理人员提供两条平行的工资晋升途径。在每个专业里设立了"技术级别",这种级别用数字表示,既反映了员工在公司的表现和基本技能,也反映了经验阅历,并根据技术级别确定员工的工资水平。譬如,微软对开发员界定为15个级别,一个从大学里招聘的新雇员一般是10级,每年对开发员进行测评以决定晋级情况,一般需要6~18个月可以升一级,有硕士学位的员工升得会快一些,或一开始定位为11级。对各级别的要求是:12级员工的技能编写代码准确无误,在某个项目上基本上可以应付一切事情;13级员工的技能可以从事跨商务部门的工作;14级员工的技能可以影响跨越部门的工作;15级员工的技能可以影响整个公司范围的工作。实行技能工资制以后,因为掌握的技能与工资直接挂钩,所以员工们对培训的需求大大增加。为此,微软公司采用三种培训方式对员工进行了大量的培训,主要包括由公司技术骨干授课的内部课程培训、员工之间进行的在岗技能培训以及外部专业技能课程培训。

案例三:在体育界,替补运动员的薪酬往往低于正式队员,这似乎是天经地义的事情。但对于世界著名音乐剧《猫》的演员们来说,却恰恰相反:替补演员的周薪竟然相当于正式演员的1.25倍!正式演员们每周要出演大约20场,从而获得2000美元的周薪;但替补演员们只是在后台静静地坐着,就可以拿到2500美元的周薪。原因何在?原来替补演员们虽然不一定上场演出,但他们被要求必须掌握5个不同角色的表演。一旦正式演员们因为身体不适或其他原因无法上场,替补演员们就要随时救场。因此对他们支付的薪酬不是基于工作量和职位,而是基于他们能够表演5个角色的能力。

案例四:20世纪90年代,摩托罗拉公司实施能力薪酬三年之后,技术人员几乎都达到了能力工资的最高水平。显然对于技能密集型的摩托罗拉来说,这不仅增加了公司的工资成本,而且降低了企业的竞争优势。而且,由于技术体系本身的高速发展带来巨大的变革成本,使现代技术和知识更新换代速度惊人,基于能力的薪酬方案就得"疲于奔命"地随着技术结构的变化而变化,这对能力工资的时效性提出了要求和挑战。以上两个方面的原因使得摩托罗拉公司放弃了当时的能力工资计划。

资料来源:根据相关企业网站和http://baike.baidu.com资料整理。

第四节 绩效薪酬制度体系设计

一、绩效薪酬制度体系的概念及特点

绩效薪酬,也叫绩效工资(performance related pay,PRP),是以员工的工作业绩为基础支付的薪酬,支付的主要依据就是工作成绩和劳动效率。绩效薪酬制度体系是以绩效贡献作为支付薪酬依据和基础的一种薪酬制度。绩效薪酬制度体系将业绩和薪酬联系起来,目的在于激励员工更好地工作。但是在实际中,由于绩效的定量不易操作,除了计件工资制和提成制(佣金制)外,绩效薪酬制度体系更多的是依据员工的绩效而进行的基本薪酬调整和增发奖励性工资,表现为对员工超额工作部分或工作绩效突出部分所支付的奖励性报酬,旨在鼓励员工提高工作效率和工作质量。

绩效薪酬制度体系是以对员工绩效的有效考核为基础,实现将薪酬与考核结果相挂钩的薪酬制度,它的理论基础就是"以绩取酬"。绩效薪酬制度体系注重对员工绩效差异的评价,绩效的差异反映了员工在能力和工作态度上的差异,而且员工的薪酬水平与员工的工作绩效直接挂钩。所以,绩效薪酬制度体系强调以达到目标为主要评价依据,注重结果。企业利用绩效薪酬对员工进行调控,以刺激员工的行为,通过对绩优者和绩劣者收入的调节,鼓励员工追求符合企业要求的行为,激发每个员工的积极性,努力实现企业目标。

绩效薪酬的前身是计件工资,其基本特征就是工资收入与个人绩效挂钩。与其他薪酬体系相比,绩效薪酬制度体系的主要优点如下:

(1) 通过将员工薪酬与其业绩挂钩的方式,企业能够更好地将企业目标与个人业绩结合起来,有利于企业人力资源使用效率的提高。

(2) 绩效薪酬制度体系有利于薪酬向业绩优秀者倾斜,提高企业效率和节省工资成本。因为绩效薪酬实际上把工资变成了一种可变成本,这就减轻了组织在固定成本开支方面的压力,使得组织可以根据自身的经营状况灵活调整自己的支付水平。与其他薪酬体系相比,绩效薪酬不需要为了完成生产任务而对员工进行过多的直接监督,员工会受到一种内在的激励而自己去控制自己的工作速度和工作质量,这样,企业的监督成本或代理成本也会大大降低。

(3) 员工薪酬与其可量化的业绩挂钩,可以促使员工关心自己工作的结果,打破"大锅饭"体制,真正实现了多劳多得,更具公平性。

(4) 绩效薪酬制度体系突出了一种关注绩效的企业文化,使员工认识到薪酬与努力是成正相关关系的,这可以促使员工将其个人努力投入到实现企业目标的重要活动中去。

(5) 绩效薪酬有利于吸引和留住那些高绩效的员工。采用绩效薪酬制度体系会使组织或部门中的员工主要由具有高能力、高成就动机或者两者兼备的人组成,同时淘汰那些业绩不佳的员工。

不过绩效薪酬制度体系也存在一些潜在的缺点,主要表现在以下几个方面:

(1) 绩效薪酬制度体系要求组织有一个严密、精确的绩效评价系统,但在实际运作中,绩效评价很难做到科学而准确。在绩效考核体系指标设置不合理的情况下,往往会导致绩效薪酬流于形式,从而产生更大的不公平。

(2) 绩效薪酬制度体系多以个人绩效为基础,这种以个人为中心来获得奖励薪酬的制度不利于团队合作,而与团队绩效挂钩的薪酬制度也只适用于人数较少的、强调合作的组织。

(3) 绩效薪酬制度体系容易导致员工之间或群体之间的竞争,而这种竞争有可能会忽视组织的整体利益,同时也容易造成员工只关注结果而不注重过程的现象。

(4) 绩效薪酬制度体系实际上是一种工作加速器,有时员工收入的增加会导致企业出台更为苛刻的产出标准,这既可能破坏组织和员工之间的心理契约,也可能造成优秀员工和普通员工之间的摩擦。另外,在许多绩效薪酬确定和发放过程都存在讨价还价的问题,这也可能增加管理层和员工之间产生摩擦的机会。

二、绩效薪酬制度体系的主要类型

绩效薪酬的种类选择与组织经营战略、经营状况、人员及结构等密切相关。在现代企业中,绩效薪酬具有多种具体的形式。根据激励对象,我们可以把绩效薪酬分为个体绩效薪酬和群体绩效薪酬(团队绩效薪酬);根据时间维度,又可把绩效薪酬分为短期绩效薪酬和长期绩效薪酬。在实践中,根据绩效与薪酬挂钩的方式不同,可把绩效薪酬制度体系分为业绩工资和激励工资(如图 11-5 所示)。业绩工资侧重于对过去工作的认可,而激励工资则以支付工资的方式影响员工将来的行为;业绩工资往往不会提前被雇员所知晓,而激励工资制度在实际业绩达到之前已确定;业绩工资通常会加到基本工资上去,是永久的增加,而激励工资则往往是一次性支出,对劳动力成本没有永久的影响。业绩下降时,激励工资也会自动下降。

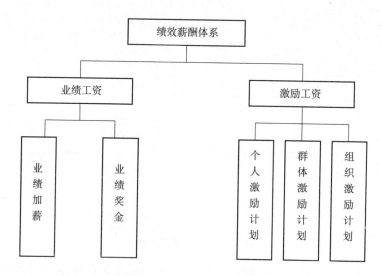

图 11-5 绩效薪酬体系的类型

(一)业绩工资

业绩工资(merit pay),也叫成就工资或功劳工资,是指员工的基本薪酬可以根据其工作绩效或工作成就而得到永久性增加的一种薪酬制度,它是绩效薪酬制度体系中的一种基本形式。业绩工资计划执行者认为,员工的工资至少应该部分地根据员工的业绩来决定。因此,员工的基本工资应该根据其绩效得到永久性的增加。业绩工资有助于奖励优秀的工作表现或业绩,创造未来工作动力和帮助组织留住有价值的员工。常见的业绩工资类型主要有业绩加薪和业绩奖金。

1. 业绩加薪

业绩加薪是指将基本薪酬的增加与员工在某种绩效评价体系中所获得的评价等级联系在一起的一种绩效薪酬形式,这种薪酬制度是以对员工绩效的有效考核为基础,实现工资与考核结果的挂钩。业绩加薪一般是在年度绩效评价结束时,企业根据员工的绩效评价结果以及事先确定下来的加薪规则,决定员工在第二年可以得到的基本薪酬。业绩加薪所产生的基本薪酬增加,会在员工以后的职业生涯(在同一个企业中连续服务的年限)中得到累积。

在设计业绩加薪计划时,重点要关注加薪的幅度、加薪的时间以及加薪的实施方式。业绩加薪的幅度主要取决于企业的支付能力,同时也与企业的薪酬水平和市场薪酬水平的对比关系、员工所在的管理层级等因素有关;业绩加薪的时间常见的是每年一次,也有企业采用半年一次或者每两年一次的做法；业绩加薪的实施方式既可以采取基本薪酬累积增长的方式，也可以采取一次性加薪的方式，一次性加薪方式通常是对那些已经处于所在薪酬等级最高层的员工所采取的业绩奖励方式。

业绩加薪计划的实施一般采用业绩加薪矩阵的形式。具体操作方法是首先根据企业目标设置绩效目标，根据绩效目标设置绩效衡量指标，并赋予不同绩效指标相应权重，据此考核加总得到员工的最后业绩总分（如图11-6所示）。

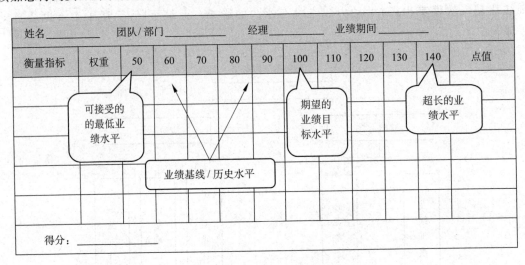

图 11-6　业绩加薪矩阵

在计算员工的业绩分值后，按照事先确定的业绩加薪政策，根据该员工业绩所在期间应该得到的业绩加薪百分比，乘上该员工的基本工资总额，即可得到该员工的实际加薪额（如表 11-6 所示）。

表 11-6　业绩加薪表

业绩加薪范围	业绩加薪幅度（%）
低于 75 分	0
75～89 分	2
90～99 分	3
100～110 分	5
111～125 分	7
126～140 分	10

业绩加薪使得员工的基本薪酬增长与他们个人的业绩挂钩，从而能够确保业绩优秀员工的薪酬会比业绩一般或较差员工的薪酬增长得更快。这不仅有利于留住那些优秀员工，而且有利于培育绩效文化，推动组织绩效目标的达成和战略的实现。但业绩加薪也存在明显的弊端，比如造成企业薪酬成本不断上升；使本应希望作为"激励因素"的业绩加薪实际上演化为"保健因素"；对于基本薪酬已经处于最高值的员工应用业绩加薪等。

2. 业绩奖金

业绩奖金（merit bonuses）也称一次性奖金，是一种非常普遍的业绩薪酬计划。从广义上来讲，它属于业绩加薪的范畴，但是却不是在基本薪酬基础上的累积性增加，而是一种一次性支付的业绩加薪,因为员工年终依据本人或组织绩效得到的奖金并不计入基本薪酬。我国很多企业设置的月奖、季度奖和年终奖都是业绩奖金的典型形式,它们都是根据员工绩效评价结果发放给员工的业绩奖金。

业绩奖金具有灵活性和及时性的特点,与业绩加薪相比,业绩奖金在发放和管理上的弹性更大。它可以根据需要,灵活决定奖励的范围和奖励的周期等。业绩奖金也不一定与业绩加薪结合起来支付,它可以根据企业的实际情况进行调整和决定发放期,以达到及时反映员工业绩的目的。

业绩奖金的优势在于:它在保持绩效和薪酬挂钩的情况下,减少了因基本薪酬的累加效应所引起的固定薪酬成本增加,因而可以将节省下来的部分用于奖励,这样能够提高员工对业绩奖励的认知与感受,增强对员工的激励效果;业绩奖金可以保障组织各等级薪酬范围的"神圣性",不至于出现超过薪酬范围之外的员工,同时还保护了高薪酬员工的工作积极性,比较有效地解决了薪酬水平已经处于薪酬范围顶端的那些员工的激励问题。不过,企业如果长期执行一次性奖金计划,会导致员工的基本薪酬停滞不前,实际上等于冻结了员工的基本薪酬。因此,比较合理的方式是将业绩加薪与业绩奖金有机地结合起来,实现优势互补,弥补各自的不足。业绩加薪与业绩奖金(一次性奖金)的长期薪酬成本比较如表11-7所示。

表11-7 业绩加薪与业绩奖金的长期薪酬成本比较　　　　　　　　　单位:元

比较项目	业绩加薪	业绩奖金
基本薪酬(年薪)	50000	50000
第一年支付5% 新基本薪酬 总额外成本	2500 52500 2500	2500 52500 2500
第二年支付5% 新基本薪酬 总额外成本	5%×52500=2625 52500+2625=55125 5125	5%×50000=2500 50000 5000
五年之后…… 第一年支付5% 新基本薪酬	3039 63814	2500 50000

阅读案例 11-3

通用汽车公司的薪金和奖励制度

通用汽车(general motors,GM)成立于1908年9月16日,在发展历程中先后联合或兼并了别克、凯迪拉克、雪佛兰、奥兹莫比尔、庞蒂克、克尔维特、悍马等公司,拥有铃木3%的股份,自1927年以来一直是全世界最大的汽车公司。这些成就的取得离不开其为保留和激励人才而设计的优秀的薪金和奖励制度。

通用汽车公司的薪金和奖励制度使员工们工作得更快、也更出色。其秘诀是:只奖励那些完成了高难度工作指标的员工。

通用汽车公司试图使这些管理人员将公司崇高的宗旨具体化到实际中去,利用一系列的准则去衡量这些人员的工作,即使是很难量化的事情。例如,一位经理想了解如何使客户感到满意、如何放权或者与同事们如何相处等,都可以通过一个360度的评估方法,具体操作为:由该雇员在公司内的上司或下属来打分评级,以及通过单独面谈的方法来衡量。关键在于,不仅要提出恰当的问题,而且要向能提出正确意见的人了解情况,如客户、同事、老板等。

人们一般不愿意改变自己的行为模式,除非改变行为模式可以获得奖励。对做出成绩的人,公司一般采取发奖金或者授予股权的方法,以示表彰。然而,奖励的真正目的,应该是鼓励员工以后更加努力地工作。研究表明,要使奖金真正地发挥激励作用,提供的奖励金额至少要高于被奖励者基本工资的10%。实际上,公司支付的奖金金额远远低于这个比例。各种奖励,包括奖金、认股权、利润分成等,加起来平均只有7.5%。

因此,薪酬制度的一个关键原则是,要把薪酬中的一大部分与工作表现直接挂钩。公司按实际绩效付酬,要遵循以下5个准则。

准则一:不要把报酬和权力绑在一起。如果把报酬与职位挂钩,就会建立起一支不满的队伍,专家们把这些人称作POPOS,意思是"被忽略的和被激怒的人"。这样,可以给员工们更多的机会,在不晋升的情况下提高工资级别。通用还大幅度地增加可以获得认股权奖励的员工名额,并尝试实施一项奖励管理人员的计划,鼓励他们更多地了解情况,而不是根据他们管理多少员工或者工作时间有多久发奖金。

准则二:让员工们更清楚地理解薪酬制度。公司给工人们讲的如果都是深奥费解或者模棱两可的语言,那么工人们根本弄不清楚他们福利待遇的真正价值。公司应当简明易懂地解释各种额外收入。

准则三:大张旗鼓地宣传。当公司为一位应当受到奖励的人颁奖时,尽可能广泛地传播这个消息。使各种不同的薪酬制度顺利执行,就要保证此制度有所不同。在一些公司,奖金已经成为一项固定收入,员工们把奖金当成另一个名目的工资,就像另外应得的权利一样,奖励就失去其应有的作用。

准则四:不能想给什么就给什么。不妨也试一试不用金钱的激励方法。金钱,只要用得适当,是最好的激励手段,而不用金钱的奖励办法则有着一些行之有效的优点:可以留有回旋余地(见准则五)。撤销把某一位员工的基本工资提高6%的决定,要比收回给他的授权或者不再给他参与理想的大项目的机会困难得多。采取非金钱的奖励办法,就没有这样的限制。

准则五:不要凡事都予以奖赏。对于更多地实行绩效挂钩付酬制度,日本经理并不以为然:"你不能贿赂你的孩子们去完成家庭作业,你不能贿赂你的太太去做晚饭,你不能贿赂你的员工们去为公司工作。"并不是建议放弃原有的原则,但可以根据文化背景的差异来调整这些原则。

可见,奖金是一种补充性薪酬形式,具有较强的针对性、灵活性和激励性,弥补了基本工资制度的不足。

资料来源:李中斌,李亚慧.薪酬管理[M].北京:科学出版社,2011:105-106.

(二)激励工资

激励工资(incentive pay)则是指,组织根据员工是否达到组织与员工事先商定好的标准、个人或团队目标,或者组织收入标准而浮动的薪酬,它是根据绩效评价结果支付的旨在激励员工绩效的组合薪酬形式,激励工资也和业绩直接挂钩。激励工资计划关注的是员工的行为,以及这种行为怎样随企业的薪酬体系而变化。根据激励对象和激励目标不同,激励工资一般可分为个人激励计划、群体(团队)激励计划和组织激励计划。

1. 个人激励计划

个人奖励计划是根据员工个人的工作绩效决定其奖金的数量。个人奖励计划主要有两种形式:一种是由个人工作成果直接决定奖金的模式,如销售员的佣金制和生产人员的计件工资制;另一种是由绩效考核的结果决定奖金的模式。

个人激励计划是针对个人而设计的薪酬体系,通过将个人的绩效与制定的标准相比较,按照薪酬支付的类型给予相应的回报。为了便于分析个人激励计划,美国康奈尔大学教授乔治·T. 米尔科维奇(Gerge T. Milkovich)和纽约州立大学教授杰里·M. 纽曼(Jerry M. Newman)提出如图 11-7 所示的个人激励计划的四分图[①]。他们把个人激励计划用两个维度划分出 4 个象限,每个象限对应一些薪酬类型。

		工资率的确定方法	
		单位时间的产量	单位产量的时耗
产量水平与工资的关系	工资是常量的产量水平函数	(1) • 直接计件工资制	(2) • 标准工时计划 • 贝多计划
	工资是变量的产量水平函数	(3) • 泰勒计划 • 梅里克计划	(4) • 哈尔西50-50平分法 • 罗恩计划 • 甘特计划

图 11-7 个人激励计划

方格一:以直接计件工资制为代表。单位时间的产量是确定工资率的基础,工资随着产量函数而变动。工人的工资直接根据产量的多少来决定,产量越多,工资越高,两者等比变动。

方格二:以标准工时计划和贝多计划(Bedeaux plan)为代表。标准工时计划,是对所有以指定时间完成的工作量为激励工资率设定基础的激励计划的统称。首先确定工资率、估计完成一项工作需要的时间,二者相乘得到应支付的工资,估算要在实际工作前完成。贝多计划不是计算完成整个工作所需时间,而是将工作细分成简单动作,再根据中等技术熟练程度的工人的标准确定工时定额。这类计划的特点是,如果完成工作的时间少于标准时间,那么工人将会得到工资方面的激励。

方格三:以泰勒计划和梅里克计划(Merrick plan)为代表。泰勒计划根据产量水平确定不同工资率,在给定时间内,实际产量高于标准产量,按较高的工资率计算工资水平;实际产量低于标准产量,则按较低的工资率计算工资水平。梅里克计划与泰勒计划的思想相同,只

---

① 〔美〕乔治·T. 米尔科维奇,杰里·M. 纽曼. 薪酬管理[M]. 9 版. 北京:中国人民大学出版社,2008:256-260.

是它将工资率定为三档,高档工资率为实际产量超过标准产量,中档为实际产量只有标准产量的83%～100%,低档则为实际产量低于标准产量的83%。

方格四:以哈尔西50-50平分法(Halsey 50-50 method)、罗恩计划(Rowan plan)和甘特计划(Gantt plan)为代表。哈尔西50-50平分法先确定完成任务的时间限额,如果工人以低于限额的时间完成任务,带来的节余就在工人和雇主间以50∶50的比例分摊。罗恩计划类似于哈尔西50-50方法,不同之处在于,工人的奖金随完成工作所需时间的减少而增加。甘特计划则将时间标准设置成需要工人非常努力才能达到的水平,如达不到则仅可拿预先确定的保障工资,如等于或少于额定时间完成任务,工资报酬=保障工资×(1+120%×节余时间),从而工资报酬的增长快于产量的增长。

个人奖励计划根据员工间个人绩效的差异来决定奖金的数量,有利于激励员工努力工作提高绩效以获得更多的报酬。但是个人奖励计划同样有很大缺陷:首先员工个人的绩效往往难以准确衡量,许多工作的完成通常是分工合作的结果,准确度量每个人的贡献十分困难;其次,个人奖励计划可能导致员工间的激烈竞争,破坏团队合作,影响部门或组织的整体绩效;另外,员工可能只关注那些可以增加报酬的短期绩效,而忽略学习新的知识和技能,也不愿创新和冒险,这将影响员工和组织的长远发展。

2. 群体(团队)激励计划

群体(团队)激励是根据团队或部门的绩效,来确定奖金发放的奖励计划。群体(团队)激励计划有利于引导员工之间的合作,提高他们对整个企业利益的关注。群体(团队)激励计划有多种形式,主要包括利润分享计划、收益分享计划和成功分享计划。

(1)利润分享计划

利润分享计划是将企业或某个利润中心所得利润的一部分在员工之间进行分配的计划。利润分享计划普遍应用的形式有现金计划、延期利润分享计划等。现金计划是指每隔一定时间,把一定比例的利润作为利润分享额;延期利润分享计划则是指在监督委托机构的管理下,企业按照预定比例把一部分利润存入员工账户,在员工退休以后或有其他情况时可以享受该计划的好处。

利润分享计划把员工薪酬的一部分与企业总体财务绩效联系在一起,有助于促使员工关注企业的整体经营成果,而不是仅仅关注个人行为和工作结果。另外,利润分享计划也让企业在薪酬方面拥有更大的灵活性,企业可以根据利润的高低来调整奖金的发放。但是,利润分享计划的缺陷也非常明显,它可能导致企业更多的关注短期利润,而忽略长期发展所需的核心能力的培养。另外,企业的利润更多的是取决于高层战略、产品以及市场等因素,员工个人的努力与企业整体利润的关系并不密切,员工如果看不到自己的努力和奖金之间的联系,奖金就会失去激励作用。

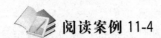

阅读案例 11-4

沃尔玛的利润分享计划

这是沃尔玛创始人山姆·沃尔顿(Sam Walton,1918—1992)自己最引以为豪的举动,也是保证沃尔玛公司继续前进的诱因:每一个在沃尔玛公司待了一年以上,以及每年至少工作1000小时的员工都有资格参与分享公司利润。运用一个与利润增长相关的公式,公司把每个够格的员工工资的一个百分比归入员工的计划档案中,员工们离开公司时可取走这个份额——或以现金方式,或以沃尔玛公司股票方式。结果,这个计划发展速度极快且大获成功。

沃尔顿是这样思考利润分享计划的:利润率的高低不仅与工资数有关,也与利润量有关,而如何提高利润呢?有一个简单的道理。这就是:你与员工共享利润——不管是以工资、奖金、红利还是以股票折让方式,都会使公司的利润越来越多。因为员工们会以管理层对待他们的方式来对待顾客。而如果员工们能够善待顾客,顾客们就会乐意来这家商店,顾客越多,利润越多,而这正是该行业利润的真正源泉。仅靠把新顾客拉进商店,做一笔生意算一笔,或不惜工本大做广告是达不到这种效果的。因此,在沃尔玛的发展中,顾客称心满意,反复光临,才是沃尔玛公司惊人利润率的关键,而那些顾客之所以对沃尔玛忠诚,是因为这里的员工比其他商店的售货员对他们好。

沃尔顿在自传中对自己还没有很快想到这个问题而感到懊悔不已,他回忆道:"很长的一段时间内,我并没有意识到这个问题。事实上,我整个事业中的最大缺憾就是,当1970年我们的公司公开发行股票时,我们最初的利润分享计划只包括经理人员,而没有扩大到所有员工。由于我太担心自己的负债状况,也太急于让公司迅速扩展,因而忽视了这一点。"

但沃尔顿很快意识到这些问题。于是1971年,利润分享计划全面实施了,不仅是对高层人员,而且包括大部分员工。1971年,公司开始在全公司内推行利润分享计划,具体规定为:①凡加入公司一年以上,每年工作时数不低于1000小时的所有员工,都有权分享公司的一部分利润;②公司根据利润情况和员工工资数,按一定百分比提留,当员工离开公司或退休时,可以提取这些提留,提取方式,可选择现金,也可选择公司股票。而公司每年提留的金额大约是工薪总额的6%。结果计划发展极快,在1972年,用于该计划的金额是17.2万美元,共128人获益。随着公司销售额和利润的增长,所有员工的红利也在增加。员工为公司发展努力,也因此获益。

由于利润分享计划中的提留基金主要部分被投在了公司的股票上,而沃尔玛股票20年里随公司业绩的成长不断飙升,这使许多在沃尔玛长期工作的员工退休后拥有了一笔可观的财产。一位在沃尔玛工作了20年的货车司机说,他1972年进公司时,参加了公司的补习班。沃尔顿在培训时对他们说:"如果你们在公司持续工作20年以上,你们将能领到10万美元以上的利润分红。"这位司机当时根本不相信,因为他刚从一家工作了13年的运输公司辞职,只拿到700美元。如今20年过去,他的利润分享金不是10万美元,而是70.7万美元。

乔伊斯·麦克默里是阿肯色州斯普林代尔的沃尔玛54号分店地区教员,他在沃尔玛工作了15年,利润分享款额为47.5万美元。而他现在才40来岁,还打算在沃尔玛继续干下去。他想买架钢琴或是有一天造一栋梦寐以求的房子,其他的钱可以用作退休之后的生活费。由于沃尔玛股票的良好表现,他相信,只要他继续把他的股票留在手上,他终会梦想成真。

乔治亚·桑德斯,俄克拉荷马州克莱尔莫尔的沃尔玛特12号分店退休员工回忆道:1968年4月,我开始担任照相器材、电子产品和小家电部门的负责人。起初,我每小时最低挣1.65美元。1989年我退休时,我每小时的工资达到8.25美元。我离开公司时从利润分享计划中得到20万美元,进行了其他的投资。我买进和卖出了一些沃尔玛特公司的股票,由于股票还被拆股了好多次,因此我仍然拥有较多数量的股票。我用其中的一部分钱为母亲买了幢房子。我觉得能为沃尔玛公司工作,对我来说实在是很幸运的。

还有一位女士,也因加入了这一计划而感到由衷的庆幸。她名叫琼·凯丽,是沃尔玛总部的员工,负责处理货物索赔。她20岁时进入沃尔玛25号分店工作,是沃尔玛的老员工。一开始,凯丽的哥哥试图说服她辞去工作,他认为她在沃尔玛以外任何地方的工资都会比这里高。然而,凯利留了下来,并成了公司"利润分享计划"中的一员。到了1981年,她的利润分享数字是8000美元,而到1991年时这个数字变成了22.8万美元。凯利很庆幸坚持自己的意见,没有听从哥哥的话,也很高兴自己的确一直对沃尔玛忠心耿耿。现在她所挣的钱可以供她的宝贝女儿阿什莉上大学了。

凯利从自己的故事中总结出一条朴素的道理:如果忠于这家公司,那么她的忠诚所获得的报酬将是惊人的。

以上故事中的主人公都是沃尔玛的员工,也是沃尔顿的"合伙人"。就是这些对沃尔玛有着坚定信念的员工,与沃尔顿团结在一起,陪伴着沃尔玛走过了许多的风风雨雨,也正是因为他们的贡献,沃尔玛才有了今天的辉煌。这一切,也全归功于沃尔顿的远见卓识,和他因为为员工着想进而选择这项计划。

资料来源:许莹.人力资源管理理论与实务[M].北京:人民邮电出版社,2013:194-195。

(2) 收益分享计划

收益分享计划(gain sharing plan)是企业让员工分享因生产率提高、成本节约、质量改善所带来收益的奖励计划。收益分享计划是由部门或团队的工作绩效决定的,员工按照设计好的收益分享公式,根据团队或部门的工作绩效而获取奖金。相比利润指标而言,成本、质量、生产率等指标更容易被员工看成可由自己的行为所控制。员工更清楚自己的努力与获得奖励之间的关系,因而它比利润分享计划的激励作用更强。收益分享计划包括著名的斯坎伦计划、卢卡尔计划等。

斯坎伦计划(Scanlon plan)是指由美国曼斯菲尔德钢铁厂的工会主席约瑟夫·斯坎伦于1937年提出的一项劳资协作计划。该计划指出,如果雇主能够将因大萧条而倒闭的工厂重新开张,工会就同工厂一同努力降低成本。20世纪40年代中期,斯坎伦又提出了一种以工资总额与销售总额的比例数来衡量工资绩效的办法。之后的许多年里,斯坎伦计划不断得到补充和完善,成为人力资源开发管理的一种经典模式。斯坎伦计划作为团队激励方案,其价值在于强调参与式的管理模式,将员工和组织之间的关系建立在合作的基础上,同时为现代组织的奖金分配和收益分享奠定了理论基础和运作思想。具体表现在:斯坎伦计划强调通过团队工作降低人工成本,提倡员工配合组织的生产管理;组成由员工参与的生产委员会和审查委员会,生产委员会的任务是鼓励员工提出合理化建议,如果建议被实施,就给予奖励。审查委员会的任务是加强管理者和员工之间的沟通、监督组织的绩效等。按照斯坎伦计划,员工获得的奖金计算公式如下:

$$
\begin{aligned}
员工奖金 &= 节约成本 \times 75\% \\
&= (标准工资成本 - 实际工资成本) \times 75\% \\
&= (商品产值 \times 工资成本占商品产值百分比 - 实际工资成本) \times 75\%
\end{aligned}
$$

其中,工资成本占商品产值的百分比根据历史统计资料得出。

卢卡尔计划(Rucker plan)是 20 世纪 30 年代在斯坎伦计划的基础上修订而成的。卢卡尔计划在原理上与斯坎伦计划相仿,但计算方式复杂得多。拉克计划与斯坎伦计划的区别在于,卢卡尔计划不是激励员工节约成本,而是激励生产率的提高。卢卡尔计划的基本假设,是工人的工资总额保持在工业生产总值的一个固定水平上。卢卡尔主张研究企业过去几年的记录,以其中工资总额与生产价值(或净产值)的比例作为标准比例,以确定奖金的数目。

收益分享计划鼓励全体员工通过共同努力来达到企业的生产率目标,并且使员工和企业能够共同分享由于这种努力所产生的成本节约收益,最终起到了增强员工主人翁意识和忠诚度的作用。而且,员工分享的收益是员工自己节约出来的收益,并不会对企业整体利益产生影响。不过,由于收益分享计划依然没有将个人绩效与奖金联系起来,可能导致"搭便车"等现象发生,团队中工作出色的优秀成员的积极性可能会因此受挫。

(3) 成功分享计划

成功分享计划又被称为目标分享计划,它的主要内容是运用平衡计分卡方法来为某个经营单位制订目标,然后对超越目标的情况进行衡量,并根据衡量结果对经营单位提供绩效奖励。这里的经营单位可以是一个组织,也可以是一个事业部或部门,还可以是某个员工群体。成功分享计划需要为参与该计划的经营单位设定操作模型,该模型需要界定出相关经营单位的核心业务流程,定出 3~5 个对这一核心业务流程进行衡量的关键绩效指标,并为每一个关键绩效指标制订出所要达到的目标。成功分享计划要求经营单位中的每一个员工都要全面参与,目标由管理层与基层员工共同制订,而不是采取自上而下的传统目标制订方式。成功分享计划鼓励持续不断的绩效改进,是针对某一特定计划期间的,从这个意义上说,成功分享计划更像是一种经营计划或绩效管理过程。

3. 组织激励计划

组织激励计划是将企业中的全体员工纳入奖励对象的激励计划。全员激励计划是根据组织的整体绩效来确定奖金发放的,组织通常根据关键绩效指标的完成情况,来确定整个企业的奖金发放额度。在确定了奖金额度后,企业再确定奖金的发放对象和分配方式。通常,组织激励计划主要是针对那些对企业整体业绩产生重大影响的人员,如中高层管理人员、专业技术人员、市场营销人员等。组织激励计划由于将奖金与企业整体绩效紧密联系在一起,有助于引导员工关注企业的整体利益。同时,企业可以根据经营状况来调整奖金的多少,不至于产生太大的财务压力。不过,组织激励计划也可能让一些员工觉得自己的工作情况与企业整体绩效关系不大,从而造成组织激励计划的激励作用并不强。

(1) 股票期权计划

股票期权计划(stock option plan)是一种主要针对企业中高层管理人员的长期绩效激励计划。标准的股票期权是指当业绩条件满足时,允许激励对象在一定的期间内(可行权期间)以计划确定的价格(行权日)购买企业股票。如果股价高涨,激励对象将获得巨大利益;同时对企业而言,激励对象行使股票期权也是一种定向增发,为企业筹得一定数量的资金。股票期权计划的目的是为了鼓励企业中高层管理人员努力工作,以不断改善企业绩效,提升企业股票价格,这样可以使公司和管理人员都能从中获益。在理想情况下,管理者应当通过效率、创新及客户满意度等方面增加价值,来推动企业股票价格的上涨。但实际中一些高管人员为了股票升值不择手段,违背了股票期权计划的初衷。另外,企业股价上涨会受到很多外部因素的影响,并不总是和管理人员的努力正相关,这就会造成股票期权计划在外部环境不佳、经济不景气时期对中高层管理人员没有太大的吸引力。

(2) 员工持股计划

如果组织激励的理念是:只有当组织中的每一个成员都为组织目标贡献力量时,组织才能取得成功,那么,组织激励方式就会采用全员激励计划。所谓全员激励计划,是将企业中的全体员工纳入奖励对象的激励计划。全员激励计划的典型做法就是员工持股计划。员工持股计划(employee stock ownership plan)是指通过让员工持有企业股票而使其获得激励的一种长期绩效奖励计划。员工持股计划是为了吸引、保留和激励公司员工,通过让员工持有股票,使员工享有剩余索取权的利益分享机制,和拥有经营决策权的参与机制。典型的员工持股计划中,企业通常会通过某种途径将一定数量的公司股票转入一个员工持股信托基金,由该基金负责通过从银行贷款等方式帮助员工购买并管理公司股票,它们会定期向员工提供关于他们所持有的股票的价值的报告。通常情况下,在购买公司的股票借款没有全部偿还之前,员工是不能真正得到股票的,而且员工在参与员工持股计划的一定年限之前是得不到独立股权的。

员工持股计划无论采用哪种形式,都是使员工以持有企业一定比例的股票形式来分享利润,表现出员工对未来持续盈利的一种收益权。既可以让员工享受到企业发展带来的额外收益,又可以使员工对企业的经营状况更加关注,增加对企业的责任感和信任度。

三、绩效薪酬制度体系的实施条件

为了有效发挥绩效薪酬制度体系的优势,企业实施绩效薪酬制度体系需要满足以下条件:

(1) 企业应具有一整套有效的绩效管理体系。绩效薪酬制度体系将员工薪酬与其业绩挂钩,体现了多劳多得原则。为了保证绩效结果的效度和信度,企业需要有一整套科学合理的绩效管理体系,通过有效的绩效管理体系客观、真实地反映员工的业绩,才能够确定考核结果,并进行工资的计算和发放。

(2) 岗位的工作业绩、工作产出比较容易量化。企业实行基于绩效的薪酬体系,其岗位业绩必须可以量化或者易于考核。如果员工的工作业绩难以量化,则很难确定工作绩效和薪酬之间的关系,也就难以计算和发放工资。

(3) 企业的薪酬变动幅度和范围足够大,各档次之间能够拉开距离。实施绩效薪酬制度体系的企业,其工资范围应该足够大,以便拉开员工工资的距离,保证具有激励性。同时,增加工资必须是员工所看重的结果,或者说,增加工资必须要比其他结果(比如休假等)具有更大的作用。如果增加工资的幅度还没有其他结果(如休假等)有吸引力,那么员工是感觉不到动力的,绩效薪酬就很难真正对员工起到激励作用。

(4) 企业应具有浓厚的企业文化氛围支持业绩评估系统的实施和运作。企业文化的无形作用往往容易被忽视,其实一个绩效导向的企业文化对绩效薪酬制度体系的支持作用是不可低估的。企业文化的实质,就是培养一种激励员工投身事业、与企业共同发展并取得成功的氛围,而促使员工创造性工作的原动力是有效的激励机制,激励的前提又是绩效管理。因此,企业只有形成以追求高绩效为核心的绩效文化,绩效理念才能深入人心,绩效评估系统的实施和运作才能落到实处,绩效薪酬才能成为真正引导和调整员工行为的有效管理手段。

思考题

1. 什么是薪酬制度？薪酬制度设计的目标有哪些？
2. 举例说明薪酬制度设计的流程。
3. 比较职位薪酬制度、技能薪酬制度和绩效薪酬制度的区别与联系。
4. 职位薪酬制度体系有哪些主要类型？实施职位薪酬制度应具备哪些条件？
5. 技能薪酬制度体系有哪些主要类型？实施技能薪酬制度应具备哪些条件？
6. 结合实例谈谈技能薪酬制度体系设计的过程。
7. 绩效薪酬制度体系有哪些主要类型？实施绩效薪酬制度应具备哪些条件？
8. 试比较利润分享计划、收益分享计划和成功分享计划各自的特点及区别。

 案例分析题

宏泰公司的薪酬管理体系设计[①]

一、背景

宏泰科技有限公司是一家贸易公司，除经销由其控股的蓝星公司开发生产的高科技建筑材料外，还代理经营光源、节电器、太阳能灯具等产品。宏泰公司由五位自然人共同出资3000万元于2004年5月注册成立，5位出资者组成了董事会，其中张鸿出资1530万元，占总出资额的51%，因此由他任公司董事长兼总经理。公司自成立之初就确立了"自主开发产品，代理经营为辅"的发展宗旨，因此在2004年8月就投资了1000万元与一高校科研人员李方平共同开发其专利产品。李方平将其专利折价300万元入股，注册成立了蓝星公司，专门生产李方平研制的高科技建筑材料。该产品是国家倡导的环保型节能建筑材料，目前全国只有北京和山东两家公司已经开发成功并投入使用，市场需求旺盛，前景十分广阔。宏泰公司目前还处于起步阶段，但得益于公司的价值观、质量理念、在科技方面的竞争优势以及公司各个层次上的创新精神，公司正迅速步入快速增长期，其长期目标是发展成一家集生产、销售、服务为一体的综合性集团公司。目前公司有管理人员30人，营销人员200人，科技开发人员40人。

为了使公司快速、有序发展，2005年初，宏泰公司制订了以扩大市场占有率为重点的短期发展目标，着力营造企业文化，明确企业目标和发展战略，进行企业框架、业务流程和制度建设；构建人力资源管理模式，注重高素质人才的引进和使用，明确并强化人才激励和开发工作。其短期发展目标分为两个阶段：

第一阶段：至2005年底。以企业建设为主体，构建良好的文化和氛围。高科技建材产品以稳定质量、控制成本、提高产量为生产目标，以现有渠道为基础进行营销网络的拓展，进入两个目标子市场，以销售额与利润额的增长为当前主要指标；其他贸易产品均在现有销售市场渠道上，以提高销售额和利润率为目标。

第二阶段：至2006年底。以市场份额为核心，着重建立成本和质量的优势，注重管理和激励。在第一阶段数据积累的基础上，明确目标，确定各种考核指标、强化各种激励措施。

---

① 王小刚. 企业薪酬管理最佳实践[M]. 北京：中国经济出版社，2010：126-133.

鉴于这样的发展规划,宏泰公司于2005年初实施了针对第一阶段的薪酬管理制度。公司分别为管理人员、营销人员和科技开发人员设计了不同的薪酬管理模式。宏泰公司明确告知员工这一薪酬制度只实施到2005年末,届时将本着强化激励、实现员工与组织双赢的基本原则,根据实际情况作较大的调整。

二、宏泰公司营销人员薪酬奖励方案

宏泰公司营销人员薪酬方案的基本模式为:基本工资＋佣金＋奖金。

(一)基本工资

一般营销人员在试用期一律执行850元/月的试用工资,试用期原则上不得少于三个月;经总经理批准,对业绩突出者可适当缩短试用期,但最低不得少于一个月。

一般营销人员试用期满后基本工资为1500元/月,市场营销部副经理2500元/月,市场营销部经理3000元/月,营销副总经理5000元/月。

(二)佣金

以到账销售款为提成基数,以销售单价设定提成率,产品销售价格以公司指导价为基础,市场营销部(经理)的价格浮动权限为－2.5%～＋5%,营销副总经理的价格浮动权限为－5%～＋10%,超出权限范围的定价必须上报上级主管领导批准;擅自越权定价者,给公司造成损失的应赔偿损失费,同时处以所签项目佣金50%的罚款。佣金提成比例,根据销售难易程度、产品类别、员工级别予以区别对待:

1. 营销部员工(包括销售人员、营销部副经理和经理)

建材产品:凡利用2005年1月1日前公司拥有的市场渠道进行的销售,提成比例为8%;凡自行开拓新市场进行的销售,提成比例为11%。

其他产品:提成比例为8%。

2. 营销副总经理

按照营销部员工相应提成比例下浮一个百分点执行。

3. 其他管理人员

其他管理人员在做好本职工作的基础上,可充分利用业余时间进行营销活动,但不得与营销人员现有营销领域发生冲突,有能力者可向总经理申请转为营销人员。其他管理人员的提成比例参照营销部员工,若其营销活动影响到本职工作,或给专职营销人员造成障碍者,根据情节轻重给予相应处罚,严重者赔偿损失直至开除。

(三)奖金

宏泰公司在佣金的基础上,为了强化对营销人员尤其是绩效优异者的激励,设计了超额销售利润奖励和市场拓展奖励。

1. 市场开拓奖

凡是首次进入公司从未涉足的市场领域者,除按规定提取佣金外,首次销售额在2万(含)～10万元(不含)以内的,一次给予5000元奖励;在10万(含)～20万元(不含)以内的,一次性给予8000元奖励;在20万元(含)以上的,一次性给予1万元的奖励。奖励在首笔销售款到账后兑现,若最终销售额与奖励规格有差异,按实际多退少补。其他管理人员开拓新市场也按本条执行。

2. 利润共享奖

年终计算公司的销售利润总额,以此为依据计算营销人员人均月销售利润。统计各营销人员的实际月均营销利润,超出平均利润者给予超额销售利润奖励,以其年度利润超额部分的10%作为利润贡献奖,低于人均月销售利润标准的营销人员不予奖励。本部分奖励只针对营销人员,销售利润只统计营销人员。

(1) 计算方式

公司营销人员销售利润总额 a = 营销人员销售额 — 相应进货成本 — 营销人员佣金

营销人员人均月销售利润 $b = a/$各营销人员工作月数加总

营销人员实际月均营销利润 c = 该员工个人销售利润总额/该员工实际工作月数

当营销人员实际月均营销利润 c 大于公司营销人员人均月营销利润 b 时,给予利润贡献奖,奖金的计算方法为:

$$利润贡献奖 = (c-b) \times 该营销人员当年实际工作月数 \times 10\%$$

(2) 支付方式:延期支付

延期时间:暂定1年,即2005年度的利润贡献奖在2007年1月兑现。

兑现条件:
- 2007年1月在岗在编营销人员
- 期间没有任何违法违纪行为

兑现方式:

若2006年度未能获得利润贡献奖,则2005年度利润贡献奖按实际计算数额发放;

若2006年度获得利润贡献奖,但奖金低于2005年度,则2005年度利润贡献奖按实际计算数额的110%发放;

若2006年度获得的利润奖高于2005年度,则按以下公式计算:

发放系数 $A = (2006年度利润贡献奖金/2005年度利润贡献奖金) \times 10\% + 110\%$

2005年度利润贡献奖实际发放额 = 2005年度利润贡献奖计算额 × 发放系数 A

三、管理人员薪酬奖励方案

管理人员薪酬方案的基本模式为:基本工资 + 补贴 + 奖金。

管理人员的薪酬主要由以下几项组成:

其一,基本工资:按岗位等级设定,参照以下标准发放。

总经理:7000元/月;副总经理:5000元/月;部门经理:3000元/月;副经理:2500元/月;普通员工:1200~2000元/月。

其二,工龄工资:企业外工龄2元/年,企业内工龄8元/年,每月发放。

其三,补贴:职务补贴 + 通信补贴。

职务补贴:总经理600元/月,副总经理400元/月,部门经理200元/月,部门副经理100元/月。

通信补贴:公司为员工开通虚拟网,虚拟网入网费和月租费由公司负责。在此基础上另行对管理系列实行通信补贴。发放标准为:总经理400元/月,副总经理250元/月,部门经理150元/月,部门副经理100元/月,普通员工50元/月。

其四,奖金:绩效考核奖 + 利润分享激励。

一是绩效考核奖:于2005年6月和12月下旬,对全体管理人员按绩效考核制度进行半年度和年度绩效考核,按考核结果(优秀、良好、中等、合格和不合格5个等级)发放半年度和年度奖金。

二是利润分享激励:年终计算公司的净利润,以净利润的10%作为利润分享奖励。具体分配方法采用"瓜分制"。

1."瓜分制"的计算方式

以基本工资为基础折算成点值,即总经理7.0,副总经理5.0,部门经理3.0,部门副经理2.5,普通员工1.2～2.0。将所有管理人员的点值加总得出总点值,瓜分比例计算公式:

$$总点值 = \sum 各管理人员点值$$

$$每个员工的瓜分比例 = 各员工个人点值 / 总点值$$

2. 支付方式:延期支付

延期时间:暂定1年,即2005年度的利润贡献奖2006年1月计算,2007年1月兑现。

兑现条件:
- 2007年1月在岗在编管理人员;
- 期间没有任何违法违纪行为。

兑现方式:

若2006年度绩效考核优秀者,则2005年度利润分享奖按实际计算数额的130%发放。

若2006年度绩效考核良好者,则2005年度利润分享奖按实际计算数额的110%发放。

若2006年度绩效考核为中等或合格者,则2005年度利润分享奖按实际计算数额发放。如果2006年绩效考核结果虽为中等或合格,但优于2005年度绩效考核结果,为奖励其绩改进步,则按实际计算数额的105%发放。

若2006年度绩效考核不合格者,则2005年度利润分享奖按实际计算数额的70%发放。

四、技术人员薪酬奖励方案

宏泰公司对技术人员实行年薪制。公司经过内外部薪酬调查后最终确定5万元年薪基数,在此基础上再根据各技术人员的实际情况和绩效表现核定调整系数。调整系数有三个方面:

第一,岗位系数:以个人所处岗位的重要程度和所承担工作的负荷量,将公司目前的技术岗位分为5个等级并设定相应的岗位系数,分别为1、1.2、1.5、1.8、2.5。岗位系数随着岗位的调整而调整,当年中发生岗位调整时,则按所担任岗位的时间比例为权重加权计算岗位系数。如某位员工担任A岗位(岗位系数1.5)5个月后,调整到B岗位(岗位系数1.8)工作,则该员工本年度岗位系数为:$1.5 \times 5/12 + 1.8 \times 7/12 = 1.675$。

第二,技能系数:以个人从事技术工作的成熟程度和业务技术能力水平,将工作技能分为5个等级并设定相应的技能系数,分别为1、1.1、1.2、1.3、1.5。公司有专门的技能水平认定制度,以确定技术人员的技能等级,技能水平每年年初确定一次,年中不作调整。

第三,绩效考核系数:对技术人员进行一年两次考核,半年度考核于当年度7月上旬进行,年度考核于下一年度1月上旬进行。公司设计了专门的技术人员绩效考核表格,由总经理、副总经理、部门经理和本部门其他技术人员担任考评者,具体考核内容包括工作态度、计划执行情况、协作性和责任感、费用控制、创新表现等。考评者就考核内容对被考评者进行打分,最终各考评者打分的加权平均即为该技术人员的考核得分,考核得分分值范围设计为0～1.2,该考核得分直接作为绩效调整系数。

技术人员的薪酬发放方式如下:

基本月薪的确定:公司每年初根据技术人员的实际情况确定岗位系数和技能系数,从而计算出该员工的基本年薪 $A=5$ 万元×岗位系数×技能系数，基本年薪的 50% 按月作为基本月薪发放，基本月薪 $Y=$（基本年薪 $A\times50\%$）$/12$，其余 50% 作为留存年薪留到半年度和年终发放。

半年度兑付：根据半年度考核情况对留存年薪中的 40% 进行年终结算。

半年度兑付额 $B=$ 基本年薪 $A\times50\%\times$ 半年度绩效考核系数 $\times40\%$

年终兑付：根据年度绩效考核系数进行年终兑付，若年中有岗位调整者，还需考虑岗位调整系数来计算实际年薪。

实际年薪 $A'=5$ 万元×岗位调整系数×技能系数×年度考核系数

年终兑付额 $D=$ 实际年薪 $A'-$ 基本月薪 $Y\times12-$ 半年度兑付额 B

年终兑付额分三年支付：其中，当年支付 70%，第二年年末支付 20%，第三年年末支付 10%。若中途技术人员因个人原因离开公司，未支付部分即自动作废；若因公司原因与员工解除劳动合同关系的，则在解除劳动合同关系的同时一次性支付所有未支付的款项。

讨论问题：

1. 宏泰公司根据组织发展目标来设计薪酬制度的意义何在？分析宏泰公司针对第一阶段设计短期薪酬方案的利弊。

2. 管理人员、营销人员和研发技术人员的工作各有哪些特征？宏泰公司为三大类员工（管理人员、营销人员、研发技术人员）分别设计不同的薪酬管理体系，有必要吗？说明理由。

3. 宏泰公司技术人员、营销人员与管理人员的薪酬方案的主要区别是什么？针对宏泰公司这三大类员工的薪酬方案，你认为有需要改进的地方吗？实施宏泰公司薪酬方案的难点在什么地方？

4. 结合案例讨论分析企业在设计薪酬制度体系时，应该综合考虑哪些因素。

第十二章
员工福利管理

> 自始至终把人放在第一位,尊重员工是成功的关键。
> ——IBM 创始人托马斯·约翰·沃森(Thomas·J. Watson)

学习目标

- 理解员工福利的含义、特点及作用;
- 掌握我国法定福利的基本内容;
- 熟悉企业常见的非法定福利项目及其用途;
- 掌握弹性福利计划的内涵及其实施方式;
- 熟悉员工福利设计的影响因素;
- 掌握员工福利设计的基本流程;
- 掌握员工福利管理的原则及内容。

关键术语

员工福利	法定福利	非法定福利
员工帮助计划	弹性福利计划	员工福利管理

开篇引例

腾讯公司的员工福利

腾讯公司成立于1998年11月,是目前中国最大的互联网综合服务提供商之一,也是中国服务用户最多的互联网企业之一。腾讯公司的员工薪水与同行相差不大,却对人才有很强的吸引力,让许多人宁愿卖掉房子,宁愿和爱人短暂分开,也要加入。作为一家拥有2万多员工的巨型企业,腾讯公司的员工福利到底有多好?2013年1月6日,《经理人》杂志独家采访了腾讯"大福利平台"的四位高管,彻底揭开令人羡慕的种种腾讯福利都是怎样出炉的。

一、54 张福利王牌

每一位入职腾讯的新员工都能领到一副"福利扑克",54张牌,每一张代表一种福利。

王牌就是传说中的"10亿安居计划",此外,还有家属开放日、30天全薪病假、15天半薪事假、中医问诊、各种保险、腾讯圣诞晚会、各种节日礼包、各种协会……涵盖了员工工作和生活的各个层面。这些项目在腾讯内部专门的福利网站上,被归类为三大块:财富、健康、生活,分别由不同的小组负责。

《经理人》记者到访腾讯总部大厦15层的员工餐厅,一层有上千平方米,设施完备,能容纳1300人同时进餐,这样的员工餐厅共有三层,每层光装修费就在千万以上。在上下班时间,腾讯的班车一辆接着一辆,在深圳市区,腾讯班车有260条线路,比一个中小城市的公交系统还完善,从早8点半到晚11点,可直达深圳关内的任何一个地方。腾讯员工笑称,班车开到哪里,房子就买到哪里。

这么多福利,员工的真实感受到底怎样呢?《经理人》采访了两位腾讯的普通员工,发现不同年龄的员工需求有很大差别。通过校园招聘进入腾讯的Rachel,到公司有一年多,平时喜欢参加公司内的各种协会。说到福利,最让她兴奋的还是刚举办完的腾讯圣诞晚会,"我们提前一个月就开始期待了,问过好几个同事,他们说,看一次圣诞晚会,就想在腾讯多待两年。"

2012腾讯圣诞晚会有2.5万多员工和家属参加,家属有1万人,在深圳宝安体育场。这是每年腾讯人的大狂欢,有汪峰、许巍、陶喆等大牌明星助阵,腾讯CEO马化腾领衔高管表演"TencentStyle"。现场还有很多奖品可拿,中奖率超过50%。腾讯圣诞晚会在深圳有很好的口碑和反响,一票难求,这也成为Rachel向同学、朋友夸耀的谈资。

另一位在腾讯工作更久的Emma则更关心买房问题。在她入职不到一个月时,腾讯宣布了安居计划,她还差一年多,就够条件申请贷款,谈及此事难掩期待。"安居"、"乐业"始终是上班族最关心的事情。

谈及很多人关心的安居计划,福利管理组总监Julie向《经理人》介绍:这个计划初衷很简单,房价不断上涨,公司想帮基层员工尽快拥有第一套住房。安居计划只针对基层员工,中层管理干部和专家不参与,专门设置绿色放款通道,确保借款在5天内到达符合条件员工的个人账户。一线城市(北上广深)贷款额度30万元,其他二线城市20万元。实施一年多,已有815名腾讯员工拿到贷款,累计发放贷款3亿多元。

在此计划实施的配套措施上,该项目负责小组下了很大功夫。为了确保员工无还款压力,生活质量不受影响,腾讯要求员工每年只还款一次,并且在年终奖发放之后还款,可选择递增还款模式。申请贷款不需要任何担保,Julie说:"这是充分信任员工,到目前为止,没有出现任何一笔坏账记录。"

事实上,提供免息贷款的公司不止腾讯一家,但大多数都需要员工提供多重担保,确保还款。腾讯在设计这项巨额福利时,更多站在员工的立场,为他们着想,不仅照顾那些买房有困难的员工,还不希望给他们造成太大的压力。

一位业内专家向《经理人》表示:这个福利非常人性化,是真正在帮员工解决大难题,也让员工心甘情愿戴上一副金手铐。据《经理人》了解,安居计划实施一年多,在已得到贷款的815名员工中,只有4个人离开了腾讯。

如果腾讯员工的福利也如同QQ、微信一样被看作一款产品,那么"安居计划"和"圣诞晚会"就属于整个产品线上的精品,无论企业内部还是整个行业,乃至全国企业,对此都交口称赞。

二、大福利虚拟组织

腾讯福利做得有声有色,公司CEO马化腾的重视,是很关键的一条,所以,他能拍板不用任何担保。在腾讯工作十年，见证腾讯从200人发展到2万多人的人力资源部助理总经理Yaya告诉《经理人》：前几年，腾讯大厦刚建好，要采购一批椅子，马化腾要求行政部和采购挑几款让他试坐，最后定了最贵的一款，价格1000多元，当时腾讯已经拥有1万多人，这可是笔不小的投资。马化腾是程序员出身，他觉得让员工坐舒服了非常重要；包括最近到年底，马化腾担心治安问题，亲自写邮件要求加强安保。

从很多细节，都能看出马化腾对福利的重视，也使得腾讯福利工作开展很顺利。Yaya介绍："腾讯的大福利平台其实是一个虚拟组织，包括HR、行政、企业文化三个部门，以及各个业务线的相关人员，加起来有几百人，大家都是整个大福利平台的成员。虽然是一个虚拟组织，但每一件事情都非常务实。"

比如，规模庞大的圣诞晚会，前后筹备半年时间，除了少数人专职负责，其他上千名演职人员都是义务参与，用工作外时间做事，不计入KPI考核。他们不计得失和回报，完全是荣誉感在驱使。

三、用产品思维做福利

这个虚拟的大福利平台，为2万多员工提供各种福利服务，他们以怎样的形式来制订和执行福利？如何让每个员工都拥有良好体验呢？

对绝大多数公司而言，无论规模大小，福利大都是由公司高层、行政职能部门统一决定，再向员工发布消息。但在腾讯，这一常规被打破，关于福利的需求，主要由员工的呼声开始，通过论坛等各种内部渠道，收集意见，再制定策略并执行。10亿安居计划就是这么得来的。

腾讯的企业文化非常开放，员工有权在内部论坛对福利吐槽，相关部门必须一一接纳并尽力解决，每天下班前，都会在论坛上回复同事的疑问，呼声越多，压力越大。正是在用户的督促下，才有了福利这款产品的不断进化。以员工需求为第一出发点，这就是真正自下而上的福利体系，"完全是腾讯做互联网产品的思维"。

腾讯行政部助理总经理Dixon说："我们的工作就是痛并快乐着。"他负责的餐厅、夜宵等福利，曾遭遇过多次的改革。再美味的餐厅吃久了也会腻的，"我们只能不断变化，尽量做好，多听他们的意见。"Dixon说。

腾讯拥有许多线上产品，被数亿人使用，然而福利这一项产品，虽然用户只有2万人，但投入了巨大的人力、物力和时间。人、时间、钱，构成了福利的基础条件，还有很多企业尚未发现，钱只是充分条件，并非必要条件。有心的人和足够的时间，才能把钱用到最值得的地方。

四、有钱不一定能做好福利

在一家2万多人的公司，无论大小福利，都需要庞大的资金支持。腾讯的福利设计团队向《经理人》坦言：腾讯确实投入了巨资。但是，有钱的企业很多，有钱就能做好福利吗？至少在腾讯，我们无法划下这个等号。

负责员工生活福利的Dixon告诉《经理人》："中秋月饼和端午粽子，每个企业都会发，费用也都差不多。但在腾讯，我们提前四个月左右开始筹备，从包装设计到符合健康美味的要求，从情感沟通到互动需求，一一考虑到位。考虑到深圳员工大部分背井离乡，每逢佳节思乡情绪更浓，腾讯将水果、粽子、月饼等福利延伸到家属，员工可在内部论坛登记家庭地址，即可寄回老家，我们只是多花了一点邮费，这个费用还不如一盒高级月饼多。"

对待一盒月饼、一篮水果都如此用心，并非钱能做到的。这一切的用心都源于马化腾对于员工福利的无比重视。究竟投入了多少资金,Dixon笑言:"把那副扑克牌上的福利,乘以我们的员工数目,应该可以算出来!"

2.5万人的圣诞晚会,背后有无数人半年的付出;10亿元的安居计划,背后有一套完全信任员工的申请机制;4个月时间精心设计的月饼和粽子,背后有一份为员工考虑更多的用心;1000多元的昂贵座椅,除了价格令人羡慕,挑选的过程更让人感到有爱;做好员工福利确实是一笔不小的开支,但有钱远远不够。

腾讯大福利平台的核心团队成员对《经理人》说:"腾讯在高速增长,聚集了非常多的优秀人才,腾讯薪酬定位是高竞争力的薪酬体系,加上有特色的福利体系。薪酬相对容易模仿,而福利却难以简单复制。"

腾讯的案例能够很好地让我们看到,福利体系除了庞大、昂贵,还要有开放的产品心态和用心的用户体验。腾讯大福利团队把每一个福利都当作产品来做,体现出用心,而不是简单地用"薪"。如果只把福利当成面子工程,作为不得不开销的预算,那很难真正激励到员工,让福利变为生产力。关爱,才是企业给员工最好的福利。

资料来源:中国人力资源开发网,www.chinahrd.net.

第一节 员工福利概述

一、员工福利的定义

福利是指用来满足社会成员或一定组织成员共同需要的一部分物质文化待遇,这部分物质文化待遇一般由社会或组织的全体成员或部分成员共同享受。由社会全体或部分成员享受的福利称为社会福利,而只由组织全体或部分成员享受的福利则称为组织福利。社会福利主要包括国家、社会兴办的文化、教育、卫生事业,以及各种社会救济、扶贫、生活补贴、福利设施等内容。

员工福利也叫职工福利,是指企业基于雇佣关系,依据国家的强制法令及相关规定,以企业自身的支付能力为依托,向员工提供的、用以改善其本人和家庭生活质量的各种非货币工资和延期支付形式为主的补充性报酬与服务。员工福利是以组织成员身份为依据,而不是以员工的劳动情况为依据支付给员工的间接薪酬。员工福利是员工总报酬的重要组成,大多数情况下表现为员工的非现金收入,多采取间接支付的发放形式。企业或组织发放员工福利旨在提高员工的满意度和对企业的归属感。

二、员工福利的特点

员工福利具有以下几个重要特点:

(1) 补偿性。员工福利是企业对员工劳动提供的一种物质补偿,也是员工资收入的补充分配形式,是对按劳分配的补充。一些不宜用货币形式或个体形式支付的劳动报酬,可以用非货币和集体形式的福利来支付。享受员工福利须以履行劳动义务为前提。

(2) 均等性。员工福利在员工之间的分配和享受,具有一定程度的机会均等和利益均沾的特点,每个职工都有享受本单位员工福利的平等权利,不会因为职位层次的高低而有所差别。不过,均等性是针对一般福利而言的,对于一些特殊的或高层次的福利,许多企业还是采用差别对待的方式。

(3) 集体性。员工福利的主要形式是举办集体福利事业,员工主要是通过集体消费或共同使用公共设施的方式分享员工福利。集体消费或共同使用企业的公共物品在满足员工某些物质需求的同时,还可以强化员工的团队意识和对企业的归属感。

三、员工福利的作用

员工福利具有维持劳动力再生产的作用,企业中的福利在满足员工某些基本生活要求的同时,也给员工创造一个更加安全、稳定、舒适的工作和生活环境。员工福利的具体功能和作用体现在以下几个方面:

(1) 激发员工的工作积极性,提高工作绩效。完善的企业福利制度,可以满足和保证员工生活上的需要,解除员工的后顾之忧,这有助于激发员工的进取心,提高员工的工作积极性和工作效率。同时,一个企业的福利搞得好,可以提高组织声誉,也能吸引更多、更好的人才加入,这可以激活组织的创造性和动态性,营造企业积极向上的竞争气氛,增强组织内部的协作精神。员工福利还可以减少由于薪酬不同而造成的差别,从而减少员工之间的利益冲突,和谐员工之间的人际关系,增进企业员工之间的团队意识和集体荣誉感,这对于提高企业生产率和降低运营成本,具有直接而重要的积极作用。

(2) 享受国家优惠税收政策,增加员工收入。由于福利多为非货币和延期支付形式,可以享受税收的优惠,比起货币收入来,能够提高员工的实际收入水平,尤其是实物福利,更是无须纳税。另外,企业往往以团购形式提供给员工实物性福利,这种方式可以产生规模经济效应,使企业以较低的成本为员工提供某些福利项目和服务。集体采购可以将固定成本分散到较多的员工身上,从而降低每位员工所承担的成本。事实上,员工福利中的许多内容是员工工作或生活所必需的,即使企业不为员工提供这些福利,员工自己也要花钱去购买。而在许多商品和服务的购买方面,团体购买显然比个人购买更具有价格方面的优势。比如企业代表员工与保险服务提供商或医疗服务提供商进行谈判时,其谈判力量自然比单个员工要强。

(3) 满足员工多样化需求。员工福利具有多样性和灵活性,企业可以根据员工的独特需求,来量身定做各种各样的福利。员工福利既可以满足员工在生理和安全上的需要,也能满足员工平等和归属感的需要;既可以是实物,也可以是服务或学习成长。比如,各类社会保险和企业补充性保险都可以满足人们的安全需要;带薪休假、集体旅游和企业内部各种宴会等项目,则可以使员工在紧张的工作之余调整生活节奏,放松身心,有助于员工之间增加交流,获得感情上的满足;福利的均等性又使员工感受到公平和企业对他们的重视,从而获得归属感和尊重感。由此可见,多样化的员工福利形式能够满足员工多样化的需求。

(4) 保障员工家庭及退休后的生活质量。生活质量需要通过提供给员工不同形式的帮助进行改善。福利可以为员工带来更多的收益,转化为经济收入,能够保障员工的身心健康和家庭和睦。从经济学角度而言,大多数员工的收入获得偏好是风险规避型的,喜欢追求收入的稳定性。与基本薪酬和浮动薪酬相比,员工福利无疑是更有稳定性的。企业为员工的家庭所提供的这些相对稳定的实物收益,既可以改善和提高员工价家庭的生活质量,又可以保障员工退休后的生活维持在一定的水准上。

（5）营造和谐的企业文化，提高企业形象。福利体现了企业对员工的情感投入和人文关怀，借助于它可以传递企业的经营理念和企业价值观。企业通过福利为员工提供各种形式的照顾和实惠，从工作保障、工作条件和其他经济利益上提高了员工满意度，同时也让员工感受到了企业的关怀和重视，加强了员工与企业之间的心理契约，提高了员工的向心力和凝聚力。员工福利的这种情感投入和人文关怀，为企业营造了以人为本的和谐的企业文化，也有助于塑造良好的企业形象和口碑。

 阅读案例 12-1

上海贝尔公司的福利薪酬政策

面对中国科技行业人才短缺、员工流失率居高不下的现象，上海贝尔的员工流失率却能长期保持在 5% 左右这么一个良性水平上，从而为其在激烈的市场竞争中构筑了一个坚实的人才高地。上海贝尔的工资水平在上海并非拔尖，它是如何吸引人才、留住人才的呢？

上海贝尔前总裁谢贝尔一语道破：一切源于公司激励性的福利政策！高薪只是短期内人才资源市场供求关系使然，而福利则反映了企业对员工的长期承诺。在设计公司整个薪酬架构时，上海贝尔以优厚的福利加富有竞争力（而非顶尖水平）的工资为基础，并致力于做好以下几项工作。

一、将员工培训作为福利薪酬的一种形式

对于企业来说，通过培训能够提高员工的工作绩效，传递公司的经营理念以提高企业的凝聚力；而作为员工，通过培训可以不断更新知识技能，使自己的市场价值不断增值。这也是众多企业在培训员工方面投入巨资，而员工对自己进入企业后所能接受的培训十分看重的相通之处。

在上海贝尔的整个福利架构中，培训是重中之重。上海贝尔形成了一整套完善的员工培训体系。新员工进入上海贝尔后，必须经历为期一个月的入职培训，随后紧接着是为期数月的上岗培训；转为正式员工后，根据不同的工作需要，对员工还会进行在职培训，包括专业技能和管理专项培训。

上海贝尔还鼓励员工接受继续教育，如 MBA 教育和博士、硕士学历教育，并为员工负担学习费用。另外，上海贝尔的各类技术开发人员、营销人员都有机会前往上海贝尔设在欧洲的培训基地和开发中心接受多种培训，也有相当人数的员工能获取机会到海外的研发中心工作，少数有管理潜质的员工还会被公司派往海外的名牌大学深造。各种各样的培训项目提高了公司对各类专业人士的吸引力，也极大地提高了在职员工的工作满意度和对公司的忠诚度。

二、将绩效评估与福利薪酬挂钩

福利作为一种长期投资，管理上难就难在如何客观衡量其效果。在根据企业的经营策略制定福利政策的同时，必须使福利政策能促使员工去争取更好的业绩。否则，福利就会演变成平均主义的大锅饭，不但起不到激励员工的作用，反而会助长不思进取、坐享其成的消极工作习惯。

在上海贝尔，员工所享有的福利和工作业绩密切相连。不同部门有不同的业绩评估体系，员工定期的绩效评估结果决定他所得奖金的多少。为了鼓励团队合作精神，员工个人的奖金还和其所在的团队业绩挂钩。

在其他福利待遇方面,上海贝尔也在兼顾公平的前提下,以员工所做出的业绩贡献为主,尽力拉大档次差距。目的就在于激励广大员工力争上游,从体制上杜绝福利平均主义的弊端。

三、将与员工沟通作为设计福利薪酬的前提

卓有成效的企业福利需要和员工达成良性的沟通,要真正获得员工的心。公司首先要了解员工内心的需求,上海贝尔的福利始终设法去贴切反映员工变动的需求。上海贝尔员工队伍的年龄结构平均仅为28岁,大部分员工正值成家立业之年,购房置业是他们生活中的首选事项。

在上海房价奇高的情况下,上海贝尔及时推出了无息购房贷款的福利项目,在员工们购房时助其一臂之力。而且在员工工作满规定期限后,此项贷款可以逾半偿还。如此一来,既替年轻员工解了燃眉之急,也使为企业服务多年的资深员工得到了应有回报,无形中加深了员工和公司之间长期的心灵契约。

当公司了解到部分员工通过其他手段已经解决了住房,有意于消费升级,购置私家轿车时,上海贝尔又为这部分员工推出购车的无息专项贷款。公司如此善解人意,员工当然投桃报李,对公司的忠诚度也由此得以大幅提升。

在上海贝尔,和员工的沟通是公司福利工作的一个重要组成部分。详尽的文字资料和各种活动使员工对公司的各项福利耳熟能详,同时公司也鼓励员工在亲朋好友间宣传上海贝尔良好的福利待遇。

公司在各类场合也是尽力详尽地介绍自己的福利计划,使各界人士对上海贝尔优厚的福利待遇有一个充分的了解,以增强公司对外部人才的吸引力。

资料来源:仇雨临.员工福利概论[M].北京:中国人民大学出版社,2007.

第二节　员工福利的种类

企业的福利可分为两个部分,一部分是法定福利,也称为强制性福利,是根据国家的法律法规和政策要求,企业必须为员工提供的各种福利;另一部分是非法定福利,也称为自愿性福利,它是企业根据自身经营状况、管理特色和员工内在需求而有目的、有针对性地设置的一些符合企业实际情况的福利。

一、法定福利

大多数市场经济国家的企业都要面对很多法律法规规定的必须提供的福利项目。在我国,法律规定的企业必须提供的福利包括法定的社会保险、住房公积金、法定假期和其他假期等。

1. 法定的社会保险

法定社会保险类型主要包括养老保险、医疗保险、失业保险、工伤保险和生育保险。养老保险又称为老年社会保障,它是针对退出劳动领域或无劳动能力的老年人实行的社会保护和社会救助措施。在我国大部分地区实施社会统筹与个人账户相结合的养老保险制度,

企业缴纳基本养老保险费的比例一般应不超过企业工资总额的20%。2005年新颁布的《国务院关于完善企业职工基本养老保险制度的决定》规定:从2006年1月1日起,个人账户的规模统一由本人缴纳工资的11%调整为8%,全部由个人缴纳形成,单位缴费不再划入个人账户。

医疗保险是指由国家立法,通过强制性社会保险原则和方法筹集医疗资金,保证人们平等地获得适当的医疗服务的一种制度。医疗保险制度通常由国家立法强制实施,建立基金制度,费用由用人单位和员工共同缴纳,医疗保险机构支付,以解决劳动者因患病或受到伤害带来的医疗风险。我国的基本医疗保险费由用人单位和员工共同缴纳,用人单位缴费费率应控制在员工总额的6%左右,其中30%进入个人账户。员工缴费费率一般为本人工资收入的2%。

失业保险是指国家通过立法强制实行的,由社会集中建立基金,对因失业而暂时中断生活来源的劳动者提供物质帮助的制度,它为遭遇失业风险、收入暂时中断的失业者设置了一道安全网。我国于1999年1月20日颁布的《失业保险条例》规定,企事业单位按本单位工资总额的2%缴纳失业保险费,员工按本人工资的1%缴纳失业保险费,政府提供财政补贴、失业保险基金的利息和依法纳入失业保险基金的其他资金。

工伤保险又称职业伤害保险,是指劳动者在工作中或在规定的特殊情况下,遭受意外伤害或患职业病导致暂时或永久丧失劳动能力以及死亡时,劳动者或其遗嘱从国家和社会获得物质帮助的一种社会保险制度。工伤保险费由用人单位按时缴纳,员工个人不缴纳工伤保险费。工伤保险主要是通过社会统筹的办法,集中用人单位缴纳的工伤保险费、工伤保险基金的利息和依法纳入工伤保险基金的其他资金建立工伤保险基金,用于工伤保险待遇、劳动能力鉴定、工伤预防宣传、培训等费用。关于企业缴纳工伤保险费的费率,2010年12月8日国务院新修订的《工伤保险条例》规定,国家根据不同行业的工伤风险程度确定行业的差别费率,并根据工伤保险费使用、工伤发生率等情况在每个行业内确定若干费率档次。行业差别费率及行业内费率档次由国务院社会保险行政部门制定,报国务院批准后公布施行。

生育保险是国家通过立法,在怀孕和分娩的妇女劳动者暂时中断劳动时,由国家和社会提供医疗服务、生育津贴和产假的一种社会保险制度。生育保险的宗旨在于通过向职业妇女提供生育津贴、医疗服务和产假,帮助她们恢复劳动能力,重返工作岗位。我国的生育保险待遇主要包括生育津贴和生育医疗费用。目前,我国的生育保险的现状是实行两种制度并存,第一种是由女职工所在单位负担生育女职工的产假工资和生育医疗费。根据国务院《女职工劳动保护规定》以及劳动部《关于女职工生育待遇若干问题的通知》,女职工怀孕期间的检查费、接生费、手术费、住院费和药费由所在单位负担,产假期间工资照发。第二种是生育社会保险。参加生育保险社会统筹的用人单位,应按照本单位职工工资总额的一定比例向当地社会保险经办机构缴纳生育保险费,职工个人不缴费。用人单位的缴费比例一般不超过本单位职工工资总额的0.5%,具体缴费比例由各统筹地区根据当地实际情况测算后提出。

2. 住房公积金

住房公积金是单位及其在职职工缴存的长期住房储金,是住房分配货币化、社会化和法制化的主要形式。住房公积金包括个人缴存的住房公积金和员工所在单位为员工缴存的住房公积金,它属于员工个人所有。员工住房公积金的月缴存额,为员工本人上一年度月平均工资乘以员工住房公积金缴存比例。单位为员工缴存的住房公积金的月缴存额,为员工本人上一年度月平均工资乘以单位住房公积金缴存比例。我国的住房公积金设有专门机构进行管理,实行专款专用。

住房公积金制度是国家法律规定的重要的住房社会保障制度,具有强制性、互助性、保障性。单位和职工个人必须依法履行缴存住房公积金的义务。国务院于1999年4月颁布了《住房公积金管理条例》,并于2002年3月对该条例进行了相应修改。《住房公积金管理条例》规定,地级市应当按照精简、效能的原则设立住房公积金管理中心,负责住房公积金的管理运作。单位和职工住房公积金的缴存比例均不得低于职工上一年度月平均工资的5%,有条件的城市可适当提高缴存比例。

3. 法定假期

法定假期是指根据各国、各民族的风俗习惯或纪念要求,由国家法律统一规定的用以进行庆祝及度假的休息时间。法定假期的休假安排,为居民出行、购物和休闲提供了时间上的便利,为拉动内需、促进经济增长做出了积极贡献。我国的法定假期主要包括公休假日、法定休假日、带薪年休假和其他假期。

公休假日是劳动者工作满一个工作周之后的休息时间。国家实行劳动者每日工作时间不超过8小时,平均每周工作时间不超过44小时的工时制度。

法定休假日,也称法定节假日。根据2007年12月14日《国务院关于修改〈全国年节及纪念日放假办法〉的决定》,我国全体公民放假的节日包括:元旦放假1天(1月1日);春节放假3天(农历除夕,正月初一、初二);清明节放假1天;劳动节放假1天(5月1日);端午节放假1天;中秋节放假1天;国庆节放假3天(10月1日、2日、3日)。《劳动法》规定,法定休假日安排劳动者工作的,用人单位需支付不低于其工资300%的劳动报酬。

带薪年休假是指劳动者连续工作一年以上,就可以享受一定时间的带薪年假。实行职工带薪年休假制度,是世界各国劳动制度的普遍做法。但带薪年休假的天数在不同国家相差却很大,比如西欧国家的员工通常可享受每年30天的带薪休假时间,美国员工通常可享受每年14天的带薪休假时间。我国2007年12月7日颁布的《职工带薪休年假条例》规定,机关、团体、企业、事业单位、民办非企业单位、有雇工的个体工商户等单位的职工连续工作1年以上的,享受带薪年休假。单位应当保证职工享受年休假,职工在年休假期间享受与正常工作期间相同的工资收入。职工累计工作已满1年不满10年的,年休假5天;已满10年不满20年的,年休假10天;已满20年的,年休假15天。国家法定休假日、休息日不计入年休假的假期。年休假在1个年度内可以集中安排,也可以分段安排,一般不跨年度安排。单位确因工作需要不能安排职工休年休假的,经职工本人同意,可以不安排职工休年休假。但对职工应休未休的年休假天数,单位应当按照该职工日工资收入的300%支付年休假工资报酬。

4. 其他假期

除上述法定假期外,还有一些其他假期如病假、探亲假、婚丧假、产假、配偶生育假等也属于法定福利的范畴。

病假是指因病无法上班时,组织仍然继续给他们支付薪酬的一种福利计划。在我国,1995年原劳动部《关于贯彻执行〈中华人民共和国劳动法〉若干问题的意见》第59条规定:

"职工患病或非因工负伤治疗期间,在规定的医疗期间内由企业按有关规定支付其病假工资或疾病救济费,病假工资或疾病救济费可以低于当地最低工资标准支付,但不能低于最低工资标准的 80%。"

在我国,探亲假是指职工享有保留工作岗位和工资而同分居两地,又不能在公休日团聚的配偶或父母团聚的假期。《国务院关于职工探亲待遇的规定》第 4 条规定探亲假期分为以下几种:①探望配偶每年给予一次探亲假 30 天;②未婚员工探望父母每年给予一次探亲假 20 天,也可根据实际情况,2 年给予一次探亲假 45 天;③已婚员工探望父母,每 4 年给予一次探亲假 20 天。

婚丧假是指劳动者本人结婚以及劳动者的直系亲属死亡时依法享受的假期。婚丧是每个劳动者都会遇到的情况,劳动者婚丧期间,给予一定的假期,并由用人单位如数支付工资,使劳动者有闲暇处理相关事务,这是对劳动者的精神抚慰,体现了政府对劳动者的福利政策,也是对其权益的保护,对于调动劳动者的积极性具有重要意义。

另外,符合生育政策的女职工可以享受产假,女职工在休产假期间,用人单位不得降低其工资、辞退或者以其他形式解除劳动合同。女职工休产假享受生育保险待遇,由社保统筹基金报销相关医疗费和发放生育津贴;职业女性没有参加生育保险的,由用人单位承担。在此期间,男职工还可以享受配偶生育假,以照顾分娩的妻子。

二、非法定福利

企业的非法定福利种类较多,形式灵活,最主要的非法定福利包括企业补充保险计划和员工服务福利。

1. 企业补充保险计划

企业补充保险与强制性的法定社会保险不同,它是由企业自主设立的、具有针对性的员工福利计划。企业补充保险计划包括补充养老保险计划、补充医疗保险计划、补充性住房计划等。

补充养老保险,也称为企业年金,是指在政府强制实施的公共养老金或国家养老金之外,企业在国家政策的指导下,根据自身经济实力和经济状况建立的,为本企业职工提供一定程度退休收入保障的补充性养老金制度。企业补充养老保险作为一种与企业挂钩的退休保障制度,可以最大程度上保障参加人在退休后维持原有的生活水平。人们在工作阶段将企业缴费和自己的一部分收入存入企业补充养老保险账户里,通过相关机构投资运营获得收益,当他们退休时再把钱从账户中取出。在投资工具上具有更大的灵活性,可以最大幅度地调动社会资本,并实现资本配置的最优化。

补充医疗保险,是指在用人单位和职工参加统一的基本医疗保险后,由单位或个人根据需求和企业实际,适当增加医疗保险项目,来提高保险保障水平的一种补充性保险。补充医疗保险包括企业补充医疗保险、商业医疗保险、社会互助和社区医疗保险等多种形式,它们都是基本医疗保险的有力补充。企业补充医疗保险是企业在参加国家基本医疗保险的基础上,国家给予政策鼓励,由企业自主举办或参加的一种补充性医疗保险形式。商业医疗保险是指由保险公司经营的赢利性的医疗保障。消费者按照一定数额缴纳保险金,遇到重大疾病时,可以从保险公司获得一定数额的医疗费用。社会互助则是指在政府鼓励和支持下,社会团体和社会成员自愿组织和参与的扶弱济困活动。

补充性住房计划,是指企业根据自身的经营发展情况,除国家法定的住房公积金计划之外,自愿建立的用于解决员工住房问题的计划。这类计划通常表现为:补充性住房公积金、现金住房补贴、低息或无息住房贷款、利息补助计划、低价格的集体购房计划以及由公司提供公寓或宿舍等。

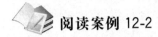

阅读案例 12-2

美国安然公司企业年金计划的教训

美国安然公司(Enron)成立于 1985 年,是美国两家天然气公司合并的产物,其总部设在得克萨斯州。经过 10 多年的奋斗,成为世界最大的天然气交易者,在美国企业中排名第七。然而,安然公司 2001 年 12 月 12 日宣布破产,创下了美国历史上最大的破产纪录。破产损失最惨重的要数安然职工,他们不仅失去了工作,而且费尽心血积攒下来的企业退休金也随着安然的倒闭而荡然无存。

安然公司为员工建立了 401(K)计划,雇员缴费计入个人账户,公司相应提供配套资金。双方的缴费和投资收益在养老金分配前免缴所得税。对于养老基金的投资方式,安然公司要求计划的参加者将大部分基金(58%)都用于购买本公司股票。这是因为,一方面购买本公司股票省去了委托代理机构的烦琐手续和相关费用;另一方面公司往往还向购买股票的员工提供一定的折扣。在 20 世纪 90 年代经济一片繁荣的时期,许多大公司的股票价格飞涨,更是吸引了员工利用公司养老金计划来购买本公司股票。

安然公司 401(K)计划的具体运作方式是"底线-抵消",即把员工的养老基金投资计划与员工的持股计划(ESOP)捆绑起来。也就是说,同时参加这两项投资计划的员工,如果能通过其中一项获得更多利益的话,那么它通过另一项获得的利益就会被抵消。"底线-抵消"方式是合法的,被不少公司沿用至今。在安然公司,有近 10000 名员工同时参加了两项计划。

大公司选择这种投资方式运作养老基金的最重要的原因是可以大大缩减福利开支,而员工之所以愿意接受这种投资安排是因为他们得到了公司的承诺,保证他们可以从那项收益更多的投资计划中得到实惠。即使公司的股价暴跌,他们仍然至少可以通过员工的养老金投资计划得到一个收益的底线。

根据《华尔街日报》的报道,公司高层运作和计算员工的养老金收益的办法是按照 1996 年到 2000 年安然股价迅速攀升时的市价,即每股 37.75 美元到 43.44 美元来虚拟员工在员工持股计划中的收益,然后再依据这种锁定的高价计算出的高收益来抵消员工在 1987 年到 1995 年间的养老基金收益。实际上员工在持股计划中的收益根本没有安然公司想象的那么高。

安然公司高层对员工养老金计划的管理采用的是欺骗和"暗箱操作"的方式,这也是造成安然公司员工养老基金损失惨重的主要原因。当安然的股票直线下坠,直到分文不值时,安然的管理者们竟然还在按照原来锁定的高水平股价计算出的收益去抵消员工们的养老金所得。

安然公司高层主管在安然破产的前 20 天,还通过电子邮件向安然员工发布安然股票运行正常的虚假信息,欺骗员工继续坚持下去。调查人员透露,在 2001 年 8 月中下旬,就在安然的股价已从 85 美元大跌到 37 美元之后不久,董事长肯尼思·莱曾在短短几天里连续两次向全体员工发送电子邮件,表示"对公司的前景从来没有像现在这么感觉良好",并称安然目前的首要任务是恢复公司股价的辉煌业绩,他对"股价大幅上涨"有信心。同时,在公司破产之前,当安然股票在 4 周内快速缩水 2/3 的紧要关头,对包括 50 岁以上人员在内的所有员工都禁止抛出个人退休基金账户中的安然股票。

然而,肯尼思·莱本人却自 1998 年 10 月以来,总共出售了 1 亿多美元的安然股票,其中 2001 年一年就抛售了 4000 万美元的安然股票。该公司的其他 29 位高级主管也在股价崩盘之前,相继抛出了 1730 万股,兑现了 11 亿美元巨额现金。安然的破产,最终使员工数十亿美元的养老金储蓄付之东流,血本无归。

为了从安然案件中吸取教训,当时的美国布什政府决定对企业养老金计划进行改革。2002 年 3 月 1 日,时任美国总统布什专门提出了一项退休金制度改革计划,强调其目的是为了更好地保护公司员工的退休金,使员工在处理自己的退休储蓄账户时,有更大的自主权。其具体内容包括:在加入公司退休储蓄养老金计划 3 年后,员工有权出售公司的股票,并选择其他的投资方式;公司在禁止出售股票时,主管与员工应一视同仁;公司应该在禁止出售股票前 30 天通知员工;公司应每个季度向员工报告其退休储蓄账户的情况等。

资料来源:仇雨临,陈姗.员工福利概论[M].2 版.北京:中国人民大学出版社,2011.

2. 员工服务福利

员工服务福利是指企业向员工提供的各式服务福利。通常包括员工帮助计划、咨询服务、教育援助计划、家庭援助计划、饮食服务、健康与文体娱乐服务、员工住宿设施、交通服务、金融性服务等福利。

员工帮助计划(employee assistance program,EAP)是企业为员工提供的系统的、长期的援助与福利项目,该福利项目通过专业人员对组织以及员工进行诊断和建议,提供专业指导、培训和咨询,帮助员工及其家庭成员解决心理和行为问题,提高绩效及改善组织气氛和管理。完整的员工帮助计划包括压力评估、组织改变、宣传推广、教育培训、压力咨询等内容。具体而言,员工帮助计划可以分成三个部分:第一是针对造成问题的外部压力源本身去处理,即减少或消除不适当的管理和环境因素;第二是处理压力所造成的反应,即情绪、行为及生理等方面症状的缓解和疏导;第三是改变个体自身的弱点,即改变不合理的信念、行为模式和生活方式等。EAP 服务通过帮助员工缓解工作压力、改善工作情绪、提高工作积极性、增强员工自信心、有效处理同事/客户关系、迅速适应新的环境、克服不良嗜好等,使企业在节省招聘费用、节省培训开支、减少错误解聘、提高组织的公众形象、改善组织气氛、提高员工士气、改进生产管理等方面获得很大收益。

咨询服务主要包括财务咨询、家庭咨询、职业生涯咨询、法律咨询、重新谋职咨询以及退休咨询等。教育援助计划是指通过一定的教育或培训手段提高员工素质和能力的福利计划,可分为内部援助计划和外部援助计划。内部援助计划主要是在企业内部进行培训和学习,开设一些课程,甚至开办企业大学。外部援助计划主要是学费报销计划,目的在于鼓励员工学习,并吸引那些愿意开发自身知识和技能的员工。家庭援助计划主要包括企业为员工提供的儿童看护帮助和老人护理服务。饮食服务主要是指让员工以较低的价格购买膳食、快餐或饮料,一些企业甚至为员工提供免费的早中晚餐和咖啡饮料等。除此之外,一些企业还为员工提供健康服务、文体娱乐服务、旅游服务、交通服务、金融服务、住宿设施等福利。企业通过这些福利为员工的工作和生活提供了必要的帮助,满足了员工的个性需求,缓解了其员工压力,提高了员工的工作积极性。

三、弹性福利计划

弹性福利计划,也称为自助餐式福利计划或菜单式福利,它是一种有别于传统固定式福利的新员工福利制度。员工可以从企业所提供的一份列有各种福利项目的"菜单"中自由选择其所需要的福利。弹性福利制强调让员工依照自己的需求,从企业所提供的福利项目中来选择组合属于自己的一套福利"套餐"。弹性福利计划作为企业为员工制定的一种个性化服务,其灵活性和自主性特点使得员工获得了更多的选择权,从而获得了充足的满意感;它体现了以人为本的福利设计理念,提高了福利效率,节约了长期福利成本;弹性福利计划也有助于提高员工的工作积极性和创造性,以及对组织的忠诚度,吸引和留住优秀员工。当然,设计弹性福利计划的技术难度较大,短期内也会造成福利成本和福利管理成本上升等问题,在实践中推行弹性福利计划要注意扬长避短。

在实践中,弹性福利计划的实施方式主要以下几种:

(1) 附加福利计划。附加福利计划(add-on plan)是指提供给员工一张特殊的信用卡,员工可以根据自己的需要自行购买商品或福利。信用卡不能提取现金,卡上可使用的金钱额度取决于员工的任职年限、绩效水平,也可根据员工基本薪酬的百分比来确定。

(2) 混合匹配福利计划。混合匹配福利计划(mix-and-match plan)是指员工可以按照自己的意愿,在企业提供的福利领域中决定每种福利的多少,但总福利水平不变。这种福利计划意味着员工减少某一种福利时,将会有权选择更多的其他福利。

(3) 核心福利项目计划。核心福利项目计划(core carve-out plan)是指为员工提供包括健康保险、人寿保险以及其他一系列企业认为所有员工都必须拥有的福利项目的福利组合。企业会将所有这些福利项目的水平降低到各项标准要求的最低水平上,让员工根据自己的爱好和需要选择其他福利项目,或者增加某种核心福利项目的保障水平。

(4) 标准福利计划。标准福利计划(modular plan)是指员工面对多种不同的福利组合,可以在这些福利组合之间自由进行选择,但是没有权利来自行构建自己认为合适的福利项目组合。每一种福利组合(也称为福利模)之间可能存在一定的成本差异,如果员工选择了成本较小的福利组合,实际上就会遭受一定的利益损失。

弹性福利计划在企业中的合理引用,能够充分满足员工的需求,改善员工和企业的关系,促进企业的发展。但是在设计和实行弹性福利计划时,每个企业应根据自身的实际情况,考虑本企业的内外部环境,要适应企业的实际承受能力和发展策略,选择的福利项目要符合员工的实际需求,切忌华而不实。要正确处理固定与弹性的关系,核心福利统一提供,而且必须得到保障,不应算入弹性福利项目中。弹性福利计划中每项福利产品的价格应按成本核算,对于公司极力提倡的福利产品可以给予鼓励,并提供优惠。防止福利全部以现金发放,杜绝关系福利。

弹性福利计划是一个持续的过程,企业要根据环境条件变化不断调整和完善福利项目,优化福利项目构成,加强福利管理与监控,使其持续发挥保障和激励作用,并与企业发展战略和目标始终保持一致。

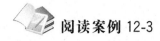

阅读案例 12-3

知名跨国公司的弹性福利

弹性福利计划从本质上改变了传统的福利制度,使福利从一种保险模式转变为一种真正的薪酬管理模式,从一个固定的福利方案转变为一个固定的资金投入方案,即由员工的福利收益固定转变为企业的福利投入固定。这就使得企业不再被福利所套牢,而是能够根据企业具体情况来控制资金支出。弹性福利真正能够在人才竞争日益激烈的今天以更大的优势保留和吸引优秀员工,这也正是弹性福利政策流行和受重视的原因所在。下面列举了几个世界知名公司的弹性福利项目。

1. 全球毕博咨询公司

全球毕博(BearingPoint Inc.)公务出差保险,是全球毕博员工享有的一项福利计划。全部保险费由毕博支付,当员工在公务出差时自动受保。如在公务期间发生意外事故,此保险计划将根据受伤或损失程度,为员工的家人提供最高不超过6年年薪的公务出差保险补偿。

点评:管理咨询业属于智力服务行业,脑力劳动强度较大,频繁出差、加班熬夜是常事。在这种情况下,把风险转嫁给保险公司,而将员工的心紧拴在企业的身边,是极为聪明的做法。

2. 惠普公司

惠普(HP)对员工的上班时间实行弹性管理,如果员工有私事,一般可以优先处理。员工可以以家中暖气试水为由晚到半天,甚至一天不上班。如果加班乘坐出租车回家,费用由公司报销,还可享用免费晚餐。

点评:把办公室当作像在家生活一样,给予员工充分的信任,施以绝对的人性化管理。惠普通过如此的管理模式,留住了人才,也把自己推向了世界名企的行列。

3. 宝洁公司

宝洁(P&G)有一套系统的弹性工作模型,结合员工的个人选择、个人能力、个人精力管理与雇主的要求,来帮助员工合理机动地安排工作。比如在宝洁,只要保证早上10点和下午4点之间的核心工作时间,其他时间员工可以弹性安排。

点评:外企能在员工休息权上提供保障,最重要的原因就是其规模和实力能够让公司有比较稳定的市场预期和计划。而且外企往往内部管理稳定,岗位设置也比较规范,员工的工作波动周期稳定。这样就可以有计划地为员工安排休假、锻炼时间。

4. 雅虎公司

雅虎(Yahoo!)也有很多让员工"wow"的福利。例如,面向雇员和家属的免费医疗、健康设施,免费咖啡吧等。在硅谷总部,雅虎人可享受洗车、购买生日礼物、送花、洗衣、胶卷冲印等服务。

点评:雅虎的福利措施注重生活品质的提升,让员工觉得有大家庭的温馨感,这也是企业挽留住人才的又一法宝。

资料来源:许莹. 人力资源管理理论与实务[M]. 北京:人民邮电出版社,2013:197-198.

第三节　员工福利设计与管理

一、影响员工福利设计的因素

员工福利设计受到多种因素的影响,这些因素既有来自组织内部的因素,也有组织外部的因素,主要因素如下(如图12-1所示):

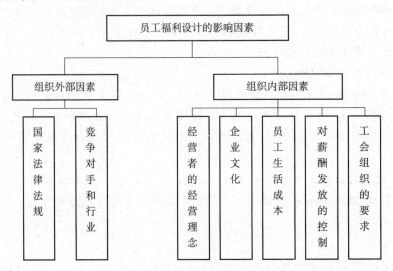

图 12-1　影响员工福利设计的因素

(1)国家的政策法规。国家的相关政策法规对企业福利及其管理做出了明文规定,提出了明确的要求。这些约束是企业设计员工福利的底线,企业所设计的福利项目和方案必须符合国家法律法规和政策的要求。

(2)竞争对手和行业福利水平。根据亚当斯的公平理论,员工既关心自己在本企业的福利状况,也关心行业竞争对手企业的福利状况。若本企业的员工福利与行业其他竞争对手企业的福利落差太大,就会影响到员工的工作积极性和对企业的归属感。因此,在设计用工福利体系时,需要考虑竞争对手和行业福利水平的高低。

(3)企业经营者的经营理念。企业经营者对福利所持的观点,直接影响着企业福利体系设计的目标和要求。如果企业经营者认为高福利对于吸引人才、发挥员工积极性、增强员工归属感有重要影响,就会推动企业福利体系的建设;反之,则会弱化福利的地位和作用。

(4)企业文化。企业文化直接影响着员工对福利的看法和期望。强调归属感、人性化管理的企业,比较注重员工福利体系的建设;而强调竞争、多劳多得的企业,则往往较少注重员工福利体系建设。

(5)员工的生活成本。随着员工购房、购车、看病等生活成本的不断提高,一部分企业开始通过增加如企业年金、补充医疗保险等方式减轻员工的生活负担。减轻员工生活成本,越来越成为企业设计员工福利不得不考虑的因素。

(6)对企业薪酬发放的控制。企业在发放薪酬时,出于减轻税赋负担、增加员工收入的考虑，往往会将一部分薪酬以福利的方式发放，既遵守了国家相关税务的法律法规，又减少了企业的一部分支出。

（7）工会组织的要求。工会代表了企业员工的利益，它是员工福利发展的重要推动因素。工会可以充分利用自身在企业的影响力，为增加员工福利而向企业经营者提出要求。

二、员工福利设计的流程

员工福利设计是一个比较复杂的系统工程，它不仅要与企业发展目标相适应，与国家有关法律、法规相协调，还要涉及企业各部门的参与、员工福利信息的沟通等。一般而言，员工的福利设计流程可分为确立员工福利宗旨与目标、员工福利需求分析、员工福利成本分析、制订员工福利计划、福利计划的实施以及员工福利效果评估与反馈等环节（如图12-2所示）。

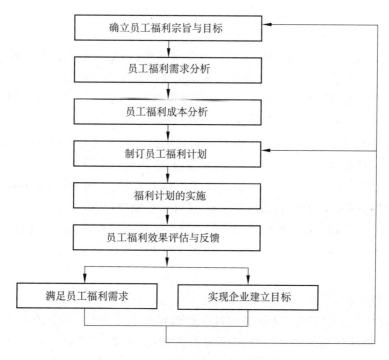

图12-2 员工福利设计的流程

1. 确定员工福利宗旨与目标

员工福利的设计首先要明确设计宗旨和目标，不同的企业设计员工福利的宗旨可能会有差异，但有些内容是相似的，主要包括：必须符合企业的长远目标；满足员工的需求；符合企业的薪酬政策；既要考虑员工的眼前需要，又要考虑员工的长远需要；能够激励大部分员工；企业能负担得起；符合当地政府的法律法规等。在确定员工福利目标方面，福利目标必须要有助于企业目标的实现，同时也要与企业的战略报酬计划一致。除此之外，企业在设定员工福利目标时，还要考虑企业的规模、企业坐落的位置、竞争对手和行业福利水平、企业经营理念、工会组织的要求、企业盈利能力等因素。

2. 员工福利需求分析

员工福利需求分析是了解企业福利计划设计的必要性及其规模,确定员工有哪些福利愿望并设置福利项目的过程。员工福利需求分析既包括企业范围内的福利需求分析,也包括员工个人角度的需求分析。企业应从组织的生产率、事故率、辞职率、缺勤率、员工的工作行为等不同方面,发现企业目标与员工福利之间的联系,以保证福利计划符合企业的整体目标与战略要求。比如将员工目前的实际工作状态与企业对员工的绩效要求标准进行比较,找出存在差距的地方,确定对员工采取相应的激励措施。从员工个人角度进行福利需求分析,要注意做到三点:一是学会换位思考,站在员工的角度来体验和考虑他们的需求,了解他们所处的环境和他们的真实感受;二是把员工当作企业的内部顾客,去了解员工的动机、情绪、信仰、价值观等;三是要加强与员工的交流与沟通,建立内部正式和非正式的、互动式的沟通和反馈渠道,通过沟通了解不同员工的不同需求,也了解不同时期的需求重点。

3. 员工福利成本分析

一般情况下,企业员工福利费用的承担有 3 种选择:一是完全由企业承担;二是由企业和员工分担;三是完全由员工承担。如果员工福利费用全部由企业支付,由于不计入员工个人收入而减小了员工缴纳个人所得税和社会保险税的税基,员工可以享受减免税优惠,并且管理简易。但其弊端是员工在福利的使用上缺乏成本意识,不能充分认识到企业的贡献,并可能导致企业福利成本上升的问题。如果福利费用由企业和员工分担,可以使员工更好地认识到企业为自己的福利所做的贡献,也更加谨慎、节约地使用福利。但员工也可能出于节约开支的动机,购买较少的福利,以致不能满足员工自身基本需要,并可能影响企业的利益。有一些福利,使用的人比较少,费用比较昂贵,不宜由企业负担,可以考虑由员工完全承担费用,企业帮助购买,给购买员工提供以批量折扣价购买享受这些福利的可能性。比如由组织出面,与房地产开发企业达成协议,凡本组织职工在其开发的某项目购买房屋,都可以额外享受一些优惠。

4. 制订员工福利计划

企业在设计员工福利时,要认识到每一种选择方案的利弊,慎重地在多种方案中进行比较择优。福利计划的制订应从多个方面来考虑:需要了解企业希望吸引何种类型的员工,如果企业希望多吸引流动性比较小的职工,就可以增加退休金在本企业员工福利中的权重;了解本企业的竞争对手提供了哪些福利,市场上通行的"标准做法"是什么,在了解市场"行情"的基础上,考虑本企业员工福利体系的吸引力和竞争力。我国传统的企业福利计划,是对所有员工提供几乎相同的福利待遇,没有从员工个性化、多样化需求的角度出发。而员工对企业发放的福利,不管有用没有,也是先拿了再说,因此不能充分发挥员工福利的激励功能,不能激发和调动员工的工作积极性。企业制订福利计划时应采用灵活的方案,不必向所有员工都提供一样的福利,而是根据具体情况,考虑区别对待的标准。

5. 福利计划的实施

为了让员工准确地理解企业的福利计划,企业应充分利用多种传达福利信息的方法,详细而又及时地宣传企业的福利措施及内容。只有将有关福利的信息传递给员工,使员工了解福利的价值,福利才能达到吸引、激励和留住员工的目的。企业可以考虑印制《员工福利手册》,向员工介绍本企业福利的基本内容、享受福利待遇的条件和费用的承担。企业还可以在企业总的《员工福利手册》之外,为每个员工准备一本个人的福利手册,提醒员工在福利上所作的选择、享受的权利和分配费用的责任,以便于员工查询。

6. 员工福利效果评估与反馈

福利效果是指在福利计划实施过程中,福利享受者提高工作效率、增加工作满意度、实现福利设计目标的程度。员工福利效果评估主要包括对福利项目设计、福利计划实施方式和实施结果的评估,以及对福利享受者的定期跟踪反馈。员工福利效果评价应重视以下两点:一是要建立每个员工的福利档案,对员工进行定期的跟踪反馈,以便为以后制订培训计划提供现实依据;二是要注意福利计划的及时调整和修改。员工福利效果可能是积极的,也可能是消极的,一般来说,福利计划内容与员工期望的相似成分越多,就越容易获得积极的效果。

企业应当定期评估福利计划对员工士气、生产效率等的作用,计算每个员工的福利成本,与同一领域其他主要企业的员工福利计划进行比较。并不是所有的福利项目都能体现设计者的初衷,即使是一些曾为员工强烈要求的福利项目,一旦实施也可能会遭到有些员工的反对,这就要求福利管理者及时注意调整与修改。总之,企业福利应当立足于为员工提供优质、高效的服务;服务的质量和水平是衡量员工福利设计好坏的基本依据,也是评价福利效率的重要方面。

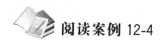

阅读案例 12-4

H 公司员工福利管理制度

1. 目的

为规范公司员工福利管理,增强员工归属感和责任感,体现公司对员工的人文关怀,提高员工工作积极性,特制定本制度。

2. 定义

福利是公司提供给员工的除基本工资、浮动工资、特殊奖励之外的利益和服务,是公司整体薪酬的有机组成部分。

3. 适用范围

本制度适用于与公司建立劳动合同关系的员工,外派至其他公司的遵照其所在公司的福利制度执行。

4. 职责

4.1 综合管理部负责员工福利政策的确定、定期回顾与调整,负责确定福利项目及预算,对所有福利进行实施。

4.2 财务管理部根据综合管理部确定的预算进行发放。

5. 福利构成

公司福利由法定福利、普惠福利、特殊福利三部分组成。具体详见附件1。

5.1 法定福利是国家和地方政府法律法规规定提供给员工的基本保障性福利,包括社会保险、住房公积金、法定休假、高温补贴、独生子女补贴等。

5.2 普惠福利是公司提供给全体员工的保障性利益和服务,包括免费工作午餐、健康体检、节日补贴、交通意外险、员工团队旅游活动、生日祝贺、新生儿祝贺、探望慰问生病员工等。

5.3 特殊福利是公司基于职位、职级或绩效而有所差异的福利,是对部分员工提供的额外福利。具体执行参照公司相关制度或通知。包括:

5.3.1 交通津贴:(其标准详见附件2:《H公司各职级员工交通津贴等级表》。)

5.3.2 高绩效员工奖励:每年的高绩效员工(AA级员工)将一次性获得价值1万元的旅游计划,同时公司将提供5天额外带薪年假,并可携家属同往。旅游及休假计划须在次年12月31日前实施,不得顺延至下一年度。

6. 福利执行的补充说明

6.1 借入/调入员工福利

借入/调入的员工在公司工作期间享受公司福利,特殊约定的除外。

6.2 社会保险和住房公积金办理

6.2.1 社会保险和住房公积金办理根据当地政策法规,由公司和个人各自承担应交的社会保险和住房公积金费用。

6.2.2 一般情况下,员工的社会保险和住房公积金关系应在公司所在地办理相关手续,如遇特殊情况,经总经理批准后进行特殊处理。

6.2.3 公司以员工基本工资为缴费基数,为员工购买社会保险和住房公积金。

6.2.4 新员工于当月15日前入职的,公司为其办理当月社会保险和住房公积金;当月15日后入职的,公司于次月开始办理其社会保险和住房公积金。

6.3 免费工作午餐

6.3.1 公司在深员工可享受集团总部食堂提供的免费午餐,因工作地点原因无法享受的,可折算为午餐补贴发放。由用人部门在每月5日前提供员工上月出勤日(扣除出差日)给综合管理部,由综合管理部计算后与次月工资一起发放。

6.3.2 午餐补贴折算标准:

一类城市:25元/餐

二类城市:20元/餐

三类城市:5元/餐

6.4 员工团队旅游

6.4.1 员工团队旅游所需的假期为员工福利假期,公司不另行安排。

6.4.2 具体执行参照公司相关邮件通知。

7. 解释与执行

7.1 本制度解释权属于公司综合管理部。

7.2 本制度从二〇一三年一月一日起执行。

8. 附件

附件1：

H公司员工福利构成

福利类别	构成项目	确定依据	标　准	实施部门
法定福利	社会保险	国家及所在市法律法规规定	按国家及所在市法律法规执行	综合管理部
	住房公积金	国家及所在市法律法规规定	按国家及所在市法律法规执行	综合管理部
	法定休假	国家及所在市法律法规规定	《公司总部员工出勤和假期管理办法》	综合管理部
	高温补贴	国家及所在市法律法规规定	100元/(人·月)（每年6～10月）	综合管理部
	独生子女补贴	符合国家计划生育政策，不满14周岁的儿童，提供独生子女证	15元/月	综合管理部
普惠福利	免费工作午餐	所有在册员工	在总部食堂用餐享受此福利，费用标准为25元/(人·天)	综合管理部
	健康体检	所有在册员工	内科、外科、耳鼻喉科、眼底、血常规、血沉、尿常规、肾功能3项、肝功能10项、血脂4项、血糖、乙肝6项、甲胎蛋白、癌胚抗原、EB病毒抗体、前列腺抗原（男）、糖尿病4项(40岁以上)、B超（肝胆脾胰肾）、B超（前列腺膀胱）、胸部正位片、心电图、乳腺彩超（女）、宫颈液基细胞学检查LCT（已婚女性）	综合管理部
	节日补贴	中国传统的重大节假日	重大节日补贴标准： ● 元旦 200元/人 ● 春节 1500元/人 ● 清明节 200元/人 ● "五一"节 300元/人 ● 端午节 200元/人 ● "六一"儿童节 200元/人（有14周岁以下独生子女的员工） ● 中秋节 200元/人 ● 国庆节 400元/人	综合管理部
	交通意外险	所有在册员工	商业交通意外险（含飞机、轮船、机动车等合法营运交通工具）	综合管理部
	员工旅游	旅游计划实施前1周的所有在册员工	每年一次，公司补贴1500元/人，工会视情况而定	综合管理部
	生日祝贺	生日员工	价值100元的生日礼品	综合管理部
	新生儿祝贺	员工新生儿出生二月内	价值400元的礼品	综合管理部
	探望生病员工	生病住院或生病三天以上员工	价值300元的慰问品	综合管理部

附件2：

H公司各职级员工交通津贴等级表

职　级	交通津贴额度/(元/月)
7～8级	2600
6级	500
4～5级	300
1～3级	100

资料来源：根据某公司内部资料整理。

三、员工福利管理

员工福利管理是指对选择福利项目、确定福利标准、制定各种福利发放明细表等福利方面的管理工作。有效的福利管理有利于企业获得社会声望，增强员工信任感和对组织的归属感，合理避税又不降低员工实际薪酬水平，适当缩小薪酬差距。

（一）员工福利管理的原则

（1）平等性。员工福利管理的平等性主要表现在两个方面：一是强调所有员工都有享有员工福利的权利；二是所有员工享受的福利水平都应该保持在一定的范围内。

（2）激励性。员工福利管理的激励性是指，通过设置符合员工需要的福利项目、改进员工福利管理的方式方法、改善员工福利的效果，可以增加员工对企业员工福利的满意度，进而达到激励员工的效果。

（3）经济性。经济性主要关注的是资源投入和使用过程中成本节约的水平和程度及资源使用的合理性。企业作为一个经济组织，追求利润最大化是其根本目标。因此，企业在强调竞争力和激励性的同时，也要重视经济性，从而尽量降低员工福利的管理成本，提高福利管理效率。

（4）透明性。透明性是指对员工福利的设计和管理要公开、透明。这既有利于员工全面了解企业的福利体系，又可以更大范围地听取员工的意见，以便更好地优化员工福利项目内容，改进员工福利管理工作。

（5）动态性。员工福利管理的动态性主要体现在三个方面：一是员工福利的管理应当随着员工人口数量和质量的变化而变化；二是员工福利管理要与新的管理理念、新的管理技术紧密结合，提高员工福利管理的效率；三是员工福利方案的设计和实施应与国家的相关法律紧密结合，并随之进行调整。

（二）员工福利管理的内容

员工福利管理的内容主要包括福利调查、福利规划、福利执行以及福利评估与反馈。

（1）福利调查。福利调查是福利设计和规划的前提，要使福利真正满足员工的需求，就必须进行福利需求的调查。通过福利需求调查，了解企业福利规划设计的必要性和人员规模，确定大部分员工的福利愿望，明确员工福利的目标，并确保福利目标与企业薪酬策略保持一致。

在福利管理过程中,福利调查主要涉及三种调查:一是制定福利项目前的调查,即福利需求调查,主要了解员工对某一福利项目的态度、看法与需求;二是员工年度福利调查,主要了解员工在一个财政年度内享受了哪些福利项目,各占比例多少,满意程度如何;三是福利反馈调查,主要调查员工对某一福利项目实施的效果反应如何,是否需要进一步改进,是否需要取消等。

(2) 福利规划。福利规划主要要解决两个问题,一是提供什么样的福利;二是为谁提供福利。企业往往有很多福利项目可以选择,而不同的福利组合又会产生不同的影响。进行福利规划,首先要根据福利调查的结果和企业自身的情况,在分析影响企业福利设计的外部和内部因素的基础上,确定需要提供的福利项目。然后,对福利成本做出预算,包括确定总的福利费用、各个福利项目的成本、每个员工的福利成本等。最后,制订出详细可行的福利实施计划和方案,福利计划包括福利产品的购买时间、发放时间、购买流程、保管制度等。

(3) 福利执行。福利执行是指按照事前制订好的福利实施计划和方案,向员工提供具体福利的过程,也是对员工福利计划实施的定期检查和监控过程。在福利执行过程中应兼顾原则性和灵活性,如果没有特殊情况,一定要严格按照制订的计划来执行,以控制好福利成本的开支。如果遇到特殊情况,也要灵活处理,对计划做出适当的调整,以保证福利提供的效果。

(4) 福利评估与反馈。在福利计划执行结束后,还要对各个福利项目及其组合的实施效果进行系统的评估,并通过反馈调查发现规划、执行过程中存在的问题,以便不断地完善员工福利计划,优化福利项目组合,提高员工福利管理的质量和水平。

 思考题

1. 什么是员工福利?它有哪些特点?
2. 员工福利对于企业和员工有哪些作用?
3. 我国的法定福利有哪些?企业如何处理法定福利与非法定福利的关系?
4. 什么是弹性福利计划?其常用实施方式有哪些?
5. 设计员工福利时通常要考虑哪些因素?
6. 简述员工福利设计的基本流程。
7. 举例谈谈怎样才能做好企业的员工福利管理工作。

 **案例分析题**

世界知名企业的管理实践:从薪酬福利到工作体验[①]

经济全球化进程中,各国企业已经越来越清醒地意识到,能否赢得竞争优势并且保持这种优势,关键在于能否形成一支胜任、敬业、忠诚的员工团队。然而,说到吸引、保留和激励员工,大部分企业马上会想到薪酬和福利,很多企业甚至将薪酬福利视为激励的全部。无可否认,一流的薪酬福利在吸引员工方面有着明显的优势。这是因为,一位没有进入某一企业

---

① 付维宁. 人力资源管理[M]. 北京:电子工业出版社,2014:268-270.

的求职者,他在不同企业进行比较和选择的时候,只有企业所提供的薪酬福利是最容易把握和衡量的,同时也是最容易在不同企业间进行比较的。至于说让人愉快的工作氛围、上级的重视和认可、个人的发展机会以及良好的组织文化等软性因素,只有进入企业才能真正地体会到。下面列举三个知名企业从薪酬福利到工作体验的管理实践的例子。

1. IBM 公司

20 世纪 90 年代中期以前,IBM 公司可以说是财大气粗,近乎垄断的地位使得 IBM 可以支付任何同类企业都无法匹敌的薪酬福利。然而,在竞争越来越激烈的 90 年代中期,蓝色巨人却徘徊在濒临崩溃的边缘。如果不是那位从一家食品公司空降过来的首席执行官郭士纳先生展开大刀阔斧的改革,我们今天恐怕已经见不到这位蓝色巨人的身影了。郭士纳在 IBM 的改革首先从薪酬福利体系动手,他改变了 IBM 公司原有的官僚化薪酬体系,将薪酬与市场接轨,将员工个人的薪酬更多地与绩效以及客户等因素联系起来,同时还将股权从高层管理人员大规模地扩展到了一批优秀员工。

郭士纳的改革无疑是成功的,但是在逐渐走出危机之后,IBM 并没有停留在仅仅依靠薪酬福利来吸引、留住和激励员工上。近些年来,IBM 在大力推行全面报酬的新实践,尤其是在认可员工的贡献、保持工作和生活之间的平衡、企业文化建设以及员工发展等工作体验方面进行了大量的创新。第一,IBM 公司设立了各种各样的认可奖项,其中既包括由同事提名的奖项,也包括由管理层提名的奖项。这些奖项可以用来对员工长期服务等各种表现提供奖励和认可。第二,IBM 公司制订了专门的生活和工作计划,将公司原来的很多方案整合进来,明确了平衡员工的工作生活和家庭生活的公司目标。第三,IBM 公司文化的变革很明显,同时也很微妙,大家清一色穿着蓝色制服的现象不见了,公司把重点转移到通过高层管理团队来培养各层次员工的领导力方面。第四,作为电子商务领域的领袖,IBM 充分利用在线的方式进行知识管理,员工可以进行在线学习和职业生涯规划。第五,IBM 公司采取了各种措施来改善员工的工作条件,为员工充分提供各种工具和资源,来确保他们工作上的成功。

IBM 公司做出的上述努力,使它在与微软等一些实力更为殷实的企业进行竞争的时候,仍然能够保持对优秀人才的强大吸引力。在 IBM 公司中,负责企业系统部、个人系统部以及软件和技术部的薪酬总监安德鲁·里其特博士说:"我们发现,那些能吸引并留住人才的因素,并不一定能够激励员工,反之亦然。工作体验是报酬中的一个驱动性因素,如果我们忽视了这一点,就会给我们带来损失。"因此,"尽管我们是在和一些腰包非常鼓的公司竞争,但是我们仍然能吸引到真正优秀的人才。我们必须继续努力,提供富有挑战性的工作、自我管理的机会以及让人们发挥自己的作用和影响力的工作场所。如果员工的工作体验不好,人员流失数字马上就会告诉我们正在发生的一切。"

2. 美国西南航空公司

世界航空史上的一大奇迹——从来没有亏损过的美国西南航空公司(Southwest Airlines),也正是依靠在企业内营造快乐工作的氛围,让员工找到了一种在其他企业无法感受到的美好工作体验,最终取得了令其他航空公司望尘莫及的成就。西南航空公司员工的低流动率和高敬业度并不是拿钱买来的,其支付的薪酬在航空业中仅属于一般水平。西南航空的这种成就实际上得益于公司创始人赫伯特·凯勒(Herb Kelleher)在西南航空一手培植起来的关爱、尊重、庆祝以及认可的文化,以及公司塑造出来的一种让员工感到安全、快乐从而可以全力投入工作的良好工作环境。

第一,西南航空创建了一种像对待客户一样对待员工的公司文化,公司坚持为员工提供一种稳定的工作环境,在30多年的经营中,即使是在"9·11事件"发生后,国际航空业面临极大打击的情况下,从来没有解雇过任何一位员工。此外,西南航空还鼓励员工具有一定的灵活性,并且对他们进行各种跨职能、跨领域的交叉培训,一方面让员工拥有学习和追求个人成长的机会,能够充分发挥自己的才干;另一方面确保他们具备参与企业战略规划和决策的能力。

第二,西南航空非常看重让员工在工作中找到乐趣,所以经常鼓励员工以轻松的心情看待他们的工作和竞争,公司也努力创造一种充满欢乐气氛、笑声、幽默感、创造性的工作环境。西南航空认为,工作愉快的人一定比较主动,员工不一定要抱着严肃的态度才能完成工作。因此,公司允许员工在工作岗位穿着自己感觉最舒适的衣服,当员工能够以轻松的休闲穿着工作时,他们常常会把工作当成一种游戏。

第三,西南航空从成立之初就形成了浓厚的赞赏和庆祝文化。凯勒非常重视对员工工作的认可和鼓励,他每年亲笔签发给员工的感谢信多达上万封,同时还经常出其不意地邀请优秀员工与自己进餐。西南航空认为,庆祝实际上是人的一种本性和需要,庆祝可以提升人性,鼓舞精神所需要的生命力和活力,同时还能舒缓紧张情绪,帮助员工建立自信。因此,西南航空不放过任何一个对员工的工作努力以及所取得的成就加以庆祝的机会,凯勒本人也积极出席各种员工庆祝大会,甚至会以猫王、巴顿将军、骑士的扮相出场,与员工同乐。

西南航空的很多做法在这里无法一一列举,但是很显然,正是由于西南航空为其两万多名员工提供了良好的工作体验,才导致公司不仅创造了极高的员工忠诚度以及生产率,同时还使公司的低成本、低票价、高安全性、高准点率经营战略得到了坚决的贯彻和执行,取得了骄人的业绩。

3. 惠普公司

不良的工作体验往往导致企业人才流失严重,经营业绩滑坡。在这方面,惠普公司前首席执行官卡莉·费奥瑞娜在2006年初的黯然谢幕就是一个典型。惠普公司过去曾经被喻为"一家最不像美国公司的美国公司",因为惠普公司从1939年创立之日起,两位创始人就奠定了惠普公司关心和信任员工的文化基调,而这种充满人情味的文化和氛围,恰恰是吸引大量优秀人才加盟惠普并长期在惠普工作的重要理由。而卡莉在上台之后所采取的很多措施,包括通过兼并康柏、进行大规模的人事调整、改革薪酬体系、削减福利以及强硬解雇公司高管等做法让员工失去了安全感,没有了在企业中长期职业发展的前景,实际上破坏了惠普人长期以来引以为豪的"惠普之道"。结果,卡莉不仅没有改善惠普的业绩,反而导致了惠普公司员工的强烈不满,一些曾经在惠普长期工作的人不得不忍痛离开惠普。当卡莉下台的消息公布之后,惠普人表现出几乎弹冠相庆的热闹场景。

讨论问题:

1. 什么是工作体验?结合案例企业的实践总结工作体验主要包括哪些内容。

2. 工作体验与薪酬和福利在激励员工方面有何差异?为什么上述三家知名企业都要重视工作体验?

3. 结合案例讨论企业如何把工作体验纳入薪酬福利体系。

4. 案例中的三家企业从薪酬福利到工作体验的管理实践对我们有何启示和借鉴?

参考文献

[1] 付维宁. 绩效管理[M]. 北京:中国发展出版社,2012.
[2] 付维宁. 人力资源管理[M]. 北京:电子工业出版社,2014.
[3] 方振邦,罗海元. 战略性绩效管理[M]. 北京:中国人民大学出版社,2010.
[4] 方振邦. 战略性绩效管理[M]. 北京:中国人民大学出版社,2007.
[5] 林筠,胡利利,冯伟. 绩效管理[M]. 2版. 西安:西安交通大学出版社,2013.
[6] 沈丽,勾景秀. 绩效管理[M]. 北京:中国人民大学出版社,2013.
[7] [美]查理德·A. 斯旺森. 绩效分析与改进[M]. 北京:中国人民大学出版社,2010.
[8] [美]赫尔曼·阿吉斯. 绩效管理[M]. 刘昕,等译. 北京:中国人民大学出版社,2008.
[9] 李宝元,王文周,焦豪. 绩效薪酬整合管理[M]. 北京:清华大学出版社,2014.
[10] 付亚和,许玉林. 绩效管理[M]. 2版. 上海:复旦大学出版社,2008.
[11] 涂熙. 人力资源新手成长手记[M]. 北京:清华大学出版社,2014.
[12] 赵晓兵. 用制度管人按制度办事[M]. 北京:经济科学出版社,2009.
[13] 顾琴轩. 绩效管理[M]. 上海:上海交通大学出版社,2006.
[14] 林泽炎,王维. 执行绩效管理[M]. 北京:中国发展出版社,2008.
[15] 秦杨勇. 平衡计分卡与薪酬管理经典案例解析[M]. 北京:中国经济出版社,2012.
[16] 秦杨勇. 战略绩效管理[M]. 北京:中国经济出版社,2009.
[17] 秦杨勇. 平衡计分卡与绩效管理[M]. 2版. 北京:中国经济出版社,2009.
[18] 朴愚,顾卫俊. 绩效管理体系的设计与实施[M]. 北京:电子工业出版社,2006.
[19] 徐斌. 绩效管理[M]. 北京:中国人民大学出版社,2007.
[20] 中国就业培训技术指导中心组. 企业一级人力资源管理师[M]. 3版. 北京:中国劳动社会保障出版社,2014.
[21] 杨河清. 人力资源管理[M]. 3版. 大连:东北财经大学出版社,2013.
[22] 张舰. 人力资源管理[M]. 北京:国防工业出版社,2013.
[23] 魏新,张春虎. 人力资源管理概论[M]. 2版. 广州:华南理工大学出版社,2013.
[24] 诸葛剑平. 人力资源管理[M]. 杭州:浙江工商大学出版社,2013.
[25] 许莹. 人力资源管理理论与实务[M]. 北京:人民邮电出版社,2013.
[26] 杨百寅,韩翼. 战略人力资源管理[M]. 北京:清华大学出版社,2012.
[27] 赵晓霞,黄晓东,唐辉. 人力资源管理与开发[M]. 北京:清华大学出版社,2012.
[28] 董克用. 人力资源管理概论[M]. 3版. 北京:中国人民大学出版社,2011.
[29] 颜爱民,方勤敏. 人力资源管理[M]. 北京:北京大学出版社,2011.
[30] 杜勇,杜军. 人力资源管理理论、方法与案例[M]. 重庆:西南师范大学出版社,2011.
[31] 李亚民. 企业管理理论与方法[M]. 北京:中国林业出版社,2011.

[32] 张德. 人力资源管理[M]. 4版. 北京:清华大学出版社,2012.
[33] 张德. 人力资源管理[M]. 3版. 北京:清华大学出版社,2007.
[34] 赵曙明,刘洪,李乾文. CEO人力资源管理[M]. 北京:北京大学出版社,2011.
[35] 赵曙明,[美]Mathis R,[美]Jackson J. 人力资源管理[M]. 11版. 北京:电子工业出版社,2008.
[36] 赵曙明. 绩效管理与评估[M]. 北京:高等教育出版社,2004.
[37] 吕实. 企业人力资源管理与开发[M]. 北京:北京交通大学出版社,清华大学出版社,2011.
[38] 岳文赫. 人力资源管理[M]. 哈尔滨:哈尔滨工业大学出版社,2011.
[39] 付亚和,许玉林. 绩效考核与绩效管理[M]:北京:电子工业出版社,2003.
[40] 林筠. 绩效管理[M]. 西安:西安交通大学出版社,2006.
[41] [美]琳达·哥乔斯,爱德华·马里恩,查克·韦斯特. 渠道管理的第一本书[M]. 徐礼德,侯金刚,译. 北京:机械工业出版社,2013.
[42] [美]斯蒂芬·P. 罗宾斯,蒂莫西·A. 贾奇. 组织行为学[M]. 孙建敏,李原,黄小勇,译. 14版. 北京:中国人民大学出版社,2012.
[43] [美]加里·德斯勒,曾湘泉. 人力资源管理[M]. 10版·中国版. 北京:中国人民大学出版社,2007.
[44] [美]加里·德斯勒. 人力资源管理[M]. 6版. 北京:中国人民大学出版社,2004.
[45] [美]詹姆斯·哈里顿等. 标杆管理:瞄准并超越一流企业[M]. 欧阳袖,张海蓉,译. 北京:中信出版社,2003.
[46] [美]罗伯特·S. 卡普兰,戴维·P. 诺顿. 战略地图——化无形资产为有形成果[M]. 刘俊勇,译. 广州:广东经济出版社,2005.
[47] 刘昕. 薪酬管理[M]. 4版. 北京:中国人民大学出版社,2014.
[48] 刘昕. 薪酬管理[M]. 3版. 北京:中国人民大学出版社,2011.
[49] 刘昕. 薪酬管理[M]. 2版. 北京:中国人民大学出版社,2007.
[50] 李宝元,等. 薪酬管理:原理·方法·实践[M]. 2版. 北京:清华大学出版社,北京交通大学出版社,2013.
[51] 李宝元. 绩效管理:原理·方法·实践[M]. 北京:机械工业出版社,2009.
[52] 温志强,孙紫夏,韩卓. 薪酬管理[M]. 北京:清华大学出版社,2013.
[53] 李建新,孟繁强,苏磊. 企业薪酬管理概论[M]. 2版. 北京:中国人民大学出版社,2012.
[54] 李中斌,谭志欣,李亚慧. 薪酬管理[M]. 北京:科学出版社,2012.
[55] 赵志泉. 薪酬管理[M]. 开封:河南大学出版社,2013.
[56] 葛玉辉. 薪酬管理实务[M]. 北京:清华大学出版社,2011.
[57] 周斌. 现代薪酬管理[M]. 成都:西南财经大学出版社,2011.
[58] 蔡巍,姜定维,水藏玺. 薪酬的真相[M]. 北京:中华工商联合出版社,2011.
[59] 李育英,金玲. 薪酬设计与管理[M]. 西安:西安交通大学出版社,2011.
[60] 郭爱英,张立峰. 薪酬管理[M]. 杭州:浙江大学出版社,2011.
[61] [美]乔治·T. 米尔科维奇,杰里·M. 纽曼. 薪酬管理[M]. 9版. 北京:中国人民大学出版社,2008.
[62] 刘洪. 薪酬管理[M]. 北京:北京师范大学出版社,2007.
[63] 王小刚. 企业薪酬管理最佳实践[M]. 北京:中国经济出版社,2010.
[64] 仇雨临,陈姗. 员工福利概论[M]. 2版. 北京:中国人民大学出版社,2011.
[65] 仇雨临. 员工福利概论[M]. 北京:中国人民大学出版社,2007.
[66] 文跃然. 薪酬管理原理[M]. 上海:复旦大学出版社,2004.
[67] 王志宇. 绩效魔方:绩效管理操作手册[M]. 北京:中国社会科学出版社,2003.

[68] 冉斌. 三个和尚有水喝:高绩效管理五步法[M]. 北京:中国经济出版社,2004.
[69] 冉斌. 目标与绩效管理[M]. 深圳:海天出版社,2002.
[70] 冯鋆. 标杆管理[M]. 北京:中国纺织出版让,2004.
[71] 吴士宏. 逆风飞扬——微软、IM和我[M]. 北京:光明日报出版社,1999.
[72] 马作宽. 组织绩效管理[M]. 北京:中国经济出版社,2009.
[73] 李业昆. 绩效管理系统研究[M]. 北京:华夏出版社,2007.
[74] 王怀明. 绩效管理[M]. 济南:山东人民出版社,2004.
[75] 张云德,田中禾. 现代企业绩效管理:策略与应用[M]. 兰州:兰州大学出版社,2006.
[76] 杨序国,何稳根. 绩效管理何以见绩效[M]. 长沙:湖南科学技术出版社,2006.
[77] 郭晓薇,丁桂凤. 组织员工绩效管理[M]. 大连:东北财经大学出版社,2008.
[78] 王萍. 考核与绩效管理[M]. 长沙:湖南师范大学出版社,2007.
[79] 孙宗虎. 最有效的280张量化考核图表[M]. 北京:人民邮电出版社,2014.
[80] 孙宗虎,李艳. 岗位绩效目标与考核实务手册[M]. 北京:人民邮电出版社,2009.
[81] 盖勇,马愚. 薪酬管理[M]. 济南:山东人民出版社,2004.
[82] 王瑞永,袁声莉,暴丽艳. 人力资源管理[M]. 北京:科学出版社,2011.
[83] 秦志华. 人力资源管理[M]. 3版. 北京:中国人民大学出版社,2010.
[84] 彭剑锋. 人力资源管理概论[M]. 北京:中国人民大学出版社,2008.
[85] 王玺,王东旭,仇丽娜. 最新职位分析与职位评价实务[M]. 北京:中国纺织出版社,2004.
[86] [美]丹尼尔·雷恩. 管理思想的演变[M]. 北京:中国社会科学出版社,2004.
[87] [美]马丁·魏茨曼. 分享经济[M]. 北京:中国经济出版社,1986.
[88] [美]彼得·德鲁克,等. 公司绩效测评[M]. 北京:中国人民大学出版社,1999.
[89] [美]斯蒂芬·罗宾斯:管理学[M]. 北京:中国人民大学出版社,1997.
[90] [英]琼斯(Jones P.)绩效管理[M]. 李洪余,等译. 上海:上海交通大学出版社,2003.
[91] [英]理查德·威廉姆斯. 组织绩效管理[M]. 北京:清华大学出版社,2002.
[92] 张文昌,于维英. 东西方管理思想史[M]. 北京:清华大学出版社,2007.
[93] 卢盛忠. 管理心理学[M]. 杭州:浙江教育出版社,2006.
[94] 赵春辉. 人力资源管理全书[M]. 呼和浩特:内蒙古人民出版社,2009.
[95] 杜映梅. 绩效管理[M]. 北京:对外经济贸易大学出版社,2003.
[96] 马璐. 企业战略性绩效评价系统研究[M]. 北京:经济管理出版社,2004.
[97] 陈凌芹. 绩效管理[M],北京:中国纺织出版社,2004.
[98] 饶征,孙波. 以KPI为核心的绩效管理[M]. 北京:中国人民大学出版社,2003.
[99] 武欣. 绩效管理实务手册[M]. 北京:机械工业出版社,2001.
[100] 经营管理知识丛书编写组. 管理哲学——系统学[M]. 上海:上海交通大学出版,1985.
[101] 刘桂林,颜世富,王伟杰. 高级人力资源管理师[M]. 北京:中国劳动社会保障出版社,2006.
[102] 王玺,王东旭,仇丽娜. 最新职位分析与职位评价实务[M]. 北京:中国纺织出版社,2004.
[103] 陈洪安. 人力资源管理[M]. 上海:华东理工大学出版社,2009.
[104] 张一驰,张正堂. 人力资源管理教程[M]. 北京:北京大学出版社,2010.
[105] [美]彼得·德鲁克. 管理的实践[M]. 齐若兰,译. 北京:机械工业出版社,2009.
[106] [美]詹姆斯·哈里顿,等. 标杆管理:瞄准并超越一流企业[M]. 欧阳袖,等译. 北京:中信出版社,2003.
[107] [美]罗伯特·S. 卡普兰,戴维·P. 诺顿. 综合计分卡——一种革命性的评估和管理系统[M]. 王丙飞,等译. 北京:新华出版社,1998.
[108] [美]罗伯特·S. 卡普兰,戴维·P. 诺顿. 平衡计分卡——化战略为行动[M]. 刘俊勇,等译

州:广东经济出版社,2004.

[109] [美]罗伯特·S.卡普兰,戴维·P.诺顿.战略地图——化无形资产为有形成果[M].刘俊勇,译.广州:广东经济出版社,2005.

[110] [美]罗伯特·S.卡普兰,戴维·P.诺顿.战略中心型组织——如何利用平衡计分卡使企业在新的商业环境中保持繁荣[M].北京:人民邮电出版社,2004.

[111] [美]罗伯特·S.卡普兰,戴维·P.诺顿.组织协同——运用平衡计分卡创造企业合力[M].北京:商务印书馆,2006.

[112] [美]罗伯特·S.卡普兰,戴维·P.诺顿.平衡计分卡战略实践[M].上海博意门咨询有限公司,译.北京:中国人民大学出版社,2009.

[113] [美]罗伯特·S.卡普兰,戴维·P.诺顿.综合计分卡——一种革命性的评估和管理工具[M].北京:新华出版社,2002.

[114] [英]安德烈·A.德瓦尔.绩效管理魔力——世界知名企业如何创造可持续价值[M].汪开虎,译.上海:上海交通大学出版社,2002.

[115] [美]杰瑞·W.吉雷,纳塔涅尔·W.鲍顿.绩效教练[M].万娉燕,译.北京:中国发展出版社,2004.

[116] 许树柏.层次分析法[M].天津:天津大学出版社,1988.

[117] 麦迪.标杆管理及其最佳实践[M].北京:光明日报出版社,2003.

[118] 郝忠胜,李虹.人力资源主管绩效管理方法[M].北京:中国经济出版社,2003.

[119] 孔杰,等.标杆管理理论述评[J].东北财经大学学报,2004(2).

[120] 徐红琳.绩效管理的理论研究[J].西南民族大学学报(人文社科版),2005(2).

[121] 李垣,冯进路,谢恩.企业绩效评价体系的演进[J].预测,2003(3).

[122] 贾生华,等.基于利益相关者共同参与的战略性环境管理[J].科学研究,2002(2).

[123] [美]罗伯特·S.卡普兰.自上而下打造战略地图[J].哈佛商业评论(中文版),2004(3).

[124] [美]罗伯特·S.卡普兰.战略地图:将无形资产转化为有形产出[J].哈佛商业评论(中文版),2004(4).

[125] 薛峰.平衡记分卡发展历程概述[J].内蒙古科技与经济,2009(2).

[126] 赵日磊.绩效辅导[J].企业管理,2009(10).

[127] 张兆兰.绩效辅导:要让主管做主导[J].中国劳动,2008(8).

[128] 徐斌.教练技术的"五步引领"法[J].中国人力资源开发,2008(5).

[129] 王晓莉.从领导走向教练——教练技术在绩效辅导中的应用[J].中国人力资源开发,2008(5).

[130] 吴向京.定义KPI——卓越绩效的基石(二)[J].中国电力企业管理,2010(1).

[131] 彭涛.员工绩效评价指标权重确定方法的改进及其应用[J].中国科技论文在线,2007(6).

[132] 王珍,沈建国.李炳炎与威茨曼两种分享经济理论的比较[J].经济纵横,2009(5).

[133] 贾生华,等.基于利益相关者共同参与的战略性环境管理[J].科学研究,2002(2).

[134] 文跃然,张兰.全面薪酬的新实践:认可奖励计划[J].中国劳动,2009(1).

[135] 文跃然,高琪,吕晓洁.理清十大问题,实践全面薪酬[J].人力资源,2007(10).

[136] 陈思.提升企业竞争优势的薪酬战略研究[J].产业与科技论坛,2013(1).

[137] 谢延浩,孙剑平.企业薪酬战略决策的最佳匹配范式[J].财会研究,2011(9).

[138] 李豫.百度公司的薪酬管理[J].经营与管理,2006(1).

[139] 张璇.华为公司薪酬管理的研究及启示[D].上海外国语大学,2012.

[140] 李光.企业战略性薪酬管理的策略研究[D].山西大学,2011.

[141] 刘静瑜.平衡计分卡在A公司绩效考核中的应用研究[D].华南理工大学,2009.

[142] 徐芳.企业绩效改善驱动的人力资本投资研究[D].中国人民大学,2001.

[143] [美]杰弗里·佩弗. 关于薪酬的6个危险神话[N]. 哈佛商业评论,1998-05-06.

[144] Boston D U. Human Resource Champions: The Next Agenda for Adding Value and Deliv Results[J]. Academy of Management. 1998,(1):178-180.

[145] Grisaffe D. Understanding and managing Linkages of Information Within Your Organizat [M]. Indianapolis,Walker Informational Global Network Member Training Indianapolis. Inc. ,2000.

[146] Freeman R E. Ethical Theory and Business [M]. Englewood Cliffs, New Jersey: Prentice-H 1994.

[147] Cleveland J N, Murphy R E. Multiple Uses of Performance Appraisal: Prevalence and Correlates [J]. Journal of Applied Psychology,1989,74,130-135.

[148] Kaplan R S, Norton D P. The Balanced Scorecard: Measures that Dried Performance [J]. Harvard Business Review,J January-February,1992:71-79.

[149] Kaplan R S, Norton D P. Using the Balanced Scorecard As a Strategic Management System [J]. Harvard Business Review,January-February,1996.

[150] Kaplan R S, Norton D P. The Balanced Scorecard—Translating Strategy into Action [M]. Boston: Harvard Business School Press,1996.

[151] Kaplan R S, Norton D P. Using the Balanced Scorecard as a Strategy Management System [J]. Harvard Business Review,1996(1-2).

[152] Kaplan R S, Norton D P. Transforming the Balanced Scorecard from Performance Measurement to Strategic Management[J]. Accounting Horizon,2001.

[153] Kaplan R S, Norton D P. How Strategy Maps Frame an Organization's Objectives[J]. Financial Executive,2004.

[154] Gomez-Mejia L R. Theresa M. Welbourne. Compensation Strategy: An Overview Future Steps [J]. Human Resource Planning,1988.

[155] Lawler E E, Strategic Pay: Aligning Organizational Strategics and Pay Systems[M]. San Franeisco:Jossey-Bass Inc. ,1990.

[156] Jeffrey K,Slocum J W. Managing Culture through Reward Systems[J]. Academy of Management Executive,2005,19(4):130-138.

[157] http://www. chinahrd. net.

[158] http://www. itjj. net.

[159] http://www. china. com. cn.

[160] http://data. book. 163. com.

[161] http://wiki. mbalib. com.

[162] http://baike. baidu. com.

[163] http://www. knowledgeatwharton. com. cn.

[164] http://www. ceconline. com.

[165] http://www. mss. org. cn.